Horst Rückle

Körpersprache für Manager

D1730574

Horst Rückle

Körpersprache für Manager

Signale des Körpers erkennen
und erfolgreich umsetzen

6. Auflage

verlag
moderne industrie

Dieses Werk will Sie beraten, die Angaben sind nach bestem Wissen zusammengestellt, jedoch kann eine Verbindlichkeit aus ihnen nicht hergeleitet werden.

CIP-Kurztitelaufnahme der Deutschen Bibliothek

Rückle, Horst:
Körpersprache für Manager: Signale des Körpers
erkennen und erfolgreich umsetzen/Horst Rückle.
– 6. Aufl. – Landsberg am Lech: Verlag Moderne
Industrie, 1989
  (mi-Paperbacks)
  ISBN 3-478-54106-9)

1981 1. Auflage
1982 2. Auflage
1985 3. Auflage
1986 4. Auflage
1987 5. Auflage
1989 6. Auflage

© 1989 verlag moderne industrie AG & Co., Buchverlag,

8910 Landsberg am Lech
Umschlaggestaltung: Roman Gruber
Gesamtherstellung: Presse-Druck Augsburg
Printed in Germany 540 106
ISBN 3-478-54106-9

Inhalt

5

Kapitel 1
Einführung in die Körpersprache

Dieses Buch will helfen, Verhalten zu erkennen, zu definieren und jeweils spezifisch zu reagieren.

Ich setze dabei voraus, daß jedes körpersprachliche Ausdrucksverhalten Ausdruck eines bestimmten energetischen Geschehens ist. Durch diesen leib-seelischen (psychosomatischen) Zusammenhang werden auch Emotionen in körperlichem Verhalten ausgedrückt.

Unter Körpersprache verstehe ich Ausdruck von Energie in Haltung, Bewegung und Symptomen. Bewußt provozierte oder durch entsprechende Reize hervorgerufene körperliche Reaktionen sind wesentlich leichter zu definieren als beispielsweise Reaktionen, deren verursachende Reize wir nicht kennen.

Um das Entstehen kinetischer Verhaltensweisen etwas näher zu beleuchten, folgendes Beispiel: Nehmen wir versehentlich etwas bitter Schmeckendes in den Mund, dann führen wir unwillkürlich eine Reihe von Mundbewegungen aus, mit denen wir diesen Gegenstand aus dem Mund herausbefördern wollen. Dieses Herausbefördern soll so geschehen, daß die Geschmacksnerven nicht in Berührung mit diesem Gegenstand kommen.

Neben dieser durch den tatsächlich bitteren Gegenstand hervorgerufenen Reaktion kann dasselbe Verhalten auftreten, wenn ein Ereignis als schmerzlich (bitter) erfahren wird. Diese Bewegungen erfüllen also in diesem Falle keinen wirklichen Zweck, sondern drücken lediglich das Gefühl der Unlust aus.

Wir können also, um auf die Symbolik der Körpersprache einzugehen, sagen, daß derjenige, der etwas Seelisch-Bitteres erlebt, sich möglicherweise genauso verhält wie derjenige, der etwas wirklich Bitteres im Munde hat — als etwas, was ihm unangenehm ist, loswerden möchte.

Der Volksmund hat derartige Verhalten recht genau erkannt, definiert und beschrieben. Sicher kennen Sie den Ausdruck: »Der schaut, als ob er Spinnen gefressen hätte«. Unsere Menschenkenntnis fußt auf vielen kaum oder nicht bewußt gewordenen Eindrücken vom Verhalten anderer. Dabei ist zu berücksichtigen, daß wir das Verhalten anderer Menschen an unserer Erwartungshaltung und an den in uns vorhandenen

Vorerfahrungen und Eindrücken messen und so denjenigen sympathisch finden, der unserer Erwartungshaltung am ehesten entspricht. Damit ist nicht ausgedrückt, daß derjenige auch auf andere sympathisch wirkt.

Hüten wir uns also vor dem oft als richtig herausgestellten ersten Eindruck. Entspricht das gegebene Bild eines Gegenübers unserer Erwartungshaltung bzw. positiven Vorerfahrungen in uns, so finden wir diesen sympathischer, als wenn Äußerlichkeiten oder Verhalten negative Assoziationen in uns wecken. Daß der erste Eindruck stimme, dieses Urteil kommt oft nur deshalb zustande, weil wir bei demjenigen, zu dem wir Sympathie entwickeln, anders wahrnehmen als bei demjenigen, zu dem wir Antipathie aufgebaut haben. Unterläuft jemandem, von dem wir einen positiven ersten Eindruck haben, ein Fehler, so sagen wir: es kann jedem einmal etwas passieren. Stellt sich derselbe Fall bei jemandem ein, den wir unsympathisch fanden, sagen wir: das habe ich doch gleich gewußt, das konnte ja gar nicht gutgehen. Daraus ist zu erkennen, daß wir oft unsere ersten Eindrücke nur nachhaltig rechtfertigen.

Kennen wir Menschen länger, verändert sich oft unsere Einstellung. Sie werden zunehmend sympathischer wahrgenommen. Dies heißt, daß wir jetzt gelernt haben, Verhaltenszüge zu verstehen, die wir ursprünglich nicht verstanden haben. Je besser wir einen Menschen verstehen, desto weniger unsympathisch wird er uns. Leider unterziehen sich viele Menschen nicht gerne der Mühe, sich ausführlich mit anderen Menschen zu beschäftigen. Sie neigen zu vorschnellen Urteilen (Vorurteilen) und Wertungen und machen sich damit vieles zu leicht. Erst das Sich-mit-dem-anderen-Auseinandersetzen, sich mit seinem Verhalten zu beschäftigen, ebnet den Weg für individuelle, fundierte Menschenkenntnis und wertfreier werdendes Beurteilungsvermögen.

Die seelischen Vorgänge in uns sind mit dem Ausdruck unseres Körpers so eng verbunden, daß das eine ohne das andere nicht existieren kann. Entspricht die Körpersprache nicht dem mit dem gesprochenen Wort gezeigten Gefühl, so empfinden wir Zweifel. Schauspieler müssen deshalb lernen, zur jeweiligen Aussage, zur jeweiligen Rolle die passende Körpersprache auszuführen. Stimmt beides harmonisch überein, so sagen wir, er ist in seine Rolle hineingewachsen. Wir wollen keine Schauspieler werden. Unser Ziel ist es, in jeder Rolle wir selbst zu sein, das heißt also, in der jeweiligen Rolle diejenigen uns eigenen Ausdrucksbewegungen auszuführen, die unsere Individualität, abgestimmt auf die Anforderungen der Rolle, erkennen lassen.

Versuche, die ich mit Hypnotisierten ausgeführt habe, bestätigen, daß eine suggerierte traurige Stimmung automatisch zu entsprechenden Ausdrucksbewegungen (z. B. Fallen der Mundwinkel) im Gesicht führte.

Suggerierte ich eine freudige Stimmung, so entspannten sich die Gesichtszüge, und der Mund nahm eine Lächelstellung ein. Derjenige, der in seiner Rolle lebt, wirkt natürlich. Nicht umsonst bezeichnen wir denjenigen als einen Komödianten, der nur die Ausdrucksbewegungen nachvollzieht, nicht aber sich selbst in die Rolle integriert. Wir lernen also nicht bewußt nur Gestik oder körpersprachliches Verhalten, sondern verhalten uns jeweils nach unseren eigenen Persönlichkeitsmerkmalen in der jeweiligen Situation.

Sicher kennen Sie das bewußt aufgesetzte »Cheese«-Lächeln, das wir so schnell als Oberflächlichkeit durchschauen. Das den Asiaten eigene Dauerlächeln dient zunächst zur Selbsterziehung. Unlust und Affekt sollen nicht ausgedrückt werden. Somit dient es später der eigentlichen Absicht, tatsächliche Gefühle zu verschleiern. Ähnlich verhält es sich mit dem ausdruckslosen »Poker-face«.

Nur mit sehr viel Training ist es möglich, über einen längeren Kommunikationszeitraum ein gespieltes Verhalten durchzuhalten. Das ständig ablaufende Reiz-Reaktions-System führt meist dazu, daß nach einiger Zeit tatsächlich vorhandene Gefühle das Verhalten bestimmen.

Hüten wir uns vor vorschnellen Schlußfolgerungen. Körpersprachlicher Ausdruck ist meist mehrdeutig. Deshalb ist er nur aus der momentanen Situation, der Umgebung, der Rolle, dem momentanen Befinden u. a. zu erklären.

Der Mensch ist ein kompliziertes Wesen. Sein Ausdrucksverhalten zeigt dies. Wir können lachen und weinen und beides nicht nur aus Freude, sondern auch aus übergroßem Leid. Weinen aus Freude und das Lachen eines Irren zeigen die bipolare Wesenheit des Menschen.

1. Körpersprache und Menschenkenntnis

Die Art und Weise, wie sich jemand verhält, ist entscheidend für das Bild, das wir uns von ihm machen. Dieses nur subjektiv entstandene Urteil ist jedoch unbefriedigend und anfechtbar. Hüten wir uns vor zu schnellen Vorurteilen. Erst durch längere Beobachtungen, bei denen jedes Ausdrucksverhalten ein Mosaiksteinchen im Gesamtbild ergibt, ist eine einigermaßen treffsichere Beurteilung möglich. Wir wissen, daß wir viele Ausdrucksbewegungen anderer subjektiv, entsprechend von Vorerfahrungen oder Erinnerungen positiv oder negativ assoziieren und werten. So ist es verständlich, daß Reize und Reaktionen beim einen ein positives und beim anderen ein negatives Eindrucksurteil hervorrufen. Es ist denkbar schwierig, Körpersprache objektiv zu analysieren. Erst die Analyse Hunderter von entsprechenden Bewegungsabläufen in unterschiedlichen Gesprächssituationen erlaubt ein einigermaßen treffsicheres Urteil.

Genauso, wie bei der Analyse von Handschriften Ausdruckselemente mehrdeutig sein können, sind auch bestimmte Verhaltensweisen mehrdeutig zu interpretieren. Wir können also Körpersprache nur unter Beachtung der momentanen Situation, der Stimmung, des Befindens und der Rolle analysieren.

Grundlage für die in diesem Buch genannten Beispiele sind die in zehnjähriger Seminararbeit und Analyse von Gesprächssituationen gewonnenen Erkenntnisse. So können die hier gegebenen Anregungen und Beispiele dazu führen, daß Sie das Verhalten Ihrer Mitmenschen erkennen, beobachten und verstehen lernen.

Fragen Sie sich, um Ihre Menschenkenntnis zu trainieren, immer wieder: »Aus welchen Gründen reagiert mein Gesprächspartner jetzt, und aus welchen Gründen reagiert er so? Was will mein Gesprächspartner mit dieser Bewegung wahrscheinlich ausdrücken? Was in dem von mir gegebenen Reiz könnte die Ursache für diese Reaktion gewesen sein?«

Sie werden feststellen, daß Sie die Mehrzahl der in diesem Buch gegebenen Beispiele in Ihren eigenen Beobachtungen bestätigt finden. Die Menschenkenntnis, die Sie sich dann erworben haben, ist situativ und führt damit zur unmittelbaren Verwendbarkeit. Nach einigem Üben nehmen Sie die Bewegungsabläufe und das Ausdrucksverhalten Ihrer Umwelt unmittelbar wahr und können in der Folge Ihr eigenes Verhalten unmittelbar auf das gezeigte Verhalten Ihrer Umwelt einstellen. Damit entsprechen Sie nicht nur im gesprochenen Wort, sondern auch im gezeigten Ausdrucksverhalten der Erwartungshaltung Ihrer Mitmenschen. Ein derartiges, auf die Erwartungshaltung abgestimmtes Eigenverhalten bringt Ihnen die Anerkennung und Sympathie Ihrer Gesprächspartner. Befürchten Sie nicht, durch ein derartiges Verhalten zum Schauspieler zu werden. Auch Ihre gesprochenen Worte haben Sie seither bewußt oder unbewußt, der Rolle entsprechend, auf die Gesprächspartner eingestellt.

In der natürlichen Entwicklung des Menschen haben sich Verhalten und Bewegungsabläufe nach notwendigen Gesetzmäßigkeiten gebildet. Dabei wurden weitgehend funktionale Zusammenhänge und biologische Gegebenheiten berücksichtigt.

Das Verhalten, das ein Mensch in bestimmten Situationen zeigt, ist zum größten Teil im Laufe seines Lebens erlernt. Wir können feststellen, daß eine negative Einstellung zu Situationen und Dingen ein negatives Verhalten entstehen läßt. Genauso kann eine negative Körpersprache negative Vorstellungen und Stimmungen erzeugen. Denken wir dabei an den mißmutig Gestimmten, bei dem die Mimik – herabgesunkene Mundwinkel, verhängtes Auge, das gesamte Verhalten spannungslos und bewegungsarm – diese Stimmung ausdrückt.

Je weiter ein Körperteil vom Kopf entfernt ist, desto weniger können wir dessen körpersprachliche Botschaften bewußt kontrollieren. Die Begründung dafür liegt in der Tatsache, daß wir durch die Möglichkeit, unser Gesicht im Spiegel zu betrachten und uns dabei mit unterschiedlichen mimischen Ausdrücken zu sehen, schon seit früher Kindheit mehr oder weniger nutzen und so gelernt haben, das Gesicht aufzusetzen, das wir selbst oder unsere Umwelt von uns erwarten. Jede unserer Bewegungen ist mit einem bestimmten Erregungsmuster im Gehirn verbunden. Bereits beim Denken an diese Bewegung kann sich die mit dieser Bewegung gekoppelte Emotion einstellen. Wer sich selbst mit herabgezogenen Mundwinkeln und spannungslosem Körper vorstellt, löst damit sicher apathischere Einstellungen aus als der, der sich mit lächelnder Mimik und in dynamischem Spannungszustand befindlicher Muskulatur vorstellt. Selbstverständlich stellt sich unsere Körpersprache selbst bei gleichen Emotionen nicht in allen Situationen gleich dar. Unser Ausdrucksverhalten unterliegt einer ständigen Beeinflussung durch eigene und fremde Beeinflussungsfaktoren. Diese sind z. B. Laune, Rolle, Umgebung, Gesprächspartner, Stimmungen, Leitbilder, Erwartungen, die Nähe des anderen, Vorerfahrungen, Tagesform, gesundheitliche oder körperliche Mängel, z. B. schlechte Zähne führen oft zu Sprechen oder Lachen hinter vorgehaltener Hand, oder anderes.

Auch durch die Zugehörigkeit zu einer bestimmten Kultur oder Subkultur wird die Körpersprache geprägt. Das Umfeld bietet uns einen großen gemeinsamen Zeichenvorrat an Bewegungen, Ausdrucksformen und Körperhaltungen, die wir im Laufe unserer Entwicklung aufnehmen und mit eigenen Signalen ergänzen. Bei diesem Vorgang spielen nicht politische Grenzen eine Rolle, sondern das Verhalten der Gruppe, der wir uns zugehörig fühlen. Es ist durchaus möglich, daß so die gleiche Form mit der gleichen Grundbedeutung in verschiedenen Gruppen verschiedene Informationsgehalte beinhaltet.

Je höher organisiert und je später erworben ein Verhalten ist, um so leichter ist dieses störbar. Die Verhaltenseigenheiten und Gewohnheiten, die wir schon in der Kindheit gelernt haben, können wir uns wesentlich schwerer abgewöhnen als die Verhalten, die wir später bewußt oder unbewußt dazu erworben haben.

Die meisten körpersprachlichen Signale sind mehrdeutig. Eine genaue Definition ist nur bei Mitbeachtung folgender Faktoren möglich:

Wortwahl, Betonung, Umgebung, Rolle, Stimmung, verursachende Reize u. a.

Die Körpersprache ist grundsätzlich wahrheitsgemäßer als die wörtliche Sprache. Wir haben gelernt, tabubeladene Themen nur kontrolliert anzusprechen und in kniffligen Situationen Notlügen zu verwenden. Mit unseren Worten gelingt uns das auch mehr oder weniger gut. Die Körpersprache, auf derartiges »schauspielerisches« Verhalten nicht trainiert, vollzieht die dem wahrheitslosen Inhalt zugehörigen Bewegungsabläufe nur zögernd oder gar nicht mit und kann so über den tatsächlichen Wahrheitsgehalt aufschlußreiche Informationen liefern. Ebenso aufschlußreiche Informationen gibt die Körpersprache auch darüber, wie belastbar ein Gesprächspartner ist. Wird der Gesprächspartner überfordert, zeigen sich in seinem Verhalten zunehmend Fluchttendenzen oder Signale, die die Unfähigkeit oder den Unwillen, dem Gespräch weiter zu folgen, ausdrücken.

Es geht also bei der Körpersprache um Zeichen, die jemand benutzt, um der Umwelt zu verstehen zu geben, wie er erlebt werden will, oder mit denen er verrät, was in ihm vorgeht. Diese Signale verarbeiten und verstehen wir oft unbewußt mit erstaunlicher Genauigkeit. Harmonieren diese Signale nicht mit den begleitenden Worten oder mit dem sonstigen Wissen um die Person, empfinden wir Mißtrauen und Zweifel. Je harmonischer die Wirkungsmittel unserer Persönlichkeit, desto echter und vorurteilsloser werden wir angenommen.

Es geht beim Kennenlernen und evtl. Erlernen wirkungsvoller körpersprachlicher

Signale also nicht darum, diese für den bewußten Einsatz in geeigneten Situationen zu erlernen. Das große Ziel wird es sein müssen, unsere Einstellung zu unserer Umwelt so zu positivieren, daß unsere Körpersprache aus dieser Echtheit entsteht. Wenn wir uns also körpersprachliches Verhalten nicht einfach aufpropfen können, stellt sich die Frage, warum wir uns überhaupt mit der Körpersprache beschäftigen.

So wie wir selbst gibt auch jeder andere Mensch ständig körpersprachliche Botschaften ab. Diese wahrzunehmen und deren Bedeutung zu verstehen, erleichtert es, den Gesprächspartner zu verstehen und das Gespräch mit ihm zu führen. Immer wieder konnte ich beobachten, daß bei verbalen Reizen der Gesprächspartner schon vor der wörtlichen Antwort durch seine Körpersprache »verriet«, ob seine Antwort positiv oder negativ für mich ausfallen würde. Dieser geringe Informationsvorsprung genügte, um Frustration als Folge der negativen Antwort zu vermeiden, dem Gespräch evtl. noch vor der Antwort einen zusätzlichen korrigierenden Impuls zu geben oder auf die Antwort emotionsloser zu reagieren. Ein Verkaufsleiter eines Unternehmens, welches u. a. Herzschrittmacher an chirurgische Krankenhausabteilungen verkauft, berichtete mir nach einem Seminar folgendes:

»Ich kam zu einem Chefarzt und formulierte nach der Begrüßung: ›Herr Chefarzt, wir haben einen weiterentwickelten, doppelt verschweißten Schrittmacher auf den Markt gebracht, das erspart Komplikationen nach der Implantation.‹ Der Chefarzt verschränkte die Arme über der Brust. Ich verstand dieses Signal, wie sich gleich herausstellen sollte, richtig als unbewußten Einwand auf diese eigentlich positive Eröffnung des Gespräches und führte mein Gespräch, bevor der Chefarzt antwortete, weiter mit den Worten: ›Doch bevor ich Ihnen mehr darüber berichte, was gibt es Neues in Ihrer Klinik?‹ Der Chefarzt öffnete die verschränkten Arme, bewegte die Hände mit der Handfläche nach oben auf mich zu und sagte: ›Sie, ich komme eben von einer hochinteressanten Operation, darüber muß ich Ihnen berichten.‹ Nachdem mir der Chefarzt ausgiebig über seinen Erfolg berichtet hatte und ich durch anerkennende Bemerkungen mein Interesse und meine Bewunderung ausgedrückt hatte, kaufte er, ohne daß ein weiteres Gespräch über das Produkt notwendig gewesen wäre, fünf Schrittmacher.«

Was wäre wohl geschehen, wenn der Verkaufsleiter, nicht durch das Training sensibilisiert, die Reaktion seines Partners übersehen und eifrig weiter von seinem Produkt gesprochen hätte?

Einige der vielen Merkmale für Körpersprache ersehen Sie in der folgenden Tabelle:

Körpersprache kann sein:

schnell	– langsam	konkret	–	abstrakt
beherrscht	– unbeherrscht	passend	–	unpassend
gewollt	– ungewollt	ruhig	–	unruhig
getaktet	– ungetaktet	tastend	–	sicher
rhythmisch	– unrhythmisch	weich	–	steif
zuwendend	– abwendend	echt	–	gekünstelt
aktiv	– passiv	sicher	–	unsicher
befangen	– unbefangen	willig	–	unwillig
konkret	– symbolisch	ängstlich	–	mutig
kompensierend	– direkt	nervös	–	ruhig
vital	– kraftlos	verlegen	–	sicher
offen	– geschlossen	behauptend	–	unterwerfend
auswärts	– einwärts	sorglos	–	besorgt
harmonisch	– widersprüchlich	partnerbezogen	–	egozentrisch
gespannt	– entspannt	selbstbewußt	–	unsicher
getragen	– hektisch	aufrecht	–	zusammengesunken
verkrampft	– entspannt	höflich	–	unhöflich
adäquat	– inadäquat	kompromißlos	–	kompromißbereit
gespielt	– echt	spontan	–	verzögert
formenreich	– formenarm	aktiv	–	reaktiv
stetig	– unstet	konzentriert	–	fahrig
wechselhaft	– monoton			

2. Körpersprache bei Tieren

Das körpersprachliche Ausdrucksverhalten ist zum Teil auf entwicklungsgeschichtliche (»tierische«) Verhaltensmuster zurückzuführen. Auch wir Menschen können uns, so unangenehm die Erkenntnis sein mag, nicht davon freisprechen, zwar eine hoch entwickelte, aber doch eine Tierart zu sein. Der Homo sapiens ist als biologisches Entwicklungsprodukt eine Primatenart, die wie alle anderen Arten biologischen Gesetzmäßigkeiten unterliegt.

Durch die beim Menschen größere genetische Gabe der praktisch unbegrenzten Fähigkeit, aus der Umwelt zu lernen, wird der Unterschied zum Tier möglich. Diese Fähigkeit bringt jedoch auch Entwicklungen zustande, die uns nachteilig vom Tier unterscheiden. Tiere kämpfen aus Notwendigkeiten auf individueller Ebene, zum Zwecke der Revierverteidigung oder um dem Naturgesetz der Auslese zu entsprechen. Dabei werden die Auseinandersetzungen oft durch Imponiergehabe und Drohgebärden geführt. Der Anteil des physiologischen Kampfes kann minimal sein. Die

Begründung dafür liegt im Bestreben, bei einem Kampf nicht verletzt zu werden, weil eine Verletzung Unterlegenheit gegenüber den natürlichen Feinden und damit oft den sicheren Tod zur Folge hätte. Extreme Kämpfe zwischen Tieren sind überwiegend bei extremer Überbelegung des Lebensraumes zu beobachten.

Auch Tiere lernen durch Nachahmung. Es können in einer Tierkolonie Verhaltensmuster beobachtet werden, die in einer anderen Kolonie nicht vorkommen. Hier zeigt sich die Beeinflussung durch die Umwelt und die »Kultur«. Die Nachahmung erfinderischer Individuen verleiht dem Nachahmer den Status dessen, den er nachahmt, und damit einen Teil von dessen sozialer Bedeutung. Auch dieses Verhalten können wir bei Menschen, die sich zu diesem Zweck oft gegenständlicher Statussymbole bedienen, beobachten. Bei Affen ist das Imponiergehabe des Überlegenen oft deutlich mit Drohgesten und sexuellen Manipulationen verbunden. Die auf dem Hühnerhof zu beobachtende Hackreihe zeigt, daß das ranghöchste Tier zwar alle unter ihm eingeordneten Tiere bis zum rangtiefsten hacken darf, daß aber ein rangtieferes niemals ein ranghöheres Tier mit dem Schnabel bearbeitet. Die Empfindlichkeit gegenüber dem nächsten Rang ist größer als die Empfindlichkeit gegenüber wesentlich Tieferstehenden. Die unmittelbare Bedrohung aus der Rivalität der nächstliegenden Stufe erklärt diese besondere Empfindlichkeit. Auch dieses Verhalten ist bei dem Menschen zu beobachten und findet im Sprichwort »Was stört's den Mond, wenn ihn die Hunde anbellen« relevanten Ausdruck.

Die »Größe« und Art eines fliegenden Objektes löst bei Truthühnern Fluchtreaktionen aus. Demutshaltung des unterlegenen oder unterliegenden Wolfes bewirkt Aggressionshemmung des Siegers und reicht aus, um einen Kampf zu beenden.

Dieses naturgesetzliche Verhalten ist beim Menschen leider nicht immer anzutreffen. Menschen entwickeln oft die negative Eigenart, weiter mit Wort und Tat auf dem Unterlegenen »herumzuhacken«. Möglicherweise, um die eigene Überlegenheit auszukosten oder aus anderen Gründen entstandene Aggressionen zu kompensieren. Auch die Fähigkeit einiger Tierarten, z. B. von Fischen und vom Chamäleon, durch Annehmen entsprechender Farbe Botschaften an die Umwelt zu geben oder sich zum Zweck der Tarnung der Umwelt anzupassen, ist der Körpersprache zuzuordnen. Auch Menschen geben der Umwelt durch Farben (Kleidung), Zornesröte u. a. entsprechende Informationen. Die Erkenntnis, sich zur Verfolgung gemeinsamer Ziele zusammenzutun, finden wir schon bei einer sehr tiefen Entwicklungsstufe des Lebens. Schon die Amöben können sich zum Zwecke größerer Macht vereinigen. Bei höher entwickelten Tierarten finden wir diesen Vorgang bei der Bildung von Rudeln oder Herden. Wie beim Menschen gibt es auch dort Außenseiter, die gegen den Strom schwimmen und die unter Verwendung körpersprachlichen Verhaltens zur Räson gezwungen werden. Auch das tierische Verhalten, durch Gehorsam und Unterwerfung dem Anführer zu gefallen, finden wir im menschlichen Verhalten wieder. Kein Wunder, daß wir dafür den Ausdruck des Kriechens geprägt haben.

3. Anlage und Umwelt

Unterschiede zwischen den Menschen lassen sich auf zwei Ursachengebiete zurückführen. Auf Anlagen und Umwelteinflüsse. Anlagebedingt sind (konstitutionell, hereditär, erbbedingt) die angeborenen Verhaltensweisen.

Angeboren scheinen gewisse körperliche Eigenschaften, z. B. die Tendenz zur Lang- oder Kurzlebigkeit, Körpergröße oder jeweilige Wachstumsgeschwindigkeit, ein bestimmter Körpertypus, die Anlage zur Zeugung von Zwillingen oder Drillingen, Dispositionen zu jeweiligen organischen Schwächen oder Defekten, zu manchen Krankheiten, besonders auch zu Geisteskrankheiten mit physiologischer Grundlage.

Häufig ererbt sind: Reaktionsgeschwindigkeit, technische Geschicklichkeit oder Ungeschicklichkeit, Eigenheit von Bewegungen, Aktivitätsgrad, Sinnesschärfe, Sensitivität, Intelligenz, spezielle Talente. Erbanlagen sind jedoch noch keine Eigenschaften, sondern nur Dispositionen für die Entwicklung entsprechender Eigenschaften, die durch die Umwelteinflüsse unterdrückt oder gefördert werden. Die Anlage eröffnet den Zugang zu einer bestimmten Art von Umwelt. Diese wiederum fördert das Manifestwerden der Anlage. Die Frage, welcher der beiden Faktoren, Anlage oder Umwelt, entscheidender ist, ist schwer zu beantworten, weil in den meisten Fällen die Eltern sowohl die Erbfaktoren als auch die prägende Umwelt bereitstellen.

Darwin nahm an, die Mimik, die Gefühlsregungen darstellt, sei bei allen Menschen ähnlich. Er leitete diese Annahme davon ab, daß alle Menschen einen gemeinsamen Ursprung haben. In den 50er Jahren kamen zwei Wissenschaftler (Bruner und Taguiri) nach dreißigjähriger Untersuchung zu dem Ergebnis, daß auch die besten Forschungsergebnisse keinerlei Anzeichen für angeborene, unveränderliche Verhaltensmuster als Ausdruck spezifischer Gefühlsregungen zulassen.

In den 60er Jahren erkannten drei amerikanische Wissenschaftler (Ehmann, Friesen und Borenson), daß Darwins alte Annahme durch neuere Forschungsergebnisse gestützt wird. Sie hatten in Borneo, USA, Neuguinea, Brasilien und Japan, also in fünf Kulturräumen und drei Kontinenten, festgestellt, daß es wahrscheinlich angeborene »Hirnrindenprogramme« gibt, die bestimmte Affekte mit spezifischen universellen Formen der Mimik koppeln, vor allem bei primitiven Affekten wie Interesse, Freude, Überraschung, Furcht, Zorn, Kummer, Ekel, Verachtung und Scham. Auf einer Standardserie von Fotos mit Gesichtern wurden immer wieder dieselben Emotionen erkannt. Die entsprechenden Affekte konnten gezeigt werden, ohne daß diese gelernt worden waren. Wahrscheinlich, so folgerten die Wissenschaftler, sind die Gehirne so programmiert, daß die jeweilige Emotion die entsprechenden Muskeln bewegt und nur kleine Abweichungen durch das kulturell variierende Verhalten entstehen.

Die moderne Biochemie beweist, daß die Gene, die ultramikroskopisch kleinen Strukturen, die Träger der Vererbung, bis zu einem gewissen Grade und in allerfrühesten Stadien der Entwicklung beeinflußbar sind.

Neurologische und biochemische Befunde beweisen außerdem, daß vom ersten

Augenblick des Lebens, d. h. sofort nach erfolgter Befruchtung, die beeinflussende Wirkung der Umwelt (Umgebung) das werdende Menschenkind mit angeborenem Gefüge (Mosaik der Gene) wirksam beeinflußt und mit dem Ergebnis wiederum Reaktionen der Umwelt hervorruft und davon wieder beeinflußt wird.

Untersuchungen an eineiigen Zwillingspaaren, die kurz nach der Geburt durch Schicksalsschläge getrennt wurden, ergaben die heute gültige Lehrmeinung, daß die Umwelteinflüsse den größeren Anteil zur Entfaltung beitragen. Es zeigt sich jedoch auch, daß ererbte Faktoren nicht verlorengehen, sondern auch später durch entsprechende Reize und Lernvorgänge aktiviert werden können.

Erbfaktoren und Umwelt bilden also eine wechselseitige Ergänzung und Abhängigkeit. Der jeweilige Reifegrad des Organismus bedingt die Lernmöglichkeit und die Realisierung vorhandener Anlagen. Die Fähigkeit, sprechen zu lernen, ist z. B. wesentlich abhängig von entsprechenden Anlagefaktoren im menschlichen Zentralnervensystem. Stark erbgebunden sind die Intelligenz und Persönlichkeitsfaktoren wie Aktivität und Umgänglichkeit. Neben den durch Anlagen determinierten Fähigkeiten erwerben wir im Laufe unseres Lebens auch eine Vielzahl von Fähigkeiten und Verhaltensmustern, die ausschließlich auf durch die Umwelt ausgelöste Lernvorgänge zurückzuführen sind. Diese Verhaltensweisen können wir als erworbene Verhaltensweisen bezeichnen. Insbesondere handelt es sich dabei um traditionelle und überlieferte Verhalten, die entsprechend der kulturellen Eigenart gelehrt und gelernt werden.

Die bei den erworbenen Verhaltensweisen zugrunde liegende Kultur beinhaltet die gemeinsame Sprache sowie die Symbolisierung und Kategorisierung von Ereignissen, die allgemeingültige und anerlernte Art, die Welt zu sehen und darüber zu denken, auch die der vereinbarten Formen der sozialen Interaktion, gemeinsame Regeln, Konventionen, Normen, Werte und Glaubenssysteme, sowie die Technologie und Zivilisation stammen ausschließlich aus der Umweltprägung.

Die kommunikative Auseinandersetzung mit der Umwelt wird wesentlich durch die intellektuelle, emotionale und psychosexuelle Entwicklung beeinflußt. Sie vollzieht sich in Phasen, die wir bestimmten Lebensaltern zuordnen können.

Säuglings- und Kleinkindzeit	– Prägende Beziehung der Mutter zum Kind.
Trotzalter 3–4 Jahre	– Streben nach Selbständigkeit, oft gekoppelt mit Protestverhalten.
Pubertät	– Intellektuelle, emotionale und sexuelle Reife. Suche nach Identität und Übergang ins Erwachsenenalter.

Im Zeitpunkt und im Ausmaß der einzelnen Stufen und den dadurch gezeigten Leistungen können wir große individuelle und kulturelle Unterschiede feststellen. Der seelische Organismus wird durch Anlage und Umwelt geformt. Besonders das Kind ist wegen seiner Instinktarmut und gleichzeitiger Weltoffenheit den Einflüssen der Umwelt stark ausgesetzt.

Es entwickelt sich dann »normal«, wenn die Entwicklungsstufen und Ergebnisse mit denen der Mehrzahl identisch sind. So ist Entwicklung definierbar als verstehbare Entstehung. Wird dieser verstehbare Zusammenhang unterbrochen, sprechen wir von unnormaler Entwicklung. Es können sich zeitliche Abweichungen, wie Reifungshemmung (Retardierung), Reifungsbeschleunigung (Akzellerierung) und Zurückfallen auf frühere Entwicklungsstufen (Regression), ergeben. Diese unnormalen Entwicklungen sind oft durch die Umwelt verursacht.

Kapitel 2
Vom Kind zum Erwachsenen

Unser in einem bestimmten Moment gezeigtes Verhalten resultiert aus ererbten und erworbenen Dispositionen. Bereits frühkindliche Erfahrungen sind im Erwachsenen-Verhalten erkennbar. Wir öffnen den Mund, wenn wir etwas nicht ganz verstanden haben, und wir stehen mit offenem Mund staunend vor einem uns interessierenden Objekt. Dieses Öffnen des Mundes ist zurückzuführen auf eine frühkindliche Erfahrung, nämlich auf die Zeit, in der wir unsere Umwelt mit dem Mund entdeckt haben. Schon der Säugling weiß, daß das Suchen und Aufnehmen mit dem Mund zur Bedürfnisbefriedigung führt. So wird der Mund in den ersten Lebenstagen zum wichtigsten Wahrnehmungsorgan. Aus den daraus resultierenden Erfahrungen prüft auch das Kleinkind die ihm zugänglichen Gegenstände zunächst mit dem Mund und auch, weil andere Sinnesorgane noch nicht genügend entwickelt sind.

Das orale Einverleiben vermittelt schon in der frühen Kindheit den Modus des Hineinnehmens. Das unreife Ich wird unterdrückt oder abgewehrt, aus Angst, daß durch Ausleben der unreifen Verhalten das Objekt – die Mutter – verloren werden könnte. So werden nach und nach die Qualitäten des Objekts – der Mutter – übernommen. Es wird so verständlich, daß für die Prägung des späteren Verhaltens die Mutter-Kind-Beziehung wichtig, wenn nicht ausschlaggebend ist.

Wenn also die frühe Kindheit – und wir werden dies später noch an Beispielen sehen – so wichtig ist, dann ist es notwendig, daß wir die Phasen der Entwicklung genauer betrachten.

Frühe Prägung

Bereits vor der Geburt reagiert das ungeborene Menschenkind auf Emotionen der Mutter und zeigt seine Reaktionen in Form von heftigen Bewegungen. Schon ab der Verschmelzung der Samenzelle mit der Eizelle beginnt die keimhafte Existenz ,und das Leben ist biologisch aktiv. Ab dem 5. Monat spürt die Mutter das ungeborene Kind.

Positiv zuwendende Gedanken der Mutter an das in ihrem Leib lebende Kind verstärken das Geborgenheitsgefühl. In den letzten Stadien der Schwangerschaft nimmt das Ungeborene Berührungen und Töne wahr. Es spürt die schmiegsame Hülle der

Gebärmutterwand, die Wärme des mütterlichen Körpers und hört den Takt der Herz-schläge. Auch sofort nach der Geburt vermitteln Wärme, Umarmung und das Geräusch des klopfenden Herzens ein Gefühl der Geborgenheit und Sicherheit. Als man in Neugeborenenstationen die mütterlichen Herztöne vom Tonbandgerät abspielte, ging das Geschrei auf fast 50 % zurück. Einschlafversuche ergaben bei Kindern zwischen 16 und 37 Monaten folgende Ergebnisse:

ohne Geräusche	46 Minuten bis zum Einschlafen
72 Schläge eines Metronoms	49 Minuten
Schlaflieder vom Tonband	49 Minuten
Herztöne vom Tonband	23 Minuten

Möglicherweise sind es die Erfahrungen an die Geborgenheit im Mutterleib, die Geborgenheitsgefühle bei dumpfen Trommeltönen und Wiegen im Takt der Musik auslösen. Krankheiten (Infektionskrankheiten) und länger dauernde schwere seelische Aufregungen oder Depressionen der Mutter können das Ungeborene entsprechend beeinflussen.

Die Gegenüberstellung des in unserer Kultur üblichen und für die Entwicklung des Kindes besseren und ebenfalls möglichen Geburtsablaufs zeigt in eindrucksvoller Weise das vorhandene Ist und das mögliche Sollte:

jetzt:	möglich:
Ausstoßen, gleißendes Licht, Kälte	Ausstoßen, gedämpftes Licht, Wärme.
Klirrende Instrumente	Vermeiden von unnötigem Lärm.
Verlorener Kontakt zur Mutter, Kind wird an Füßen hochgezogen	Arzt zieht Kind sanft auf Bauch der Mutter und beläßt das Kind, wenn keine Komplikationen auftreten in Kontakt mit der Mutter, bis das Kind selbst zu atmen beginnt.
Klaps auf Po	Der Arzt legt das Kind, nachdem es atmet, sachte in die aufnahmebereiten Arme der Mutter.
Baden und Verpacken	Naß, wie es ist, erholt sich das Kind in den Armen der Mutter vom Schock der austreibenden Muskelkontraktionen. Das Kind schreit nicht, windet sich nicht, krümmt sich nicht.
Jetzt zur Mutter, jetzt wieder Herzlichkeit und Wärme	Auf Herzlichkeit und Wärme mußte das Kind keine Sekunde verzichten. Es wird nicht gezwungen zu atmen – es beginnt selbst mit der Atmung.

Es wird nicht gewaschen und gereinigt, bevor es den Geburtsschock überwunden hat.
Die Nabelschnur wird erst abgeschnitten, wenn diese ihre Funktion eingestellt hat.

Aus Untersuchungen ist heute bekannt, daß gerade die ersten Stunden für die Prägung des Kindes sehr wichtig sind. Möglicherweise steht die oft festzustellende Gefühllosigkeit und soziale Unfähigkeit mit den Erlebnissen während des Geburtsvorganges in Verbindung.

Phasen des Lebens
Der Mensch durchläuft in seinem Leben mehrere Phasen. Die einzelnen Entwicklungsabschnitte und die Ausprägungsformen des gezeigten Verhaltens unterscheiden sich deutlich.
Hier die einzelnen Phasen:

1. 0– 2 Jahre   Säuglings- oder Kleinstkindperiode
2. 2– 7 Jahre   Kleinkindperiode
3. 7–12 Jahre   Schulkindperiode
4. 12–18 Jahre   Pubertät
5. 18–21/25 Jahre Adoleszenz
6. 21/25–45 Jahre Juventus
7. 45–55 Jahre   Präsenium
8. 65– Jahre   Senectus

Also im wesentlichen:

Säugling, Kleinkind, Schulkind, Jugendlicher, Erwachsener, Greis.

1. Säuglings- und Kleinstkindperiode

Die Abhängigkeit des kleinen Menschenkindes ist sehr groß. Ist es doch als physiologische Frühgeburt ganz auf die Pflege durch die Umwelt angewiesen. Die angeborenen Reflexe und Instinkte dienen vorwiegend der oralen Nahrungsaufnahme. Außer bei der Nahrungsaufnahme herrscht passives Verhalten mit Unlustreaktionen vor. Man spricht vom Schlafalter, weil regelmäßige und unregelmäßige Schlafperioden überwiegen. Das Kind lernt aus der Wechselbeziehung zur Umwelt, daß das Bedürfnis nach Nahrung durch bestimmte Verhaltensweisen ausgedrückt werden muß. Schon in den ersten Wochen erfolgt eine Reaktion auf die Stimme der Mutter. Diese Reaktion drückt sich aus in Nachahmung und Lautproduktion. Das Antwortlächeln ist zunächst unspezifisch und kann auch durch Gesichtsattrappen ausgelöst werden.

Da auch blindgeborene Menschen lächeln können, muß man davon ausgehen, daß dieses Verhaltensmuster angeboren ist. Es dient sicher dazu, Zuwendung und Liebe auszulösen.

Die Mutter ihrerseits reagiert auf das Kindchen-Schema. Darunter versteht man in der Psychologie ein Ursache-Wirkungs-Verhalten, wonach runder Kopf, hohe Stirn, Stupsnase und tolpatschige Bewegungen automatisch das Pflegebedürfnis auslösen und emotionale Zuwendung produzieren.

Von Geburt an ist das Neugeborene aktiv; jedoch sind verschiedene Grade der Aktivität feststellbar. Auch die Reaktion auf Reize, wie Nahrung, Schall, Licht, Temperatur, Druck und Umwelt, ist verschieden. Dies kann begründet sein in früheren Einflüssen (Unfall, Infektionskrankheit, länger dauernde schwere seelische Aufregung oder Depression der Mutter). Die Entwicklung läuft nach gewissen allgemeinen Gesetzen, aber auch individuell ab.

Gleich nach der Geburt zeigt das Kind viele ungeordnete und ziellose Bewegungen und Reflexe (Greifreflex) und unspezifische Reaktionen auf innere und äußere Reize.

Lautproduktionen und Schreien dienen der Bedürfnisbefriedigung und können durch Zuwendung abgestellt werden.

Schon im Alter von wenigen Wochen können Neugeborene schwimmen. Sie entwickeln noch keine Angst, wenn sie ins Wasser geworfen werden. Selbst in tiefem Wasser entsteht keine Panik. In Bauchlage werden »Schwimmbewegungen« ausgeführt, die Vorwärtsbewegungen auslösen. Es besteht bereits die Fähigkeit zur Atemkontrolle, die bei Untertauchen zum Luftanhalten führen. Diese bemerkenswerte Fähigkeit ist allerdings bis zum 4. Monat schon wieder verloren. Interessant in diesem Zusammenhang ist, daß bei jungen Affen keine derartigen Reaktionen feststellbar waren. Dieses spezifisch-menschliche Verhalten wird auch als einer der Pfeiler für die Hypothese, wonach sich der Mensch vom Wassertier her entwickelt habe, angesehen.

Die ersten Tage verschläft das Neugeborene fast ausschließlich. Die durchschnittliche tägliche Schlafzeit liegt bei 16,6 Stunden. Extremwerte von 10,5 und 23 Stunden sind beobachtet worden. Die typische Säuglingsgestalt, d. h. die Größe des Kopfes ist vorherrschend, Kopf und Körper verhalten sich wie 1:4, bleibt bis zum Alter von etwa drei Jahren erhalten. Im Verhalten des Säuglings ist deutlich die orale Phase feststellbar. Der Mund (als Urraum, mit dem die Welt erkundet wird) herrscht vor. Freud spricht von der ersten und der zweiten oralen Phase. Die erste orale Phase ist die des zahnlosen »saugenden« Säuglings. Die zweite orale Phase ist die des Beißens (wenn die Zähnchen durchkommen).

Während des 2.-3. Lebensmonats erlebt der Säugling die Mutter als Teil seines Selbst. Man spricht hier von Mutter-Kind-Identität. Die Brustwarze wird immer noch als Teil des eigenen Mundes erlebt. In diese Zeit fällt die erste erlernte Anpassung. Das Kind entwickelt eine »neue« Einstellung zur Umwelt. Es erfährt, daß Schutz und Fürsorge nicht mehr bedingungslos garantiert werden kann. Der Durchsetzungswille des

Kindes stößt auf den Widerstand der Eltern, auf Kontrollen und Einschränkungen. Die Disziplinierung beginnt.

Im Alter von etwa zwölf Wochen benutzt der Säugling beide Hände mit gleicher Kraft. Der Arm wird nach einem Gegenstand, der in einiger Entfernung wahrgenommen wird, ausgestreckt. Der Säugling sieht, hört, schmeckt und riecht, besitzt Tast- und Schmerzempfindungen u. a., kann aber Gegenstände noch nicht als Ganzes wahrnehmen.

Ab etwa fünf Wochen stellt sich das Antwortlächeln ein. Es wird durch Zuwendung ausgelöst.

Ab dem 3. Monat können wir sensomotorische Betätigungen mit Funktionslust feststellen. Rhythmische Bewegungen, Bewegen der Finger zum Gesicht und Fixieren der Finger und Hände sind die körpersprachlichen Ausdrucksweisen dieser Lebensperiode. Geräusche werden gehört und können produziert werden. Lallen entwickelt sich als Vorstufe des Sprachgebrauches.

Ab dem 4. Monat lernt der Säugling das Greifen zunächst am eigenen Körper und greift dann nach Objekten und Personen.

Vom 5. bis 8. Monat beobachten wir ein Nachlassen der Lallmonologe. Interessante Ereignisse werden wiederholt. Aus der ursprünglichen Funktionslust wird ein spielbezogeneres Handeln.

Im 8. Monat braucht das Kind das Gefühl der bedingungslosen Annahme durch die Mutter als Voraussetzung für das Erlebnis des Vertrauens. Deshalb spricht man hier auch von der »Achtmonatsangst«. Fehlt eine dauerhafte Beziehung zu einer Person, kann die dynamische Weiterentwicklung unterbrochen werden und ein Rückzug auf sich selbst erfolgen. Dieser Rückzug kann sich ausdrücken in Gleichgültigkeit, Depression und Authismus.

Vom 8. bis 12. Monat erkennt das Kleinkind die individuelle Mimik und reagiert bei Trennung von der Mutter mit Angstreaktionen. Die bis jetzt erworbenen schematischen Verhaltensweisen können auf neue Situationen angewendet werden. Das Kleinkind erlebt nun die Mutter als von ihm getrenntes Objekt. Es lernt auch zu warten, bis seine Bedürfnisse befriedigt werden können. Die Lautgebung wird präziser und das verbale Verhalten allmählich deutlicher. Die Sprache wird somit als Möglichkeit zur Durchsetzung des Wollens mit wörtlichen Mitteln verwendet. Das Kind beginnt zunächst 1-, dann 2-Wort-Sätze zu formulieren.

2. Kleinkindperiode

In den ersten Monaten des 2. Lebensjahres entdeckt der Mensch durch aktives Experimentieren neue Bedeutungen. Die Sprache, die bis zu diesem Zeitpunkt noch sehr konkrete Funktion besaß, bekommt zunehmend symbolische Funktion. Zunächst spricht das Kind noch Telegrammstil, entwickelt dann aber bis zum 3. Lebensjahr alle

Satztypen. Die liebevolle und zuwendende Kommunikation mit der Umgebung, insbesondere mit der Mutter, vermittelt Geborgenheit.

Dieser Zeitraum ist die Phase der Körperbeherrschung, der Analität und der Sprachbeherrschung. Eigentlich beginnt jetzt die spezifisch-menschliche Entwicklung des Kleinkindes. Es empfindet Freude an muskulärer Aktivität und entwickelt Neugier in bezug auf Körperteile und Körperfunktionen.

Bis zu diesem Zeitpunkt erlebte das Kind den von ihm abgegebenen Stuhl als Geschenk an die Mutter.

Die Erziehung zur Reinlichkeit bedeutet für das kindliche Ich das Verzichtenmüssen auf dieses »Geschenk« an die Mutter. Das Verhalten in dieser analen Phase ist die Vorform des Gebens und Behaltens im menschlichen Kontakt.

Das Kind lernt Berührungsverbote und damit die »eigentumsrechtlichen Aspekte« unserer Kultur. Es entwickelt Sinn für Besitz und Zugehörigkeit. Im Alter von zwei Jahren spricht das Kind etwa 300 Wörter. Mit drei Jahren schon zirka 1600 Wörter und steigert den Wortgebrauch bis zum Alter von zirka 5 Jahren auf etwa 2000 Wörter.

Die Schlafzeit hat sich weiter vermindert auf 13 Stunden.

Mit etwa 3 Jahren beginnt sich das Verhältnis zwischen Kopf und Rumpf zu verändern. Wegen des Molligwerdens zwischen 2 und 4 Jahren spricht man wohl auch von der ersten Füllung.

Dieser Zeitraum wird als Trotzalter bezeichnet. Er beinhaltet die phallisch-ödipale Phase und die ersten Ansätze zur Selbständigkeit. Der Selbständigkeitsdrang zeigt sich in Eigenwille und Trotz und führt oft zu einem Zwiespalt gegenüber den Eltern und zu sozialen Konflikten mit den Geschwistern.

Es entwickelt sich eine stärkere Zuneigung zum andersgeschlechtlichen Elternteil. Diese Initiative kann Schuldgefühle hervorrufen, die wiederum bei verständnislosem Verhalten der Eltern verstärkt werden und zu späterem Fehlverhalten führen können.

Der eigene Körper wird weiter entdeckt, und es stellt sich erstes Spielen an den Genitalien ein. Das Mädchen bemerkt das Fehlen des Gliedes, was zu Kastrationsängsten führen kann. Der eventuell entstehende Kastrationskomplex kann Grundlage späterer Neurosen sein.

Die ausbildung des Über-Ich, eines mehr umweltorientierten Verhaltens, führt zur Verdrängung verbotener Wünsche und Phantasien. Als Abwehrformen verbotener Wünsche und Phantasien werden die Mechanismen der Verneinung, Verschiebung und Verkehrung ins Gegenteil produziert. Die verstärkt einsetzende Identifizierung mit Vater und Mutter ersetzt die ursprüngliche Objektbesetzung. Die ins Ich introjizierte Elternautorität bildet den Kern des Über-Ich. In dieser Krisenzeit ist sachliches Verhalten der Eltern besonders wichtig, da es hilft, diese schwierigen Entwicklungsstufen erfolgreich zu vollenden.

Dem spielerischen Zeigen der Genitalien als Ausdruck des Imponiergehabes sollten die Eltern sachlich und wertfrei gegenüberstehen. In diesem Alter will das Kind lernen und wissen. Es stellt besonders viele Fragen (Fragealter), die von den Eltern mit ernstgemeinten Informationen beantwortet werden sollen. Das durch die Fragen gezeigte Interesse wird leider allzuoft mit Antworten wie »frag' nicht so viel«, »du mit deinen Fragen«, »du fragst mir noch ein Loch in den Bauch« und andere abgetan. Dadurch wird ein für den Menschen wichtiges Verhalten, nämlich sich fragend mit dem anderen und der Umwelt zu beschäftigen, im Kern erstickt. So ist es nicht verwunderlich, daß die Frage im Verhalten Erwachsener so selten auftaucht und statt dessen Feststellungen formuliert werden, die der Sprecher als Fragen formuliert zu haben glaubt.

Im Alter von 4 Jahren ist erstmals das charakteristische Zusammenzucken bei Gefahr erkennbar. Dieses läuft wie folgt ab:

Augen geschlossen, Mund aufgerissen, Kopf und Hals nach vorn, Schultern nach vorn hochgezogen, Arme gebeugt, Fäuste geballt, Rumpf ruckartig nach vorn, Bauch eingezogen, Knie leicht gebeugt.

3. Vorschulalter und Beginn der Latenzperiode

Es tritt eine Beruhigung in der triebmäßigen Entwicklung ein, die das Interesse am Triebhaften speziell gegenüber Erwachsenen in den Hintergrund schiebt. Der Aktionsraum erweitert sich über die Familie hinaus, hin zum Kindergarten und zu gleichaltrigen Spielgefährten. Im Spiel werden Regeln beachtet, die Phantasie beschäftigt sich mit Märchen und entwickelt ein Gut-Böse-Verständnis. Das Lustprinzip wird vom Realitätsprinzip abgelöst, und das Denken wird wirklichkeitsangepaßter. Der motorische Apparat wird beherrscht. Es zeigt sich ein anmutiges, rundes Bewegungsspiel mit kindlicher Grazie. Die Psyche des Kindes ist ausgeglichen und wird überstrahlt von einem naiven Geborgenheitsgefühl.

Zwischen dem 5. und 7. Jahr wächst das Kind plötzlich schnell. Man spricht hier auch von der ersten Streckung.

Freud spricht bei diesem Alter auch von der genitalen Phase. Bis zu diesem Alter wird der Unterschied der Geschlechter entdeckt. Diese Entdeckung verläuft in zwei Perioden. Die Periode der Entdeckung des eigenen Geschlechtsorgans, die phallische Phase genannt, und der Entdeckung des anderen Geschlechts, die ödipale Phase genannt. Es können Ödipus- und Elektra-Komplexe entstehen.

Die Schlafzeit hat sich weiter verringert. Ohne Tagschlaf schläft das Kind nun nachts zirka 12 Stunden.

4. Schulkindperiode

Neue Anforderungen der Umwelt und die Schule verlangen Leistung und Einordnung. Es entstehen Beziehungen zu neuen Autoritäts- und Konkurrenzpersonen. Das Kind übt die Anpassung an soziale Situationen und die dabei notwendige Selbstbehauptung. Bereits jetzt finden wir Verhaltensmuster, die als in der frühen Kindheit erworben anzusehen sind. So z. B. ausgeprägtes Unterwerfungsverhalten und Fluchtreaktionen bei sehr autoritär erzogenen Kindern und Einzelgängertum und Absonderung bei Einzelkindern, die zu sehr vom »Leben« ferngehalten wurden.

Ab dem siebten Jahr vollzieht sich erneut ein Gestaltwandel. Der kindliche Körper streckt sich. Die normale Entwicklung ist gegeben, wenn das Kind in diesem Alter mit dem rechten Arm über den Kopf das linke Ohr erreichen kann. Oft ergeben sich in diesem Lebensabschnitt Diskrepanzen zwischen der körperlichen und der seelischen Entwicklung. Bei noch nicht gegebener altersentsprechender Reife wird die Schule als Überforderungssituation erlebt. Dabei kann die fehlende intellektuelle und charakterliche Reifung anlagebedingt oder durch Verwöhnung, Verwahrlosung, Neurosen oder Oligophrenien (auf erblicher Grundlage beruhender oder früh erworbener Schwachsinn) verursacht sein.

In der Kindheit übt die Erziehung einen besonders großen Einfluß auf das Kind aus. Ob autoritär oder antiautoritär ist nicht einfach zu beantworten. Wichtig ist, daß der heranwachsende Mensch Zuwendung und Liebe erfährt, daß er die Grenzen seines Tuns und die Wirkung auf andere Menschen erkennt, daß er lernt, daß seine eigene Freiheit spätestens dort aufhört, wo die Freiheit der anderen Menschen anfängt.

Eltern, die die normalen Phasen der kindlichen Entwicklung kennen und unterstützen, verhalten sich sicher richtig. Das Vorschulkind sollte man mehr »machen lassen« und nicht durch zu viel Erziehung in seiner Entwicklung stören. Die Grundregeln des Verhaltens sind auf dieser Stufe nur durch maßvolle »Dressur«, Belohnung und Strafe (konditioniertes Verhalten) erlernbar. Fragen bezüglich Sexualität sollten sachlich und entsprechend dem jeweiligen Alter beantwortet werden.

Das Schulkind braucht Rat und Erklärung. Das Bewahren sollte sich auf Extremsituationen beschränken. Das Kind sollte nicht in Selbsterfahrungen hineingetrieben werden. Von temperamentvollen Eltern schadet Strafe in Form eines Klapses nicht. Er kann das Kind »umschalten«. Strafe muß nur »warm« sein. Wenn Strafe, dann muß sofort bestraft werden. Strafe darf von beiden nicht nachgetragen werden. Unerwünschte Aktionen und Reaktionen, wie Zurückweisungsbewegungen, Strampeln mit Armen und Beinen, Wegschieben oder Fortschleudern von Gegenständen, Trotzanfälle, Beißen, Schlagen, Kratzen und Spucken sowie Drohgesten (Anstarren mit zusammengepreßten Lippen), werden am besten mit Nichtbeachtung beantwortet. Ballt das Kind die Fäuste, ist die Stufe der entschlossenen Selbstbehauptung erreicht, und Rat und Hilfe sind wichtiger als Gegenmaßnahmen, mit denen die Selbstbehauptung und weitere Entfaltung eingeengt würden.

Für die Erziehung ist in unserem Kulturkreis in hohem Maße die Mutter zuständig. Ihr Verhalten wirkt demzufolge besonders beeinflussend auf das Kind.

Eine begabte Mutter wird:	Eine unbegabte Mutter wird:
dem Kind ruhig gegenübertreten;	das Kind festhalten, ohne es zu umarmen;
im frühen Kindheitsstadium nicht durch ruckartige, nervöse Bewegungen erschrecken;	zu langsam oder zu schnell schaukeln und so Unruhe erzeugen oder verstärken;
soviel wie möglich Hautkontakt herstellen, durch rhythmisches Wiegen, Gurren, Summen oder andere sanfte Töne beruhigend wirken;	lieblose und gleichgültige Verhalten zeigen und so die günstigen Anlagen schwächen und evtl. ungünstige verstärken.

Schaukeln als Signal aus der Gebärmutterzeit einsetzen, um zu beruhigen;

das Kind nahe dem Herzen halten, um es die vertrauten Herztöne hören zu lassen; 80 % der Mütter tun dies instinktiv (auf 373 von 466 Gottesbildern hielt die Madonna das Kind auf dem linken Arm);

lächeln;

Liebe, Verständnis und Geduld aufbringen.

Beginn der Reifungsjahre. Das 11. Jahr leitet die Vorpubertät ein, der die Pubertät und die Adoleszenz folgt. Die körperliche Reifung beginnt heute etwa zwei Jahre früher als bei vorausgegangenen Generationen und oft vor der psychischen Umstrukturierung. Hormonale, lebensgeschichtliche, erlebnisreaktive und soziale Faktoren steuern die psychologische Reifung. Dabei ist die Entwicklung der Knaben gegenüber der Entwicklung der Mädchen um zirka ein Jahr verzögert. Von der positiven Instinktverbindung über die negative Protestphase erreicht der Mensch nun das Verhalten der neutraleren Reife. In der Vorpubertät (11. bis 12. Lebensjahr) beginnt die Opposition gegen die noch kindlichen Objektbindungen. Es stellt sich speziell eine zwiespältig-ambivalente Auflehnung gegen Autoritätspersonen ein. Die Knaben bilden Gruppen und Banden, in denen strenge Regeln eingehalten und Mutbeweise gegeben werden. Die Mädchen suchen intensive geheimnistuerische Freundschaften. Beide Geschlechter gehen einander aus dem Weg und suchen Annäherungen meist nur im Schutz von Gruppen. Die Entwicklung ist gekoppelt mit dem Verlust der kindlichen Grazie. Da Mädchen weniger stark von der Pubertät betroffen werden, bleibt die kindliche Grazie länger erhalten.

Die Motorik wird linkischer, hölzerner und fahriger. Die oft beobachteten Störungen und unregelmäßigen Stereotypen entsprechen den durch den sexuellen Reifungsprozeß ausgelösten Gleichgewichtsstörungen.

Unzufriedenheit mit sich selbst als Folge der Ablösung von bisherigen Zuordnungen und Mißtrauen gegen die noch nicht vollständig zuzuordnende Umwelt zeigen sich. Es erwacht ein kritischeres Denken mit dem Bemühen um bewußt und rational gesteuerten Willenseinsatz. Oft entstehen Konfliktsituationen aus dem Festklammern an übernommenen Wertvorstellungen und dem Streben nach eigener Stabilisierung.

5. Pubertät

In diesem Lebensabschnitt der Pubertät steht die psychosexuelle Reifung im Vordergrund. Das noch nicht sicher identifizierte Triebziel kann das eigene Geschlecht sein. Man spricht dann von Entwicklungs-Homosexualität. Die Onanie wird als Ventil für Triebspannungen benutzt. Aus Angst vor genitalem Kontakt mit andersgeschlechtlichem Partner können eventuell prägenitale Impulse und homosexuelle Tendenzen aufleben.

Besonders oft zu beobachtende Verhalten sind die Ablehnung seitheriger Autoritäten, Infragestellung überkommener Werte, Streben nach Selbständigkeit und Anderssein, Suche nach neuen Leitbildern und orientieren an diesen Leitbildern, aktiver Abenteuerdrang oder passives Sich-zurückziehen. Alle diese Verhaltensweisen sind ausgelöst durch das Streben, zu eigener Identität zu gelangen. In früheren Generationen war die Pubertät die Zeit der Introversion mit idealistischer Haltung und Absolutheitsansprüchen. Dieses Verhalten ist heute überholt und hat der Skepsis gegenüber Ideologien und Zurückhaltung gegenüber Engagement Platz gemacht. Es hat sich eine eher realistische Einstellung eingestellt. Die Unsicherheit gegenüber der Umwelt und sich wird weniger emotional und intellektuell und mehr motorisch abreagiert (Musik, Tanzexzesse, Motorradrasereien). Gelegentlich werden gefährliche Spiele mit passivem Abenteuer und Phantastica-Drogen beobachtet.

Die Auflehnung gegen die Autorität wird zur Auflehnung gegen die Ordnung überhaupt.

Alle diese Verhaltensweisen dienen zur Abwehr pubertärer Probleme und stellen Bewältigungsmöglichkeiten dar, die entsprechend den sozialen Gegebenheiten wechseln.

Die Pubertät ist die Periode, in der der Mensch Abschied vom Kindesalter nimmt und sich körperlich, geistig und gesellschaftlich auf das Erwachsensein vorbereitet. Der große französische Pädagoge Jean Jaques Rousseau (1712–1778) nannte die Pubertät die zweite Geburt. Es ist in der Tat auch so, als ob der Mensch in dieser Entwicklungsperiode noch einmal geboren würde. Die Kinderjahre machen dem Erwachsensein Platz. Darum sprechen die deutschen Psychologen von der Sturm-und-Drang-Periode. Im Volksmund nennt man diese Zeit oft die Flegeljahre, in denen der Heranwachsende »zu groß für den Latz, aber zu klein für das Tischtuch« ist.

Die körperliche Veränderung während der Pubertät

Es entsteht die Frage, was die Ursache der Pubertät ist. Wodurch verändert sich das Mädchen oder der Junge äußerlich und innerlich so vollständig? Die Ursache der Pubertät ist, daß der Junge und das Mädchen körperlich Mann und Frau werden, mit anderen Worten: sie werden geschlechtsreif. Beim Jungen entwickeln sich in dieser Periode die Hoden oder die Testikel, die sich im Skrotum (im Hodensack) befinden. Bei den Mädchen entwickeln sich die Ovarien (Eierstöcke). Hoden und Ovarien produzieren die Geschlechtszellen, beim Mädchen die Eizellen, beim Jungen die Samenzellen. Von diesem geschlechtlichen Erwachsensein ab wird bei dem Mädchen jeden Monat eine Eizelle reif, und wenn diese nicht befruchtet wird, verläßt sie – begleitet von Blutungen (Menstruation) – ihren Körper. Von dieser Zeit an hat der Junge Samenergüsse (Pollutionen). Manchmal werden diese Pollutionen nachts von sexuellen Phantasien begleitet: man spricht dann im Volksmund von »feuchten Träumen«.

Die Pubertät wird also durch die sexuelle Reifung verursacht. Von diesem Zeitpunkt an kann das Mädchen Mutter und der Junge Vater werden.

Die primären Pubertätsmerkmale

Menstruation und Pollution sind die ersten Anzeichen, die in der Pubertät auftreten und nicht allein die ersten, sondern auch die wesentlichsten. Diese Merkmale treten heute in einem jüngeren Lebensalter auf. Die Kleinsten sind gegenwärtig früh groß. Großmutter menstruierte einst mit 18 Jahren; wenn sie sehr frühreif war, mit 16 Jahren. Derzeit menstruieren die Enkelinnen bereits mit 12 Jahren, und wenn sie spät reif sind, mit 13 oder 14 Jahren. Innerhalb von 50 Jahren findet das körperliche Erwachsensein also sowohl beim Mädchen als auch beim Jungen durchschnittlich fünf Jahre früher statt. Man nennt diese Erscheinung »tropoide Beschleunigung«, weil in den Tropen die Kinder allzeit früher körperlich erwachsen sind. In einem Schema können wir das folgendermaßen zusammenfassen:

Land	Lebensalter der sexuellen Reife
Sibirien	17–19 Jahre
Norwegen	16–18 Jahre
Frankreich	13–14 Jahre
Italien	12–13 Jahre
Arabien	11 Jahre
Senegal	9–10 Jahre
Malabar	8– 9 Jahre

Die sekundären Pubertätsmerkmale

Hans ist ein »langer Schlingel«. Er ist 14 Jahre alt. Die Mutter hat gerade einen hübschen Sportmantel für ihn gekauft, aber nach drei Wochen sind die Ärmel schon wieder zu kurz. Hans ißt ihr »die Haare vom Kopf«, und er wächst wie ein Riese. Jedoch nicht allein die Arme von Hans wachsen zu schnell, er schießt im ganzen nach oben. Und der Flaum des Bartes sprießt. In der Tat, Hans wird ein Mann. Seine Stimme liegt noch zwischen der eines Jungen und der eines Mannes. Ab und zu überschlägt sie sich während des Sprechens wie »ein Hähnchen, das krähen lernt«.

In der Pubertät treten nicht nur im Inneren (in den Geschlechtsorganen) Veränderungen auf, auch äußerlich verändert sich viel am Körper. Das Wachstum vom Jungen zum Mann und vom Mädchen zur Frau ist begleitet von wesentlichen körperlichen Veränderungen. Zu den Veränderungen des Jungen in der Pubertät gehören unter anderem: der Bartwuchs, die Veränderung der Stimme, die Entwicklung des Brustkastens und das Längerwerden der Arme. Ein typischer Unterschied zwischen den Jungen und Mädchen in dieser Periode ist es, daß beim Jungen die Brust und beim Mädchen das Becken mehr auswächst. Mädchen und Jungen bekommen in dieser Periode die Achsel- und Schambehaarung. Einige Jungen bekommen auch Haare auf der Brust. Zu den Veränderungen, denen das Mädchen unterworfen ist, gehören die »Abrundung« des Körpers und die Entwicklung der Brüste.

Die tertiären Pubertätsmerkmale

Da kommt Beate. Beate ist auf der Mittelschule. Sie »fegt« mit ihrem Sportrad um die Kurve und sitzt keinen Augenblick still auf dem Sattel. Absteigen gibt es nicht mehr, sie springt vom Rad herunter. Und das schöne Fahrrad wird nicht gegen die Mauer gelehnt, nein, es wird gegen die Mauer geknallt. Es ist ein Jammer – und es zeugt nicht von viel Ehrfurcht vor dem Material (kein ökonomisches Gefühl!), aber es ist so. Beate donnert die Treppe hinauf; Mutter schimpft wegen des neuen Treppenläufers. Beate hört nicht einmal hin. Sie wirft ihre Schultasche in eine Ecke des Zimmers und wirft sich in einen Sessel. Der Tee wird mit einem Schluck ausgetrunken.

So ist Beate. Und so sind Hans, Rita, Jochen und Thea. So sind die »Pubertätler«. Das Geschlechtshormon (bei den Mädchen aus den Eierstöcken, bei den Jungen aus den Hoden) verrichtet seine Arbeit, und im Körper herrscht Unruhe, und diese Unruhe wird widergespiegelt in den Bewegungen, im Sprechen und darin, wie die Dinge angefaßt werden. Diese gestörte Motorik (Bewegung) nennt man die tertiären Merkmale der Pubertät. In der modernen Jazz-, Pop- und Rockmusik und in modernen Tänzen kommt diese gestörte Motorik stark zum Ausdruck. Man kann die Frage stellen, wieso die moderne Jazzmusik, die modernen Schlager und die modernen Tänze eine so starke Anziehungskraft auf die Jugend haben. Die Antwort lautet: weil diese Musik, diese Tänze und diese Schlager auf den psychischen Zustand der heutigen Jugend eingestellt sind. Alle ihre gestörte Motorik finden sie in dieser Musik, in diesen Schlagern und Tänzen wieder. Und wenn sie bald im Innern diese Unruhe und diese gestörte Motorik überwunden haben, werden sie entweder dieser Musik, diesen Schlagern und Tänzen den Rücken kehren oder sie mit ganz anderen Augen sehen. »Pubertätler« sind nun einmal labil, weil sie sich in einer Übergangsperiode befinden. Sie befinden sich gleichsam zwischen »Schaum und Bier«. Sie sind weder das eine noch das andere. »Pubertätler« erfordern Verständnis und Gelegenheit, ihre Energie auszuleben.

Die geistigen Veränderungen während der Pubertät

Nicht nur körperlich, auch geistig verändert sich etwas in der Pubertät. Die Kleinkindperiode wird auch erste Pubertät genannt. Sie wissen, daß in dieser Kleinkindperiode das Kind seinen Willen entdeckt und daß darum diese Periode das Trotzalter genannt wird. Auch in der eigentlichen Pubertät oder, anders gesagt, in der zweiten Pubertät macht das Kind eine Entdeckung.

Jochen hat die Volksschule gut hinter sich gebracht. Er sitzt nun in der dritten Klasse der höheren Schule. Jochen ist 14 Jahre alt. Er befindet sich in der Pubertät. Der Bart wächst schon; auch die Achsel- und Schamhaare sind bereits entwickelt. Die Arme sind plötzlich gewachsen, und seine Stimme »kräht« bereits heftig. Bis vor kurzem ist er ein netter, tüchtiger und ruhiger Junge gewesen, der sich zu jeder Zeit zu Hause gut beschäftigen konnte. Nun ist er ganz und gar unruhig. Er will auf die Straße hinunter hinter den Mädchen her, denn er hat das andere Geschlecht entdeckt. Zu Hause, in der Diskussion mit Vater und Mutter, ist er gegen alles. Eigentlich findet er seine Eltern hoffnungslos altmodisch. Er bekommt eine eigene Meinung über den Kirchgang, Kunst und Politik, und um nach außen deutlich sehen zu lassen, daß er sich innerlich verändert, läßt er sich von seinen Freunden nur noch Jo nennen. Jochen sitzt mitten im Hexenkessel der Pubertät.

Losreißen und reifen

In der Pubertät muß der junge Mensch sich von seinen Eltern losreißen. Er soll erleben, daß er für sich selbst und alleine in der Welt zurechtkommen muß. Es gibt sehr viele Eltern, die dem Losreißen ihrer Kinder im Wege stehen, es verhindern und – noch schlimmer – es unmöglich machen. Eine zu starke Elternbindung macht dieses Losreißen unmöglich. In der Pubertät muß das Kind lernen, auf eigenen Füßen zu stehen. Darum ist das Reisen ohne die Eltern, das Zelten und Wandern mit anderen Jugendlichen so empfehlenswert. Das Losreißen geht oftmals mit Schwierigkeiten vonstatten, sowohl von seiten der »Pubertätler« selbst als auch von seiten der Eltern. Losreißen verursacht ja immer Schmerzen. Nach dem Losreißen muß der »Pubertätler« reifen. Er oder sie muß sich zu einem Erwachsenen entwickeln, der es wagt, unter eigener Verantwortung zu leben. Das Urteil der Eltern, so wertvoll es auch sei, muß zu einem bestimmten Augenblick Platz machen für das Urteil der Kinder selbst. Nochmals: Es ist oft enttäuschend festzustellen, wie Eltern ihre älteren Kinder klein und unselbständig halten, anstatt sie groß werden zu lassen und zur Selbständigkeit zu erziehen. In der Pubertät müssen die Eltern, wenn es gut gehen soll, einen Sohn oder eine Tochter verlieren können, um dafür einen Freund oder eine Freundin zu bekommen. Im geistigen Reifungsprozeß des »Pubertätlers« können wir drei Stadien (Phasen) unterscheiden. Der junge Mensch entdeckt in der Pubertät sein eigenes Ich, er beschäftigt sich ganz bewußt mit den verschiedenen Lebenswerten, und er bildet sich eine eigene Meinung. Wollen wir uns diese drei geistigen Veränderungen einmal näher ansehen:

Die Entdeckung des eigenen Ich

Zwischen dem 14. und dem 18. Lebensjahr wird der Mensch sich der Tatsache bewußt, daß er ein persönliches Ich hat. Bisher lief er mehr oder weniger am Gängelband der Eltern. Doch nun tritt sein eigenes Ich hervor. Darum wagt er es, zu widersprechen und eigene Wege zu gehen. Das ist es also, was wir soeben besprachen, als wir das Losreißen behandelten. Die Entdeckung des eigenen Ich führt zum persönlichen Standpunkt und einer eigenen Sicht auf die Dinge. Viele Eltern und Erzieher spornen dies nicht an. Im Gegenteil, sie finden es schöner, wenn ihre Kinder eine Kopie ihrer selbst werden anstatt etwas Originelles, Eigenes. Dadurch, daß der »Pubertätler« sein eigenes Ich entdeckt, interessiert er sich nun persönlich für bestimmte Dinge, die mit ihm harmonieren. Sein Interesse wird dadurch also persönlich.

Die Lebenswerte

Die sechs Lebenswerte sind die Lebensüberzeugung (die Religion), die Gemeinschaft, die Schönheit, die Ökonomie, die Wissenschaft und die Macht. In der Pubertät beschäftigt sich der junge Mensch nun auch bewußt mit diesen Lebenswerten. Er interessiert sich also, oder er interessiert sich nicht für den Gottesdienst, die Kunst, die Politik usw. Er beginnt sich über diese Lebenswerte ausführlich auszulassen. Darum ist es so vorteilhaft, wenn »Pubertätler« Mitglieder einer Jugendgruppe sind, in der diskutiert wird. Sie lernen dann, ihren Standpunkt über bestimmte Lebenswerte in Worte zu fassen, und außerdem gelangen sie in Kontakt mit dem Standpunkt anderer und lernen, diesen Standpunkt zu respektieren.

Die eigene Meinung

Wenn die Pubertät in der richtigen Weise verläuft, entwickelt der junge Mensch in dieser Periode seine eigene Meinung. Die Entdeckung des eigenen Ich und das Experimentieren (Versuch machen) mit den verschiedenen Lebenswerten führt zu einem eigenen Standpunkt, einer eigenen Meinung, einer persönlichen Überzeugung. Wenn das stattgefunden hat, ist das Erwachsensein vollendet. Der »Pubertätler« hat nun endgültig vom Jugendland Abschied genommen. Er ist erwachsen geworden. Er wird nun versuchen, sich selbst und seinen Standpunkt mit den Mitteln, über die er verfügt, in der Welt zu behaupten.

Nach gelungenem Persönlichkeitsaufbau und Eingliederung des Sexus wird das Verhalten in dieser Phase der Adoleszenz positiver und freier. Im körpersprachlichen

Ausdruck verschwinden eckige Züge, und die sparsameren Bewegungen des bewußt Wollenden kristallisieren sich heraus. Eine Beruhigung und Stabilisierung tritt ein. Neue Identifizierungen werden gefestigt. Es gelingt immer mehr, die eigene Identität mit der sozialen Umgebung in Einklang zu bringen. Oft aber bleiben Reste der pubertären Psyche erhalten und stören die Motorik. Dann treten forciert männliche, hochmutig steife und gezierte Verhaltensweisen auf.

Das Hineinwachsen in den Beruf und das Erwachsenenalter kann beginnen.

Ein Beispiel wird verdeutlichen, weshalb die Kenntnis um die Entwicklung des Menschen so wichtig ist:

Während einer festlichen Veranstaltung eines Experten-Clubs fiel mir das kindhaft-werbende Verhalten einer am gleichen Tisch sitzenden, etwa 40jährigen Dame auf.

Das beobachtete Verhalten läßt sich wie folgt beschreiben: Das gesamte Ausdrucksverhalten war begleitet von lebhafter Motorik mit kindhaft anmutigem Bewegungsspiel. Bei der Formulierung von Aussagen kam der Kopf nach vorne, beide Augen waren, Interesse und Aufmerksamkeit signalisierend, überweit geöffnet. Der Kopf, leicht schräg geneigt, bewegte sich, wie Trotz signalisierend, im Rhythmus des Sprechens so, als wolle sie ihren Ausführungen naiven Nachdruck verleihen. Die Sprachmelodie beinhaltete zugleich werbende und vorwurfsvolle Betonungen. Die Lippen waren während des Sprechens leicht geschürzt. Die Gestik zeigte eher vorsichtig tastendes als dynamisches Verhalten. Nach längerer Beobachtung drängte sich mir das Bild eines kleinen Mädchens, das sich, sich gegen eine ältere Schwester behauptend, bei Autoritätspersonen Gehör verschaffen will. Diesem Bild zufolge vermutete ich ein nicht oder zu wenig vollzogenes Erwachsenwerden und eine Bindung an Situationen der Kindheit. Der Eindruck eines überdependenten Verhaltens wurde insgesamt gestärkt durch das hohe Maß an in der Körpersprache sichtbaren parakommunikativen Appellen. Die Werbung um Aufmerksamkeit enthielt viele kindliche Manierismen, und das Werbegebaren war hauptsächlich auf die Augen beschränkt. Unter dem Eindruck dieser körpersprachlichen Äußerungen erkundigte ich mich nach den tatsächlichen Fakten und erfuhr, daß die beobachtete Dame wegen starken Depressionen behandelt wurde. Die Depressionen gipfelten darin, daß sie sich bei Einzug in ein neues Haus mehrere Wochen in einem Zimmer einschloß und außer zum Zwecke der Nahrungsaufnahme und zur Befriedigung elementarer Bedürfnisse jeden Kontakt mit ihrer Familie und der Außenwelt abgebrochen hatte. Wie ich weiter erfuhr, hat sie tatsächlich lediglich eine ältere Schwester.

Auch dieses Beispiel zeigt recht eindrucksvoll, daß im Erwachsenenalter gezeigte Körpersprache wegen starker Bindung und mangelhafter Loslösung und Weiterentwicklung aus kindlichen Situationen begründet sein kann.

Psychodynamisch handelt es sich hier wahrscheinlich um eine Übertragung von transkontextuellem Verhalten aus früheren Beziehungen auf jetzige, ähnliche Beziehungen. Das sonst depressive Verhalten dieser Dame wird in Gesellschaft und auch sonst, wie mir bestätigt wurde, überkompensiert mit einem Verhalten, das während der Kindheit die Aufmerksamkeit der anderen und damit Anerkennung ausgelöst hat. Das Problem dürfte darin bestehen, daß das inzwischen erreichte Lebensalter unbewußt als Verbot für kindliches Verhalten wahrgenommen wird, aber ein Erwachsenenverhalten nicht erlernt worden ist. Aus der entstandenen Verhaltenslinie resultiert wahrscheinlich das verzweifelt Depressive, zu Verstecken führende Verhalten im familiären Umkreis, während im Beisein von Dritten dieses Verhalten noch immer zu entsprechenden Zuwendungen führt.

Auch in diesem Beispiel zeigt sich, daß das Beobachten der nonverbalen Kommunikation und die daraus möglichen Erkenntnisse wichtige Mosaiksteine für eine Diagnose und die folgende Therapie sein können.

6. Frühes bis mittleres Erwachsenenalter (Adoleszens)

Die Schwerpunkte dieser Phase liegen in den Bereichen Beruf, Ehe und Familie. Es entwickelte sich eine extrovertierte Aktivität und ein Streben nach beruflichem und sozialem Aufstieg. Als Konfliktquellen ergeben sich Spannungen zwischen Selbstbehauptung, Ansprüchen und Einordnung in das soziale Gefüge. Ein richtiges Verhalten in Auseinandersetzungen mit Vorgesetzten und Untergebenen, die Regeln für den Konkurrenzkampf müssen erlernt werden. Die Anforderungen mehren sich. Viele Rollen, Beruf, Familie, Freizeit usw. und das starke erotische Erleben müssen koordiniert werden. Oft entstehen Eheschwierigkeiten aus Enttäuschung darüber, daß der Partner die Erwartungen nicht erfüllen kann, und daraus, daß verdrängte frühkindliche Umgangsweisen mit Eltern und Geschwistern im Alltag wieder aufleben und mit den erlernten Verhaltensweisen nicht gelöst werden können. Unbewußt werden im Partner eigene Wünsche, z. B. Untreue-Wünsche, durch Eifersucht bekämpft. Schwierigkeiten ergeben sich oft bei charakterlich verschiedenen, aber neurotisch ähnlich strukturierten Partnern.

Mit zunehmender Erfahrung und Übung gelingt die Übernahme aktiver und passiver Rollen nach innen und außen immer leichter, und das Verhalten spielt sich ein.

Die Familie produziert Verpflichtungen und fordert Identifizierung mit der Vaterbeziehungsweise Mutter-Rolle. Schwierigkeiten mit den eigenen Eltern (»Der Apfel fällt nicht weit vom Stamm«) gehen in die Beziehungen mit den Kindern ein. Im negativ ausgeprägten Verhalten werden Konflikte vor Kindern ausgetragen und Kinder zum Abreagieren eigener Spannungen herangezogen.

Die eigene Prägung führt dazu, daß Situationen in der Familie nicht wertfrei erlebt werden können und daß statt harmonischer Aktionen und Reaktionen inadäquates Verhalten produziert wird. Daraus resultiert auch die immer wieder zu hörende Meinung von Psychologen und Psychotherapeuten, daß »die Probleme der Kinder fast immer die Probleme der Eltern widerspiegeln«. Oft führt die Ähnlichkeit eines Kindes mit einem Ehepartner oder mit einer Bezugsperson der eigenen Kindheit zu einseitig bejahender oder ablehnender Haltung.

Gerade in diesem Lebensabschnitt, der die Grundlage für beruflichen Erfolg oder Mißerfolg legt, ist eine entsprechende Bewußtmachung von Hemmnissen nötig. Werden derartige Hemmnisse nicht bewußt gemacht und nicht verarbeitet und wird nicht durch entsprechendes Training ein kommunikationsfähiges Ich herangebildet, dann verfestigen sich die vorhandenen, auch negativen Strukturen und können bis zu zwanghaftem Verhalten führen. Die Rechtfertigung «Ich bin so, wie ich bin« zeigt nur, daß ein »So-sein-Wollen«, wie man sein kann, nicht angestrebt wird. Der Fehler, eigene Schwächen zu rechtfertigen, wird leider viel zu oft begangen, weil die Mühe für den Aufbau der wirklichen Persönlichkeit gescheut wird. Niemand ist schuld an den Strukturen, die ihn geprägt haben. Jeder aber ist schuld daran, wenn er sich mit diesen Strukturen abfindet, sie sogar noch narzißtisch akzeptiert und dadurch auf einer Stufe der Teilentwicklung stehenbleibt.

7. Mittleres Lebensalter (Juventus)

Die Berufsverhältnisse stabilisieren sich. Neue Konfliktquellen resultieren aus der Enttäuschung über den erreichten Status und dem Fehlen von Aufstiegsmöglichkeiten. Die mögliche Produktivität wird durch Stagnation bedroht. Die Mutter erlebt oft Frustration dadurch, daß die Kinder groß werden und daß sie nicht mehr so wie früher gebraucht wird.

Neuorientierung auf außerhalb liegende Möglichkeiten bringt dann eigene Erfolge oder verpaßte Möglichkeiten ins Spiel. Die Frage nach dem wirklich Erreichten und dem Sinn des Ganzen wirft eines der Probleme der zweiten Lebenshälfte auf.

Das beginnende Klimakterium weist auf das Aufhören der biologisch vitalen Funktion hin. Je mehr die Vitalität das tragende Lebenselement war, desto einschneidender wird das Nahen des Alters erlebt. Männer versuchen den Verlust der Jugend oft dadurch zu kompensieren, daß sie Verhältnisse zu jüngeren Partnerinnen anstreben. Die Körpersprache drückt durch mehr oder weniger gewaltsame, steife und holprige Motorik die psychischen Störungen aus. Unzufriedenheit, Flucht in Zynismus und Reizbarkeit können weitere Resultate der Veränderung sein. Bei Frauen können männliche Züge und Verhaltensweisen (»Mannweiber«) in den Vordergrund treten.

8. Alter (Präsenium/Senectus)

Je mehr geistige Interessen und nebenberufliche Betätigungen in der mittleren Lebenshälfte aufgebaut wurden, um so leichter wird der Rückzug aus dem aktiven beruflichen Leben. Die im frühen und mittleren Erwachsenenalter evtl. durch Training erworben Fähigkeiten zur Selbstbejahung, Konfliktlösung und Kommunikation stellen sich spätestens jetzt heraus. Bei einseitiger beruflicher Ausrichtung und fehlendem Zu-sich-Finden wird der Ausstieg aus dem Berufsleben oft als Schock (Pensionsschock) erlebt.

Das Fehlen von strukturgebenden Tätigkeiten, das nicht mit sich Zurechtgekommensein und Zurechtkommen und die daraus resultierende Langeweile führen oft zu psychosomatischen Krankheitsbildern und zur Isolation. Neue Ziele helfen die Isolierung und Passivität verhindern. Eine Schwächung der vitalen Grundkräfte ist eines der Kennzeichen des normalen seelischen Alterns. Charakterzüge verschorfen, Bewegungsabläufe werden verlangsamt. Die Leistungsfähigkeit des Gedächtnisses verringert sich. Es kann sich eine gedankliche und affektive Umstellungsschwäche ergeben, die durch verstärktes Festhalten an Gewohnheiten und egozentrischen Verhaltensweisen vertuscht wird. Als Prüfsteine werden der Überblick über das bisherige Leben und die Einstellung zum Herannehmen von Krankheit und Tod erlebt.

Als Versagenszustände können bezeichnet werden:

- Die Tatsache des Alterns wird verdrängt oder mit Apathie hingenommen.
- Früher kompensierte Fehlhaltungen treten zutage.
- Charaktereigenschaften zeigen sich karrikativ.

Die Kommunikation mit den nachfolgenden Generationen wird wegen des nicht vorhandenen gemeinsamen Informationsstandes erschwert. Die Frage »Wo bin ich angekommen?« wird zwar gestellt, aber meist kompensativ mit Begründungen, warum man selbst nichts dafürkann, beantwortet. So wird das Alter bei leider vielen Menschen zu einem negativ besetzten Lebensabschnitt. Dabei könnte es die Endstufe eines erfahrungs- und entwicklungsorientierten Lebens und die Krönung des Lebens überhaupt sein.

»Was Hänschen nicht lernt, lernt Hans nimmermehr«, wird zu einer schmerzlichen Erkenntnis.

Früher nicht verarbeitetes, aber von den Kindern wegen deren Machtlosigkeit toleriertes Fehlverhalten wird dem alternden Menschen jetzt angelastet. Dadurch verstärkt sich die Vereinsamung. Eine aktive Änderung des Verhaltens in bezug auf die Erwartungen der Jüngeren ist oft nicht mehr möglich. Gezeigtes Rechtfertigungsverhalten und Gegenvorwürfe verhärten die Situation und führen oft zu Zwist und Abbruch der Verbindungen.

Wer im Alter nicht allein sein will, muß schon im frühen Erwachsenenalter vorbeugen. Vielleicht drückt ein Sprichwort das heutige Verhältnis der Generationen wirkungsvoll aus: »Früher haben die Jungen von den Alten gelernt, um anerkannt zu werden, heute müssen die Alten von den Jungen lernen, um anerkannt zu bleiben.«

9. Prägende Einflüsse und ihre Auswirkungen auf das Individuum

Der amerikanische Nationalökonom und Soziologe Thorsten Veblen (1857–1929) sieht im Menschen ein soziales Wesen, das sich mit den allgemeinen Formen und Normen seiner Kultur-Gruppe konform verhält. Er sieht folgende prägenden Einflußkreise:

Diese Einflußkreise sind vor allem deshalb interessant, weil sie die verschiedenen Einflüsse aufzeigen.

Kultur

Der heranwachsende Mensch gleicht sein Verhalten den kulturellen Gebräuchen an und lernt an die Richtigkeit des Kulturgutes zu glauben, so lange, bis evtl. abweichende Elemente innerhalb der eigenen Kultur erscheinen oder bis er mit Angehörigen einer anderen Kultur konfrontiert wird. Mit zunehmender Bevölkerungszahl verliert die Kultur an Homogenität. Es entwickeln sich dann kleinere Einheiten, die Subkulturen.

Subkulturen

Subkultur ist nahezu gleichbedeutend mit Landsmannschaft. Wir fühlen uns als Bayern, Hessen, Schwaben. Subkulturen treten auch als Religionsgemeinschaften, Staatsangehörigkeiten, Brüderschaften u. a. Gemeinschaften auf. So geben Subkulturen einander fremden Menschen eine Gelegenheit, sich miteinander zu identifizieren. Bei der Bildung von Einstellungen spielen Subkulturen eine wichtige Rolle.

Soziale Klassen

Veblen analysierte die Konsumgewohnheiten der »feinen Leute«; dabei konnte er aufzeigen, daß Ausgaben oft nicht durch das erworbene Gut selbst, sondern durch Prestigestreben motiviert sind. Das Verhalten dieser Gesellschaftsschicht beinhaltet »auffälligen Konsum«. Man läßt seine Mitmenschen wissen, wo man kauft, wo man zu übernachten pflegt, wo man »arbeiten« läßt. Andere Gesellschaftsschichten versuchen oft den »feinen Leuten« nachzueifern. Andere, neuere Untersuchungen haben gezeigt, daß viele »feine Leute« ein Normalverhalten produzieren, um nicht aufzufallen. Große Teile der im Überfluß lebenden Schichten praktizieren sogar einen auffällig untertriebenen Konsum. Dies hängt unter Umständen damit zusammen, daß das, was man sich leisten könnte, nicht mehr Motivator für Leistenwollen sein muß. Das Bewußtsein, »ich könnte das ohne jede Schwierigkeit haben«, vermittelt dieselbe emotionale Befriedigung wie das tatsächliche Gut.

Für mittlere und untere Schichten gilt jedoch meist die Regel, wonach Personen danach streben, die sozialen Verhaltensmuster derjenigen Schicht nachzuahmen, die unmittelbar über der eigenen steht.

Zahlenmäßig sind drei soziale Klassen interessant:

Die obere Mittelklasse

- legt Wert auf berufliches Können,
- gestattet sich teure Statussymbole (Auto, Wohnungseinrichtung, Urlaubsort, Haus)
- und zeigt wirklichen oder vorgespielten Sinn für Kunst, z. B. Theater.

Angehörige dieser Klassen wollen, daß ihre Kinder schon früh viel leisten. Sie haben mit den Kindern viel vor. Diese müssen »mindestens« Vizepräsident oder Chefarzt werden.

Die untere Mittelklasse

- schätzt geordnete Haushaltsführung,
- beschränkt sich auf bescheidenere Karrieren der Kinder (z. B. Ingenieur oder Lehrer),
- sparsame Lebensführung und Eigenschaften, wie z. B. Selbstbeherrschung, werden bei der Erziehung der Kinder besonders hervorgehoben.

Die obere Unterklasse

- kennzeichnet sich oft dadurch, daß die Wohnung in einer älteren Wohngegend beibehalten wird, jedoch mit modernen Geräten (z. B. Stereo-Anlage) ausgestattet wird.

– Angehörige dieser Klasse leben oft nach dem Motto »die Axt im Hause erspart den Zimmermann« und erledigen anfallende Arbeiten in Haus und Garten selbst.
– Neue Kleidung wird hauptsächlich aus Anlässen heraus gekauft.
– Die Familien sind meist größer.
– Die Kinder lernen oft einen handwerklichen Beruf.

Aus dieser Schicht entstammen viele Kleinunternehmer, Politiker, Sportler und Gewerkschaftler.

Die Zugehörigkeit zu einer sozialen Klasse wird am Auftreten, am Verhalten und an der Sprache erkennbar.

Bezugsgruppen

Dies sind Gruppen, denen wir nahestehen, aber nicht angehören. Menschen orientieren sich an solchen Bezugsgruppen und streben die Mitgliedschaft an. So identifizieren sich Jungen z. B. mit Mitgliedern von Fußballmannschaften und Teenager mit Filmstars. Sie beobachten das Verhalten der Bezugsgruppen sorgfältig und ahmen es häufig nach. Bezugsgruppen können zu wichtigen Einflußträgern (Werbung) werden.

Kleingruppen

Das sind jene kleinen Gesellschaftseinheiten, mit denen ein Mensch häufig Kontakt hat (Freunde, Nachbarn, Kollegen u. a.). Die Zugehörigkeit zu den Kleingruppen wird hauptsächlich durch den Beruf, den Wohnort oder durch das Lebensalter bestimmt. Kleingruppen üben den unmittelbarsten Einfluß auf den Geschmack und die Einstellungen aus. So ist z. B. ein starker Einfluß bei der Wahl von Marken (Zigarettenmarke, Auto) nachweisbar.

Familie

Der Mensch übernimmt von den Familienmitgliedern deren geistige Grundeinstellung. Die Familie legt auch die Basis für Sparsamkeit, Ernährungsgewohnheiten und für Beziehungen mit anderen Menschen. Obwohl junge Menschen oft gegen die Wertvorstellungen der Älteren rebellieren, akzeptieren sie diese.

Person

Die komplexe Psychologie bezeichnet das, was wir in der Welt darstellen, als Person. Diese Bezeichnung stammt vom lateinischen Persona. Hierunter wird zunächst die äußere Erscheinung und der Charakter einer Rolle verstanden. Wie das Wort, das von der Bezeichnung für die Maske des antiken Schauspielers, die standardisiert war auf die Erscheinung des Traurigen, Tragischen, Heiteren usw. – »Persona« von personare = durchtönen, besagt. Jung definiert: »Die Person ist ein Kompromiß zwischen Individuum und Societät oder das, was einer scheint, z. B. »die« schöne Frau, »der« Mann mit dem Charakterkopf etc.

In der Person sehen wir die Projektion der Umwelt auf uns. So wird das Wort auch für ein bemerkenswertes Individuum gebraucht, das irgendeine wichtige Rolle spielt. Heute allerdings besagt das Wort fast ausschließlich dasselbe wie das Wort Individuum. Der Begriff ist abgeblaßt und findet in diesem Inhalt lediglich seinen Sinn in den Attributen des Menschseins. Ein Hund ist zwar auch ein Individuum, aber keine Person.

Kollektiv betonte Menschen und auch Neurotiker verlegen oft das Hauptgewicht ihrer Bemühungen auf die Gewinnung und Aufrechterhaltung der Fassade – auf die angenehme Wirkung als Person. Damit findet eine Entleerung des Ich statt. Der Mensch wird identisch mit dem, was man von ihm denkt und hält. Dies gilt für Beamte, Filmschauspieler u. a. So hat der »Person-Begriff« eine Beziehung zur Hauptfunktion.

Person stellt sich nunmehr als die Summe von Anlagen, auf die sich die vorgenannten Umwelteinflüsse auswirken, dar. Weil die Anlagefaktoren unterschiedlich sind, machen sich gleiche Umwelteinflüsse anders bemerkbar. So wird der reifende Mensch zum Produkt dessen, was er als Anlage mitbringt und die Umwelt entfalten läßt.

Im Verlaufe der Jahre werden ursprüngliche Nachahmungen zu eigenen Gewohnheiten. Die Art, wie man die Hände faltet, wie man die Arme kreuzt u. a., zeigt dies.

Unterschiedliche Einflüsse prägen voneinander abweichende Verhaltensmuster.

Je nachdem, was wir sehen, finden wir Unterschied und Gemeinsames. Dies liegt auch an unserer natürlichen Neigung, Gemeinsames zu übersehen und Unterschiede wahrzunehmen. Oft verwechseln wir auffallende Abweichungen mit grundsätzlichen Unterschieden. Alle diese Wahrnehmungsfehler erschweren es, die Unterschiede von angeborenem und erworbenem Verhalten klar zu erkennen. Alle angeborenen Verhaltensweisen sind bereits im Gehirn eines Neugeborenen »programmiert«, wie zum Beispiel bestimmte Reaktionen auf bestimmte Reize, die Reaktion eines neugeborenen Babys auf den Reiz der Mutterbrust.

Daß die Fähigkeit zu lächeln und zum Stirnrunzeln angeboren sein dürfte, ist daran erkennbar, daß auch blind- und taubgeborene Kinder diese Muster in bestimmten Situationen zeigen.

Durch Umwelteinflüsse können angeborene Verhaltensmuster unterdrückt werden. Denken wir in diesem Zusammenhang nur an das Sexualverhalten streng religiöser Familien oder religiöser Orden.

Arm und Bein, die Art und Form von Hand und Finger sind angeboren. Durch genetische Besonderheiten kann die Fähigkeit oder Unfähigkeit, bestimmte Bewegungen oder Sportarten auszuführen, erleichtert oder erschwert werden.

Viele bei Geschwistern gleiche Verhaltensweisen lassen auf den ersten Blick auf Vererbung schließen, obwohl es sich dabei meist um Nachahmung von Verhalten der sozialen Einflußkreise oder selbstentdecktes Verhalten, das durch anatomische Beschaffenheit vorgegeben sein kann, handelt.

Schon auf das ungeborene Leben, den Fötus, wirken sich Umwelteinflüsse aus. So sind die Gefühlsausbrüche Schwangerer von Hormonausschüttungen begleitet, die den Fötus erreichen und mitprägen.

Nun lassen sich aus den Umwelteinflüssen keine individuellen Ratschläge für die Einflußnahme (z. B. Erziehung) geben. Einzelratschläge, die dem übrigen Erziehungsstil zuwiderlaufen, würden mehr verwirren als helfen. Viel leichter als der positive Ratschlag ist das Aufzeigen von negativen Faktoren. In Erziehung und Führung sollten despotische, moralisierende, dogmatische, überfordernde, verwöhnende, ängstliche und egoistische, ungleichmäßige und verwahrlosende Einflüsse vermieden werden. Maßgebend ist die Gesamthaltung der Beeinflussenden.

Der Mensch soll lernen, sich zu behaupten, ohne zum kaltherzigen Egoisten zu werden, sich anzupassen, ohne ein Anpasser zu sein. Die Erziehungsarbeit bzw. die Einflußnahme von Randpersonen, beispielsweise der Geschwister, auf das Kind und weiterer Führungskräfte auf den Mitarbeiter, muß in Grenzen gehalten werden.

Kapitel 3
Persönlichkeit und Kommunikation

Wenn Herr Maier von seinem Hund behauptet, dieser sei eine »ausgeprägte Persönlichkeit«, so meint er damit, daß dieses Tier sich durch bestimmte Merkmale und Verhalten positiv von anderen Hunden unterscheidet. In diesem Sinne verstehen wir den Begriff der Persönlichkeit auch, wenn wir Menschen mit dieser Bezeichnung belegen. Es handelt sich dann um Menschen, für die wir das weniger wertige Wort »Person« nicht anwenden wollen.

Wissenschaftlich definiert ist Persönlichkeit: Der umfassende Begriff für die dynamische Integration von intellektuellen, affektiven, trieb- und wissensmäßigen, angeborenen oder erworbenen Eigenschaften in ihrer Beziehung zur Umwelt oder dasjenige Prinzip von dynamischen Faktoren im Individuum, das seine Anpassung an die Umwelt bestimmt. Dies sind zwei aus einer Vielzahl von Definitionen, die für den Begriff »Persönlichkeit« erarbeitet wurden. Persönlichkeit ist aber außer der persönlichen Eigenart eines Individuums, die auch in dem Begriff Person teilweise ausgedrückt wird, auch die Art, wie es diese zum Ausdruck bringt und zur Wirkung auf andere gelangen läßt. Persönlichkeit beinhaltet demzufolge sowohl Eigenschaften als auch Wirkungsqualitäten. Jemand ist fröhlich (Eigenschaft). Besitzt er nicht die Fähigkeit, diese Fröhlichkeit anderen mittels Sprachgestaltung, Wortwahl und Körpersprache mitzuteilen, fehlen ihm trotz der Eigenschaft die notwendigen Wirkungsqualitäten. Wir können also sagen: Wer nicht als Persönlichkeit erkannt und anerkannt wird, hat ungünstige Wirkungsqualitäten.

Noch etwas weiter ausholend, kommen wir in die Bereiche der Bewußtseinsentfaltung. Diesen Aspekten zufolge ließe sich Persönlichkeit auch verstehen als – über den Durchschnitt hinaus entwickeltes Bewußtsein. Je höher die erreichte Bewußtseinsstufe, desto mehr Einsichten, Erkenntnisse und wirksame Verhalten stellen sich ein.

Denken wir an die Entwicklung unserer eigenen Persönlichkeit. Hielten wir nicht auf der jeweiligen Bewußtseinsstufe (– oder dem jeweiligen Stand unserer Entwicklung) Ansichten für richtig und Verhalten für notwendig, über die wir später selbst lächelten?

Das Selbst können wir verstehen als das Zentrum des Bewußtseins, den Kern der Persönlichkeit. Von ihm gehen die Zielrichtungen aus. Es ist das Zentrum einer hierarchischen Organisation von Prozessen, die insgesamt das System der Persönlichkeit gestalten. Diese hierarchische Organisation innerhalb des Bewußtseins ermöglicht die innere Einheit der Persönlichkeit. Verschiedene Strebungen sind in verschiedenen Schichten des Bewußtseins begründet und laufen gleichzeitig ab. Der hierarchische Aufbau sorgt in diesem komplizierten Aufbau und Ablauf für die innere Ordnung. Dabei ist die Hierarchie nicht fest und unveränderlich, sondern stellt sich bis zu einem gewissen Grad immer wieder neu her. Nur wenn wir eine Zentralisation im Sinne des Selbst annehmen, wird das allgemein anerkannte Faktum des hierarchischen Aufbaus der Ziele und Wertigkeiten erklärbar. Die seelisch gesunde Persönlichkeit, das gesunde Selbstbewußtsein hat im allgemeinen eine mehr oder weniger deutliche Vorstellung davon, was seine Haupt- und Nebenabsichten, was seine näher und ferner liegenden Ziele sind. Die Einflüsse der Umgebung liefern ihm die Gesichtspunkte, die er auslesend verwendet, um zu bestimmen, was für ihn wichtig und wertvoll ist.

Alle Definitionen von »Persönlichkeit« oder Selbst müssen sich orientieren an grundsätzlich vier Einzelaspekten:

– Die Bestimmung der verschiedenen intrapsychischen Faktoren = die Struktur.
– Die Bedürfnisse, Beweggründe und Wünsche, die eine zielgerichtete Aktion bestimmen = Motivation.
– Die biologischen und geistigen Reifestufen und das Alter = die Entwicklungsphase.
– Einflüsse aus Vererbung oder Umwelt, mit deren Einwirkungsstärken, Häufigkeit und Dauer = Umgebungsdeterminante.

Wenn wir also einen Menschen verstehen wollen, dann setzt dies eine Reihe von Erkenntnis-, Nachdenk- und Zuordnungsprozessen voraus. Kein Wunder, daß wir, weil diese Prozesse nicht immer so leicht ablaufen, oft schnell mit einem Vorurteil zur Hand sind. Den anderen unsympathisch finden heißt dann meist nur, ihn in seiner individuellen Art nicht verstanden zu haben. Ihn sympathisch finden heißt, er verursacht mir keine Nachdenkarbeit. Er ist so, wie ich mir meine Umwelt wünsche, also sympathisch.

Charakter ist ein integriertes System von Zügen oder Verhaltenstendenzen, das jemand befähigt, mit einer gewissen Beständigkeit auf sittliche Fragestellungen zu reagieren. Charakter bezeichnet in erster Linie Wertqualitäten einer Persönlichkeit. Über einen bewundernswerten Charakter kann auch eine wenig eindrucksvolle Persönlichkeit verfügen, deren Verhalten eher zurückhaltend, sich nicht angleichend an soziale Situationen, mit inadäquater Körpersprache zeigt. Genauso kann eine starke Persönlichkeit einen schlechten Charakter haben.

Gesunde menschliche Persönlichkeit ist, wie wir wissen, ein geordnetes Ganzes. Seelische Krankheit beginnt damit, daß diese innere Einheit bedroht ist oder verlorengeht. Derartige Entwicklungen zeigen sich meist zunächst in der Körpersprache, dann in der Sprache (Fehlleistungen). Sie werden oft auch von Laien bemerkt.

Oft sprechen wir von Charaktereigenschaften, wenn wir Charakter detaillierter beschreiben wollen. Das Wort Eigenschaften ist hier nur bedingt brauchbar. Eigenschaften sind mehr oder weniger unveränderlich. Persönlichkeit und damit auch der Charakter aber ist dynamisch und dauernd in Entwicklung befindlich. Je höher die Bewußtseinsstufe, desto wertvoller auch der Charakter. Die Art, wie wir Umweltsituationen und unsere eigenen Triebe und Bedürfnisse verarbeiten, und die erzielten Ergebnisse formen unsere Persönlichkeit, entwickeln unser Bewußtsein und führen damit zu entsprechend gestaltetem Charakter.

Persönlichkeitsentwicklung ist wahrscheinlich eines der Hauptziele des Menschseins. Sie darf nicht verwechselt werden mit Entwicklung des Körpers (ausschließlich sportliche Betätigung), Entwicklung der Seele (ausschließlich meditative Entwicklung) und Entwicklung des Geistes (ausschließlich logische Entwicklung), sondern muß den Gesamtmenschen, also Körper, Seele und Geist, erfassen. Persönlichkeitsentwicklung kann bei derartigem Ansatz zum Hobby werden.

Eine mehr umweltbezogene Definition der Persönlichkeit gibt P. R. Hofstätter, Professor für Psychologie. Er sieht Persönlichkeit als Schnittpunkt von sozialen Rollen. Damit drückt er sowohl die Anpassungsfähigkeit als auch die Anpassungsbereitschaft aus.

Aus alledem geht hervor, daß Persönlichkeit weder bewußt über noch bewußt unter den Mitmenschen steht, sich weder zurückhaltender noch forscher, sondern der Situation entsprechend verhält. Erst die vom anderen bewußt oder unbewußt wahrgenommene Sicherheit im jeweiligen Rollenspiel läßt den Betrachter von Persönlichkeit sprechen.

Scheinpersönlichkeit, die oft mit dem Begriff der Arroganz besetzt wird, ist oft das Ergebnis der Überkompensation von Unsicherheiten und Hemmungen. Durch analytische Bewußtmachung und entsprechendes Training kann auch in diesen Fällen tatsächliche Persönlichkeit aufgebaut werden.

Je stärker ein Kind Abhängigkeit erleben mußte, desto mehr können sich Mechanismen ausprägen, die ein lediglich auf Zuwendung orientiertes Verhalten produzieren. Wird die Befriedigung der Bedürfnisse von der Umwelt versagt, versucht das Neugeborene mit verschiedenen eindringlichen Mitteln, wie Einschüchterungsversuche und Betteln, andere zur Befriedigung seiner Bedürfnisse zu veranlassen. Je häufiger diese Erwartungshaltung frustriert wird, desto spitzfindigere Mechanismen werden den erlernt.

Mit zunehmendem Alter wird das Seelenleben zunehmend komplexer. Das Es bleibt jedoch auch weiterhin als Reservoir der starken Antriebe und Bedürfnisse erhalten. Das aus diesen Bedürfnissen kommende Verhalten wird jedoch stärker in sozial akzeptierte Kanäle geleitet. Damit werden Schuldgefühle und Scham und die damit verbundene Angst vermieden. Mit defensiven Mechanismen, wie z. B. Rationalisierung, werden Triebe mehr und mehr verleugnet und in sozial akzeptable Ausdrucksweisen verwandelt. Da damit die Triebkräfte weder akzeptiert noch verarbeitet, sondern eher unterdrückt werden, drängen diese in vielerlei Gestalten wieder ins Bewußtsein, z. B. als Fehlleistungen, Zwangshaltungen oder als Ursachen seelischer oder körperlicher Krankheiten.

So werden wir von unbewußten Faktoren derart gesteuert, daß wir meinen, Urteile treffen zu können, und Vorurteile abgeben, ökonomisch zu kaufen, und für psychologische Faktoren bezahlen, daß wir uns von unseren Zielen her, die wir unbewußt als erfüllt betrachten, verstehen und nicht einsehen können, daß unsere Umwelt uns ganz anders erlebt.

Persönlichkeit kann und will sich auf die Umwelt einstellen und im Gefolge dieses Verhaltens sich selbst verwirklichen. Dazu ist sowohl die Fähigkeit zur selbstlosen Unterordnung (»Was stört's den Mond, wenn ihn die Hunde anbellen«), zur realen Einschätzung der Situation als auch zum Durchsetzen eigener Ideen im geeigneten Moment notwendig. Diese Fähigkeiten sind trainierbar.

Die Art, sich mit der Umwelt auseinanderzusetzen, hat C. G. Jung in seiner Einteilung nach extravertiertem und introvertiertem Verhalten ausgeführt.

Der Extravertierte ist dabei in seinen Lebensäußerungen mehr nach außen gerichtet, also anderen Menschen und vielen Dingen zugewandt. Er hat gern Kontakt mit Menschen, redet ungeniert, sieht sein Feld in der Welt und weniger in sich selbst.

Der Introvertierte ist mehr nach innen gerichtet. Er beschäftigt sich gerne mit sich selbst, manchmal mehr als ihm guttut. Sein Innenleben ist reich, im günstigsten Fall strebt er nach Vertiefung und Selbsterkenntnis. Seiner Umwelt mißt er wenig Bedeutung bei.

Nach einem weiteren Modell vom menschlichen Verhalten, dem ökonomischen Modell von Marshall, sind Menschen zugeordnet nach ihrer Fähigkeit, mit Mitteln sparsam umzugehen und Entscheidungen aufgrund rationaler und bewußt ökonomischer Überlegungen zu fällen. Die aus diesen Überlegungen resultierende »Moderne Nutzen-Theorie« besagt, daß der wirtschaftende Mensch darauf bedacht ist, Nutzen zu maximieren, und daß er dies durch sorgfältige Kalkulation der »Glücks«-Konsequenzen eines jeden Kaufes erreicht.

Der Individualpsychologe Adler sieht die Beziehung des Individuums zur sozialen Umwelt im Vordergrund seiner Überlegungen. Gefühle der Minderwertigkeit sieht er als Grund für das Entstehen von Kompensationen und Machtstreben.

Die objektive Verhaltenspsychologie sieht nicht die Selbstbeobachtung und das Verstehen, sondern das beobachtbare Verhalten als Zuordnungskriterien. Von diesen Überlegungen des Behaviorismus bestehen Beziehungen zwischen Reiz-Reaktions-Schema und bedingtem Reflex aus der Reflexologie Pawlows.

1. Die körperlichen Merkmale und ihre Einflüsse

Kein Mensch ist wie der andere. Jeder hat seine individuellen Eigenheiten. Selbst eineiige Zwillinge, die als Kinder nicht voneinander zu unterscheiden waren, entwickeln im Verlaufe des Lebens mehr oder weniger deutliche Unterscheidungsmerkmale. Daraus und daß jeder Mensch anders aussieht könnte man ableiten, daß Aussehen und Körperbau unmittelbare Rückschlüsse auf psychologische Faktoren zulassen.

Schon Hippokrates (460–377 v. Chr.) hat körperliche Merkmale (Blut, schwarze Galle, gelbe Galle und Schleim) und Verhalten miteinander in Verbindung gebracht. Auf dieser Theorie baute Galenus (2. Jh. v. Chr.) seine Lehre auf. Er sagte, von den vier Säften des Hippokrates ist einer bestimmend für jeden Menschen. Seine dominierende Bedeutung formt den Typus des einzelnen. So kam Galenus zu 4 Temperamenten:

Der Sanguiniker (sanguis = Blut)
Der Melancholiker (melas-chole = schwarze Galle)
Der Choleriker (chole = gelbe Galle)
Der Phlegmatiker (phlegma = Schleim)

Daß vom Körperbau beziehungsweise von körperlichen Merkmalen zu seelischen Faktoren eine Verbindung besteht, hat auch der Psychiater Ernst Kretschmer wissenschaftlich nachgewiesen. Bestimmte Geisteskrankheiten, so hat er beobachtet, traten mit größerer oder kleinerer Wahrscheinlichkeit im Zusammenhang mit gewissen körperlichen Merkmalen auf.

Diese Beobachtung führte zu der Schlußfolgerung:

Es gibt einen Zusammenhang zwischen Körperbau und der Häufigkeit im Auftreten von Geisteskrankheiten. Es scheint gesichert zu sein, daß ein robuster athletischer Körperbau relativ häufig mit psychischer Robustheit gekoppelt ist.

Wenn auch die Beziehung zwischen Körperbau und Temperament nach wie vor umstritten sind, haben die von Kretschmer geprägten Begriffe, wie pyknisch, leptosom-asthenisch, athletisch-schizoid und cycloid, als gebräuchliche Benennungen für den klinischen Alltag Bedeutung.

Relativ häufig findet sich manisch-depressive Krankheit bei einem pyknischen Körperbau.

Das Problem derartiger Typologien besteht in der Anwendbarkeit durch und im Nutzen für den Laien. Die reinen Typen sind leider die Ausnahme. Mischtypen und Mischverhalten sind die Regel. Deshalb gehen wir bei der Einschätzung von Verhalten, von situativ Gezeigtem, als Antwort auf Reize von folgendem Verhalten aus. Für den Kommunikationsprozeß ist es weniger wichtig, einen Typ mit bestimmten Eigenschaften und Charaktermerkmalen zu klassifizieren, es ist viel wichtiger, das momentan gezeigte Verhalten richtig einzuordnen und darauf speziell reagieren zu können.

Bei dieser Theorie gehe ich davon aus, daß auch generell ein auf Ablehnung eingestelltes Charakterbild in bestimmten Situationen Zuwendungsverhalten zeigt, daß ein »Schweiger« in bestimmten Situationen redselig sein kann, daß ein »Schwätzer« in bestimmten Situationen schweigsam ist. »Es kommt auf die Sekunde an« läßt sich übertragen in »im richtigen Moment das gezeigte Verhalten optimal verstehen und mit den richtigen Reizen gewünschtes Verhalten herbeiführen«.

Einen Menschen nach seinen Körpermerkmalen erst einmal zugeordnet haben heißt oft nur noch die Verhalten bewußt wahrnehmen (suchen), die man aufgrund der ersten Zuordnung erwartet.

Pauschalurteile, »Dicke sind gemütlich« und andere, haben in Typologien ihren Ursprung. Selbst wenn die Mehrzahl der Dicken gemütlicher sein sollte, ist es gefährlich, mit einem solchen Pauschalbild in eine konkrete Kommunikationssituation mit einem Dicken einzusteigen. Schnell könnte man aus der Fassung gebracht sein.

Der Körperbau und Aussehensmerkmale wären sicher weit eher Grundlagen für die Beurteilung eines Menschen, wenn lediglich vererbte Faktoren zum Charakterbild führen würden. Insofern mag daraus ein Zusammenhang zwischen Aussehen und seelisch-geistiger Anlage bestehen. Da eben die Umwelteinflüsse den Menschen in weit größerem Maße prägen, wird das Aussehen vor allem in jungen Jahren nicht mit der psychologischen Situation harmonieren.

Bei so vielen sich ergänzenden, aufeinander bezugnehmenden und sich oft auch widersprechenden Persönlichkeitstheorien muß es schwerfallen, sich eine Meinung zu bilden.

Selbst auf die Gefahr hin, den Leser mit der Darstellung der unterschiedlichen Theorien zu verwirren, hielt ich es für notwendig, um einen breiteren Hintergrund und mehr Wissen zu vermitteln und um auf die Schwierigkeiten, die die Beurteilung eines Menschen begleiten, umfassend aufmerksam zu machen.

2. Die Bedeutung des Bewußtseins für die Körpersprache

Unter Bewußtsein verstehen wir in diesem Sinne keine isolierte psychische Funktion, sondern eine den Funktionen zukommende Qualität. Im Sinne der Wach-Schlaf-Schaltung ermöglicht das reflektierende Bewußtsein im Wachzustand unser bewußtes Verhalten, klar zu denken, zu fühlen und zu handeln. Sowohl die Intensität als auch der Umfang unseres Bewußtseins kann unterschiedlich sein. Bei einer Bewußtseinssteigerung sprechen wir von Hypervigilität – einer Steigerung der Wachheit. Ist das Bewußtsein vermindert, entsteht Benommenheit. Die Wachheit ist herabgesetzt. Je nach Grad der Herabsetzung werden die Zustände als Apathie, Somnolenz, Sopor oder Koma bezeichnet. In diesen Zuständen sind die psychischen Funktionen verlangsamt. Es wird weniger erlebt. Die Benommenheit ist der leichteste Grad der Bewußtseinsverminderung.

Bewußtseinstrübung und Verwirrtheit des Denkens und des Handelns gehören in den Bereich der Bewußtseinsveränderung. Das Befinden gleicht dem eines traumhaften Zustandes. Es werden u. U. lebhafte Affekte, Halluzinationen und Illusionen erlebt. Meist fehlt der Zusammenhang zwischen einzelnen Vorgängen. Entsprechend dieser Zusammenhanglosigkeit wirkt auch das Verhalten wie zerstückelt.

Schon in der nächsten Stufe nach der Benommenheit (Apathie) werden nur starke Reize vorübergehend aufgenommen. Bei Koma, der völligen Bewußtlosigkeit, werden Außenreize nicht mehr registriert. Entsprechend der jeweiligen Stufe der Bewußtseinsherabsetzung ist die Körpersprache sowohl in der Qualität, Quantität als auch im Zeitraum zwischen Reiz-Reaktionen unvollständig.

Die Erweiterung des Bewußtseins wird im Zustand der (meditativen) Versenkung erlebt.

Die Bewußtseinseinengung führt zu einer Art Dämmerzustand, in dem das Bewußtsein bis auf wenige Strebungen abgeblendet ist. Auch in diesem Zustand können Halluzinationen zu traumhafter Veränderung führen. In diesem Zustand können komplizierte Handlungen erlebt und ausgeführt werden.

Sämtliche Bewußtseinsstörungen laufen parallel mit einer Veränderung aller psychischen Vorgänge. Betroffen sind insbesondere Funktionen der Aufmerksamkeit, der Wahrnehmung, der Orientierung des Denkens und der Merkfähigkeit.

Bewußtseinsqualitäten können bewußt durch eigenes Zutun erreicht werden oder stellen sich ohne eigenes Zutun im Sinne »krankhafter« Zustände ein. Auf den ersten Blick ist meist nicht erkennbar, ob sich im Verhalten eines Beobachteten bewußt herbeigeführtes oder krankhaftes Verhalten darstellt. Erst bei weiterer Beobachtung der sonstigen Begleitumstände, wie gezeigte Mimik und Gestik sowie Analyse des Sprachverhaltens, ist eine Zuordnung möglich.

Der »gesunde« Mensch ist normalerweise in der Lage, sein Bewußtsein zu beeinflussen. Er kann in gewissem Umfang sein Bewußtsein einengen oder erweitern.

Bewußtes Abschalten, weil man sich am momentanen Gespräch nicht beteiligen, sich also aus der Gesellschaft zurückziehen will, ist eine der Möglichkeiten. Dieses Verhalten ist oft gekoppelt mit Schließen der Augen oder mit Bedecken der Augen mit den Händen. Auch Handhaltungen, die symbolisch Abwehrklappen (Scheuklappen) darstellen, zeigen, daß sich jemand zurückgezogen hat oder zurückziehen möchte. Das Schließen der Augen in einer solchen Situation ist vergleichbar mit dem Schließen der Fenster. Es soll nichts mehr eindringen. Ein weniger starker Grad des Abschaltenwollens ist erkennbar an ausweichendem Blick, Wechselblick oder Flackerblick. Auch wenn der Gesprächspartner sich scheinbar interessiert mit uns unterhält, können wir am Verhalten einen eventuell vorhandenen Wunsch, sich zurückzuziehen, erkennen.

In krankhaften Zuständen wird ohne Wollen abgeschaltet. Zu diesem Bereich gehören Flucht in die Krankheit, Nervenzusammenbruch und Bewußtlosigkeit. So wird uns klar, daß wir immer dann den Bewußtseinszustand im Sinne von Wach-Schlaf-Schaltung wechseln, wenn wir etwas nicht mehr verarbeiten können.

Beispielsweise reagieren wir möglicherweise bei überstarker, nicht mehr verarbeitbarer Reizflut mit Verhalten, das von Verwirrung bis zu Bewußtlosigkeit reicht. Erleben wir im Schlafzustand unverarbeitbare Situationen (z. B. Fallträume), so wechselt auch hier der Bewußtseinszustand – wir erwachen. So helfen uns Reflexe bei der Flucht aus nicht verarbeitbaren Situationen.

3. Das Unbewußte

Unbewußt ist nach Sigmund Freud ein psychischer Vorgang, dessen Existenz wir annehmen müssen, weil wir ihn aus seiner Wirkung erschließen, von dem wir aber nichts wissen. Viele Erlebnisse sind ins Unbewußte abgesunken oder verdrängt worden, sind »vergessen«, wirken dort aber weiter.

Die Urteilsbildung über Wahrgenommenes orientiert sich stark an unbewußten Faktoren. Fehlverhalten und Versprecher (Freud'sche Fehlleistungen) haben oft ihren Ursprung in unbewußten Prozessen.

Auch viele körpersprachliche Reaktionen sind so begründet und deshalb bei der Analyse von körpersprachlichem Verhalten zunächst nicht erklärbar.

Zwischen dem Unbewußten und dem Bewußten liegt der Bereich des Vorbewußten. Die dort gespeicherten Informationen sind im Augenblick nicht bewußt, sie sind latent und grundsätzlich bewußtseinsfähig.

Für die Phänomene des Unbewußten gelten keine Zeit- bzw. Raum-Kausalitäten. Nach Freud besteht das persönliche Unbewußte vor allem aus verdrängten persönlichen Vorstellungen. Verdrängte Konflikte können als Komplexe das Verhalten beeinflussen und durch neurotische Symptome mit dem Bewußten in dynamische Auseinandersetzung treten.

Nach Jung können wir zusätzlich auf ein kollektives Unbewußtes schließen. Dieses besteht nicht aus Verdrängtem, es repräsentiert urtümliche Bilder, die sogenannten Archetypen.

4. Ausdruck

Unter Ausdruck verstehen wir averbale (nicht wörtliche) Informationen, z. B. Mimik, Gestik, Blickkontakt, räumlicher Abstand, Sprechstimme, äußere Erscheinung (Haltung und Kleidung).

Der Ausdruckswert wird zusätzlich beeinflußt durch vegetative Begleiterscheinungen, Tempo, Takt und Rhythmus von Bewegungsabläufen.

Zwischen dem Ausdruck und dem daraus resultierenden Eindruck, den der Betrachter gewinnt, bestehen ständige Wechselbeziehungen. Diese Wechselwirkung spielt eine wesentliche Rolle für die affektive Seite des Verhaltens. Es lassen sich folgende Grundsätze erkennen:

a) Ausdrucksphänomene sind fast immer mehrdeutig und können nur in wenigen Ausnahmefällen isoliert beurteilt werden.

b) Die Kenntnis der konkreten Situation des Vorher, des Jetzt und des möglichen Nachher sowie das sprachliche Verhalten bestimmen, ob der Ausdruck zur Situation paßt oder der Situation unangemessen ist.

c) Im Ausdruck und damit auch im körpersprachlichen Verhalten kann weniger, mehr und anders erscheinen, als in bewußtem Erleben gegenwärtig ist. Wir haben also unser Ausdrucksverhalten nicht immer unter Kontrolle. Es wird wesentlich von den unbewußten Einstellungen und Gefühlen geprägt.

d) Der Ausdruck ist individuell nur bei Kenntnis der mitprägenden Faktoren beurteilbar.

e) In der Körpersprache verstehen wir unter Ausdruck weniger den Bereich der Physiognomik (Deutung fester Körperformen); wir verstehen darunter den bewegten Ausdruck, also die Psychomotorik (Oberbegriff für alle Bewegungen, in denen sich Seelisches ausdrückt).

Bei Tieren finden wir für das Erkennen von Ausdruck oft angeborene Auslöserschemata. So löst beispielsweise der Anblick einer Schlange bei Affen instinktiv Fluchtreaktionen aus. Auch das Kindchenschema, der Ausdruck eines großen, runden Kopfes mit großen Augen und Stupsnase, löst in dem Menschen angeborene Auslöserschemata aus.

Auch Kopfformen, die diesem Schema entsprechen (Katzen, einige Vogelarten), lösen im Menschen instinktives Pflegebedürfnis aus.

Von den jeweiligen kulturellen Einflüssen abhängig, haben Menschen verschiedenes Kommunikationsrepertoire mit entsprechender symbolischer Bedeutung der Gesten und der mimisch-pantomimischen Ausdrucksbewegungen entwickelt. Neben diesen Ausdrucksbewegungen gibt es auch eine – hier nicht gemeinte – nicht wörtliche Sprache, die Taubstummensprache, bei der Gesten mit fester Bedeutung verwendet werden.

Auf dem Weg vom Ausdruck zum Eindruck spielt die Zeichenstruktur und Zeichenüberlegung eine wesentliche Rolle.

Die grammatikalische Struktur der Nachricht und die Kanalkapazität (Störungsfreiheit) sowie die Kapazität des Repertoires (Sprachschatz) ist wesentlicher Bestandteil reibungslosen Kommunizierens.

Durch bewußte oder unbewußte körpersprachliche Botschaften kann selbst bei passender und genauer Zeichenstruktur und einwandfreiem Übermittlungskanal das Verstehen beeinträchtigt oder der Eindruck zweideutig sein.

Ein bekanntes Beispiel aus der psychotherapeutischen Praxis ist die Aussage einer Frau, die bei den Worten »Ich liebe meinen Mann« unbewußt den Kopf leicht schüttelnd hin und her bewegt. So kann die Semantik (Lehre von Bedeutungen der Zeichen) durch körpersprachliche Parallel-Botschaften so beeinflußt werden, daß die ursprüngliche Funktion des Sprachinhalts beeinträchtigt oder verfälscht wird.

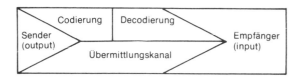

Codierung Decodierung

Sender
(output)

Empfänger
(input)

Übermittlungskanal

Eine vom Sender abgegebene Nachricht (output) muß entsprechend dem Übermittlungskanal verschlüsselt (codiert) werden. Eine solche Nachricht kann sprachlich (die Codierung erfolgt dann unter Verwendung von Worten) oder körpersprachlich (die Codierung erfolgt dann unter Verwendung von nicht-verbalen Zeichen) abgegeben werden.

Soll Kommunikation zustande kommen, muß der Empfänger die Nachricht erhalten (input) und diese, um zu verstehen, decodieren können.

Codierung und Decodierung erfordern, wenn Verstehen zustande kommen soll, ein übereinstimmendes Zeichenrepertoire der Kommunikationspartner.

Botschaften in Fremdworten, Fremdsprachen, Fachsprachen u. a. können beim Empfänger auf genauso große Aufschlüsselungsschwierigkeiten stoßen wie beispielsweise körpersprachliche Botschaften aus einem anderen, dem Empfänger nicht bekannten Kulturbereich.

So wird aus Amerika folgendes Beispiel berichtet: Ein Mann beobachtete ein Mädchen, dessen beim Gehen wiegende Hüften und dessen weitere körpersprachliche Botschaften starke sexuelle Aufladung erkennen ließen, und sprach »in richtiger Interpretation dieses Verhaltens« das Mädchen an. Er erhielt eine eisige Abfuhr, deren Grund ihm erst im Gespräch mit einem Freund klar wurde. Dieser erklärte ihm, daß es sich bei dem Mädchen um eine Spanierin handele und daß Spanierinnen, ohne entsprechende Absichten zu haben, weit mehr sexuelle Reize aussenden als Amerikanerinnen. Die Begründung dafür liegt darin, daß ein spanisches Mädchen fast nie allein, sondern fast immer in Begleitung von Familienangehörigen (Anstandsdamen) ausgeht. So kann es viel ungezwungener weibliches sexuelles Verhalten aussenden, ohne die Gefahr heraufzubeschwören, deshalb angesprochen zu werden.

Mißverständnisse, wie hier in der körpersprachlichen Kommunikation entstehen selbstverständlich auch bei der sprachlichen Kommunikation. Dies liegt teilweise daran, daß die menschlichen Übermittlungskanäle sehr ökonomisch arbeiten.

In die Codierung werden sowohl sprachliche Inhaltszeichen, also wörtliche (digitale Codierung), als auch Gefühls-Beziehungs-Aspekte wie Tonfall und Mimik (analoge Codierung) eingebracht.

Erst bei entsprechender Codierungsfähigkeit (gleiches Niveau und Wissen) ist reibungslose Verständigung möglich.

Kommunikationsfehler können ihre Begründung also haben in

– Wahl falscher Wörter und/oder Betonungen,
– Wahl unpassender Körpersprache,

- mangelhafter Übermittlungskanal,
- Unkenntnis über die Bedeutung der Wörter,
- Unkenntnis über die Bedeutung der Körpersprache,
- »falscher« Wahrnehmung.

5. Wahrnehmung

Wahrnehmung ist die objektive Registrierung der Wirklichkeit. Sie wird durch physiologische, psychologische und soziale Bedingungen zu einem aktiv-selektiven (subjektiven) Prozeß. Beim Strukturierungsvorgang in der Wahrnehmung handelt es sich um spezifische Operationen, mittels derer unsere Wahrnehmungen aufgebaut werden.

So ist Wahrnehmung nicht einfach die Widerspiegelung von Sinneseindrücken. Von verschiedenen Gehirnzentren erfolgt eine Bearbeitung der Sinneseindrücke. Wahrnehmung kommt wie Denken durch geistige Aktivität zustande.

Ein Säugling kann sehen, hören, riechen, schmecken und tasten, kann aber einen Gegenstand als Ganzes nicht wahrnehmen.

Vor dem Wahrnehmen begreift das Kind bestimmte Gestaltseigenschaften (Spitze, Rundsein).

Wahrnehmung ist demzufolge ein komplexer Vorgang, durch den die Außenwelt in Ganzheiten geordnet und gedeutet wird. Gegenwärtige Reize und Erfahrungen aus der Vergangenheit werden dabei integriert und in das Gesamtbild eingearbeitet.

Ist die Wahrnehmung flexibel, kann Hintergrund und Figur wechseln (kippen).

Betrachten Sie einige Sekunden lang untenstehende Abbildung. Nehmen Sie eine spanische Wand, die an drei Stellen gefaltet ist, oder zwei Dreieckszelte, die aneinander schließen, wahr?

Daß Sie sich nicht entscheiden können, liegt daran, daß die Figur auf einem leeren Feld steht, ein total künstliches Gebilde ist und daher keine Entscheidungshilfen liefert. Das Sehzentrum macht das einzig Mögliche: es probiert hin und her, ohne eine endgültige Entscheidung treffen zu können. Bei der Wahrnehmung unterscheiden wir:

Physische Wahrnehmung
Unsere Rezeptoren (aufnehmende Organe) können nur bestimmte Reize aufnehmen. Das Auge nimmt elektromagnetische Schwingungen zwischen 400 und 700 nm und das Ohr Druckschwingungen von ungefähr 16 bis 20000 Hz auf.

Psychologische Wahrnehmung

Psychologisch werden nicht Einzelheiten, sondern »Gestalten« – Ganzheiten – wahrgenommen und erlebt. Liegen einzelne Teile näher zusammen oder bilden diese eine Figur, so werden die Einzelteile im Zusammenhang als Ganzheit wahrgenommen.

Die Eindeutigkeit wird stark durch die Beschaffenheit des Umfeldes beeinflußt. Das soziale Umfeld des Betrachters entscheidet mit darüber, wie das Gegenüber wahrgenommen wird.

Persönliche Eigenarten und Reaktionsweisen des Betrachters, seine Neigung zur Imitation, Suggestibilität und Konformität, seine Familien- und Gruppenzugehörigkeit, seine Rolle, sein Status, die lerngeschichtlichen Erfahrungen und seine Kompetenz bestimmen wesentlich, wie ein Ausdruck verarbeitet und wahrgenommen wird.

Eine eingeengte, stereotype Wahrnehmung ist eine vereinfachende Wahrnehmung, bei der schon im voraus Schematisierungen bestehen, so daß eine mit positiven oder negativen Vorzeichen behaftete Art des Sehens entsteht.

Vorurteile von Gruppen (autostereotyp) und Freunden (heterostereotyp) führen zu bestimmter Art der Wahrnehmung von Botschaften, beispielsweise in der Werbung. Verständlicherweise nehmen Raucher Zigarettenwerbung anders auf als Nichtraucher.

In gruppendynamischen Situationen wird die Wahrnehmung außerdem beeinflußt durch das räumliche Zueinander, die Sitzanordnung sowie durch Rolle und durch Status der Anwesenden. Wir können also sagen: Kein Beobachter beobachtet das gleiche. Das Beobachtete ist stets durch die Erwartungseinstellung mitbestimmt.

Je mehr Gemeinsames das Neue mit dem positiv Bekannten hat, desto angenehmer wird das Neue erlebt. Je mehr Gemeinsames das Neue mit dem negativ Bekannten aufweist, desto unangenehmer wird es erlebt. Wenn zum Beispiel festgelegt ist, daß eine Melodie in der Acht-Ton-Tonleiter schön sei, so wird eine sich in diesem Rahmen bewegende Melodie als schön und angenehm, eine in der 12-Ton-Tonleiter gespielte Melodie als unangenehm erlebt.

Das Wahrgenommene wird also im Gehirn mit dem Vorhandenen verglichen und bewertet (siehe Abb. auf S. 59).

Diese Wahrnehmungsmechanismen entsprechen unserem Bedürfnis nach Ordnung und Zuordnung und ermöglichen das Zurechtfinden in der Umwelt.

Idealisiert wird, wer die Eigenschaften besitzt, die man selbst gerne haben möchte (Schönheit, Intelligenz, Beliebtheit, Selbstsicherheit). Was einem an sich selbst Angst macht, stört einen bei den anderen. Was eine Frau am Gang eines Mannes als ›lockere Grazie‹ empfindet, kann von Männern als ›schmierig‹ erlebt werden. Dieser Mann kann bei der Frau Erregung, beim männlichen Betrachter jedoch Neid erwecken.

Der Beobachtende wird vom Beobachteten ebenfalls beobachtet; so entsteht eine gegenseitige Beeinflussung und Einstimmung. Je einheitlicher die psychologischen Mechanismen sind, desto häufiger tritt Haltungsgleichheit und/oder Bewegungsansteckung auf.

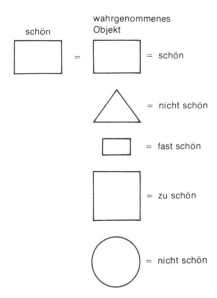

Wir können also sagen, daß durch Sinnesempfindungen aufgrund eines Erinnerungsbildes ein Gegenstand der Außenwelt erkannt wird. Das Objekt wird dabei nicht als Mosaik von Einzelelementen, sondern als Ganzheit, als Gestalt erfaßt. Das ganze ist mehr und etwas anders als die Summe seiner Teile.

Die Erfassung betrifft die Wahrnehmung einer gesamten Situation. Ein wichtiger Faktor der Wahrnehmung ist die Aufmerksamkeit, mit der etwas wahrgenommen wird.

Aufmerksamkeit ist Umfang und Intensität (Konzentration) der Auffassung von Wahrnehmungen, Vorstellungen oder Gedanken. Wir unterscheiden eine aktive, willkürliche, bewußt herbeigeführte oder passive, generelle Aufmerksamkeit.

Bei längerer Dauer sind auch die Beständigkeit beziehungsweise Ablenkbarkeit der Aufmerksamkeit wichtige Einflußfaktoren. Neben diesen Einflußfaktoren gibt es den Bereich der Wahrnehmungsstörungen.

Zu diesem bereits »unnormalen« Bereich gehören qualitative Wahrnehmungsstörungen, bei denen die Sinneseindrücke verändert oder verzerrt erscheinen, die Illusionen, bei denen Sinneseindrücke mißdeutet werden, und die Halluzinationen, bei denen es sich um vermeintliche Wahrnehmung ohne Sinneseindrücke handelt. Dabei ist zu bemerken, daß Halluzinationen zwar zu den Wahrnehmungen gerechnet werden, aber eine selbständige Gruppe zwischen Wahrnehmung und Vorstellung darstellen. Halluzinationen können auftreten als Gehörs-, Gesichts-, Geruchs-, Geschmacks-, Tast- und Körperhalluzinationen.

Unter Reiz-Generalisierung verstehen wir einen Vorgang, bei dem ein negatives Erlebnis mit einem Detail auf eine Gesamtheit übertragen wird. In übertragenem Sinne kann dieser Vorgang auch als Pauschalurteil bezeichnet werden.

Ein kleiner Junge soll Spinat essen. Durch den Spinat selbst oder durch diese Aufforderung begleitende Emotionen entsteht in ihm ein negatives Gefühl, das zur Ablehnung führt. Er haßt Spinat. Im Sinne der Reiz-Generalisierung kann dieser Haß dazu führen, daß er in der Folge grünes Gemüse verabscheut und daraus resultierend jegliches Gemüse ablehnt.

Mag jemand, den wir selbst nicht mögen, eine bestimmte Speise, eine bestimmte Musikart oder bestimmte Bilder, so kann dies dazu führen, daß wir diese von ihm positiv erlebten Objekte nicht mehr mögen. Mag jemand, den wir mögen, etwas, was wir selbst ablehnen, so ist es möglich, daß wir eine neue positive Beziehung zu dem früher Abgelehnten entwickeln. Wir neigen also dazu, nicht das Objekt selbst zu sehen, sondern in hohem Maße folgend und verknüpfend zu bewerten.

6. Konflikt

Widersprechende Triebe – Strebungen – Diskrepanzen zwischen persönlichen und Umweltansprüchen führen zu Konflikten. Erleben wir Angst, so ist dies das Signal für die Bedrohung durch einen Konflikt. Unsere Abwehrmechanismen sind Versuche des Ich, den Konflikt zu lösen und zu überwinden. Diese charakterlichen Haltungen und Fehlhaltungen sind durch Fixierung eines bestimmten Abwehrmechanismus bewirkt. Mißtrauen ist die Fixierung eines Abwehrmechanismus gegen Enttäuschung, überlautes Sprechen, Nichtverstandenwerden; verschlossene Körpersprache ist die Fixierung eines Abwehrmechanismus gegen Verraten von Gefühlen. Man spricht dann von einem verschlossenen Menschen. Die Angst, die aus einem Bedrohtsein, einem Konflikt resultiert, wird vor allem durch Verdrängung und Regression abgewehrt. Nietzsche sagte »Der Stolz siegt über das Gedächtnis« und sprach damit die Konfliktabwehr durch Verdrängung an. Der verdrängte Konflikt oder Komplex führt dann eventuell zur Symptom-Bildung.

Die Konfliktdynamik drückt sich in körperlichen Symptomen (psychosomatische Krankheitsbilder) und in entsprechender Körpersprache aus. In der Verschiebung erfolgt eine Verlagerung des verdrängten Triebzieles auf ein ähnliches Objekt. Das Symptom symbolisiert den verdrängten Konflikt. So kann es beispielsweise sein, daß jemand, der in zwischenmenschlichen Beziehungen der Durchsetzung seiner Wünsche nicht gerecht wird, große Hunde hält und diesen im Rahmen der Dressur seinen Willen aufzwingt.

Die Verdrängung ist speziell bei Konversationssymptomen auch die Grundlage der hysterischen Neurose.

Eine weitere Möglichkeit der Konfliktabwehr ist die Regression. Durch Rückzug auf ein früheres Entwicklungsstadium wird Angst und Zwiespalt abgewehrt. Körpersprachlich kann sich dies so ausdrücken, daß jemand Fingernägel kaut oder die Knöchel beißt, was symbolisch dem Wunsch nach Daumenlutschen und damit nach Einnahme der Mutterbrust, assoziiert mit dem Gefühl der Geborgenheit, entspringt. Auch das Rauchen kann so begründet sein.

Eine genaue Zuordnung dieser körpersprachlichen Ausdrucksverhalten ist jedoch auch hier nur bei genauer Kenntnis der Situation und Beobachtung weiterer körpersprachlicher Ausdrucksverhalten möglich. Bei der Regression werden unter Umständen Stadien infantiler Sexualität und Objektbeziehung wieder gelebt. Eine andere Art der Regression ist der Narzißmus. Dabei erfolgt ein Rückzug des Ich aus den Objektbeziehungen auf sich selbst.

So kann körpersprachliches Verhalten bei einer genauen Analyse sehr konkrete Anhaltspunkte für den gesamten Bereich der Persönlichkeitsentwicklung und der Persönlichkeitsentfaltung liefern.

Durch Analyse, Bewußtmachen und Konfrontation mit dem gezeigten körpersprachlichen Verhalten habe ich in meinen Verhaltenstrainings-Seminaren immer wieder spontane Erinnerungen des Betroffenen an die hintergründigen Konfliktsituationen erlebt. Oft konnten verdrängte Konflikte durch bewußte Analyse des körpersprachlichen Ausdrucksverhaltens bewußt gemacht und vom Betroffenen auf der jetzigen Persönlichkeitsstufe verarbeitet werden. Dadurch verschwinden automatisch auch die vorher gezeigten symptomatischen Verhaltensweisen.

7. Motivation

Die spezielle Motivation eines Individuums ist neben angeborenem und erworbenem Verhalten in Beziehung zum gegebenen sozialen Umfeld ein wesentlicher Faktor für die gezeigte Körpersprache. Umgekehrt kann aus dieser Körpersprache durch Beobachtung von deren Spannung, Takt, Rhythmus u. a. auch auf den Motivationsgrad geschlossen werden.

Unter Motivation verstehen wir einen bewußten oder unbewußten Vorgang, dem eine aktivierende Kraft zugrunde liegt und der auf ein Ziel gerichtet ist.

In der Motivation können sich viele aktivierende Faktoren (Motive = Beweggründe) verbergen. Die Instanzen des Es, Ich und Über-Ich sind die Motivationssysteme, welche eine zielgerichtete Aktivität regulieren. Motiviertes Verhalten wird durch innere oder äußere Reize ausgelöst und strebt auf ein Ziel zu. Nach Erreichen dieses Zieles tritt Befriedigung und damit ein Nachlassen der Motivationsspannung ein.

Wir können primäre und sekundäre Triebe und Bedürfnisse unterscheiden. In den ersten Bereich fallen physiologische und psychologische Mangelerlebnisse und Antriebe, zum Beispiel Hunger, Durst, Schlaf, Geschlechtstrieb, Unsicherheit.

Unter Einfluß von Lernprozessen, wie soziale Momente, Reifung und Umwelt, entsteht eine weitere sekundäre Motivation, die die Triebe und Bedürfnisse konkretisiert.

In meinen Trainingssystemen gehe ich neben den genannten Bedürfnissen (Mangelerlebnissen) von sieben Motiven aus:

a) Motiv Gewinn
Unter diesem Motiv wird alles assoziiert, was mit wirtschaftlichem und finanziellem Nutzen verbunden wird. Z. B. mehr verdienen, weniger Kosten, mehr Rendite u. a.

b) Motiv Ansehen
Die Grundlage dieses Motivs resultiert aus dem Vergleich der eigenen Person mit der Umwelt. Hier werden alle Nutzen assoziiert, die das Versprechen signalisieren, die eigene Person aufzuwerten oder Einbußen an sozialem Ansehen zu verhindern.

c) Motiv Bequemlichkeit
Dieses Motiv hängt zusammmen mit dem Arbeitsaufwand für bestimmte Leistungen. Nutzen, die eine Verringerung des Arbeitsaufwandes oder mehr Komfort bzw. leichtere Arbeit versprechen, werden hier zugeordnet.

d) Motiv Sicherheit
Beinhaltet die Vorteile, die der Vergrößerung der eigenen Sicherheit und der Verringerung der Risiken entsprechen.

e) Motiv Gesundheit
In diesen Bereich fallen Vorteile, die zu besserem Wohlergehen und weniger psychischen und physischen Belastungen führen.

f) Motiv soziales Mitgefühl
Unterliegt einer nicht an sich selbst, sondern an Dritten orientierte Interessenslage, anderen helfen, anderen Freude bereiten und Schwierigkeiten von anderen fernhalten, diese Nutzen werden bei diesem Motiv angestrebt.

g) Motiv Entdeckung
Neues erleben und nichts versäumen gehören in den Bereich dieses Motivs.

Bilden wir zum besseren Verständnis dieses Motivationsmodells einige Beispiele:

Bedürfnis	+	Motiv	= Wunsch
Hunger		Ansehen	niveauvoll essen
Hunger		Gewinn	billig essen
Hunger		Bequemlichkeit	ohne Aufwand treiben zu müssen (aus dem Haus gehen etc.) essen
Hunger		Sicherheit	risikolos essen (nur bekannte Gerichte oder in bekannter Gaststätte)
Hunger		Gesundheit	der Gesundheit förderlich essen (vegetarisch, Diät)

| Hunger | soziales Mitgefühl | in Gesellschaft anderer essen, oder in der Vereinsgaststätte (Hilfe durch Umsatz) |
| Hunger | Entdeckung | beim Essen Neues erleben (neues Gericht, besondere Spezialität) |

Ein weiteres Beispiel für Zusammenwirken von psychischem Bedürfnis und Motiv:

Bedürfnis +	Motiv	= Wunsch
Unzufriedenheit	Gewinn	mehr verdienen
mit momentaner	Ansehen	bessere Stellung (Direktor)
beruflicher	Bequemlichkeit	weniger Arbeit
Situation	Sicherheit	gesicherter Arbeitsplatz
	Gesundheit	weniger Streß
	soziales Mitgefühl	anderer Kollegenkreis
	Entdeckung	neue Aufgaben

Diese Beispiele zeigen zwar das Modell von Zusammenwirken von Bedürfnis und Motiv, aber gleichzeitig auch die Grenzen dieses und anderer Motivationsmodelle.

Es handelt sich hierbei um Abstraktionen der sehr vielfältig verzahnten Wirklichkeit. Motivdenken ist in seiner Abstraktion eine Art Schubladendenken, ohne das jedoch Verstehenkönnen der physiologischen und psychologischen Zusammenhänge nicht möglich wird.

Motivierte Verhaltensweisen können vielfältig bedingt und ausgerichtet sein. Im Rahmen komplexer Sublimierungsprozesse werden Triebe nicht auf der Triebebene ausgelebt, sondern deren Ziel durch Verschiebung auf eine andere Ebene verlagert. Es ist der wirkliche Hintergrund (Trieb, Bedürfnis oder Motiv) oft nicht mehr erkennbar. Wer könnte schon genau sagen, ob jemand gern seiner Arbeit nachgeht, weil er mehr Geld verdienen will, um in einem sozialen Verbund tätig sein zu dürfen, eine Aufgabe zu haben, Tapetenwechsel zu erleben, Anerkennung zu erfahren, die Zeit auszufüllen, eine reizende Kollegin zu sehen oder anderes.

Eine Handlung entspringt also meist einem Motivbündel und ist durch verschiedene Komponenten determiniert. Dabei sind die ethisch hochwertigen Motive bewußt, und die aus der Triebsphäre stammenden Antriebe bestimmen die Dynamik.

Bei Motivation zur Tätigkeit spielt außerdem der Wille zum Sinn eine wesentliche Rolle.

Die psychophysischen und materiellen Voraussetzungen bei der Arbeit können eingeteilt werden in:

- Verwirklichung von schöpferischen Werten (aus der Aufgabenstellung),
- Erlebniswerten (aus sozialen Kontakten)
- und Einstellungen (zur beruflichen Arbeit).

Bei dieser Einteilung ist eine objektive Hierarchie nicht erstellbar. Jede Kategorie und auch jedes einzelne der sieben Motive besitzt nur einen individuellen Rang, der nur vom einzelnen Individuum gegeben und erlebt wird.

Nicht alles, was human ist, ist für den einzelnen sinnvoll. Der Sinn ist ein individuelles Problem und fast immer situationsabhängig.

Werden die aus den Antrieben, Bedürfnissen und Motivationen des einzelnen resultierenden Erwartungen in bezug auf den beruflichen Rahmen dort nicht erfüllt, führt dies zur Frustration. Dies wiederum kann zu vermehrten Anstrengungen oder zur Resignation führen. Können die Erwartungen langfristig nicht erfüllt werden, stellt sich im beruflichen Bereich Resignation ein, so kann dies bei entsprechendem Antrieb durch andere Werte-Verwirklichungen außerhalb des Berufs kompensiert werden.

Viele Nebenämter und Hobbys sind so motiviert. In beiden Bereichen, sowohl in der beruflichen Tätigkeit als auch in Nebentätigkeiten und Hobbys, können im Individuum liegende als auch aus der Tätigkeit resultierende und im Individuum Reaktionen weckende Faktoren entsprechendes Verhalten auslösen.

Ist ein bestimmtes Bedürfnis befriedigt oder ein Motivationsziel erreicht, stellt dies keinen weiteren Antrieb zum Handeln dar.

Oft habe ich in Seminaren beobachtet, daß sich ein Teilnehmer durch entsprechendes sprachliches und körpersprachliches Verhalten in den Vordergrund schob, sein Verhalten aber sofort abschwächte, wenn er von den anderen anerkannt wurde. So bald aber seine Position angegriffen wurde, entstand das bereits beim Aufbau der Rolle gezeigte Verhalten erneut.

Auch im Bereich des Dominanz- und Drohverhaltens können wir ein Nachlassen der Motivation und Zurücknehmen des Verhaltens beobachten, sobald der Kommunikationspartner Demuts- oder Unterwerfungsverhalten signalisiert.

Es wird oft diskutiert, inwieweit Lob und Anerkennung oder Tadel und Kritik die Motivation beeinflussen. Die Erfahrung zeigt, daß das Lob eine schwächere Persönlichkeit in Zweifel stürzt (wird mir geschmeichelt, oder sollte ich mich in mir selbst getäuscht haben), eine mittelstarke Persönlichkeit tatsächlich motiviert (man traut mir etwas zu, was ich eigentlich kann) und bei einer starken Persönlichkeit nur die Eitelkeit verstärkt wird. Zu berücksichtigen ist, daß ein Lob immer ein moralisches Urteil darstellt und in eigentlichem Sinne sagt, »du hast das so getan, wie ich das aus meinem Wertesystem heraus für richtig halte«.

Dieses moralische Urteil ist bei der Anerkennung nicht gegeben. Anerkennung resultiert immer aus den gegebenen Faktoren. Das Gegenteil von Lob und damit ebenfalls ein moralisches Urteil ist der Tadel, und das Pendent zur Anerkennung ist die ebenfalls auf Fakten fußende Kritik. Unserer Erfahrung zufolge sind in Führungsgesprächen und in Seminaren Lob und Tadel wenig geeignet, Anerkennung und Kritik aber sehr positiv wirkende Verstärker.

Eine der wichtigsten Fragen in der Praxis ist die Frage »Womit und wie kann ich konkret motivieren?«

Da Motivation zur Leistung in der Rolle des Kunden, des Mitarbeiters, des Partners, des Kindes immer nur individuell möglich ist, kann diese Frage niemals pauschal beantwortet werden.

Durch offene Fragen (beginnend mit Fragewort) müssen zunächst Informationen über den zu Motivierenden gesammelt und vorhandene Vorinformationen ergänzt werden. Da Menschen meist nicht genau das sagen, was sie meinen, ist zum Erkennen der Motivationsmöglichkeiten genaues Zuhören und Verstehen des Gemeinten (verbalisieren) nötig. Die sich aus den gesammelten Informationen ergebenden Mosaiksteine können so nach und nach zu einem Gesamtmosaik zusammengefügt werden. In der Beschreibung des Angebots sind nun aus gegebenen Fakten motivbezogene Nutzen zu folgern. So wird in der Beschreibung das erkannte »Mosaikbild« nachvollzogen und Motivation ausgelöst.

Werden mehr Nutzen versprochen als gewünscht, führt dies zur Meinung »das brauche ich nicht, das ist zuviel für mich«. Werden weniger Nutzen angeboten, führt dies zur Meinung »das ist zuwenig, dafür nicht«. Nur bei optimaler Übereinstimmung von Wunschbild des zu Motivierenden und Nutzenversprechen des Beeinflussenden kann ein »Ja« entstehen.

Einwände zu den gegebenen Aussagen sind gerade in solchen Gesprächen wesentliche Wegweiser. Richtig hinterfragt oder verbalisiert, geben sie Informationen für die weitere Argumentation.

Neben der sprachlichen Aussage sind für den Prozeß der Motivation auch die körpersprachlichen Botschaften ausschlaggebend.

Wie Sie aus weiteren Kapiteln dieses Buches noch erkennen werden, gibt die Körpersprache der sprachlichen Aussage die besondere Bedeutung.

Menschen nehmen weit mehr Informationen über die Augen als über die Ohren auf. So entsteht bei unklarer oder widersprüchlicher Körpersprache ein Gefühl des Unglaubens oder Mißtrauens, und nur harmonische, die Aussage untermauernde und adäquate Körpersprache löst beim Partner das Gefühl des Vertrauens und der Sicherheit aus.

Es ist schon ein großer Unterschied, ob jemand mit nach oben oder nach unten gerichteten Handflächen zu jemand sagt: »Sie sind unser bester Mann«, »natürlich liebe ich dich«, oder »das ist ein hervorragendes Produkt«.

Wer andere gezielt motivieren will, muß also

a) die Motivationsstruktur des anderen möglichst genau kennen;
b) die für die Motivation nötigen Argumente auswählen und diese in eine logisch-chronologisch richtige Reihenfolge bringen;

c) zu den Argumenten die für die Motivation des Partners spezifischen Nutzen logisch zuordnen;

d) die Formulierungen mit der situations- und partnerbezogenen Körpersprache begleiten;

e) die Partnerreaktionen auf die gemachten Aussagen und das gezeigte Verhalten hin erkennen und analysieren und

f) weitere Argumentationen und die begleitende Körpersprache auf die gegebenen Reaktionen richtig einstellen.

8. Motivationselemente

Information

Die pragmatische Information ist die Übertragung von Anstößen zum Handeln. Es bestehen formale Ähnlichkeiten zwischen offenen (Lebewesen) und geschlossenen (Maschinen) Systemen. Informationen werden durch Fühler (Sinnesorgane) aufgenommen.

Die Informationen werden so verarbeitet, daß ein Vergleich mit vorhandenen und/oder Sollwerten erfolgt. Im Sinne einer bewußten oder unbewußten Anpassung an vorhandene Informationen oder veränderte Umstände kann die Information verändert oder modifiziert werden. Generell werden Informationen als Handlungsimpulse verwendet. Durch diese Vorgänge der Informationsaufnahme und -verarbeitung kann der Organismus sowohl psychisch als auch biologisch seine dynamische Gleichgewichtslage beibehalten. Um die Anzahl von Informationen benennen zu können, haben Informationstheoretiker die Bezeichung »BIT« eingeführt. Sie verstehen darunter jeweils eine sinnhafte Information.

Neben dieser ausschließlich sinnhaften Information verwenden wir in unserer Sprache Füller, Redensarten und Umschreibungen. Bei derartigen Formulierungen spricht man von redundanten (= überladenen) Informationen.

Bei unklaren oder unvollständigen Informationen ist der Sinn einer Information oft nur aus den Begleiterscheinungen der Situation und der Körpersprache abzuleiten. Oft gibt die begleitende Körpersprache der Information erst den individuellen Sinn.

Kommunikationsprozesse besitzen Beziehungs- und Inhaltsaspekte. Die persönliche Beziehung steht gerade bei affektiven Kontakten (Familie) im Vordergrund.

Während der formale Inhalt vorwiegend digital (über abstrakte Zeichen, z. B. Worte) vermittelt wird, wird der Beziehungsaspekt durch analoge Kommunikationsweisen (z. B. Ähnlichkeitsbeziehungen, Symbole, Ausdrucksgebärden u. a.) hergestellt.

Widersprüchliche Informationen durch die gleiche Person, die innerhalb der digitalen (z. B. Worte) und analogen (z. B. Körpersprache) Kommunikation liegen, können zu erheblichen Beziehungskonflikten führen, z. B.:

| Aussage | | Folge für die Informationsaufnahme und |
digital	analog	-verarbeitung
Das ist aber nett,	fehlender Blick- kontakt	durch gegensätzlichen Inhalt nicht ver- ständlich
daß Sie kommen	abwehrende Hände	
Schau mal –	Blickrichtung	Verwirrung
dort links	nach rechts	

Kommunikation

Die kommunikative Beziehung zur Umwelt ist eine der wichtigsten Grundbedingungen für die psychische Gesundheit. Isolierungs-Experimente zeigen, daß bei Ausfall der sensorischen Rückkopplung, z. B. bei Abschirmung taktiler, akustischer und optischer Reize, nach wenigen Stunden Halluzinationen eintreten.

Unter Kommunikation verstehen wir die soziale Interaktion unter Verwendung von angeborenem und erlerntem Verhalten. Kommunikation beinhaltet demzufolge verbale (wörtliche), nonverbale (nichtwörtliche) sowie bewußte und nichtbewußte Mitteilungen. Bei Kommunikation handelt es sich nicht um einen linearen Ursachen-Wirkungs-Ablauf, sondern eher um einen kreisförmigen Prozeß mit wechselseitiger Rückkopplung (feed-back).

Bringt man die Kommunikation auf eine einfache Formel, lautet diese:

Wer, mit wem, wie, was, wann, wozu?

Die Frage »Wer« betrifft den Kommunikator – wer also kommuniziert mit »Wem« (Kommunikant), das »Was« fragt nach dem Kommunique, und das »Wie« klärt den Informationsinhalt, der in Form von verbalen oder nichtverbalen Zeichen ausgedrückt werden kann. Das »Wann« klärt den Zeitpunkt und die Situation, und mit dem »Wozu« ist der Zweck, die erwünschte Wirkung erfragt.

Es ist unmöglich, nicht zu kommunizieren. Selbst »nicht wollen oder nicht können« stellt eine Weise der Beziehung und damit der Kommunikation dar.

Entsprechend der individuellen Fähigkeit und Notwendigkeit werden zur Kommunikation Sprache und/oder Körpersprache eingesetzt.

Warnungssignale wegen Regelverletzungen oder wegen Mißbilligung können oft nicht sprachlich übermittelt werden. In solchen Fällen erhält die Körpersprache den Vorrang.

So subsummieren wir unter dem Wort Kommunikation jedes Verhalten, das die gemeinschaftliche oder gesellschaftliche Ordnung herstellt, reguliert, aufrechterhält und ermöglicht.

Kommunikationsformen

Der zwischenmenschliche Austausch von Nachrichten kann symmetrisch (spiegelbildlich), komplementär (sich ergänzend) oder konträr (gegensätzlich) sein.

Bei der symmetrischen Kommunikation werden gleich viele Informationen (quantitativ und qualitativ) ausgetauscht.

Ein deutliches Gefälle zugunsten des Kommunikators ergibt sich bei der asymmetrischen Kommunikation, z. B. in einer Hypnose-Behandlung, bei der der Patient sich völlig nach den Suggestionen des Therapeuten verhält.

Paradoxe Kommunikation erleben wir dann, wenn die Information durch Widersprüchlichkeit unlösbar wird. Wir sprechen dann auch von double-bind, von ›Beziehungsfesseln‹. In einem klinischen Beispiel wird diese paradoxe Kommunikation deutlich: Eine Mutter schenkt ihrem Sohn zwei Hemden. Er zieht eines an. Die Mutter sagt: »Du liebst mich nicht, sonst hättest du das andere angezogen.« In dieser Aussage erfahren wir deutlich den Gegensatz zwischen intellektueller Aussage und affektivem Gehalt.

In folgendem Bild wird deutlich, wie stark die Kommunikation von eigenem Anliegen, dem Anliegen des anderen, dem Thema und der Umwelt beeinflußt wird.

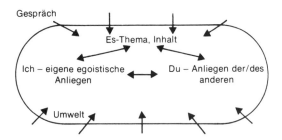

In der europäischen Tradition ist es üblich, daß nur eine Person gleichzeitig spricht und daß die anderen zuhören. Ist der Monolog beendet, wird dies meist körpersprachlich durch ein »Abschiedsritual« signalisiert: die Augen werden gesenkt, der Sprecher löst sich aus dem wechselseitigen aufeinander Ausgerichtetsein und verläßt tatsächlich oder durch körpersprachliches Rückzugsverhalten die Situation.

Bei der Analyse von Kommunikationsprozessen habe ich, um die Wirkung der Botschaften meßbar zu machen, ein zu diesem Zweck entwickeltes Diagramm eingesetzt.

+ 2 _____

+ 1 _____

  0 _____

− 1 _____

− 2 _____

In diesem Diagramm wird jede Aussage des Beobachteten in bezug auf psychologische Belohnung oder Bestrafung des Gesprächspartners zugeordnet. Sowohl die Belohnungen als auch die Bestrafungen werden inhaltsentsprechend auf der Linie ›Neutral‹ (meist Fragen und Feststellungen), + 1 (Signale des Verstehens), + 2 (Nutzen-Argumentation und starke Belohnung), − 1 (Unterbrechungen und Signale des Mißverstehens), − 2 (starke Bestrafungen) erfaßt. Die Addition der Belohnungs- und Bestrafungspunkte ist fast immer identisch mit dem Gesprächsergebnis. Überwiegt der positive Bereich, ist das Gesprächsergebnis mit dem Ziel identisch; überwiegt der negative Bereich, weicht das Gesprächsergebnis noch stark vom Ziel ab.

Diese Berechnung stimmt dann nicht mit dem tatsächlichen Gesprächsergebnis überein, wenn durch Sympathie oder frühere Belohnungen ein nicht kalkulierbarer Positiv-Vorschuß oder wegen Antipathie und früherer Bestrafungen eine nicht kalkulierbare Negativ-Belastung gegeben ist. Aus diesen Erkenntnissen heraus habe ich den Begriff »Sparbuch der Sympathie« eingeführt.

Derjenige, der auf dieses »Sparbuch der Sympathie« durch entsprechende Kommunikation mit der Umwelt immer wieder Belohnungen »einzahlt«, kann es sich demzufolge auch einmal erlauben, durch entsprechende Bestrafung »abzuheben«. Ist jedoch kein Vertrauensvorschuß gegeben, führt ein »Abheben« zu Repressalien des Gesprächspartners. Wir sagen oft, per saldo sei jemand nett, und meinen damit, daß die positive Seite der negativen Seite gegenüber überwiegt.

Mit dem Training der positiven Kommunikation soll nicht »eine weiche Welle erreicht werden«. Auch konkrete Absagen können so formuliert werden, daß sie des mehr sachbezogenen Inhalts wegen im neutralen Wertungsbereich angesiedelt werden können. Dazu ein Beispiel:

Affektfreie Zustimmung wird mit dem neutral betonten Wort »ja« ausgedrückt. Positiv aufgeladen sagen wir statt »Ja«: »gern«, »prima«, »hervorragend«, »genau«. Affektfreie Ablehnung drücken wir mit »Nein« aus. Negativ aufgeladen sagen wir statt »Nein«: »niemals«, »unmöglich«, »so nicht«.

Neben der Gestaltung der Kommunikationsinhalte ist es wichtig, daß wir die Formulierungen auf einer Ebene koordinieren, die dem Partner zugänglich ist und es ihm ermöglicht, die Aussagen zu decodieren, zu verstehen.

Mißverständnisse in der Kommunikation können beispielsweise im falschen Zeitpunkt Störungen bei der Übermittlung, falsche Code, körpersprachlich unpassende Signale begründet sein. Um Kommunikationsstörungen zu vermeiden, ist es wichtig, eine genaue Ausgangsdefinition in bezug auf Ort, Anlaß, Benehmen der Beteiligten und Art der Beziehung sowie Stil und Form des Umgangs festzulegen.

Nur bei Beachtung dieser Faktoren und Einstellung auf den Gesprächspartner ist es möglich, das gewünschte Ergebnis zu erreichen. Da Menschen nicht immer genau das sagen, was sie meinen, hört der produktive Kommunikator sehr aufmerksam zu und versucht, »hinter den Worten« zu lesen, indem er die Wortwahl, Betonung und die körpersprachlichen Botschaften aufnimmt und in das wahrgenommene Ergebnis integriert. Je emotionsloser und wertfreier er bei der Analyse der Aussagen des Kommunikanten vorgeht, desto klarer wird ihm die Differenz zwischen im Moment erreichtem Ergebnis und angestrebtem Ziel.

9. Lernen

Unter Lernen verstehen wir den Vorgang, durch den Verhaltensweisen erworben oder verändert werden.

Lernen löst meist auch eine Zielveränderung aus, wodurch sich die Struktur des Umfeldes ändert. Der Antrieb zum Lernen resultiert aus Bedürfnissen und aus der dadurch gegebenen Spannung, in die ein Individuum in einer bestimmten Situation gerät.

Für das Überleben sind schon von den ersten Lebensminuten an überlebenssichernde Verhaltensweisen notwendig. Die notwendige Anpassung vom niedersten bis zum höchsten Lebewesen in Richtung auf sichere und bessere Nahrungsbeschaffung, Bedürfnisbefriedigung, Vermeiden von ungünstigen Situationen oder allgemeine Lebenserwartung haben dazu geführt, daß sich notwendige Verhaltensweisen schon in den Erbfaktoren manifestieren. Das daraus resultierende Verhalten nennen wir instinktives Verhalten. Hierbei handelt es sich um angeborene, zweckmäßige Verhaltensweisen, die als Reaktion auf Reize unmittelbar erfolgen.

Im hierarchisch organisierten, nervösen Organismus erreichen bestimmte vorwarnende, auslösende und richtende innere und äußere Impulse ein Ansprechen und adäquate Reaktionen. Je stärker die Instinkte, desto kleiner die Lernfähigkeit. Wir sprechen dann von Starre oder Blindheit der Instinkthandlungen. Ein Beispiel hierfür gibt uns das Brutverhalten der Möwe, die auch dann auf ihrem Nest weiterbrütet, wenn die Eier aus dem Nest entnommen und neben das Nest gelegt worden sind. Der auslösende Mechanismus, der die Bruthandlung in Bewegung setzt, ist das Erblicken des Nestes an derselben Stelle und nicht der Anblick der Eier.

Überall dort aber, wo eine Starre oder Blindheit der Instinkthandlungen nicht gegeben ist, führen Umwelteinflüsse im Verlauf der Entwicklung zur Anpassung angeborener Instinktmechanismen.

Die Reifungsvorgänge des Menschen führen zur Anpassung an soziale Bedingungen und zum Neuerwerb von Verhaltensmustern. Wir sprechen dann von sozialem Lernen oder auch Lernen durch Versuch und Irrtum. Der Lerneffekt ist dabei nicht direkt beobachtbar. Er zeigt sich in der Verhaltensänderung. Werden Fehlhaltungen erlernt, so führt dies oft zu seelischen Störungen. In der psychologischen Behandlung werden dann Fehlhaltungen verlernt und/oder adäquate Verhalten entwickelt.

Wir können vier Stufen des Lernens unterscheiden:

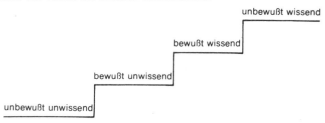

In Erstseminaren ist ein wesentlicher Schritt, den Teilnehmer zur zweiten Stufe zu führen. Er erkennt, daß er in wichtigen Bereichen seither unbewußt unwissend war und wird bewußt unwissend.

Durch Vermittlung von Lerninhalten wird er bewußt wissend und erreicht durch entsprechendes Üben, daß er unbewußt wissend wird. Dadurch ist er in der Lage, produktives Verhalten unbewußt anzuwenden.

Beim Erlernen des Autofahrens laufen diese Vorgänge ebenfalls ab. Man glaubt, daß Autofahren ganz einfach sei, und merkt beim ersten Versuch, wie schwer es ist, die entsprechenden Bewegungsabläufe zu koordinieren, und wird bewußt unwissend. Durch entsprechende Erklärungen des Fahrlehrers wird der Fahrschüler bewußt wissend und übt so lange, bis er (unbewußt wissend) die richtigen Bewegungsabläufe, ohne diese immer bewußt wahrzunehmen, absolviert.

Gerade beim sozialen Lernen wird oft das Verhalten anderer Personen (Modelle) beobachtet und gleich oder ähnlich imitiert. Deshalb sprechen wir hier auch von Modell-Lernen.

Lernen und Verlernen kann bewußt oder nicht bewußt erfolgen. So können wir Autofahren bewußt durch Wahrnehmung, Einsicht und Wollen lernen, können aber auch unbewußt bestimmte Verhaltensweisen übernehmen oder ablegen.

Für den Lernprozeß ist eine mittelstarke Motivation am günstigsten. Zu starke Motivation kann Verbissenheit bzw. Verkrampfung auslösen, während zu schwache Motivation nicht die für die Aktivität nötigen Impulse liefert. Ebenfalls günstige Voraussetzungen sind jugendliches Alter und gute Intelligenz.

Die Lernergebnisse werden zum großen Teil durch Vorkenntnisse bedingt. Durch Assoziation (räumliche und zeitliche Verknüpfung von Vorgängen) werden Neuinformationen bereits vorhandenen Informationen zugeordnet, frischen diese auf und ergänzen sie.

Bei der Art der Wissensvermittlung unterscheiden wir klassisches Konditionieren und operantes Konditionieren.

Beim klassischen Konditionieren erfolgt das Lernen durch Reiz-Reaktions-Kopplung.

Bei der operanten Konditionierung erfolgt das Lernen durch Erfolg. Dabei ist die

Aktivität des Organismus entscheidend. Das gegebene Verhalten wird durch die Konsequenz, die dieses in der Umwelt hat, verändert.

Beiden Lernarten liegt das Effekt-Gesetz zugrunde. Danach wird belohntes, also erfolgreiches Verhalten verstärkt und demzufolge gelernt, während bestraftes Verhalten verlernt wird.

Ein gelerntes Verhalten, dem keine Konsequenzen folgen, wird schwächer und vielleicht sogar gelöscht.

Auf diesen Gesetzmäßigkeiten beruht der Gesamtbereich der Erziehung.

Körpersprache, die von der Umwelt belohnt wird, wird verstärkt, während bestrafte Körpersprache abgeschwächt oder gelöscht wird. Denken wir dabei an die Situation eines Kindes, in dessen Familie der Austausch von körperlichen Zärtlichkeiten unüblich ist. Das so erlernte kühle Verhalten geht, wenn es nicht durch Reize der Umwelt oder spätere Kontakte und »Erziehungsmaßnahmen« durch das andere Geschlecht verlernt wird, auch in das folgende Erziehungsverhalten gegenüber den eigenen Kindern ein.

Beim Lernen abstrakter Themen hat sich herausgestellt, daß Ganzheiten leichter erfaßt werden als Einzelheiten. Auch dann, wenn den Lerninhalten ein Sinn (Erfassung von Beziehungen) zugrunde liegt, wird das Lernen erleichtert. Diese Art des Lernens nennen wir mechanisches Lernen. Dabei wird ein Wort nach dem anderen eingeprägt, wobei auch das Prinzip der Assoziation (Herstellung von Verbindungen zwischen gleichzeitig oder nacheinander erlebten Gegebenheiten, einfachen Reizen oder komplexen Gegebenheiten, z. B. Vorstellung) genutzt werden kann.

Eine andere Möglichkeit ist das Einprägen durch Wiederholung.

Lernprozesse sind auch Auslöser seelischer Wandlungserlebnisse. Nach einer neuen Anschauung ändert Lernen nicht nur den spezifischen Reaktionsbereich, sondern organisiert auch die Struktur des ganzen Lebensraumes um. Diese innere Verarbeitung erbringt unter Umständen Wandlungsergebnisse, wie wir diese bei fortgeschrittenen Seminarteilnehmern immer wieder erleben.

Interessant ist, daß noch nicht Fertiggestelltes bis zu 50 % besser behalten wird als Fertiges (Abgeschlossenes). Der dynamische Anteil des »noch nicht Gelösten« wirkt intensiv auf die Gedächtnisfähigkeit des Behaltens ein.

Neben dem sozialen Lernen durch Versuch und Irrtum und dem mechanischen Lernen unterscheiden wir eine dritte Art des Lernens, und zwar das Lernen durch den bedingten Reflex. In seinem berühmt gewordenen Experiment baute Pawlow darauf auf, daß sein Hund schon Speichel absondert, wenn er Fleisch sieht oder wittert. Er ließ zusammen mit der Fütterung eine Glocke erklingen und erreichte damit nach einiger Zeit, daß sein Versuchshund auch dann Speichel absonderte, wenn nur noch eine Glocke erklang.

Bei diesem Ergebnis sprach er von einem bedingten Reflex erster Ordnung. In einem weiteren Versuch ließ er die Glocke erklingen und gab ein rotes Lichtsignal. Der Hund lernte nach einiger Zeit auch dann Speichel abzusondern, wenn nur das

Licht aufleuchtete, ohne daß eine Glocke ertönte. Dieses Ergebnis nannte Pawlow einen bedingten Reflex zweiter Ordnung. Aus diesen Versuchen resultiert die Erkenntnis, daß fast jeder natürliche Reflex in einen bedingten Reflex umgewandelt werden kann. Werden diese bedingten Reflexe nicht aufgefrischt oder verstärkt, erlöschen diese nach einiger Zeit.

Über die einzelnen Vorgänge, die sich beim Lernen abspielen, ist noch immer sehr wenig bekannt. Wir können grundsätzlich sagen, daß Lebewesen lernen, auf Anzeichen zu reagieren und sich nach Anzeichen zu richten.

Da der größte Teil unserer Informationen (zirka 70 %) mit den Augen aufgenommen wird, spielt die Körpersprache, auch wenn diese nicht bewußt wahrgenommen wird, eine sehr große Rolle in bezug auf die Motivation des Lernenden.

Die Voraussetzungen für Lernen können wir vereinfacht zusammenfassen in

a) das Bedürfnis – als Mangelerlebnis –, das aus dem Einsehen, etwas Notwendiges noch nicht zu können, resultieren kann. Dieses Bedürfnis versetzt in Spannung und läßt Aktivität entstehen. Während der Suche nach geeigneten Verhalten werden Hypothesen (Vermutungen) über den einzuschlagenden Weg aufgestellt. Diese Hypothesen sind die Vorstufen dessen, was auf höherer Stufe später als Einsicht resultiert.

b) die Reaktion der Umwelt, wonach akzeptierbares Verhalten belohnt und damit verstärkt, unakzeptierbares Verhalten jedoch zu Bestrafung und damit zu neuen Lernprozessen führt.

10. Gedächtnis

Gedächtnis ist die Fähigkeit des menschlichen und tierischen Organismus, frühere Erlebnisse nicht ganz verschwinden zu lassen, sondern Spuren von ihnen zurückzubehalten, diese Erlebnisse teilweise oder ganz zu erinnern sowie neue Erlebnisse zu merken.

Das Gedächtnis erweist sich von Anfang des Lebens an als wirksam. Zunächst zeigt es sich in unbewußten Lernvorgängen und kurzfristigen bewußten Erinnerungen. Diese dokumentieren sich von den 1. Lebensmonaten an indirekt in entsprechenden körpersprachlichen Erwartungshandlungen. Etwa vom 2. Lebensjahr an werden Ereignisse länger als ein Tag und bald auch nach Wochen und Monaten erinnert. Etwa vom 3. Lebensjahr an werden Erinnerungen über ein Jahr berichtet. Obwohl im Kindesalter die Erlebnisse des 1. und 2. Lebensjahres nach kurzer Zeit nicht mehr reproduziert werden, scheinen doch einige frühere Erfahrungen so eindrucksvoll zu sein, daß sie im unbewußten Fortleben später wieder auftauchen können.

Rückerinnerungen an sehr frühe Ereignisse sind bei psychoanalytischer Behandlung oder in Hypnose möglich.

Im Zusammenhang mit dem Begriff Gedächtnis wird auch der Begriff Merkfähigkeit und Intelligenz betrachtet. Unter Merkfähigkeit verstehen wir die experimentielle Prüfung der unmittelbaren Gedächtnisleistung, also die Fähigkeit, Informationen in einem bestimmten Zeitraum aufzunehmen und nach einem bestimmten Zeitraum abzugeben. Die Intelligenz ist der Leistungsgrad der psychischen Funktionen bei ihrem Zusammenwirken in der Bewältigung neuer Situationen. Wichtig bei dieser Definition ist, daß es sich um neue Situationen handelt, weil hierfür keine angeborenen oder erlernten Verhaltensweisen zur Verfügung stehen. Die höchste Stufe der Intelligenz ist das sprachliche Denken des Menschen. Ob jemand im Sinne von intelligentem Verhalten neue Situationen bewältigen kann, wird zunächst im körpersprachlichen Verhalten sichtbar. Verständnisloser Gesichtsausdruck, Abwehrhaltungen und Rückzugsverhalten zeigen an, inwieweit jemand eine neue Situation angeht, verarbeitet und bewältigt. So bezeichnen wir denjenigen als intelligent, der die Fähigkeit besitzt, neue Aufgaben selbständig zu lösen. Diese Aufgaben können praktische oder theoretische Intelligenz erfordern. Die praktische Intelligenz dient der Bewältigung der Lebensaufgaben, die theoretische Intelligenz dient intellektuellen Leistungen, wie der Begriffs- und Urteilsbildung, und ist prüfbar an der Abstraktionsfähigkeit.

Aus den erlebten und verarbeiteten Situationen, deren Resultate sich im Gedächtnis eingegraben haben, entsteht Erfahrung. Sie besteht immer aus der Nachwirkung vergangener Erlebnisse. Die Erfahrungen kommen bei Erinnerungen in Form von Vorstellungen wieder zum Bewußtsein.

Sind Informationen nicht mehr erkennbar, weil diese in tiefere Schichten des Bewußtseins abgesunken sind, sagen wir, »das habe ich vergessen«, und meinen damit den Verlust von Erinnerungen. Wahrscheinlich ist absolutes Vergessen nicht möglich. Es handelt sich vielmehr um Verdrängen, das ist »absichtliches« Vergessen, um unangenehme Gefühle, die mit dem Erlebten zusammenhängen, nicht wieder aufkommen zu lassen.

Für die gesamte Entwicklung ist Zeit ein sehr wichtiger Faktor. Es werden diejenigen Informationen besser behalten, die zum richtigen Zeitpunkt aufgenommen wurden.

Wie sich in Tierexperimenten gezeigt hat und wie inzwischen auch für Menschen gültig angenommen wird, sind gerade die ersten Lebensmonate für die Prägung des Verhaltens besonders wichtig. Frisch geschlüpfte Küken, die zunächst in einem dunklen Raum gehalten werden, picken später weniger geschickt als normal gehaltene Artgenossen. Dies ist darauf zurückzuführen, daß die günstigste Zeit zum Erlernen dieses Verhaltens in den ersten Tagen oder Wochen liegt. Professor Konrad Lorenz hat nachgewiesen, daß auch Wildgänse zu gewissen Zeitpunkten definitive Prägungen erfahren, die später nicht mehr abgelegt werden. Das erste Lebewesen, das Wildgänse nach dem Schlüpfen sehen, nehmen diese als Eltern an, folgen ihm und betteln es an.

Junge Mäuse wurden wiederholt in Käfige gegeben, in denen sich eine starke, kampftrainierte Maus aufhielt. Die jungen Mäuse wurden von der alten Maus angegriffen und besiegt. Je jünger die Mäuse waren, die die Niederlagen erlitten, desto zaghafter und furchtsamer waren diese auch später als erwachsene Tiere. Die Erfahrungen der ersten Lebensjahre sind, ob im Gedächtnis erinnerbar oder nicht erinnerbar gespeichert, von großer Bedeutung für die gesunde Entwicklung. Früh erworbene Gewohnheiten sind besonders beharrlich, und ein Erwachsener bleibt dauernd mehr oder weniger stark unter dem Einfluß dessen, was er als Kind gesehen und gelernt hat.

Wege zum besseren Gedächtnis

Das Gedächtnis wächst im Verhältnis zur Stärke des Motivs. Je wichtiger eine Information für jemanden ist, desto besser wird er diese behalten. Dabei ist nicht ausschlaggebend, für wie wichtig diese Information allgemein angesehen wird, sondern für wie wichtig, notwendig, künftig Belohnung erlangend, die jeweilige Information für denjenigen ist, der diese behalten soll.

Die vier Grundregeln für die Funktion des Gedächtnisses sind:

- Das Gedächtnis wächst im Verhältnis zur Stärke des Motivs.
- Motiv plus Wiederholung ergibt die Gedächtnistreue.
- Die Gedächtnistreue wächst, je mehr Sie die Erinnerungsfähigkeit beanspruchen.
- Je unabhängiger Sie bei der Aufnahme von Informationen von Stimmungen werden, desto besser prägen sich die Informationen ein.

Acht Schritte zum besseren Gedächtnis und zum besseren Lernerfolg:

- keine Launen
- alles sofort erledigen
- alle Vorhaben zu Ende führen
- ein Tagesprogramm aufstellen und zu Ende führen
- sich nicht durch einen toten Punkt entmutigen lassen
- keine Ausflüchte und Entschuldigungen benützen
- Zeitpunkt der Leistungsspitzen feststellen und darauf einstellen
- eine gestraffte Körperhaltung fördert meine Leistungsfähigkeit

Keine Abhängigkeit von Stimmungen. Denke daran:
- Alles muß einen Sinn haben.
- Je größer die Bedeutung, desto besser das Gedächtnis.
- Schaffe und nütze die Anhaltspunkte.
- Gebe den Anhaltspunkten einen tieferen Sinn.
- Wende jeden nur möglichen mnemotechnischen Trick an.
- Sinngebung und Anhaltspunkt bilden zwei wichtige Voraussetzungen zu absoluter Gedächtnistreue.

Setze dir ein Ziel. Verliere dieses Ziel nie aus den Augen. Verfolge den Endzweck auf die leichteste, rascheste und wirkungsvollste Weise, die es gibt, indem du Zwischenziele setzt und die Kraft des Zielansporns nützest.

Vorteile des Rezitierens

– hilft zuverlässig Zeit sparen;
– läßt Abschnitte erkennen, die schwer merkbar sind;
– bewirkt einen anhaltenden Gedächtniseindruck.

Wer seine Merkfähigkeit voll nützen will, muß scharf beobachten. Logische Zusammenhänge oder persönliche Gedankenverbindungen verankern sich tiefer im Gedächtnis.

Das laute Hersagen fördert die Merkfähigkeit und die Gedächtnistreue. Wer Fakten für immer einprägen will, muß sie wiederholen – und zwar möglichst bald nach dem Auswendiglernen. Zu diesem Zeitpunkt wird Gelerntes nämlich nicht nur am leichtesten vergessen, sondern auch – durch entsprechende Wiederholungen – am dauerhaftesten eingeprägt.

– Wer seine Erinnerungsfähigkeit voll nützen will, muß scharf beobachten.
– Wer seine Erinnerungsfähigkeit voll nützen will, muß zunächst den Zusammenhang des Ganzen verstehen.
– Selbstbelohnung fördert die Merkfähigkeit.
– Rezitieren hinterläßt einen dauernden Gedächtniseindruck.
– »Überlernen« fördert die Entwicklung Ihrer Erinnerungsfähigkeit.

Wer ein zuverlässiges Gedächtnis besitzt, verfügt über eine im praktischen Leben ausschlaggebende Geisteskraft.

– Gezieltes Vergessen ist der Schlüssel zum vollkommenen Gedächtnis.
– Belaste den Geist nicht mit Nebensächlichkeiten.
– Lerne das Richtige zu vergessen, um sich an das Wichtige zu erinnern.

»Eines Menschen sicherster Besitz ist sein Gedächtnis«, »Das Gedächtnis ist die Mutter aller Weisheit«.

Rationelleres Arbeiten

– Gesamte Kraft und Aufmerksamkeit ausschließlich auf die Arbeit richten.
– Zusammenhänge verstehen bewirkt: tieferes Verständnis des Wissensgebietes.
– Wiederholen stärkt das Gedächtnis.
– Die Intervall-Technik beim Wiederholen spart Zeit und Kraft.
– Wissensstoff in kurzer Zeit einprägen durch die Ganzheits-Methode.
– Gezieltes Vergessen befreit das Gedächtnis von störendem Ballast.

- Pauken ist zu empfehlen als Vorbereitung auf die Prüfung.
- Störende Umwelteinflüsse kosten Zeit und Kraft.
- Verwandte Wissensgebiete sollte man grundsätzlich nie unmittelbar hintereinander studieren (nicht Englisch/Französisch, sondern Englisch/Naturwissenschaften).
- Rezitieren – Aufsagen des Lernstoffes stellt die rationellste Arbeitsmethode dar.

Zwanzig Gedächtnisregeln

1. Zusammengesetztes merkt sich leichter als Einfaches.
2. Werden mehrere Sinne angesprochen, bleibt der Eindruck sicherer.
3. Unterschiedliche (mehrere) Eigenschaften eines Dinges haften stärker.
4. Gruppierte Darbietung unterstützt das Auffassen und Einprägen.
5. Das Bedeutendere von mehreren Dingen wird bevorzugt gemerkt.
6. Sinnvolles ist gegenüber Sinnlosem überlegen.
7. Erkenntnis von Zusammenhängen verstärkt das Dauern im Gedächtnis.
8. Was die Vernunft beeindruckt, wird nachhaltiger eingeprägt.
9. Reim und Rhythmus erleichtern das Merken.
10. Wiederholung vertieft den Gedächtnis-Eindruck.
11. Was mit zeitlichem Abstand wiederholt wird, haftet besser als sofort Wiederholtes.
12. Abweichung von der Norm erhöht Aufmerksamkeits- und Gedächtniswert.
13. Gesichts- und Gehöreindrücke »verwachsen« besonders stark.
14. Der Tastsinn macht Dinge und Vorstellungen plastisch.
15. Gegenstände werden nachhaltiger gemerkt als Bilder davon.
16. Profilierte Eindrücke (Bilder) sind besser als diffuse Buntheit.
17. Vielseitigkeit der Verknüpfung beschleunigt die Merkfähigkeit.
18. Farbige Darstellungen werden »wirksamer« gemerkt als einfarbige.
19. Positive Gefühle und Stimmungen prägen besser ein. (Unlustgefühle und damit verbundene Vorgänge werden ins »Nichtwissen« verdrängt.)
20. Älteres haftet (infolge der Wiederholung oder einstiger Frische des Gedächtnisses) besser als jüngere Eindrücke.

11. Sprache

Die Grundformen unserer Sprache dürften etwa fünfzigtausend Jahre alt sein. In der Grundform des Werbe-, Dominanz- und Territorial-Verhaltens dürfte die verwendete Lautgebung schon vor Millionen Jahren verwendet worden sein. Bestimmte Lautreaktionen auf Umweltstreß gehen bis auf die Säugetiere zurück. Ist eine Sprache ausgereift, überdauert diese meist viele Jahrhunderte. Die Verständigung der frühen Menschheit erfolgte wahrscheinlich durch eine Verwendung von Rufsignalen und körpersprachlichen Signalen. Ab der Zeit des Ackerbaus und der Bewässerung und dem damit verbundenen Bevölkerungsanstieg vor etwa zehntausend oder mehr Jahren war auch eine systematische Entwicklung der Sprache zu beobachten. Jahrtausendelang war der Mensch von zwei Kommunikationssystemen kontrolliert, von der Körpersprache und der Sprache, die hauptsächlich in den kleineren Einheiten und in den unteren Ebenen der sozialen Organisation wirkten.

Etwa mit der Entwicklung der Stammesgesellschaften wurde die Sprache als hauptsächliches Verständigungsmittel der öffentlichen Institutionen weiterentwickelt. Mit großer Wahrscheinlichkeit ging diese Entwicklung so vonstatten, daß immer mehr körpersprachliche Verhalten in abstrakten Begriffen ausgedrückt wurden. Schon sehr früh dürften sich Bezeichnungen für bestimmte körperliche Positionen, wie sitzen, stehen, liegen, entwickelt haben. Verfolgen wir den Gedanken der in abstrakte Begriffe umgesetzten Körpersprache weiter, so können wir ableiten, daß der abstrakte Begriff »besitzen« möglicherweise aus dem abstrakten Wort »sitzen« in Verbindung mit dem im Sinn von Besitz bedeckten Raum zu dem Wort »besitzen« führte. Auch Wörter, wie Ablehnung, Zuneigung, Auseinandersetzung u. a., dürften so entstanden sein. Interessant bei dem Begriff »Auseinandersetzung« ist es, daß hier die Konfliktpartner tatsächlich auseinander (voneinander weg) gesetzt worden sein können.

Nachdenkprozesse über derartige Wörter unserer Sprache führen zu vielen Grunderkenntnissen über die Bedeutung von körpersprachlichen Signalen. So verwenden wir heute noch folgende abstrakte Aussagen, die in der beobachteten Körpersprache begründet sind:

- sich näherkommen,
- mit den Zähnen knirschen,
- Kopf hoch,
- die Zähne zeigen,
- Zunge in acht nehmen,
- aufrechter Mann,
- trägt schwere Bürde.

Interessant war eine Situation, die ich in einem meiner Seminare über Körpersprache erlebte. Ich gab einem Teilnehmer für ein Rollenspiel die Anweisung, sich während des Gesprächs ablehnend zu verhalten. Während des ganzen Gesprächs lehnte er unbewußt tatsächlich den Oberkörper von seinem Gesprächspartner weg und hielt sich mit der Hand an der vom Gesprächspartner am weitesten entfernten Tischkante fest. Er hat also in seiner Körpersprache dieses »Ablehnen beibehalten« und während des ganzen Gesprächs ausgedrückt, ohne daß ihm dieses Verhalten bewußt geworden wäre.

Wenn wir sagen, die Sprache drückt Gedanken, der Körper drückt Gefühle aus, so findet dieses im vorgenannten und vielen anderen Beispielen die Bestätigung.

In den letzten 500 Jahren haben Clans und Verwandtschaftsgruppen (Subkulturen) an Bedeutung verloren, während Institutionen und Bürokratien gigantisch gewachsen sind. Die abstrakte Sprache hat zunehmend an Bedeutung gewonnen, das macht es verständlich, daß die Menschen, weil Körpersprache und damit verbundener Ausdruck von Gefühlen an Bedeutung verlor, zurückhaltender und reservierter und sicher auch einsamer geworden sind. Nur die Symbole, die sich im Bewußtsein eines Volkes befanden oder befinden, werden in der Körpersprache ausgedrückt und abstrakt dargestellt. So hat die Sprache als Hauptkommunikationsmittel großen Einfluß auf das Denken eines Volkes. Auffassungen anderer Völker oder Kulturen werden gelehrt oder besprochen, aber meist in bezug auf die eigenen Anschauungen bewertet.

Manchmal werden andere Anschauungen sogar unterdrückt und verboten. Um keine Zweifel oder andere Einsichten aufkommen zu lassen, werden sogar materielle Barrieren errichtet. Soldaten werden in Kasernen, Nonnen und Mönche in Klöstern gehalten. Manche Schriften werden als unerlaubt abgestempelt. So durften katholische Laien bis zum 17. Jahrhundert die Bibel nicht lesen. Schulbücher werden so geschrieben, daß nur erlaubte Informationen eingehen. In manchen kirchlichen Schulen fehlt beispielsweise die Behandlung der Evolution in den Biologiebüchern.

Werden andere Meinungen zugelassen, so werden diese oft dialektisch korrumpiert oder als falsch, absurd und mit gräßlichen Folgen dargestellt.

Die Sprache dient also dazu, mitzuteilen, zu kommunizieren und damit die bestehende Ordnung aufrechtzuerhalten und ihr Zustimmung zu verschaffen. Die Körpersprache ist zum Hilfswerkzeug der Sprache, z. B. beim Gebrauch von Gesten zur Interpunktion des Sprechens, geworden. In den letzten Jahren beobachten wir einen Wandlungsprozeß der vom rein abstrakten zum mehr gefühlsbetonten Verhalten tendiert. Möglicherweise ist diese Tendenz mit ein Grund dafür, daß psychologische Zusammenhänge und Körpersprache ein so breites Interesse finden.

Wir haben die Sprache als abstraktes Mittel der Kommunikation kennengelernt. Tatsächlich dient Sprache der Übermittlung von Informationen durch verbale Zeichen. Damit erfüllt die Sprache die Funktion

- des Ausdrucks,
- der Mitteilung über den Zustand des Senders,
- dem Appell und damit der Beeinflussung des Empfängers,
- der Darstellung und damit der Information über Objekte und Sachverhalte.

Sprache ist ein System von Zeichen, welches Bedeutungen (Symbole) vermittelt. Damit zwischenmenschliches Verstehen möglich wird, müssen die Zeichen eine feststehende Bedeutung besitzen. Verschiedenes Sprachniveau, wie in unterschiedlichen sozialen Schichten, verursacht Mißverständnisse.

Schon bei Tieren finden wir Ansätze für die Sprache. Auch die Sprache der Bienen besitzt Symbol-Wert durch Zeichen in Form von Geschwindigkeit, Richtung, Schwänzel- oder Rundtanz. Affen verfügen über eine beträchtliche Anzahl emotionaler Lautsignale.

Nur das menschliche Gehirn aber bietet die Voraussetzung für das Erlernen der Sprachsymbole, deshalb ist es nur dem Menschen möglich, sich einer abstrakten Sprache zu bedienen. In der normalen Umgangssprache sind verschiedene Sprachschichten zur Vollsprache integriert.

Psychotische Störungen können diese Integration auflösen in motorische, affektive und mitteilungsmäßige Inhalte. Als eine elementare vorsprachliche Schicht stellt sich die motorische Sprache als Produktion von Lautfolgen ohne Bedeutungsgehalt im kindlichen Lall-Monolog dar.

Während die Wörter den abstrakten Gehalt definieren, informiert die Lautgebung über den inneren Zustand des Sprechers und besitzt somit Ausdruckswert, der durch die körpersprachlichen Signale vervollständigt wird.

Wie stark Gefühle die Sprache beeinflussen, sehen wir daran, daß Angst alle überflüssigen Wörter wegfallen läßt und zu Einzeläußerungen in Form des Telegrammstils führt. Der Stimmungsgehalt wird dadurch direkt wiedergegeben. Ist die Sprache eindeutig, wird der Empfänger durch Sprachsignale gesteuert. Wechselseitige Beziehungen werden dann möglich.

Grundsätzlich können wir feststellen, daß in der Sprache bestimmte Laute in einer gewohnten Abfolgeordnung programmiert sind. Menschliche Sprechwerkzeuge können viele tausend Worte hervorbringen. Ein bestimmtes Repertoire an herkömmlichen Lauten wird in der Sprache verwendet. Veränderungen in der Lautgebung resultieren aus gefühlsmäßigen Einflüssen und geben Informationen über die Stimmungslage des Sprechenden.

Der Rohlaut wird in der Linguistik mit dem Begriff Phon bezeichnet. Phone verbinden sich in bestimmter Weise zu Phonemen, die in etwa Silben entsprechen. Phoneme verbinden sich zu Morphemen (Worten) und Morpheme zu Sprechsätzen. Der Unterschied zwischen einem Sprechsatz und einem geschriebenen Satz besteht in der im Sprachsatz möglichen Sprechpause, Tonhöhen-Wechsel und kinesischen Markierungen, insbesondere der Abschlußmarkierung.

Satzzeichen dienen oft als Gliederungselemente. Beim Einsatz dieser Gestaltungsmittel wird folgendermaßen selektiert:

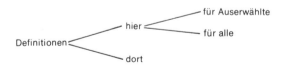

Normalerweise denken und sprechen wir in den vom Kulturkreis und den Ideologien geprägten Formen und richten uns an den Normen der Institutionen aus. Wir verwenden ein lexikalisch-symbolisches System. Wer diesen so zustande gekommenen Aussagen nicht aufs Wort glaubt, kann folgende Reaktionen zeigen:

- Er kann das Spiel mitspielen.
- Er kann die Institution verlassen.
- Er kann, weil er Bescheid weiß, höhere Ränge in der Institution einnehmen.
- Er kann versuchen, die Praktiken bloßzustellen.

Da die Sprache, wie wir gesehen haben, ein abstraktes Mittel der Darstellung ist, liegt in ihr wenig Affektivität. Durch erziehungsbedingte starke Ausrichtung auf die Sprache wurde die ebenfalls wichtige Botschaften übermittelnde Körpersprache zu wenig beachtet. Dem damit verbundenen Prozeß der Negierung emotionaler Botschaften entwuchsen zunehmendes Interesse an nicht sprachlicher Kommunikation, wachsendes Mißtrauen gegenüber Ideologien und antikapitalistische Einstellung der kommenden Generation.

Nicht zuletzt durch die Ausbreitung audiovisueller Medien werden dem Menschen mehr Informationen zugänglich, und es erfolgt eine stärkere Sensibilisierung für sprachliches und körpersprachliches Verhalten.

Den besprochenen Nachteilen stehen jedoch auch Vorteile gegenüber. Dadurch, daß sich Menschen im Kommunikationssystem Sprache besser zurechtfinden, können auch noch unvollständige Informationen verstanden werden. Der Ausfall von 25 % einer Rede vermindert kaum die Verständlichkeit. Das vorhandene Wissen ersetzt im Sinne der Gestalt-Gesetze das Nichtgehörte. Erst ab 50 % Ausfall stellt sich eine deutliche Erschwerung des Verständnisses ein.

Neben der verbalen Sprache, bei der Wörter als Informationsträger verwendet werden, ist der Vollständigkeit halber die Signalsprache der Taubstummen zu erwähnen. Obwohl die Signale dieser Sprache ausschließlich mit Körperteilen (Händen und Fingern) und mit der Mimik gegeben werden, handelt es sich hierbei nicht um das, was wir unter Körpersprache verstehen. Auch in dieser besonderen Sprache werden der wörtlichen Sprache entsprechende Buchstaben, Silben oder Wörter durch Zeichen dargestellt, so daß es sich hier ebenfalls um eine abstrakte Sprache in anderer als lautgebender Form handelt. Ebenfalls hier zuzuordnen sind die Signalsprachen durch Fahnen und andere Hilfsmittel.

Die Art, wie jemand die wörtliche Sprache verwendet, moduliert und unterstreicht die Sprechweise, gibt wesentliche Informationen über den gemeinten Sinn. Besonders wichtige Gestaltungsmittel sind Stimmhöhe, Lautstärke, Sprechtempo, Artikulation, Sprechrhythmus, Sprechmelodie. Diese Faktoren ermöglichen es, daß wir, ohne auf die Worte zu achten, sehr schnell erkennen, ob jemand streitet, predigt oder eine politische Rede hält.

Aus dem Anheben und Senken, insbesondere der Endsilben, gekoppelt mit körpersprachlichen Signalen, wird spürbar, welche Rolle ein Sprechender spielen möchte. Weitere Kriterien der Sprachgestaltung sind:

hart	– weich
laut	– leise
schnell	– langsam
undeutlich	– artikuliert

Bei Koppelung dieser Kriterien können wir schon aus der Art des Sprachgebrauchs Folgerungen ziehen, die dann durch Beobachten der körpersprachlichen Parallel-Botschaften noch eindeutiger verstanden werden.

Koppelungen:

laut und schnell	– dröhnend
laut und artikuliert	– energisch
laut und weich	– sonor
laut und hart	– befehlend
weich und schnell	– beschwingt
weich und langsam	– lieblich
weich und artikuliert	– bedacht
weich und verhalten – langsam	– Wunsch nach Geborgenheit
weich und leise	– beschwörend, werbend
leise und undeutlich	– Angst vor Mißerfolg
leise und hart	– drohend
leise und schnell	– verschwörend
leise und langsam	– eindringlich
leise und artikuliert	– beschwörend

Versuchen Sie in Zukunft die Stimme eines Menschen auf Ihr Gefühl wirken zu lassen. Dabei werden Sie auf viele Feinheiten aufmerksam, die Sie bisher nicht beachtet haben. Die bewußte Wahrnehmung schärft Ihr Ohr für den Stimmausdruck.

Aus der Klangfarbe kann auf entsprechende Charakterzüge geschlossen werden. Der Stimmforscher M. Keilhacker schreibt: »Wärme oder Kälte, Weichheit oder Härte der Stimme lassen stets mit einer gewissen Wahrscheinlichkeit auf ähnliche charakterliche Züge in der Persönlichkeit des Sprechers schließen.«

Die tiefe Stimme hat die Wirkung von Würde und Ruhe und entsteht im Normalfall auch in der entsprechenden Gemütsverfassung. Die hohe Stimme entsteht bei Zuständen von Angst, Aufregung und Verlust der Selbstsicherheit. Die monotone Stimme läßt auf Gleichgültigkeit, Desinteresse oder Traurigkeit schließen.

Die Wiener Psychologin Gertraud Leitner hat 1956 hundert Personen mit einem Intelligenztest geprüft. Unter ihnen wurden neun Personen mit unterschiedlicher Intelligenz und ungefähr gleichem Bildungsniveau ausgewählt, deren Stimme auf Tonband aufgenommen wurde

– beim Sprechen sinnloser Worte,
– beim Lesen eines Textes von Adalbert Stifter,
– beim Nacherzählen einer Geschichte.

Die Tonbandaufnahmen wurden 75 Studenten vorgespielt mit der Anweisung, den Intelligenzgrad jedes Sprechers anzugeben. Die Intelligenzschätzungen konnten dann mit den Testresultaten verglichen werden. Dabei ergab sich eine gute bis sehr gute Übereinstimmung. Die weiblichen Personen schätzten noch etwas besser als die männlichen.

Ausländer (Engländer, Franzosen, Spanier) erzielten dagegen nur eine sehr geringe Treffsicherheit. Das zeigt, daß bei der Intelligenzschätzung nach der Stimme die Erfahrung mit der jeweiligen Sprache eine große Rolle spielt. An der Sprache kann man die Intelligenz eines Menschen wesentlich besser beurteilen als am Gesichtsausdruck.

Am Wiener Psychologischen Institut wurde auch die Frage untersucht, ob man am Sprechausdruck erkennen kann, ob eine Person lügt. Die Sicherheit, mit der Lügner aufgrund ihrer Sprechweise entlarvt werden konnten, war jedoch sehr gering. Es wurde festgestellt, daß die feste subjektive Überzeugung, man habe es mit einem Lügner zu tun, völlig falsch sein kann. Woran liegt das? Man hat offensichtlich zu wenig Erfahrung darüber gesammelt, wie sich Lügen in der Stimme ausdrücken; deshalb fehlten die Beurteilungskriterien.

Einige wichtige Symptome der Stimme und ihre Bedeutung

Symptome	Bedeutung
Geringe Hebung und Senkung der Lautstärke, schlaffe, ungestaltete Sprechweise	Trägheit, Gleichgültigkeit
Überbetonter, abgehackter Rhythmus	Ungesteuerte Impulse
Schwankungen des Sprechtempos	Innere Erregung, Unausgeglichenheit, Mangel an Selbstsicherheit
Unregelmäßiges Schwanken der Stimmstärke bei geringer Stimmfülle	Mangel an Vitalität
Starker Wechsel der Stimmstärke	Gefühlsbetonte Grundhaltung
Geringer Wechsel der Stimmstärke	Mangel an gefühlsmäßigem Miterleben, Disziplinierung
Brustklang der Stimme	Selbstbehauptung
Sorgfältige und ausgeprägte Aussprache	Bewußte, disziplinierte Haltung, eventuell Mangel an Vitalität
Wenig ausgeprägte Aussprache	Natürlichkeit, Lässigkeit

In einem Gespräch kann man an Merkmalen der Sprechweise erkennen, ob eine Person innerlich einen Konflikt erlebt, emotional gestört ist oder ausgeglichen und gelassen reagiert. Die folgenden acht Sprachstörungen können bei Konflikten beobachtet werden:

– Äh-Störung
– Satzwechsel
– Wiederholungen
– Stottern
– Auslassungen von Wörtern oder Wortteilen
– Unvollendete Sätze
– Versprecher (Wortneubildung)
– Unverständliche Einfügungen von Lauten

Als Beispiel und Illustration mögen die acht Sprachstörungen in einem Einstellungsgespräch dienen.

Personalchef: »Sie müßten in Ihrem Alter eigentlich beruflich schon weiter sein. Warum haben Sie bisher nicht mehr erreicht?«

Bewerber: »In meiner alten Firma gab es, äh – (Störung 1), aus vielen Gründen keine Chance für mich. Deshalb, äh, suche ich eine neue – (Störung 2), aber was wollen Sie damit sagen: Was ich bisher erreicht habe, genügt mir.«

Personalchef: »In der angebotenen Position müssen Sie seelisch belastbar sein. Glauben Sie, daß Sie das sind?«

Bewerber: »Schwierigkeiten beeinflussen mich, beeinflussen mich (Störung 3) wenig, sie steigern sogar mein Leistungsbedürfnis.«

Personalchef: »Welche Ihrer Eigenschaften hat Ihnen besondere Schwierigkeiten gemacht?«

Bewerber: »Darüber habe ich bi-bisher nicht na-nachgedacht (Störung 4), denn besondere Schwierigkeiten – (Störung 5) mir keine Eigenschaft gemacht.«

Personalchef: »Das Zeugnis der Firma Kuntz nennt zwar Ihre Tätigkeit, erwähnt aber zuwenig persönliche Vorzüge. Wie erklären Sie sich das?«

Bewerber: »Mein Chef hatte wahrscheinlich ... (Störung 6), für ihn als Praktiker war in erster Linie der Unsatz (Störung 7), Umsatz entscheidend.«

Personalchef: »Was konnte Ihr Chef an Ihnen nicht leiden?«

Bewerber: »Ich wechsle nicht die Position, weil ich ta (Störung 8) mit ihm Unstimmigkeiten em hatte.«

Sprachstörungen können nach einer Tonbandanalyse genau ausgewertet werden.

Die Störungsanalyse zeigt, daß in der 62. Minute und nach einer Stunde und 40 Minuten die meisten Störstellen waren. Zu diesen Zeiten wurden also Themen berührt, die dem Bewerber besonders unangenehm waren. Relativ entspannt war der Bewerber dagegen in der 20. Minute und nach einer Stunde und 24 Minuten.

Ein Personalchef, der sich auf dem Tonband die kritischen Stellen nochmals anhört, kann sich anhand einer solchen Grafik noch einmal Gedanken darüber machen, warum der Bewerber gerade bei diesen Themen mit besonders vielen Sprachstörungen reagiert hat.

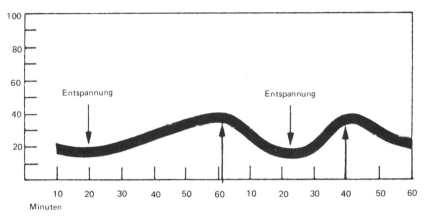

12. Atmung

Aus anatomischer Sicht sind an der Atmung folgende Körperteile beteiligt: Nase und Mund als Luftein- und -austrittskanäle, die Luftröhe mit dem Kehlkopf, die Lungen, das Zwerchfell und die Bauchmuskulatur als Atemhilfsmuskulatur. Entsprechend der benötigten Luftmenge atmen wir durch Nase oder Mund ein und aus. Beim normalen Atemvorgang wird die Luft durch die Nase aufgesogen, Flimmerhaare und Nasenschleim halten Schwebeteilchen zurück. Gleichzeitig wird die Luft auf ihrem Weg zu den Lungen erwärmt. Stehen uns körperliche Anstrengungen bevor, reicht die durch die Nase aufnehmbare Luftmenge möglicherweise nicht mehr aus, und wir atmen durch den Mund. Sportler, die eine größere Luftmenge benötigen, aber auch die Vorteile der Atmung durch die Nase nutzen wollen, nutzen einen kombinierten Atemvorgang, in dem sie durch die Nase ein und durch den Mund ausatmen. Dadurch wird die Anzahl der Atmungsvorgänge gesteigert. Durch die eingesogene Luft blähen sich die Lungen auf. Dies führt dazu, daß sich entweder der Brustkorb hebt oder der Bauch vorwölbt. Wir sprechen deshalb von Brust- oder Zwerchfellatmung.

Das Zwerchfell ist ein breiter, flacher Muskel, der sich kuppelförmig in den Brustraum hochwölbt. Atmen wir tief ein, wird das Zwerchfell abgeflacht und verdrängt dabei die darunterliegenden Eingeweide, hauptsächlich Leber und Magen. Dadurch wölbt sich die vordere Bauchwand nach vorn.

Diese Atmung wird besonders für Ruhezustände, aber auch für Redner und Sänger empfohlen. Die Zwerchfell-Bauchmuskulatur dient dabei als sogenannte Stütze.

Atmen wir so ein, daß sich der Brustkorb hebt, dann lastet das Gewicht des Brustkorbs auf den Lungen und drückt beispielsweise beim Sprechen mehr Luft zwischen den Stimmbändern hindurch, als für die Lautgebung notwendig wäre. Dadurch können Heiserkeit, Austrocknen der Stimmbänder und Durstgefühl, Luftmangel, Verschlucken von Endsilben und falsche Betonungen zustande kommen. Bei der Zwerchfellatmung kann die Bauchmuskulatur zum Halten der Ausdehnung eingesetzt werden.

In diesem leichten Spannungszustand hält sie die Ausdehnung und ermöglicht so eine kontrollierte und dosierte Abgabe der Luft. Wir können also nicht generell sagen, die Brustmuskulatur sei weniger geeignet als die Bauchmuskulatur. Es kommt auf die Situation an.

Wenn Sie kontrollieren wollen, ob Sie die Zwerchfellatmung beherrschen, legen Sie die Hände an Ihren Leib. Atmen Sie nun ein, und prüfen Sie, ob sich beim Einatmen der Bauch vorwölbt und beim Ausatmen wieder in die Normallage zurückgeht. Bei der Zwerchfellatmung hebt und senkt sich der Brustkorb nicht.

Zur Stärkung der Atemhilfsmuskulatur können Sie die Luft halten und die Bauchmuskulatur während des Sprechens leicht gespannt lassen. Sie werden anfangs eine Anstrengung der Bauchmuskulatur verspüren. Es kann auch sein, daß die Bauchmuskulatur, weil darin untrainiert, leicht zu zittern beginnt und in Ihrer Stimme dadurch ein leichtes Tremolo auftritt. Mit weiterer Übung verschwindet diese Erscheinung, und Sie können nun den Atem durch Regulierung der Spannung in der Bauchmuskulatur schneller oder langsamer fließen lassen. Dadurch wird es Ihnen möglich, voluminöser, klarer und klingender zu sprechen, das Verschlucken der Endsilben wird abgestellt, Überanstrengung der Sprechorgane wird verhindert, und Ihre Stimme wird tragfähiger.

Für die Einatmung während des Sprechens benutzen Sie die durch gegebene Satzzeichen notwendigen Sprechpausen. Um schneller einatmen zu können, können Sie hier durch den Mund einatmen.

Die Atmung dient neben dem vorbeschriebenen Zweck, Laute zu formen, in der Hauptsache der Versorgung des Körpers mit Sauerstoff und der Abgabe von Kohlendioxid an die Außenluft. Dieser Vorgang wird auch als Gas-Austausch bezeichnet. In Ruhestellung atmen Erwachsene etwa 15–20mal pro Minute und nehmen dabei etwa 0,5 Liter Luft pro Atemzug auf. Dieser Ruhewert kann bei größerem Sauerstoffbedarf wie bei körperlichen Leistungen bis auf 3 Liter je Atemzug anwachsen. Aus Atemfrequenz und Atemtiefe läßt sich die pro Minute benötigte Luftmenge errechnen. Sie liegt bei Erwachsenen zwischen 5 und 45 Liter und kann bei Männern bis auf 170 Liter gesteigert werden.

Nicht nur reale und bewußt bevorstehende körperliche Anstrengungen, sondern schon der Gedanke an Anstrengung verändert die Atmung. Stellt sich plötzlich eine Idee ein, ist ein spontanes und tiefes Einatmen beobachtbar, so, als solle die Idee sofort in die Tat umgesetzt und dafür ein größerer Luftvorrat geschaffen werden. Dasselbe ist beobachtbar unmittelbar vor einer aktiven körperlichen oder rednerischen Leistung. Bei diesem Spontanvorgang hat der Betrachter den Eindruck, als würde der Betreffende nach Luft schnappen. Die Einatmung ist also immer eine Art Vorbereitung, während die Ausatmung mehr der Nachbereitung, z. B. der Lösung einer vorangegangenen Spannung, dient. Oft werden bei spontanen Ausatmungen Laute produziert, die wir dann als Seufzer hören. Zwischen Ein- und Ausatmung liegt das Stocken des Atmens. Nehmen wir etwas wahr, was unsere Aufmerksamkeit erregt, dann wollen wir die in uns befindliche Luft nicht abgeben. In Bruchteilen von Sekunden fällt die Entscheidung, ob wir aktiv werden oder uns entspannen können. Würden wir uns für Aktivität, also Angriff oder Flucht, entscheiden, dann wäre der vorhandene Atemvorrat notwendig. Entscheiden wir uns für die Entspannung, lassen wir die Luft oft in einem Seufzer der Erleichterung abfließen. Das Atmungsverhalten des Menschen gibt uns in Verbindung mit anderen Details also wesentliche Aufschlüsse darüber, wie jemand eine Situation erlebt und verarbeitet.

Tiefe Einatmung

Die primitive Bewegung der Einzeller hat sich beim Menschen in der Atmung erhalten. Ein- und Ausatmung sind in den Bewegungen des Oberkörpers sichtbar. Tiefe Einatmung beobachten wir während aktiver Handlungen und bei aktiver Kontaktaufnahme mit Menschen oder Dingen. Möglicherweise hat die unbewußt aktive Kontaktaufnahmebereitschaft und die damit zusammenhängende tiefere Atmung auch zu körperlichen Merkmalen geführt. Ein weiter gewölbter Brustkorb ist als habituelles Erscheinungsbild bei unternehmenden, aktiven, vitalen und geselligen Naturen festzustellen. Die Aktionsspannung der Brustmuskulatur vermittelt das Erlebnis der Kraftentfaltung. Aus einer tiefen Einatmung können insbesondere, wenn diese spontan geschieht, folgende Schlüsse gezogen werden:

Einsatzbereitschaft, Bereitschaft zur Kontaktaufnahme, Vorbereitung auf eine Aktivität, Zuwendung in bezug auf die Umwelt.

Bei Affen ist dies überdeutlich bemerkbar, weil das auf Aktivität ausgerichtete Affenmännchen wie hinweisend mit den Fäusten auf den Brustkorb schlägt.

Tiefere Einatmung und die damit verbundene Ausdehnung steht im Gegensatz zu starker Ausatmung und der damit verbundenen Einengung und beinhaltet eine Steigerung des Lebensgefühls.

Heftige Ausatmung

Heftige Ausatmung ist verbunden mit Einengungs- und Verkleinerungsbestrebungen. Durch eine aktive Muskelzusammenziehung wird dabei die Luft durch den Mund oder die Nase abgegeben. Dieser Vorgang ist oft mit Lautentwicklung verbunden.

Bei Austritt der Luft durch den Mund kann so ein »pfh« (Schnauben) und bei Austritt der Luft durch die Nase ein »nfh« hörbar werden. Diese Laute ordnen wir unschwer dem Bereich der verächtlichen Verhalten zu. Es wird dabei etwas »Unangenehmes« weggeblasen. Der Hintergrund für dieses Verhalten liegt darin, daß wir so beispielsweise übelriechende Luft mit Widerwillen ausstoßen.

In übertragenem Sinne wird dieses Verhalten auch zur künstlichen Steigerung des Selbstgefühls verwendet. Es wird so der Eindruck der Überheblichkeit erweckt.

Die genaue Bedeutung ist, wie auch bei anderen Vorgängen, aus den zusätzlichen Signalen, wie der Mundwinkel-Stellung, erkennbar. Generell drückt heftige Ausatmung Kontaktablehnung, Verächtlichkeit und Geringschätzung aus.

Neben dieser heftigen Ausatmung kennen wir die betonte und die aufgezwungene Ausatmung. Bei der betonten Ausatmung sind vorhängende Schultern und eine flache, eingesunkene Brust sichtbar. Dies läßt auf geringen Sauerstoffbedarf und geringen Luftvorrat schließen und kennzeichnet Positionen des Schlafes und der Ruhe. Bei diesem Sich-auf-sich-selbst-Zurückziehen ziehen sich die Lungen zusammen, wir isolieren uns vor der Außenwelt.

So kennzeichnet diese durch flache Atmung oder betonte Ausatmung begründete Darstellung eher den schwachen, mutlosen, tranigen Menschen, der Auseinandersetzungen scheut.

Hat dieses Verhalten zu habituellen Merkmalen geführt, so kennzeichnen diese den Passiv-Resignierten, Bedrückten, Schwächlich-Kranken und Passiven. Dies stimmt auch mit der bewußten Ausatmung überein, die zum gleichen Zustand führt und Zeichen von Erleichterung (»Ich brauche mich nicht auseinanderzusetzen«) und Enttäuschung ist.

Die aufgezwungene Atmung kommt zustande, wenn Ereignisse überwältigen. Man fällt dann kraftlos in sich zusammen. Der Umweltkontakt reißt ab. Auch wenn die Erwartungshaltung erfüllt ist, ist aufgezwungene (ungewollte) Ausatmung beobachtbar. Die Erschlaffung erfolgt dann sozusagen mit Zustimmung, und im Rückzug auf sich selbst wird das Ergebnis ausgekostet.

Bei aus Enttäuschung resultierender Ausatmung sind abgleitende Mundwinkel und beim Seufzer der Erleichterung ein feines Lächeln beobachtbar.

Immer jedoch bedeutet diese Art der Ausatmung eine Loslösung vom Objekt und eine Zuwendung zum eigenen Ich.

13. Handschrift

Die Schriftdeutung (Graphologie) ist nach der Mimik und Handlesekunst (Chiromantie) eine der ältesten Methoden zur Beurteilung von Menschen. Die Überzeugung, wonach die Schrift den Charakter ausdrücke, ist nach wie vor sehr umstritten. 1963 schrieb der Wiener Ordinarius für Psychologie, Hubert Rohracher: »Es steht außer Zweifel, daß die Handschrift einen hohen Grad von persönlichen Eigenschaften aufweist; so hoch, daß sich sogar die Geldinstitute und Banken darauf verlassen und die Echtheit eines Schecks oder Wechsels nach der Unterschrift des Ausstellers beurteilen.«

Daß die Schriften der Menschen so unterschiedlich sind wie die Menschen selbst, steht außer Zweifel. Gezweifelt wird nur an der Tatsache, daß aus der Handschrift Charakterbeurteilungen und treffende Aussagen möglich seien.

Der deutsche Physiologe Wilhelm Preyer hat experimentell eindeutig festgestellt, daß die Schrift vom Gehirn gesteuert wird. Nach seinen Untersuchungen bleibt der Schriftcharakter gleich, ob mit der rechten oder mit der linken Hand oder mit dem Mund geschrieben wird. Die Einstellung der Fachpsychologie zur Graphologie ist nach wie vor reserviert, denn es liegt bis heute zwar kein exakter wissenschaftlicher Beweis für die Verläßlichkeit der Graphologie, aber auch kein Beweis für die Unverläßlichkeit vor. Das liegt zum großen Teil daran, daß die Richtigkeit graphologischer Gutachten nur sehr schwer einwandfrei kontrolliert werden kann.

Trotzdem ist die Graphologie die am weitesten verbreitete Methode der angewandten Psychologie. Der Marburger Psychologie-Kongreß 1965 schätzte, daß pro Jahr mindestens 80 000 schriftpsychologische Gutachten mit einem Honorarwert von mindestens 2,4 Millionen DM angefertigt werden. Da sich diese Ziffern nur auf den Mitgliederkreis des Berufsverbandes Deutscher Psychologen beziehen, dürften die tatsächliche Zahl der erstellten Gutachten und die Honorarwerte 5mal höher sein.

Eines der Probleme ist, daß sich die graphologische Methode der nüchternen, sachlichen Abwägung entzieht. Sich ihr ohne Emotionen zu nähern ist deshalb nur schwer möglich. Bei Vorlage von Schriften ohne Urheberangaben an Seminaristen, die die Menschenbeurteilung lernen sollten, zeigte sich, daß eine große Zahl von Teilnehmern die Schriften richtig zugeordnet haben. Auch mit in Graphologie unkundigen Schülern wurde experimentiert. Die Mehrzahl der Prüfpersonen reagierte auf ausdrucksstarke Schriften emotional, produzierte Sympathie oder Antipathie. Die Schrift eines Massenmörders wurde von einem hohen Prozentsatz der Betrachter mit emotionalem, instinktivem Abscheu beantwortet. Aussagen wie: »Vor dem hätt' ich Angst«, »dem ist alles zuzutrauen« unterstrichen dies.

Schrift gehört ebenso zu den Kommunikationsmitteln des Menschen wie Sprache und Körpersprache und ist eigentlich auch eine Art »Sprache des Körpers«. Genau wie das gesprochene Wort drückt sie nicht nur Inhalt, sondern auch Beziehung aus. Sie enthält Bestandteile des Sich-Verhaltens, des Sich-Gebens und des Sich-Äußerns.

Schon 1622 schrieb der Bologneser Arzt Camillo Baldo: »Wie man aus einem Sendschreiben Namen und Qualität des Schreibers erkennt.« Lavater, der Anreger der modernen Ausdruckskunde, sagte vor etwa 200 Jahren: »Ich finde eine bewunderungswürdige Analogie zwischen der Sprache, dem Gange und der Handschrift bei den Menschen«; und weiter: »Nicht den ganzen Charakter, nicht alle Charaktere, aber von manchen Charakteren viel, von einigen aber wenig läßt sich aus der Handschrift erkennen.« Damit hat Lavater auch die Grenzen der Handschrift-Deutung aufgezeigt.

Ludwig Klages sagte: »Von den Gesetzen, welche die Abhängigkeit des Ausdrucks von der Seele regeln, lautet das erste: Jeder inneren Bewegung entspricht die analoge äußere.«

Damit wurde der Handschrift und damit der Graphologie ein wissenschaftlicher Stellenwert, ein Absolutheitsanspruch, gegeben, der so, auf die Schrift bezogen, nicht haltbar ist.

Daß graphologische Gutachten als Hilfsmittel zur Überprüfung der eigenen Meinung genutzt werden können – diese Meinung wollen wir durchaus teilen. Die Untersuchungen über die Zuverlässigkeit der graphologischen Befunde mangeln an der Tatsache, daß es nur für ganz wenige Teilbereiche des Verhaltens einen gesicherten Bezugspunkt gibt, wie beispielsweise die Stempelkarte zur Beurteilung der Pünktlichkeit.

Eine gründliche Reihenuntersuchung über die Verläßlichkeit der Graphologie hat das Psychologische Institut der Universität Freiburg (W. D. Rasch) durchgeführt. Es ergab sich eine völlige Abweichung zwischen graphologischem und Vorgesetztenurteil in 12 % der Fälle, wobei zu berücksichtigen ist, daß auch das Vorgesetztenurteil auf schwankenden Füßen steht.

Zuverlässig dürften aus der Schrift Eigenschaften, wie Harmonie – Disharmonie, Dynamik – Statik, und Eigenschaften betreffend das soziale Verhalten, wie Verträglichkeit – Aggression, interpretiert werden können. Hier dürfte die Schrift mehr hergeben als die praktische Menschenkenntnis.

Es ist als sicher anzunehmen, daß die Graphologie durchaus in der Lage ist, tiefere seelische Zusammenhänge aufzuzeigen. Ich glaube sogar, daß die Schrift in der Analyse durch einen qualifizierten Fachmann, der Kombinationsfähigkeit und Intuition besitzt, einiges an Informationen hergibt. Wer aber sagt uns, ob derjenige, der das Gutachten angefertigt hat, erstens wirklich Fachmann (Ausbildung allein dürfte nicht genügen) ist, zweitens stimmungsunabhängig das Gutachten erstellen konnte, drittens mit welcher Wahrscheinlichkeit die Aussagen zutreffen, viertens wie wertende Aussagen zu verstehen sind (im Krieg ist jemand, der ohne Gewissensbisse töten kann, gut) und fünftens und in welchem Verhältnis, zu welcher Zielgruppe oder Vergleichsgruppe die Aussagen gemacht und formuliert wurden.

Auch die vorhandenen Unterlagen beeinflussen sicher das Urteil des Graphologen. Je mehr er über den Probanten weiß, desto eher kann er die Merkmale der Schrift zuordnen und definieren. Es mag sicher Graphologen geben, die auch ohne weitere Informationen mit großer Wahrscheinlichkeit richtig urteilen, aber das Problem ist »der richtige Fachmann«.

Graphologie als unterstützende Möglichkeit, als Mittel zur Beurteilung auch der eigenen Meinung – ja, als Alleinmittel scheint es mir bei Betrachtung der Verantwortung, die jemand, der über die Zukunft eines Bewerbers entscheidet, übernimmt, nicht auszureichen.

Kapitel 4
Das Verhalten

Unter Verhalten verstehen wir eine bestimmte Art von Veränderungen, die in den körperlichen Strukturen durch Funktionen das ganze Leben hindurch stattfinden. Diese Veränderungen stellen eine nicht umkehrbare (einsinnige) Abfolge (Sequenz) dar.

Was der Organismus zum Entwicklungsfortschritt beiträgt, wird als reifungsbedingt bezeichnet. Im Verlauf der Reifung werden Umwelteinwirkungen in Erfahrungen umgewandelt. Im allgemeinen geht Reifung schrittweise und regelhaftig vonstatten. Die vom Organismus her bedingten Entfaltungsprozesse haben für die jeweils folgende Reifungsphase die vorausgegangene Reifungsphase zur Bedingung. Bei einem 1–4 Monate alten Baby sind die Sequenzen oder Abfolgen der Reifungsbewegungen so regelhaft, daß das jeweils nächste Stadium voraussehbar ist.

Die Sequenzen sind also unveränderbar, weil diese durch feste Entfaltungsmöglichkeiten (Struktur-Gesetze) bestimmt sind. Der Zeitpunkt des Auftretens der jeweiligen Reifestufe setzt angemessene Umgebungseinwirkungen voraus. Interessant zu beobachten ist dieser Prozeß bei einem Kind:

Ein 6monatiges Kind ergreift nur einen von insgesamt 5 angebotenen Hohlwürfeln und beobachtet die Bewegung.

Mit 7 Monaten hält das Kind mit beiden Händen gleichzeitig je einen Würfel.

Mit 8–10 Monaten schlägt es beide Hohlwürfel aneinander.

Mit 10–12 Monaten werden die Hohlwürfel ineinandergesteckt.

Mit 12–18 Monaten stellt das Kind die Hohlwürfel aufeinander.

In dieser Abfolge bekunden sich wichtige Fortschritte der Bewegungs-Beherrschung sowie der intellektuellen Beziehungssetzung zwischen zwei Gegenständen.

Kinder, die ohne die Anregung durch richtige Spielsachen (Umwelt) heranwachsen, reifen zwar auch in den anlagemäßig gegebenen Bewegungen, doch fehlt ihnen das Geschick und die Verfeinerung der durch Übung gebildeten Muskulatur.

In den Gebirgsdörfern Albaniens werden Säuglinge auf schmale Holzwiegen gebunden und in einer dunklen Ecke der Lehmhütte »aufbewahrt«. Bandagen um Arme und Beine und um den ganzen Körper hindern die Babys während des ersten Lebensjahres an jeder freien Bewegung. Wird das Kind dann von den Bandagen befreit, verhält es sich weitgehend inaktiv. Wird es zum Berühren von Spielzeug ermuntert, ergreift ein 5monatiges Baby dieses Spielzeug so wie sonst ein 3monatiges. Auch bei allen älteren Kindern ist als Ergebnis dieser frühkindlichen Einflüsse eine dauernde Lähmung der Aktivität und mangelndes technisches Geschick zu beobachten.

Eine Ausnahme in der Aussage, wonach die Entwicklung auch abhängig ist von äußeren Reizen, ist das Gehen-Lernen. Wenn nicht organische oder seelische Störungen als Hinderungsgrund vorhanden sind, lernen menschliche Säuglinge im Alter zwischen 12 und 18 Monaten gehen.

Die von Umweltreizen unabhängige Entwicklung betrifft sicher alle diejenigen Funktionen, die auf die Befriedigung von Bedürfnissen gerichtet sind. Mit großer Wahrscheinlichkeit ist unser gesamtes menschliches Verhalten auf die Erfüllung von Bedürfnissen gerichtet und gewinnt daher seinen Sinn. Wir können Verhalten dann als sinnvoll bezeichnen, wenn es von Bedürfnissen und Motiven bestimmt und zielgerichtet ist. Selbst das Verhalten Geisteskranker besitzt Sinn und ist zielgerichtet. Wenn auch der Sinn der eigenen Ziele von Geisteskranken mißverstanden wird, bleibt dieser Sinn für den Analytiker interpretierbar. Sinnvoll sind auch Traumhandlungen, weil auch ihnen die Zielrichtung auf Bedürfnisbefriedigung innewohnt.

Drückt sich der Sinn von Verhalten nicht unmittelbar im gesprochenen Wort aus, so wird er oft interpretierbar aus der Art der Betonung, der Wortwahl, der Wortstellung und den körpersprachlichen Begleiterscheinungen. Den Zugang zur seelischen Grundlage von Verhalten finden wir, indem wir

– Erlebnisse beobachten und interpretieren,
– Verhalten beobachten, messen, zählen und studieren,
– Verhalten experimentell variieren und Schlüsse auf Erlebnisse ziehen,
– indem wir von Produkten, die der menschliche Geist in Beziehungsvorgängen zwischen Menschen, in Sprache und Werkzeugen, in manuellen und geistigen Werken, in Industrie und Handel, in Kunst und Wissenschaft erzeugt, Schlüsse auf die sie hervorbringenden seelischen Vorgänge und Handlungen ziehen.

Auch die Sozialpsychologie befaßt sich mit dem Verhalten des Menschen. Sie beobachtet das innerhalb der Gesellschaft gezeigte Verhalten und will verstehen und erklären, wie Denken, Fühlen und Verhalten von Individuen durch eine tatsächliche oder vorgestellte Gegenwart anderer beeinflußt wird. Dabei sind besonders interessant die Vorgänge der Interaktion von Individuen und Gruppen. In der Gruppendynamik ist das Kräftespiel innerhalb der Gruppe hauptsächlich im Hinblick auf die mitwirkenden Individuen beobachtbar. Dieses Studium von Gruppenprozessen ist als das verbindende Glied zwischen Psychologie und Soziologie anzusehen.

Unser Wissen über unser eigenes Verhalten gewinnt damit an Fundament, da uns bewußt wird, was wir über andere und andere über uns denken.

Dem großen Bereich des Normalverhaltens steht der ebenso große Bereich des gestörten Verhaltens gegenüber. Verhalten bezeichnen wir dann als normal, wenn es im Rahmen der gegebenen Umwelterwartungen liegt. Diese Erwartungen bestimmen also, ob das gezeigte Verhalten normal, unnormal oder gestört ist. Erinnern wir uns in diesem Zusammenhang an das von Menschen in den letzten Jahrhunderten produzierte Verhalten. Wir würden sicher ein vor hundert Jahren als normal geltendes Verhalten heute – und ein heute normales Verhalten, in die damalige Zeit versetzt, als unnormal bezeichnen müssen. Das Normalverhalten ist also normentsprechend Änderungen unterworfen. Normalverhalten können wir demzufolge verstehen als realitätsangemessenes Verhalten.

Wir erwarten bestimmte und passende, adäquate Verhalten. Touristen in fremden Kulturen, die das dort gültige und erwartete Verhalten – weil nicht erlernt – nicht produzieren können, merken an den Reaktionen sehr schnell, daß das gezeigte Verhalten nicht der Erwartung entspricht. Um Negativ-Reaktionen zu vermeiden, werden in derartigen Situationen nur sachliche Verhaltensweisen und Aussagen gegeben, oder Verhalten wird übertrieben durch

- lauteres Sprechen,
- intensiveres Lächeln,
- freundlichere Gesten,
- heftigeres Nicken.

Der sich so Verhaltende meint »superhöflich« zu sein und merkt selbst gar nicht, wie künstlich und unecht sein Verhalten wirkt. Obwohl es diese kulturellen Unterschiede gibt, ist auch ein Grundverhalten feststellbar, das überall auf der Welt beobachtet werden kann:

- Liebende suchen körperliche Nähe;
- sich Begrüßende und sich voneinander Verabschiedende verwenden entsprechende Rituale;
- Statusunterschiede werden bewußt durch Kleidung, Schmuck und Verhalten vor Untergebenen bzw. vor Übergeordneten ausgedrückt.

Nur die im Augenblick aktiven Gefühle beeinflussen das momentane Verhalten. Dabei können auch frühere Gefühle im Moment wieder aktiv geworden sein. Der grundlegende Antrieb des Verhaltens ist die Spannung, in die ein Individuum in einer bestimmten Situation (fremde Kultur) gerät. Diese Situation und der jeweilige Lebensraum (von Lewin als ›Feld‹ bezeichnet) erzeugt in bezug zu unseren eigenen Verhaltensmustern das konkrete Verhalten. Aus der Umwelt oder den eigenen Überlegungen vorgegebene Ziele haben unterschiedlichen Aufforderungscharakter. Auf früheren Entwicklungsstufen der Menschheit war es notwendig, momentane Aufgaben sofort zu lösen und schnell zu entscheiden.

Langfristige Planungen waren nicht üblich. Dieses lange Zeit praktizierte Verhalten führte wahrscheinlich dazu, daß es auch den Menschen unserer Zeit schwerfällt, langfristig zu planen. Ein Gegenstand oder eine Situation mit kleinem Aufforderungscharakter, aber unmittelbar bevorstehend, scheint wichtiger als ein wichtiges Ziel in weiter Ferne.

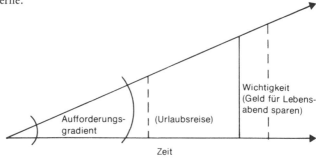

Aus diesem Bild ist zu erkennen, daß eine sichtbar bevorstehende Situation (Urlaubsreise oder nicht Urlaubsreise) zwar kleiner in der Wichtigkeit als »Geld zurücklegen für den Lebensabend« ist, aber die Entscheidung wegen der zeitlichen Nähe wahrscheinlich eher zugunsten des weniger Wichtigen (Urlaubsreise) fällt.

Die Auswirkungen von Verhalten sehen Sie in der folgenden Übersicht:

Selbstbehauptungs-verhalten	zu meinem Nutzen	auf anderer Kosten	= gemäßigte Wettbewerbe bis Vollkriminalität
Selbstgenügsames Verhalten	zu meinem Nutzen	ohne Einfluß auf andere	= private/soziale Befriedigungen
Kooperatives Verhalten	zu meinem Nutzen	zum Nutzen anderer	= Geschäfte, Handel Tausch u. Verhandlungen
Entgegenkommendes Verhalten	ohne Einfluß auf mich	zum Nutzen anderer	= Freundschaftlichkeit, Großzügigkeit
Altruistisches Verhalten	auf meine Kosten	zum Nutzen anderer	= liebevolle Hingabe, Menschenfreundlichkeit, Selbstaufopferung

1. Instinktverhalten

Instinkthandlungen sind angeborene, artspezifische Bewegungsweisen, die den Ablauf primärer Triebe durch assoziierte, zum Teil komplizierte Verhaltensmuster sichern. Die angeborenen Auslöser und Mechanismen sind abhängig von Außenreizen und Innenreizen. In den Fällen, in denen die Innenreize überwiegen, entstehen Leerlaufhandlungen. Sie können derartige Leerlaufhandlungen beobachten bei Menschen, deren Wut sich aus situativen Gründen nicht im Kampf entladen kann. Unruhiges

Hinundhergehen, Standbeinwechsel, Bewegungen der Finger, Hände, Fäuste und Arme, des Oberkörpers und der Mimik zeigen, daß Emotionen ausgelebt werden wollen, aber wegen des entgegenstehenden Umweltdrucks nicht ausgelebt werden können.

Vergleiche von Instinktverhalten zwischen verschiedenen Tierarten und Menschen zeigen:

a) Je höher ein Lebewesen organisiert ist, desto mehr wird das (primäre) Instinktverhalten durch (sekundäre) Lernprozesse ergänzt, in andere Verhaltensweisen eingebaut und umfunktioniert.

b) Im Verlaufe der menschlichen Entwicklung werden angeborene Reflexe und Instinktmechanismen gehemmt oder in höheres Verhalten integriert.

2. Angelerntes Verhalten

Ein Teil des menschlichen Verhaltens ist asymmetrisch. Beim Winken, Augenzwinkern, Klatschen, Händeschütteln und wenn wir durch ein Fernrohr sehen, merken wir, daß wir bestimmte Körperteile für das jeweilige Tun bevorzugen. Die meisten Menschen klatschen mit der rechten auf die linke Hand.

Wie wir bei der kindlichen Entwicklung sehen, wechseln Phasen, in denen die linke oder rechte Hand bevorzugt wird, einander ab. Die Rechts-Bevorzugung hat auch kulturelle Gründe. In der Bibel wird Gott rechts und der Teufel links dargestellt. »Schafe zur rechten, Böcke zur linken«, »der ist link«, »die rechte Hand sei rein, die linke unrein«, »die rechte Hand sei die schöne Hand« begründen, daß rechts bevorzugt wird. Kein Mensch ist ganz links oder ganz rechts.

Es kann durchaus sein, daß bei jemand das linke Auge und die rechte Hand oder das rechte Auge und die linke Hand bevorzugt ist.

Durch Unterrichtung oder selbstkritische Beobachtung und entsprechende Übung wird das von der Umwelt belohnte Verhalten erlernt und das bestrafte Verhalten reduziert. Dieser Prozeß gilt vom Erlernen des Augenzwinkerns über das Händeschütteln bis zum Schraubensalto. »Handgeben« als erlerntes soziales Verhalten ist einem kleinen Kind, wie Sie sicher ebenfalls schon beobachtet haben, zunächst unangenehm. Es muß dazu überredet werden und übernimmt diese Handlung nur aufgrund der erlebten Belohnung in das spätere Verhalten.

3. Übernommenes Verhalten

Übernommenes Verhalten kann unterschieden werden in selbstentdecktes und nachgeahmtes Verhalten.

Selbstentdecktes Verhalten

Zwei Beispiele:

Achim ist vier Jahre alt. Als sein Vater mit ihm schimpft, senkt er den Kopf (Unterwerfungsverhalten), ohne wörtlich zu reagieren. Sein Vater wertet dieses Verhalten als Bestätigung der eigenen Dominanz und interpretiert es als Einsicht und als Signal für das Erreichen des angestrebten Zieles.

Sandra, ebenfalls vier Jahre alt, verhält sich in der gleichen Situation ganz anders. Sie senkt zwar ebenfalls den Kopf (Unterwerfungsverhalten), neigt den Kopf zur rechten Schulter (ich möchte meinen Kopf an deine Schulter legen) und blickt den Vater scheu lächelnd aus den Augenwinkeln heraus an (ich weiß ja, daß ich nicht artig war, sei mir nicht böse, und ich will sehen, wie du gleich wieder lieb zu mir bist). Im Vater löst dieses Verhalten mehrere Wirkungen aus:

- Er sieht die Unterwerfung (leicht gesenkter Kopf) und fühlt sich in seiner Dominanz bestätigt.
- Die Schräglage des Kopfes signalisiert ihm Anlehnungsbedürfnis und weckt damit auch in ihm den Wunsch, Fürsorge und Zärtlichkeit zu geben.
- Das scheue Lächeln zeigt ihm die Unsicherheit und signalisiert, daß er sein Ziel erreicht hat, und der scheue Blickkontakt vermittelt ihm den Wunsch nach »Nett-Sein«.

Beide Kinder haben in vergleichbaren Situationen unterschiedlich reagiert, verschiedene, wahrscheinlich schon früher aufgrund gegebener Anlagen und Außenreize entwickelte Verhalten eingesetzt. Beide Kinder erreichen mit dem gezeigten Verhalten das angestrebte Ziel und werden damit in der Richtigkeit dieses Verhaltens bestätigt. Wahrscheinlich werden beide Kinder dieses individuell bestätigte Verhalten –

Achim: »Wenn du dich unterwirfst, geschieht dir nichts mehr«; und
Sandra: »Du brauchst dich nicht ganz zu unterwerfen, mit entsprechenden Botschaften kannst du dein Ziel trotzdem erreichen« –

so lange weiterpraktizieren, bis neue Erfahrungen das Verhalten ändern oder erneut bestätigen.

Nachgeahmtes Verhalten

Die Gemeinschaft beeinflußt unser Verhalten in hohem Maße. Wenn wir nicht außerhalb dieser Gemeinschaft stehen wollen, sind wir gezwungen, Zeichen (Sprache) und Verhalten (Körpersprache) zu übernehmen. Der Übernahmeprozeß vollzieht sich meist unbewußt und unbemerkt.

Typisch wird dieser unbewußte und unbemerkte Übernahmeprozeß bei der Entwicklung von für männliche Homosexuelle typischen Verhaltensmustern. Ein Schüler, der später dazugehören wird, zeigt noch keines dieser Verhaltensmuster. Nach und nach übernimmt er im Laufe seiner weiteren Entwicklung immer mehr Einzelverhalten und entwickelt die gesamten Verhaltensmuster (Handbewegungen, Kopfhaltung, Lippen mehr geschürzt und gespitzt, aktivere und sichtbare Zungenbewegungen) nach vollzogenem Anschluß an andere Homosexuelle sehr schnell.

Die Ablehnung der Homosexualität in der Umwelt ist wohl mehr darauf zurückzuführen, daß das gezeigte »homosexuelle« Verhalten (»Händchenhalten« in der Öffentlichkeit) störender wirkt als die Homosexualität an sich.

Ein weiterer starker Einfluß auf den Grad der Nachahmung von Verhalten ist der Status des Nachgeahmten. Der Wunsch, so zu sein wie er, führt auch bei diesem Prozeß zu weitgehend unbewußten und unbemerkten Übernahmen von Verhalten. Äußerlich zeigen sich diese Übernahmen im Besitz entsprechender Gegenstände, in der Kleidung, im Gebrauch der Worte und in der gezeigten Körpersprache. Mit zunehmendem Alter wird die Übernahme von Verhalten immer mehr eingeengt. Das Aneignen von neuen Verhalten und Fertigkeiten wird mit zunehmendem Alter immer schwerer. Diese Erfahrung fand ich an mehr als 10 000 Seminarteilnehmern immer wieder bestätigt.

Der gangbarste Weg, momentan gezeigtes, für den Erfolg der Rolle schädliches Verhalten abzubauen und nützlicheres Verhalten zu entwickeln, besteht im Herbeiführen neuer Bedürfnisse. Durch entsprechende Analyse und Konfrontationen mit den gezeigten Verhalten sowie Gegenüberstellung eines für den einzelnen nützlicheren Verhaltens, welches ihm aufgrund seiner Anlagen und Fähigkeiten ebenfalls möglich wäre, entsteht Unzufriedenheit mit dem ursprünglich gezeigten, möglicherweise unbewußt nachgeahmten Verhalten. Auf der Grundlage dieser Unzufriedenheit entsteht der Wunsch, das eingesehene, wirksamere Verhalten zu erlernen.

In kleinen Schritten hilft der analytisch vorgehende Trainer bei der Verwirklichung dieses Wunsches so lange, bis das neue Verhalten übernommen ist. Oft beobachtete ich, daß mir anvertraute Seminarteilnehmer sowohl Verhalten zeigen, das ihrer Persönlichkeit entspricht, als auch Verhalten produzieren, welches nicht zur Gesamtpersönlichkeit paßt. In vielen derartigen Fällen ergab die Analyse und das Einzelgespräch, daß die nicht passenden Verhaltensweisen bewußt oder unbewußt von Leitbildern übernommen wurden.

Beispiel:

Herr X., 42 Jahre alt, erfolgreicher Verkäufer in einer Bank, zeigte folgende Verhalten: Im Verhältnis zu seiner wenig modulierten Sprache war seine Körpersprache zu stark akzentuiert. Er unterstrich wenig betonte Worte und Satzteile mit weiträumiger Gestik und wirkte dabei oft so, »als wolle er Fliegen fangen«.

Denkpausen überbrückte er, indem er ein oder mehrere Male »äh« formulierte.

Im Einzelgespräch sagte er mir, daß schon sein Vater, ein erfolgreicher Geschäftsmann – den er sehr verehrte –, ihn immer wegen seiner Zurückhaltung und mangelnden Dynamik kritisierte. Er solle mehr Leben zeigen, sei ihm immer wieder gesagt worden. Als er seine Banklehre antrat, lernte er einen dynamischen, erfolgreichen Direktor kennen, der es trotz seiner Jugend schon sehr weit gebracht hatte. Besonders imponiert habe ihm die raumgreifende dynamische Gestik und die akzentuierte Sprache, in die sich, wie in prophetischer Nachdenklichkeit, ab und zu ein »äh« eingeschlichen habe. In dem Moment, in dem Herr X. nach einiger Zeit des analytischen Gespräches diese Aussagen formulierte, stutzte er und erkannte selbst, welche Prozesse zu seinem jetzt in Frage gestellten Verhalten geführt hatten.

Bereits am nächsten Seminartag tauchten in den Aussagen von Herrn X. wesentlich weniger »äh« auf, und die Körpersprache zeigte sich wesentlich harmonischer. Einige Zeit nach dem Seminar rief Herr X. mich an. Er sagte mir, daß ihn Freunde und Kunden auf sein jetzt ausgeglicheneres Wesen angesprochen hätten und daß er jetzt, mit wesentlich mehr Ruhe, seinen Erfolg noch gesteigert hätte.

Unsere Umwelt nimmt uns, solange wir uns noch im Bereich des Normalen befinden, so, wie wir sind, und spricht höchstens hinter unserem Rücken über die Verhaltensweisen, die unpassend oder unangenehm erlebt werden. Dies zeigt auch das Beispiel des Herrn X. Erst wenn wir unser Verhalten verändert haben, findet unsere Umwelt, vielleicht weil jetzt Belohnung möglich ist, den Mut, uns auf das frühere Fehlverhalten anzusprechen. Das Beispiel von Herrn X. steht hier stellvertretend für Hunderte von ähnlichen Fällen.

So bestätigt sich auch hierin die Forderung, die moderne Unternehmen an Verhaltenstraining stellen: Wir wollen keine Computer oder Marionetten, sondern Menschen, die auf der Grundlage ihrer Persönlichkeitsstruktur echtes Verhalten zeigen und damit streßloser mehr Erfolg haben können, weil ihre Aussagen bei Gesprächspartnern als vertrauenerweckend (»das hat Hand und Fuß«) wirken.

4. Reaktives Verhalten

Daß unser Verhalten durch Innen- und Außenreize begründet ist, wissen Sie. Unwohlsein, Krankheit und unbefriedigte Bedürfnisse sind meist im Verhalten des Betreffenden sichtbar. Aber auch Fremdeinflüsse führen zu Verhalten. Wir nehmen irgend etwas wahr, haben einen Sinneseindruck und beantworten diesen zunächst mit einem irgendwie gearteten Gefühl, resultierend aus einem inneren Erlebnis. Wir haben den Reiz verarbeitet. Wie ein solcher Reiz verarbeitet wird und mit welcher Reaktion wir antworten, hängt von einigen Faktoren ab:

a) der Stimmung. In einer harmonischen Runde verarbeiten und reagieren wir anders, als wenn wir uns im Zwiespalt mit unserer Umwelt befinden.

b) dem Antrieb. In jeder, gleich wie gearteten gefühlsmäßigen Gestimmtheit ist mehr oder weniger Antrieb vorhanden. Je mehr Antrieb unserer Persönlichkeit innewohnt, desto aktiver werden wir auf Reize reagieren.

c) den Mitteln. Auf einen gegebenen Reiz können wir sprachlich und/oder körpersprachlich reagieren. Das Ergebnis der Reizverarbeitung bestimmt, welches Werkzeug wir benutzen.

Die drei aufgeführten Einflußgrößen sind situativ und persönlichkeitsbedingt unterschiedlich beteiligt. Sie können einander kompensieren oder verstärken.

Die Stimmung kann auch bei schwachen Reizen zu starker Reaktion und auch bei starken Reizen zu schwacher Reaktion führen. Bei Antriebsstarken fällt die Reaktion stärker aus als bei antriebsschwachen Menschen. Entsprechend der Stimmung wird aber auch der Antrieb verstärkt oder gedämpft.

Beide genannten Einflüsse gehen schließlich in die Mittel ein. Sprache kann dabei einen hohen Inhalts- und einen hohen Beziehungsaspekt haben. Klare Darstellungen und Anweisungen verfügen über einen hohen Inhaltsaspekt. Stark emotional aufgeladene Aussagen enthalten einen hohen Beziehungsaspekt. Aus der Wahl der Worte und der Gestaltung der Aussage sind beide Aspekte ersichtlich.

Beispiel:

Bitte reden Sie nicht dazwischen, wenn ich mit Herrn Müller spreche
= hoher Inhaltsaspekt.

Ich habe Ihnen schon hundertmal gesagt, Sie sollen nicht immer dazwischenquasseln, wenn ich mich mit jemand unterhalte
= hoher Beziehungsaspekt.

Das Ausdrucksmittel Körpersprache kann gleichzeitig mit der Sprache oder anstatt dieser eingesetzt werden. Körpersprache kann Aussagen ersetzen, begleiten, verstärken, abschwächen, ad absurdum führen und anderes mehr.

Beide Ausdrucksmittel, Sprache und Körpersprache, können nun wiederum vielgestaltig sein und sich gegenseitig kompensieren oder verstärken. Damit sind wir wieder beim Verhalten (sprachlich oder körpersprachlich) angelangt. Dieses Verhalten kann sich unserer Umwelt vollständig, teilweise, als Leerlaufverhalten, als Ersatzverhalten und als schematisches Verhalten darstellen.

Gleichzeitig kann es adäquat (passend) und inadäquat (unpassend) sein. Adäquat und inadäquat kann Verhalten nun wieder sein in bezug auf die Qualität (= Wert) (qualitativ adäquat/inadäquat) und auf die Quantität (Menge) (quantitativ adäquat/inadäquat).

So unterscheiden wir in bezug auf die jeweilige Situation folgende Möglichkeiten von Verhalten:

- qualitativ adäquat
- qualitativ inadäquat
- quantitativ adäquat
- quantitativ inadäquat

Da Verhalten Qualität und Quantität zeigt, ergibt sich folgende Mischung:

- qualitativ adäquat und quantitativ adäquat (Normalverhalten)
- qualitativ adäquat und quantitativ inadäquat
- qualitativ inadäquat und quantitativ adäquat
- qualitativ inadäquat und quantitativ inadäquat

Jedem gezeigten Ausdrucksverhalten unterliegt ein dazugehöriges seelisches Moment. Auch umgekehrt kann ein bestimmtes Ausdrucksverhalten ein seelisches Moment produzieren.

Wir können also zusammenfassend sagen:

- Seelische Zustände und Veränderungen bestimmen und beeinflussen unser Verhalten.
- Unser Verhalten verwirklicht den ihm zugrundeliegenden Gehalt entsprechend dem individuellen Antrieb.
- Unser Verhalten ist auf das Ziel, welches der seelische Zustand vorgab, ausgerichtet.
- Die Umwelt als Einflußgröße fördert oder bremst das bewußt oder unbewußt angestrebte Verhalten, unterdrückt es oder läßt nur Teile davon entstehen.

Unsere Empfindungen und Gedanken sind wie die Finger eines Marionettenspielers, der die an Schnüren hängenden Glieder der Marionette nur so bewegen kann, wie es die Umwelt der Marionette zuläßt.

Den Marionettenspieler können wir mit unseren Nervenzentren im Gehirn und im Rückenmark vergleichen. Dort werden entsprechend unserer gefühlsmäßigen Stimmung Nervenströme erzeugt. Die Schnüre, an denen die Glieder der Marionette hängen, entsprechen unseren Nerven, in denen Ströme die Befehle aus den Nervenzentren an die rund 550 Muskeln unseres Körpers weiterleiten. Unsere Muskeln reagieren entsprechend und geben über die Sehnen die Bewegung an die Körperpartien weiter. Muskeln, die häufiger benutzt werden, entwickeln mehr Kraft als die Muskeln, die nur selten arbeiten.

Hier finden wir die Verbindung zwischen der dynamischen Körpersprache und dem mehr statischen Ausdruck.

Wer viel lacht, entwickelt kräftigere Lachmuskeln (Risorius zygomaticus). Beim Lachen spannt er diese Muskeln und zieht gleichzeitig mit dem Hochziehen der Mundwinkel den Gegenmuskel (Antagonist; triangularis oder Dreiecksmuskel) aus seiner Ruhelage nach hinten oben. Nach dem Lachen entspannen sich die Lachmuskeln, und die Gegenmuskeln ziehen die Mundwinkel in die Normallage zurück. Sind wir mißgestimmt, ziehen wir unter Anspannung des Dreiecksmuskels die Mundwinkel nach unten und lassen durch Nachlassen der Spannung, nachdem die Mißstimmung abgeklungen ist, die Mundwinkel wieder in die Normalstellung zurückgleiten. Verständlicherweise entwickelt derjenige, der viel lacht und selten Verstimmung empfindet, kräftigere Lachmuskeln und weniger kräftige Dreiecksmuskeln als derjenige, der oft verstimmt ist. Diese unterschiedliche Kräftigung führt dazu, daß derjenige, der viel lacht, wegen der kräftigeren Lachmuskeln auch im Normalzustand leicht nach oben gerichtete Mundwinkel zeigt, während bei demjenigen, der mehr mißgestimmt ist, die Mundwinkel auch im Normalzustand leicht nach unten weisen.

Dort, wo das Aussehen nicht anlagebedingt, sondern durch Gebrauch von Muskeln gestaltet ist, finden wir demzufolge Übereinstimmung mit den Analyse-Ergebnissen der bewegten Körpersprache.

Erinnern wir uns noch einmal daran, daß für die Analyse von Verhalten immer das Umfeld, der auslösende Reiz und die interpersönlichen Gründe berücksichtigt werden müssen. Außerdem sind die unmittelbaren von den mittelbaren Ausdrücken zu unterscheiden. Herr Theurer, ein 80jähriger Bauer, hat einen großen Teil seines Lebens auf den Feldern, der Sonne, Wind und Wetter ausgesetzt, zugebracht. Oft schien ihm während seiner Arbeit die Sonne ins Gesicht, und der Wind blies ihm entgegen. Zum Schutz gegen grelles Sonnenlicht – wegen einer Sonnenbrille hätte man ihn belächelt – und mit dem Wind auf ihn zugeblasene Fremdkörper verengte er unbewußt die Lidspalten und zog die Augenbrauen etwas zusammen. Diesen Bewegungen vollzog er, wenn er gegen das Sonnenlicht einen Gegenstand, zum Beispiel seinen abgestellten Wagen oder die gerade Linie der Ackerfurche, ausmachen wollte. Die häufige Anspannung der entsprechenden Muskeln gab Herrn Theurers Gesicht eine Falte zwischen den Augenbrauen und auch im Normalzustand zugekniffenere Augen. Er wirkt auf den ersten Blick so, als würde er nachdenklich in die Ferne blicken, konzentriert und etwas mißtrauisch. Erst wenn man ihn näher kennenlernt, wird einem bewußt, daß der erste Eindruck trog.

Ein und dieselbe Ausdruckserscheinung kann ganz verschiedene Quellen haben. Nur aus einem Detail dürfen wir keine allgemeingültigen Schlüsse ziehen. Erst aus der Gesamtsituation des Menschen, seinem sprachlichen und körpersprachlichen Gesamtverhalten, sind Schlüsse möglich. Präziser werden die Folgerungen, wenn auch die Lebensgeschichte und Einstellungen bekannt sind. Beachten wir dies nicht, betreiben wir nur Zeichendeuterei, wie sie leider viel zu oft in Lehrbüchern und Aufsätzen über Körpersprache abgedruckt ist.

Ein Teilnehmer meines Seminars »Körpersprache« berichtete mir, er hätte in einem Seminar bei einem namhaften Professor gehört und in einer Liste, die in einem Wirtschaftsmagazin abgedruckt war, gelesen, daß jemand, der die Füße unter den Stuhl zurückgezogen hätte, ängstlich sei. Das kann sein! Aber sprachen auch die anderen, ebenfalls und gleichzeitig signalisierten Botschaften, die Gesamthaltung, die Haltung der Arme und Hände, die Mimik, die Melodie der Sprache und die Worte für diese

Auslegung? Kann es nicht sein, daß Platzgründe zum Zurückziehen der Füße führten oder die Beschaffenheit der Sitzgelegenheit? Ist es nicht auch denkbar, daß das Zurückziehen der Füße nicht in Angst, sondern in der Vorbereitung eines Angriffes (schneller aufstehen können) begründet waren? Sicher wurden zumindest im Seminar (in einem Wirtschaftsmagazin ist das leider nicht möglich) zusätzliche Erklärungen gegeben und vom Teilnehmer wieder vergessen.

Das Beispiel zeigt, wie gefährlich es ist, Teilwissen zu vermitteln. »Woher die Zeit nehmen?« höre ich jetzt von den Seminarleitern. Mit Rezepten und Kurzinformationen ist auch nichts erreicht. Da halte ich die Feststellung, daß nur wirkliches Training mit entsprechenden Zeiträumen sinnvoll ist, für seriöser.

Beachten wir bei der Analyse von Verhalten auch noch die spezifischen Eigenheiten, die sich ein Mensch im Laufe seines Lebens zulegt. Oft erleben wir eine rauhe Schale um einen weichen Kern. Das gezeigte unwirsche und unzugängliche Verhalten ist meist begründet im erlebten Mißbrauch durch andere und dient als Schutzmechanismus. Im Verhalten zeigt der Mensch nicht nur, wie er ist, sondern auch, wie er sein möchte – er signalisiert der Umwelt, als was für eine Art von Persönlichkeit er gelten will. Stimmt dieser Anspruch und die damit gezeigte Körpersprache mit den Leistungen überein, wird das Verhalten akzeptiert. Besteht eine Diskrepanz, wird diese dem sich so Verhaltenden angelastet. Er wird belächelt, veräppelt und/oder abgelehnt.

Übersehen wir bei unseren Beobachtungen nicht die Kleinigkeiten, die sich im Verhalten zeigen. Im großen und ganzen haben sich die meisten Menschen »im Griff«. Gerade aus kleinen Nebensächlichkeiten aber spricht oft die wirkliche Botschaft. Der Sender ist sich dieser Kleinigkeiten in den meisten Fällen nicht bewußt. Er kann sie deshalb auch nicht unterdrücken oder ungeschehen machen. Selbst wenn er dies wollte, würden die Zeichen der Unterdrückung sichtbar werden und sich die seelischen Situationen, die zu diesen kleinen Zeichen führten, anderweitig manifestieren. Wenn wir also Verhalten, nachdem wir es bei uns selbst erkannt haben, ändern wollen, bleibt uns nur ein Weg: der Aufbau einer neuen inneren Einstellung! Wir wollen nicht an den Symptomen kurieren – es würde auch nichts helfen –, sondern die Wurzel erfassen. Bewußtmachen dessen, was unpassend und schädlich ist. Erforschen, woher es kommt. Die Entstehungsgeschichte und die Hintergründe verstehen und verstehen lassen – und dann eine neue, produktivere Einstellung aufbauen, die von selbst zu einer produktiveren Körpersprache führt.

Wundert es Sie, daß so viele Kinder bei Begriffen wie Schule und Arbeit ablehnende und abwertende Körpersprache und bei Worten wie Spiel, Sport und Hobby so positiv reagieren? So schnell lernen Kinder von den Erwachsenen. Sie erkennen nicht, daß Spiel, Sport und Hobby auch Arbeit ist und daß auch dort gelernt werden muß. Sagen doch die Erwachsenen immer, ich muß zur Arbeit und – ich darf in Urlaub. »Wie die Alten sungen – so zwitschern auch die Jungen.« Würden wir wieder begreifen können, daß das, was wir als Arbeit bezeichnen, auch Spiel, Sport und Hobby sein kann, würden wir unsere Tätigkeit positiv erleben, vieles könnte sich ändern!

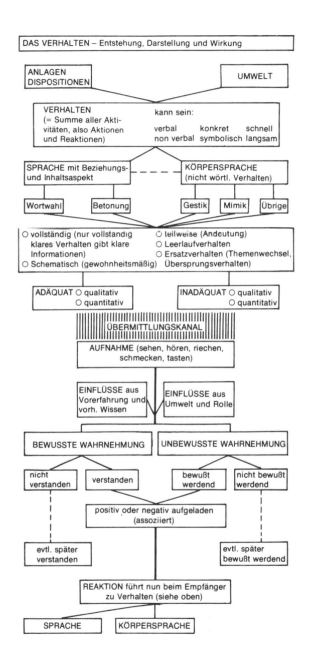

5. Adäquates und inadäquates Verhalten

Verhalten kann qualitativ und quantitativ adäquat und inadäquat sein.

Qualitativ und quantitativ adäquates Verhalten liegt dann vor, wenn die augenblicklich erlebte Situation unvoreingenommen und aufgeschlossen verarbeitet wird. Die Situation wird dann in der spezifischen Eigenart und Intensität richtig eingeschätzt. Es erfolgt eine sinngemäße Reaktion.

Qualitativ adäquat und quantitativ inadäquat

Es erfolgt eine spezifisch richtige, in der Qualität passende Verhaltensweise, die der Sache oder dem Inhalt nach durchaus richtig ist, aber die Stärke aller Intensität (Quantität) ist der Situation nicht angemessen. Das Verhalten ist entweder zu stark oder zu schwach. Zu stark kann ein Verhalten dann sein, wenn der Hemmungsapparat versagt. Wenn, wie bei einem Betrunkenen, zu weitgreifende, überzogene Bewegungen beobachtbar sind. Eine Übertreibung des Verhaltens ist auch dann zu sehen, wenn Begeisterung, Wut, Erregung nicht verarbeitet werden können und in quantitativ inadäquates Verhalten ausgedrückt werden.

Ein weiterer Bereich ist das Gebiet der hysterischen Reaktionen. Es erfolgt hierbei nicht nur herzhaftes Lachen, sondern auch noch zusätzliche Bewegungen wie »auf die Schenkel klatschen«, »aufstehen und hüpfen«, Bewegungen also, die überzogen wirken. Auch in der Lautgebung kann das Verhalten quantitativ inadäquat sein. Wenn Gelächter mit einem lauten Schrei eröffnet wird oder jemand in einer bestimmten Situation zu laut lacht. Auch zu schwache Verhalten gehören zum Bereich der quantitativ inadäquaten Verhalten. Diese sind begründet in Affektlahmheit, in emotionaler Schwäche, mangelnder Vitalkraft. Dort, wo eine starke, kraftvolle Reaktion notwendig und erwartet wäre, erfolgt dann keine oder eine nur schwache Aktion beziehungsweise Reaktion. Dieses kann außer den beschriebenen Gründen auch in starker Selbstdisziplin begründet sein. Dann stehen die Beherrschungstendenzen des Über-Ich der Entfaltung des Ausdrucks entgegen.

Qualitativ inadäquat und quantitativ adäquat

Versteht uns jemand falsch oder nicht oder wird die gegebene Situation nicht beachtet oder falsch eingeschätzt, kann sich zwar in der Ausprägung und Menge richtiges, passendes, in der Qualität aber unpassendes Verhalten ergeben. Extrem beobachtbar ist dieses Verhalten bei manchen Geisteskrankheiten wie der Schizophrenie mit ihren unberechenbaren Reaktionen auf Eindrücke. In diesen Fällen steht die gezeigte Verhaltensweise oft in keinerlei nachvollziehbarer Beziehung zur gegebenen Situation.

Auch in der Pubertät ist bei dem suchenden, sich neu orientierten Menschen oft qualitativ inadäquates Verhalten beobachtbar. Die Empfindlichkeit ist gesteigert, Geltungsdrang steht oft Minderwertigkeitsgefühl gegenüber und führt möglicherweise zu

Überheblichkeit. Der so vorhandene Wirrwarr im Pubertären oder seelisch Kranken verhindert, daß eine Situation unbefangen verarbeitet werden kann. Nicht nur diese Phasen oder Krankheiten aber, sondern auch andere Gründe führen zu qualitativ inadäquatem Verhalten.

– Jemand frißt längere Zeit alle Wut in sich hinein.
– Es fehlt die Fähigkeit zu Umweltkontakt (unbeteiligter, wie versteinert wirkender Teilnehmer einer sonst fröhlichen Runde).
– Besessenheit von überwertigen Ideen, wobei dann kein Raum mehr vorhanden ist für anderes (zerstreuter Professor).

Qualitativ und quantitativ inadäquat

Verhalten kann qualitativ und quantitativ unvollkommen oder unvollständig sein.

Wenn jemand, der seine Wut über bestimmte Situationen lange genug hinuntergewürgt hat, plötzlich explodiert, ist meist sowohl die Qualität als auch die Quantität überzogen. Auch wenn jemand über einen Witz zu lange oder zu laut lacht oder auf eine Frage überstark und zu lange nickt, können wir dieses Verhalten als qualitativ und quantitativ inadäquat bezeichnen.

Qualitativ unvollkommen ist ein Verhalten dann, wenn es nicht den von der Umwelt erwarteten Ausprägungsgrad erreicht. Dies kann in Störungen innerhalb der Person und Störungen, die aus der Umwelt resultieren, begründet sein.

Herr Reiner berichtet seinen Kollegen von seinem interessanten Urlaub in Spanien. Mit einer weiten Geste will er unterstreichen, wie groß die Möglichkeiten für die Urlaubsgestaltung in diesem Land sind. Er setzt ein Lächeln an, um die Spannung der Zuhörer zu steigern. Plötzlich fällt ihm ein, daß er vor dem Urlaub erzählte, er würde nur auf Wunsch seiner Frau nach Spanien fahren und hielte selbst nichts von diesem Land. Seine Arme vollführen zwar die angestrebte Öffnung, aber die Handflächen, die vorher nach oben gerichtet waren, ändern die Stellung und zeigen nun leicht nach unten. Sein Lächeln mißlingt und wird zu einer eher aufgesetzt wirkenden Mimik. Die Qualität seiner Körpersprache leidet offensichtlich unter der ihn peinlich berührenden Erinnerung. Eine ähnliche oder gleiche Verhaltensänderung hätte sich auch einstellen können, wenn die Ursache nicht in Herrn Reiner (Erinnerung) gelegen hätte, sondern wenn diese aus der Umwelt gekommen wäre. Einer seiner Kollegen hätte nur einen Einwand zu bringen oder entsprechende zweifelnde Mimik zeigen zu brauchen, auch dann wäre Herrn Reiners Körpersprache qualitativ unvollkommen geblieben.

Die Qualität des Verhaltens bezeichnet den Inhaltswert, die Genauigkeit und Präzision der gegebenen Körpersprache im Verhältnis zur gegebenen Umwelt.

Die Quantität mißt die Menge, den Umfang der Bewegungen. Herr Peters telefoniert mit seiner Freundin. Plötzlich wird die Leitung unterbrochen. Er ist wütend, steht auf, fuchtelt mit Armen und Händen herum und haut mit der Faust auf den

Tisch. Im Verhältnis zur Situation ist dieses Verhalten quantitativ überzogen, also unpassend!

Oft dienen derart überzogene Verhalten dem Verbergen von Unsicherheit oder Unkenntnis. Begründet sind derartige Verhalten in:

– Unkenntnis der passenden Reaktion, wie in einer fremden Kultur oft erlebt.
– Fehleinschätzung der Wirkung des gespielten Verhaltens.

Qualitativ und quantitativ inadäquates Verhalten erleben wir als Grimasse, Pose oder Pantomime.

Verbergen oder unterdrücken wollen von Unwissenheit oder negativen Gefühlen führt oft wegen Überkompensation zu Überzeichnungen. Pornografiegegner legen oft einen Übereifer beim Bekämpfen entsprechender Literatur an den Tag. Sexuell verklemmte Frauen pressen oft extrem die Beine zusammen oder ziehen einen gar nicht verrutschten Rock zurecht. Mitarbeiter, die ihrem Vorgesetzten mit negativen Gefühlen gegenüberstehen, verbergen diese oft mit Unterwürfigkeit und überzogener Freundlichkeit.

Ob wir ein Verhalten für adäquat oder inadäquat halten, ist aber auch in unseren Erfahrungen, in unserer Kultur begründet. Der Nordländer findet möglicherweise die stark ausgeprägte Körpersprache des Südländers überzeichnet. Um zu erkennen, ob ein Verhalten adäquat oder inadäquat ist, ist es also notwendig, die Körpersprache der jeweiligen Kultur zu kennen.

Bis jetzt habe ich die Überzeichnungen beschrieben. Es sind jedoch auch Unterzeichnungen beobachtbar. Das Verhalten erreicht dann nicht den erwarteten Intentionsgrad, es bleibt hinter der Erwartung zurück.

Ein zu kurzer, oft scheuer Blickkontakt erweckt dann genauso ein unangenehmes Gefühl wie ein erstarrtes oder nur halbfertiges Lächeln. In diesen Darstellungen stimmt die Emotion nicht mit der Darstellung überein. Es werden zwar Botschaften gegeben, ohne daß diese aber die erlebten Gefühle voll ausdrücken.

Oft beobachten wir, daß ein Schauspieler sein Rollenverhalten überbetont oder unvollkommen darstellt. Ohne genau zu wissen, warum, in welchen Einzelheiten begründet, haben wir dann das Gefühl, »hier stimmt etwas nicht«. Dieses Gefühl resultiert daraus, daß wir unbewußt merken, daß Nebensignale zu schwach oder gar nicht ausgesandt wurden. So wirkt ein Begrüßungslächeln, bei dem auch der Oberkörper dem Gast zugewandt wird und das mit offenen Armen gekoppelt ist, echt, während ein solches Lächeln mit abgewandtem Oberkörper und hinter dem Rücken verborgenen Händen, weil inadäquat, unecht wirkt.

Betrachten Sie gelegentlich einmal die Bilder, die Sie in Ihrem Fotoalbum aufbewahren. Fällt Ihnen auf, daß »Schnappschüsse« echter wirken als »gestellte Fotos«? Der Grund dafür ist, daß der Porträtierte sich nicht ganz darüber klar war, welches Verhalten jetzt richtig ist, welches Verhalten von ihm erwartet wird, wie er dieses Verhalten richtig produzieren kann. Weil die Feinheit des Ausdrucksverhaltens, die kleinen

Bewegungen seither immer nur unbewußt eingesetzt wurden. Deshalb ist Körpersprache so schwer spielbar.

Zweckbewegungen – gewollt zur Erweckung eines bestimmten Eindrucks eingesetzt – werden oft eckig und zu exakt wahrgenommen. Der Grund liegt im Gewollten, in der dadurch erhöhten Spannung. Oft sind derartige Bewegungsabläufe bei Politikern beobachtbar. Gewollt hebt und senkt sich die Faust und schlägt überstark auf das Rednerpult, weil der Redner glaubt, »jetzt muß ich Stärke und Kampfbereitschaft zeigen«. Derartige, aufgesetzte Bewegungen sind auch in der Mimik beobachtbar. Nicht umsonst sagt man: »Jetzt muß ich ein wütendes Gesicht aufsetzen.« Auch hier fehlen die Feinheiten und die adäquaten Parallelbewegungen.

Sie haben jetzt die qualitativ und quantitativ adäquaten und inadäquaten Verhalten kennengelernt.

Abzugrenzen von diesen ist das scheinbar inadäquate Verhalten. Hier erleben wir eine sich überschlagende Körpersprache. In übergroßem Leid, wenn der Affekt an einem Grenzpunkt angelangt, sich überschlägt, kann sich statt Weinen ein krampfhaftes Lachen einstellen.

Herr O., ein Seminarteilnehmer, berichtete mir in einem der für die Seminarteilnehmer angesetzten Einzelgespräche von Fallträumen. Er fiele und wache dann immer schweißgebadet auf, habe aber dann keine Angst, sondern fühle, wie er lächle. Ich bat Herrn O., sich zum Zwecke der Analyse völlig zu entspannen, und gab ihm einige Entspannungssätze aus dem Bereich des autogenen Trainings. Nachdem Herr O. nach einigen Minuten völlig entspannt war, bat ich ihn, sich jetzt in den im Traum und danach erlebten Gefühlszustand zu versetzen. Die Mimik zeigte, daß der Gehalt erlebt wurde. Ich forderte Herrn O. auf, entlang einer gedachten Zeitachse zurückzugehen und mir alle die Erlebnisse zu nennen, die mit diesem Gefühl zusammenhängend in seiner Erinnerung auftauchen. Zunächst berichtete Herr O. wieder von seinen Träumen. Nach einigen Minuten und weiteren Berichten wurde die vorher noch geringfügig unvollständige (qualitativ und quantitativ inadäquate) Mimik echt. Hier sein Erlebnis: »Ich erlebe mich als kleines Kind im Alter von 3 Jahren. Mein Vater wirft mich in die Luft, ich habe schreckliche Angst, so ohne Halt, aber jetzt fängt mich mein Vater sicher auf. Ich bin froh, ich lache. Mein Vater wirft mich wieder in die Luft, wieder diese Angst, aber er fängt mich wieder auf, und ich bin wieder froh. Er soll mich aber jetzt nicht mehr hochwerfen.« Ich griff ein: Erleben Sie dieses Hochgeworfenwerden erneut als erwachsener Mensch! Sie wissen, daß Ihnen nichts passieren kann! Ihr Vater ist stark genug, Sie aufzufangen, und er würde Sie nicht in die Luft geworfen haben, wenn er auch nur im geringsten befürchtet hätte, daß Sie auf den Boden fallen könnten. Erleben Sie wieder dieses Hochgeworfenwerden mit diesem Bewußtsein!

An der Mimik des Herrn O. erkannte ich, daß er jetzt wieder das Hochgeworfenwerden erlebte. Nach Wiederholungen stellte sich die Mimik jedesmal entspannter dar. Als sich beim Nachvollziehen der Situation ein leichtes Lächeln einstellte, wußte ich, daß das Erlebnis verarbeitet war.

Wochen später rief Herr O. an. Er wollte mir mitteilen, daß er seit unserem Gespräch nie wieder diesen Traum hatte.

Hätte der Vater des Herrn O. die Körpersprache und den Ton des Lachens, den sein Sohn beim Hochwerfen produzierte, beobachtet und richtig eingeschätzt, hätte er aufgrund des gezeigten qualitativ und quantitativ inadäquaten Verhaltens bemerkt, daß sein Sohn Angst hatte, ein Lachen der Angst produzierte. Er hätte die Hochwerfübungen abgebrochen und seinem Sohn die geschilderten unangenehmen Einflüsse auf das Unbewußte und die Fallträume mit großer Wahrscheinlichkeit erspart.

6. Reaktionen auf Verhalten

Jedes aktive Tun, ja jedes Verhalten eines Individuums führt zu Reaktionen in der Umwelt, und es kann

– toleriert   – belohnt   – bestraft

werden.

Toleriertes Verhalten wird meist beibehalten. Belohntes Verhalten wird verstärkt, da der Mensch nach Anerkennung im sozialen Umfeld strebt. Bestraftes Verhalten wird unterdrückt (nur selten verlernt und abgebaut) oder in einer Umgebung ausgeübt, die dieses Verhalten toleriert oder belohnt.

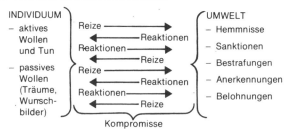

Nicht nur aktives Wollen und Tun, auch passives Wollen, Träume und Wunschbilder führen zu Reaktionen. Während aktives Tun im Verhalten unmittelbar und deutlich sichtbar wird, schleichen sich aus dem passiven Wollen Antriebe in das Verhalten ein und führen dort zu oft nur ganz schwach ausgeprägten Einzelmustern. So wird der Umwelt passives Wollen signalisiert, von der Umwelt aufgenommen und je nach Situation beantwortet.

Wird der passive Wille aktiviert, entsteht aktiver Wille, Aktivität und Tun. Dabei muß die Körpersprache nicht unbedingt den konkreten Inhalt ausdrücken. Oft drückt Körpersprache symbolisch aus, was erreicht werden will.

Herr Schulze ist Reklamations-Sachbearbeiter in einer Großhandlung für elektronisches Zubehör. Mit zweien seiner Kunden verbinden ihn besondere Erlebnisse.

Herr Dressler, Einkäufer eines seiner Kunden, schrieb vor einigen Wochen einen Brief an die Vorgesetzten von Herrn Schulze, in dem er die überaus hilfsbereite und sachlich korrekte Behandlung durch Herrn Schulze lobte.

Herr Zwist, ebenfalls Einkäufer bei einem der Kunden, schrieb ebenfalls einen Brief an Herrn Schulzes Vorgesetzte. Kein Wort des Lobes, nur Tadel und Vorwürfe enthielt diese Mitteilung. Herr Schulze sei unfähig, unfreundlich und überhaupt der falsche Mann an diesem Platz.

Man kann sich vorstellen, mit welcher Einstellung Herr Schulze den beiden Kunden gegenübersteht. Wer Belohnung erfährt, gibt auch Belohnung zurück. Wer Bestrafung erfährt, bestraft ebenfalls, wenn nicht den, der bestraft hat, dann ein Ersatzobjekt. Wie diese Stimmung in das Verhalten von Herrn Schulze eingeht, merkte ich bei einer seminarvorbereitenden Beobachtung, die erst dazu geführt hat, daß Herr Schulze mir die Hintergründe berichtete. Was war geschehen?

Das Telefon klingelte. Herr Schulze meldete sich. Seine Züge verfinsterten sich, seine Arme schlossen sich, er beugte sich leicht angespannt nach vorne und blickte geradeaus, die Füße zog er unter den Stuhl zurück – das konnte kein angenehm erlebter Gesprächspartner sein. Nach einiger Gesprächszeit begann Herr Schulze zu malen. Auf den vor ihm liegenden großen Notizblock zeichnete er Striche. Senkrechte und waagrechte Doppelstriche. Ein Zaun oder Gitter war während des Telefonierens entstanden. Die abwehrende Gefühlslage hatte sich auf dem Block manifestiert.

Als Herr Dressler anrief, verhielt Herr Schulze sich ganz anders. Seine Mimik entspannte sich und ließ ein Lächeln aufkommen. Er lehnte sich entspannt zurück und streckte die Beine weit von sich. Sein Kopf war erhoben und die Arme ausgebreitet. Die stark und freundlich modulierte Stimme verriet auch hier die Einstellung zum Partner.

Welche Reaktionen werden wohl bei den beiden Gesprächspartner aufgekommen sein?

Sicher werden beide den Inhalt ihrer Briefe in bezug auf die Richtigkeit der Aussagen bestätigt bekommen haben. Herr Dressler wird Herrn Schulze wieder einmal als netten, freundlichen und entgegenkommenden Partner erlebt haben. Herr Zwist wird wieder einmal darin bestätigt worden sein, daß mit Herrn Schulze wegen dessen unpersönlicher, abweisender Art nicht auszukommen sei.

»Wie wir in den Wald hineinschreien, so kommt es heraus« – oder das Verhalten unserer Umwelt ist fast immer der Spiegel unseres eigenen Verhaltens.

In einigen Seminaren setzte ich autogenes Training und Meditation zur Vorbereitung auf Rollenspiele ein. Die erzielten Ergebnisse zeigten eine eindeutige Verbesserung des Kommunikationsverhaltens, insbesondere in bezug auf Ausgeglichenheit, Reaktionsfähigkeit, Verarbeiten negativer Reize. Daraus ist abzuleiten, daß bei entsprechender Einstellung zum Partner die Erfolgschancen deutlich ansteigen – oder abfallen, je nach Einstellung. Wie sehr die gerade durch autogenes Training und Meditation beeinflußbare Körpersprache den Kommunikationserfolg mitbeeinflußt, konnte ich in den beschriebenen Gruppenspielen und Dialogen immer wieder nachweisen. Positive körperliche Botschaften können sehr wohl inhaltlich negative Aussagen in deren Wirkung abschwächen, ja sogar positivieren, während negative Körpersprache auch positive Aussagen abwertet. Verhaltensanalysen und Verhaltenstraining ohne Berücksichtigung der inzwischen in ihrer Wichtigkeit nachgewiesenen Körpersprache sind Halbheiten. Wissensvermittlung führt nur zu geringen (wenn überhaupt) Verhaltensänderungen. Erst die Konfrontation mit der Wirkung auf die Umwelt, die allerdings nicht immer angenehm ist, erzeugt Einsicht – leider manchesmal mit Enttäuschung wegen der Differenz von Selbstbild und tatsächlichem Verhalten verbunden. Wer aber wirklich an sich arbeiten und sich in seiner positiven Wirkung steigern will, sollte lieber die schmerzhaften Einsichtsprozesse auf sich nehmen, als mehrere Tage Seminar abzusitzen.

7. Symbolisches Verhalten

Wäre unser Verhalten immer konkret, so wie beispielsweise ein Name, der einen Gegenstand bezeichnet, wäre unser Verhalten relativ leicht verständlich. Jeder wäre dann automatisch ein guter Menschenkenner.

Sie verfügen inzwischen schon über ein breites Wissen über die Entstehung des Verhaltens, über Psychologie, über adäquate und inadäquate Verhaltensweisen. Ein breiter und wichtiger Bereich für die Verhaltensanalyse ist der Bereich des symbolischen Verhaltens. Darunter verstehen wir Verhalten, welches nicht konkret ausdrückt, was mitgeteilt werden soll, sondern sich zum Ausdruck dessen eines Symboles bedient. Vielleicht haben Sie auch schon erlebt, daß jemand, der Ihr Verhalten nicht verstand oder mißbilligte, den waagrechten Zeigefinger an den Kopf legte. Hielt er den Zeigefinger in waagrecht starrer Haltung und tippte er eventuell leicht an die Schläfen, so werden Sie dieses Verhalten mit Ärger als »er zeigt mir einen Vogel« interpretiert haben. Bewegte sich der Zeigefinger jedoch drehend-schraubend, so werden Sie interpretiert haben, daß der andere meint, bei Ihnen sei »eine Schraube locker«.

Diese Zeichensprache, wie wir symbolisches Verhalten ebenfalls bezeichnen können, ist deshalb oft so schwer verständlich, weil die Herkunft unklar ist. Nicht immer sind Symbole so leicht zu interpretieren wie das Vogelzeichen.

Auch kulturell werden den einzelnen Symbolen unterschiedliche Bedeutungen beigemessen. Das Berühren des unteren Augenlides mit den Fingerspitzen wird in Saudi-Arabien als Dummheit, anderswo als Unglauben, Mißtrauen, Skepsis, Wachsamkeit, Schlauheit, Gefahr und anderes verstanden. Neutral unterstreicht dieses Verhalten lediglich die Bedeutung des Auges als Sinnesorgan. Der Zeigefinger zeigt hinweisend auf das Auge und sagt so, je nach Kulturkreis, »du bist dumm, weil du dein Auge nicht benutzt« oder »benutze dein Auge, schau aufmerksamer hin«. Der Kulturkreis bestimmt also die Definition des jeweiligen Verhaltens. Daumendrücken bedeutet, daß man jemand Glück wünscht. Dieses Verhaltensmuster ist abgeleitet aus dem Kreuzzeichen, das ursprünglich mit Daumen und Zeigefinger gebildet worden ist, indem der Zeigefinger waagrecht über die Nagelwurzel gelegt wurde. Dieses Schutzzeichen der christlichen Kirche wurde als Wunschsymbol für Glück verwendet. Im Laufe der Zeit entstand dann durch Nachinnenbeugen des Daumens das heute übliche Daumendrücken.

Während eindeutiges symbolisches Verhalten, wie das Zeigen mit dem Zeigefinger, als Hinweis leicht verstanden wird, sind mehrdeutige Zeichen oft nur schwer und nur aus der momentanen Situation heraus definierbar.

Mehrdeutig sind Zeichen dann, wenn diese, von Ort und Zeit abhängig, völlig unterschiedliche Bedeutungen haben.

Dazu einige Beispiele: Werden Daumen und Zeigefinger zu einem Kreis geformt und die anderen Finger ausgestreckt, so versteht der Amerikaner aus diesem Zeichen ein »o. k.« zu seinem Vorhaben. Der Japaner sieht in diesem runden Zeichen das Symbol für ein Geldstück und versteht darunter Geld. Der Franzose sieht in dieser Rundung eine Null. Für ihn ist dieses Zeichen die Aussage, er oder etwas sei wertlos. Auf Malta versteht man dieses Zeichen als Pottah, als Zeichen für männliche Homosexualität. Die Sardinier und Griechen assoziieren dieses Zeichen mit Obszönität und empfinden es als Beleidigung für Mann und Frau.

Es kann einem bei der Verwendung von mehrdeutigen Zeichen passieren, daß ein gutgemeintes Symbol, welches im Kulturkreis des Empfängers negativ besetzt ist, zu peinlichen Erfahrungen führt. Die Tatsache, daß die Menschen durch Veröffentlichungen und Medien, wie das Fernsehen, mehr über den anderen und dessen Bräuche erfahren, führt heute schon dazu, daß wir beim Gebrauch mehrdeutiger Zeichen wegen des Wissens um die mehrdeutige Interpretierbarkeit verunsichert sind. Durch entsprechende Mimik, beispielsweise freundliches Lächeln, beim Gebrauch des oben beschriebenen Zeichens können wir auch demjenigen, für den das Zeichen negative Bedeutung hat, mitteilen, daß wir nur Positives damit meinen können. Schon ein geringfügiges Verrutschen des Lächelns, ein qualitativ inadäquates Lächeln also, kann das Gegenteil bewirken und die Negativbotschaft noch verstärken.

8. Alternatives Verhalten

Darunter verstehen wir, daß ein unterschiedliches Verhalten gleiche Bedeutung haben kann. Betrachten wir diese Definition an einigen Beispielen.

Will jemand ausdrücken: »Was für ein schönes Mädchen!« und damit seine Bewunderung zeigen, so kann er dies mit folgenden Verhaltensmustern symbolisieren:

- Streichen der eigenen Wange mit Daumen- und Zeigefinger in Richtung Kinn.
- Erfassen der Wangenhaut und drehende Bewegung (Wangenschraube). Mit diesem

Muster wird ein Grübchen dargestellt, das als köstliches Accessoir verstanden wird. Die Wangenschraube ist hauptsächlich in Italien und Sizilien gebräuchlich.

- Mit einer Hand oder mit beiden Händen können Brustkonturen nachgeahmt werden.
- Beide Hände führen, von oben nach unten bewegt, eine sich verengende und wieder weitende Bewegung aus – die Taillenkurve.
- Der Zeigefinger wird an das untere Augenlid gelegt (Aufmerksamkeit) oder zieht das untere Augenlid leicht nach unten. Diese Bewegung steht symbolisch für das Wort »Augenweide«.
- Beide Hände bilden eine Röhre und beschreiben so ein Fernrohr, durch das man das begehrte Objekt genauer sehen will.
- Es kann ein vorhandener oder vorgestellter Schnurrbart gezwirbelt werden. Dieses Symbol bedeutet, daß sich der Betrachter putzen will, um größere Chancen zu haben.
- Erregungssignal. Die Geste, bei der die flache Hand auf die Brust in Gegend des Herzens gelegt wird.

Bei den folgenden Verhalten wird neben der Bewunderung auch ein Vorhaben signalisiert:

- Die eigenen Fingerspitzen werden geküßt und in Richtung Mädchen bewegt: »Ich möchte dich küssen!«
- Die Lippen werden gespitzt, und ein Kuß wird in die Luft abgegeben.
- Der Beobachter kneift sich selbst in die Wange und signalisiert: »Ich möchte dich zärtlich kneifen.«
- Eine Hand oder beide Hände werden kelchartig geformt (Brustkelch) und signalisieren: »Ich möchte so mit dir zusammensein.«

Dieses Verhalten kann einzeln oder nacheinander, teilweise sogar gleichzeitig produziert werden. Beobachtet man eine Männergruppe, die ein hübsches Mädchen bewundert, so kann man bei den einzelnen unterschiedliche Signale erkennen. Für welches Signal sich der einzelne in der konkreten Situation entscheidet, hängt, wie Sie schon wissen, von dessen individuellen Vorerfahrungen, der momentanen Antriebsstärke, der subjektiven Bewertung des Mädchens und der konkreten Situation ab. Die Gruppe wirkt verstärkend auf die Gefühle des einzelnen. Dies begründet, daß auch ein in non verbalen Annäherungsbotschaften zurückhaltender Mensch als Teil einer Gruppe derartige Botschaften abzugeben imstande ist und sogar möglicherweise die bedeutungsvollsten Signale verwendet.

9. Kombiniertes Verhalten

Außer den beschriebenen Signalen, bei denen jedes für sich eine bestimmte Botschaft übermittelt, gibt es weitere, die nur in Zusammenhang mit anderen verstanden werden können. Bei diesen kombinierten Verhalten sind zwar grundsätzliche, essentielle Elemente vorhanden, die aber in ihrer Bedeutung durch weitere Elemente modifiziert werden.

Schlüsselelemente werden vielleicht auch dann verstanden, wenn die ergänzenden Verhalten fehlen, sind dann jedoch den bereits beschriebenen quantitativ inadäquaten Verhaltensweisen zuzuordnen.

Auch hierzu ein Beispiel:

»Ich weiß nicht.«

Mögliche Schlüsselelemente: Hochziehen der Schulter, Drehung der Hände, bis die Handflächen nach oben zeigen, gespanntes Herabziehen der Mundwinkel, Hochziehen der Augenbrauen. Unterstützende Elemente: Lächeln, seitliches Neigen des Kopfes.

Kombinierte Verhalten sind sehr oft zu beobachten. Menschen wollen weder in der Sprache noch in der Körpersprache lediglich Kurzformulierungen abgeben. Besonders bei emotionaler Aufladung will man mehr als nur Sachinhalte mitteilen. Man will zusätzliche Botschaften über die Qualität der Informationsübermittlung, die eigene Meinung zur übermittelten Botschaft, die Antwort selbst und die Art, wie die Antwort verstanden werden soll, mitteilen. Für die Analyse von körpersprachlichem Verhalten ist es notwendig, jede, auch die kleinste Einzelbewegung, zu erfassen und in die Analyse einzubeziehen. In der Analyse von körpersprachlichem Verhalten in entsprechenden Seminaren verwende ich einen Wertigkeitsschlüssel, mit dem der psychologische Gehalt der Einzelbewegung bewertet und mittels Addition und Subtraktion eine Gesamtwirkung ermittelt werden kann. So versteht der Teilnehmer, ob und warum das Gesamtverhalten positiv oder negativ zu interpretieren ist.

10. Reliktverhalten

Unter Reliktverhalten verstehen wir ein Überbleibsel – einen Restbestand aus dem körpersprachlichen Verhalten früherer Zeiten oder früherer Kulturen, welches die Situation, in der es entstand, überdauert hat. Wir können unterscheiden in persönliches und allgemeines Reliktverhalten. Das persönliche Reliktverhalten entstammt eigenen Erfahrungen, meist der frühen Kindheit, und ist eigenentwickeltes Verhalten. Das allgemeine Reliktverhalten entstammt früheren Zeiten oder Kulturen und ist übernommenes Verhalten.

Ein Beispiel:

Emil will seinem Freund Paul mitteilen, daß dieser in der Zentrale anrufen soll. Beide wissen, daß die Zentrale im oberen Stockwerk des Hauses installiert ist. Er hebt die Hand zum Ohr und vollführt mit leicht ausgestrecktem Zeigefinger kreisende Bewegungen. Gleichzeitig zeigt er mit dem Zeigefinger der anderen Hand nach oben, wobei er die Hand mehrmals auffordernd hebt und senkt. Paul versteht dieses Signal und ruft tatsächlich in der Zentrale an.

Ohne es zu wissen, hat Emil ein Reliktverhalten verwendet. Die ersten Telefonapparate besaßen eine Kurbel. Durch Drehen wurde in einem Magneten Strom erzeugt, welcher das Empfängertelefon zum Läuten brachte. Diese drehende Bewegung hat Emil benutzt, und da er diese Drehung in Ohrhöhe ausgeführt hat, hat er gleichzeitig die Verbindung mit dem Hören hergestellt.

Ein anderes Reliktverhalten aus dem persönlichen Bereich ist das Neigen des Kopfes zur Seite. Es signalisiert, daß man den Kopf an die Schulter des anderen legen möchte, also den Wunsch nach Körperkontakt und Zärtlichkeit, und erinnert damit an frühkindliche Eigenverhalten, bei denen man tatsächlich den Kopf an die Schulter der Mutter oder des Vaters legen durfte, um Ruhe und Trost zu finden.

Auch der Mundkontakt kann zu Reliktverhalten führen. Die ersten instinktgesteuerten Aktionen eines Säuglings sind ausgerichtet auf das Suchen nach der Mutterbrust. Während des Saugens tritt physiologische Sättigung und psychologische Behaglichkeit ein. Beginnt ein Kind später am Daumen oder an einem Taschentuch oder etwas Ähnlichem zu lutschen, zeigt es unbewußt ein Reliktverhalten.

Im gleichen Reliktverhalten sind auch später auftretende Verhalten, wie Fingerkauen, Bleistiftkauen, an der Brille kauen, Kaugummi kauen, ja selbst Rauchergewohnheiten begründet.

Vielleicht haben Sie schon einmal gefragt, weshalb jemand bei Verneinungen den Kopf schüttelt oder bei Ablehnung ausgerechnet die Zunge herausstreckt. Beides sind ebenfalls Reliktverhalten. Das Kopfschütteln entstand aus dem Wegdrehen des Mundes von der angebotenen Nahrung, wie ein Kind sich von der gereichten Mutterbrust wegwendet, wenn es satt ist. Auch mit der Zunge wird nach Sättigung die Mutterbrust oder die gereichte Nahrung weggeschoben. Oft wird dabei auch kräftig Luft durch die leicht geschürzten Lippen stoßweise abgegeben.

So haben wir die Erklärung dafür, daß jemand, wenn er körpersprachlich »nein« sagt, der angebotenen Nahrung (Information) ausweicht. Wenn er die Zunge herausstreckt, etwas mit starken Negativemotionen ablehnt, und wenn er kräftig die Luft abbläst, etwas ausprusten will (phhhhh . . .). Selbst der unter Liebenden gebräuchliche Zungenkuß ist, genau betrachtet, ein Reliktverhalten. Er findet seinen Ursprung in der Übergabe vorgekauter Nahrung von der Mutter an den noch nicht kaufähigen Säugling. Nur gut, daß wir während des Küssens nicht mehr daran denken!

In Seminaren schließlich erlebe ich oft ein weiteres Reliktverhalten. Unangenehmen

Situationen ausgesetzt, wiegen Teilnehmer mit dem Oberkörper. Wahrscheinlich ist die Verarbeitung der unangenehmen Situation mit gerade diesem Bewegungsablauf darauf zurückzuführen, daß wiegende Bewegung mit Geborgensein assoziiert wird. Eltern legen den Säugling in eine Wiege oder wiegen diesen, wenn er schreit, auf dem Arm, um ihm das Gefühl der Geborgenheit und des »Ich bin ja bei dir« und eventuell sogar des »Du bist ja noch im Mutterleib geborgen« zu vermitteln. Bei Heimkindern ist oft ein wiegendes Verhalten zu beobachten. So oft, daß für dieses Verhalten ein eigener Begriff, »Hospitalismus«, geprägt wurde. Auch dieses Verhaltensmuster ist begründet in mangelnder Geborgenheit und soll die nichterlebte Geborgenheit durch entsprechendes Eigenverhalten kompensieren.

11. Affektivität

Philipp Lersch benannte die seelischen Schichten als endothymen Grund und personellen Oberbau. Im endothymen Grund sah er die Stimmungen, Gefühle, Affekte, Gemütsbewegungen, Triebe und Bestrebungen.

Dem personellen Oberbau ordnete er den Bereich des Denkens und bewußten Wollens zu. In diesen Bereichen entsteht und wirkt die Affektivität. Darunter verstehen wir Gefühle von Lust und Unlust, deren Skala von leibnahen Vitalgefühlen bis zu höheren religiös-ethischen Gefühlen reicht. Affektivität ist nicht zu verwechseln mit Affekt. Der Affekt bezeichnet nur kurz andauernde, heftige Gefühle. Hält ein Gefühlszustand längere Zeit an, bezeichnet man diesen Zustand mit Stimmung. Gestaute Affekte führen zu Affektspannungen, die durch Abreagieren der Affekte gelöst werden.

Es kann dann zum affektiven Rapport – zur gefühlsmäßigen Kontaktnahme – kommen. In Zusammenhang mit diesen Begriffen wird auch oft der Begriff »Temperament« verwendet. Darunter verstehen wir die Gesamthaltung der Affektivität nach Gefühlsansprechbarkeit und Antrieb. Ist eine Affektverhaltenheit gegeben, so fehlt meistens auch die Kontaktfähigkeit und die Bereitschaft oder Fähigkeit zur Äußerung von Gefühlen. Dies kann in affektiver Flachheit, Nivellierung oder Verödung begründet sein. Dazu einige weitere Bezeichnungen:

Gesteigerte Gefühlsansprechbarkeit (Hypersensibilität)	– fehlende Gefühlslebendigkeit (Apathie, Gleichgültigkeit), Stumpfheit (Torpidität)
Zähflüssigkeit (Tenazität)	– kurze Dauer, große Ablenkbarkeit (Labilität)

Bezeichnen wir ein Verhalten mit dem Wort »Affektlabilität«, dann verstehen wir darunter einen raschen Wechsel von einzelnen Affekten. Meinen wir aber einen Wechsel der länger dauernden Gesamtstimmung, so verwenden wir hierfür das Wort »Stimmungslabilität«. Eine Affektkontinenz liegt vor, wenn die Affektäußerungen nicht beherrscht werden können. Die Affektivität findet wesentliche Auslöser in umweltbegründeten Reizen. Nehmen wir an, ein Kind sieht im Schaufenster eines Geschäftes eine Tüte Bonbons. Dieser Außenreiz wirkt, je nach Situation und vorhandener Bedürfnislage, auf das Kind. Das vorhandene oder jetzt entstandene Bedürfnis läßt Spannung im Inneren der Persönlichkeit – in dem sich jetzt die Bonbons wünschenden System – entstehen. Die Bonbons und deren Umfeld erfahren eine positive Bewertung. Es entsteht eine Kraft, die das Kind zu den Süßigkeiten zieht. Hat das Kind kein Geld, sich die Bonbons zu kaufen, erlebt es die Grenze zwischen sich und dem Geschäft als Barriere. Es preßt vielleicht die Nase an das Schaufenster, wagt aber nicht hineinzugehen. Entsprechend vorhandenem Antrieb und vorhandener Affektivität können einige Verhalten entstehen:

– Der Wunsch sinkt, weil unerfüllbar, in sich zusammen. Das Kind geht weiter.
– Die Barriere wirkt sich im Sinne von reaktiver Leistungssteigerung antriebssteigernd aus und führt zu Überlegungen, wie die Barriere überwunden werden kann.

Führt die Wunschsteigerung zu Überlegungen hinsichtlich der Wunscherfüllung, werden auch Überlegungen in bezug auf Strategie und Taktik zur Erreichung des Wunschobjektes angestellt. Eine der Möglichkeiten kann sein, daß das Kind zur Mutter geht, um sich Geld zu holen. Verweigert die Mutter das Geld, erlebt das Kind erneut eine Barriere, und der beschriebene Prozeß läuft erneut ab. Interessant ist dabei, daß Affekthandlungen gegenüber der unpersönlichen Schaufensterscheibe, gegenüber Gegenständen also, nur selten vorkommen. Personen gegenüber, in unserem Beispiel also die Mutter, können sich bei Verweigerung Affekte, nämlich Aggression, Wut und Trotz, einstellen. Die in der Situation gezeigte Körpersprache gibt deutlich Auskunft darüber, wie die Verweigerung verarbeitet wird. Wird die Verweigerung mit einem Affekt, also einem besonders intensiv erlebten Gefühl, beantwortet, ist dies immer mit auffallenden körpersprachlichen Begleiterscheinungen (Mimik, Gestik, Zittern, vegetative Symptome – Änderung von Puls und Blutdruck, Erblassen oder Erröten, Tränen, Schweißausbruch, Stuhldrang) verbunden. Durch die Bewußtseinseinengung auf das Affekterlebnis und die Einschränkung der Willenskontrolle und des Kritikvermögens können möglicherweise Affekthandlungen entstehen.

12. Aktivität im Verhalten

Im psychologischen Bereich wird die Aktivität aufgefaßt als Tätigkeit des Individuums, die sich aus einem Antrieb heraus entfaltet, von Gefühlserleben begleitet ist und eine Wirkung hervorbringt. Wir erleben Aktivität als vom Ich ausgehend und zielgerichtet. Die Aktivität kann sich sowohl aus triebhaft-vitalem Getriebenwerden als auch vom Willen her entfalten. Stets wird jedoch eine Tätigkeitsbereitschaft vorausgesetzt. Unsere Aktivität wird von seelischen Kräften auch dann gespeist, wenn der Anstoß zur Aktivität von der Außenwelt erfolgt. Für den Bereich Körpersprache ist interessant, wie sich Aktivitätsverminderung und Aktivitätsvermehrung in Äußerungen und Handlungen zeigen.

Dazu folgende Beispiele:

Aktivitätsverminderung	Aktivitätsvermehrung
Akinese = Bewegungslosigkeit	Beschäftigungs- und Rededrang
Abolie = fehlender Willensantrieb	Steigerung der Motorik
Stupor = relative Bewegungslosigkeit	Bewegungsdrang
Katalepsie = Starre	Bewegungssturm
Mutismus = nicht sprechen über längere Zeit	qualitativ: Triebhandlungen (auf Befriedigung eines
Antriebs- und Willenshemmung = gleichmäßige Herabsetzung von Äußerungen und Handlungen	bestimmten Triebzieles gerichtete Handlung)
Sperrung = ruckartige Unterbrechung der Aktivität	Dranghandlung (richtungsloses Getriebensein, das sich an zufälligen
Antriebsschwäche = allgemeine Verminderung der Aktivität	Zielen entlädt (Kleptomanie, Poreomanie – Wandertrieb) Affekthandlung (durch starken Affekt bedingte, unüberlegte Handlung)

13. Aggressivität im Verhalten

Der Begriff »Aggression« bezeichnet Angriff und Angriffsverhalten, besonders wenn dieses affektbedingt ist. Aggressivität ist das Angriffsbedürfnis und die Angriffsbereitschaft.

Die Psychologie definiert Aggression als affektbedingtes Angriffsverhalten. Unsere Aggressionen können sich gegen andere Menschen, gegen Institutionen (Staat, Schule, Kirche) und gegen das eigene Ich entladen. So sah beispielsweise Sigmund Freud im Todestrieb die Quelle der Aggression. Alfred Adler dagegen sah den Grund der Aggression im Willen zur Macht. Oft wurde eine einheitliche Antriebsquelle für die Aggression bestritten und die Antriebsquelle der Aggression in der Antwort auf spezifische äußere Hemmungen und Bedrohungen gesehen. Die Auslösung der Aggressionen ist sicher in mehreren Gründen zu sehen. Für den Inhalt dieses Buches sind die Auslöser von Wichtigkeit, die mit den aus der Umwelt resultierenden Widerständen zusammenhängen.

Bei dieser fachlich einwandfreien Definition der Aggression wird uns klar, daß es unsinnig ist, aggressive Verkäufer oder Mitarbeiter anzuwerben. Im Zusammenhang mit Stellenangeboten wird das Wort »Aggression« deshalb nicht in diesem Sinne verwendet, sondern im Sinne einer Steigerung des Wortes »Dynamik«. Während Dynamik eher kontrollierte Kraftentfaltung bedeutet, wird Aggression von der Mehrzahl der von mir befragten Personen eher negativ, eben im Sinne von Wut, Angriff, verstanden. Wie Sie bereits in einem früher erwähnten Beispiel sahen, wirken verwendete Wörter prägend auf unser Verhalten ein. Mit den Worten kommen die Bilder. Vorstellungen lösen Gefühle aus.

Herr S., Vertriebsleiter eines namhaften Markenartikelherstellers, verwendete in einer Motivationsrede sinngemäß folgende Formulierungen: »Sie sind täglich an der Front. Aggressives Verkaufen ist heute wichtig, um die Konkurrenz aus dem Felde zu schlagen. Den Kampf im Regal können wir nur gewinnen und siegen, wenn Sie aggressiv vorgehen. Ziehen Sie alle Register, wenn Sie mit Ihrem Gegenspieler verhandeln, damit wir siegreich im Markt bleiben.«

Lassen Sie bitte diese Rede auf sich wirken. Welche Stimmung stellt sich bei Ihnen ein? Sind es Gefühle der Partnerschaft, des Problemlösen-Wollens, des beim Abverkaufen Helfens, des Mehrens von Kundennutzen, oder verspüren Sie Gefühle der Gegnerschaft? Wer zu einem bestimmten Verhalten auffordern will, muß sich der Wörter bedienen, die dem erwünschten Verhalten entsprechen. Es entsteht sonst ein Widerspruch zwischen Inhalts- und Beziehungsaspekt. Im Bereich des Sozialverhaltens erfüllt Aggressivität den Zweck der Verteidigung des Territoriums. Fremdheit wird assoziiert mit Gefahr und möglichem Angriff und bewirkt schon oft dadurch Aggression.

Wer Neukontakte aufbauen (akquirieren) will, sollte verstehen, daß er mit seinem Erscheinen möglicherweise negative Gefühle auslöst und durch entsprechendes Verhalten, Wörter und körpersprachliche Botschaften die Gefahrlosigkeit seines Hierseins signalisiert. Ein Beispiel aus dem Tierverhalten mag dies verdeutlichen: Graureiher verteidigen ihren Nistbereich erbittert gegen jeden Eindringling, auch gegen Menschen. Wird aber Nestbaumaterial (Schilfhalme, Zweige) gereicht, entsteht friedliches Verhalten. So »bestechlich« wie der Graureiher sind auch wir Menschen. Wird uns Nutzen geboten und Hilfestellung zuteil, verzichten wir auf Abwehrmechanismen.

Ein Autoverkäufer sagt zu seinem Kunden: »Ich sah eben Ihren alten Wagen, da ist bald ein neuer fällig«.

Der Kunde antwortet: »Das müssen Sie schon mir überlassen, wann ich mir einen neuen Wagen kaufe«. Dieser Verkäufer hat im wahrsten Sinn des Wortes aggressiv begonnen. Druck erzeugt Gegendruck. So ist die Antwort des Kunden eine verständliche Reaktion darauf, daß der Verkäufer sein Verhalten in Frage gestellt hat.

Der Kollege des erwähnten Autoverkäufers verzichtet auf Aggression. Er hat gelernt, daß Sachlichkeit und Planung zu positiven Reaktionen führt. Er sagt: »Ich sah eben Ihr Auto. Das sieht aber noch gut aus.« Worauf der Kunde antwortet: »Na ja, wenn man den Wagen pflegt.«

Nicht nur die Wortwahl und Betonung, sondern auch die Art des Verhaltens kann Aggressionen auslösen. Jeder Dompteur weiß, daß hastige und unkontrollierte Bewegungen seine Raubtiere zum Angriff reizen. Er verhält sich deshalb beherrscht und ruhig, seine Bewegungen sind langsam. Wer zur Aufnahme eines sozialen Kontaktes schnell und mit fahrigen Bewegungen das Revier eines anderen betritt und sich ihm, ohne entsprechende Erlaubnisbotschaften abzuwarten, bis auf wenige Zentimeter nähert, braucht sich nicht zu wundern, wenn er damit negative Reaktionen auslöst. Reaktionen, die noch aus der Frühzeit unserer Entwicklung in uns einprogrammiert sind. In dicht besiedelten Revieren und wenn Menschen eng beieinander leben, können öfter aggressive Verhalten beobachtet werden als dann, wenn das einzelne Individuum genügend Lebensraum zur Verfügung hat. Möglicherweise ist das dann entstehende aggressive Verhalten auch darin begründet, daß sich die Erwachsenen dann nicht mit genügend Liebe um die Jungen kümmern können.

Das Gesundheitsmagazin »Praxis« des ZDF brachte am 8. 1. 78 einen interessanten Bericht über die Wichtigkeit der frühen Beziehung zwischen Mutter und Neugeborenem. Gerade diese ersten Lebensminuten sind für die psychische und soziale Entwicklung eines Menschen sehr wichtig. Hellwach und hochsensibel für die gegenseitigen Signale, können beide in diesen ersten Minuten eine positive Entwicklung einleiten. Dieses alte Wissen wurde Gott sei Dank wieder entdeckt. Die leider immer noch oft praktizierte Trennung von Mutter und Kind sofort nach der Geburt schafft, wie heute wieder bekannt ist, ein gestörtes Mutter-Kind-Verhältnis. Schon kurz nach der Geburt ist das Neugeborene zu einer intensiven Aufnahme von körpersprachlichen Botschaften fähig. Jede Möglichkeit, entspannt und aufmerksam mit dem Neugeborenen in Kontakt zu sein, ist wichtig und sollte genutzt werden. Je früher eine positive Beziehungsstruktur durch Zuwendungsverhalten, Berührung und Körperkontakt aufgebaut wurde, desto weniger aggressiv entwickelt sich der heranwachsende Mensch. Entgegen früheren Meinungen weiß man heute, daß das Neugeborene in diesen ersten Lebensminuten für körpersprachliche Botschaften aufnahmefähiger und wacher ist als zu anderen Zeitpunkten der nächsten Zeit. Das ist auch daran beobachtbar, daß dem Neugeborenen ein langer Blickkontakt zur Mutter möglich ist. Früher war es allgemein üblich, sofort nach der Geburt die zärtliche Vertrautheit zwischen Mutter und Kind aufzubauen und diesen Kontakt beizubehalten. Erhebungen zeigen, daß heute nur noch jede zweite Mutter ihr Kind in den ersten vier Wochen, nur jede fünfte Mutter nach den ersten vier Wochen und nur jede zehnte Mutter nach acht Wochen stillt. Wir wissen heute, daß die frühe Eltern-Kind-Beziehung sich entscheidend auf das Weiterleben des Neugeborenen auswirkt und das Urvertrauen herstellt, aus dem allein der gesunde Mensch entstehen kann.

14. Verletzendes Verhalten

Zum falschen Zeitpunkt oder an der falschen Stelle kann fast jede Handlung verletzend sein.

Wir können folgende Handlungen, die als verletzendes Verhalten interpretierbar sind, unterscheiden:

Beim Desinteresse oder Ignorieren ist die Intensität unseres Verhaltens kleiner als üblich. Wir senden seltener Zustimmungssignale und wenden öfters den Blickkontakt ab. »Schneiden«, das Übersehen also, zeigt, daß man zwar gesehen hat, aber den Kopf demonstrativ abwendet, weil man nicht sehen will. In diesen Bereich gehört auch das Übersehen der zum Gruß angebotenen Hand.

Das Auslachen gehört ebenfalls zu den Bereichen des verletzenden Verhaltens. Das Auslachen, oft gekoppelt mit Aussagen – wie »Oh, du« und weiteren körpersprachlichen Ablehnungssignalen –, signalisiert, daß man sich um den anderen nicht kümmern will, seine Aussage lächerlich findet oder Schadenfreude erlebt.

Langeweile signalisieren wir mit Gähnen und Seufzen oder indem wir mit glasigen Augen in die Ferne schauen. Auch wiederholte Blicke auf die Uhr können Langeweile und Desinteresse an den Ausführungen des Gesprächspartners signalisieren.

Werden wir während der Ausführungen unseres Partners ungeduldig, signalisieren wir ihm dies mit Fingertrommeln (rhythmisch sich entfernende Schritte), mit Rückzugsreaktionen und mit Bewegungen des Fußes, die denen des rasch Davonlaufenden entsprechen.

Eigene Überlegenheit und damit Abwertung des anderen signalisieren wir mit Zurückwerfen des Kopfes, oft gekoppelt mit halbgeschlossenen Augen. Wir tragen dann »die Nase höher« und blicken »von oben herab«.

Oft reagieren wir auf Beleidigungen durch den anderen verletzend, indem wir den Kopf hochnehmen und damit signalisieren, daß wir vor ihm noch lange keine Furcht haben.

Deformierte Freundlichkeit zeigt sich in gekünsteltem Lächeln und darin, daß bei einem gepreßten Lächeln nur ein Mundwinkel in Lächelstellung angehoben wird, während der andere Mundwinkel in Normalstellung oder nach unten gezogen verharrt. Wir lächeln dann nur halb.

Jedes gespielte Verhalten stellt schon deshalb eine Verletzung dar, weil die ausgedrückten Gefühle nicht wirklich empfunden werden.

Meist werden bei gespieltem Unbehagen übertriebene Signale gesendet:

Das melodramatische »Faust-an-die-Stirn-Schlagen«, das Bedecken des Gesichts mit beiden Händen und der Märtyrer-Ausdruck gehören in diese Bereiche des gespielten Unbehagens.

Oft ist dieses gespielte Unbehagen beobachtbar bei Eltern und Lehrern, die überspielt klarmachen wollen, daß das momentane Verhalten der Zielperson unmöglich sei.

Zurückweisung

Zurückweisendes Verhalten kann direkt durch Berührung und Wegschieben des Partners oder durch Ausstrecken des Armes mit nach vorne gerichteter Handfläche erfolgen. Manchmal wird diese direkte Art der Zurückweisung mit kleineren und deshalb um so verletzender wirkenden Verhalten ausgedrückt. Dazu gehören das Schnell-mit-der-Handkante-über-den-Tisch-Wischen, als ob man den Tisch säubern oder ein lästiges Insekt verjagen will. Argumente werden dann vom Tisch »gefegt«. Auch das Herausstrecken der Zunge fällt in die Kategorie des verletzenden Verhaltens. Es handelt sich hierbei um ein aus der Kindheit stammendes Reliktverhalten, bei dem die Zunge als Instrument benutzt wird, mit dem etwas Unangenehmes aus dem Mund geschoben werden soll. Säuglinge verwenden die Zunge, um die Mutterbrust oder ungeliebte Speisen wegzuschieben.

Spott

Wer spottet, drückt eine Feindseligkeit aus mit dem Wunsch, daß diese nicht ernstgenommen werden soll. Auch verhohlene Belustigung, bei der – die Hand vor dem Mund – ein Lachen unterdrückt wird, fällt in diesen Bereich.

Symbolische Beleidigung

Von Kultur zu Kultur sehr verschieden, finden wir die Gebärden für symbolische Beleidigungen. Jemanden »satthaben« oder jemanden »die Kehle durchschneiden wollen« wird mit der waagrechten, Handrücken nach oben zeigenden Hand an der Kehle signalisiert. Ein weiteres Signal ist das »Vogelzeigen«, bei dem der Zeigefinger an die Schläfe tippt. Auch ein Tiervergleich wie »du bist ein Esel« dient zur symbolischen Beleidigung. Dabei werden die Hände seitlich an den Kopf gelegt und so die großen Eselsohren imitiert.

Das Ausspucken vor jemandem oder in Richtung des zu Verletzenden ist eine weitere Form verletzenden Verhaltens.

Schmutzsignale

Bei einer weltweiten Untersuchung wurden 200 Staatskulturen in bezug auf global akzeptierte Merkmale menschlicher Schönheit untersucht. Als einziges, generell akzeptierbares Kriterium mit weltweiter Geltung wurde die Sauberkeit und Freiheit von Krankheiten anerkannt. Schmutzigkeit wurde also mit Häßlichkeit assoziiert. Mit Schmutz in Zusammenhang stehende Gebärden eignen sich demnach weltweit als verletzende Signale. Die symbolische oder wirkliche Abgabe menschlicher Abfallprodukte zählt somit zum Bereich des verletzenden Verhaltens. Direkt oder symbolisch können wir die Abgabe von Speichel, Nasenschleim, Exkrementen und Urin signalisieren. Kulturell unterschiedlich hat sich entsprechendes Verhalten gebildet. Wird in Syrien mit Daumen und Zeigefinger die Nase zugehalten, so signalisiert dies »geh zum Teufel«. In unserer Kultur versteht man darunter »du stinkst«. In Libyen wird diese Geste mit einem raschen Stoß des steil ausgestreckten Mittelfingers verstärkt. Um ebenfalls auszudrücken, daß jemand »zum Teufel gehen solle«, schütteln Zigeuner imaginären Schmutz von der Kleidung und spucken danach auf den Boden.

Kapitel 5
Körperlich-seelische Wechselbeziehungen

Alles Geschehen ist psychophysisch (seelisch – körperlich) oder, wie der aus dem griechischen stammende Begriff lautet, psychosomatisch.

Erlebnisse greifen ans Herz, sind atemberaubend oder schlagen auf den Magen. Hieraus erkennen wir, daß viele rein psychologische Situationen körperliche Auswirkungen zeigen. Auch bei Magen- und Darmgeschwüren, Gicht, Rheuma und anderen Krankheiten spielt die seelische Verfassung eine Rolle.

Das Gewicht der Verantwortung kann »niederdrückend« sein und körperliche Rückenschmerzen verursachen. Dauernde Anspannung, Sorgen, Angst, feindselige Gesinnung und Haßgefühle können sich in körperlichen Krankheitsbildern auswirken.

Selbst in der Krebsforschung wird heute diskutiert, inwieweit seelische Zustände Krebs verursachen und beschleunigen. Man könnte annehmen, daß negative Gedankenformen und Gefühle in den wild wuchernden Krebszellen eine körperliche Bleibe suchen. Tatsächlich gibt es einige Krebsfälle, bei denen mittels Psychoanalyse und Veränderung der seelischen Zustände Heilungsprozesse eingeleitet oder erreicht wurden. Die Psychosomatik basiert auf zwei Theorien:

– Der Wechselwirkung psychophysischer Prozesse und
– dem psychophysischen Geschehen als ganzheitlichem Geschehen.

In der Praxis finden wir beide Theorien ineinandergreifend. Ein Kranker ist eher deprimiert als ein Gesunder, und diese depressive Grundhaltung kann zur Verschlimmerung der Krankheit beitragen.

Ein liebeleeres Leben kann zu deprimierter Grundeinstellung führen, daraus wiederum können sich, ohne daß ein körperlicher Grund vorhanden wäre, Kopfschmerzen einstellen.

Sanktionen der Umwelt, beispielsweise Erziehung zur Konformität und Fügung in vorgegebene Normen, können, werden diese als Belastung erlebt, ebenfalls körperliche Beschwerden auslösen. Belohnungen der Umwelt wirken sich förderlich auf die seelische Stimmung und auf die Gesundheit aus.

Lesen Sie bitte die folgende Übersicht, und stellen Sie sich die gegebene Situation vor. Beobachten Sie dabei die sich einstellenden seelischen Gefühle und eventuell körperlichen Symptome:

Sanktionen	Belohnungen
Kündigung	Aufstieg
Hölle	Himmel
weniger Geld	mehr Geld
Sitzenbleiben	Weiterkommen
keine sozialen Kontakte	Freundschaften

Unsere Einstellung zu den Dingen und unsere Erwartungshaltung entscheidet wesentlich darüber, ob wir unsere Umwelt und die Reaktionen negativ als Sanktion oder positiv als Belohnung erleben.

»Unser Chef verlangt von uns«, so sagten mir Außendienstmitarbeiter in einem Seminar, »daß wir mit Krawatte und Jacke zu unseren Kunden gehen. Wir meinen, daß im Sommer auch ein offenes Hemd ohne Jacke genügt.« Diesen Verkäufern würde es wahrscheinlich nicht einfallen, im offenen Hemd und ohne Krawatte anläßlich der Hochzeit der eigenen Tochter und auch, wenn es noch so warm wäre, in die Kirche zu gehen oder in gleicher Kleidung an der Beerdigung eines Familienangehörigen oder Freundes teilzunehmen. Sie würden in dieser Kleidung wahrscheinlich nicht einmal ins Theater oder zu einer Jubiläumsveranstaltung gehen.

Die letztgenannten Situationen scheinen also »wertiger« erlebt zu werden als ein Kundenbesuch, oder ist es nur die innere Einstellung ·»das tut man so« oder »das tut man nicht«, welche zu so unterschiedlichen Verhalten führt?

»Ich lasse mich nicht in eine Rolle (Uniform) pressen«, sagen viele und merken gar nicht, daß das gezeigte Verhalten ebenfalls Rollenverhalten und uniformiert ist. Worin besteht schon der Unterschied, wenn alle statt Anzug und Krawatte Blue jeans und Armeejacken tragen?

Diese Frage ist zu beantworten mit dem Verhalten der unbewußten oder bewußten Identifizierung. Dabei werden Eigenschaften oder Verhalten einer anderen Person übernommen. Durch Introjektion erfolgt eine Hereinnahme des Objekts und damit die Identifizierung (Modus des oralen Einverleibens).

Auch Identifizierung kann sich körperlich auswirken. Das Phänomen des Auftretens »der Wundmale Christi« bei besonders gläubigen Menschen wird oft auch mit diesem Vorgang erklärt.

Nicht akzeptierte Triebtendenzen können ebenfalls zu körperlichen Reaktionen führen. Oft werden diese aber auch als nicht dem Individuum zugehörig erlebt, sondern anderen Personen der Umwelt zugeschrieben und auf diese projiziert.

Verdrängte Konflikte sind ein weiterer Auslöser für psychosomatische Krankheitsbilder. Andererseits können Konflikte durch Ungeschehen-Machen und Isolieren, statt verdrängt zu werden, durch Gegenreaktion versuchsweise ungeschehen gemacht werden. Dabei wird der Konflikt von anderen psychischen Vorgängen isoliert, z. B. vom Affekt entblößt.

Hintergrund vieler psychosomatischer Krankheitsbilder ist die Angst. Wir unterscheiden vier Grundängste:

- Angst vor Reiz-Leere (Langeweile)
- Angst vor Überreizung
- Angst vor Enge
- Angst vor Weite und Verlorenheit

Bei labilen, beeindruckbaren Persönlichkeiten kann sogenannte Erwartungsangst auftreten. Es werden dann mit Angst die Situationen erwartet, in denen früher zufällig oder reaktiv versagt wurde. Gerade wegen der dann vorhandenen Erwartungsangst erfolgt in der neuen Situation wiederum Versagen, die Angst wird verstärkt, und körperliche Symptome können sich einstellen.

Wie unbegründet Angst sein kann und wie Angst oft anerzogen wird, zeigt folgendes Beispiel:

Schlangen werden allgemein als gefährlich angesehen. Bei ihrem Anblick stellt sich Angst ein, obwohl die Gefahr, von einer Schlange getötet zu werden, 1 : 500 Mio. liegt.

Wahrscheinlich handelt es sich bei der Angst vor Schlangen um eine Ur-Angst und möglicherweise sogar um ein vererbtes Verhaltensmuster. Sie dürfte ihren Ursprung darin haben, daß unsere Vorfahren dann, wenn sie von Bäumen herabkletterten, stärker der Gefahr von Schlangenbissen ausgesetzt waren. Die Entwicklung der Angst vor Schlangen bei Kindern gibt interessante Hinweise:

Ein Kind im Alter von 2 Jahren zeigt keine Angst beim Anblick einer Schlange. Dies wahrscheinlich deshalb, weil es als Säugling sorgfältig behütet wurde. Im Alter von 3 Jahren reagiert das Kind mit körpersprachlichen Verhaltensweisen, die Vorsicht signalisieren. Im Alter von 4 Jahren zeigt es starke Angst, die mit 6 Jahren ihren Höhepunkt hat. Ab 6 Jahren läßt die Angst wieder nach.

Angst vor Versagen, Angst davor, keine Anerkennung zu bekommen, Angst davor, allein sein zu müssen, und die Angst vor diesem oder jenem hemmt den Menschen in seiner Leistungsfähigkeit. Man könnte Menschen wesentlich erfolgreicher machen, wesentlich mehr zu deren Selbstverwirklichung beitragen, wenn es gelänge, ihnen die Angst zu nehmen. Wie »mutig« sind beispielsweise kleine Kinder. Erst durch das Verhalten der Umwelt und Lernprozesse stellt sich Angst in der Situation ein, die vorher noch angstfrei erlebt wurde.

Nur, damit ist dem Ängstlichen und Kranken nicht geholfen. Eine entsprechende Therapie muß zunächst die Gründe und die Entstehungsgeschichte, die dem Negativ-Verhalten oder der Angst zugrunde liegen, aufdecken. Der nächste Prozeß ist der des Konfrontieren-Könnens der Angst-Situation oder der Angst-Folgen, und meist gekoppelt damit ist der Aufbau von Selbstbejahung und des Selbstvertrauens.

Vertrauen schließt weitgehend Angst aus. Die Frage stellt sich, wem oder was können wir in der heutigen Zeit noch trauen, zu wem oder was können wir so bedingungsloses Vertrauen haben, daß Ängste unnötig werden?

Die Antwort geben viele Menschen mit ihrem Suchen nach geistigen oder religiösen Wahrheiten. Daß aus diesem Suchen viele Scharlatane ungerechtfertigt Kapital schlagen, können wir fast täglich aus Berichten über irreführende Sekten und sogenannte Erlöser lesen.

Der Weg zur Freiheit von Angst und zum Vermeiden von psychosomatischen Krankheiten führt fast ausschließlich über die Erkenntnis der eigenen Situation und den Aufbau einer positiven, selbstvertrauenden Einstellung.

Analysieren wir furchtlos die gegebene Situation, finden wir uns mit den sich schlimmstenfalls einstellenden Folgen ab, verschwindet die Angst.

1. Streß

Wir unterscheiden di-Streß und eu-Streß. Eu-Streß ist der uns aktivierende Streß, den wir beim Ausüben z. B. eines Hobbys oder in der Liebe erleben. In diesem Kapitel sprechen wir vom di-Streß, dem uns schadenden Streß.

Unter »di-Streß« verstehen wir Überbelastung, die durch Stressoren (verursachende Faktoren) ausgelöst und mit einer Streß-Reaktion (Antwort des Organismus) beantwortet wird. Die Stressoren müssen zum jeweiligen Individuum passen, zur Persönlichkeitsstruktur und zur Lebensgeschichte, mit deren Beziehungen zu frühkindlichen Objektpersonen.

Alle Bedrohungen und Belastungen aus dem inneren und äußeren Milieu, die geeignet sind, einen Organismus in akute Spannung zu versetzen und psychophysiologische Abwehrreaktionen auszulösen, werden als Stressoren erlebt.

Nicht alle Stressoren führen bei jedem Menschen zu Streß. Individualspezifische Versagungs- und Versuchungssituationen lassen die passenden Stressoren wirksam werden.

Daß eine Situation zu einer Streß-Situation wird, ist zugleich in verschiedener, komplementärer Ergänzung durch folgende Faktoren mitbedingt:

- Persönlichkeit mit ihrer Lebensgeschichte (frühkindliche Neurose-Zeichen, Unreife, Labilität, Ich-Schwäche);
- Umwelt-Kommunikation (gestörte Objekt-Beziehung mit Frustrierung, Verwöhnung, oral-agressive Problematik);
- Konflikte (Geborgenheit und Selbständigkeit, Geben, Nehmen) mit ihren Abwehrmechanismen (Verdrängung und Regression – Zwang)
- und typischen Auslösern (Versagungs- und Versuchungssituationen).

Wir unterscheiden drei Arten von Streß:

– den spezifischen Streß: in diesem Falle ist der Stressor spezifisch, da er spezifische, unbewußte Konflikte hervorruft und spezifische psychodynamische Muster aktiviert;
– den nichtspezifischen Streß: er aktiviert beispielsweise chronische Angst und löst damit psychophysiologische Störungen aus. Welches Organ von diesen Störungen betroffen wird, hängt von den somatischen Gegebenheiten ab. Meist wird das Organ betroffen, das aufgrund der Vererbung oder früherer Krankheiten bereits geschwächt ist (Organ-Minderwertigkeit);
– die individuelle Spezifität: dabei führt unspezifischer Streß zu der für die betreffende Persönlichkeit typischen affektiven Verhaltensweisen. Die entstehenden psychophysiologischen Störungen sind individuell verschieden. Der gleiche Streß kann beim einen Kopfschmerz und beim anderen Bluthochdruck verursachen.

Ein Individuum antwortet auf verschiedene Stressoren verschieden, aber auf einen speziellen Stressor mit gleichen Störungen. Betrachten wir das streßbedingte Entstehen des Asthma bronchiale (nach Reed):

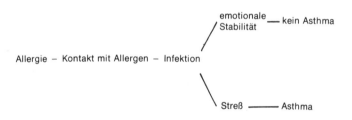

Streß bewirkt also eine zentrale Aktivierung, die zum psychosomatischen Symptom führt.

Wir sehen: Streß ist spezifisch, da er spezifische, unbewußte Konflikte hervorruft. Es werden spezifische psychodynamische Muster aktiviert, die spezifische psychophysiologische Störungen zur Folge haben.

Streß kann als Grundlage für psychosomatische Störungen angesehen werden. Einige Reaktionen von Streß, insbesondere die psychosomatischen Reaktionen, haben wir kennengelernt. Individuell schwächer werdende Stressoren führen auch zu individuell schwächeren Reaktionen, die, als Sofortreaktionen auftretend, meist nicht zu psychosomatischen Folgen führen.

Wir unterscheiden in der Ablauffolge:

- Alarmreaktion mit Schock- und Gegenschockphase;
- Resistenzstadium. Dabei ist als Antwort auf chronische oder wiederholte Stressoren gesteigerte Abwehr entstanden;
- Erschöpfungsstadium mit Erlahmung der Resistenz.

Körpersprachlich werden Stressoren mit Kampf-, Flucht- und Rückzugsreaktionen beantwortet. Als Antwort auf Streß läuft in unserem psychophysiologischen System folgendes Programm ab:

Adrenalin löst in unserem vegetativen Nervensystem Aktivität aus, unsere »Körpermaschine« kommt auf Hochtouren, entgegengesetzte Teilsysteme werden aktiviert. Das sympathische Nervensystem, zuständig für hohe Aktivität, wirkt als Beschleuniger, während das parasympathische Nervensystem, zuständig für gedämpfte Aktivität, als Bremser wirkt. Im Normalzustand halten sich beide Systeme die Waage. Im Moment des Streß gibt das sympathische Nervensystem den Befehl zur Ausschüttung von Adrenalin.

Der Blutkreislauf wird beschleunigt. Das Herz schlägt schneller und stärker. Die Blutgefäße werden verändert, das Blut wird aus der Haut abgezogen und den Eingeweiden, dem Gehirn und den Muskeln zum schnelleren Denken oder zu kräftigeren Bewegungen zugeteilt. Wir werden blaß, und die Glieder zeigen kleinere ruckartige Bewegungen oder Gegeneinanderdrücken. Die Verdauung wird verlangsamt. Die Speichelproduktion wird reduziert. Wir fühlen trockene Lippen. Blase und Mastdarm sind nicht mehr leicht entleerbar. Die in der Leber gespeicherten Kohlehydrate werden an den Blutstrom abgegeben und erhöhen den Blutzuckerspiegel. Die Atmung wird rascher und tiefer, um die Sauerstoffzufuhr zu erhöhen. Die Schweißproduktion (kalter Angstschweiß) wird erhöht, um bessere Abkühlung zu gewährleisten. Wir sind vorbereitet auf erheblich gesteigerte Aktivität. Können die geplanten Aktivitäten entfaltet werden, ist der Ausgleich erreicht. Werden diese Aktivitäten nicht entfaltet, reagiert das vegetative Nervensystem und aktiviert das parasympathische Nervensystem.

Beide Systeme sind nun in Aktion. Die Auswirkungen wechseln in rascher Folge. Betrachten wir dieses an einem Beispiel:

Ein Autofahrer sieht, wie ein Kind vor sein Auto läuft. Sein sympathisches Nervensystem veranlaßt die Adrenalin-Produktion. Er fühlt, wie alles Blut aus seinem Gesicht entweicht, wird blaß, und auch die anderen bereits beschriebenen Wirkungen stellen sich ein. Eine körperliche Reaktion ist ihm nicht möglich. Der Unfall geschieht. Er steigt aus dem inzwischen abgebremsten Wagen. Jetzt gewinnt das parasympathische Nervensystem das Übergewicht. Die Anspannung der Eingeweide läßt nach, er macht in die Hose. Die durch erhöhten Adrenalin-Spiegel aufgestaute Blasentätigkeit setzt plötzlich ein, und ein Urinstrom ergießt sich.

Der Blutkreislauf preßt das Blut wieder in die Haut und die Eingeweide zurück, das Gesicht wird rot, die Haut brennt, er muß sich übergeben. Der plötzliche Blutabstieg vom Gehirn führt zu einem Ohnmachtsanfall. Der Atemrhythmus wechsel, der Betroffene röchelt, keucht und stottert.

Manchmal laufen die gegensätzlichen Symptome gleichzeitig ab, weil ein Teil des Körpers vom sympathischen und ein anderer Teil vom parasympathischen Nervensystem kontrolliert wird. Nur in extremen Schock- und Konfliktsituationen geraten beide Systeme außer Kontrolle. In Kampfsituationen können Angst und Agression sich gegenseitig blockieren. Erregte können dann weder fliehen noch angreifen. In diesen Fällen werden Drohgebärden von vielen autonomen Signalen begleitet.

Aus diesen Vorgängen können wir ableiten, daß nur derjenige, der blaß geworden ist, wirklich gefährlich ist. Die Blässe signalisiert ein hochaktiviertes System, welches kampf- oder fluchtbereit ist. Bei gerötetem Gesicht ist die parasympathische Reaktion bereits eingetreten. Es besteht dann nicht mehr der Zustand der vollen Angriffsbereitschaft.

Ähnliche Vorgänge wie beim Menschen stellen sich auch bei Tieren ein. Adrenalin führt dort zusätzlich zu einem Sträuben der Haare. Damit wird die Wirksamkeit des Kühlsystemes verbessert. Daß »sich die Haare sträuben«, ist auch beim Menschen beobachtbar. Dort wird dieser Vorgang von einem Kribbel-Gefühl begleitet.

Wir sagten, daß als Reaktion auf Streß ein Kampf-, Flucht- und Rückzugsverhalten beobachtet werden kann. Bei Kampf- und Fluchtverhalten werden die zur Verfügung gestellten Kräfte genutzt und abgebaut. Bei Rückzugsverhalten, zu dem auch die Reaktion unseres Autofahrers gerechnet werden kann, gleicht sich die Spannung entweder spontan durch die Einwirkung des parasympathischen Nervensystems oder ebenfalls, bedingt durch die Impulse dieses Systems, nach und nach aus. Zum Bereich des Rückzugsverhaltens als Reaktion auf Streß gehören auch Verhalten, die als Flucht in frühere Stadien erkannt werden können, wie Daumenlutschen, Fingernägel- oder Knöchel-Kauen, oder Schutzverhalten, wie Hände vor das Gesicht schlagen, um den Stressor nicht wahrnehmen zu müssen, oder Hände auf die Brust oder andere Körperteile legen, um sich vor der körperlichen Wirkung des Stressors zu schützen. Beim Daumenlutschen des Babys handelt es sich um eine symbolische Rückkehr in die frühkindliche Geborgenheit, um eine Rückkehr zu der Mutter.

2. Training gegen Streß

Auch Streß (Über-Belastung) ist dem generellen Bereich der Angst zuzuordnen, und die Wirkungen können zu psychosomatischen Folgen führen. Deshalb kann das Training gegen Streß auch als Training gegen die Angst allgemein eingesetzt werden.

Für den Abbau von Streß gibt es folgende Möglichkeiten:

Autogenes Training

Diese Technik der Selbstbeeinflussung lernen Sie am besten unter Anleitung eines erfahrenen Fachmannes.

Aufbau positiver Vorstellungen

Üben Sie statt der Sie überkommenden negativen Gedanken den Aufbau positiver Vorstellungen.

Konfrontation der belastenden Situationen

Üben Sie, die Situationen, die Streß auslösen, in entspanntem Zustand ablaufen zu lassen. Hören Sie mit der Übung auf, falls sich bei der Vorstellung zuviel Emotion einstellt, und wiederholen Sie die Übung so oft, bis Sie die belastenden Situationen emotionslos erleben können.

Am besten beginnen Sie mit den Situationen, die nur wenig Streß auslösten, und stellen sich erst später die für Sie schwierigen Situationen vor. Sie erreichen so Stufe für Stufe eine Desensibilisierung, ein Unempfindlichwerden.

Von Ihrer Geduld und von der Behutsamkeit Ihres Vorgehens hängt es ab, wie schnell und wieviel Erfolg Sie haben. Nachdem Sie sich mit für Sie negativen Situationen in Ihrer Vorstellung konfrontieren können, werden Sie diese auch in der Praxis emotionsloser verarbeiten können. Dieselbe Vorgehensweise können Sie wählen, um Angst vor Menschen (Kunden, Vorgesetzte und Gruppen) oder die Angst vor der Aufnahme sozialer Kontakte abzubauen.

Lernen Sie abzulehnen

Besonders bei den Menschen, bei denen der Grund für häufigen Streß in Unsicherheit oder Ich-Schwäche liegt, ist auch zu beobachten, daß sie nur schwer nein sagen können. Üben Sie, bei Gesprächen im Bekannten- oder Freundeskreis zunächst in wenig wichtigen Situationen abzulehnen. Unterbrechen Sie dann auf verbindliche Weise ein Ihnen lästiges Telefongespräch, lehnen Sie dann einmal höflich ab, wenn man Sie um eine Gefälligkeit bittet, die Sie nicht von innen heraus gern tun wollen, rufen Sie höflich eine sich in einer Schlange vordrängende Person zur Ordnung.

Dieses Selbstbehauptungstraining führt sehr schnell dazu, daß Sie mit kleinen Problemsituationen zurechtkommen.

Üben Sie nun auch für problematischere Situationen emotionsloses Ablehnen-Können.

Wichtig ist, daß Sie bei diesen Übungen von innen heraus sicher werden, da sonst in der Praxis Ihre Körpersprache Ihre innere Unsicherheit signalisieren würde.

Kapitel 6
Handlungen

Unter Handlungen verstehen wir im Gegensatz zur isolierten Reflexaktion das Zusammenwirken dieser Einzelvorgänge, die sich zielgerichtet mit der Außenwelt befassen, anstatt nur die Reflexe auszulösen, den Körper oder Teile in Bewegung zu setzen. Den Handlungen liegen Funktionen zugrunde. Dies sind alle seelischen Grundprozesse, die als Baumaterial in unsere komplexen Erlebnisse eingehen und damit unseren Handlungen zugrunde liegen.

Dieses komplizierte Netzwerk von Prozessen wird ausgelöst durch innere und äußere Reize und endet in Bewegungen.

Unseren Handlungen liegen folgende Prozesse zugrunde:

kognitiv	affektiv
Alle Vorgänge, die der objektiven Erfassung der Außenwelt dienen; Sinnesempfindungen, Wahrnehmen, Erinnern, Lernen, Denken.	Gefühle oder Emotionen, mit denen das Individuum auf Einwirkungen der Umwelt reagiert und die das Individuum zu bestimmten Handlungen bewegen oder motivieren.

Im einzelnen sei auf folgende Handlungen eingegangen:

Bei der Ambitendenz erleben wir gleichzeitig nebeneinander vorkommende, aber entgegengesetzt wirkende Willensimpulse, die einen Entschluß unmöglich machen.

Automatismen sind alle ohne Wille ablaufenden Handlungen.

Die Befehlsautomatik ist die reflektorische Ausführung von Befehlen.

Bei der Echolalie oder Echopraxie wird alles Gehörte oder Gesehene nachgesprochen oder nachgemacht. Der Handelnde verhält sich wie ein Spiegelbild.

Faxen bestehen aus sinnlosen Körperbewegungen und clownhaftem Herumturnen.

Das Grimassieren besteht aus unbegründeten Gesichtsverziehungen und Grimassen, also sinnlosen mimischen Bewegungen.

Die Logoklonie bezeichnet das mehrfache Wiederholen der Wortanfänge.

Die Logorrhöe ist der Drang zu raschem, unaufhörlichem Reden, ohne daß dabei ein rechter Sinn oder Zusammenhang entsteht.

Manierismen sind sonderbare, posenhafte Verhaltensgewohnheiten.

Der Negativismus führt zu gegenteiligem Verhalten. Auf Aufforderung hin wird automatisch das Gegenteil des Verlangten oder nichts getan. Wird einem unter Negativismus Leidenden die Hand gegeben, zieht er seine Hand zurück.

Neologismen sind Wortneubildungen (Eigenworte). Bestehen ganze Sätze aus solchen Neologismen, so bezeichnet man diese als Kunst-, Eigen- oder Privatsprache.

Der Puerilismus ist die übertriebene Nachahmung kindlicher Sprech- und Verhaltensweisen.

Die Stereotypie bezeichnet die häufige Wiederholung einer gleichen, sinnlos erscheinenden Bewegung oder Stellung. Oft ist dies ein Rudiment eines früher sinnvollen Ausdrucksvorganges. Sprachliche Stereotypie wird als »verbige Ration« bezeichnet.

Wir können dabei die Haltungs- und Bewegungsstereotypie unterscheiden.

Der Tick ist die gleichförmig wiederkehrende, rasch und unwillkürlich ablaufende Muskelzuckung, bei der oft auch ein Ausdrucksgehalt beobachtbar ist.

Die Zwangshandlung ist eine als sinnlos erkannte und quälend empfundene, jedoch nicht unterdrückbare Handlung.

1. Symbolhandlungen

Unter Symbolhandlungen können wir Handlungen zusammenfassen, welche symbolisch und oft unter Verwendung von Gegenständen innere Regungen ausdrücken, zum Beispiel: das Rauchen.

Die Hand, welche die Zigarette, Zigarre oder Pfeife zum Mund führt, wird als das »wichtigste Instrument« des Menschen bewußt oder unbewußt vom Gehirn gesteuert.

Ist ein Bewegungsablauf zur Gewohnheit geworden (Automatismus), wird dieser vom Gehirn unbewußt gesteuert. Gerade aus derartigen unbewußten Bewegungen können wir viele Schlüsse ziehen. Es stellt sich die Frage, warum der Mensch raucht.

Als Kolumbus die Eingeborenen Amerikas rauchen sah, soll er gesagt haben: »Ich verstehe wirklich nicht, welches Vergnügen die dabei finden.« Auch Psychologen stellen sich heute noch die gleiche Frage. Es ist anzunehmen, daß der Mensch aus sozialen Zwängen raucht. Das Kind erlebt eine Welt, in der Rauchen als ein Vorrecht der Erwachsenen gilt. So ist Rauchen gewissermaßen ein Beweis dafür, daß man »groß« und aus den Kinderjahren entwachsen ist.

Für viele Raucher ist Rauchen das Erleben eines alten Ritus. Das Anbieten von Zigaretten war früher ein alltäglicher Weg, um mit anderen in Kontakt zu kommen. Rauchen ist aber auch die Durchsetzung einer kindlichen Gewohnheit. Man will – sich an die Geborgenheit der Kindheit rückerinnernd – etwas in den Mund nehmen.

Die Anzahl und zeitliche Aufeinanderfolge der gerauchten Zigaretten ist nicht nikotin- sondern spannungsabhängig.

Wäre lediglich der sinkende Nikotinspiegel Grund für das Rauchen, würde der Raucher in etwa gleichen Zeitabständen rauchen.

Daß in Gesprächssituationen oft mehrere Zigaretten nacheinander geraucht werden, zeigt deutlich, daß nicht der Nikotinbedarf allein, sondern »das Etwas-im-Mund-haben-Wollen« der Grund ist.

Auch was jemand raucht, gibt Informationen über die Hintergründe.

Zigarettenrauchen kann bedeuten, daß der Raucher durch das Einsaugen des warmen Tabakrauches Wärme einsaugen und damit eine innere Leere ausfüllen möchte. Da der Zigarettenraucher den Rauch inhaliert, dürfte diese Begründung bei ihm am meisten zutreffen. Die Zigarette kann auch dazu dienen, sich an etwas festzuhalten oder sich erwachsen zu geben.

Das »dickste Vergnügen« bereitet sich der Zigarrenraucher, der selbstgefällig seinen riesigen »Lutscher« genießt. Oft spürt man die hinter diesem Verhalten stehenden Gedanken »mir kann keiner« oder »mich können alle«. Beim Kiel-Zigarren-Raucher deutet schon die Form der Zigarren – Blasrohr – langer Dorn – auf die Absicht, sich abzuschirmen, hin.

Der Pfeifenraucher sucht möglicherweise Halt am Pfeifenkopf. Er will Gegebenes festhalten. Der Wunsch, etwas festhalten zu wollen, läßt oft auf Angst vor Weite und Verlorenheit schließen. Auch Angst vor Verlust von Einfluß oder Geltung gegenüber der Umwelt kann als hintergründige Motivation wirksam sein.

Beobachten wir den Ablauf der Rauchzeremonie im einzelnen, so können wir daraus einige Schlüsse über den Raucher ziehen.

Findet der Raucher Zigaretten und Feuerzeug schnell und ohne Nachdenken, können wir annehmen, daß er zuverlässig, ordnungsliebend, zielbewußt und korrekt wirken will. Sucht er Streichhölzer oder Zigaretten in verschiedenen Taschen, verrät er eine Neigung zu Oberflächlichkeit, Vergeßlichkeit und vielleicht auch Unpünktlichkeit.

Auch wie jemand das Streichholz an der Reibfläche entzündet, gibt uns Informationen. Wird das Streichholz vom Körper weg über die Reibfläche bewegt, können wir vermuten, einen »extrovertierten« Menschen, also einen nach außen gewandten Menschen, vor uns zu haben. Wird das Streichholz zum Körper hinbewegt, vermuten wir ein introvertiertes, ein nach innen gewandtes Verhalten. Die Art, wie jemand die Zigarette hält, den Rauch ausstößt und die Asche abklopft, gibt uns weitere Informationen.

Der langsame, bedächtige Raucher gehört zu den mehr genießenden, bedächtig abwägenden Menschen. Der hastig oder nervös Rauchende neigt auch sonst zu übereilten Resultaten und zu oft vorschnellen Urteilen.

Aber nicht nur darauf, wie jemand mit der Zigarette umgeht, sondern auch, wie er die Zigarette hält, sollte man achten. Je näher an den Fingerspitzen die Zigarette gehalten wird, desto größer dürfte die Feinfühligkeit und Sensibilität sein. Je näher dem Handteller die Zigarette gehalten wird, um so härter dürfte der betreffende Raucher sein und um so robuster seine Art, das Leben zu bewältigen.

Bei Männern können wir oft auch beobachten, daß diese die Zigarette mit Daumen und Zeigefinger so halten, daß die Glut sich in der Handhöhle befindet. Dieses bei Frauen äußerst selten beobachtete Verhalten ist wahrscheinlich darauf zurückzuführen, daß Männer öfter im Freien rauchen und dabei die Glut der Zigarette mit der Handfläche schützen wollen. Es kann aber auch darauf schließen lassen, daß diese Menschen zu schützendem und bewahrendem Verhalten tendieren. Eine ebenfalls seltene und fast nur bei Männern beobachtete Art zu rauchen ist die, die Zigarette nahe dem Handteller zwischen Zeigefinger und Mittelfinger oder Ringfinger zu halten und beim Ziehen die ganze Handfläche vor den Mund zu nehmen. Mit einiger Vorsicht kann man daraus schließen, daß diese Menschen nicht besonders gut mit ihrer Umwelt fertig werden und das Empfindungsleben eingeengt ist.

Alle diese Detailangaben dürfen nicht einzeln gesehen, sondern in der Gesamtheit des Verhaltens integriert betrachtet werden.

2. Übersprungshandlungen

In Spannungsphasen vollführen wir manchmal nervöse Ausweichhandlungen. Dabei handelt es sich um kleine, scheinbar nicht zur Situation passende Bewegungen, die im Augenblick des Konflikts oder der Frustration ausgeführt werden. Wir wollen uns in solchen Situationen abreagieren. Dabei halten wir jede, auch eine sinnlose Handlung, für besser als Untätigkeit.

Oft beobachtete ich an den Abflugschaltern der Flughäfen Menschen, die mehrmals nacheinander den Paß aus der Tasche nahmen und wieder einsteckten; während andere, fast gelangweilt Wartende, in der Schlange standen.

Die Erklärung ist, daß viele derjenigen, die zum ersten Mal fliegen, eine gewisse innere Spannung erleben, die zu den beobachteten Übersprungshandlungen führt. Andere, routinierte Reisende standen der Situation spannungslos gegenüber. Das Flugbegleitpersonal großer Fluggesellschaften wird daraufhin ausgebildet, derartige Übersprungshandlungen zu erkennen und beruhigend auf die nervösen Passagiere einzuwirken.

Interessant ist, daß Übersprungshandlungen auf Flughäfen etwa zehnmal häufiger beobachtet werden als auf Bahnhöfen. Dies hängt wohl damit zusammen, daß das Reisen mit der Eisenbahn weit selbstverständlicher und gefahrloser erwartet wird als das Fliegen.

Übersprungshandlungen erfüllen nicht die primäre Funktion, sondern sind Verhalten, mit denen innere Spannung abreagiert wird. Es geht also demjenigen, der sich immer wieder vergewissert, ob er alle Reisepapiere griffbereit hat, nicht darum, sich über das Vorhandensein dieser Papiere zu informieren, sondern lediglich darum, seine innere Spannung mit einer sinnvoll scheinenden Handlung auszugleichen.

Übersprungshandlungen zeigen sich auch bei Tieren. Dabei ist interessant, daß die Übersprungshandlung – von einem ausgeführt – oft von den anderen imitiert wird. Dies ist bei Menschen nur selten beobachtbar. So ist bei gewissen Vogelarten beobachtbar, daß sie oft während einer Serie von Drohgebärden oder Drohrufen vor einem Kampf plötzlich wie beim Schlafen den Kopf kurz unter die Flügel stecken.

Bei Soldaten wurde beobachtet, daß diese oft gerade dann vom Schlafbedürfnis überwältigt wurden, als der Befehl zum Angriff kam. Frustration und Konfliktzustände können einen Sog unkontrollierbarer Ermüdungserscheinungen auslösen, die eine Tätigkeit ernsthaft beeinträchtigen können. Möglicherweise aus diesem Grunde sagen wir, wir seien »einer Sache müde«, wenn wir uns langweilen.

Im einzelnen sind folgende Übersprungshandlungen zu beobachten:

Gesichtsberührung, Kopf kratzen, Ziehen am Ohrläppchen, laufendes Zigaretten-Abtippen, Gähnen, geselliges Nippen und Knabbern, Rauchen – wenn es der Zu- und Abnahme von Spannungen und nicht dem abnehmenden Nikotinspiegel entspricht, Asche oder Fusseln vom Anzug klopfen, in der Tasche mit Münzen klimpern, Haare glätten, Hände reiben, Übersprungs-Händewaschen, Kleid glätten und Übersprungs-Putzen, Bart streichen, Brille zurechtrücken oder säubern, Haarsträhnen aus dem Gesicht streichen, Nägel kauen, Papiere ordnen, Finger betrachten, Männchen malen, mit Schreibgeräten spielen, Aufstehen.

3. Ersatzhandlungen

Ersatzhandlungen können in Aggression oder Liebe begründet sein. Sie sind nicht auf das Objekt – auf die Person – gerichtet, für die sie bestimmt sind.

Ein auffälliges Beispiel ist die umgelenkte Aggression. In diesem Zustand lassen wir die Wut an Gegenständen oder Personen aus, die an der Verursachung völlig unbeteiligt waren. Wir erleben dabei keine Problemlösung, aber Erleichterung. Vermutlich sind Ersatzhandlungen in der Mehrzahl aggressive Handlungen.

Dazu ein Beispiel:

Ein Vorgesetzter kann seine Aggression unmittelbar an einem Mitarbeiter auslassen, weil er vor Repressalien sicher ist. Der Mitarbeiter, der die bei ihm entstehenden Aggressionen nicht an seinen Chef zurückgeben kann, sucht eine Ersatzperson und läßt seine Wut nun möglicherweise an der Sekretärin oder an Kunden aus. Die Sekretärin schweigt im Moment. Sie wagt nicht, die in ihr entstehenden Aggressionen an den

Verursacher zurückzugeben, und läßt die Aggressionen am Büroboten, der Kunde möglicherweise an seinen Mitarbeitern aus.

Ersatzhandlungen können sich in folgenden Verhalten zeigen: Ein Wütender haut mit der Faust auf den Tisch und sieht im Tisch das Ersatzobjekt für den Verursacher.

Eine Ehefrau wirft eine Vase an die Wand, wobei die Vase das Ersatzobjekt für denjenigen darstellt, den sie an die Wand werfen möchte.

Ein Junge zertrampelt sein Spielzeug, das er möglicherweise von der seine Aggression verursachenden Person geschenkt bekam, oder stampft mit dem Fuß auf und symbolisiert damit, daß er den Verursacher der Aggression zertreten möchte.

Bei all diesen Beispielen wurden unerträgliche Frustrationen an anderen Objekten abreagiert.

Die Ersatzhandlung kann auch stark verzögert auftreten. Leid und Ungerechtigkeit, kleinen Kindern zugefügt, kann die Ursache für spätere Gewalttaten werden.

Nicht nur Aggression, sondern auch Liebe kann zu Ersatzhandlungen führen.

Die Grabpflege ist ein Erweisen von Liebe und Zugehörigkeit an den Verstorbenen.

Das kleine Mädchen, welches die vom Vater geschenkte Puppe besonders pflegt, gibt dieser Puppe die für den Vater gedachte Zärtlichkeit.

Insgesamt interessant ist, daß auch Ersatzhandlungen und deren Sinn dem Handelnden meist nicht bewußt sind.

Herr Maier nimmt an einer Konferenz teil. Während seine Kollegen über ein Thema diskutieren, das ihn selbst nicht betrifft, malt er auf einem Notizblock. Pfeile und Blitze entstehen. So drückt er, ohne daß ihm der Sinn bewußt wird, ersatzweise seine Einstellung zur momentanen Situation aus. Hätte er Landschaften gemalt, so hätte dies bedeuten können, daß er sich vom Ort des Geschehens weg in eine andere Umgebung hineinwünscht!

Es ist nicht verwunderlich, wenn auf großen Konferenzen nach Abschluß der jeweiligen Sitzung nicht nur die Papierkörbe geleert, sondern auch Zeitungen und Löschblätter entfernt werden. Es soll auch vorgekommen sein, daß Geheimdienste die Kritzeleien Psychologen vorlegten, um so Informationen über die jeweilige Person zu bekommen.

Einige interessante Anekdoten:

Der sowjetische Außenminister Gromyko soll nach einer Rede vor den Vereinten Nationen in New York das vor ihm liegende Blatt mit seltsamen Zickzack-Linien bemalt haben. Ein Psychologe folgerte daraus, daß Gromyko sich zwar nach außen großartig beherrschte, aber innerlich nervös und abgespannt war.

Der französische Ex-Außenminister Couve de Murville ist bekannt dafür, daß er kleine Figuren zeichnet und solche Figuren auch bei großen Banketten aus weichem Brot knetet. Die Psychologen folgern daraus, daß er ein harter Realist sei, der nur zeichnet, weil er sich durch die Linienführung oder durch das Kneten des Brotes ablenken will, um nicht der Beeinflussung eines anderen Redners oder Verhandlungspartners zu erliegen.

Von U Thant, dem langjährigen Generalsekretär der Vereinten Nationen, wird berichtet, daß er immer wieder Blümchen auf das Papier malte. Drückte er damit unbewußt seine Aufgabe aus, den streitenden Parteien »manches durch die Blume sagen zu müssen«?

General Charles de Gaulle kritzelte Schilderhäuschen und spitze Bajonette. Sie waren bezeichnend für seine unentwegte Angriffslust.

In den zwischenmenschlichen Beziehungen spielen Ersatzhandlungen als Ventil nicht formulierbarer Gefühle eine wesentliche Rolle, mit manchmal stark prägenden und negativ beeinflussenden Folgen. Denken wir dabei nur an das Beispiel der Mutter, die im einzigen Sohn den verstorbenen Ehemann erlebt und ihn durch ihr Ersatzverhalten der übergroßen Vorsorge und Liebe so bindet, daß dieser nur schwer in der Lage ist, eine echte Bindung zu einer anderen Frau aufzubauen.

4. Ablenkungsmanöver

Im Gegensatz zu Übersprungs- und Ersatzhandlungen werden Ablenkungsmanöver meist bewußt eingesetzt. Beim Ablenkungsmanöver wird die unerwünschte Stimmung unterdrückt, indem eine andere entgegenwirkende Stimmung aufgebaut wird.

Zum Beschwichtigen von Ängsten wird gesungen, zum Beschwichtigen von Konfliktzuständen kann umtriebige Aktivität entfaltet werden.

Die Grundlage der Ablenkungsmanöver finden wir im Konstruktionsprinzip. Dabei unterdrücken sich konkurrierende Triebe bei hohem Intensitätsgrad gegenseitig. Auch das autogene Training und ein Teil der meditativen Entspannung gehören in diesen Bereich. Es findet dabei eine Einengung des Bewußtseins auf die gewünschte Vorstellung statt.

Durch die Vorstellung von angenehmen Zuständen dringen unangenehme Zustände nicht mehr ins Bewußtsein. Dies ist vergleichbar dem Erlebnis, daß wir beim Hören uns interessierender und fesselnder Musik Zahnschmerzen und Probleme vergessen.

Unser Gehirn arbeitet selektiv und kann in diesem Zustand weitgehend Ablenkungen ignorieren. Erst wenn das Reizniveau eines neuen Elements stark genug ist, wird die Aufmerksamkeit dafür wach. Wir werden durch dieses neue Element abgelenkt.

Bei spielenden Kindern, die sich voll konzentriert mit ihrem Spielzeug beschäftigen, können wir erleben, daß nur ein neues Spielzeug mit hohem Reizniveau das Interesse am vorhandenen Spielzeug mindert.

Ablenkungsmanöver können bewußt zur Täuschung eingesetzt werden. Besänftigend versetzt der Ehemann seine Frau in die Mädchenrolle, indem er sie mit »mein Kleines« oder »Baby« anspricht.

Bei kleinen Mädchen können wir beobachten, daß diese als Reaktion auf väterliche »Gardinenpredigten« oft nicht das erwartete Unterwerfungsverhalten, sondern ein

Ersatzverhalten produzieren. Sie neigen dabei den Kopf zur Seite und signalisieren so »ich bin ein trostsuchendes kleines Mädchen, das den Kopf an deine Schulter legen möchte«. Damit wecken sie das Gefühl der väterlichen Fürsorge und erreichen, daß die Strafpredigt verebbt.

Auch bei Schreibkräften konnte ich öfter Ablenkungsmanöver beobachten. Je mehr Tippfehler sich einstellten, um so aufrechter und selbstbewußter wurde die Sitzhaltung.

Die Verwandtschaft von Ablenkungsmanövern und Drohgebärden wird hier erkennbar. Der Übergang ist fließend.

Kapitel 7
Bewegungen

Abgerundete Bewegungen

Die Mitverarbeitung emotionaler, möglicherweise verschwommener Regungen lassen aus starrer Geradlinigkeit abgerundete Bewegungen entstehen. Entsprechend der vorhandenen Spannung reicht der Ausdrucksgehalt vom träumerischen bis zum aktiven Gefühlszustand. Derartige Bewegungen richten sich immer auf einen gefühlsmäßig erlebten Inhalt. Beim Entstehen und Ausführen der abgerundeten Bewegungsabläufe ist die Umwelt maßgeblich beteiligt. Akzeptanz und Annahme fördern derartige Bewegungen. Sie werden vom Betrachter als vorbehaltlos, aufblühend, sich entfaltend erlebt und sind Ausdruck des Frohseins, also der stimmungsgesättigten Haltung.

Die Abrundung der Bewegungen zeigt, daß eine komplexe Zustimmung den ausschließlich zielgerichteten Vorgang überstrahlt und eine scharfe Abgrenzung nicht für notwendig angesehen oder gewünscht wird. Diese Art der Bewegungen führt wegen der enthaltenen und ausgedrückten starken Emotionalität sehr oft zu Bewegungsansteckungen. Die Gefühle übertragen sich so, erleichtern die Verständigung und erzeugen Sympathie.

Nervöse, fahrige, reflexartige Bewegungen

Derartige Bewegungen können abgerundet oder geradlinig sein. Sind derartige Bewegungen abgerundet, fehlt ihnen allerdings die harmonische Gelöstheit.

Die Merkmale nervöser, fahriger und reflexartiger Bewegungen sind:

Höhere Geschwindigkeit und mittelstarke bis starke Spannung.

Daraus leiten sich die enthaltenen reaktiven Strebungen ab. Der unkontrollierte, abrupte Einsatz ist erkennbar. Derartige Bewegungen werden ohne Billigung der Umwelt und meist sogar gegen deren Billigung eingesetzt. Oft fehlt auch die eigene Absicht. Dies besonders beim hemmungslosen Affektverhalten.

Sind die Bewegungen geradlinig (Finger in Richtung eines imaginären Objekts in die Luft stoßen), wird daran die absolute und ausschließliche Beherrschung durch die Psyche sichtbar.

Auswärtsbewegungen

Bewegungen, die vom Körper weg nach außen gerichtet sind, zeigen das »Sich-der-Umwelt-zuwenden-Wollen«. Je nach Spannung und Entspannung im Bewegungsablauf ist die hinter der Bewegung stehende Absicht erkennbar.

Gespannte Auswärtsbewegungen reichen von der aktiven Zuwendungsabsicht bis zu dreistem, aufdringlichem und angreifendem Verhalten.

Entspannte Auswärtsbewegungen lassen die passive Hingabe und Aufnahmebereitschaft für Außenreize erkennen. Das »Alle-viere-von-sich-Strecken« ist deutliches Ergebnis der entspannten, gleichgültigen Auswärtsbewegung.

Einwärtsbewegungen

Auch bei den Einwärtsbewegungen ist der Spannungsgrad wesentlich für die Erkennung der Absicht. Gespannte Einwärtsbewegungen lassen eine gewollte Abwehr oder Abkehr von der Außenwelt erkennen. Diese Absicht wird mit dynamischen Verschlußbewegungen gekennzeichnet. Spannungslose Einwärtsbewegungen signalisieren das passive Abreißen-Lassen der Umweltbeziehungen. Das kraft- und hilflose »In-den-Schoß-fallen-Lassen« der Hände ist hierfür ein Beispiel.

1. Rhythmus

Je fließender ein Bewegungsspiel erscheint, je weicher und runder Einzelbewegungen ineinanderfließen, desto enger ist die Beziehung zum Rhythmus. Spannung und Lösung wechseln sich ab. Rhythmus ist die Naturbewegung des Lebens und eine vegetative Eigenbewegung.

Herzschlag und Atmung und die Darmbewegungen sind normalerweise rhythmisch. Die Bewegungen gehen fließend ineinander über. Sie erfolgen ohne Willen und Intellekt.

Rhythmische Bewegungen sind natürlich. Ganz deutlich wird dies, wenn wir einen ruhig Schlafenden beobachten. Wille und Intellekt sind ausgeschaltet, Herz und Atmung arbeiten rhythmisch.

Greifen wir oder die Umwelt in rhythmische Funktionen ein, werden diese unregelmäßig. Dies ist beim Hypochonder besonders deutlich zu beobachten. Auch beim Gehen und Tanzen werden wir unsicher und stockend, wenn wir die Bewegungen bewußt mit Intellekt und Willen ausführen wollen. Rhythmus wird also durch Willenseinsatz und Ablenkung gestört.

Das in der autogenen Meditation verwendete »es geschieht«, »es atmet mich«, fördert den natürlichen rhythmischen Vorgang und dient damit der Ausgeglichenheit und Gesundheit. Beruhigender Rhythmus wirkt auch auf die Umwelt beruhigend. Einmal in Gang gebracht, wollen sich rhythmische Bewegungen fortsetzen und erneuern.

Fröhliche Menschen trällern immer wieder die gleiche Melodie. Auch bei erlernten Wiederholungsbewegungen, beim Gehen, Laufen und Schreiben, ist die Rhythmisierung erkennbar.

Je weniger zielgebunden ein Ablauf ist, desto rhythmischer wird er. Rhythmus und Entspannung sind also zusammengehörende und sich gegenseitig beeinflussende Elemente. Rhythmisierung dient der seelischen Auflockerung, dem Wohlgefühl und fördert die Phantasie. Auch wenn wir rhythmische Abläufe beobachten, z. B. das Auf und Ab des Meeresspiegels, stellen sich die mit Rhythmus verbundenen Gefühle in uns ein.

Hände reiben, hin und her gehen, mit dem Oberkörper pendeln sind rhythmische Bewegungsabläufe, die wir bewußt oder unbewußt zur Beruhigung einsetzen. Auch die Arbeitsleistung steigt, wenn ein Arbeitsrhythmus möglich ist. Die Negersklaven haben sich durch rhythmische Gesänge in die Lage versetzt, Schwerstarbeit zu leisten. Je schneller der Rhythmus, desto größere Erregung kommt zustande. Bei langsam fließendem Rhythmus kann man noch träumen, bei schnellerem Rhythmus, z. B. im Kulttanz, wird der Tanzende durch den Rhythmus seines eigenen Willens beraubt.

Bei Rhythmus neigen wir zu intensionslosem, passivem Erleben. Die Wachheit ist herabgesetzt. Es stellt sich die unkritische, sorglos naive Haltung des herabgesetzten Ich-Bewußtseins ein. So ist langsamer Rhythmus Ausdruck seelischer Harmonie. Dies wissend, werden Kinder in den Schlaf gewiegt, mit rhythmischem Streicheln beruhigt und Gebetsmühlen und Rosenkränze im religiösen Bereich zur Entspannung eingesetzt. So kann die »Seele entrücken«.

Auch bei Tieren erleben wir rhythmische Bewegungsabläufe. Wiederkäuende Rinder sind der Ausdruck zufriedener Wunschlosigkeit. So wird verständlich, daß die Verwandtschaft mit der Mentalität, der Kultur diese Tiere in Indien zum Sinnbild und deshalb zu heiligen Tieren werden ließ.

Wechselt die ausgeglichene innere Einstellung in eine Aufmerksamkeitsspannung, so wechselt auch der Rhythmus zum Takt.

Takt

Reinen Takt hören wir beim Ticken der Uhr oder beim Ticken eines für Takthaltung beim Klavierspielen verwendeten Metronoms. In der lebenden Natur ist reiner Takt nicht beobachtbar. Erst der messende Verstand und der regelnde Wille haben den Takt zustande gebracht.

So zeigt sich Takt beim menschlichen Verhalten nur dort, wo mechanische Vorgänge nachgeahmt werden, z. B. bei Freiübungen und besonders beim Paradeschritt. Durch Takt wird die Einzelübung exakt begrenzt. Takt läßt den unbeugsamen, sturen Willen erkennen, der ohne Rücksicht auf Hindernisse geradeaus seinen Weg geht. Das getaktete Klopfen der Fingerspitzen auf der Tischplatte, das beim Sitzen im Takt Bewegen der Füße lassen erkennen, daß der Gesprächspartner seinen Willen durchsetzen will.

Getakteter Rhythmus

Unbewußt rhythmisches Gehen kann zum bewußten Marschieren werden. Sind Intellekt und Wille in ihrer Wirkung gemindert, ist Takt nicht möglich. Im Halbschlaf kann niemand marschieren. Wenn wir uns während des gelösten (rhythmischen) Spazierengehens plötzlich ein Ziel vornehmen, ändern wir unsere Gangart. Wir nehmen Takt an und zeigen ein bestimmtes Auftreten.

Der Takt ermöglicht es, Rhythmus verstandesmäßig zu erfassen. Dies wird deutlich in der Musik, z. B. beim Klavierspielen, und beim Tanz. Erst die Sicherheit im Takt, das Können und Beherrschen erlauben wieder Rhythmus.

Auch Takt kann, wenn der Klang ihn nicht sofort als solchen einstuft, beruhigende Wirkung haben. Denken wir dabei an das beruhigende Ticktack einer Standuhr oder an die durch Schienenstöße hervorgerufenen Geräusche bei der Eisenbahnfahrt. In beiden Beispielen wird der Takt nicht als solcher wahrgenommen.

Sind also Wille und Intellekt weniger aktiv, erkennen wir den Takt nicht als solchen, sondern nehmen diesen eher rhythmisch – als getakteten Rhythmus – wahr.

Vitale Schichten sind nicht in der Lage, Takt wahrzunehmen, weil ihnen Takt wesensfremd ist. Sind wir unaufmerksam, nimmt die Vitalschicht den Takt als Rhythmus wahr. Wir lassen uns dabei so täuschen, daß wir die Pendelschläge der Wanduhr, die durch Schienenstöße ausgelösten Geräusche während der Eisenbahnfahrt, nicht gleich stark oder in gleichen Abständen wahrnehmen, sondern Akzente setzen.

Gestörter Takt-Rhythmus-Ablauf

Wie jemand seinen Weg geht, hängt davon ab, was er vor sich hat. Gehen wir mit fröhlicher Stimmung zu einem Freude auslösenden Anlaß, sind unsere Bewegungen rhythmisch fließend. Haben wir ein festes Ziel vor Augen und den ausgeprägten Willen, es zu erreichen, sind unsere Schritte und Bewegungen getaktet.

Zwischen beiden Verhalten liegt der gestörte Takt-Rhythmus-Ablauf. Fehlen Gemütsruhe und Entschlossenheit, ist unser Verhalten weder rhythmisch noch getaktet. Es stellt sich der Ausdruck psychischer Gestörtheit ein. Das Sprechen wird zögernd, unbestimmt und stotternd. Bewegungsabläufe werden hektisch unkontrolliert. Wir sind dann das Opfer einer überwertigen Idee, mit der wir nicht fertig werden. Dieser Zustand ist oft mit geistiger Sterilität gekoppelt. Es stellt sich kein rettender Einfall ein. In den ersten Minuten eines Seminars erlebe ich bei Teilnehmern oft ein willenloses Trommeln der Finger auf der Tischplatte, Spielen mit Gegenständen oder unruhiges Hin-und-her-Rutschen auf dem Stuhl. Oft sind diese motorischen Unruhen auch unauffälliger und werden mit Dauerbewegungen abreagiert. Bewegungen der Füße und Beine sind dann beobachtbar, wobei Pausen einen einheitlichen rhythmischen Fluß zerstückeln, aber jedoch nicht so gesetzt sind, daß ein Takt entsteht. Dieses Wahrnehmen der gezeigten Körpersprache ist zwingend erforderlich, um sich adäquat auf die Situation und die Teilnehmer einzustellen.

Beruhigendes Erklären der Trainingsziele und des Inhaltes, das Herbeiführen einer auf die Einzelperson eingehenden Diskussion und die zuwendende Hilfsbereitschaft lassen derartige Unruhe-Symptome schnell verschwinden. Man muß nur wissen, daß im Teilnehmer, von ihm unkontrollierbar, eine überwertige Idee wirksam ist.

Das hier Festgehaltensein und »Nichts-dagegen-tun-Können« führt zu den Ausdrücken der seelischen Disharmonie. Der weitbekannte »Zappel-Philipp« ist hier einzuordnen.

Daß Bewegungen überhaupt zustande kommen, bedingt eine vorhandene Antriebskraft, z. B. der Wille, etwas gegen die innerlich abgelehnte Situation oder gegen das negativ gesetzte Ziel zu unternehmen, es aber nicht zu können.

So manifestiert sich der Antrieb in Bewegungsabläufen, die wir auch den Ersatzhandlungen zuordnen können.

2. Bewegungsabläufe

Die wesentliche Unterscheidung der Bewegungsabläufe erfolgt in Bewegungsgeschwindigkeit und Bewegungsrichtung.

Schnell		Langsam
einwärts		auswärts

Aus diesen vier Merkmalen lassen sich nun gemischte Bewegungsabläufe ableiten. Wir unterscheiden wie folgt:

Schnell auswärts	= verteidigend, angreifend
Mittelschnell auswärts	= kontrolliert, überwacht
Langsam auswärts	= vorsichtig tastend
Langsam einwärts	= erstauntes Zurückziehen
Mittelschnell einwärts	= kontrolliert, überwacht
Schnell einwärts	= schützen, erschrecken

Die Bewegungsabläufe dürfen auch hier nicht isoliert von anderen Verhaltensmerkmalen eingestuft werden. Erst aus der Summe der Einzelverhalten (Mosaiksteinchen) ergibt sich ein für die Gesamtbeurteilung notwendiges Gesamtbild, wobei jedes Einzelverhalten zur genauen Definition beiträgt. Lebhafte Bewegung kann z. B. gekoppelt sein mit Monotonie. In diesem Falle wiederholen sich gleiche oder ähnliche Bewegungen häufig. Wir erkennen aus diesem Verhalten eine motorische Unruhe, Bewegungsdrang, aber keine gewollten und kontrollierten Bewegungen. Oft wird eine Primitivreaktion im Sinne automatischer Funktion alter Schutzverhalten oder -mechanismen eingesetzt. Dieses Verhalten erinnert an das Verhalten eines zappelnden Säuglings. Im pathologischen Bereich erleben wir lebhafte Bewegtheit auch mit Monotonie bei hysterischen oder epileptischen Anfällen. Auch in blinder Wut und entfesselter Motorik ist dieses Verhalten beobachtbar. Zu solchem Verhalten sind grundsätzlich alle Menschen disponiert. Lediglich die Auslöseschwelle ist unterschiedlich hoch angesiedelt. Sie reicht von sehr tief liegend bei ungefestigten und primitiven Individuen bis sehr hoch angesiedelt bei beherrschten und selbstbewußten Menschen. Aus lebhafter Bewegtheit mit Monotonie können wir grundsätzlich Unruhe, Hast und Gestörtheit des Verhaltens ablesen. Die Raschheit der Folge gibt uns Informationen über den Grad der Erregung. Die verwendeten Formen geben Informationen über die psychischen Inhalte des Erlebten, und die Wiederholung der Formen zeigt, daß verschiedene Situationen gleich verarbeitet werden, daß also keine Anpassung an die Umwelt erfolgt ist. Diese lebhafte Bewegtheit kann sich ausdrücken in schnell und mittelschnell, auswärts und einwärts und in den verschiedenen Ausdruckszeichen, die im Kapitel »Reaktionen« noch ausführlich besprochen werden.

Die langsam auswärts oder einwärts gerichteten Bewegungsabläufe lassen grundsätzlich auf Vorsicht, Ängstlichkeit und Unsicherheit schließen. Auch hier geben die verwendeten Zeichen weiteren Aufschluß über den Erlebnisinhalt.

Manisches Verhalten

Im Bereich der lebhaften Bewegtheit finden wir auch das oberflächlich geschäftige Verhalten. Wir beobachten lebhaftes Gestikulieren, Hin-und-her-Laufen, Lachen, Singen und Reden ohne Unterlaß. Den sich manisch Verhaltenden interessiert alles momentan. Er kann sich aber mit gleichem Elan sofort etwas Neuem zuwenden. Daraus erkennen wir, daß diesem Verhalten keine bestimmte Lebenslinie und kein autonomer Persönlichkeitskern zugrunde liegt. Wir können beobachten, daß die in Labilität begründete gefühlsmäßige Euphorie unversehens in zornwütige Gereiztheit umschlagen kann. Diese Stimmungsanomalien können Enthemmungen auf allen Lebensgebieten zulassen. Die Gedankenverbindungen, die bei diesem Verhalten entstehen, sind oberflächlich assoziativ. Das manische Verhalten kann dazu führen, daß auch sprachliche Aussagen vom Hundertsten ins Tausendste fließen. Wenn wir Manie als Defekt des Hemmungsapparates bezeichnen, erkennen wir, daß wir mit diesem Verhalten an der Grenze zum pathologischen Verhalten angelangt sind. Bei gekoppelter Labilität sind die Bewegungsabläufe nicht mehr konkret, sondern zeigen sich unvollkommen und verschwommen. Die Grenze zwischen manischem und neurotischem Verhalten ist fließend. Während das manische Verhalten meist durch bestimmte Umweltreize ausgelöst wird, ist das neurotische Verhalten meist reizunabhängig.

Kapitel 8
Reize und Reaktionen

1. Reize

Wie Sie im Schema »Verhalten« sehen, stellen sich Reiz, Reaktion und neuer Reiz als eine Art kommunikativer Kreislauf dar. Das folgende Schema soll dies nochmals verdeutlichen.

Reiz ⟶ Reizempfindung

↓

Reizverarbeitung mit Trennung in wichtig und unwichtig, wesensgemäß und nicht wesensgemäß

↓

Reizbeantwortung (Reaktion)

Grundlage des seelischen Geschehens sind nach heute herrschender Lehrmeinung das Gehirn und das Nervensystem. Durch Nervenreizungen werden wir von Vorgängen in der Außenwelt und im Inneren unseres Körpers in Kenntnis gesetzt. Über die Nerven werden diese Meldungen weitergeleitet, ausgewertet und in Reaktionen umgesetzt. Bei den Erregungsvorgängen handelt es sich um elektro-chemische Prozesse, die in den Ganglienzellen (Gehirnzellen) entstehen und die im Elektroenzephalogramm aufgezeichnet werden können.

Die Erregungen können in verschiedenen Regionen des Gehirns stattfinden. Hauptsächlich erfolgen diese in der Hirnrinde (Cortex) an der Oberfläche des Gehirns. Dort befinden sich etwa zwei Drittel aller Ganglienzellen. Diese vielfach gefurchte und gewundene Oberfläche steht in direkter Beziehung zu den etwa 10 Milliarden Zellen unseres Körpers.

In der Hirnrinde wird das bewußte Seelenleben bestimmt und reflektiert. Die anderen Regionen unseres Gehirns (Hirnstamm) regulieren den Blutdruck, die Atmung, bestimmte Gefühle und Affekte und die vitalen Triebe (im sog. Talamus), das Gleichgewicht und die Muskelbewegungen – all das also, was für das Leben eines Lebewesens unerläßlich ist.

Für die psychische Leistungsfähigkeit sind nicht alle Teile des Gesamthirns verantwortlich. Diese wird in erster Linie bestimmt durch das Großhirn und dort durch die Hirnrinde. In der Lokalisationslehre werden bestimmte Prozesse und Funktionen bestimmten Hirnteilen zugeordnet. Fehlt ein Teil des Gehirns (z. B. durch Verletzung) oder ist die Funktion beeinträchtigt, wird die damit verbundene Fähigkeit eingeengt oder unmöglich.

Ein Beispiel dafür ist die Rindenblindheit. Dabei sind die Augen und die Nervenverbindungen zum Gehirn intakt, die aufgenommenen Bilder können aber nicht wahrgenommen werden, weil die dafür verantwortliche Gehirnregion geschädigt ist. Unter Umstanden können Aufgaben der einen Gehirnregion von anderen Gehirnteilen übernommen werden. Das zeigt uns, daß das Gehirngeschehen in der Hauptsache ganzheitlich geordnet ist.

Sich überschneidende Erregungskonstellationen steuern die einzelnen spezifischen Erregungen. Ganzheiten passen sich den Anforderungen, die an den Organismus von außen gestellt werden, in zweckmäßiger Weise an. Die Beziehungen im Gehirn können als Ergebnis aller unserer Erfahrungen betrachtet werden. Sie befähigen uns, neue Ziele anzustreben und uns neuen Forderungen anzupassen. Die Organisation und der strukturelle Aufbau im Gehirn bestimmt die jeweilige Eigenart des gezeigten Verhaltens und der auf Reize gegebenen Reaktionen.

Eine Erfahrung, die Kurt Goldstein bei einem hirnverletzten Soldaten im 1. Weltkrieg gesammelt hat, soll das Beschriebene und die körpersprachlichen Reaktionen auf unmöglich gewordene Leistungen verdeutlichen: er gab einem hirnverletzten Soldaten die Aufgabe, 4 und 3 zu addieren. Der Soldat preßte die Finger herunter und zählte zunächst 1, 2, 3, 4 und dann 5, 6, 7 ab. So kam er zu dem Ergebnis 4 + 3 = 7. Die Frage: »Ist 7 mehr als 4?« konnte der Soldat nicht beantworten. Sein abstraktes Denkvermögen war verloren. Er konnte den Begriff der Mehrheit nicht mehr verwenden. Es war ihm nur noch möglich, konkret an den Fingern abzuzählen. Unter Druck gesetzt – »er müsse das können« –, zeigte der Soldat Aufregung und Katastrophenreaktion. Er erlebte die Unfähigkeit, diese Aufgabe zu lösen, als tödliche Gefahr und reagierte mit Hilflosigkeit und Verzweiflung. So geschädigte Menschen gehen aus Selbsterhaltungstrieb möglichen Komplikationen aus dem Wege, indem sie sich in Zustände, die Lösungen unmöglich machen, flüchten.

Dieses Extrembeispiel zeigt auch, daß Reize Erlebnisse und Gefühle wachrufen. Die jeweilige Gestimmtheit bestimmt die Art der Reaktion. Sitzen wir in einer gemütlichen Runde zusammen, beantworten wir einen Reiz anders, als wenn wir einer ohnehin gespannten Atmosphäre ausgesetzt sind. Unser sich auf den Reiz hin einstellendes Gefühl beinhaltet zwei Komponenten: die Stimmung und die Antriebskraft. Aus der Antriebskraft resultiert, daß sich unsere Stimmung in einer Bewegung kundtut.

Wir können daraus folgendes ableiten: Seelische Bewegungen sind eng verbunden mit körperlichen Bewegungen.

Körperliche Bewegungen entsprechen in ihrem Inhalt dem zugrundeliegenden Gefühl und der vorhandenen Antriebsstärke. Körperliche Bewegungen sind auf das Ziel der seelischen Erlebnisse ausgerichtet.

Je nach Stärke des Gefühls oder der Antriebskraft ist der körperliche Ausdruck stärker, konkreter oder länger andauernd. Um unsere seelischen Strukturen auszudrücken, verwenden wir unbewußt Analogien und Symbole. So erlebte ich in einem Seminar der Körpersprache einen Teilnehmer, der während seiner Vorstellungsrede den Zeigefinger der linken Hand zwischen Zeige- und Mittelfinger der rechten Hand hielt. Wenn wir wissen, daß der Zeigefinger für Anweisungen und Hinweise verwendet wird und mit Zeige- und Mittelfinger eine Schere symbolisiert wird, können wir ableiten, daß die Anweisungs- und Befugnisrolle in dieser Situation als »beschnitten« erlebt wurde. Verständlich, denn es handelte sich hier bei um den Komplementär eines Familienunternehmens, das eine Milliarde DM Umsatz erzielt. Es war ihm sicher nicht leicht, die Rollenaspekte Macht und Anweisung in der Rolle des Seminarteilnehmers zurückzustellen.

Wir wissen, daß in unseren Nervenzentren in Gehirn und Rückenmark entsprechend unserer gefühlsmäßigen Stimmung Nervenströme erzeugt werden und daß von diesen die ca. 550 Muskeln unseres Körpers erreicht werden. Bei Erleben eines bestimmten Gefühls werden also die entsprechenden Nervenzentren aktiv und lösen damit Aktivität der in Zusammenhang stehenden Muskelgruppen aus. Zur genauen Zuordnung empfehlen wir, die in der Reaktion enthaltenen Ausdrucksbewegungen in unmittelbare und mittelbare zu unterscheiden. Auf helles Sonnenlicht reagieren wir spontan mit einer Verengung der Lidspalten und einem Zusammenziehen der Augenbrauen. Hierbei handelt es sich um eine unmittelbare Reaktion. Das gleiche Verhalten zeigen wir als mittelbare Reaktion, wenn wir einen Gegenstand (auf Entfernung) genauer sehen wollen oder wenn wir uns an etwas weit Zurückliegendes erinnern wollen. Die Grundlage beider auslösender Situationen liegt in dem Wunsch nach Konzentration. Im ersten Fall in dem Wunsch, gegen das blendende Licht noch etwas wahrzunehmen, und im zweiten Fall, generell etwas wahrzunehmen. In der zweiten, mittelbaren Reaktion fehlte lediglich der bei der unmittelbaren Reaktion gegebene Anlaß – der sich damit ausdrückende Wunsch ist jedoch mit der ersten Situation identisch.

Wir haben uns bis jetzt mehr mit den physiologischen Abläufen befaßt. In diese physiologischen Abläufe sind psychologische verschachtelt. Beide beeinflussen sich wechselseitig. Sie kennen das Tiefenpsychologische Modell der Persönlichkeit nach Sigmund Freud. Er unterscheidet in Über-Ich, Ich und Es. Ein weiteres, für die Reaktionsbegründung ebenfalls interessantes Modell hat Erich Rothacker entwickelt.

Kontrollfunktionen des bewußten Ich	Persönliche Schicht
Beseelte Tiefenperson	
Kind im Menschen Animalisches Es (das Tier im Menschen)	Es-Schicht
Emotionales Es	Vitalschicht
Vegetatives Es	Leben im
Vitales Es	Menschen

Wenn ein russisches Sprichwort sagt: »Es wird zornig in mir«, so ist damit gemeint, daß etwas in der Schicht des animalischen Es vor sich geht, daß also nicht das Ich, sondern der animalische Bereich angesprochen wird. Alle Reaktionen laufen nach eigenen (persönlichkeitsspezifischen) autonomen Gesetzen ab. Alle, auch die feinsten Bewegungen des Gesprächspartners, werden, auch wenn diese bewußt nicht oder kaum wahrzunehmen waren, unbewußt trotzdem richtig aufgefaßt und verarbeitet. Die meisten Verhalten sind von solchen unbewußten Bewegungen durchsetzt, die nicht bewußt sind und auch nicht bewußt werden sollen.

Ohne Reiz keine Reaktion. Wir unterscheiden lediglich, ob Reize von außen (Umwelt) oder von innen (aus uns selbst) kommen. Neben dem Bereich der Verhaltensreize kennen wir den großen Bereich der statischen Reize. Dazu gehören alle Aussehensmerkmale. Derartige Aussehensmerkmale können echt oder künstlich sein. Zu den echten Merkmalen zählen die konstitutionell gegebenen Merkmale der Lebewesen. Zu den künstlichen Merkmalen zählen wir alle Veränderungen, die zum Zwecke der Verschleierung oder Täuschung vorgenommen wurden (Schminken, Merkmale der Kleidung, Haartracht).

Bei Tieren hat die Natur für die nötige Reizwirkung gesorgt. Tiere mit starker Tarnfärbung zeigen wenig Lockfärbung und umgekehrt. Bei den Vögeln verfügen die Weibchen über eine naturbedingt notwendig bessere Tarnfärbung, während die Männchen eine stärkere Lockfärbung aufweisen. Experimente mit Attrappen, bei denen bestimmte naturgegebene Merkmale überzeichnet wurden, zeigen, daß der Lockeffekt damit vergrößert werden kann. Dies hat auch der Mensch schon seit Jahrhunderten erkannt. Er nutzt diese Gesetzmäßigkeit, indem er durch Bemalen oder anderes Verwandeln seines Äußeren bestimmte Merkmale erzeugt oder verstärkt. Auch höhere Absätze an Schuhen und Wattierungen in der Schulterpartie der Jacke sollen die Wirkung verstärken. Maler, die Pin-up-girls darstellen, zeichnen diese gern mit überlangen Beinen, um so eine anziehendere Wirkung zu erreichen. Die Begründung dafür, daß längere Beine (in der Zeichnung oder gegenständlich durch höhere Absätze) anziehender wirken, liegt darin, daß in der Reifezeit des Mädchens zur Frau eine Strekkung eintritt und die Beine im Verhältnis zur Körperlänge länger werden. Auch bei Kunstwerken stellen wir je nach Sinn und Zweck eine Überbetonung von Merkmalen fest. Auch hier wird das Ziel verfolgt, durch die Überbetonung einen stärkeren Reiz auszulösen.

Meta-Signale

Diese Signale (Reize) geben anderen Signalen den Sinn, verraten also etwas über das gegebene Hauptsignal. Ein solches Meta-Signal kann die Bedeutung aller übrigen Signale verändern. Beobachten Sie einmal zwei Freunde, die ihre positive Stimmung dadurch zeigen, daß sie sich gegenseitig boxen. Nur der Gesichtsausdruck (Lächeln oder Lachen) zeigt uns, daß es sich bei diesem Boxkampf nicht um eine ernste, sondern um eine fröhliche Auseinandersetzung handelt. Das Lachen als Meta-Signal verändert also hier die Bedeutung der Boxsignale.

Ein Teilnehmer eines Seminars nannte bei der Besprechung dieses Themas das Beispiel der Catcher. Da sich diese meist nicht zu sehr wehtun wollen, aber beim Publikum den Eindruck eines Kampfes auf Leben und Tod erwecken müssen, werden Meta-Signale unterdrückt. Nur bei genauer Beobachtung merken wir, daß die Schmerzschreie etwas zu laut und die Körpersprachenbotschaften, insbesondere die Mimik, manchmal unecht wirken. So ist es uns durch genaue Beobachtung möglich, den ernsten Kampf von einem Schaukampf zu unterscheiden.

Sicher haben auch Sie schon gesagt: »Der X ist ein guter Schauspieler, der Y ist ein schlechter Schauspieler.« Wenn Sie diese Beurteilung auf deren Substanz hin untersuchen, werden Sie auf Anhieb keine Begründung für Ihre Meinung finden können. Erst bei genauer Analyse wird Ihnen auffallen, daß bei dem, der Ihnen besser gefällt, eindeutige Körpersprachebotschaften über seine Empfindungen gezeigt werden, während der Schauspieler, den Sie als weniger gut erlebten, inadäquates Verhalten oder Meta-Signale abgab, die zusätzliche, in Frage stellende Information über die Hauptsignale gaben. Gefühlsmäßig haben Sie diese Signale schon bei der ersten Betrachtung aufgenommen und verarbeitet und kommen so zu dem Urteil, daß dieser zweite Schauspieler nicht gut sei. Erst dann, wenn die Meta-Signale so stark überzeichnet werden, daß sie schon wieder als bewußte Signale erlebt werden, verarbeiten wir auch diese bewußt und erleben so die Widersprüche als gewollte Komik. Die in uns zustandegekommene Spannung löst sich dann in Lachen.

Weitere Meta-Signale können bewußt eingesetzt werden, so z. B. das Augenzwinkern zwischen Eingeweihten, wenn Dritte getäuscht werden sollen. Auch Dienstabzeichen und Uniformen gehören zu diesem Bereich. Wir alle haben wohl schon erlebt, wie stark das Meta-Signal Uniform unsere Wahrnehmung z. B. über einen Polizeibeamten verändert. Zu den unbewußten Meta-Signalen zählen z. B. Blässe bei sonst freundlichem Verhalten, die Blickrichtung, die uns Information darüber gibt, wer gemeint ist und abgrenzend in bezug auf andere Personen wirkt, eine starre Haltung bei sonst lebhaftem Sprachverhalten und das gesamte Erscheinungsbild, welches beeinflussend auf die Wahrnehmung des Sprachinhaltes wirkt. In diesen Bereich fällt auch der *»Hallo*-Effekt«. Darunter verstehen wir eine bei der diagnostischen Beurteilung auftretende Fehlerquelle. Die Beurteilung einzelner Eigenschaften oder Merkmale wird dabei verzerrt oder zumindest durch die anderen (Eindrucks-)Merkmale oder eine allgemeine Vorstellung von der einzuschätzenden Person beeinflußt.

Auch in unserem sprachlichen Verhalten finden sich derartige Meta-Signale. Die Betonung und die Lautstärke, mit der einzelne Wörter oder ganze Sätze gesprochen werden, auch die Pausen und die Sprechgeschwindigkeit geben der Aussage unterschiedlichen Sinn. Vielleicht kennen Sie das Beispiel der Schauspiel-Elevin, die bei ihrem ersten Auftritt die Frage stellen sollte: »Was wollen Sie schon wieder?« Wenn Sie beim Sprechen dieses Satzes jedesmal ein anderes Wort betonen, werden Sie selbst feststellen, wie stark der Sinn – bis zur Komik – verändert wird.

Meta-Signale werden, wie wir gesehen haben, bewußt oder unbewußt eingesetzt. In den Bereich der bewußten Meta-Signale gehört u. a. auch »lautes Auftreten«, welches über andere Mängel hinwegtäuschen soll und, wie wir in vielen Bewerbergesprächen erlebt haben, manchmal jahrelange technische Erfahrung aufwiegen kann. Auch für Karikaturen werden Meta-Signale verwendet, indem einzelne Merkmale (Finger u. a.) stark überzeichnet werden.

2. Reaktionen

Unter Reaktionen verstehen wir die Rückwirkung, die Gegenwirkung oder den Rückschlag auf Reize. Reaktionen sind also die durch einen Reiz hervorgerufenen Verhalten. Sie stehen im Gegensatz zu Spontanaktionen, den auch unausgelöst möglichen Handlungen eines Lebewesens, z. B. Reflex- oder Instinktbewegungen.

Bestimmte körperliche oder psychophysische Reaktionen, auch in Form bevorzugter vegetativer und mimischer Ausdruckserscheinungen, Überempfindlichkeiten, psychomotorische Eigenarten, sind oft angeboren. Weitere Reaktionsweisen sind dagegen erlernt. Die Forschungen der Lernpsychologie zeigen, daß durch Lebensvorgänge ein bestimmter Reiz allmählich zum Auslöser einer bestimmten Reaktion wird.

In unseren Seminaren »Streßbewältigung« nimmt die Erforschung der jeweils individuell auslösenden Reize einen breiten Raum ein, da nur bei Kenntnis und erlernter Konfrontationsfähigkeit die Streßwirkung der Reize abgebaut werden kann.

Wir können spezifische Reaktionsmöglichkeiten wie folgt unterscheiden:

– Fliehen
– Kämpfen
– Sich verstecken
– Hilfe herbeirufen

– Angreifer besänftigen
– Unterwerfen bzw. sich ergeben

Gekoppelt mit diesen und ineinander verschlungen, ergeben sich in bezug auf die Persönlichkeitskriterien weitere Reaktionen.

Primitivreaktion oder -handlung

Führt ein Reiz unter Umgehung der Gesamtpersönlichkeit zur Reaktion, so entsteht unspezifisches Verhalten. Primitivreaktionen können zum Auftreten unterbewußter Mechanismen führen. Bei Explosivreaktionen, einer der möglichen Primitivreaktionen, wird die elementare Aufladung des Affektüberdrucks mit Bewußtseinstrübung vorgenommen. Die Entladung innerer Spannungen kann bei dieser Reaktionsform zu blindem Fortlaufen, Umsichschlagen, Zuckungen und Dämmerzuständen, oft mit nachfolgender Amnesie, zum Amoklauf und anderem führen.

Bei Kurzschlußhandlungen erleben wir die kurzschlüssige Reaktion mit komplizierten Handlungsabläufen. Die Entstehung der Primitivreaktion ist abhängig von der Belastbarkeit und der Reizstärke. Starke Reize können auch bei Normalen Primitivreaktionen auslösen.

Auch Totstellreflex und Schreckstarre (auch Ohnmacht) fallen in den Bereich der Primitivreaktionen. Hierbei handelt es sich jedoch um passive Reaktionen.

Eine aktive Primitivreaktion ist beispielsweise der Bewegungssturm, bei dem das aktive Sich-zur-Wehr-setzen unkontrolliert abläuft. Das gegensätzliche Verhalten, Totstellreflex und Bewegungssturm, ist Ausdruck einer widerstandsschwachen Psyche. Häufig geht eine Reaktion in die andere über. Nach abgeklungener Erstarrung entsteht oft eine überstürzte Ausdruckstätigkeit (Weinen, Schluchzen, Davonrennen) als psychogene Verarbeitung. Unter Umständen kann ein vorübergehender körperlicher Schwächezustand die Auslösung von Primitivreaktionen begünstigen.

Persönlichkeitsreaktion

Hierbei wird der Reiz intrapsychisch verarbeitet. Die Reaktion entspricht hier der Gesamtpersönlichkeit und ist eine für die Gesamtpersönlichkeit spezifische Antwort.

Inadäquate Reaktion

Inadäquat ist eine Reaktion dann, wenn sie dem ursächlichen Geschehen nicht entspricht oder sogar zuwiderläuft. Wie Sie wissen, kann ein Verhalten oder eine Reaktion sowohl in der Qualität als auch in der Quantität inadäquat sein.

Fachlich werden zwei Begriffe unterschieden, die Parathymie (= affektiv inadäquat. Dabei kann z. B. eine Trauernachricht mit Heiterkeit beantwortet werden) und die Paramimie (dabei ist die Mimik inadäquat. Ein Angstaffekt wird mit Lachen ausgedrückt).

Schreckreaktion

Bei dieser Art der Primitivreaktion stellen sich unwillkürliche psychomotorische Abläufe als Reaktion auf plötzlich auftretende (seelische) Erschütterungen ein.

Ausgelöst werden diese Reaktionen durch Überraschungsmomente (Reize), sofern sie auf entsprechende persönlichkeitsgebundene Dispositionen treffen.

Als massive vegetative Begleiterscheinung kann die unkontrollierte Entleerung von Blase und Mastdarm auftreten. Auch Totstellreflex oder Bewegungssturm sowie Bewußtseinseinengung verschiedenen Grades kann beobachtet werden.

Panikreaktion

Panik entsteht dann, wenn nach gewisser Inkubationszeit Panikbereitschaft im Kollektiv erreicht ist. In Panikbereitschaft angestaute Angst entlädt sich plötzlich und führt zum Zusammenbruch des überlegten Handelns. In dieser Situation werden Automatismen – wie Fluchtreflex und Bewegungssturm – in Gang gesetzt. Es stellt sich Blindheit gegenüber den realen Chancen der Rettung ein. Panikreaktionen enden meist mit körperlicher Erschöpfung des Betroffenen.

Als Gegenmaßnahmen auf Panikreaktionen ist bremsendes Eingreifen panikfester Menschen und Entgegenwirken mit viel Gestik und großem Stimmaufwand zu empfehlen.

Hysterische Reaktionen

Der Hysteriker setzt seelische Schädigungen (traumatische) der frühen Kindheit in körperliche Symptome und Leiden um. Die zu Hilfe genommene Verdrängung ist ein scheinbares Vergessen, das zwar absichtlich, aber eben doch unbewußterweise absichtlich zustande kommt. Durch dieses Versagen werden die vorher bewußten Erlebnisse unbewußt. Mit dem Bewußtsein verschwindet, wenigstens vorübergehend, die Pein. Verdrängt werden die Erlebnisse, bei denen es sich um unerfüllte, strafbare Wünsche handelt, die nur aufgegeben werden können, wenn das Individuum sich dazu zwingt, sie zu vergessen. Hysterische Reaktionen und Verhalten sind daran erkennbar, daß Verhalten demonstrativ wirkt und unecht scheint. Dem Hysterischen selbst sind Absicht und Zweck seiner Rolle und seines Verhaltens verborgen. Er selbst nimmt eine scheinbare Krankheit ernst und leidet darunter. Oft ist nicht zu unterscheiden, ob es sich um Simulation oder hysterisches (krankhaftes) Verhalten handelt. Die Übergänge sind fließend. Sobald seelische Reaktionen in den Dienst eines bestimmten Zwecks gestellt sind, können diese hysterisch werden. Auch bei gegebenen Krankheiten kann durch seelische Verstärkung oder seelisches Festhalten die Symptomatik gesteigert werden. Man spricht dann von »psychogen überlagerten oder fixierten Symptomen«.

Werden über längeren Zeitraum negativ erlebte Reize nicht verarbeitet oder gemieden, können diese Konflikte zu einer Fehlentwicklung der Persönlichkeit führen. So entsteht beispielsweise Hysterie, hypochondrisches, paranoides und querulatorisches Verhalten. Weiterhin können sich Vertrotzung oder Verwahrlosung einstellen.

Wenn ich in diesem Buch, das sich vorwiegend mit dem Thema Körpersprache auseinanderzusetzen hat, dem psychologischen und psychoanalytischen Hintergrund soviel Bedeutung beigemessen habe, dann deshalb, weil bei genauer Beobachtung der Körpersprache oft krankhafte Tendenzen erkennbar werden. Je früher der Betreffende auf diese Tendenzen aufmerksam gemacht wird und je früher das freundschaftlich-ratende oder helfende Gespräch angebahnt werden kann, desto leichter ist Hilfe möglich. Wie wir schon mehrmals gesehen haben, ist es uns Menschen unter Umständen möglich, Verhaltensstörungen und Krankheiten in bestimmten Situationen zu unterdrücken, es ist uns aber unmöglich, diese aus unserem gesamten Verhalten fernzuhalten. Ich will nicht erreichen, daß nun jeder zum Amateur-Psychologen wird und glaubt, Konflikte seiner Mitmenschen kurieren zu müssen, ich will aber erreichen, daß der Leser dieses Buches derartige Verhaltensweisen und Situationen versteht, sich wertfrei mit ihnen konfrontiert und in der Lage ist, geeignete Schritte zu empfehlen. Wenn es dadurch möglich wird, daß Eltern ihre Kinder und Ehepartner sowie Freunde sich gegenseitig besser verstehen lernen und Hilfe anbieten können, ist ein wichtiges Ziel erreicht.

Auch Neurosen entstehen nicht plötzlich. Es handelt sich hierbei um Störungen der Konfliktverarbeitung, die durch Verdrängung zu einem unbewußten Komplex führen. Größtenteils liegt der Grund für die Neurose in frühkindlichen Konfliktsituationen, die dem Bewußtsein entzogen werden. Diese so entstandenen Komplexe entfalten vom Unbewußten aus ihre Störtätigkeit durch die Ausbildung neurotischer Symptome.

Die Ursache der unbewältigten Konflikte ist häufig in der Störung der emotionalen Kind-Eltern-Beziehung (Frustrierung und Verwöhnung), in gegensätzlichen Trieben, Bedürfnissen und Geboten, die zu einer Diskrepanz zwischen den subjektiven Triebansprüchen und den von der Umwelt geforderten Verhaltensweisen führen, zu finden.

Jeder Konflikt, der durch gegensätzliche Strebungen eine quälende innere Zwiespältigkeit hervorruft, und zwar um so mehr, je vitalere und autoritativere Strebungen einander gegenüberstehen, kann zu neurotischem Verhalten führen. Disponiert zu derartigen Verhaltensweisen ist jeder Mensch, wenn er lebenswichtige Strebungen unterdrückt und verdrängt. Einige neurotische Symptome und die darin symbolisierten Konflikte sollen in der folgenden Aufstellung das Gesamtbild abrunden:

Neurotisches Symptom	Symbolisierter Konflikt
Gehstörung	Innere Hilflosigkeit (Standverlust)
Hysterische Halbseitenlähmung	Aus Identifikation mit kranker Beziehungsperson, möglicherweise Kopie der »Hemiparese« (leichte Lähmung einer Körperhälfte) des Vaters
Eisenbahnphobie	Konflikterlebnis während einer Eisenbahnfahrt
Schluckstörungen	Ausdruck für Unfähigkeit, »etwas schlucken« zu können

Derartige Symptome entstehen nach dem Prinzip des bedingten Reflexes.

Auch Freudsche Fehlleistungen fallen in diesen Bereich. Anscheinend zufällige Versprecher können die Folge eines Nebengedankens oder eines Komplexes sein.

Konversionsreaktionen

Derartige Reaktionen wollen als körperliche Ausdrucksgebärde und demonstrative Tendenz die Aufmerksamkeit der Erwachsenen (und anderen) erzwingen. Einer Kaufaulheit kann oft eine Schluckangst zugrunde liegen. Das Erbrechen des Kleinkindes am Eßtisch kann als Protest gegen die Mutter oder beim Schulkind als Angst vor der Schule verstanden werden. Besonders Kinder sind leicht psychisch ansteckbar. So ist beobachtet worden, daß die imponierende Brille eines Kameraden zur vorgetäuschten oder eingebildeten Kurzsichtigkeit führen kann. Mit diesem eingebildeten Gebrechen soll erreicht werden, daß das Kind selbst ebenfalls eine derart imponierende Brille bekommt.

3. Psychosomatische Reaktionen

Die psychosomatische Symptombildung wird von der Psychoanalyse grundsätzlich als Konfliktabwehr interpretiert. Durch Somatisierung wird Konfliktspannung in Körpersprache ausgetragen. Dabei kann es zu Regression auf infantile Entwicklungsstufen kommen. Der Ablauf und das Entstehen von psychosomatischen Krankheiten sei hier als Reaktion auf Reize wie folgt verstanden:

– Emotion
– Vegetative Disregulation
– Funktionelle Störung
– Morphologische Veränderung

Dieser kontinuierliche Übergang ist für einen Teil der funktionellen Magenstörungen nachweisbar. Aus vielerlei Gründen kann es sein, daß ein Patient Schmerzen verspürt, obwohl er organisch gesund ist. Es kann aber auch sein, daß jemand organisch krank ist und keinerlei Beschwerden wahrnimmt. Alle Körperteile geben Reize, die über den Gesundheitszustand informieren. Entsprechend der jeweiligen Aufmerksamkeit wird der Zustand heftig, angemessen oder nicht wahrgenommen. Mehrfach wurde mir berichtet, daß nach dem Lesen sogenannter »Doktorbücher« plötzlich überall Beschwerden wahrgenommen wurden. Das Aufmerksamwerden auf die vielerlei möglichen Krankheiten kann im Sinne suggestiver Selbstbeeinflussung dazu geführt haben, daß sich entsprechende Symptome einstellten. Werden diese Symptome mit entsprechender Zuwendung verstärkt, können sich im Sinne der Einbildung tatsächliche Krankheitsbilder einstellen.

Die Einengung der Aufmerksamkeit kann aber auch gegenteilige Effekte hervorrufen. So kann es sein, daß man sich bei Bastelarbeiten verletzt und die Verletzung deshalb nicht wahrnimmt, weil die Gesamtaufmerksamkeit von der interessanten Tätigkeit gefesselt wird.

Im folgenden nun einige psychosomatische Störungen, die als Folge von Reizen auftreten können:

Magenstörungen

Oft depressive Züge (Rückzugsreaktion), besonders beobachtbar bei ehrgeizigsthenischem Verhalten. Oft begründet in der Wunsch-Angst-Kollision von Geborgenheit, Abhängigkeit und Selbständigkeit.

Funktionelles Herzsyndrom (Symptomkomplex)

Mit bedingt durch Angst- und Spannungszustände und oft erlebt in Kombination mit Atemstörungen.

Koronarsklerose (Verkalkung der Herzkranzgefäße)

Tritt meist auf bei aktiven, vielfältig engagierten Persönlichkeiten mit intensivem Leistungs- und Geltungsstreben.

Atemstörungen

Können auftreten, wenn die emotionalen Einflüsse über die willkürlichen Atem- und unwillkürlichen Bronchialmuskulaturen wirksam werden.

Hyperventilation

Dieses rasche, vertiefte Atmen als Begleiterscheinung bei akuten Angstzuständen und gekoppelt mit subjektivem Empfinden der Atemnot symbolisiert oft die Hilflosigkeit oder Identifikation mit Bezugspersonen.

Bronchialasthma

Kann durch Streßsituationen und Infektionen ausgelöst werden. Der Anfallmechanismus kann auch bereits durch die Vorstellung der Allergene (auslösende Stoffe), ohne daß diese anwesend sind, in Gang gesetzt werden. Auch hier erleben wir das Prinzip des bedingten Reflexes. Häufig ist Bronchialasthma bei infantilen Personen mit ängstlich-trotzigem oder übergefügigem Verhalten und ambivalenter Beziehung zur Mutterfigur beobachtet worden.

Störungen des unteren Verdauungstraktes (u. a. Durchfall)

In derartigen Störungen manifestiert sich oft ein Konflikt. Oft handelt es sich um situationsabhängige Störungen. Grundlage können anal-aggressive Beziehungsprobleme (Geben-Nehmen-Behalten) und depressiv-zwangsneurotische Abwehrformen sein.

Nahrungsverweigerung

Dieses Verhalten tritt häufiger bei Frauen als bei Männern – und zwar im Verhältnis 10 : 1 – auf. Vor allem Mädchen im Pubertätsalter können davon betroffen sein. Trotz der sichtbaren Abmagerung ist rege Betriebsamkeit und braves, autoritätsgebundenes Verhalten zu beobachten. Manchmal ist die Nahrungsverweigerung demonstrativ, und es wird im geheimen gegessen. Die Gründe können in Konflikten mit der meist überprotektiven Mutter, Ablehnung der Rolle der reifen Frau und der damit verbundenen speziell weiblichen Körperformen liegen.

Übergewicht

Aufgrund von Eß- oder Freßsucht, aber auch aus Funktionsstörungen, die möglicherweise psychologisch bedingt sein können, kann sich Übergewicht einstellen. Es sind keine einheitlichen Konflikt- und Persönlichkeitsprofile festgestellt worden. Häufig ist mit dem Übergewicht das Symptom der Unreife, des Mißtrauens, der Rigidität und der Frustrationsdepression gekoppelt.

Hautstörungen

Sie haben als auslösende Faktoren meist unspezifische emotionale Zustände. Bei Puritus wurde als auslösender Reiz Angst, Spannung und unterdrückte Aggression beobachtet. Jucken und Kratzen sind meist ausgelöst durch Schmerz-Lust-Sensation, Handschweiß basiert oft auf Kontaktstörungen und akuter oder chronischer Angst, Urticaria Pat (Nesselsucht) ist oft begründet durch aggressives oder überbetont gefälliges Verhalten und oft die Folge von frühkindlichen Frustrierungen. Bildhaft könnte man dieses Krankheitsbild ausdrücken als »unterdrücktes Weinen« der Haut.

Kopfschmerz

Er ist insbesondere, wenn es sich um Spannungskopfschmerz handelt, durch emotionalen Streß bedingt. Migräne tritt häufiger bei unelastisch-perfektionistischen Persönlichkeiten mit ehrgeizigem Streben auf. Dabei kann Migräne anfallartig auftreten, wenn der Betroffene den gestellten Anforderungen nicht genügt.

Störungen der Sexualität
Die Sexualität ist eine der wichtigsten Konfliktquellen. Ein Großteil des allgemeinen Verhaltens spiegelt sich in der sexuellen Erlebnis- und Reaktionsfähigkeit wider. Störungen in diesem Bereich geben die Eigenart der Gesamtpersönlichkeit besonders deutlich zu erkennen.

Die Impotenz, bei der beim Mann das Glied nicht steif und bei der Frau die Vagina nicht feucht wird, ist unterscheidbar in primäre Impotenz, bei der nie Geschlechtsverkehr möglich ist, und in sekundäre Impotenz, die verschiedene Ursachen haben kann. Ein Filialleiter einer von uns betreuten Bank im Alter von 50 Jahren sprach mich im Einzelgespräch auf dieses sein Problem an. Er habe, so sagte er, eine 10 Jahre jüngere Frau und sei seit etwa einem Jahr nicht mehr in der Lage, mit ihr zu verkehren. Fragen ergaben, daß der Eintritt der Impotenz zusammenfiel mit einer vom Unternehmen mitgeteilten Versetzung auf eine weniger anspruchsvolle Position. Die weitere Analyse ergab, daß die Impotenz in dem bildhaften »Ich kann meinen Mann nicht mehr stellen«, also im beruflichen Versagen, zu suchen war. In einem entsprechenden therapeutischen Training durch einen unserer Psychoanalytiker konnte ein neues Rollenverständnis aufgebaut und so die sexuelle Störung beseitigt werden. Oft ist Impotenz auch fixiert durch Erwartungsangst oder neurotisch bedingt. Als Abwehr der Geschlechtsbeziehung werden bei Frauen oft auch Ausfluß (Abwehrfluor) und Rückenschmerzen beobachtet.

Herzattacken
Sie fußen oft in dem Wunsch, daß man sich »um einen kümmern möge«. Der unbewußte Hilfeschrei könnte lauten: »Weil ich jetzt hilflos bin, mußt du dich um mich kümmern.«

Ich habe in diesem Kapitel Reaktionen und Handlungen nicht unterschieden, weil dies für die unmittelbare Reizbeantwortung nicht so wichtig war und weil Reaktionen und Handlungen auch nicht scharf unterschieden werden können. Generell verstehen wir unter Reaktion eine akute, kurze Antwort auf einen Reiz. Die reaktive Erregung kann mit heftigen Affekten (Angst, Wut, Verzweiflung) und vegetativen Begleiterscheinungen gekoppelt sein. Disponiert für derartige Reaktionen sind reizbare, ängstliche und unausgeglichene Persönlichkeiten. Die Tendenz zur reaktiven Erregung kann sich durch Einschleifen des Mechanismus und Sensibilisierung auf bestimmte Reize steigern. Oft entsteht ein Circulus vitiosus, bei dem sich Ursache und Wirkung gegenseitig steigern (Aufschaukelung). Die Handlung unterscheidet sich von der Reaktion dadurch, daß die Verhaltensmuster einen längeren und komplizierteren Verlauf nehmen.

Dieses Kapitel wäre unvollständig, wenn nicht darauf eingegangen würde, wie negative, die psychische und physische Struktur negativ erregende Reaktionen verhindert werden können. Überlegen wir noch einmal, welche Reize wir auf unsere Umwelt, auf unsere Gesprächspartner einwirken lassen können.

Sprachlich: Wortwahl, Betonung, Lautstärke, Sprechgeschwindigkeit, Modulation.

In der Aussageform: Frage, Feststellung, Aufforderung, Behauptung, Befehl, Belehrung, Beleidigung, Rechtfertigung.

Aus dem psychologischen Bereich: Lösung, Wertung, Unterstützung, Verständnis, Interpretation, Verbalisierung, Nachforschen.

Eine positive innere Einstellung zum Gesprächspartner erlaubt uns die passende Wortwahl, Betonung, Sprechgeschwindigkeit und Modulation. Wenn wir erleben, was wir sagen, stimmt auch der Ton, der die Musik macht.

In meinen Seminaren lasse ich Antworten suchen auf die Aussage eines Kindes: »Papa, jetzt habe ich doch am Sonntag den ganzen Tag auf die Klassenarbeit gelernt und mich so angestrengt und habe trotzdem nur eine Fünf geschrieben.«

Die Antworten lauten:

1. »Dann lies das Kapitel noch einmal durch, damit du das nächste Mal besser wirst« (Lösung).
2. »Das ist aber ein schlechtes Ergebnis, damit hast du mich schon sehr enttäuscht« (Wertung).
3. »Das ist nicht so schlimm, das wird auch wieder besser« (Unterstützung).
4. »Das ist mir früher auch passiert« (Verständnis).
5. »Du bist also schlechter als deine Kameraden« (Interpretation).
6. »Du bist enttäuscht darüber, daß dein Fleiß nicht die erwarteten Ergebnisse gebracht hat, und willst das mit mir besprechen« (Verbalisierung).
7. »Worauf führst du das zurück?« (Nachforschen).

Mehr als die Hälfte aller Antworten liegen in dem Bereich der Wertigkeiten 1 bis 5. Werden diese Antworten analysiert und der Teilnehmer mit seinen Antworten und der Analyse konfrontiert, kommt meist die Aussage: »Das habe ich nicht so gemeint« oder »Das wollte ich nicht sagen, denn ich liebe mein Kind ja.«

Eine philosophische Betrachtung sei erlaubt. Was ist eine Liebe wert, die, möglicherweise nur in der Einbildung und im Selbstbild bestehend, nicht dazu führt, daß sie die richtigen Worte und Verhalten prägt? Wie sollen wir die Reaktionen unseres Partners konfrontieren und einordnen können, wenn uns selbst nicht bewußt wird, daß wir Verursacher dieser Reaktionen waren? Wir sagen: »Ich mag meine Kinder, ich bin fair zu meinen Geschäftsfreunden, ich bin gut zu meinen Mitarbeitern« und anderes und sind nicht in der Lage, diese Liebe, Fairness und Güte in unserem Verhalten auszudrücken, weil wir nicht gelernt haben, unser Verhalten zu analysieren und in der gewünschten Art und Weise aufzubauen. Wir haben Verhalten erlernt und übernommen und uns über die Wirkung kaum Gedanken gemacht. Wir erwarten von unserer Umwelt, daß diese uns so nimmt, wie wir uns selbst sehen und wie wir verstanden werden wollen. Negative Reaktionen lasten wir unserer Umwelt an und reagieren ebenfalls negativ, die Schuld dafür beim anderen suchend. »Daß ich so wirke, habe ich nicht gewußt, das hat mir noch niemand gesagt.« Diese Aussagen könnten von einem Menschen kommen, der keinerlei Freunde und keine positiv zu ihm stehende Umwelt hat. Sie kommt aber von Seminarteilnehmern aller Schichten und Hierarchien und zeigt mir immer wieder deutlich, daß wir weder an uns selbst noch an anderen produktiv analytisch wirken können oder wollen. Ändert jemand seine Frisur, trägt jemand einen neuen Anzug, so ›nehmen wir dies zur Kenntnis‹, aber ›beschäftigen uns nicht damit‹. Ändert aber ein Mensch sein Verhalten, weil er Fehlverhalten einsah und sich steigern will, wird er von seiner Umwelt oft als Streber und als unnatürlich abgestempelt. Ohne Verhaltensanalyse und Aneignen von positiven Verhalten gibt es aber keine Entwicklung und keinen menschlichen Fortschritt, kein Erreichen höherer Bewußtseinsstufen. Vielleicht wäre es für manchen Wollenden besser, den hemmenden Freundeskreis, die ihn festhaltende Ebene zu verlassen, um auf der angestrebten und erreichten neuen Ebene Verständnis und Hilfe zu finden. »Ich möchte mich ja weiterentwickeln und möchte auch vorwärtskommen, aber ich komme vom Jetzigen nicht los« sind Aussagen, die die Furcht vor dem einsamen Übergangsstadium ausdrücken.

Betrachten wir unser menschliches Leben als Zeitraum, der uns für die eigene Entwicklung gegeben ist, so ist eine gesunde Eigenständigkeit, ein gesunder Egoismus notwendig. Dieser Egoismus muß aber dort Grenzen haben, wo Freiheiten anderer Menschen berührt werden.

Viele Teilnehmer der Fortgeschrittenen-Seminare bestätigen mir, daß sie anfangs, als sie die angebotenen Möglichkeiten übten und verwirklichten, von Freunden gehänselt und in Frage gestellt wurden. Jetzt, nachdem sie das Ziel erreicht und das neue, persönlichkeitsspezifische Verhalten erreicht hätten, sage man ihnen: »Wie hast du das nur geschafft? Du hast eben Glück gehabt!« Erst Infragestellen und dann Bewunderung – so reagieren Menschen nun einmal auf Neues, und vor allem die Menschen, die selbst nicht in der Lage sind, ihr Leben zu ändern.

Kapitel 9
Analyse von Einzelreaktionen und Einzelverhalten

Gewohnheitsmäßiges Verhalten ist meist auf ein psychologisches Grundmuster zurückzuführen. Bei der Auslösung von Verhalten unterscheiden wir einen Grund und einen Anlaß. Vor einigen Wochen hatten wir Freunde zu Besuch und diskutierten heftig über Wahrnehmungsmöglichkeiten in meditativen Zuständen. Mir fiel auf, daß während der heftigen Diskussion die Gläser geleert worden waren und Nachschub beschafft werden mußte. In eine kurze Diskussionspause hinein fragte ich: »Wollt Ihr nicht eine kurze Diskussionspause einlegen, damit ich wieder Getränke bereitstellen kann?« Alle waren damit einverstanden und zeigten interessante Reaktionen.

– »O ja, das ist eine gute Idee, dann kann ich mich etwas zurücksetzen. Ich fühle plötzlich, daß mein Rücken ganz verspannt ist.«
– »Dann kann ich während dieser Pause schnell mal die Toilette aufsuchen.«
– »Mir raucht schon der Kopf, ich gehe mal an die frische Luft.«

Der Anlaß dafür, daß die einzelnen ihre Situation wahrgenommen haben, lag im auslösenden Reiz meiner Frage. Hätten wir weiterdiskutiert, wären die unterschiedlichen Zustände und Wünsche im Moment nicht bewußt geworden. Die Gründe, die zum speziellen Verhalten führten, wären also weiterhin unbewußt geblieben, wenn der Anlaß nicht gekommen wäre.

Bei der Analyse von körpersprachlichen Vorgängen sagen mir die Teilnehmer oft: »Ich habe meine Haltung deshalb geändert, weil diese Haltung unbequem war.« Auch hier unterscheiden wir deutlich Grund und Anlaß. Der Grund für die Haltungsänderung ist sehr wohl in der unbequemen Haltung zu suchen. Der Anlaß dafür, daß die Haltung aber gerade jetzt in dieser Sekunde gewechselt wird, ist im gegebenen Reiz, der in der Persönlichkeit selbst oder von außen zustande gekommen sein kann, zu suchen. Einige tausend Situationsanalysen brachten mir die Erkenntnis, daß zwischen Reiz und Reaktion eine eng begrenzte Zeitspanne liegt und so der auslösende Reiz genau definiert werden kann. Diese Zeitspanne beträgt fast genau 2 1/2 Sekunden. Weil diese Zeit zwischen dem aufgenommenen Reiz und der gegebenen Reaktion verstreicht, habe ich diese Zeit »Reiz-Reaktionszeit« genannt. Der auslösende Reiz kann sowohl ein bestimmtes Wort in der Aussage des anderen, eine bestimmte Betonung, ein bestimmtes Verhalten und anderes sein, das bei persönlicher Verarbeitung entsprechende Reaktionsmuster aktiviert. Nur auf dieser Grundlage der Reaktionen auf gegebene Reize erarbeiten die uns anvertrauten Seminarteilnehmer schädliche und nützliche Reize und lernen die positiv wirksamen Reize auf der Grundlage ihrer individuellen Persönlichkeitsstruktur bewußt einzusetzen.

Vorsicht ist dann geboten, wenn bei taktischem Verhalten des Gesprächspartners, bei Gewohnheit oder Gebrechen nur ein bestimmtes Verhalten möglich ist. Schon deshalb dürfen wir nicht vorschnell analysieren und bewerten, sondern müssen möglichst viele Informationen haben, um ein Verhalten richtig zuzuordnen.

Die folgende Aufstellung gibt einige Beispiele für Verhalten, Reiz und neues Verhalten.

Momentanes Verhalten	Reiz	Neues Verhalten
Kratzen	Bestrafender Blick	Aufhören
Singen	Angeschaut werden	Aufhören
Ansprechen	Abwenden	Ratlosigkeit
Unpassendes Thema	Stäubchen vom Anzug oder vom Tisch wischen, gerunzelte Stirn	Themenwechsel
Unpassender Witz	Verschlossenheit	Enttäuschung

Erröten

Erröten ist die Folge von Gefäßerweiterungen. Die Haut wird stärker durchblutet, wodurch die Rotfärbung entsteht. Wie wir bei der Wirkung des sympathischen und parasympathischen Nervensystems bereits sahen, wird im Moment der Angriffsbereitschaft das Blut von der Haut abgezogen und zur besseren Versorgung der Muskeln benötigt. Nach Abklingen der Angriffsspannung schießt es oft plötzlich in die Haut zurück.

Gründe für Erröten können sein: Erregung, Freude, Wut, Scham, Verlegenheit, sich belästigt fühlen und anderes. Im Erröten zeigt sich die Zwiespältigkeit des Verhaltens. Der aktiven Auseinandersetzung wird ausgewichen, und als Folge stellt sich Blutrückfluß in die Haut ein. Oft ist dieser Vorgang gekoppelt mit einer bewußten Ablehnung und unbewußten Kontaktsuche.

Erröten ist oft gekoppelt mit einer Reihe von Verhüllungsbewegungen, woraus der generelle Eindruck der Schüchternheit abgeleitet wird. Wegen des unbewußten, aber nicht realisierbaren Wunsches nach Kontakt kann Erröten auch als eine Art von Unterwerfungsverhalten angesehen werden. Es ist deutliches Signal dafür, daß der Errötende einer aktiven Auseinandersetzung ausweichen will. Im Gegensatz zum Erröten in unpersönlicher Kontaktsituationen wirkt das Erröten der Freude oder bei sexueller Erregung nicht peinlich. Es wird eher positiv erlebt. Mögliche Bedeutung aus den Ausdehnungsbewegungen der Blutgefäße kann der Wunsch nach Kontaktaufnahme, nach Zuwendung, Wohlwollen und Zärtlichkeit sein. Da Erröten insgesamt der Ausdruck eines diffusen Erregungszustandes, verbunden mit Kontaktwünschen, ist, kann es als Signal für Zwiespältigkeit zwischen aktivem und passivem oder offenem und geheimem Verhalten angesehen werden. Erst die weiteren Einzelverhalten lassen eine genaue Definition zu.

Da Erröten kaum aktiv steuerbar ist, ist ein bewußter Einsatz selten möglich. Bewußtes Erzeugen durch Hineinsteigern in Situationen kann zur Verstärkung des Eindruckes »ich engagiere mich«, »es läßt mich nicht kalt« verwendet werden.

Zitat: Das Blut schießt in den Kopf.

Erblassen

Statt einer Erweiterung der Gefäße wie beim Erroten ist hier eine Verengung der Gefäße gegeben. Das Blut wird aus den Gefäßen herausgedrückt, die Haut wirkt blutleer und blaß.

Dieses Verhalten stellt eine Reaktion auf Reize dar, die bedrohend erlebt werden. Der Betroffene will sich zurückziehen, sich isolieren. Das sympathische Nervensystem steuert über das Adrenalin die verstärkte Blutzufuhr in die Muskulatur. Daraus ist zu folgern, daß Blässe gleichzusetzen ist mit aktiver Kampfbereitschaft. Solange Blässe nicht durch Gegenwirkung des parasympathischen Nervensystems mit folgendem Erröten ausgeglichen wird, ist der blasse Gesprächspartner gefährlich. Unterdrückt er seinen Handlungswillen, so ist dies in einer Reihe von Bewegungen sichtbar. In Extremfällen kann Bewußtlosigkeit als Folge der »Ohnmacht«, sich zu verteidigen, beobachtet werden.

Blässe ist eine Folge von Schreck und Angst, also eine Reaktion auf Situationen, die Kampfbereitschaft erfordern.

Erblassen kann kaum bewußt produziert werden. Es entsteht durch negative Einstellung zu Situationen und kann möglicherweise autosuggestiv ausgelöst oder verstärkt werden.

Zitate: Der Betroffene wird weiß wie die Wand; leichenblaß.

Erschrecken

Erschrickt jemand, beobachten wir eine Reihe einwärts gerichteter Bewegungen. Diese Bewegungen bedeuten einen Rückzug auf sich selbst, eine einengende Wirkung, ein Sichverkleinern mit dem Ziel, möglichst wenig Angriffsfläche bieten zu wollen. Diese Bewegungsabläufe zeigen, daß sich der Betroffene der negativ erlebten Umwelt entziehen will. Je nach Betroffenheit sind die Wirkungsabläufe von völligem Rückzug bis teilweise offenem, aber erstauntem Ausdrucksverhalten geprägt.

Zitate: Zusammenzucken, ins Mauseloch kriechen (sich klein machen).

Verlegenheit, Scham

Überwertige Ideen sind die Ursachen von Verlegenheit und Scham. Dieses Erleben äußert sich in bruchstückhafter, stockender Motorik. Halten peinliche Gedanken den Betroffenen wach, können diese Gedanken die Ursache von psychogener Schlaflosigkeit und andauernder Blässe sein. Der Schlaflose wälzt sich unruhig hin und her.

Bei durch produktive Ideen ausgelöster Schlaflosigkeit ist die Motorik entspannt, und der Schlaflose liegt still. Um Verlegenheit und Scham zu reduzieren, wird der in psychoanalytischer Behandlung befindliche Patient gebeten, sich auf den Rücken zu legen. Gelegentlich genügt einige Zeit der Nichtforderung, um Akklimatisierung des Verlegenen zu erreichen und ihn aufzuschließen. Unter Verlegenheit und Scham leidende Personen neigen dazu, bei plötzlicher Ansprache zu erschrecken. Als gekoppelte Bewegungsabläufe sind oft Niederschlagen der Augen und Rückzugsbewegungen beobachtbar. Mehr oder weniger bewußt eingesetzt, dient dieses Verhalten zum Einschmeicheln bei einer als überwertig erlebten Persönlichkeit. Vortäuschen von Unsicherheit und Unterwerfungsverhalten, um Gegenmaßnahmen abzuschwächen, zum Überspielen von negativen Wünschen, die der andere nicht erraten soll.

Formenreiches Verhalten

Bei formenreichem Verhalten drückt sich der Reichtum des Erlebens unmittelbar im Verhalten aus und läßt auf psychische Elastizität schließen. Aus formenreichem Verhalten kann eine aufgeschlossene Reaktion auf Umweltreize und emotionale Ansprechbarkeit gefolgert werden. Freude, gehobene Stimmung und Spontangefühle drücken sich unmittelbar im Verhalten aus und lassen bei andauerndem Formenreichtum auf grundsätzlichen Optimismus schließen.

Negativ ist aus formenreichem Verhalten Zersplitterung, Unbeständigkeit und gute Suggestibilität ableitbar.

Formenarm

Die Einstellung der Monotonie äußert sich in formenarmem Verhalten, oft gekoppelt mit Spannungsarmut, drückt Langeweile, Gleichgültigkeit, Stumpfheit und Gefühlsarmut aus.

Formenarmes und damit gekoppelt spannungsarmes Verhalten ist auch beobachtbar bei skeptisch-kühlen Intellektuellen. Innere Vorgänge werden ohne gefühlsmäßige Anteilnahme und deshalb impulsschwach verarbeitet. Formenarmes Verhalten mit Spannung (Versteifung) läßt auf Schwerfälligkeit und auf Mißverhältnisse im inneren und äußeren Verhalten schließen. Bei diesem Verhalten fehlt die psychophysische Elastizität, die zur gegenseitigen Durchdringung der Funktionen notwendig ist.

Die konstitutionelle mögliche Ausdrucksbreite ist im Interesse einer selbstgewählten Lebensform eingeengt. Als Beherrschtheit findet sie Ausdruck im heroischen Ideal (Soldat, Sportler).

Physiologisch ist die Formenarmut die Gegenwirkung des muskulären Antagonisten, an dem sich die unwillkürlichen Bewegungsimpulse brechen, beobachtbar. Bei gewollter Formenarmut sind die Beherrschungsstrebungen an Spannungssymptomen erkennbar. Einförmige Gelassenheit ist oft bei Diplomaten zu beobachten. Bei überwiegender Gegenwirkung des Antagonisten wird aus der Beherrschung der gegensätzlichen Vorstellungen und Strebungen und den dazu notwendigen Willensspannungen starres und eintöniges Verhalten, z. B. ein eingefrorenes Lächeln.

Kontaktsuchendes Verhalten

Bei diesem Verhalten ist die Bewegungsrichtung nach außen vorherrschend. Ungeniertes Sichumsehen, das Greifen nach fremden Dingen, übermäßiger Platzanspruch, z. B. beim Sichräkeln, plump-vertrauliches Auf-die-Schulter-Klopfen und möglicherweise das Verletzen fremden Lebensraumes sind anzutreffen. Dieses Verhalten ist auch als triebhaft unbekümmert anzusehen.

Hinsichtlich der Aktivität kann sich das kontaktsuchende Verhalten vom scheuen Blick bis zu den beschriebenen unbekümmerten Verhalten erstrecken.

Kontaktscheues Verhalten

»Ich will weniger Platz beanspruchen, als mir zusteht, damit man mich leichter übersieht« – dieser Gedanke prägt das kontaktscheue Verhalten.

Es wird vermieden, Blickkontakt mit der Umwelt aufzunehmen, der Betreffende blickt oft zu Boden. Insgesamt ist das kontaktscheue Verhalten durch Einengungsbewegungen, eng an den Körper anliegende Hände und Arme, evtl. verschlossene Arme und Hände, gekennzeichnet.

Vorsicht: Bei Übertreibung dieses Verhaltens erfolgen oft Hilfsangebote.

Kampf-, Flucht-, Rückzugsverhalten

Bei gerichteter Aktion ist rasche Atmung und der Anstieg von Blutdruck und Herzfrequenz beobachtbar, die Extremitäten sind warm.

Bei ungerichteter Aktion ist die Atmung unregelmäßig, die Extremitäten sind eher kalt. Falls trotz physiologischer Bereitstellung keine Aktion möglich ist, stellen sich Bereitstellungsstörungen (z. B. Hyperventilationstetanie) ein. Diese Störungen entstehen dadurch, daß der durch Atmung gesteigerte O_2-Gehalt wegen fehlender Aktion nicht abgebaut werden kann und dadurch Alkalose entsteht. Augenblinzeln, Heben der Schultern, Spannung der Halsmuskulatur kann man beobachten.

Bei Rückzugsverhalten ist die affektive Haltung der Hoffnungslosigkeit, des Aufgebens beobachtbar. Das Sichergeben in die ausweglose Situation ist auch die Grundlage des Voodoo-Todes.

Rückzugsverhalten bei aktiven Gesprächspartnern, die beispielsweise etwas verkaufen wollen, ist nur selten zu beobachten. In den meisten Fällen ist hier eher ein aktives (»Kampf«-)Verhalten möglich.

Kampfverhalten: Zum Signalisieren der Aktivität.

Fluchtverhalten: Als Unterbrechungs- oder Unterwerfungssignal.

Rückzugsreaktion: Als Unterbrechungs- oder Desinteresse-Signal.

1. Bewegungsarten, Bewegungstempi, Bewegungsrichtungen

Bewegungsarten

Bewegungen können groß, umfassend oder klein und eng ausgeführt werden. Große, umfassende Bewegungen zeigen die Sicherheit des Kommunikators und drücken aus, daß er nichts zu verstecken hat. Die persönliche Freiheit des Ausdruckes wird nur dann unangenehm empfunden, wenn die großen Bewegungsabläufe in die Intimsphäre hineinreichen.

Aus kleinen Bewegungen, die oft auch versteckt ausgeführt werden, ist zu folgern, daß der Kommunikator nicht auffallen will. Derartige Bewegungen wirken unscheinbar, anspruchslos, schlicht, taktvoll zurückhaltend und korrekt. Gefühle sollen dabei nicht zur Schau gestellt werden. Oft geht in derartig kleinen Gesten auch vorsichtige Berechnung ein. Dann wirkt der Kommunikator pfiffig und heimtückisch. Diese aktiv unterlegten Verhalten finden den Gegensatz in passiven Ausdrücken, die dann auf Antriebsarmut und Schwäche schließen lassen. Die Wirkung kleiner Gesten löst beim Betrachter das Gefühl aus, der Kommunikator sei bescheiden und harmlos, er könnte mehr sein, als er scheint.

Bewegungstempi

Die Bewegungstempi unterteile ich in folgende Arten: Ruhig, lebhaft, schnell.

Die ruhigen Bewegungsabläufe zeigen Beherrschung und Konzentration. Man kann hier von der Gebärde »großer Herren« sprechen. Demonstrative Gelassenheit trägt oft den Nebenaspekt des Unechten, als ob eine überlegene Persönlichkeit dargestellt werden soll. Ruhige Bewegungen wirken imponierend und aufmerksamkeitweckend. Sie eignen sich dann, wenn Zeichen gesetzt werden sollen, wenn man verstanden werden und Vertrauen erwecken will. Besonders oft werden derartige Bewegungen beim Sachvortrag beobachtet. Werden ursprünglich schnelle Bewegungen langsamer und ruhiger, kann ein erlahmender innerer Impuls, Resignation oder Kraftmangel der Grund sein.

Lebhafte Bewegungstempi sind der Ausdruck für Impulsivität, Frohsinn, Begeisterung, aber auch für Unbeherrschtheit und Wut. Wer lebhafte Körpersprache zeigt, will andere mitreißen oder einschüchtern. Dieses Tempo eignet sich besonders bei Meinungsreden, dort löst die lebhafte Bewegung entsprechende Emotionen beim Betrachter aus.

Schnelle Bewegungen entspringen meist einem lebendigen Temperament. Schnelle innere Abläufe, schnelles Sicherregen und rasche Reaktion dürfen nicht verwechselt werden mit dem Maß an Vitalkraft. Bewegungen können auch dann schnell und spontan sein, wenn wenig Vitalkraft vorhanden ist. Schnelle Bewegungen wirken oft ziellos, herrisch, aufgeregt, erregt, reizbar oder fahrig. Entsprechend ist die Wirkung – beim Betrachter stellt sich Unruhe und Verwirrung ein.

Bewegungstempi können nahtlos ineinander übergehen. Von schnell auf langsam und umgekehrt. Sich steigernde Bewegungstempi sind Zeichen für das Entwickeln eigener Aktivität. Sich verlangsamende Bewegungen drücken das Nachlassen an Interesse aus.

Bewegungsrichtungen

Bewegungen nach vorn

Bewegungen nach vorn zeigen Interesse an dem Objekt, auf das wir uns zubewegen. Dieses Interesse kann positiv oder negativ, streng oder sachlich begründet sein. Die genaue Bedeutung ist aus den zusätzlich gegebenen Signalen ableitbar. Oft erleben wir vorgebeugtes Verhalten bei Menschen, die interessiert etwas betrachten, und auch bei Autofahrern, die sich während des Überholvorganges nach vorn beugen und so unbewußt eine Haltung einnehmen, die besagt: »Ich will den Kopf vorn haben.«

Der vorgebeugte Kopf als Träger der Sinnesorgane läßt generell mehr Interesse vermuten als beispielsweise vorgestreckte Hände. Aus vorgestreckten Händen kann entsprechend der Handstellung Bitten bis Abwehr gefolgert werden. Bei bittender Handhaltung ist auch das Interesse der Sinne und damit vorgebeugter Kopf, bei ablehnender Handhaltung ist oft ein zurückgezogener Kopf, als ob man die Sinnesorgane vor der Wahrnehmung des Objektes schützen wolle, beobachtbar.

Bewegungen nach hinten

Bewegungen nach hinten zeigen die Tendenz, Abstand zu gewinnen. Rückzugsverhalten ist oft der Beginn von Flucht, wobei die Stärke des Reizes dafür ausschlaggebend ist, ob nur ein Rückzug aus peinlichem Berührtsein oder ein in Flucht übergehender Rückzug eingeleitet wird. Bei Sprechen und gleichzeitigem Rückzugsverhalten finden wir meist das Sprichwort bestätigt: »Er distanziert sich von seinen eigenen Worten.« Die Körpersprache straft dann das gesprochene Wort Lügen.

Bewegungen zur Seite

Bewegungen zur Seite sind assoziiert mit ausweichendem Verhalten. Der zur Seite geneigte Körperteil fühlt sich betroffen. Wenn wir »Worten ausweichen«, wird der Kopf zur Seite genommen, die Sinnesorgane weichen so dem sich darbietenden Zustand aus.

Eine andere Art der seitlichen Bewegung ist das seitliche Kopfneigen. Wie bereits früher beschrieben, handelt es sich hierbei um den Ausdruck von Anlehnungsbedürfnis.

Bewegungen nach oben

Bewegungen nach oben, das Sichstrecken und Größermachenwollen entspringt dem Wunsch, größer und überlegener zu wirken. Der »Gernegroß« will über sich hinaus, um »von oben herab« zu agieren. Dieses sieghafte Übersichhinauswachsen läßt ein gesteigertes Lebensgefühl, Freude und Zuversicht erkennen. Unternehmungslust und Stolz können aber auch leicht überheblich wirken, besonders dann, wenn das Verhalten »hochfahrend« wirkt. Das Sichgrößermachen hat in vielen Redensarten Ausdruck gefunden: »Ein aufrechter Charakter«, »Ein Mann mit Rückgrat« sind dafür Beispiele.

Verstärkende Attribute finden wir auch in der Ausstattung von Machthabern. Die Krone des Königs, die Mitra der Kirchenfürsten, und auch Hüte zeigen dies. Im Gegensatz zu diesem Sichgrößermachen steht der Pileolus (Scheitelkäppchen) des Papstes, der gerade durch diese eher verkleinernde Kopfbedeckung die Bescheidenheit des Dienenden ausdrücken will.

Bewegungen nach unten

Die Tendenz, kleiner zu wirken, hat ebenfalls in vielen Wörtern Ausdruck gefunden. »Sich unterwürfig und duckend verhalten«, »gedrückt und niedergeschlagen sein«, »den Kopf hängen lassen« zeigen dies. Der Duckmäuser ist derjenige, der sich durch Ducken kleiner macht. Niederknien und Sichverbeugen sind Referenzen, die der sich Unterwerfende dem Höhergestellten erweist. Diese Bewegungen führen wegen der innewohnenden Symbolik zu einer Schwächung des Selbstwertgefühles, überdeutlich sichtbar beim »Kriecher«, dem tiefsten von allen sich Bewegenden.

2. Kombinierte Bewegungen

Wie alle Körperbewegungen, können auch die einzelnen Bewegungsrichtungen kombiniert miteinander auftreten. So kann der Oberkörper interessiert nach vorn gebeugt und die Füße, wie auf dem Sprung sitzend, zurückgezogen sein. Wichtig für die Analyse ist die Erfassung der Ganzheit. Zusätzliche körpersprachliche Botschaften, beispielsweise aus der Mimik, der Wortwahl und der Betonung, lassen dann eine entsprechende Analyse zu.

Neben den Bewegungsrichtungen, die vom momentanen Standpunkt weg verlaufen, sind auch Bewegungsrichtungen beobachtbar, die generell

- nach außen (Ausdehnung) und
- nach innen (Zusammenziehen)

gerichtet sind.

Bewegungsrichtung nach außen

Die stolz geschwellte Brust und das befreiende Aufatmen sind Beispiele für Bewegungsrichtungen nach außen. Negativ zugeordnet, hat dann jemand ein »gespreiztes Wesen«, »wirkt aufgeblasen« oder »brüstet sich«. Die Ausdehnung ist weitgehend naturbedingt. Ausdehnen verschafft dem Lebewesen eine größere Oberfläche und damit mehr Kontakt zu Luft oder umgebender Flüssigkeit. Beides ist biologisch wichtig. Auch in unserem Körper sind Ausdehnungsbestrebungen Reaktionen auf positive Gefühle. Die Zellen dehnen sich aus, die Gefäßerweiterung führt zur Steigerung der Blutzirkulation, der Reizempfindlichkeit und der Belebung von Vorstellungen.

Bewegungsverhalten nach außen wird auch im Tierreich als Stärke erlebt. Auf dem Hühnerhof ist zu beobachten, daß der sich stark fühlende Hahn sein Gefieder leicht vom Körper abspreizt. Kommt ein stärkerer Hahn hinzu, wird das Gefieder angelegt, der Schwanz hängt herab. Beides signalisiert Unterwerfungsverhalten. Ausdehnungsbestrebungen als Zeichen des Mächtigerseins finden auch im Verhalten des Raum eroberns und der Machterweiterung ihre Entsprechung. Vorbehaltlose Umweltbezogenheit ist Erlebnisbestandteil der Ausdehnung. Fehlt diese, erleben wir Scheingrößen – Eitle »spreizen sich«, Prahler »brüsten sich«, der »Protz bläht sich«. Das Polstern der Schulterpartie bei Uniformjacken, Epauletten und anderer Zierat symbolisieren das Mehrseinwollen.

Bewegungsrichtung nach innen

Wer sich verstecken will, macht sich kleiner und möchte so klein sein, daß er »in ein Mauseloch schlüpfen« könnte. Betroffene Nachdenklichkeit wird beschrieben mit der Aussage »Er geht in sich«. Derartige Lebensgefühle sind gekoppelt mit Beengungsgefühlen, flacherer Atmung und enger anliegenden Extremitäten. Man wirkt dann »wie ein Häufchen Elend«. Das Sichzusammenziehenwollen entspricht einem Sichisolierenwollen von der belebten und unbelebten Umwelt. Es ist Ausdruck eines Erlebens, das die Umwelt lebensbedrohend wahrnimmt, und kann so den generellen Fluchtbewegungen zugeordnet werden.

Beispielsweise reagiert unser ganzer Körper auf eine eiskalte Flüssigkeit mit Zusammenziehen. Möglicherweise daraus erlernt, reagieren wir ebenso bei Trauer und Depression. Unsere Zellen ziehen sich zusammen, die Gefäßverengung vermindert die Blutzirkulation und die Empfindlichkeit auf Reize.

3. Mimik

Unter Mimik verstehen wir die Bewegung der Gesichtsmuskulatur. Nicht zu verwechseln mit Physiognomik. Dieses aus dem Griechischen kommende Wort bedeutet soviel wie »Ausdruckskunde«, also die Möglichkeit, von Gesichtsformen auf seelische Eigenschaften zu schließen.

Physiognomik ist deshalb oft ins Kreuzfeuer der Meinungen geraten, weil bei Beurteilung von Ausdrucksmerkmalen überstark Vorurteile eingehen. Physiognomik ist in der ursprünglich verstandenen Form kaum noch haltbar. Zu vieles widerspricht sich. Mit relativ großer Sicherheit können wir jedoch aus den Ausdrucksmerkmalen, die durch die Bewegungen der Gesichtsmuskulatur entstanden sind, Schlüsse ziehen (z. B. herabgezogene Mundwinkel). Aristoteles, einer der Begründer der Physiognomik, baute seine Lehre hauptsächlich auf der Ähnlichkeit mancher Menschen mit bestimmten Tieren auf. Hatte jemand weiche Haare (wie die Schafe), mußte er furchtsam sein.

Über della Porta (1535–1615) und den im 18. Jahrhundert lebenden Züricher Pastor Johann Kaspar Lavater wurde Physiognomik immer wieder aufgegriffen, untermauert und verändert. Einen Fortschritt brachte Carus Carl Gustav, der nach den Erscheinungsformen des Gesichtsausdruckes forschte. Zum ersten Mal bezog 1861 der französische Nervenarzt Duchenne de Boulogne die Bewegung der Gesichtsmuskeln in die Physiognomik mit ein. Eine weitere Förderung erfuhr die Ausdruckskunde durch Darwin, seine Beobachtungen verschiedener Völker (1872) zeigten, daß die meisten mimischen Ausdrucksbewegungen des Gesichtes, wie Freude, Trauer oder Zorn, bei allen Völkern der Erde gleich sind. Hier merken wir auch die vom reinen Ausdruck wegführende Betrachtung hin zu den Bewegungen oder durch Bewegung entstandenen Ausdrücken. Eine Ausnahme bildet das »Kindchen-Schema«.

Hüten wir uns vor vorschnellen Schlüssen aus den nicht änderbaren Formen eines Menschen und auch vor Rezepten, die pauschal Erfolg verheißen, z. B. »Menschen mit großen Augen nehmen alles sehr persönlich«, und dem Rezept: »Sprechen Sie mit gedämpfter Stimme und lächeln Sie.«

Zu Ihrer Information nachstehend die Einteilung des menschlichen Gesichts in drei Bereiche und die physiognomische Deutung:

– Der obere Teil: vom höchsten Punkt der Stirn bis zu den Augenbrauen. Dieser Teil soll für den Verstand zuständig sein.

– Der mittlere Teil: von den Brauen bis unter die Nase soll den Gefühlsbereich widerspiegeln.

– Der untere Teil: vom Nasenende bis zum Ende des Kinns soll Informationen über die materielle und rein sexuelle Beschaffenheit geben.

Ausdruckserscheinungen entstehen aus seelischen oder körperlichen Vorgängen. Im seelischen Bereich gibt es keinen im strengen Sinne stationären Zustand. Auch dann, wenn wir uns bemühen, an nichts zu denken und auf nichts zu achten, erleben wir innerlich ein ununterbrochenes Flukturieren.

Physiognomik ist die erfahrungsgemäß begründete Lehre von den Eigenarten der dauernden statischen körperlichen Erscheinungen des Menschen, sofern diese als Zeichen für seelische Eigenart aufgefaßt werden können.

Die Physiognomik geht von der architektonischen Eigenart des Körpers aus. Eine zweite, hier ebenfalls zuordbare Betrachtungsweise geht auf die verfestigten Spuren immer wiederkehrender Geschehen ein. Das Gesicht betreffend, sprechen wir von der mimischen Spur.

Je häufiger und intensiver die Innervation (Versorgung mit Nervenreizen) bestimmter Muskeln erfolgt, desto mehr entstehen an der Oberfläche der Haut Spuren und Engramme (Erinnerungsbild).

Die Ausprägung mimischer Spuren verstärkt sich mit zunehmendem Alter. Beim jungen Menschen glätten sich Muskeln und Haut nach einer aktuellen Innervation sehr schnell. Beim älteren Menschen hat die Haut im Verlauf des Alterns an Elastizität verloren, und die vorherrschende Seelenlage hinterläßt stärkere, durch fortwährende Wiederholung festgeprägte Spuren.

Schopenhauer spricht dabei von einem langsamen Bildungsprozeß des Gesichtsausdrucks und meint, dieser Prozeß sei auch Grund, weshalb Gesichter geistreicher Menschen ihren Ausdruck erst im hohen Alter bekommen, während Porträts aus der Jugendzeit nur schwache Spuren davon zeigen.

Das statische Gepräge eines Gesichts kann also nur dann ausdruckswertig sein, wenn es sich als feste Spur mimischer Geschehnisse herausgebildet hat und auf diese hinweist.

Mimik beinhaltet die Bewegungen der Gesichtsmuskulatur. Sie ist Ausdrucksphänomen im Bereich des Antlitzes. Im Unterschied dazu ist die Pantomimik die Ausdrucksbewegung des ganzen Körpers. Die Fähigkeit, seelische Prozesse in der Mimik auszudrücken, besitzen alle Primaten. Je höher entwickelt, desto differenzierter sind die Gesichtsmuskeln. Damit wird eine Übermittlung von Botschaften möglich.

Je mehr jemand versucht, seine Mimik zu beherrschen (Poker-face), desto wichtiger für die Analyse werden Kleinigkeiten. Diese werden bei der Unterdrückung von Bewegungen oft vergessen, oder lassen sich gar nicht unterdrücken.

Ein ungeschulter Beobachter nimmt im Gesicht des anderen meist nur den seltsamen Ausdruck wahr. Fragen wie: »Was machst du für ein Gesicht?«, »Wie schaust du denn?« zeigen dies. Er sieht nicht die Einzelheiten des mimischen Ausdrucks, beispielsweise, wie sich die Augenbrauen bewegt haben u. a. Zwar registriert unser Gehirn alle Einzeleindrücke, aber nur der Gesamteindruck wird uns bewußt.

Es ist ähnlich wie in der Sprache. Zwar hören wir einzelne Buchstaben, nehmen aber nur das ganze Wort auf.

Eine große Illustrierte bringt unter der Rubrik »bonn bons – Prominenten in den Mund geschoben« Gesichter bekannter Persönlichkeiten und unterlegt dem gezeigten mimischen Ausdruck humorvolle, ebenfalls mit der Mimik harmonierende Aussagen.

Diese Bilder zeigen uns, daß mit gleicher Mimik vielerlei Aussagen möglich sind und daß nicht nur der mimische Ausdruck allein, sondern erst die Betrachtung aller Faktoren, z. B. Beinstellung, Armhaltung, Umgebung, Situation, eine genaue Analyse des mimischen und körpersprachlichen Ausdrucks gestatten.

Interessant ist, daß ausgewogene Proportionen einem guten Charakter zugeschrieben werden. Die Meinung, wer schön ist, ist auch gut, wird daraus oft abgeleitet, obwohl sie, wie wir alle aus eigener Erfahrung wissen, nicht stimmt.

Alles Verzerrende im menschlichen Gesicht wird mit negativen Eigenschaften in Verbindung gebracht. Groß angelegte Materialsammlungen über die Nasenform, Stirnform, Augen- und Mundform wirken auf den ersten Blick sehr wissenschaftlich, aber wir erfahren nicht, woher die Sicherheit für bestimmte Ausdeutungen genommen wird. Wahrscheinlich beruhen die Aussagen auf verallgemeinerten Beobachtungen.

Tatsächlich decken sich bestimmte Folgerungen oft mit unserem ersten Eindruck. Jemand mit fliehendem Kinn wirkt auf uns schwächlich, Mandelaugen in einem Madonnengesicht wirken sanft. Daß diese Eindrücke nicht haltbar sind, lesen wir oft in den Schlagzeilen: Dort werden Mörder mit Kindergesicht, Verbrecher mit guten Augen u. a. beschrieben. Die Gefahr des Vorurteils und des Selbstbetruges ist offenbar.

Vermittelt uns ein Gesicht einen positiven Eindruck, laufen wir Gefahr, evtl. erlebte negative Handlungen zu positivieren (»es kann jedem mal etwas passieren«). Wirkt das Gesicht aber schon unsympathisch auf uns, neigen wir dazu, die Handlungen negativer zu sehen (»das habe ich ja gleich gewußt«).

Die moderne Gehirnforschung hat es ermöglicht, daß wir die einzelnen Erregungsmuster mit einzelnen Muskelbewegungen in direkten Zusammenhang bringen können. Bestimmte Erregungszustände führen demzufolge zu Bewegungen der immer wieder gleichen Muskelpartien und tragen so wesentlich zur Bildung des Gesichtsausdrucks bei.

Besitzt jemand z. B. eine »kühne Adlernase«, wird ihn seine Umwelt eher als Kämpfer ansehen. Durch dieses unbewußt empfundene »Zutrauen« kann sich tatsächlich ein kämpferisches Verhalten entwickeln, das, weil es zum Ausdruck harmoniert, von der Umwelt akzeptiert und damit weiter verstärkt wird.

Stark bewegte Mimik

Die stark bewegte Mimik zeigt lebhafte Bewegtheit und die rasche Folge in der Aufnahme von Eindrücken und von inneren Erlebnissen. Bestimmte Bewußtseinszustände sind im allgemeinen nicht sehr nachhaltig, wechselnde Aktionsspannungen können von dem Ausdruck der ausgelassen Stimmung bis zum Ausdruck der

Enthemmung führen. Stark bewegte Mimik zeigt die leichte Entzündbarkeit an Außenreizen. Diese Entzündbarkeit kann bis zur Manie reichen.

Manische können sich gegen Außenreize kaum mehr abschirmen. Sie sind preisgegeben. Reize können bei schnell wechselndem Mienenspiel nicht mehr verarbeitet werden. Reiz und Reaktion folgen prompt und unmittelbar, so daß die normale Reiz-Reaktions-Zeit nicht feststellbar ist.

Aus stark bewegtem Mienenspiel können wir rasch aufeinanderfolgende innere Erlebnisse, lebhaftes, gefühlsbetontes, vielseitiges, lebensnahes und aktives Erleben folgern. Charakteristisch ist die bewegte Mimik für impulsives Verhalten.

Wesentlich ist auch hier der Spannungsgrad, mit dem die einzelnen Muskeln eingesetzt werden. Stärker ausgeprägte Spannung kennzeichnet das tatkräftig zupackende, optimistisch eingestellte und burschikos-robuste Verhalten. Der gerngesehene, nette Witzbold, der heiter Geschwätzige zeigt in seiner Mimik bei mittlerer bis starker Bewegtheit mittlere bis starke Spannung. Stark bewegt und spannungsarm sind die verschwommenen Bewegungen bei flüchtig labilem Verhalten.

Ständiges Gestikulieren und Reden, labile Euphorie, oberflächliche Geschäftigkeit und Gedankenflucht sind beobachtbare Einzelheiten. Es fehlt oft auch in anderen Lebensbereichen an innerer Gespanntheit und hemmender Kraft.

Sind die Bewegungen des Mienenspiels monoton, wiederholen sich oft die gleichen Bewegungen, erkennen wir daraus Unruhe, Hast und die Unfähigkeit der Anpassung des einzelnen Reizes an die konkrete Situation. Extrem ausgeprägt zeigt sich so die ständige motorische Unruhe und der um seiner selbst willen vorhandene Bewegungsdrang des pathologisch Erregten.

Besonders stark bewegt und mit Wiederholungstendenz zeigen sich die Primitivreaktionen, die dem Selbstschutz dienen. Beobachtbar sind derartige mimische Abläufe in Zuständen der blinden Wut, bei denen die starke Wirkung eines Reizes höher entwickelte Bereiche außer Funktion gesetzt hat.

Derartigen Verhalten liegt oft ein nicht präzisierbarer, durch Unlust gekennzeichneter Erregungszustand, der nicht verarbeitet werden kann, zugrunde.

Wenig bewegte Mimik

Wenig bewegte Mimik weist grundsätzlich auf Stetigkeit der seelischen Vorgänge hin. Die mögliche Vielfalt des Erlebens hat nach meist längerer Reifezeit einer größeren Eindringlichkeit Platz gemacht. Viele Reize bleiben unbeantwortet, weil eine instinktsichere Auswahl nach wichtig und unwichtig, wesensgemäß und nicht wesensgemäß und eine unbewußte Abschirmung stattgefunden hat. Wenig bewegte Mimik spricht für wenig ablenkbares, seltener wechselndes Stimmungsgefüge.

Relativ unbeeinflußt entwickelt sich der persönliche Lebensstil. Reaktionen wirken eher gelassen. Die beobachtbare Zurückhaltung vermeidet Übereilungen. Das Antlitz strahlt eine ansteckende Ruhe aus. Derartige Mimik wird assoziiert mit ruhig, beständig, besonnen, verläßlich, überlegen und ausgeglichen. Das wenig bewegte Mienenspiel kann bei verminderter Aktivität (Antriebsstärke und Temperament) auch den Eindruck der Beschaulichkeit und Bequemlichkeit erzeugen.

Ein wichtiger Zusatzaspekt ist die Art der gezeigten Formen. Bei gleicher Formenfülle ist auf stärkeres Erleben und Aktivität zu schließen. Gleiche Formenarmut läßt eher den Schluß der Lethargie und Bequemlichkeit zu.

Monotonie und seltener Formenwechsel

Kommen zu diesem Verhalten noch Langsamkeit und Spannungsarmut hinzu, dann können wir außer seelischer Eintönigkeit auch Impulsschwäche folgern.

Melancholische Bewegungsstörungen, Hemmungen oder Lähmung, katatoner Stupor (die Spannung als Widerstreit antagonistischer Spannungen und Defekte der Willensfunktion) können die Gründe sein.

Dieses Verhalten kennzeichnet ausgesprochen eintönige seelische Zustände, Langeweile, Trauer, Gleichgültigkeit, Stumpfheit, affektive Lahmheit, Melancholie und den aus einem überwertigen schwermütigen Grundgefühl entstehenden depressiven Stupor (völlige Gehemmtheit).

Derartiges Verhalten kann sich auch als Folge einer nicht wesensbedingten Schwäche vorübergehend einstellen, z. B. als Folge von Krankheit oder auch die sonst gesunde, aber grüblerische oder geltungsbedürftig-empfindsame Natur kennzeichnen. Wir sprechen von einem leeren, nichtssagenden Gesicht, von eingeschlafenen Gesichtszügen.

Gekoppelte Mimik

Wir haben uns beschäftigt mit der generellen Grundlage der Mimik, mit der Bewegtheit der Mimik und mit dem Formenwechsel in der Mimik. Dabei gingen wir bis jetzt mehr auf die einzelnen Schwerpunkte ein.

Das Ausdrucksgeschehen im Gesicht ist so vielgestaltig, daß eine Einteilung und Zuordnung schwierig ist.

Die meisten mimischen Vorgänge bestehen aus vielen Einzelausdrücken. »Er sperrt Maul und Augen auf«, »die kalten Augen widersprechen dem lächelnden Mund«, und andere Aussagen zeigen, daß erst bei Betrachtung der Einzelausdrücke und Schlußfolgerungen daraus eine Analyse möglich ist.

Zum Beispiel beim plötzlichen Begreifen:

»Herr Mayer ist Seminarteilnehmer. Der Trainer erklärt den Zusammenhang zwischen Reiz und Reaktion. Er begreift nicht sofort und schaut mit offenen Augen und Mund fragend auf den Erklärenden. Plötzlich atmet er erleichtert auf (aha!). Seine Augen öffnen sich etwas weiter (er nimmt den auftauchenden Gedanken wahr). Der

Mund erfaßt etwas (schnappt auf), das Aha-Erlebnis hat sich eingestellt, und Herr Mayer zeigt eine ausgeprägte Aha-Mimik.«

Durch Gebrauch verschiedener mimischer Ausdruckselemente können Stimmungen pantomimisch dargestellt werden. Trotz der Verschiedenheit der Menschen werden für bestimmte Gefühle einheitliche mimische Formen verwendet, weil seelische Stimmungen das Wesentliche gemeinsam haben. Die Bewegungsrichtung der Mimik und der Sinnesorgane stimmt überein mit dem angestrebten Wahrnehmungskontakt.

Die Tabelle auf Seite 176 gibt eine Übersicht über die Einzelgebiete der Mimik, die dann im folgenden genauer beschrieben werden.

4. Die Stirn

Die Physiognomik sieht im Gesamtbild der Stirn die moralischen und charakterlichen Qualitäten eines Menschen.

Aus dem Knochenbau, der Höhe und dem Wölbungsgrad sowie den Unregelmäßigkeiten schließt man auf die Grundveranlagung eines Menschen. Den möglichen Stirnformen werden bestimmte Charaktereigenschaften zugeordnet. Die Kurzform dazu heißt:

Quadratische Stirn	– Mut und Weisheit
Runde, kugelige Stirn	– schwerfälliger, stumpfer Geist
Flache, schmale Stirn	– einfallsloser, entscheidungsschwacher Mensch

Im dynamischen Verhalten dient die Stirnmuskulatur meist als Hilfsfunktion für den Augenausdruck. Aus den mit der Aktivität der Augen zusammenhängenden Muskelbewegungen bilden sich Falten.

Längsfalten

Längsfalten über der Nasenwurzel sind Zeichen eines geistig fixierten Wollens. Deshalb werden diese Falten auch als Willensfalten oder Konzentrationsfalten bezeichnet. Diese Faltenbildung geht meist Hand in Hand mit der Funktion des Augenbrauenrunzlers. Er spannt die innere Augenmuskulatur und klemmt den Augapfel fest. Der Blick wird auf einen bestimmten Punkt eingestellt. Das Auge wird in eine für die Beobachtung nötige Stellung gebracht. Die für diese Aufgabe notwendige Aktionsspannung spricht für den Ausdruck eines zielgerichteten Wollens. Im eigentlichen Sinne sind also die senkrechten Falten Ausdruck geistiger oder körperlicher An-

Stirn	Stirnfalten	Längsfalten, Querfalten, krause Falten
Ohr		
Augen	Öffnungsgrade	aufgerissen, voll geöffnet, offen, verhängt, abgedeckt, zugekniffen beidseitig, zugekniffen einseitig, geschlossen spannungslos, geschlossen gespannt, blinzeln
	Lidbewegung Tränen Pupille	
Blick	Blickkontakt	Auge in Auge mit abgedecktem Auge mit parallel gerichteten Augen gerade, zugewendet von oben von unten schräg
	Blickwanderung fixierender Blick	
Augenbrauen		
Nasenbereich	Blähung der Nasenflügel Naserümpfen	
Mund	Bitterreaktion Süßreaktion	gesenkte Mundwinkel
	Lachen	Lachen auf verschiedene Vokale Lachen auf a Lachen auf e oder ä Lachen auf i Lachen auf o Lachen auf u
	Lächeln	Formen des Lächelns gewolltes, gemachtes Lächeln süßliches Lächeln Schmunzeln . Feixen aufgelockertes Lächeln entwertendes Lächeln schiefes Lächeln
	Lippen	geöffneter Mund verschlossener Mund verbissener Mund prüfende Schnute Genießerschnute Protestschnute Verblüffungsschnute Sorgenschnute
Zunge	Lecken der Lippen herausstrecken	
Kiefer, Zähne und Kinn		
Kopf	Haltungen	spannungslos hängend, gesenkt, aufrichten, schlaff zurückfallend, entspannt zurückgelegt, zurückwerfen, Nicken, vorgestreckt, Zuwendung, Abwendung, seitliches Neigen, pendelndes Hin- und Herneigen, Kombinationen

strengung. Bei kniffligen Arbeiten und bei angestrengtem Nachdenken bilden sich diese Falten.

Der aus der Aktionsspannung entstehende Ausdruck zielgerichteten Wollens läßt zusätzlich folgende Entstehungsgründe erkennen:

- feste Entschlossenheit
- Trotz
- Eigensinn
- mißmutige Gereiztheit

Diese Faltenbildung ist möglicherweise aus zwei Gründen enstanden: Dem Schützen der Augen und dem Fixieren der Blickrichtung.

Bei blendendem Licht, gegen das ein bestimmtes Ziel ausgemacht werden soll, z. B. bei einem Seemann oder bei einem Skiläufer sind diese Falten genauso feststellbar wie bei einem Feinmechaniker, der ein kompliziertes Gerät repariert.

Der diese Falten erzeugende Muskel (Depressor glabellae) wird auch »Kämpfermuskel« genannt, weil er die »Kämpferfalte« erzeugt. Dieser Muskel hat seinen Sitz oberhalb der Mitte des Nasenrückens. Als Dauerfalte bleibt die Kämpferfalte meist erst nach dem 20. Lebensjahr, bei den Menschen, die viel Hartes und Schweres erlebt haben, sich also durchkämpfen mußten.

Querfalten

Querfalten entstehen bei angehobenen Augenbrauen und maximal geöffneten Augen. So ist eine maximale Lidöffnung möglich. Dies besagt, daß möglichst viel wahrgenommen werden will, weil die vorhandenen Informationen noch nicht verstanden oder verarbeitet werden können. So ist dieser mimische Ausdruck auch als Mimik der Angst, des Schreckens, der Begriffsstutzigkeit, des Staunens und des plötzlichen Begreifens bekanntgeworden.

Wird mittels dieser Mimik das Staunen vorgemacht, ergibt sich ein suggestiver Kundgabecharakter. Dies wird eingesetzt, wenn jemand wichtigtuend mit aufgerissenen Augen eine der eigenen Meinung nach tolle Neuigkeit bekanntgibt.

Das gleiche Bild des aufgerissenen Auges und der waagrechten Stirnfalte zeigt sich auch beim müden Menschen, der krampfhaft bemüht ist, die Augen offenzuhalten. Durch die Muskelarbeit der Stirnmuskulatur können so die Augen offengehalten werden, ohne daß der Augendeckel-Heber aktiv beteiligt sein muß.

Die Koppelung der waagrechten Falten mit etwas hängenden Augenlidern ergibt deshalb auch den Eindruck des Müden und Desinteressierten. Weil die die waagrechten Falten der Stirn bildenden Muskeln das Offenhalten der Augen erleichtern, werden diese Muskeln auch »Muskeln der Aufmerksamkeit« genannt. Sind die waagrechten Stirnfalten stark eingegraben, deutet dies auf einen aufmerksamen Beobachter hin (s. Abb. 1).

Abb. 1
Die ausgeprägten Querfalten der Stirn, die angehobenen Augenbrauen und die geöffneten Augen geben dem Gesicht Genschers einen suggestiven Kundgabecharakter. Die Suggestivkraft der Kundgabe wird noch unterstrichen durch die Gestik und den andeutungsweise gestreckten Zeigefinger.

Krause Stirnfalten

Fließen senkrechte und waagrechte Falten ineinander, entstehen krause Stirnfalten. Es entsteht der Eindruck einer krausen oder wirr durchfurchten Stirn. Dieses Bild ergibt den Eindruck der Bedrängnis und den unschönen Eindruck gequälter Hilflosigkeit.

Die wirr zerfurchte Stirn entspricht meist dem seelisch-geistigen Wirrwarr. Wille (senkrechte Falten) und Hilflosigkeit (waagrechte Falten) ergeben in dieser Mischung den Eindruck ratloser Willensbemühung. Dieses Bild kennzeichnet den unfruchtbaren Grübler, den schwach Begabten, den hilflos Ängstlichen, also Menschen, die in ihrer momentanen Bedrängnis keinen Rat mehr wissen. Diese Faltenbildung drückt auch Denknot bei besonderen Schwierigkeiten in der geistigen Verarbeitung von Reizen und Eindrücken aus. Bei Kindern zeigen sich krause Stirnfalten oft direkt vor Beginn des Weinens.

178

5. Die Ohren

Um die Jahrhundertwende rückte die Ohr-Analyse in das Interesse der Physiognomik. Angewachsene Ohrläppchen hielt man für ein untrügliches Zeichen schwerster Degeneration. Es wurde versichert, daß alle bösen Menschen und fast alle Dirnen solche Ohren hätten. Diese Fehldeutung, Ausfluß einseitiger und dogmatischer Betrachtung, wurde inzwischen längst revidiert. Es blieb nur die Meinung, daß Menschen mit Willensschwäche, Mangel an Bodenständigkeit und einer gewissen Oberflächlichkeit häufiger als andere angewachsene Ohrläppchen haben. Dieses Merkmal kann aber selbstverständlich durch andere Merkmale widersprochen werden. Wie hier war es mit vielen Einzelheiten der Physiognomik. Einzelbetrachtungen konnten zu keinen Gesamtergebnissen führen, und Gesamtbetrachtungen führten oft zu sich widersprechenden Ergebnissen.

Diejenigen, die heute noch Charaktereigenschaften aus der Gestaltung des Ohrs ablesen, achten dabei vor allem auf drei Dinge:

- Gesamtform und Größe,
- auf die Lage der Ohren (z. B. fest am Kopf oder abstehend) und
- auf die inneren und äußeren Konturen.

Große, aber nicht zu große Ohren sollen Intelligenz beweisen. Aus sehr kleinen Ohren wird auf innere Schwäche geschlossen. Ohren, die quadratisch geformt und kräftig gestaltet sind, sollen eine Hinwendung zum Praktischen verraten. Feine, mittelgroße Ohren mit zarten Konturen sollen zu Menschen mit feinem Geist, Verstand und Schlauheit gehören. Aus spitzen Ohren soll die Neigung zur Lüsternheit und Heimtücke abzulesen sein.

Interessant sind Betrachtungen im Zusammenhang mit der Akupunktur. Hier wird das Ohr analog einem im Mutterleib liegenden Säugling gesehen. Die Akupunkturpunkte sollen mit den menschlichen Organen in Verbindung zu bringen sein. Da das Ohr normalerweise ein unbeweglicher Bestandteil des Körpers ist, hat es für die Einbeziehung in die dynamische Körpersprache kaum Bedeutung. Wenn der Volksmund sagt: »Spitze deine Ohren«, »Mache deine Ohren auf«, so ist das sicher mehr symbolisch gemeint und besagt, daß die Ohren verstärkt benutzt werden sollen, daß mehr Aufmerksamkeit gefordert wird.

6. Die Augen

»Wenn es darauf ankommt, in den Augen einer Frau zu lesen, sind die meisten Männer Analphabeten«, sagte Heidelinde Weis. Augen als »Spiegel der Seele«, »Unterpfand der Treue«, »Krater des Hasses«, »Symbol der Lebenskraft« und »leuchtende Sterne« werden besonders häufig mit seelischen Zuständen in Verbindung gebracht.

Tatsächlich ist das Auge ein besonders wichtiges Organ. Zirka 80 % der Sinnesein-drücke werden vom Menschen unserer Zeit mit den Augen aufgenommen. Auch als Ausdrucksorgan ist das Auge wichtig. Wir erkennen instinktsicher sofort, ob Augen: weich, sanft, durchdringend, hart, stechend, leer, ausdruckslos abwesend, glasig, stumpf, funkelnd, blitzend, freudig, glühend, kühl, abweisend oder verliebt auf uns gerichtet sind. Wir erkennen das lachende und das weinende Auge. Wir sehen jeman-den verführerisch, zart oder liebkosend an. Blicke können erregen, packen, begei-stern. Blicke »können mehr sagen als Worte«, aber auch »töten«.

Biologisch ist das Auge ein Sinnesorgan zur Aufnahme von Lichtreizen. Es besteht aus Augapfel und den Hilfsorganen, die es zu seinem Schutze und der Erhaltung seiner Funktionstüchtigkeit braucht. Zum Schutz gegen äußere Gewalteinwirkungen liegt es in der trichterförmigen, knöchernen Augenhöhle, eingebettet in Fettgewebe. Es wird durch die Augenmuskeln bewegt. Die Gesichtseindrücke werden über den Sehnerv zum Sehzentrum des Gehirns geleitet. Der Gehalt an Farbkörnchen, der Pigmentge-halt der Regenbogenhaut, bestimmt die Farbe des Auges. Neugeborene haben stets blaugraue Augen. Erst gegen Ende des 2. Lebensjahres zeigt sich die endgültige Farbe. Fehlt der Farbstoff in der Regenbogenhaut, so schimmert die rote Farbe der gefäßrei-chen Aderhaut durch (Albinismus).

Hilfsorgane des Auges sind die Tränenorgane, die Augenlider mit Bindehaut und die Augenmuskeln.

Die Tränendrüse sondert die Tränenflüssigkeit in den Bindehautsack ab. Von dort werden die Tränen durch den Lidschlag (3–7mal pro Minute) auf die gesamte Ober-fläche des Augapfels verteilt. Normalerweise werden nur so viel Tränen abgesondert, wie zur Feuchthaltung des Augapfels erforderlich sind, also zirka ein Gramm in 24 Stunden. Die Tränen sammeln sich im inneren Augenwinkel, von wo sie durch die Tränenröhrchen und durch den Tränennasenkanal in den unteren Nasengang gelangen.

Die Lider schließen den Augapfel schützend nach außen ab. Die äußeren Augen-muskeln, vier gerade und zwei schräge, bewegen den Augapfel in alle Richtungen und sind durch Reize vom Gehirn her so mit den Muskeln des anderen Auges gekoppelt, daß beide Augen nur gleichsinnig bewegt werden können. Beide Augen können nur zusammen nach rechts, links, oben oder unten bewegt werden. Tritt in diesen gleich-sinnig gekoppelten Augenbewegungen eine Störung ein (z. B. Augenmuskellähmung) so sieht man doppelt, man schielt.

Über Positionen und Formen der Augen hält auch die Physiognomie Folgerungen bereit. Eng zusammenstehende Augen sollen »idealistisch bis zum Fanatismus, mit-fühlend, erheblich der Theorie verschrieben« bedeuten.

Weit auseinanderstehende Augen sollen »kühl, nüchtern in Überlegungen, eiskalt, praktisch« aussagen.

Große und breite Augen sollen willenstarke, zuverlässige, sprachbegabte und ener-gische Menschen kennzeichnen, während kleine Augen auf Beeinflußbarkeit, häufige

Unzuverlässigkeit, Oberflächlichkeit schließen lassen sollen. Aufstellungen über Rückschlüsse auf körperliche Funktionen wie

matt	= Schwäche, Herzerkrankungen
glänzend	= Impulsivität, Freude, Fieber
glasig	= höchste Schwäche
hohl	= Lebensgefahr, Darmkrankheit
glotzend	= Basedow oder Herzerkrankung
rot	= Gemütsbewegung, Fieber
gelb	= Gallenstörungen, Gelbsucht
perlmuttfarben	= TBC oder Anämie
ruckweise bewegt	= sehr schlechte Erbmasse
wäßrig	– krankhafte Gemütsbewegung
verzweifelt	= oft bei Unterleibsleiden
Umgebung runzlig	= Leber und Nieren gefährdet
matt, vernebelt	= Lebensgefahr
bräunlich umringt	= Kreislaufstörungen und Säfteverlust
bläulich umringt	= innere Blutverluste
Augenlider braun	= Anämie
Augenlider geschwollen	= Nierenstörungen

finden wir in der Literatur über Physiognomie. Darüber ein Urteil zu fällen, will ich dem Leser überlassen.

Für die dynamische Körpersprache ist neben dem Verstehen der anatomischen Vorgänge die jeweilige Bewegung, der Ausdruck im Reiz-Reaktionsgeflecht wichtig. Dabei beobachten wir einige Einzelheiten.

Die Öffnungsgrade des Auges:

Aufgerissen, voll geöffnet, offen, verhängt, abgedeckt, zugekniffen, einseitig zugekniffen, geschlossen (spannungslos), geschlossen (gespannt) und blinzelnd.

Die verschiedenen Öffnungsgrade des Auges bzw. der Augen zeigen grundsätzlich, wieviel wahrgenommen werden will. Vom unfaßbaren Aufgerissensein reicht die Pallette bis zum für die Ruhe und zur Abschirmung von Umweltreizen geschlossenen Augenlid.

Aufgerissene Augen

Als »aufgerissen« bezeichnen wir Augen, die übernormal weit geöffnet sind. Derartige Augen zeigen immer die optische Bezogenheit auf die Umwelt. Beim Auge handelt es sich, wie bei Nase, Mund und Ohren, um ein Sinnesorgan. Weite Öffnung zeigt also, daß mehr, als sonst möglich, Informationen aufgenommen werden wollen. Oft

181

sind zugleich aufgerissene Augen und offener Mund feststellbar. Diese Stellung verrät, daß nichts entgehen soll und alle Sinnesorgane auf optimale Aufnahmebereitschaft eingestellt sind.

Bewunderung und Staunen, wie Kinder beim Anblick des Weihnachtsbaums, aber auch Überraschung und Verblüffung werden so sichtbar. Beim entscheidenden Tor eines wichtigen Fußballspiels sind viele Fans mit derartigem Ausdruck beobachtbar. Aber nicht nur positive Gefühle, sondern auch Bedrohung, Erschrecken, Entsetzen, höchste Neugier, hochgespannte Erwartung, Hoffnung und Sehnsucht verursachen aufgerissene Augen. »Mit den Augen verschlingen« – spricht davon, daß die Augen so groß werden wie der aufgerissene Mund oder so aufgerissen werden wie der Mund. Hilflosigkeit, Naivität und Nicht-begreifen-Können, der Versuch, mehr zu sehen, um endlich zu begreifen, zeigt sich so.

Schließlich kann das aufgerissene Auge warnend – als Beispiel – zeigen, was verlangt wird. »Sperr deine Augen auf.« Tadel und Vorwurf, eine ungeduldige Aufforderung kann so ausgesprochen werden.

Die weiteren mimischen und körpersprachlichen Begleiterscheinungen geben genauere Informationen darüber, um welchen Gefühlsausdruck es sich handelt (s. Abb. 2 und Abb. 3).

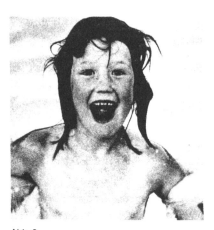

Abb. 2

Alle Sinnesorgane der kleinen Badenixe sind auf Aufnahmebereitschaft eingestellt.

»Schaut, was ich kann«, scheinen Mund und Augen zu signalisieren.

Abb. 3

Auf dem Flug zum Weltwirtschaftsgipfel in Tokio am 26. 6. 1979 spielte Bundesaußenminister Hans-Dietrich Genscher einen zünftigen Skat. Neugierig darauf, was der Spielpartner wohl vorhat, reißt Herr Genscher die Augen auf. Die zur »Schnute« geformten Lippen mit leichter Bitterreaktion scheinen dafür zu sprechen, daß Herr Genscher selbst ein weniger gutes Blatt in der Hand hält.

Voll geöffnete Augen

Eine übertriebene Öffnung der Lidspalte wie beim aufgerissenen Auge ist ermüdend. Deshalb ist das aufgerissene Auge meist nur kurze Zeit beobachtbar, nur so lange also, wie der nach schneller Orientierung verlangende Schreck, die Freude oder Überraschung anhalten.

Eine Augenöffnung, die längere Zeit beibehalten wird, deutet auf Aufgeschlossenheit, Weltoffenheit und Aufmerksamkeit hin.

Das voll geöffnete Auge will, ohne eine konkrete Auswahl zu treffen, möglichst viele Eindrücke aufnehmen. Es läßt (oft passiv) empfangend Informationen ungehindert einströmen. So spricht das voll geöffnete Auge für ein ausgesprochen aufgeschlossenes Wesen, hohe Empfänglichkeit der Sinne und der seelisch geistigen Wahrnehmungsbereitschaft und generelles Interesse. Die Sehachsen schneiden sich nicht in einem Zielpunkt, sondern verlaufen parallel, z. B. beim Aufnehmen der Reize einer Landschaft, wenn Bilder der Vorstellung vorüberziehen, also wenn nicht aktiv selektiert, sondern beschauend betrachtet werden soll.

Das voll geöffnete Auge zeigt demzufolge:

- geistige Produktivität (das Auge nimmt schöpferische Einfälle auf),
- Vorstellungen, die aus Einbildungen resultieren, z. B. bei verträumten Kindern,
- Unschuld (viele Schwindler setzen voll geöffnete Augen zur Vertrauensweckung ein).

Auch Maler überzeichnen die Augenöffnung leicht, um damit das »Schauende« besser darstellen zu können. In der Hamburger Kunsthalle befindet sich ein Bild des berühmten Impressionisten Liebermann, der auf diesem Bild Sauerbruch mit überweit geöffneten Augen malte. Er drückte so den genial schauenden Diagnostiker aus. Bei intuitiv denkenden Menschen wird diese Ausdrucksform leicht zur Dauerhaltung (s. Abb. 4).

Offene Augen

Fast alle Erwachsenen haben gleich große Augen. Die unterschiedliche sichtbare Größe resultiert aus der Weite der Öffnung der Lidspalte. Menschen, die starkes Interesse für ihre Umwelt aufbringen, heben das Oberlid mehr als andere. Dadurch wird der Oberlidheber stärker beansprucht. Die Dauerhaltung der voll geöffneten oder offenen Augen wird so entwickelt. Offene Augen sprechen für optimistischen Reizempfang. Die Pupille ist frei für die Reizaufnahme. Die Öffnungsgrade, für sich allein betrachtet, sind mit der Sehfunktion des Auges erklärbar. Offene Augen zeigen normales Interesse bis optimistische Aufgeschlossenheit an der Umwelt (s. Abb. 5).

Abb. 4

»Schmidt kündigt offensive Wirtschafts- und Finanzpolitik an«, ist die Bildunterschrift dieses dpa-Bildes, das den damaligen Wirtschafts- und Finanzminister Helmut Schmidt während eines dpa-Interviews am 11. 7. 1972 zeigt. Die voll geöffneten Augen Helmut Schmidts lassen geistige Produktivität, Wahrnehmungsbereitschaft und das generelle Interesse am Thema erkennen. Die insgesamt gespannte Mimik läßt zusätzlich den Eindruck von Durchsetzungsvermögen und Konsequenz entstehen.

Abb. 5

Gekoppelt mit der Lächelstellung des Mundes, geben die offenen Augen dem Gesicht dieser jungen Dame einen aufgeschlossenen, umweltbezogenen Ausdruck. Die Mimik scheint sagen zu wollen: »Ich will mit Interesse sehen, wie du auf mein Lächeln reagierst.«

Das verhängte Auge

Hängt das Oberlid, den oberen Teil des Auges abdeckend, mehr oder weniger spannungslos herab, sprechen wir vom verhängten Auge (Lersch). Anspannung, abgesunkene Anteilnahme an der Umwelt zeigt sich so. Wegen Rücksicht auf andere werden die Augen nicht vollständig geschlossen. Man begnügt sich damit, die Spannung des Augendeckelhebers zu verringern, wodurch das Oberlid herabsinkt.

Diese Stellung des Oberlides läßt ein klares Netzhautbild nicht mehr zu. Auch daraus resultiert, daß ein aktives Interesse an der Umwelt im Augenblick nicht besteht. Dies kann in Erschöpfung oder Langeweile begründet sein.

Als habituelle mimische Form zeigt das verhängte Auge Gleichgültigkeit, Stumpfheit, Trägheit, Affektlahmheit, Resignation und Überheblichkeit, bei der »der andere keinen Blick wert ist«. Der Blasierte zeigt mit dieser Lidstellung, daß es sich für ihn nicht lohnt, die Welt richtig anzuschauen.

Ist das verhängte Auge Ausdruck von Antriebsschwäche, Resignation, Trägheit oder Stumpfheit, dann ist dieser mimische Ausdruck oft mit wenig Spannung und einem leicht geöffneten Mund, eventuell geneigtem Kopf unterstrichen.

Das verhängte Auge kann aber auch aus einer Lähmung des Augendeckelhebers (Ptosis) resultieren. Deshalb sei hier vor vorschnellen Schlüssen gewarnt.

Der Volksmund bezeichnet das verhängte Auge auch als »Schlafzimmerblick«. Mit diesem Wort wird die Hingabe und damit das Desinteresse an der Umwelt ausgedrückt.

Gerade bei diesem Augenausdruck sind die weiteren körpersprachlichen Signale wichtig. Sind gleichzeitig die Mundwinkel herabgezogen, kann Hochmut oder Arroganz vermutet werden.

Das abgedeckte Auge

Das abgedeckte Auge entsteht durch eine Verengung der Lidspalte. Es liegt in der Ausdrucksskala zwischen dem verhängten und dem zugekniffenen Auge. Wegen des zusammengezogenen Augenkreismuskels (Orbicularis oculi) bleibt nur noch ein Sehschlitz übrig. Als Vergleich bietet sich die geschlossene Blende einer Kamera an.

Die Verengung der Lidspalte drückt konzentriertes optisches Verhalten mit dem Ziel der punktuellen Beobachtung aus. Die Sehachsen verlaufen bei zusammengezogenen Augenkreismuskeln nicht mehr parallel, sondern konvergierend (sich schneidend).

Dieses konzentrierte Sehenwollen wird auch bei starker Kurzsichtigkeit notwendig. Dabei wird der zu lange Augapfel mit Hilfe des Kreismuskels zusammengezogen (willkürliche Akkomodation). Da es sich hierbei um einen rein sehtechnischen Vorgang handelt, ist eine körpersprachliche Deutung nicht möglich.

Als unmittelbare Reaktion bedeutet das zusammengekniffene Auge konzentriertes geistiges Verhalten, z. B. das Verarbeiten einer Idee. Dabei wird, um nicht abgelenkt zu werden, ein imaginärer Punkt im Raum fixiert und so die kritische Verarbeitung des Einfalles eingeleitet. Es kann auch der Punkt des Interesses unmittelbar fixiert werden. Dann hängt das in diesem mimischen Ausdruck gezeigte Interesse unmittelbar mit dem fixierten Punkt zusammen. Es wird punktuelle Aufmerksamkeit zugewendet.

Aktive Spannung bei der Verengung der Lidspalte zeigt die aktive Verfolgung eines Zieles. Ist dieser Ausdruck mit einem seitlichen Blick gekoppelt, drückt sie den Charakter des Lauerns und der Verschlagenheit aus.

Als unmittelbare Reaktion und als durch einen Außenreiz entstandenes Verhalten drückt das abgedeckte Auge kritische Verarbeitung eines eigenen Gedankens aus. Dabei ist die Kehrseite der offenen Konzentration ausgedrückt. Festgenagelt übersieht der so Schauende andere Eindrücke und das, was wirklich wichtig wäre. Eigensinn, Trotz, Engherzigkeit, Eigenbrötlertum, Kleinlichkeit und überkritisches Verhalten werden so ausgedrückt.

Wirken die Augen streng und stechend, verraten sie, daß der so Blickende etwas von uns will (s. Abb. 6).

Abb. 6
Die abgedeckten Augen dieses Mannes drücken konzentriertes optisches Verhalten mit dem Ziel der punktuellen Beobachtung aus. Der Eindruck des konzentriert aufnehmenden Verhaltens wird durch den zur zusätzlichen Wahrnehmung geöffneten Mund noch verstärkt.

Das zugekniffene Auge

Diese Augenstellung drückt eine unlustbetonte Schutzmaßnahme aus und wird meist durch schmerzhafte oder lästige Reize, grelles Licht, beißenden Rauch oder bei Fremdkörpern im Auge, z. B. Seifenschaum, hervorgerufen.

Außerdem ist das zugekniffene Auge Ausdruck genereller Unlust, wie körperlicher Schmerz, unangenehme Gedanken, Folge eines seelischen Mißbehagens. Schon die Vorstellung der genannten Reize kann zu dieser Schutzmaßnahme führen (s. Abb. 7).

Abb. 7
Auf diesem Bild der United Press International vom 20. 6. 1975 sehen wir die meisten Mitglieder der englischen Königsfamilie mit zugekniffenen Augen. Deutlich ist hier zu sehen, daß das Zukneifen der Augen eine unlustbetonte Schutzmaßnahme ist. Das Lächeln »entschärft« die Schutzmaßnahme und läßt das positive Interesse am Beobachtungsobjekt erkennen.

Das einseitig zugekniffene Auge

Das einseitig zugekniffene Auge wird hauptsächlich zur Kundgabe und heimlichen Verständigung verwendet. Mit weniger Spannung ausgedrückt, wird es auch als Koketterie-Bewegung verstanden, insbesondere wenn seitlich geneigter Kopf und entsprechendes Lächeln zusätzlich verwendet werden.

Das »Zwinkern«, eine Form des einseitig zugekniffenen Auges, dient dem Herstellen eines geheimen Einverständnisses. Es besagt: Wir bedürfen unserer Sinnesorgane (Augen) nicht mehr, wir wissen auch so Bescheid. Beim Zwinkern bleibt meist ein Auge geöffnet, damit geprüft werden kann, ob der so Angesprochene verstanden hat.

Wird ein Auge zugekniffen, das andere unverwandt auf das Gegenüber gerichtet, sagt dies: »Ich habe dich durchschaut, ich bin meiner Sache so sicher, daß ich das eine (zugekniffene) Auge gar nicht mehr benötige.«

Ist auch beim noch offenen Auge der Kreismuskel verengt, kann dies die Vorbereitung eines tätlichen Angriffes erkennen lassen.

Etwas harmloser drückt diese Augenstellung aus, daß jemand z. B. in einer Debatte noch einen Trumpf besitzt. Die Stellung des zugekniffenen Auges ist typisch für Verschmitzte, Schelmische, Pfiffige, Listige, aber auch für Wichtigtuer, Gauner und Zudringlich-Freche (s. Abb. 8).

187

Abb. 8
Die junge Dame verwendet das einseitig zugekniffene Auge zur Kundgabe. Die starke Lächelstellung der Lippen läßt das zugekniffene Auge zur Koketteriebewegung werden. Die gleichzeitig gefalteten Hände widersprechen der Absicht der Koketterie. So wird aus den sich widersprechenden oder nur teilweise ergänzenden Botschaften erkennbar, daß die Bewegungsabläufe nicht echt, sondern zweckbetont und gestellt sind.

Das spannungslos geschlossene Auge

Während des Schlafens und/oder wenn keine Eindrücke mehr aufgenommen werden wollen, wird das Auge ohne besondere Spannung geschlossen. Es drückt so ein Sichabschließen gegen Außeneindrücke und ein Sichzurückziehen auf sich selbst aus.

Wer die Augen geschlossen hat, möchte nicht gestört werden. Gründe dafür können sein: Besinnung und Genießen-Wollen (Konzert).

Das spannungslos geschlossene Auge kann auch zur Kundgabe verwendet werden. Dann werden die Augenlider und der Kopf für einen Moment gesenkt. Die geschlossenen Augen drücken aus, daß kein Bedarf an Weiterorientierung besteht, daß verstanden wurde.

Bei der heimlichen Kundgabe werden die Augen unauffällig und langsam geschlossen. So wird ausgedrückt, daß es sich, nachdem man übereingekommen ist, nicht mehr lohnt, die Augen für weitere Eindrücke offenzuhalten.

Da die spannungslos geschlossenen Augen immer ein Nicht-mehr-wahrnehmen-Wollen der Umwelt ausdrücken, wird diese Augenstellung auch verwendet, wenn jemand, weil er sonst reagieren muß, etwas nicht gesehen haben will. Diese Botschaft sagt dem anderen: »Ich habe nichts gesehen, tu, was du willst.«

Oft ist bei dieser Art des Augenschließens ein Abwenden des Kopfes oder des Oberkörpers ebenfalls festzustellen.

Lidbewegung

Die Ausdrucksskala der Lidbewegungen ist groß. Das ist verständlich, wenn wir davon ausgehen, daß das Auge ein sehr wichtiges Sinnesorgan ist und im Gesicht eine dominierende Stellung einnimmt. Daß sich viele körpersprachliche Signale und Reaktionen im Bereich der Augenpartie entwickelt haben, wird so einsichtig.

Männern steht eine größere Skala an Augensignalen zur Verfügung als Frauen. Das ist darauf zurückzuführen, daß die Augen ausgesprochene Werbemittel sind und die Rolle des aktiv Werbenden mehr dem Mann als der Frau zusteht. Bei Japanern, die ein beherrschteres Ausdrucksverhalten zeigen, ist die Anzahl der möglichen Augensignale bei Männern und Frauen etwa gleich.

Interessant ist, daß wir bei unseren Gesprächspartnern mehr Lidpositionen erkennen, als wir selbst ausführen oder reproduzieren können.

Der Lidschlag ist eine unlustbetonte Reaktion auf Behinderung. Diese Behinderung kann durch ein Fremdkörperchen körperlich, aber auch durch negatives Betroffensein, Unsicherheit, Verlegenheit, schlechtes Gewissen und Nervosität seelisch bedingt sein. Mehrere Lidschläge kurz aufeinander folgend, können das Unterbrechen-Wollen eines als unangenehm empfundenen Blickkontaktes bedeuten und eine Zwischenstellung zwischen dem Offenhalten-Wollen und Niederschlagen-Wollen der Augen bedeuten.

Das tränende Auge

Tränen sind eine unlustbetonte Reaktion auf Störungsreize. Diese Reize können sowohl gegenständlicher als auch seelischer Art sein. Bei gegenständlichen Reizen soll der Fremdkörper durch die Tränen weggespült werden. Bei psychisch bedingtem Weinen wegen Unlustempfindung oder Schmerzen und Hilflosigkeit ist die Symbolik des Wegspülens ebenfalls enthalten. Das tränende Auge gibt keine verläßlichen optischen Bilder, so daß der Weinende, nahezu blind, der Umwelt wehrlos preisgegeben ist. Frühe Erfahrungen haben uns gelehrt, daß die im weinenden Auge ausgedrückte Hilflosigkeit Zuwendung, z. B. von den Eltern, erreicht. Auch beim Weinen aus Freude liegt Hilflosigkeit, nämlich das hilflos den Emotionen Ausgeliefertsein, zugrunde. Genauso verhält es sich beim Weinen aus Wut und Trotz. Bei weichen, wehleidigen und infantilen Naturen sitzen die Tränen locker, man sagt auch, diese haben »nahe am See gebaut«. Diese Menschen wollen ihre Ziele über das Mitleid anderer erreichen. Besonders bei gewissen hysterischen Frauen wird dann Weinen zur Waffe. Sie drücken aus Berechnung auf die Tränendrüse. Trifft die erwartete Mitleidreaktion nicht ein, wird das Weinen meist schnell beendet.

Die Pupille

Die Pupille ist die runde, normalerweise tiefschwarz erscheinende Öffnung in der Mitte der Regenbogenhaut des Auges. Sie wird so genannt, weil sich auf ihr das Bildchen (pupilla = Püppchen) projiziert, das die Hornhaut als Konvexspiegel von einem ins Auge schauenden Beobachter entwirft. Die Pupille reagiert durch Verengung der Pupillenweite auf Lichtreize. Dadurch wird die Beleuchtungsstärke der Netzhaut gemindert und diese geschützt. Auch bei der Einstellung des Auges auf die Nähe verändert sich die Pupillenweite.

Durch Abblenden der Randstrahlen wird die Tiefenschärfe erhöht. Die Pupille weitet sich auch bei Lidschluß. Obwohl das Auge ausschließlich für die Aufnahme von Lichtreizen konstruiert ist, die Pupille also ausschließlich auf Lichtreize reagieren sollte, sind auch seelisch bedingte Pupillenreaktionen feststellbar. Auf sensible Reize (Schmerz) und bei allgemeiner Erregung des sympathischen Nervensystems erweitert sich die Pupille. Möglicherweise kann man deshalb von einer hellen oder düsteren Stimmung sprechen.

Die Pupillendurchmesser reichen von 2 bis 8 mm. Objekte, die uns interessieren, führen zu einer spontanen Weitung der Pupillen. Dies ist auch der Grund dafür, daß größere Pupillen sympathischer auf uns wirken als verengte. Nicht nur die aufgerissenen bzw. weit geöffneten Augen, sondern auch die Weitung der Pupillen signalisieren Interesse. Dieses unbewußt aus den weit geöffneten Pupillen gefolgerte Interesse des Gegenüber an der eigenen Person führt dazu, daß weit geöffnete Pupillen sympathischer wirken. Diese Wirkung kannten auch schon vor Hunderten von Jahren die italienischen Kurtisanen, die, um die Pupillen zu weiten, ein giftiges pflanzliches Präparat in die Augen träufelten. Bei dieser Droge handelte es sich um Belladonna. Kein Wunder, daß Belladonna zu deutsch »schöne Frau« heißt.

Auch im vorrevolutionären China war die Weitung der Pupillen als Signal des Interesses bekannt. Jadehändler trugen deshalb dunkle Brillen, um bei besonders schönen Stücken eine Pupillenweitung zu verbergen. Früher hatten Jadeverkäufer auf Pupillensignale geachtet und bei derartigen Signalen den Kaufpreis angehoben.

Pupillen lügen nicht. Das weiß auch die Werbeforschung. Zum Test der Werbebotschaften wurden Kameras entwickelt, die sowohl den Werbespot oder die Werbebilder als auch die Pupillenreaktion der Betrachter aufnahmen. Bei den Abbildungen, die subjektiv gefallen, weiten sich die Pupillen mehr als nötig, während eine Verengung der Pupillen das Mißfallen ausdrückt. Es ist wohl so, daß nicht nur das Augenlid ein Verschlußmechanismus gegen die Eindrücke ist, die nicht wahrgenommen werden wollen, sondern daß die Pupillen neben ihrem ursprünglichen Zweck, auf Lichtreize zu reagieren, zusätzlich Teilfunktionen ausüben. In einer Versuchsreihe wurden die Pupillenreaktionen auf Babyfotos beobachtet. Generell ergab sich bei Frauen eine stärkere Weitung. Weitere Ergebnisse waren: Ledige Männer enge Pupillen, ledige Frauen weitere Pupillen, verheiratete Männer ohne Kinder enge, verheiratete Frauen ohne Kinder weite Pupillen, verheiratete Männer mit Kindern weit, verheiratete Frauen mit Kindern weit. Die Ergebnisse der Pupillenverengung sind auch dann festgestellt worden, wenn es sich um Männer handelte, die sonst behaupteten, Babys zu mögen, und zum Beweis anführten, daß sie das Baby von Bekannten sogar bewunderten. Vermutlich handelt es sich bei dieser Bewunderung um einen unbewußten Akt der Höflichkeit. Babys besitzen größere Pupillen als Erwachsene. Hierbei handelt es sich um ein angeborenes Signal, das sie liebenswerter macht und so die Überlebenschancen vergrößert. Mit seinen geweiteten Pupillen ist es dem Baby möglich, stärker auf sich aufmerksam zu machen. Auch bei sich tief in die Augen schauenden Liebenden sind Reizreaktionsmuster der Pupillenweitung beobachtbar. Das Interesse des einen Partners führt zur Weitung seiner Pupillen. Der andere Partner nimmt diese Weitung wahr und reagiert seinerseits mit einer Pupillenweitung. So wird das »Tief-in-die-Augen-Schauen« zu einem Prozeß gegenseitigen Auf-sich-aufmerksam-Machens.

Der Blick

Wir sagen, Blicke können kalt sein, Schauer über den Rücken jagen, dahinschmelzen lassen, brennen, entfachen, stählern blitzen, wissen, spotten, glühen, durchbohren und anderes. Sicherlich wissen wir, daß dies nicht gegenständlich erreichbar ist, sondern durch bestimmten Ausdruck der Augen lediglich so wirkt. Die Augen selbst sind ausdruckslos. Lediglich die Weitung oder Verengung der Pupille und die umgebenden Partien, Augenbrauen, Lider, Stirn, das ganze Gesicht und die Dauer eines Blickes ergeben entsprechende Eindrücke. So ist auch zu verstehen, daß der Blick lediglich als Ausdruck der Augen oder kurzes Hinschauen definiert ist.

Der Blickkontakt

Im Gegensatz zum ziellosen, umherschweifenden Blick ist der Blickkontakt auf ein Objekt fixiert. Die Skala des Ausdrucksverhaltens reicht dabei vom Anstarren bis zum »Hindurchsehen«. Das Anstarren bedeutet Erniedrigung, das Hindurchsehen Nichtachtung. Problematisch wird es beim nur kurz andauernden, immer wieder gesuchten Blickkontakt. Dieser drückt Betroffenheit, aber auch Interesse aus. Oft ist diese Art des Blickkontaktes beim Ansehen verkrüppelter oder mit besonderen Merkmalen ausgestatteter Menschen zu beobachten. Die Wichtigkeit des Blickkontaktes ist immer wieder betont worden. Der Grund dafür ist, daß nur mit Blickkontakt Sicherheit gezeigt und so die Wirkung des gesprochenen Wortes verstärkt wird, der andere Grund ist, daß nur derjenige, der Blickkontakt hält, die Reaktion des Gesprächspartners sehen kann. Angst vor Ablenkung, Scheu, die Aussagen des anderen zu konfrontieren, und das Selbst-weitersprechen-Wollen sind häufige Gründe für fehlenden Blickkontakt. Peinliche Berichte anderer werden oft ohne Blickkontakt entgegengenommen. Damit soll dem anderen das Weitersprechen erleichtert werden. Dies ist auch der

Grund dafür, daß Psychotherapeuten und -analytiker die Problemberichte ihrer Patienten nicht mit Blickkontakt entgegennehmen, sondern sich sogar außerhalb des Sichtbereiches der Patienten setzen.

Oft wird empfohlen, den Blickkontakt auf die Nasenwurzel des Gesprächspartners zu richten. Dabei entsteht leicht der Eindruck, daß man durch den anderen hindurchsieht. Dieses Hindurchsehen (in die Seele schauen) wirkt stark beeinflussend und wird u. a. auch von Therapeuten zur Einleitung einer Hypnose benutzt. Alternativen zu dieser Art Blickkontakt sind der Blickkontakt zum linken Auge, der Blickkontakt zum rechten Auge und der Blickkontakt zu anderen Gesichtspartien. Da man unter Blickkontakt das »In-die-Augen-Schauen« versteht, bleibt als Empfehlung nur Blick in das linke oder rechte Auge oder auf die Nasenwurzel zwischen die Augen. Blickkontakt zu anderen Gesichtspartien verursachen ein Gefühl der Unsicherheit beim Gesprächspartner.

Der Blickkontakt bildet die kommunikative Brücke zum Zuhörer. Er zeigt entsprechend dem Augenausdruck Zuwendung und Sicherheit des Sprechenden. Er ermöglicht es, die Reaktion des Zuhörers oder mimische Begleiterscheinungen beim Sprechenden zu beobachten. Er kann als Meta-Signal des Redners die Bedeutung der Aussage unterstreichen oder verändern. Trotz dieser eindeutigen Vorteile des Blickkontaktes wird dieser nicht immer als Wirkungsmittel eingesetzt. Folgende Einzelursachen können dafür verantwortlich sein:

– Fachliche oder persönliche Unsicherheit
– Angst und Hemmungen
– Unkenntnis der Notwendigkeit des Blickkontaktes
– Bewußte oder unbewußte Ablehnung (Antipathie)
– Arroganz
– Ignoranz (Schuldgefühle und Scham)
– Fehlende Identifikation mit der Aussage

Begegnen sich zwei fremde Menschen, so entsteht zusammen mit dem aufgenommenen Blickkontakt oft gleichzeitig ein Konfliktzustand. Einerseits möchte man den anderen anschauen, andererseits ist man bestrebt, gleichzeitig wegzuschauen. Die Folge davon ist ein unruhiges Hin- und Herbewegen der Augen. Bei größerer Schüchternheit wird der Blickkontakt längere Zeit nicht aufgenommen und erst nach Aufbau entsprechender Sicherheit (Anwärmphase) flüchtige Blicke zugeworfen. Der Blickkontakt dient bei der Begegnung Fremder zur oft unbewußten Verständigung. Kommen sich Menschen auf der Straße entgegen, läuft ein unbewußter Kommunikationsprozeß ab.

Etwa drei Meter vor dem Entgegenkommenden wird Blickkontakt aufgenommen, und durch Wegblicken auf die Seite, auf der man vorbeigehen will, das eigene Vorhaben signalisiert.

Stoßen Menschen trotzdem zusammen, kann man dies auf einen »körperlichen Versprecher« zurückführen. Weil wir Augensignale des anderen nicht sehen können, wenn die Augen hinter einer dunklen Brille verborgen sind, macht uns die dunkle Brille eines anderen unsicher.

Problematisch wird der Blickkontakt in öffentlichen Verkehrsmitteln. Da man dort (von Ausnahmen abgesehen) mit niemandem in körpersprachliche Kommunikation treten will, werden die anwesenden Personen nur mit einem kurzen Blick gestreift. Anschließend wird Blickkontakt mit einem anderen Objekt innerhalb oder außerhalb des Verkehrsmittels oder mit den eigenen Fingern aufgenommen. Ein sich vielleicht doch einstellender Blickkontakt wird, wird er vom anderen wahrgenommen, durch ein den »Unfall« entschuldigendes Lächeln entschärft. Generell gilt, daß derjenige, der zuerst den Blickkontakt aufnahm, diesen, wenn nicht anschließend aktive Kommunikation folgt, auch zuerst wieder abbrechen muß. Die Blickdauer darf nur so lange anhalten, bis beim Betrachteten eine Spannung entsteht. Diese Spannung kann dann zu einer Weiterführung des Kontaktes mit Worten genutzt oder durch Abbrechen des Blickkontaktes abgebaut werden. Der Blickkontakt gibt auch Information über den Status des Menschen.

Herr Schulze wird zu seinem Vorgesetzten gerufen. Er nimmt an, daß ihm ein Fehler unterlaufen sei und daß deshalb Kritik geäußert würde. Schon beim Betreten des Büros des Vorgesetzten nimmt er Blickkontakt auf und sucht im Gesicht des Vorgesetzten nach informierenden Signalen. Der Vorgesetzte blickt zur Seite, bietet aber mit einem flüchtigen Blick zum Stuhl Platz an. Ohne Blickkontakt, aus dem der Mitarbeiter auf die Gefühle seiner Vorgesetzten hätte schließen können, wird er kritisiert. Diese doppelte Bestrafung (keines Blickes würdig und Kritik) führt zu einem Rechtfertigungsverhalten. Die Rechtfertigung erreicht zwar Blickkontakt, aber im Blickkontakt ist der Ausdruck des wütenden Anfunkelns enthalten. Darauf senkt Herr Schulze schuldbewußt den Blick. In seiner eigenen Wut und Ohnmacht »verliert er sein Gesicht«. Er unterwirft sich und läßt die Kritik über sich ergehen!

»Ein Auge auf jemanden haben« und Blickkontakt aufnehmen – signalisiert Interesse. Passive Dominanz und passive Unterlegenheit führen zum Wegblicken. Aktive Aggression und aktive Angst führen zum Anstarren.

Auge in Auge

Der Blickkontakt Auge in Auge dient vorwiegend der Prüfung, besonders der unbewußten Prüfung der Pupillenreaktion. Wird dieser Blick Pupille auf Pupille längere Zeit beibehalten, löst er bei jedem der Beteiligten eigenartige Empfindungen eines weit über das Optische hinausgehenden unmittelbaren seelischen Kontaktes aus. Dieser Blick erweckt den Eindruck, durch die Pupillenöffnung ins Innere des anderen zu blicken und darin lesen zu können. Deshalb wird dieser Blick als ernste Seelenprüfung verstanden. Diese gegenseitige Prüfung ohne Hehl bedingt große Offenheit der Beteiligten. Dieser Blick ist bei Liebenden und bei Kindern zu beobachten. Mit gutem

Gewissen, Vertrauen und Freimut versenken sich die Augen ineinander. Bismarck nannte diesen Blick den Blick der pupillarischen Sicherheit. »Ohne mit der Wimper zu zucken«, wird dieser Blick von Erwachsenen umschrieben. Er zeigt oft stillschweigende Übereinkunft und ist oft beobachtbar bei echter Freundschaft.

Im Bereich der Erotik führt dieser Blick, wie bereits beschrieben, zu reflexartigen Pupillenerweiterungen beim Sichversenken der Blicke. Er drückt eine symbolische Inbesitznahme und beseelte Hingabe aus und gehört zu den intimsten Bereichen des liebenden Ausdrucks. In den Augen lesen heißt die Pupillenweitung prüfen.

Wird dieser tiefe Blick in Situationen verwendet, zu denen er nicht oder noch nicht paßt, kann aggressive Reaktion folgen.

Blick mit abgedecktem Auge

Dieser Blick dient der mißtrauischen Prüfung, zeigt Zudringlichkeit und drückt möglicherweise Sadismus und Aggression aus. Hintergründe können versteckte negative Absichten, Hinterhältigkeit oder Drohung sein. Der eigene Blick ist dabei geradlinig forschend, das herabgesunkene Augenlid erschwert dem Partner jedoch die ebenfalls gewünschte Information. Mit diesem Blick will man Absichten des anderen erfahren, ohne eigene Absichten preiszugeben. Bei zusammengezogenem Kreismuskel blickt man durch den schmalen Spalt wie durch den Sehschlitz eines Visiers. So empfindet man die Sicherheit, selbst wahrzunehmen, aber gegen Blicke anderer genügend geschützt zu sein. Es ist der Blick von Kriminalisten und Untersuchungsrichtern. Dieser Blick wirkt unangenehm, kalt, stechend und grausam.

Parallel gerichtete Augen auf kurze Entfernung

Wird ein in der Nähe befindliches Objekt aufmerksam angeschaut, sind beide Augen auf den Punkt des Interesses gerichtet. Dabei laufen die Sehachsen an diesem Punkt zusammen. Bei parallel gerichteten Augen wird ein Zusammenlaufen der Sehachsen verhindert, wodurch eine scharfe Wahrnehmung des betrachteten Objektes nicht möglich ist.

Die parallele Augenstellung läßt einen versonnenen, in seine eigene Vorstellungswelt vertieften Menschen erkennen, den Spaziergänger, der, in seine eigenen Vorstellungen vertieft, seine Umwelt nur unscharf wahrnehmen will. Bei der Begegnung mit anderen Menschen sieht er durch diese hindurch. Absichtlich wird dieser Blick dann eingesetzt, wenn jemandem gezeigt werden soll, daß er Luft für einen ist. Dem so angeschauten »Opfer« wird dabei nicht klar, ob es nicht gesehen wurde oder nicht gesehen werden wollte.

Der gerade, zugewendete Blick

Diese Art des Blickes ist am besten für den sympathischen Blickkontakt geeignet. Bei dieser Art des Blickes ergibt sich das optisch beste Bild auf der Netzhaut. Es ist eine genaue Betrachtung möglich. In zwischenmenschlichen Beziehungen zeigt dieser Blick Interesse und Wertzuerkennung, insbesondere bei Vollzuwendung der Antlitzfläche. Als Ausdruck der Persönlichkeit können wir diesen Blick bei gleichzeitiger Zuwendung der Antlitzfläche auch deshalb bezeichnen, weil er höflich und wohlerzogen wirkt und er der Achtung vor dem anderen Ausdruck gibt. Bei gegenseitiger voller Zuwendung findet die Blickbegegnung auf ungefähr gleicher Höhe statt. Dies besagt, daß die Gesprächspartner auf gleichem Niveau verkehren und sich als gleichberechtigt anerkennen.

Noch heute wird in einem von uns betreuten Unternehmen über einen ehemaligen Vertriebsdirektor gesprochen und bei der Diskussion über den Blickkontakt immer wieder das gleiche Erlebnis berichtet: Anläßlich eines Firmenjubiläums unterhielt sich nämlicher Vertriebsdirektor mit einer an einem anderen vollbesetzten Tisch sitzenden Dame zunächst stehend. Höflich und weltgewandt, wie er war, wurde ihm die Situation des von oben herab auf die Dame Blickens unangenehm. Um dieser Situation zu entgehen, kniete er sich zum weiteren Gespräch auf ein Knie nieder und erreichte so die gerade, Achtung ausdrückende Blickrichtung.

Der gerade Blick aus voll geöffnetem Auge ins Gesicht des anderen zeigt Bereitschaft zu offener und direkter Auseinandersetzung. Ohne Heimlichkeit und Umwege signalisiert dieser Blick den anständigen, selbstbewußten und geraden Charakter.

Der Blick von oben

Der Blick von oben herab kann durch unterschiedliche Größe der Gesprächspartner, durch unterschiedliche Haltung oder durch zurückgenommenen Kopf bedingt sein. Dieser Blick verlängert den Abstand zum Partner und vermittelt dem Blickenden ein Gefühl der Überlegenheit, dem Angeblickten ein Gefühl der Unsicherheit. Er kann entstehen aus Überheblichkeit, Stolz, Herrschsucht, Hochmut, Verachtung und Verächtlichkeit.

Um den damit ausgelösten Gefühlen zu entgehen und um eine gerade Blickrichtung sicherzustellen, kompensieren insbesondere kleine Menschen durch Statussymbole, z. B. höhere Sitzfläche, Stehen, während der andere sitzt, sich auf die Zehenspitzen stellen oder durch Fremdkompensation, wie über das Normale hinausgehende Leistung, um damit die scheinbar nicht gegebene Anerkennung anderer zu erreichen.

Der Blick von unten

Dieser Blick kann bedingt sein durch geringe Körpergröße, entsprechende Körperhaltung oder gesenkten Kopf. Ist diese Blickrichtung aus geringer Körpergröße gegeben, wird durch entsprechende Körperhaltung oder durch Hilfsmittel oft der Versuch unternommen, eine gerade Blickrichtung herzustellen. Bedingt aus der Körperhaltung, wird der sich schwächer Fühlende eine Körperhaltung anstreben, die eine gerade Blickrichtung ermöglicht. Auch dadurch begründet, neigen sitzende Mitarbeiter gern dazu, aufzustehen, wenn der Vorgesetzte das Gespräch sucht. Ist der Vorgesetzte wesentlich kleiner als der Mitarbeiter, ist der Wunsch aufzustehen meist nicht vorhanden, weil es sonst zu einem Blick von oben herab auf den Vorgesetzten käme. Der Blick von unten, bedingt durch gesenkten Kopf, signalisiert eine Unterwerfungs- (wenig Spannung) oder Angriffshaltung (mehr Spannung). Dabei ist eine vollständige Unterwerfung, bei der der Blickkontakt abbrechen würde, nicht vorgesehen. Der sich so Verhaltende will trotz gesenkten Hauptes sein Gegenüber wahrnehmen. Deshalb ist in dieser Haltung immer noch ein Teil Mißtrauen und Aktionsbereitschaft enthalten. Richtet sich dieser Blickkontakt nicht auf einen Gesprächspartner, so kann er, je nach Kopfhaltung, bis zum anhimmelnden Blick gesteigert werden. Je gelöster die Mimik, desto mehr entspannte Hingabe ist ablesbar. Je mehr Spannung in der Mimik, desto eher wird dieser Blick zur Pose, zur Scheinheiligkeit, zum Werkzeug für das Erreichen egoistischer Ziele (s. Abb. 9).

Abb. 9
Dieser Blick von unten ist mit verursacht durch den gesenkten Kopf. Das Wahrnehmen-Wollen der Äußerungen des Gesprächspartners wird signalisiert durch die weit geöffneten Augen und durch die stark ausgeprägten waagrechten Stirnfalten. Der leicht offene Mund signalisiert zusätzliche Wahrnehmungsbereitschaft. Der gesenkte Kopf (Schutz des Halses) und die leichte Schrägstellung des Kopfes (Ausweichen) lassen vermuten, daß dieses Verhalten durch Kritik bzw. Bestrafungsbotschaften ausgelöst wurde.

Der schräge Blick

Dieser Blick kann von oben oder unten ausgeführt werden. Von oben ausgeführt, drückt er Geringschätzung und Verächtlichkeit aus. Von unten ausgeführt, läßt er eher Kriecherei erkennen. So soll mit diesem Blick noch beobachtet werden, ob die Liebedienerei vom anderen auch wahrgenommen wird. Der schräge Blick will sehen, ohne ertappt zu werden. Als Übergang vom geraden Blick zum schrägen Blick stellt sich der ausweichende Blick dar. Dieses Ausweichen signalisiert eine aus Unterlegenheitsgefühl resultierende Flucht. Oft beobachtbar ist der ausweichende Blick, wenn ein fester Blickkontakt des anderen nicht ertragen werden will. Der schräge Blick kann aber auch Folge von gewissen rheumatischen Erkrankungen der Halsmuskeln oder von Schwerhörigkeit sein. Bei Schwerhörigkeit soll durch die seitliche Kopfhaltung das Ohr näher zum Sprechenden gebracht und gleichzeitig Blickkontakt gehalten werden. Deshalb entsteht der Eindruck, Schwerhörige seien mißtrauisch.

Das beim schrägen Blick auf der Netzhaut erzeugte Bild ist weniger scharf als beim geraden Blick. Dies wird, entweder weil wichtige Gründe für das Wegneigen des Kopfes gegeben sind, in Kauf genommen, oder es wird dadurch Desinteresse signalisiert. Es können Gründe für den schrägen Blick auch Bequemlichkeit – dann ist der so Blickende zu faul, den Kopf zu bewegen oder zu drehen – oder Gleichgültigkeit – dann wird nur mit einem Blick gestreift – oder Mißgunst – dann will nicht alles wahrgenommen werden – sein.

Der schräge Blick dient auch der heimlichen Beobachtung. Der gerade Blick, die volle Gesichtszuwendung würde zu deutlich zeigen, woran Interesse besteht.

Beim schräg gehaltenen Kopf ist die Täuschung wesentlich leichter. Wird man ertappt, kann man leicht ohne Kopfdrehung den Blick abwenden. Der wirkliche Sinn dieses Blickes ergibt sich aus den Meta-Signalen (Mimik, Körperhaltung, Spannung). Auch die Weitung der Augen gibt wesentliche Informationen. Sind die Augen aufgerissen, ist der Hintergrund eher Angst. Bei voll geöffneten Augen kann sich Neugier oder abschätzende Zurückhaltung verstecken, bei abgedeckten Augen ist eher Mißtrauen oder Hinterhältigkeit ablesbar.

Generell kann der schräge Blick als Mangel an pupillarischer Sicherheit interpretiert werden. Der Blickkontakt soll vermieden werden, weil dieser als taktlos empfunden oder nicht ertragen werden kann. Der mehr unsichere Mensch vermeidet den Blickkontakt aus Angst davor, daß andere in seinem Inneren lesen könnten, der Abgefeimte, um nicht seine hinterhältigen Gedanken zu verraten. Dieser senkt aber auch bei längerem Blickkontakt den Blick nicht, sondern hält besonders hartnäckig stand.

Neben diesen in der unmittelbaren Kommunikation eingesetzten Ausdrucksmitteln des schrägen Blickes dient dieser auch der Abschirmung gegen andere optische Reize. So ist das himmelnde Auge, die religiöse Verzückung und die Hingabe, die dieser Blick ausdrücken kann, erklärbar. Auch während des Telefonierens wird diese Blickart oft verwendet, um eine stärkere Konzentration auf das Telefongespräch zu ermöglichen. Vom schrägen Blick bis zum Verdrehen der Augen ist es nur ein kleiner Schritt. Die Pantomime des Gequältseins, die heimliche Mitteilung, daß einem die Sinne schwinden, das »Nicht-mehr-in-der-Lage-Sein«, die Augäpfel festzuhalten, wird so ausgedrückt.

Die Wichtigkeit des Blickkontaktes wird in diesem Kapitel immer wieder unterstrichen. Die Dauer des Blickkontaktes soll der Situation angemessen sein. Ein langer Blick von Mann zu Frau drückt eine Einladung aus, ein langer Blick von Mann zu

Mann wirkt eher beleidigend. Beobachten Sie einmal den Nachrichtensprecher im Fernsehen. Dort wird auf Blickkontakt so großer Wert gelegt, daß Hilfsmittel konstruiert wurden, damit der Nachrichtensprecher einen möglichst langen Blickkontakt halten kann. Über dem Objektiv der Kamera befindet sich eine Vorrichtung, von der der Nachrichtentext abgelesen werden kann. Dadurch, daß diese Vorrichtung etwas außerhalb des Kameraobjektivs liegt, wird das direkte Anstarren der Zuschauer vermieden. Die Manuskripte dienen in diesen Fällen nur der Vortäuschung des Vorlesens.

Blickwanderung

Während der fixierende Blick unmittelbares punktuelles Interesse ausdrückt, zeigt der wandernde Blick, indem er punktuell sucht, größeres Interesse am Ganzen – oder ohne dieses Suchen Desinteresse. Entsprechend der Schnelligkeit, mit der der Blick wandert, lassen sich daraus Neugier und genaues Suchen bis hin zu erhöhter Reizbarkeit auf Eindrücke, Flachheit des Erlebens und ängstlich-schnelle Reaktion ableiten. Erfolgt die Blickwanderung senkrecht zur Antlitzfläche, indem geradlinig von oben bis unten Heben und Senken des Kopfes beobachtet wird, signalisiert dies erhöhtes Interesse. Gekoppelt mit Lächeln, deutet dieser Blick Entzücken an. Genügend taktvoll ausgeführt, huldigt er der Schönheit. Begleitet mit zweckmäßig kühler Mimik, wirkt dieser Blick nüchtern taxierend, abschätzend, ja sogar kränkend. So mit den Augen gemessen, fühlt man sich zur Ware erniedrigt. Werden dabei noch Blasgeräusche abgegeben und die Mundwinkel herabgezogen, ist eine größtmögliche Steigerung ins Negative erreicht.

Der fixierende Blick

Beim fixierenden Blick ist meist auch eine Verengung des Kreismuskels und konzentrierte Spannung der Mimik beobachtbar. Ist dieser Blick auf den Gesprächspartner gerichtet, so verstärkt er die Beeinflussung und signalisiert kritische Beobachtung. Er drückt das Bewußtsein der eigenen Kraft und Wirkungsstärke aus. Auf irgendwelche Objekte in der Umwelt sehend, läßt er Zielstrebigkeit und den Wunsch, daß den Tatsachen ins Gesicht gesehen werden soll, erkennen. Bei vielen Rednern ist eine Fixierung des Blickes auf einen Punkt im Raum beobachtbar. Es soll Rednerschulen gegeben haben, die den ihnen anvertrauten Menschen empfahlen, sich auf einen Punkt im Raum zu konzentrieren, um nicht durch die Zuhörer abgelenkt zu werden. Gott sei Dank sind profilierte Trainingsinstitute von derartigem Unsinn genauso abgekommen wie von Empfehlungen, sich als Redner mit den Fingern am Tisch festzuhalten, um einen Halt zu haben, oder Gegenstände in die Hand zu nehmen, um zu wissen, wohin mit den Händen. Der zum imaginären Himmel oder auf einen sonstigen Punkt im Raum gerichtete Blick läßt in allen Fällen eine stärkere Beschäftigung mit sich selbst, mit dem Thema und Inhalt und mit der Konzentration auf die Formulierung als mit dem Publikum erkennen. Solche Wand-und-Decken-Sprecher kümmert die Reaktion des Publikums wenig. Sie wollen sich nur selbst darstellen.

Wie wichtig die Sprache der Augen für die Empfindung in einem Kommunikationsprozeß ist, haben einige Versuche ergeben. Psychologen der Exeter-Universität haben u. a. einen Versuch mit zehn Freiwilligen, die einander nicht kannten, durchgeführt. Jeweils zwei Testpersonen wurden reihum gebeten, Kontakt miteinander aufzunehmen. Dafür wurde eine Zeit von zwei Minuten vorgegeben. Während die Versuchspersonen kurz miteinander sprachen, nahm eine versteckte Filmkamera die Bewegungen ihrer Augen auf. So war eine genaue Messung der Zeit des Augenkontaktes möglich. Sie schwankte zwischen weniger als einer Sekunde und 10 Sekunden. Nach diesen kurzen Gesprächen hatten alle Testpersonen eine feste Vorstellung davon, welche der kennengelernten Personen sie als sympathisch empfanden. Zur Entscheidung hatte in diesem zwangsläufig eher belanglosen Gespräch wesentlich die Sprache der Augen beigetragen. Diejenigen Personen, die den längeren Blickkontakt hielten, wurden allgemein als die sympathischen bezeichnet.

Denkrichtungen und Blickrichtungen

Im Gespräch muß jeder zwei Fragen beantworten:

1. Was denkt mein Gesprächspartner?
2. Wie denkt mein Gesprächspartner?

Die Qualität der Antwort auf beide Fragen entscheidet über Erfolg oder Mißerfolg in der Kommunikation. Das Material für die richtigen Antworten liefern Sprache und Körpersprache.

Was denkt der Partner
Diese Frage erscheint auf den ersten Blick unproblematisch. Schließlich redet er, um zu sagen, was er denkt.

Das folgende Beispiel zeigt, daß einer nicht immer sagt, was er denkt.

Nehmen wir an, »er« kommt spät abends nach Hause. »Sie« sitzt vor dem Bildschirm. Er sagt: »Willst Du noch lange fernsehen?« Sie könnte die Frage mit »Ja« oder »Nein« beantworten. Nehmen wir statt dessen an, daß sie ihn verstehen will. Sie fragt sich deshalb: »Wie meint er das?« Die Möglichkeit, er frage sie lediglich nach einem Zeitpunkt, hat sie bereits verworfen. In Gedanken schlüpft sie in seine Rolle und hört ihn sagen: »Ich habe bis spät abends hart gearbeitet, komme erschöpft nach Hause und Du sitzt vor der Glotze!«

Wenn sie ihn so reden hört, dann wird sie wütend. Sie hört sich antworten: »Kann man sich in diesem Haus noch nicht einmal eine Sendung in Ruhe anschauen?«

Oder sie schlüpft in seine Rolle und hört ihn sagen: »Hast Du nichts Besseres zu tun, als Deine Zeit mit diesen verblödeten Sendungen zu verplempern?«

Auch diese Frage macht sie wütend, und sie haut deshalb in den groben Klotz einen passenden Keil: »Den ganzen Tag racker' ich mich für Dich und die Kinder ab. Da werd' ich doch wohl das Recht haben, mich wenigstens fünf Minuten zu entspannen!«

In beiden Fällen folgt sie ihrem Instinkt, der sich in vielen Jahren des Zusammenlebens mit ihm gebildet hat.

Er denkt: »Verdammt! Warum reagiert sie wieder so sauer. Ich wollte ihr doch nur auf nette Art zu verstehen geben, daß ich gern mit ihr ins Bett möchte!«

Beide sind sauer. Der Abend ist gelaufen.

Sie hat ihn so verstanden, wie sie dachte, daß er seine Frage gemeint hatte.

Er hatte gemeint, daß sie ihn schon richtig verstehen würde.

Hellsehen mit Kristallkugel führt zu Mißverständnissen
in der Kommunikation

Dieses einfache Beispiel zeigt, daß eine sprachliche Botschaft mehrdeutig gemeint und mehrdeutig aufgefaßt werden kann.

Die Quelle solcher Mißverständnisse sind Informationsverluste, die vom Empfänger der Botschaft ergänzt werden müssen. Nur dann kann er verstehen, was wirklich gemeint ist.

Um fehlende Informationen zu ergänzen, gibt es drei Methoden:
a) Der Empfänger errät, was der Sender wohl mit dem gemeint haben könnte, was er gesagt hat.
    Diese Methode ist fast unschlagbar, wenn es darum geht, sich zu irren. Angesichts der hohen Fehlerquote ist die Tatsache erstaunlich, wie viele Menschen sich täglich für diese Methode entscheiden.
b) Der Empfänger fragt den Sender, was er gemeint habe.
    Diese Methode ist seit zweieinhalb Jahrtausenden bekannt und hervorragend bewährt. Sie wird als die »Hebammenkunst der Gesprächsführung« bezeichnet. Ihr Schöpfer hieß Sokrates. Sie ist als Methode so einfach und naheliegend, daß sie immer wieder in Vergessenheit gerät.
c) Der Empfänger sagt dem Sender, wie er die Botschaft aufgefaßt hat. Der Fachausdruck für diese Methode heißt »verbalisieren«. Sie ist zwar nicht irrtumsfrei, aber dennoch völlig unproblematisch. Irrt sich der Empfänger, dann wird ihn der Sender korrigierern. Beide verstehen anschließend, was gemeint war.

Selbst wenn Sie soweit einverstanden sind, liegt Ihnen vielleicht folgender Einwand auf der Zunge:

»Wenn das so einfach wäre, dann dürfte es viel weniger Mißverständnisse geben. Offensichtlich ist es also sehr schwierig, die richtigen Fragen zu stellen».

Richtig! Genau da liegt das Problem und seine Lösung.

Die sprachlichen Kommunikationskanäle

Wenn Sie eine Rundfunksendung hören wollen, dann stellen Sie Ihr Radiogerät auf den richtigen Sender ein. Im Gespräch spielt sich der gleiche Vorgang ab, ohne daß er uns bewußt wird. Daß diese Analogie wörtlich gemeint ist, zeigt das folgende Beispiel:

A sagt: »Ich schlage mich in letzter Zeit mit einem schweren Problem herum. Wenn ich morgens erwache, dann lastet dieses Problem wie ein Gewicht auf mir. Deshalb fühle ich mich in letzter Zeit nicht mehr wohl. Können Sie mir irgendwie dabei helfen?«

B antwortet: »Ich sehe, Sie haben ein Problem. Das will ich mir genau betrachten. Deshalb wollen wir Ihr Problem jetzt gemeinsam anschauen, um ein möglichst exaktes Bild davon zeichnen zu können«.

Selbst wenn die beiden noch dreißig Minuten miteinander reden sollten, werden sie sich keinen Schritt näher kommen. A wird am Ende des Gesprächs vermutlich sagen: »B begreift nicht, was mich belastet«. B wird entgegen: »A sieht sein wirkliches Problem nicht«. Von seinem Standpunkt aus betrachtet, hat jeder der beiden recht. Dennoch reden sie konsequent aneinander vorbei.

Gedankenaustausch gelingt durch Verbaustausch

Wir nehmen unsere Umgebung durch unsere Sinne wahr: visuell (= Bilder), auditiv (= Töne und Geräusche) und kinaesthetisch (= Gefühl, Geruch, Geschmack).

Entsprechend teilen wir unsere Gedanken und Gefühle der Umwelt mit. Wir benützen die sprachlichen Kommunikationskanäle:

SEHEN – HÖREN – FÜHLEN

Sie werden im Dialog zwischen A und B sehr schnell bemerkt haben, daß A den Kanal »FÜHLEN« benutzt, während B ihm im Kanal »SEHEN« antwortet. Das wäre genau so, als wollte B eine Rundfunksendung im UKW-Bereich hören und sein Empfangsgerät auf Mittelwelle einstellen.

Wie denkt der Partner?

Der Neurochirurg Pienfeld hat in mehr als zehnjähriger Forschungsarbeit die Speicherungsvorgänge im menschlichen Gedächtnis experimentell entdeckt. Seine These lautet sinngemäß: Alles, was ein Mensch bewußt wahrnimmt, speichert sein Gedächtnis detailgenau und gleichzeitig in Bild, Ton und Gefühl.

Die These Penfields wurde inzwischen durch zahlreiche Hypnose-Experimente getestet und bestärkt.

In Hypnose lassen sich Erinnerungssperren abbauen, so daß die vorher blockierte

Information abrufbar ist.

Wenn wir das Gedächtnis als die Eingabeeinheit, andererseits das bewußte Denken und die Sprache als die Ausgabeeinheit des menschlichen Gehirns betrachten, dann ergibt sich aus Penfields These folgende Konsequenz: Das menschliche Gedächtnis arbeitet mit kaum vorstellbarer Präzision und Geschwindigkeit, wenn es Umweltreize gleichzeitig in Bild, Ton und Gefühl auf Dauer speichert.

Das Gedächtnis ist die perfekte Registratur aller Eindrücke eines Menschen

Die Ausgabeeinheit, also das, war wir Bewußtsein nennen und was sich in der Sprache eines Menschen manifestiert, arbeitet im Gegensatz zum Gedächtnis nach dem Prinzip der Nachzeitigkeit. Bild, Ton und Gefühl werden nebeneinander wiedergegeben. Das bedeutet für eine Momentaufnahme des sprachlichen Geschehens:

– entweder Bild
– oder Ton
– oder Gefühl

Die Verben (= Prozeßwörter) und Adjektive (= Eigenschaftswörter) sind solche Momentaufnahmen des Denkens. Sie zeigen, in welche Richtung der Gesprächspartner denkt.

Benützt er den Kommunikationskanal »Bild«, dann wird er die Verben »sehen, erkennen, beleuchten, durchschauen« u. a. sowie die Adjektive und Adverbien »hell, dunkel, licht, bunt, schillernd« u. ä. verwenden. Entsprechendes gilt für die Kanäle »Ton« und »Gefühl«.

Wir verstehen den Partner sofort richtig, wenn wir seine Prozeß- und Eigenschaftswörter aufnehmen. Wer kommuniziert, der übt sich ohnehin in der Kunst des Übersetzens. Er übersetzt seine Gedanken in die Vorstellungswelt des Partners. Das Dictionnaire für die Übersetzung sind die Verben, Adjektive und Adverbien.

Wir hören nicht nur den Sendekanal des Partners, wir sehen ihn auch.

Der Blick spricht Bände

Die drei Kommunikationskanäle zeigen sich in der Sprache und in der Körpersprache eines Menschen. Die Richtung, in der er schaut, zeigt die Richtung an, in die er denkt.

Die Erinnerung

Kreativität
Phantasie
Gefühl
Spielerisches Denken
Picasso: „Ich such nicht, ich finde".

Die einfachste Augenbewegung ist die – vom Betrachter aus gesehen – nach links oder nach rechts. Der Blick zeigt an, welche der beiden Gehirnhälften im Augenblick des Geschehens »denkt«. Wandert der Blick – vom Betrachter aus gesehen – nach rechts, dann »arbeitet« im Augenblick die rechte Gehirnhälfte des Gegenübers. Umgekehrt, wenn der Blick des Partners – vom Betrachter aus gesehen – nach links wandert. Dann »denkt« er augenblicklich mit der linken Gehirnhälfte.

Die Vorstellung

Methode
Systematik
Theorie
Logik
„Nichts ist praktischer
als eine gute Theorie"

Das alles klingt reichlich sonderbar, läßt sich jedoch ganz einfach erklären.

Unser Gehirn besteht aus zwei Hälften, die durch eine Brücke (den sogenannten »Balken«) miteinander verbunden sind. Jede der beiden Hemisphären (= Gehirnhälften) ist auf bestimmte Aufgaben spezialisiert. In dieser Arbeitsteilung ist die linke Seite für die »Theorie« und die rechte Seite für die »Praxis« zuständig. Anders formuliert: die linke Hälfte bearbeitet die Eindrücke unter rationalen Gesichtspunkten, zergliedert sie nach den Regeln der Logik und systematisiert sie. Die rechte Hälfte »denkt« ganzheitlich aus der Erfahrung heraus, arbeitet kreativ und phantasievoll.

Weil sich die Blickrichtung immer von der Gehirnhälfte weg bewegt, die gerade »arbeitet« kann jeder bei seinem Gesprächspartner erkennen, ob er in der Erinnerung sucht (Blick wandert nach rechts – vom Betrachter aus gesehen) oder Eindrücke analysiert und konstruiert (Blick wandert nach links – vom Betrachter aus gesehen).

Wenn beide diese »Verkehrszeichen der Kommunikation« beachten, werden sie optimal aufeinander eingestellt das Gespräch führen.

Der Blick »nach oben« fleht nicht immer nur zum Himmel.

Das Gedächtnis zeichnet Eindrücke dreispurig in Bild, Ton und Gefühl auf.

Die Blickrichtung zeigt, welche Gedächtnisspur im Augenblick aktiviert wird. »Oben« sind die Bilder, in der »Mitte« die Töne und Geräusche, »unten« die Körperempfindungen.

Wenn wir jetzt »links« und »rechts« mit »oben«, »Mitte«, »unten« verbinden, dann ergibt sich schnell ein deutliches Bild.

Wenn Sie jetzt heftige Zweifel plagen, ob das alles so eindeutig und problemlos beobachtbar sei, dann nehmen Sie Ihre Bedenken wörtlich. Ihre Bedenken können richtig oder falsch sein. Welche der beiden Möglichkeiten zutrifft, können Sie nur auf eine einzige Art herausfinden: indem Sie mit den Blickrichtungen experimentieren.

Testen Sie im Gespräch mit der Familie, mit Freunden und Bekannten die folgenden Fragen und achten dabei auf die Richtung, in die Ihr Partner schaut. 1. »Welche Bilder siehst Du, wenn Du an Deinen letzten Urlaub denkst«?

Mit hoher Wahrscheinlichkeit wird Ihr Partner — von Ihnen aus betrachtet — nach »rechts oben«, also in die erinnerten Bilder schauen, weil Sie ihn nach einem Eindruck fragen, den er erlebt hat und den sein Gedächtnis bildhaft gespeichert hat.

Die erinnerten Bilder

„Was sehen Sie, wenn Sie an Ihren letzten Urlaub denken"?

Sie sehen bereits an diesem Beispiel, daß Sie in der Lage sind, die Denkrichtung Ihres Partners durch die richtige Frage zu beeinflussen.

„Stellen Sie sich bitte vor, was Sie empfinden, wenn
Sie Ihre Lieblingsmusik hören!"

Richten Sie deshalb Ihre Frage eindeutig auf einen Kommunikationskanal aus. Wer eindeutig fragt, der bekommt auch klare Antworten.

Wenn Ihnen die Beobachtung der Blickrichtung anfangs noch Mühe macht, dann empfehle ich Ihnen folgendes Hilfsmittel:

Übertragen Sie die Blickrichtungen auf eine Folie, die Sie über den Bildschirm Ihres Fernsehgerätes spannen. Bei Interviews können Sie anschließend Sprache und Blickrichtungen einander problemlos zuordnen.

Sie brauchen übrigens zwei Folien. Eine zeigt die Blickrichtungen für Rechtshänder, die andere für Linkshänder.

Die bisher skizzierten Blickrichtungen gelten für den Rechtshänder. Beim Linkshänder ist die Darstellung seitenverkehrt.

Was meint der Partner mit dem, was er sagt? Diese Frage taucht gelegentlich in Gesprächen auf.

Nach gängiger Methode bietet der verunsicherte Gesprächsteilnehmer eine Interpretation an, indem er dem Partner sagt, was der wohl nach seiner Ansicht gemeint haben müßte. Oder er fragt nach der Meinung des anderen, um das Mißverständnis zu klären.

Der Gesprächsinhalt besteht aus Wörtern und Sätzen. Die Sprache »transportiert« die Gedanken. Jedes Wort in einem Gespräch hat für den Benutzer einen festen Inhalt. Die Dialogpartner »verstehen« und »begreifen« den Sinn einer Aussage des Partners, wenn sie die Worte ihres Gegenüber mit den richtigen Inhalten füllen, wenn sie dessen Vorstellung zu ihrer eigenen machen.

Wer sich einen Begriff von einer Sache macht, verbindet ein Wort mit einer gegenständlichen Vorstellung. Beim Wort »Auto« beispielsweise leuchtet dieser Zusammenhang unmittelbar ein. Dieses Wort wird gleichsinnig verwendet, auch wenn die Gesprächspartner von verschiedenartigen Fahrzeugtypen ausgehen.

Der Zusammenhang ergibt sich nicht so schlüssig, wenn wir das Eigenschaftswort ´

»schön« betrachten. Was meint jemand, der sagt, er finde ein Gedicht, eine Landschaft oder ein Musikstück »schön«? Welchen Eindruck will er durch diese Aussage mitteilen?

Mag sein, daß ein Gedicht in seiner Phantasic Bilder erzeugt oder ihn der Klang anspricht oder ihn durch einen sinnlichen Eindruck berührt.

Solange ich nicht weiß, in welcher Richtung mein Partner denkt, bin ich auf Spekulationen angewiesen, wenn ich ihn »begreifen« will. Diese Spekulationen entstehen aus meiner Erfahrung mit dem Wort »schön«. Wenn die Vorstellungen durch Zufall oder lange Partnerschaft mit der Erfahrung des anderen harmonisieren, dann kann ich »begreifen«, was er meint.

Beim Erstkontakt im Gespräch muß sich jeder schnell und richtig auf den Partner einstellen. Wenn jeder die Blickrichtungen des anderen beachtet, dann findet er den Wegweiser in die Denklandschaft. Wenn jeder diesem Wegweiser aufmerksam folgt, erreichen beide schneller und harmonischer das Ziel.

Gesetzt den Fall, der Partner »schaut« beim Wort »schön« in die erinnerten Bilder.

Er verknüpft »schön« mit einem visuellen Eindruck: vielleicht mit einer Landschaft, mit dem Gesicht eines Menschen, mit dem Bild oder mit ähnlichen visuellen Reizen.

Würde ich ihn fragen: »Was empfinden Sie bei diesem Gedicht?«, ginge ich von meinem Eindruck aus, der aus einem anderen »internen Kommunikationskanal« stammt. Der Gesprächspartner kommuniziert mit sich selbst durch den Kanal »SEHEN«. Um seine Gedanken zu begreifen, muß ich mich auf seinen »internen Kommunikationskanal« einstellen. Ich empfange seine Botschaft im richtigen Kanal, wenn ich ihn beispielsweise frage: »Was sehen Sie bei diesem Gedicht?«

Diese Frage paßt nicht nur in seinen internen Kommunikationskanal, sondern taucht in das Material ein, aus dem sein Eindruck entsteht. Sie gibt einen Impuls, der weitere Informationen an die Oberfläche fördert.

Je mehr visuelle Informationen (= bildhafte Eindrücke) in der Sprache repräsentiert sind, umso besser kann ich ihn verstehen und umso besser fühlt er sich von mir verstanden. Diese gleiche Wellenlänge fördert die harmonische Gesprächsatmosphäre und beschleunigt den Gesprächsverlauf.

Wenn ich solche Blickrichtungen sehe, dann erkenne ich, in welche Richtung der Partner denkt, und kann gezielt nach den Eindrücken fragen, die ihn im Augenblick bewegen.

Eindruck ist nicht gleich Ausdruck

Wenn ich einen Punkt auf eine weiße Wand male und die Betrachter frage: »Was sehen sie«?, dann wird die Antwort häufig lauten: »Einen Punkt«.

Der »Eindruck« besteht aus dem Punkt und aus der weißen Fläche, die ihn umgibt. Der »Ausdruck« enthält nur noch den Punkt. Er ist also unvollständig.

Diese Feststellung gilt allgemein. Der sprachliche Ausdruck gibt immer nur einen Teil des ursprünglichen Eindrucks wieder.

Daraus ergeben sich Konsequenzen für den »Umgang mit sich selbst und mit anderen«.

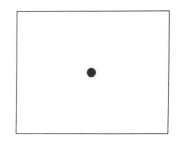

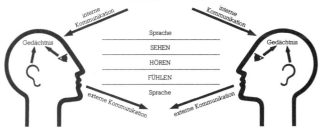

Wer »richtig« fragt, erhält die gewünschte Information. Voraussetzung ist, daß er den anderen in die Lage versetzt, seinen ursprünglichen Eindruck vollständig wiederzugeben. Dies gelingt, wenn sich der Fragesteller nach den internen Kommunikationskanälen seines Partners richtet. Die wiederum erkennt er an dessen Blickrichtungen.

Ein weiteres Beispiel soll die letzte Aussage erläutern. Angenommen, Sie diskutieren mit einem Gesprächspartner ein kontroverses Thema. Sie haben sich noch nicht festgelegt und wollen die strittigen Fragen offen ansprechen. Während Sie das Problem formulieren, beobachten Sie bei Ihrem Partner die folgende Blickrichtung:

Der Blick in „Das Urteil"

Dieser Blick zeigt, daß sich der Gesprächspartner ein Werturteil zu dem von Ihnen angesprochenen Problem gebildet hat. Daraus folgt, daß er über seine Meinung diskutieren wird. Er »begreift« Sie im Augenblick nicht. Wahrscheinlich wird er Sie mit seinem Urteil und seinen Gründen konfrontieren. Dies wird Sie keinesfalls überraschen, wenn Sie seine Blickrichtung beobachtet haben. Sie werden dann nicht versuchen, mit ihm gemeinsam nach neuen Lösungen zu suchen, sondern mit ihm seine Einschätzung des Problems diskutieren. Auf diese Weise gewinnen Sie sein Interesse, kommunizieren in seinem Kanal und werden ihn vielleicht fragen: »Wie beurteilen Sie dieses Problem?« Er wird vielleicht erstaunt sein, daß Sie ihn richtig verstehen, ehe er noch das erste Wort gesagt hat.

Wenn wir die Blickrichtungen im Gespräch beachten, dann können wir die »Kristallkugel« für die herkömmliche Hellseherei im Gespräch wegwerfen.

Statt zu vermuten, was der andere wohl gemeint haben könnte mit dem, was er sagte, sehen wir, in welche Richtung er denkt, und können ihm auf seinem Weg mühelos folgen.

7. Die Augenbrauen

Die Form der Augenbrauen ist in der Erbmasse begründet. Durch Tätigkeit der entsprechenden Muskulatur können Augenbrauen bis zu 40 verschiedene Positionen einnehmen. Gekoppelt mit Lidstellungen und Stirnrunzeln, ergibt sich ein unendliches Spiel von möglichen mimischen Ausdrücken. Die ererbte Grundform der Augenbrauen verändert sich durch Gebrauch entsprechender Muskeln im Laufe eines Lebens. Werden die Augenbrauen sehr oft prüfend nach oben gezogen, so ergibt sich im Laufe der Jahre eine auch im Ruhezustand höhere Augenbrauenstellung. Ein Bildhauer sagte einmal, daß die Natur die Augenbrauen mit sehr viel Liebe gestaltet habe, sie aber nicht nur zur Verschönerung des Antlitzes formte, sondern ihnen eigenes Leben einhauchte. Die Augenbrauen sitzen auf wichtigen Muskeln, die eine willkürliche oder ungewollte Veränderung ihrer Form und Lage erwirken können.

In den ersten Lebensmonaten sind die Augenbrauen nur ganz zart angedeutet. Die einzelnen Härchen lassen eine genaue Abgrenzung der Augenbrauenlinie noch nicht zu, die Augenbrauen sind noch nicht die Grenzlinie zwischen den Augenhöhlen und der Stirn. Erst später, wenn der Mensch zwischen Wahrnehmen und Denken zu unterscheiden beginnt, wird die Grenze durch die Augenbrauen schärfer gezogen.

Für den Durchschnitt gilt, daß die Augenbrauen 3–4 cm lang und etwa 1 cm hoch sind. Oft sind die Augenbrauen ungleich stark entwickelt. Schon sehr früh wußten die Frauen, daß die Form der Augenbrauen das Gesicht gestalten hilft. Deshalb begannen die Damen schon im Altertum, sich die Augenbrauenhaare zu rasieren oder auszuzupfen und sie anders (schöner) nachzumalen. In der Frühgeschichte dienten die Augenbrauen dazu, Wasser oder Fremdkörper von oben her abzuschirmen und das Auge zu schützen. Jeder Mensch kann seine Augenbrauen mehr oder weniger lebhaft bewegen. Der Stirnmuskel ermöglicht es, die Augenbrauen insgesamt in die Höhe zu ziehen. Dieser Muskel, der das Signal für Erstaunen zustande bringen kann, wird auch Muskel der Aufmerksamkeit genannt.

Die Senkung der Augenbrauen ist möglich durch den Augenschließmuskel. Dieser verengt die Lidspalte des Auges, so daß dadurch automatisch ein Hinabziehen der Brauen erfolgt. Schon sehr früh wird dieser Augenschließmuskel beim Kind, wenn es schreit und weint, betätigt. Der Muskel, der die inneren Enden der Augenbrauen hebt, heißt »Inneres Bündel des Stirnmuskels«. Die Physiognomik nennt ihn auch »Muskel des tragischen Schmerzes«. Im Schauspiel und in der bildenden Kunst wird Schmerz oft in der Weise dargestellt, daß die inneren Brauenenden angehoben und so dem Antlitz der Ausdruck des Unglücklichen, Erschütternden gegeben wird. Der Gegenspieler des »Inneren Bündels des Stirnmuskels« ist der Brauenrunzler. Es ist der Muskel, der die Senkung der inneren Brauenenden ermöglicht. Schon wenige Tage nach der Geburt setzt der Säugling diesen Brauenmuskel ein, wenn er zu weinen beginnt und instinktiv einen starken Druck gegen die bluterfüllte Augenzone ausübt. So kann schon der Säugling seine Stirn in »Denkerfalten« legen. Der Brauenrunzler, der lange Zeit auch »Muskel des Zorns« genannt wurde, ist in jedem Fall ein Muskel der Anstrengung, der Kritik, des Mißvergnügens, der über das Normalmaß hinausgehenden körperlichen oder geistigen Tätigkeit, des Zorns, der Wut und der Erschütterung. Die Physiognomik hat aus Lage, Form und Haarwuchs sowie dem Verlauf und der Farbe der Augenbrauen Schlüsse zu ziehen versucht. Die Gefahr derartiger Detailschlüsse ist jedoch, daß die Ergebnisse durch andere Merkmale verändert oder verfälscht werden können.

8. Der Nasenbereich

Die Nase ist das Gesichtsteil, das sich sehr wenig ändern kann. Das war der Grund dafür, daß manche Physiognomiker in ihr besonders viel Ausdruckskraft in bezug auf angeborene Neigungen, Stärke und Temperament sahen. Die Aussage, »man sieht es ihm an der Nasenspitze an«, ist sicher auf derartige physiognomische Deutungsversuche zurückzuführen. Es soll nicht grundsätzlich in Frage gestellt werden, daß die Merkmale der Nase Aufschlüsse über bestimmte angeborene Charaktereigenschaften geben. Dem Gesetz der Entsprechung zufolge kann ein Zusammenhang zwischen Formen und Charaktermerkmalen sogar angenommen werden. Das Problem, das sich bei der physiognomischen Beurteilung jedoch immer wieder stellt, ist, daß der heutige Mensch durch eine Vielzahl von Außenreizen und Bildungsangeboten in der Lage ist, auch wenig ausgeprägte Anlagen zu entfalten und durch Umweltkorrekturen stark ausgeprägte Anlagen an der Entfaltung zu hindern. Dies dürfte der Hauptgrund dafür sein, daß die reine Physiognomik kaum noch zuverlässige Ergebnisse liefern kann.

Meiner Meinung nach sind nur diejenigen Formen für eine Analyse heranziehbar, die durch Muskelgebrauch im Laufe eines Lebens entstanden sind.

In Höhe der Nasenwurzel entspringt der »Nasenrümpfer«. Dieser Muskel verläuft geradlinig nach unten. Wird er bewegt, heben sich die Nasenflügel und die Oberlippe. Es entstehen zwei kurze, charakteristische Falten zwischen Nase und Mund. Immer dann, wenn man stark unzufrieden ist, tritt der Nasenrümpfer in Funktion. Die Linie der Unzufriedenheit, die er hinterläßt, ist jedoch nicht eindeutig zu bewerten. Jemand kann mit sich selbst unzufrieden sein oder kleinlich über seine Mitmenschen die Nase rümpfen. Die Physiognomik deutet auch die Größe der Nasenlöcher. So sollen kleine Nasenlöcher Ausdruck eines verängstigten Charakters sein und große Nasenlöcher extreme und maßlose Neigungen verraten. Nasenöffnungen, die sich ständig verändern, verraten, daß die Gefühle schwanken. Dies hängt damit zusammen, daß entsprechend der Größe der Nasenlöcher mehr oder weniger Luft eingesogen werden kann und so mehr oder weniger Luft für Aktionen zur Verfügung steht. Aus der Funktion der Nase für die Atmung und Geruchswahrnehmung läßt sich zusätzlich schließen, daß Gerüche bei geöffneten Nasenlöchern stärker wahrgenommen werden wollen als bei mehr geschlossenen Nasenlöchern. Übertragen wir das Wahrnehmenwollen von Gerüchen auf eine abstrakte Ebene, so läßt sich daraus eine weitere Folgerung ziehen. Entsprechend dem vor Staunen offenen Mund, bei dem auch Sinneseindrücke wahrgenommen werden wollen, dienen auch die weiter geöffneten Nasenlöcher nicht nur der Mehraufnahme von Luft und der besseren Geruchsdiagnose, sondern auch der Mehraufnahme von Sinneseindrücken.

Blähung der Nasenflügel

Werden die Nasenflügel gebläht, so wird damit der Hoffnung Ausdruck gegeben, daß die Geruchsdiagnose bei der Reizverarbeitung mithilft. Geblähte Nasenflügel sind Ausdruck erregender Erlebnisse. Unmittelbar blähen sich die Nasenflügel beim intensiven Aufnehmen angenehmer Düfte oder bei Erregung und Zorn. Dabei wird ein größerer Luftvorrat gesichert. Dies ist im Tierreich besonders bei Nasentieren leicht zu beobachten. Die Nasenlöcher des Vorstehhundes weiten sich, wenn er »Wind« von Feldhühnern bekommt. Er hebt sogar die Nase, um viel duftgesättigte Luft an die Geruchsnerven zu bekommen. Der wiehernde Hengst bläht die Nüstern und drückt so erregende Erlebnisse, mühsam verhaltene Begierde und aktives Temperament aus.

Es ist möglich, die Nasenflügel zu blähen, ohne die Augenbrauenrunzler zu betätigen. Umgekehrt ist es nicht möglich. Jedesmal, wenn die Augenbrauenrunzler aktiv werden, weiten sich auch die Nasenlöcher. Auch hier sehen wir, daß auch bei optischer Konzentration zusätzlich Geruchseindrücke verarbeitet werden sollen.

Naserümpfen

Wird die Nase gerümpft, entstehen Staufalten quer zum Nasenrücken. Diese zeigen Unlust, Verlegenheit, Unbehagen und Widerwillen. Der Vorgang des Naserümpfens ist ein Gliedstück der Bitterreaktion, da auch die Oberlippe angehoben wird. Die Aufwärtsbewegung überträgt sich auf die Nasenflügel und hebt auch diese hoch. Laute wie »iih« oder »igitt-igitt« klingen bei gerümpfter Nase so, daß man dem »i« den Ekel anhört. Sagt man mit dem Gefühl des Widerwillens »iih«, rümpft man automatisch die Nase.

In diesen Bewegungsabläufen zeigt sich, daß aktives Ankämpfen mit erduldender Hilflosigkeit, durch ein Von-sich-Wegschieben und ein Sich-Zurückziehen ersetzt wird. Bei häufigem Gebrauch der beteiligten Muskeln bildet sich die sogenannte »Empfindler-Falte«. Dabei wird das obere Ende der Nasenlippenfalten im Nasenwinkel tiefer eingeschnitten. Schwierig wird die Interpreation dann, wenn eine aufgeschwemmte Wange oder seitliche Beleuchtung diese Falte tiefer erscheinen läßt.

Ist die Nasenlippenfalte nicht nur im oberen Teil, sondern von den Nasenwinkeln bis zur Mundlinie stark ausgeprägt, wird sie auch »Intensitätsfalte« genannt. Dann wird Energie, Vitalkraft und Belastbarkeit signalisiert.

9. Der Mund

Beim Menschen dient der Mund neben der Nahrungsaufnahme und -verarbeitung auch zur Sprache und ist stark an der Prägung des Gesichtsausdruckes beteiligt. Für das kleine Kind ist der Mund das zunächst wichtigste Organ zur Beurteilung von Gegenständen. Der Mund ist der beweglichste Teil des Gesichtes. Er ist Zentrum für jedes Lächeln und für jeden Schmerz. Vorgeschobene Lippen sind als wegschiebendes, feindliches Ausdruckssignal zu werten, während zurückgezogene Lippen als Symbol der Hereinnahme und des Rückzuges einen eher ängstlichen Eindruck vermitteln. Sind die zurückgezogenen Lippen gespannt, werden diese zusammengepreßt, so drücken sie ohnmächtige Wut aus.

Wird der Mund beim Sprechen oder Lachen verzerrt, sind die Bewegungsabläufe nicht harmonisch, drückt dies selbst dann, wenn alle anderen Zeichen positiv sind und das Gesicht ein freundliches Wesen zu verraten scheint, negative Züge aus. Wird der Mund einseitig verzogen und sind hierfür nicht gesundheitliche Gründe vorhanden, sind daraus Neigungen zu Spott und Verächtlichkeit ablesbar. Der Psychologe Ernst Korff vertritt die Ansicht, daß von den Lippen und vom Mund unbewußt oder bewußt ständig Signale ausgehen, die man auswerten kann. Der gelöste, entspannte Mund mit vollen Lippen ist einerseits freundlich-liebenswürdig und andererseits verlegen, befangen. Der gespannte Mund mit ausgestülpten Lippen zeigt positiv prüfend schmekken, negativ hämisch-begierig. Der gespannte Mund mit meist schmalen Lippen bedeutet positiv verhalten, abwartend, negativ verschlossen, entsagend. Der verkrampfte Mund mit eingekniffenen Lippen wirkt positiv durchsetzungsfähig, entschlossen, negativ rücksichtslos, ungesellig.

Zucken und Zittern des Mundes sind Alarmzeichen für hochgradige Nervosität, zur Vorsicht mahnende Warnzeichen.

Bitterreaktion

Wenn wir einen ekligen Gegenstand so aus dem Mund bewegen wollen, daß möglichst wenig Geschmacksnerven berührt werden, laufen folgende Bewegungen ab:

– Der Mund wird geöffnet, damit der Gegenstand herausfallen kann.
– Die Mundwinkel senken sich, der verunreinigte Speichel soll herausfließen.
– Die Lippen stülpen sich nach außen.
– Die Zunge zieht sich zurück.

Diese Bewegungen sind zwar zweckvoll, dienen aber nicht dem aktiven Kampf gegen den Unlusterreger, sondern der Flucht vor ihm. Deshalb drücken derartige Bewegungsabläufe Schmerz und passive Hilflosigkeit aus und werden auch bei bitteren Erlebnissen vollzogen. Sind derartige Bewegungsabläufe schon bei mäßigen Unlustreizen sichtbar, läßt dies auf Willensschwäche, Weichheit und Infantilität schließen. Oft sind die beschriebenen Bewegungen dann gekoppelt mit einem weinerlichen Gesichtsausdruck. Die Bitterreaktion ist so ein ganzheitlicher Teil des Weinvorganges, der Anteil, den der Mund zum Weinen beiträgt. Die schmerzvolle Hilflosigkeit drückt sich als Ganzes wie folgt aus: Die Augen sondern Tränen ab und sind zusammengekniffen, die Stirn ist in Falten gelegt, die Mundwinkel sind herabgezogen.

Mit ähnlichen Bewegungen, jedoch stärkerer Spannung drückt sich der »saure« Gesichtsausdruck aus. Die Zähne werden aufeinandergepreßt, die Lippen nach beiden Seiten schlitzartig auseinandergezogen. Zwischen den entblößten Zähnen entweicht meist gleichzeitig ein scharf zischendes »ssss« (akustische Sauerreaktion). Wie beim bitteren Gesichtsausdruck ist auch hier, insbesondere in passiver Situation, ein Schmalerwerden der Augen zu beobachten. Auch das Gefühl des Ekels wird mit der Bitterreaktion ausgedrückt. Es führt zusätzlich zu einer Lautgebung von »ä«, »äh« oder »bäh« (Abscheu). Die Begleiterscheinung dieser Lautgebung ist eine weiter als bei der Bitterreaktion klaffende Mundöffnung. Nur mit dieser Mundöffnung ist die beschriebene Lautgebung möglich.

Der wesentliche Unterschied zwischen der Bitter- und der Sauerreaktion liegt darin, daß bei der Sauerreaktion ein aktives Sich-zur-Wehr-Setzen gegen das unlusterregende Moment eingesetzt hat.

Das energische Wehren gegen den Sauererreger zeigt sich oft auch in einem Schütteln des Körpers oder einzelner Körperteile. Dabei wird das Unbehagen von Unlust und Wut übertroffen. Die stark ausgeprägte Sauerreaktion ist nur selten beobachtbar

Gesenkte Mundwinkel

Die gesenkten Mundwinkel nannte Darwin ein »Rudiment des weinerlichen Gesichts«. Derartige Mundwinkel sind Teil der Bitterreaktion. Der Dreiecksmuskel, auch »Trauermuskel« genannt, zieht die Mundwinkel nach unten. Da das Mienenspiel überwacht werden kann und vor allem in geschäftlichen Situationen überwacht wird, werden die Mundwinkel nur selten ganz nach unten gezogen. Deshalb ist genaue Beobachtung wichtig, da schon kleinste Veränderungen der Mundwinkel im Verhältnis zur Mundlinie wesentliche Ausdrucksnuancen darstellen. Spannungslos herabhängende Mundwinkel zeigen Unfroheit, Trauer, Enttäuschung und schmerzlichen Verzicht. Oft sind sie Ausdruck einer negativen Lebensgrundhaltung. Dieser Ausdruck wird auch als »ein langes Gesicht machen« beschrieben. Sind die Mundwinkel gespannt heruntergezogen, ist dies auf die Innerration des Triangularis zurückzuführen. So wird die aktive Haltung der entwertenden Stellungnahme, Geringschätzung, Abscheu, Hohn, Neid, Mißgunst, Nörgelsucht, Skepsis, Ironie und Mißmut dargestellt. Werden die herabgezogenen Mundwinkel mit einem Lächeln kombiniert, bildet sich der Ausdruck spöttischer Gereiztheit.

Die Süßreaktion

Als Gegenstück zur Bitterreaktion, bei der ausgeschieden werden will, zeigt die Süßreaktion das Behaltenwollen an. Die Süßreaktion hat folgenden Ablauf:

– Die Lippen werden mit Spannung aufeinander- und gegen die Zahnreihen gepreßt. Der Mund wird hermetisch abgedichtet.
– Die Zunge legt sich von innen gegen die Zahnreihen und bringt damit die Geschmacksnerven in starke Berührung mit dem eingeschlossenen Süßstoff.
– Die Mundwinkel werden angehoben, damit nichts von dem Süßen hinaustropfen kann.

Der gleiche Bewegungsablauf erfolgt bei einem genießerisch langgezogenen »hmmm«. Deshalb wird dieses »hmmm« auch akustische Süßreaktion genannt. Die Sprechform des Mundes und die Süßreaktion sind bei diesem Laut identisch. Auch einzelne, »Süßes« ausdrückende Worte werden meist mit dieser Mundform ausgesprochen, z. B. das Wort »Mama«.

Ist diese Mundstellung zur Gewohnheit geworden, zeigt sie eine gewisse, süßlich angehauchte Sentimentalität. Als Reaktion auf anerkennende Worte offenbart die Süßreaktion Geschmeicheltsein, aber auch naive Selbstgefälligkeit und Eitelkeit. Normalerweise dauert die Süßreaktion nur einen kurzen Moment.

10. Das Lachen

Das Lachen ist eine nur dem Menschen eigene Ausdrucksbewegung, die als Grenzreaktion sein einzigartiges Verhältnis zum Leib widerspiegelt. Es kommt zustande durch kurze, entsprechend der Lebhaftigkeit der Gemütsbewegung mehr oder weniger zahlreiche, schnell aufeinanderfolgende Ausatmungen durch die angespannte Stimmritze. Der Mund wird dabei durch den Lach- und Jochbeinmuskel in die Breite und etwas nach oben gezogen. Der Grad des Lachens reicht vom Lächeln bis zum Lachkrampf. Die vergleichende Verhaltensforschung sieht im Lachen eine angeborene Grundform der menschlichen Ausdrucksbewegungen (Instinktverhalten), die bei den Anthropoiden (Menschenaffen) vorgeformt ist. Diese Ausdrucksform steht besonders im Dienst des sozialen Zusammenlebens. Das Lächeln ist eine Artgebärde sozialer Begrüßung. Es hat hauptsächlich die Funktion der Beschwichtigung. Unbequeme Worte, mit Lächeln ausgesandt, wirken weniger verletzend.

Schon bald nach der Geburt übt der Säugling das Lächeln als angeborenes Antwortschema auf die Gebärde der Mutter. Das Lächeln des Erkennens bezeichnet ein erstes Stadium in der Entwicklung der Intelligenz. Die erhaltenen Variationen des Lachens und Lächelns zeigen größte Vielfalt. Aggressives, zynisches, obszönes, ironisches, befreiendes, blasiertes und verzweifeltes Lachen und Lächeln werden beschrieben. Die auslösenden Momente reichen vom wohlwollenden Einverständnis, Reaktion auf bestimmte Grundgestalten des Komischen, aggressive Herabsetzung des Sozialpartners bis zur Verlegenheit und anderem. Als soziales Phänomen kann Lachen auch unter Unbekannten ein unmittelbares Einverständnis herstellen.

Philosophisch definiert, ist Lachen das Zeichen des Erstaunens über etwas Unerwartetes. Ein Sprichwort sagt: »Am Lachen erkennt man den Narren.« Dieses Sprichwort geht auf das adäquat passende und inadäquat unpassende Lachen ein und drückt aus, daß ein Narr auch dort noch lacht, wo es gar nichts zu lachen gibt. Bei voller Intensität laufen fast gleichzeitig folgende Vorgänge ab:

- Der Ton bildet sich.
- Der Mund wird mehr oder weniger geöffnet.
- Die Mundwinkel werden nach außen gezogen.
- Auf der Nase bilden sich Falten.
- Die Augen schließen sich.
- Es entstehen Fältchen an den äußeren Augenwinkeln.
- Möglicherweise werden »Tränen gelacht«.
- Der Kopf geht zurück.
- Die Schultern werden hochgezogen.
- Der Körper schaukelt (schüttelt).
- Der Leib wird umklammert.
- Die Füße stampfen auf den Boden.

Das Auslachen ist eines der am meisten gebrauchten Verletzungssignale. Interessant ist, daß Lachen aus einer Vorbereitung zur Gegenwehr entsteht. Ist man beunruhigt, weil man den Ausgang einer Geschichte, eines Witzes, einer Situation noch nicht kennt, oder wird man gekitzelt, wird Luft eingesaugt, um sich auf die Gegenwehr vorzubereiten. Der, weil Gegenwehr nicht nötig ist, folgende »Erleichterungsschrei« bildet das Lachgeräusch (s. Abb. 10).

Abb. 10
Auf diesem Bild, welches Franz-Josef Strauß während der Talk-Show »Kölner Treff« im April 1979 zeigt, hat Franz-Josef Strauß »gut lachen«. Deutlich ist auf diesem Bild echtes Lachen, von innen heraus kommende Fröhlichkeit erkennbar. Alle mimischen Abläufe sind harmonisch koordiniert.

Das Lachen auf verschiedene Vokale

Laut-Analysen ergaben, daß die Vokale a, e, i, o, u das Lachen in Ton und Klang bestimmen. Auch bei den einzelnen Vokalen geben der Spannungsgrad und die Lautstärke wichtige Zusatzinformationen über die Echtheit und den Erlebnisgehalt im Lachen.

Das Lachen auf a
Beim lachen auf a wird der Mund weit geöffnet, also im Sinne einer auswärtsgerichteten Bewegung. Dieses Lachen klingt offen, befreiend und herzhaft. Naives Frohsein und reine ungetrübte Freude im Einvernehmen mit der Umwelt wird so aus-

gedrückt. Dieses Lachen finden wir vorwiegend bei Menschen, die sich vorbehaltlos freuen können und sich und den anderen nichts vormachen. Das »ha« ist ein Teil des »aha« und erinnert auch an den Aha-Effekt des plötzlichen Begreifens. So ist eine Verbindung festzustellen zwischen dem plötzlichen Begreifen und dem Lachen. Beim Lachen auf a wird demzufolge auch das Begreifen eines plötzlichen Zusammenhanges und eine Entladung von Spannung ausgedrückt.

Das Lachen auf e (oder ä)

Dieses Lachen erweckt den Eindruck meckernder, spöttischer, überheblicher Äußerung von Freude. Es wirkt deshalb nicht sehr sympathisch. Lachen auf e beinhaltet eine gewisse Distanz, die aus der Situation oder aus eigenen Komplexen resultieren kann. Es ist ein mehr im Munde befindliches Lachen, das weniger für die Außenwelt bestimmt ist. Soll es für die Außenwelt bestimmt sein, ist das Lachen lauter. Dann steht dahinter die Absicht, aufzufallen und zu treffen. Es wirkt dann keß und herausfordernd. Mehr auf ä gebildet, bekommt es einen schadenfrohen, hämischen Ausdruck und assoziiert eher verächtliche Eindrücke.

Das Lachen auf i

Echt oder geheuchelt, naiv-kindlich klingt dieses kichernde Lachen, das besonders bei jungen Menschen oder Menschen, die jung scheinen möchten, beobachtbar ist. Mitunter klingt beim Lachen auf i auch Schadenfreude durch, die allerdings nicht so negativ zu verstehen ist wie beim Lachen auf e. Das kichernde Lachen auf i klingt nicht frei nach außen. Die Lautbildung entsteht oben am vorderen Gaumenrand. Das Lachen bleibt so im Mund eingeschlossen. Deshalb spricht man beim Auf-i-Lachen auch von einem In-sich-hinein-Lachen, von einem Lachen also, das nicht für die Außenwelt bestimmt ist oder sogar vor der Außenwelt verborgen bleiben soll. Es ist ein verschmitztes, heimliches Lachen mit ironischer, schadenfroher Beimischung. Oft ist die so ausgedrückte Freude durch Absichten modifiziert.

Das Lachen auf o

Hoho-Lachende zeigen verspannte, verwunderte Reaktionen. Oft ist dieses Lachen auch die Abwehrreaktion eines Menschen, der durch irgend etwas peinlich berührt wurde. Es ist der Ausdruck für »das sollte man doch nicht für möglich halten«. Dieses Lachen ist nur mit einem Schnutenmund hervorzubringen. Schon diese Mundstellung zeigt etwas Wegschiebendes, so daß auch hieraus die zweifelnde Einstellung des Lachenden sichtbar wird.

Dieses Lachen drückt ja auch von der Lautstärke her Trotz, Protest oder Hohn aus. Es reicht bis zum dröhnend auftrumpfenden Hoho-Gelächter.

Das Lachen auf u

So lacht jemand, der einen echten oder vorgetäuschten Schauder heiter auffängt.

Verstärkte Ängstlichkeit und Furchtsamkeit werden in diesem Lachen ausgedrückt. Da auch dieses Lachen nur durch einen Schnutenmund abgegeben werden kann, ist auch hier der wegschiebende, distanzierte Gehalt erkennbar.

11. Das Lächeln

Wahrscheinlich entwickelte sich das Lächeln aus einer ursprünglichen Drohgebärde, der Gebärde des »Zähnezeigens«. Deshalb ist die richtige Dosis wichtig. Vom kaum sichtbaren Bewegen der Mundwinkel bis zum offenen Lächeln, vom entwaffnenden Lächeln bis zum dummen Grinsen reicht die Palette.

Etwa ab der 5. Lebenswoche beginnt der Säugling als Antwortreaktion zu lächeln. Dieses angeborene Verhaltensmuster dient dazu, die Eltern zum Bleiben aufzufordern. Lächeln dient also schon in der frühen Kindheit als positive Waffe zum Erwerb von Zuwendung und Sympathie.

Die Zähne zeigen kann so interpretiert werden, daß die »Waffe« offen gezeigt wird, damit wird dem anderen möglich, sich einzustellen. Wer also »Waffen« zeigt, entwaffnet sich damit und entwaffnet durch diese Offenheit auch den anderen.

Sich zu erkennen geben ist ein daraus ebenfalls zu folgernder Hintergrund des Lächelns.

Daß diese Art, Gefühle zu äußern, angeboren ist, ist durch die Beobachtung blind Geborener nachgewiesen worden. Zwar können diese ebenfalls lächeln, aber es bildet sich statt des aufblühenden Lächelns eher eine »Grimasse«, da die feinen Nuancen fehlen. Dies läßt vermuten, daß wir nur die Basisabläufe für den Lächelvorgang erben und erst soziale Erfahrungen den Ausdruck des Lächelns vervollkommnen. Da diese sozialen Erfahrungen weitgehend unbewußt gesammelt werden, fällt es uns schwer, gespielt oder gemacht zu lächeln. Dies wird deutlich, wenn wir gezwungenermaßen, beispielsweise beim Aussprechen von Beileid, oder aus Verlegenheit lächeln müssen. Die Gefühlsäußerung verliert ohne echten Gefühlsgehalt den Sinn.

Die beschriebenen Einzelheiten legen die Vermutung nahe, daß Lächeln ursprünglich ein Zeichen der Furcht war und zum Entblößen der »Waffen« führte, ohne diese doch so freizulegen, daß ein aggressiver Einsatz möglich geworden wäre.

Beim Lächeln ziehen die Lachmuskeln den Mund in die Breite und die Mundwinkel etwas in die Höhe. So wird das ängstliche Lächeln, bei dem der Mund nur in die Breite gezogen wird, durch das gleichzeitige Hochziehen der Mundwinkel zum freundlichen Lächeln.

Bei Menschen, die viel lächeln oder lachen, entsteht im Laufe der Jahre durch Verstärkung der Lachmuskeln ein generell lächelnder, freundlicher Gesichtsausdruck (s. Abb. 11).

Abb. 11

Vor den Gesprächen zwischen Bundeskanzler Schmidt und dem italienischen Ministerpräsidenten Andreotti entstand dieses Bild in Valeggio. Die beiden Staatsmänner lächeln freundlich. Die Spannung, mit der das Lächeln ausgeführt wird, und die sonst eher beherrschte Körperhaltung lassen dieses Lächeln allerdings etwas gekünstelt erscheinen.

Mögliche Formen des Lächelns

Das gewollte, gemachte Lächeln

Die Mundwinkel werden meist geradlinig auseinandergezogen. Sie werden dabei nicht angehoben. Der geradlinige Verlauf zeigt die vorsätzlich gewollte Ausführung. Daß die Mundwinkel nicht in harmonischem Bewegungsverlauf ebenfalls angehoben werden, verhindert das Aufblühen und die Echtheit des Lächelns. So wird das gewollte Lächeln zu einer Zweckbewegung mit relativ geringem Gefühlsgehalt. Oft ist dieses Lächeln plötzlich vorhanden und ebenso plötzlich wieder weggewischt. Die heuchlerische Absicht wird so deutlich.

Zum Bereich des gewollten Lächelns zählt auch das Verlegenheitslächeln. Auch ihm fehlt die runde Weichheit und der einheitliche Fluß. Es wird nicht organisch. Es entfaltet sich nicht, es ist plötzlich da, verharrt leblos starr und kann ebenso unvermittelt verschwinden. Weil ihm der adäquate Inhalt fehlt, wird es eher zur leeren Grimasse. Es ist ein zwanghaftes Lächeln, das oft als Kompensation, beispielsweise beim Aussprechen von Beileid, eingesetzt wird (s. Abb. 12 und Abb. 13).

Abb. 12
Zwei mögliche Formen des Lächelns erleben wir auf diesen beiden Aufnahmen. Die Aufnahme von Franz-Josef Strauß und seiner Gattin zeigt das Problem gestellter Aufnahmen: das Lächeln wirkt oft nicht echt.

Abb. 13
Ein entsagendes Lächeln erleben wir bei Alt-Bundeskanzler Adenauer anläßlich seines Scheidens vom Amt am 15. 10. 1963. Auch die Gesamthaltung des Bundeskanzlers drückt eher Entsagung aus. Das Barrieresignal, beide Hände berühren ein Schreibgerät, und die vom Fotografen weg übereinandergeschlagenen Beine verstärken diesen Eindruck.

Das süßliche Lächeln

Hier wird die Beziehung des Lächelns zur weltbejahenden Süßreaktion besonders deutlich. Erkennbar ist dieses Lächeln an der geringfügig stärkeren Lippendehnung. So wirkt dieses Lächeln leicht unecht übersteigert und drückt mehr aus, als wirklich empfunden wird. Sentimentale, bigotte und alte Jungfern drücken so oft mehr Gefühl aus, als sie der Situation entsprechend wirklich empfinden. Auch der Schmeichler deutet so pantomimisch übersteigert an, wie positiv der Umschmeichelte auf ihn wirkt.

Das Schmunzeln

Der Hauptunterschied zwischen Lächeln und Schmunzeln besteht darin, daß die ziemlich gespannten Lippen geschlossen bleiben. Damit kommt in dieser Art des Lächelns eine Willensbeimischung zum Ausdruck. Die Spannung kann sowohl Aufmerksamkeit als auch Beherrschungstendenz signalisieren. Die geschlossenen Lippen drücken Zurückhaltung aus. Vorbehaltlose Hinwendung wird dadurch vermieden. Die Spannung und der Lippenverschluß lassen auf erhöhte Aufmerksamkeit und eigene Meinung zum Erlebten schließen. Es wird so ein schweigendes Mitgehen ohne ausdrücklich positive Einstellung ausgedrückt. Oft beinhaltet das Schmunzeln einen verschmitzten Ausdruck. Dann wird es zu einem mimischen Ausdruck der Freude über etwas, was geheimgehalten werden soll.

Das Feixen

Das Feixen ist eine grimassierende Art des Lächelns. Die Ähnlichkeit mit der Sauerreaktion ist unverkennbar. Die sich im Feixen ausdrückende kräftige Spannung verrät, daß etwas im Schilde geführt wird. Diese Art des Lächelns läßt den Frechen, Abgefeimten und provozierend Hämischen erkennen. Die heruntergezogenen Mundwinkel (Sauerreaktion) führen zum Ausdruck des »Hohntriefenden«.

Das aufgelockerte Lächeln

Je lockerer und spannungsärmer sich das Lächeln darstellt, desto mehr ist es Ausdruck naiv erlebter Freude ohne Beimengung. Mit Bewegungsrichtung nach außen zeigt es vorbehaltlose Anerkennung eines Fremdwertes. Dieses Lächeln ist die reizvollste Form des mimischen Repertoires und besitzt ausschließlich liebenswürdigen Inhalt.

Das entwertende Lächeln

Bei diesem Lächeln sind die Mundwinkel etwas heruntergezogen. Die Mundstellung drückt so zugleich Bejahung und Verneinung aus. Das entwertende Lächeln ist eine schwache Ausdrucksform des Feixens. So lächelt der auf Galgenhumor Gestimmte, Entsagende, aber auch der Blasiert-Ironische, der Besserwisser und der Schadenfrohe.

Das schiefe Lächeln

Beim schiefen Lächeln (oder Lachen) wird nur ein Mundwinkel nach oben bzw. ein Mundwinkel nach unten gezogen. Das sich so ausdrückende organische Durcheinander drückt den inneren Zwiespalt aus. Drang zur Abwertung steht im Konflikt mit Nützlichkeitserwägungen. Dieses Lächeln läßt die wahre Meinung hinter gemachter Freundlichkeit verbergen.

Verständlich, daß auch der, der zum Schaden noch den Spott ertragen muß, so reagiert, wenn es ihm nicht gelingt, die Situation humorvoll zu verarbeiten. Bei dieser Art des Lächelns handelt es sich oft um eine gequälte Grimasse mit einem vom echten Erleben abgespalteten, nicht fließenden Bewegungsablauf. Dieses Lächeln habe ich oft beobachtet, wenn Vorgesetzte oder Respektpersonen einen Witz erzählten und Mitarbeiter glaubten, höflicherweise darüber lachen zu müssen, obwohl der Witz selbst bekannt war oder keinen Anlaß zum Lachen bot.

Wird dieses Lächeln zum generellen Ausdruck eines in der Grundstimmung vorhandenen inneren Zwiespalts, kann sich die Grundstellung des Mundes so verändern, daß ein Mundwinkel mehr nach oben, der andere mehr nach unten zeigt. Der Volksmund spricht dann vom »schiefen Maul«. Auch hier ist jedoch einige Vorsicht geboten, da diese Mundstellung auch durch einseitige Muskelbehinderung begründet sein kann.

12. Die Lippen

Mit Lippen bezeichnen wir die paarigen Säume und Falten, die spaltförmige Öffnungen begrenzen. Die Lippen des Mundes sind die beiden fleischigen Ränder der Mundspalte. Sie bestehen aus Muskeln, besonders dem kreisförmigen Schließmuskel des Mundes, und enthalten zahlreiche Blutgefäße, Nerven und kleine Schleimdrüsen.

Die Funktion der Lippen ist mit der Beschaffenheit eng verbunden. Die Muskeln dienen dem Spannen und Formen der Lippen, und die Nervenenden ergeben den Sinn als Tastorgan. Werden die Lippen verschlossen oder gar zusammengepreßt, ist daraus immer ein Nicht-aufnehmen-Wollen ableitbar. Wie alle Muskeln und Bewegungsabläufe werden auch die Lippen durch Übung in die Lage versetzt, sich sinngemäß zu bewegen. Die noch unfertigen Bewegungsabläufe in den Lippen eines Kleinkindes, das zu beobachtende Zucken der Lippen sind Ausdruck derartiger Übungen.

Beim Beginn der Lächelübungen wird zunächst das Mündchen in die Breite gezogen, die Lippen bewegen sich ein wenig und bleiben dann zögernd stehen. Dieser Bewegungsablauf drückt den Zweifel Lachen oder Weinen aus. Erst durch bestätigend aufmunterndes Verhalten der Bezugsperson wird die Lächelstellung vervollkommnet. Die Bewegung der Lippen bleibt dort stehen, wo die Entscheidung zum Lachen oder Weinen fallen muß. Die Unentschlossenheit spiegelt sich in dieser embryonal unfertigen Lippenbewegung deutlich wider. Die Zaghaftigkeit und die Ratlosigkeit wird so erkennbar. Die Lippenstellung hängt zusammen mit dem jeweiligen Öffnungsgrad des Mundes. Nur bei geschlossenem Mund haben die Lippen bezüglich des Ausdrucksgehalts eine primäre Funktion. Beim offenen Mund paßt sich die Lippendehnung und Spannung der Mundform an. Der enge Zusammenhang zwischen Lippenstellung und Mundform begründet, daß die Öffnungsgrade des Mundes in diesem Kapitel mitbehandelt werden.

Der geöffnete Mund

Der geöffnete Mund reicht von klaffender Öffnung bis zu leicht offener Schnute. Als ›Sinnenpforte‹ – besonders das Kleinkind benutzt den Mund als wichtiges Sinnesorgan zum Prüfen von Gegenständen – bekommen alle Mundstellungen eine mit Wahrnehmen-Wollen oder Nicht-Wollen zusammenhängende Bedeutung. Der geöffnete Mund zeigt entsprechend herabhängendem Unterkiefer einen Mangel an Bereitschaft zur Stellungnahme, einen Mangel an Aktivität bei passiver Grundhaltung. Das mit Spannungslosigkeit gekoppelte Herabhängen des Unterkiefers drückt auch Fassungslosigkeit und staunendes Verhalten aus. Ist der Mund aktiv (Spannungsgrad) geöffnet, deutet dies die Bereitschaft zu einer Stellungnahme an. Der Mund wird dann in Vorbereitung einer Lautgebung geöffnet.

Der verschlossene Mund

Mit entspannten Lippen befindet sich der verschlossene Mund in normaler Ruhelage, ohne Ausdruckscharakter. Ist der Mund betont verschlossen, zeigen die Lippen entsprechende Spannung. Energien sind dann mobilisiert. Es entsteht ein entschlossener Ausdruck. Die Aktivität ist dabei noch nicht so weit gediehen, daß eine Neigung zum Sprechen oder zu weiteren Verhandlungen gegeben ist. Hintergrund ist eher der Wille zum wortlosen Handeln.

Ist der betont verschlossene Mund zum grundsätzlichen Ausdruck geworden, drückt er wortkarges Verhalten und das Vermeiden-Wollen von Sprechkontakt aus.

Mit stärker zusammengepreßten Lippen stellt sich der verkniffene Mund dar. Die Funktion der Lippen ist so die bessere Abdichtung des Mundes. Entsprechend dem eingesetzten Spannungsgrad läßt sich ein Sich-Zurückziehen bis verkrampfte Umweltablehnung folgern. Diese Mundstellung wirkt zugeriegelt und abweisend. Der Säugling verwendet diese Mundstellung als Widerstandshaltung gegen das Füttern. Es ist seine Möglichkeit, der Umwelt nein zu sagen.

Besonders Empfindliche und Scheue, Einzelgänger, Sonderlinge, Trotzige, Verstockte, Mißmutige, Welt- und Menschenverächter besitzen diese Mundstellung. Oft sind die zusammengepreßten Lippen verbunden mit gesenkten Mundwinkeln. Durch das Zusammenpressen der Lippen verschwindet das lebendig warme Lippenrot, und nicht umsonst spricht man dann auch von einem »kalten, eisigen Schweigen«. Ein solcher Mund kann die Fröhlichkeit ganzer Gruppen verscheuchen. Die durch Zusammenpressen entstandenen Züge des Mundes können auch Reaktion auf in der eigenen

Persönlichkeit entstandene Gefühlsregungen sein. Dann wird das Bestreben, diese lautlich oder mimisch auszuleben, regelrecht abgeriegelt. Die Gefühlskälte des Asketen und das Verkneifen von Freude und Schmerz wird so ausgedrückt.

Der verbissene Mund

Eine Steigerung des verschlossenen Mundes ist der verbissene Mund. Durch Aufeinanderbeißen der Zähne und Zusammenpressen der Lippen entsteht ein noch verspannterer Eindruck. Wer diese mimische Haltung einnimmt, zeigt, daß er eine harte Nuß zu knacken hat, daß er einen »Gegenstand« oder eine Idee »festhalten« will, daß er sich »in etwas verbeißt«.

Oft zeigt sich dieses Verhalten im Affekt, in Wut, Angst oder in einem Mischaffekt. Als Reaktion des Temperamentvollen oder Jähzornigen ist dieser Ausdruck Signal eines leidenschaftlich verbissenen Einsatzes. Auch in Not- oder Kampfsituationen als Vorbereitung zur körperlichen Auseinandersetzung erfolgt eine seelische Ausstrahlung auf die kräftigen Kaumuskeln und eine verbissene Haltung des Mundes. Zusatzsignale der Augen und gesenkter Kopf lassen eine dann eindeutige Interpretation

Abb. 14

Unter dem Bildmotto »Lange Haare – kurzer Prozeß« veröffentlichte die dpa ein Bild, das anläßlich eines Prozesses vor dem Essener Arbeitsgericht aufgenommen wurde. In einem Bildausschnitt ist deutlich zu sehen, wie sich der Angeklagte auf die Lippen beißt. Möglicherweise soll eine wütende oder beleidigende Äußerung hinter den Zähnen gehalten werden. Verschlußhaltung wird auch durch die Körperhaltung signalisiert (andeutungsweise sind die geschlossenen Hände als Barrieresignal sichtbar).

zu. Kann die verursachende Emotion nicht ausgelebt werden, wird diese oft in »Zähneknirschen« abreagiert. So, als wolle der Emotionalisierte den »Gegner« zermahlen.

Wird die Zunge oder werden die Lippen mit den Zähnen festgehalten, soll ein »Lapsus linguae« verhindert werden. Eine wütende oder beleidigende Äußerung bleibt so »hinter den Zähnen«. Bei Überraschung, wenn man noch nicht sprechen will, weil die Situation noch nicht hinreichend geklärt ist, bei Getroffensein und bei generellem, aber spannungsgeladenem Abwarten ist das »Auf-die-Lippen-/Zunge-Beißen« beobachtbar (s. Abb. 14).

Aus der Mitfunktion der Lippen als Tastorgan wurden immer wieder Schlüsse, bei denen die Form und Weichheit berücksichtigt wurde, gezogen. Einige dieser Folgerungen seien der Vollständigkeit halber erwähnt:

Sind die Lippen	
schmal,	deutet dies besonders bei Frauen auf einen mutigen, manchmal geradezu rebellischen, aber auch phantasievollen Charakter hin. Äußerliche Gleichgültigkeit wird unterstellt. Man schließt auf einen interessanten Gesprächspartner. Beim Mann wird aus schmalen Lippen Kritik, Enthaltsamkeit mit Neigung zu Zynismus und Herrschsucht geschlossen. Diese Eigenschaften sollen besonders dann ausgeprägt sein, wenn sie einen großen Mund flankieren.
scharf geschnitten,	deuten sie auf eine einseitige Prägung der Persönlichkeit durch die Vorherrschaft des Intellekts hin.
weich,	deutet dies auf gesteigerte Gefühlshaftigkeit hin. Die Durcharbeitung der Lippen durch eine straffe, gestärkte Muskulatur fehlt.
voll,	deutet dies auf Lebendigkeit der Sinne hin. Der Gebrauch der Schnuller durch das Kleinkind führt, wird dieser zu lange benutzt, oft zu einem sinnlich erscheinenden Lippenbild.
insbesondere die Unterlippe der Frau stark betont,	deutet dies auf Phantasie, Anpassungsfähigkeit, Selbstsicherheit und Fairneß hin. Auch Launenhaftigkeit wird dann unterstellt.
kräftig aufgeworfen,	deutet dies auf ein eigenwilliges, aber geselliges Verhalten, Optimismus und Fleiß hin.
beim Mann bei breitem Mund die Unterlippe leicht vorgeschoben,	deutet dies auf gefühlsbetonte, konservative, jedoch ziemlich humorlose Persönlichkeit hin.

Das generelle Problem der Merkmaldeutung stellt sich auch hier. Die Entfaltungsmöglichkeiten, die durch vermehrte Reflexion der Umwelt und die größeren Kom-
pensationsmöglichkeiten, liefern, wird nur ein Merkmal betrachtet, verfälschte Ergebnisse. Schlüssig dürfte sein, daß bestimmte Mundformen mit bestimmten Lippen-
formen nicht oder nur unvollständig ausgeführt werden können. Ein Mund mit
schmalen Lippen dürfte kaum eine ausgeprägte Kuß-Schnute zustande bringen.

Besonders interessant für die Deutung der Körpersprache im Reiz-Reaktions-
Geflecht sind die dynamischen Darstellungen des Körpers. Die Lippen sind zu vielfäl-
tigen Figuren fähig. Schon wegen der biologisch verschiedenen Aufgaben ist der mimische Ausdruck der Lippen vielgestaltig und vieldeutig.

Generell unterscheiden wir:

offene und geschlossene Formen
gespannte und entspannte Ausführungen
gespitzte und zähnenahe Stellung

Entsprechend der jeweiligen Ausführung benennen wir die gezeigte mimische Figur
als

− prüfende »Schnute«
− »Genießerschnute«
− »Protestschnute«
− »Verblüffungsschnute«
− »Sorgenschnute«

oder teilen Sie in die bereits beschriebenen Arten des Lächelns ein.

Die prüfende »Schnute«

Diese Lippenstellung beobachten wir, wenn jemand den Geschmack von Flüssig-
keiten probiert. Zum Beispiel bei einer Weinprobe. Durch das Vorschieben der Lippen wird zusätzlicher Raum gewonnen, in dem die Flüssigkeit hin- und herbewegt
wird. So ist eine mannigfache Berührung der Flüssigkeit mit den feinen Geschmacksnerven möglich. Symbolisch zeigt sich diese »Schnute«, wenn etwas taxiert oder be-
gutachtet werden soll.

Die »Genießerschnute«

Genießerisches Auskostenkönnen durch die auch hier gewonnenen zusätzlichen
Räume führt zu dieser Mundstellung. Deshalb wird diese »Schnute« auch als »Fein-
schmecker-Schnute« oder »Vorfreuden-Schnute« bezeichnet. Sie unterscheidet sich
von der prüfenden »Schnute« dadurch, daß die Mundwinkel leicht nach oben gezogen
sind. Wenn »einem das Wasser im Munde zusammenläuft«, soll so die angenehme
Flüssigkeit mit möglichst vielen Geschmacksnerven in Verbindung kommen, gleichzeitig aber durch die leicht angehobenen Mundwinkel am Herauslaufen gehindert wer-

den. Betrachtet jemand kostbare Gegenstände, so kann die Bildung dieser »Schnute« von einem schlürfenden Einziehen von Luft begleitet sein.

Bei der japanischen Begrüßung ist das schlürfende Einziehen der Luft ein Ausdruck besonderer Hochachtung. Die Funktion des Genießens und der Hochachtung ist auch bei der schmusenden »Schnute« des Schmeichelns als Ausdruck des Wohlgefallens anzunehmen (s. Abb. 15).

Abb. 15
Eine »Protestschnute« zeigt Walter Scheel als Bundespräsident anläßlich der Silberlorbeer-Verleihung am 5. 12. 1975 auf diesem Bild. Der nach oben gerichtete Kopf und die, als wollte der Protestlaut »oho« formuliert werden, leicht geöffneten Lippen sowie die zusammengekniffenen Augen und das Lächeln drücken humorvollen Protest aus.

Die »Protestschnute«

Bei dieser »Schnute« sind die Lippen leicht geöffnet. Das Vorschieben der Lippen ist hier Ausdruck des Wegschiebens. Diese »Schnute« drückt Groll, Verdrossenheit, Trotz, Nörgelei und Protest aus. Der Ausspruch »man zieht eine Schnute« oder »ein Schmollmündchen« ist so verständlich. Obwohl wesentliche Details mit der »Genießerschnute« identisch sind, ist diese »Schnute« kaum mit dieser zu verwechseln, weil die Situation und die begleitende Mimik eine eindeutige Zuordnung ermöglicht. Oft wird diese Protestmimik mit einem zusätzlichen Protestlaut »oho« oder »oh« begleitet.

Die meisten körpersprachlichen Ausdrucksmöglichkeiten haben sich gesetzmäßig entwickelt. Die »Protestschnute« hat ihren Ursprung im Säuglingsverhalten. Mit derart vorgeschobenen Lippen schiebt der Säugling die Mutterbrust von sich, nachdem er sich sattgetrunken hat. Auch wenn dem Kleinkind ein Getränk nicht zusagt, wird diese Lippenstellung eingesetzt. Die Lippen werden so weit vorgeschoben, bis eine runde Öffnung entsteht, aus der das ungeliebte Getränk abfließen kann. Ähnlich verhält sich der Erwachsene, wenn er ausspuckt.

Die »Protestschnute« wird in ihrer Wirkung meist verstärkt durch zusätzliche mimische Begleiterscheinungen, wie die runden, hervorquellend-starren Augen.

So sind die verständnislos glotzenden Augen des Verblüfften, die erbosten Kulleraugen des Protestierenden und die in unheimliche Leere stierenden Augen des Besorgten zu verstehen.

Die »Verblüffungsschnute«

Normalerweise wird der Mund bei hemmungsloser Überraschung weit aufgerissen. Fehlt das hemmungslose Moment oder sind gegen das Aufreißen Hemmungen vorhanden, wird dieser Vorgang abgebremst und die Mundform modifiziert. So bildet sich die »Verblüffungsschnute«. Auch hier ist als Begleiterscheinung oft die Bildung von Kulleraugen zu beobachten.

Die »Sorgenschnute«

Soll der Schmerzensruf »ooh« formuliert werden, ist hierzu die entsprechende Lippenstellung notwendig. Auch wenn dieses »ooh« lediglich in Bereitschaft liegt, bildet sich bereits die »Sorgenschnute« als stummer Ausdruck. Der Ausdruck der Sorge und des Schmerzes ist nicht allein auf die »Schnute« begrenzt. Die ganze Mimik, besonders die Augen drücken dieses Gefühl ebenfalls aus. Sie sind dann oft starr oder blicken leidend ins Leere.

13. Die Zunge

Die Zunge ist als stark muskulöses Gebilde in ihrer Funktion entscheidend für die Sprache, das Schlucken und das Kauen. Schon vor 1500 Jahren sollen die Araber die Zunge als wichtiges Merkmal zur Menschenanalyse herangezogen haben.

In Italien wurde eine »Menschenkunde« entwickelt, die sich an den verschiedenen Zungenformen und Zungenmerkmalen orientiert. Diese Wissenschaft trägt den Namen: Glossomatie.

Dabei werden folgende Schlüsse aus der Gestaltung der Zunge gezogen:

lange und runde Zunge	– meist gefühlvoll und offenherzig
lang und breit	– egoistisch und leichtfertig
kurz und rund	– wenig Feingefühl im Alltag
schmal und kurz	– sich selbst nicht in der Gewalt haben, oft Übertreibung und Übersteigerung
lang, schmal und gewölbt (auch als Schlangenzunge bezeichnet)	– Grausamkeit, Feigheit, Anmaßung und Heuchelei

Ob derartige Folgerungen zutreffend sind, sei dahingestellt. Daß der Arzt das Aussehen der Zunge als Diagnosemittel verwendet, haben wir alle schon erlebt. Seine Betrachtung schließt aus der Verbindung der Zunge mit deren Funktion und aus deren organischen Veränderungen auf mögliche Krankheiten.

Die Sprache der Zunge ist nach Ansicht der Verhaltensforschung eine orale Geste. Die herausgestreckte Zunge will entweder wegschieben oder den Mund verschließen oder Außenliegendes (an den Lippen Klebendes) in den Mund hereinholen. Prof. W. John Smith, Biologe an der Universität Pennsylvania, hat mit seinen Assistenten Julia Chase und Anna Katz Lieblich jahrelang die Bewegungen der Zunge erforscht. Sie kamen zu der Überzeugung, daß die Zunge viel häufiger gezeigt wird, als man allgemein annimmt. In ihrem Bericht vertreten sie die Ansicht, daß sich hinter der vorgestreckten oder auch nur andeutungsweise gezeigten Zunge weitaus mehr verbirgt, als das Auge erkennen kann. Die Zurschaustellung der Zunge ist den Forschern zufolge ein wichtiger Hinweis auf die Abneigung gegen Geselligkeit.

Kinder wurden beobachtet, wenn sie konzentriert mit dem Finger im Sand malten, sich mit Altersgenossen balgten, Fruchtsaft tranken oder an Gebäck knabberten. Erwachsene wurden auf der Straße in Autobussen, Wartesälen, Läden, bei Sportereignissen oder auf öffentlichen Versammlungen beobachtet. Fürchtet ein Kind, bei einer Tätigkeit, die die volle Aufmerksamkeit beansprucht, z. B. Balancieren auf einer Stange, abgelenkt zu werden, zeigt es oft die Zunge, um keine anderen Reize in eine Sinnenöffnung hineinkommen zu lassen. Der Student Gary Owens beobachtete die Zungen seiner Studienfreunde beim Billardspiel. Er entdeckte, daß die drei besten Spieler kaum die Zunge zeigten, während die drei schlechtesten sie um so häufiger hervorstreckten. Bei schwierigen Billard-Anstößen wurde die Zunge zweimal so häufig gezeigt wie bei leichten.

In meinen Seminaren stellte ich immer wieder fest, daß Redner, die eine Pause einlegten, aber das Wort, den Gedanken behalten wollten, die Zunge zeigten. Damit wurde der Wunsch ausgedrückt, nicht unterbrochen zu werden (s. Abb. 16 und Abb. 17).

Abb. 16   Abb. 17

Die beiden Bilder zeigen Zungensignale, einmal mit gleichzeitig ausweichendem Neigen des Kopfes und auf dem anderen Bild mit gerade gehaltenem Kopf, bei dem die Situation konfrontiert wird.

Beim Einsatz der Zunge zum Lecken der Lippen zeigt sich grundsätzlich das genießerische Verhalten. Eine Weiterführung dieses Verhaltens kennen wir in der Aussprache: »Danach könnte man sich die Finger lecken«, und »er leckt sich alle fünf Finger«. Oft lassen schon Vorstellungen das »Lippen-Lecken« zustande kommen.

Berichten Seminarteilnehmer von Genüssen, ist dieses zu beobachtende Lecken der Lippen auch als »Freudsche Fehlleistung«, als körpersprachliche Begleitbotschaft zu verstehen, die ein besonders genüßliches Erlebnis verrät.

Lecken der Lippen kann auch eine reine Zweckbewegung sein. In Streßsituationen, dann, wenn wegen der Wirkung des sympathischen Nervensystems und des im Blutkreislauf befindlichen Adrenalins die Speichelproduktion im Mundraum abnimmt (weil die Flüssigkeit zur Transpiration, zur Abkühlung im Kampf benötigt wird), werden die Lippen trocken. Die dann eingesetzte Zweckbewegung, mit der die Zunge die Lippen befeuchtet, läßt die Streßsituation erkennen. Auch Redner, die während ihres Referats häufig und in kleinen Schlucken trinken, lassen Streß erkennen, weil sie es notwendig haben, den trockenen Mund zu befeuchten.

Das Lecken der Lippen als Zweckbewegung ist leicht von anderen Arten des Lippen-Leckens zu unterscheiden. Weil die Zungenspitze wegen der geringeren Fläche weniger Feuchtigkeit transportieren kann, wird die Zunge weiter herausgestreckt. Sodann bewegt sich die Zunge zweckvoll und nach oben gebogen nach beiden Seiten. Die Lippen sind nach innen gezogen, um der Zunge eine möglichst große Fläche anzubieten. Sie sind leicht zusammengepreßt, damit auch die Unterlippe von der Unterseite der Zunge Feuchtigkeit aufnehmen kann.

Anders läuft das tastende Lecken ab. Hierbei soll an den Lippen Befindliches vorsichtig mit der Zunge abgenommen und in den Mundraum transportiert werden. Ein Genuß soll verlängert werden. Deshalb wird dieses Lecken auch als genießerisches Lecken bezeichnet. Diese tastend-vorsichtige Funktion hat die Zunge als Führer zur und als Fühler für die Umwelt schon in der frühesten Kindheit erhalten.

Das Kleinkind benutzt die Zunge, um damit den richtigen Zugang des Mundes zur Mutterbrust zu ertasten.

Symbolisch wird diese tastende Funktion auch bei schwierigen Aufgaben eingesetzt. Viele Schulanfänger führen während der ersten Schreibübungen entsprechende Bewegungen mit der Zunge aus. Dies ist zurückzuführen auf die Koordination von Muskelgruppen, aber auch darauf, daß die Sinne mehr Klarheit wollen und die Zunge so »mittastet«.

Derartige »mittastende« Bewegungen lassen beim Erwachsenen auf leichte Entwicklungshemmung schließen; aber auch erkennen, daß eine sorgfältige Willensbemühung dieses Mitbewegen verursacht. Als Motivation ist ein Ganz-tun-Wollen anzunehmen.

Weder Lecken, bei dem die Lippen zweckvoll befeuchtet werden, oder Tasten, bei dem an den Lippen Haftendes abgenommen und in den Mund transportiert werden soll, noch Tasten, bei dem sich die Zunge relativ lose zwischen den Lippen bewegt, sondern ein Mundverschluß und ein Wegschieben ist beim Herausstrecken der Zunge erreicht. Ursprünglich diente das Herausstrecken der Zunge dem Wegschieben der Mutterbrust und zeigte an, daß der Säugling satt ist. Die gleiche Bewegung wird schon im frühkindlichen Alter modifiziert. Untersuchungen zeigten, daß Kinder im Kindergarten immer dann die Zunge ein wenig herausstreckten, wenn sie Kontakt mit anderen Personen vermeiden wollten. Entsprechend dem Grad der Ablehnung reichte das Herausstrecken der Zunge vom Zeigen der Zungenspitze zwischen den sonst geschlossenen Lippen bis zum vollständigen und weiten Herausstrecken als Beleidigungsbotschaft. Das mehr heimliche Signal des »Laßt mich in Ruhe« mit der nur leicht zwischen die Lippen geschobenen Zungenspitze ist auch beobachtbar, wenn schwierige Aufgaben zu lösen sind, eine Ablenkung vermieden werden soll. Dann werden Fremdreize so weggeschoben. Je weiter die Zunge zwischen den Lippen hervorgestreckt wird, desto größer muß also der Grad der Ablehnung sein. So ist es verständlich, wenn die weit herausgestreckte Zunge als Beleidigungsverhalten eingesetzt und als Kränkung verstanden wird. Wichtig dabei ist, daß die Lippen um die Zunge geschlossen sind; denn gleichzeitig mit dem Wegschieben soll ja auch ein Mundverschluß erreicht werden. Werden die um die Zunge geschlossenen Lippen zusätzlich vorgestülpt, wird dadurch die Abwehrhaltung verstärkt. Sind auch noch die Mundwinkel nach unten gezogen, haben wir die möglichen Signale der Abwehr: Zunge herausstrecken, Protestschnute und Bitter-Reaktion in einem mimischen Ausdruck: eine »Bäääh-Haltung«.

Sind die Lippen um die Zunge geöffnet und kann sich die Zunge zwischen den Lippen frei bewegen, erleben wir nicht eine Abwehr, sondern eine Aufnahme-Haltung. So kann die Zunge die Funktion als Tast-Organ wahrnehmen. Besonders im sexuellen Bereich kommt diesem Verhalten Bedeutung zu. Die Zunge krümmt und bewegt sich zwischen den leicht geöffneten Lippen so, als ob sie etwas suche, zum Lecken und um Zärtlichkeit zu geben.

Wird die Zunge in einen Mundwinkel eingepreßt und mit den Zähnen festgehalten, besagt dies: »Ich strecke nicht dir die Zunge heraus, ich will die Zunge auch nicht herausstrecken, aber du sollst sehen, daß ich das Geschehene nicht akzeptiere.«

Die Zunge als Werkzeug zum Küssen

Hoffentlich vergeht Ihnen nicht die Freude am Küssen, wenn Sie wissen, daß der Zungenkuß ein symbolisches Übergeben vorgekauter Nahrung ist. So haben unsere Stammeseltern dem Säugling die vorgekaute Nahrung in den Mund geschoben. Damit nichts von dem Speisebrei verlorenging, war zusätzlich zur schiebenden Zunge auch pressend-verschließender Lippenkontakt notwendig. Derartiges Fütterungsverhalten können wir heute noch sehen, wenn Vögel ihre Jungen füttern.

Ob Küssen ein ererbtes Verhalten ist oder ob es als weiterführendes Verhalten aus dem zufrieden-befriedigten Mutterbrustsuchen des Säuglings weiterentwickelt wird, ist meines Wissens noch nicht bekannt.

14. Die Zähne

Die Zähne werden entwicklungsgeschichtlich zu den Verdauungsorganen gezählt, obwohl diese in der Anatomie unter den Knochen aufgeführt werden. Der Prozentsatz mißgebildeter Zähne ist bei geistig zurückgebliebenen Kindern höher als bei Kindern mit normaler geistiger Entwicklung. Es wird angenommen, daß in solchen Fällen schon vor der Geburt anlage- oder umweltbedingte Einflüsse die geistige Entwicklung und das Wachstum der Zähne beeinträchtigen. Der Arzt, Zahnarzt und Kieferorthopäde Prof. Dr. med. dent. Wilhelm Balters versicherte, ihm sei es möglich, die Lebensprobleme eines Menschen von dessen Zähnen abzulesen.

Wer sich »durchbeißen« will, entwickelt mehr Kaudruck und bildet die Kaumuskulatur stärker aus. Aufschub notwendiger Entscheidungen, Aufschub des »Sich-durchbeißens« reduziert die Durchbildung der Kaumuskulatur und die Straffung des Zahnfleisches und führt möglicherweise zu locker sitzenden Zähnen. Nicht umsonst wird das muskulös durchgebildete Gesicht als markant und energisch assoziiert. Der Physiognomie zufolge sollen sich folgende Bedeutungen zeigen:

lange, sehr schmale Zähne	– Zaghaftigkeit und Schwäche, dies besonders, wenn die Zähne weiß oder perlmuttfarben erscheinen
kurze, kräftige Zähne	– Energie, Durchsetzungsvermögen, besonders bei elfenbeinfarbenen Zähnen
große Vorderzähne des Oberkiefers	– hochgradige Sensibilität, künstlerische Veranlagung, religiöse Schwärmerei

Vortreten der oberen über die unteren Zähne	– der Sache nicht immer sicher, oft tückisch und rachsüchtig
Vortreten der unteren über die oberen Zähne	– Selbstbewußtsein, Egoismus, rücksichtsloses Vorgehen
Augenzähne schmal	– Unverträglichkeit, rücksichtsloses Wahrnehmen eigener Interessen
Augenzähne breit	– Vertrauenswürdigkeit, Zuverlässigkeit, Treue, Liebenswürdigkeit
kleine, weiße Zähne	– Lebenskraft

Eine Verbindung zwischen dem Aussehen der Zähne und der Gesundheit soll sich grundsätzlich herstellen lassen. Je schöner die Zähne, desto besser soll die Gesundheit des Trägers sein.

Viele Zahnprobleme sind entwicklungsgeschichtlich begründet. Ursprünglich zum Zermahlen von Früchten notwendig, mußten die Zähne, als der Mensch sich zum Fleischfresser entwickelt hatte, andersgeartete Aufgaben übernehmen. Weil sowohl Früchte als auch Fleisch verzehrt wurden, mußte die Bezahnung den resultierenden Beanspruchungen entsprechen. Weil die Zähne der Nahrungsänderung nicht so schnell folgen konnten, hat der Mensch dieses Problem so gelöst, daß er Werkzeuge (Messer) zu Hilfe nahm oder die Nahrung entsprechend aufbereitete (braten, kochen).

So wurde der Mangel unseres Gebisses kompensiert, indem wir uns Riesenzähne (Gabel und Messer) schufen oder die Nahrung so bearbeiteten (mahlen von Getreide), daß die Fähigkeit unseres Gebisses ausreichte.

Im körpersprachlichen Verhalten besitzen die Zähne eine weitere Funktion. Das »Die-Zähne-Zeigen« wird auch vom Menschen als Drohgebärde und Wutausdruck eingesetzt.

15. Der Kiefer und das Kinn

Schnell folgern wir aus einem starken Kieferbau und einem vorgeschobenen, starken Kinn auf Willensstärke und/oder Brutalität. Solche und andere Folgerungen, die sich an der Beschaffenheit der Körperteile orientieren, sind nur dann heranzuziehen, wenn die Beschaffenheit Folge von Muskeltätigkeit ist. Möglicherweise resultieren viele unserer Wertungen aus kollektiv unbewußten Bezügen. »Der hat ein starkes Kinn, der ist willensstark«, könnte eine erste Folgerung, ein erster Eindruck sein. Stellt sich der so Beurteilte später als Schwächling heraus, sind wir schnell bereit, dies als die Ausnahme von der Regel abzutun, nur um unseren ersten Eindruck – von dem wir so viel halten – zu rechtfertigen. Vielleicht ist es wirklich so, daß wir unbewußt in einem kantig-eckigen Kinn immer noch die Urform mit den langen Eckzähnen, die zum Aufschlitzen der Beute notwendig waren, erblicken. So wäre es verständlich, daß wir zu einem stark geformten, eckigen Kinn Brutalität assoziieren.

Sicher ist, daß die Entwicklung der Formen des menschlichen Körpers nicht mit der Veränderung der Lebensweise Schritt gehalten hat. Vielleicht wollte die Natur damit die Anpassungsfähigkeit für den Fall einer rückläufigen Entwicklung sicherstellen. Schließen wir also nicht vorschnell aus einzelnen Merkmalen auf Charaktereigenschaften. Kein verantwortungsbewußter Physiognomiker wird dies tun. Erst wenn möglichst viele Puzzleteile vorliegen und richtig zueinander geordnet sind, ist ein Bild – das individuelle Bild – erkennbar.

16. Der Kopf

Der Kopf des Menschen unterscheidet sich vom Kopf des Tieres hauptsächlich durch das Hervortreten des Hirnschädels und dessen Wölbung in der Stirn-, Schläfen- und Hinterhauptgegend in Anpassung an die starke Entwicklung des Gehirns. Bei Tieren ist der Nasen-Schnauzen-Abschnitt weit vorgebeugt. Dieser liegt beim Menschenkopf unter dem Hirnschädel. Schon im äußeren Bau zeigt der Kopf des Menschen die gesteigerte Bedeutung des Intellekts und das Zurücktreten der vegetativen Funktionen. An der Kopfform ist deutlich erkennbar, wie sehr sich die gegebene Anforderung im Laufe der Evolution in der Form niederschlägt. Die jeweilige Notwendigkeit prägt die Form der Organe. Nasentiere (geruchsorientiert) besitzen große Nasen. Ohrentiere (hörorientiert) große Ohren und Augentiere (sehorientiert) große Augen.

Die Proportionen des Kopfes in bezug auf die Größenverteilung der Seh-, Geruchs- und Geschmacksregion haben in der Physiognomik zusammen mit der Geistesregion, der Stirn, Mutmaßungen und Folgerungen ausgelöst.

Man unterschied:

den Quadratschädel	er soll Energie, sicheres Urteil, Willensfestigkeit und Begabung für exakte Wissenschaften verraten,
der Rundschädel	soll für Initiative, rasches Urteil, Hilfsbereitschaft und Umgänglichkeit sprechen,
der ovale Kopf	soll beweglichen Geist, geistige Elastizität, daß man sich nicht gerne von anderen beherrschen läßt, anzeigen,
der dreieckige Kopf	soll Klugheit, Diplomatie, List und Schlagfertigkeit anzeigen,
der konische Trapezschädel	soll sachliches Urteil, Begabung zur Lösung praktischer Aufgaben, Umgänglichkeit und unkomplizierte Lebensphilosophie signalisieren.

Neben dieser vereinfachend dargestellten physiognomischen Zuordnung von Eigenschaften soll die Form des Schädels Aufschlüsse über Anlagen und Begabungen geben. Diese unter der Bezeichnung »Lokalisationslehre« bekanntgewordene Richtung geht davon aus, daß die Größe der jeweiligen Gehirnorgane auch die Form des Schädels mitbestimmt.

Im vorderen Oberkopf, im Stirn- und Scheitelbereich, liegen die umfangreicher entwickelten Gehirnbezirke, die dem Menschen die dem Tier überlegene Stellung geben. Aus der niederen, fliehenden Stirn eines Menschen jedoch zu folgern, daß diesem Kopf auch geistig einige Stockwerke fehlen, halte ich nicht für richtig. Im Verlaufe meiner jahrelangen Trainertätigkeit habe ich Tausende von Seminarteilnehmern kennenlernen dürfen. Daß aus einer hohen Stirn besondere Intellektfähigkeiten geschlossen werden können, habe ich nicht so bestätigt gefunden, daß·ich dies zu einer Lehre machen könnte. Die Wichtigkeit des Kopfes für den Menschen ist schon in der Entwicklung des Embryos erkennbar. Einer der ersten Vorgänge im befruchteten Ei ist die Bildung des Kopfes. Anfangs hat er mit den Vorformen des Gehirns ein Mehrfaches des embryonalen Körpervolumens. Auch noch Jahre nach der Geburt ist der Kopf im Verhältnis zum Leib und den Gliedmaßen besonders groß.

Auch in der dynamischen Körpersprache kommt dem Kopf als Träger der wichtigsten Organe des Menschen große Bedeutung zu. Zur Wahrnehmung nach vorne gereckt und zum Schutze zurückgezogen, um auszuweichen seitlich weggenommen und um Annäherung zu suchen geneigt, stellen sich viele Ausdrucksverhalten dar.

Spannungslos hängender Kopf

Diese Haltung kennt der Volksmund unter der Bezeichnung »er läßt den Kopf hängen« und meint damit, daß jemand Mangel an Spannungsbereitschaft zeigt. Willenlosigkeit, Apathie, Schwung- und Hoffnungslosigkeit werden so ausgedrückt. Der Kopf fällt ohne Nackenspannung auf die Brust. Dieses ist auch der Fall, wenn jemand im Sitzen einschläft. Die Kopfhaltung der Hoffnungslosigkeit führt jedoch nur selten so weit, daß das Kinn, wie beim Schlafenden, die Brust berührt. So ist der Unterschied deutlich zu erkennen (s. Abb. 18).

Gesenkter Kopf

Diese Haltung beschreibt die Aussage: »Den Nacken beugen«. Der Kopf hängt nicht völlig spannungslos herab. Es ist eine geringfügige Spannung sichtbar. Ist auch der Blick nach unten gerichtet, kann dieses Verhalten als Unterwerfungsverhalten gedeutet werden. Spannungsschwäche, Mangel an eigener Aktivität oder Aufgabe derselben, werden so sichtbar. Widerstand wird als sinnlos angesehen. Man fügt sich so in das Unvermeidliche – so wie der Verurteilte unter dem Beil des Henkers seinen Nacken beugt.

Abb. 18
Dieses Bild zeigt einen im Sitzen Schlafenden. Der Kopf ist so weit herabgesunken, daß das Kinn die Brust berührt.

Beim derartigen Senken des Kopfes mit fehlendem Blickkontakt zur in Kopfhöhe befindlichen Umwelt geht auch der Kontakt mit dieser verloren. Man macht sich wehrlos. Wird diese Kopfneigung beim Gruß verwendet, handelt es sich um eine bewußte, der Höflichkeit entsprechende Unterwerfung – einer symbolischen Unterordnung. Beugend wird so der Verzicht auf Eigenwillen kundgetan oder schweigende Zustimmung signalisiert.

Je nach Neigungsgrad des Kopfes und Dauer des abgebrochenen Blickkontaktes können schlechtes Gewissen, Beschämung und Unterwerfung abgelesen werden.

Der gesenkte Kopf mit Blick von unten her signalisiert spannungsgeladene Aktivität, Kampfbereitschaft, Aggressivität, Oppositionsfreude, Halsstarrigkeit, je nach Augenausdruck und Spannung, und er erinnert oft an den gesenkten Kopf des angreifenden Stieres.

Wirkt der Blick leicht schräg, kann daraus Heimtücke, aber auch Schuldbewußtsein abgeleitet werden. Das hoffende Beobachten oder unbemerkte Suchen der schwachen Stelle wird so erkennbar. Gesenkter Kopf kann aber auch Nachdenklichkeit signalisieren. Einer »Sache auf der Spur sein« zeigt sich in Verbindung mit voll geöffneten Augen, gelockerter Halsmuskulatur und Augenstellung mit annähernd parallelen Sehachsen.

Während Vorträgen wird der Kopf hin und wieder gesenkt, um weitere Gedanken aus dem Manuskript aufzunehmen. Dann ist das Senken des Kopfes körpersprachlich bedeutungslos.

Aufrichten des Kopfes

Bei aufgerichtetem Kopf liegt der Hals frei, wird nicht mehr gedeckt. Wer sich so darstellt, fühlt sich frei und sicher, hat keine Angst davor, daß ihm »jemand an den Hals springt«. Aufrichten des Kopfes drückt demnach eine Steigerung des Selbstgefühls und der Tatbereitschaft aus oder wird aus derartigen Emotionen begründet.

»An einem Seminar mit dem Spezialthema Körpersprache nahm ein Unternehmer teil. In seinem Vorstellungsreferat nannte er Daten seines Unternehmens. Jedesmal wenn ein Eindruck erweckendes Merkmal ausgesprochen wurde, hob er auch überdeutlich den Kopf so weit, daß dieser schon fast im Nacken lag. Der so ausgedrückte Stolz und das ›Na, da schaut ihr‹ waren bei den von ihm genannten Daten begründet.«

»Kopf hoch!« – diese Aufmunterung hat sicher jeder von uns schon gehört. Es ist eine Aufforderung, die zu einem »aufrechten Menschen« machen soll. Die mit erhobenem Kopf mögliche Bestleistung aller Sinnesorgane – so ist die Bestimmung der Vertikalen und damit die Orientierung im Raum am leichtesten möglich – wirkt stabilisierend auf die Psyche. Oft ist mit dem Aufrichten des Kopfes eine kräftige Einatmung verbunden. Dieses gleichzeitige Auffüllen des Luftvorrates bekundet den Willen, sich zum Handeln vorzubereiten, und zeigt die Bereitschaft zur freimütigen Auseinandersetzung.

Wird der Kopf steil erhoben, drückt sich stolze Unnahbarkeit und Überheblichkeit aus. Auch eine Herausforderung des anderen wird so heraufbeschworen. Möglicherweise wird das »Tier« in uns durch den so offen dargebotenen Hals zum Angriff gereizt.

Schlaff zurückfallender Kopf

Fällt der aufrechte Kopf schlaff zurück, ist dies ein Ausdruck der Selbstaufgabe. Im Gegensatz zur Unterwerfung, bei der mit Senken des Kopfes eine Verkleinerung der Wirkung und ein Schützen des Halses einhergeht, liefert man sich so wehrlos dem anderen aus. Das Gefühl des Bedrohtseins hat dem Ausgeliefertsein Platz gemacht. Auch eine Auslieferung an Erinnerungen, musische Genüsse u. a. wird so erkennbar. Kombiniert mit Lachen, wird die Unterwerfung ins Spielerische umgedeutet und Hilflosigkeit ausgedrückt.

Entspannt zurückgelegter Kopf

Bei diesem Verhalten gleitet der Kopf allmählich aus dem Zustand der Getragenheit in den Zustand der Gelöstheit. Das Zurückgleiten bedarf keiner besonderen Regulierung. Der Kopf bleibt von selbst in der Gleichgewichtslage stehen oder schlägt einfach nach hinten über. Die Langsamkeit ist aussschlaggebend für die Kontrolle, mit der die Spannung aufgegeben und die vorherige Haltung verlassen wird.

Ist die Spannung gering, läßt diese träge, passive Seelenhaltung folgern und kommt möglicherweise aus einer aus Bequemlichkeit resultierenden Sorglosigkeit.

Das Zurückgleiten des Kopfes und die auslösende Spannungslockerung kann auf eine Minderung der Konzentration schließen lassen. Derartiges »Abschalten« fördert die selbständigen Vorstellungsabläufe. Deshalb ist der zurückgelegte Kopf oft beim Träumen – beim Hans Guckindieluft und bei besinnlichem Verhalten beobachtbar. Auch hingebendes Genießen drückt sich je nach Spannungsgrad und Augenausdruck so aus. Paßt diese Kopfhaltung nicht zur Situation, ist sie inadäquat, kann Weichheit, Trägheit und Genußsucht die Motivation für dieses Verhalten sein.

Zurückwerfen des Kopfes

Der Kopf kann mehr oder weniger ruckartig zurückgeworfen werden. Als Spontanbewegung ist dieses Verhalten meist als Reaktion auf einen entsprechenden Reiz entstanden. Die Kinnspitze steigt in die Höhe. Der Hals wird exponiert und nichtachtend der »Gefahr« freigesetzt. Die Bewegungsrichtung erfolgt nach außen. Die Spannung ist gesteigert, der Blick konzentriert. Diese Einzelheiten lassen Auseinandersetzungsbereitschaft erkennen. So wird Kühnheit demonstriert, wie sie z. B. von Artisten vor dem Aufstieg auf das Hochtrapez mit dieser Bewegung kundgetan wird.

Die Ruckartigkeit der Bewegung hat aber auch zu einem negativen Verhaltensbild geführt. »Er ist hochfahrend«, sagt man über einen Menschen, der als negative und aggressive Reaktion dieses Verhalten zeigt. Auch hier sind der Ausdruck der Augen, die Stellung des Mundes und das Verhalten der übrigen Körperteile, wie bei jeder Einzelbewegung, zur Gesamteinschätzung unbedingt heranzuziehen.

Verbunden mit einem aufdringlichen Blick, wirkt das Zurückwerfen des Kopfes frech, mit frontaler Zuwendung zudem aufdringlich. »Er hatte die Stirn . . .« findet hier die Erklärung.

Je ruckartiger die Bewegung verläuft, desto mehr nervöse Erregung ist enthalten. Der erregte Protest, die empfindliche Verletzung des Ehr- und Selbstgefühls können dann so ausgedrückt werden. Bleibt der Kopf nicht in der neuen Lage und gleitet er unter Beibehaltung leichter Versteifung bis nahe an die Ausgangsstellung zurück, will die Auseinandersetzung nicht aufgenommen werden. Es stellt sich dann ein Spezialfall der Trotzdynamik dar. Eine vorübergehende Freigabe des Halses, etwa in der Ausführung einer Aufforderung, zeigt, daß nichts Ernsthaftes droht, daß nichts befürchtet wird.

Bei ruhiger Ausführung ist auf überlegenes, autoritatives Verhalten zu schließen. So drückt sich etwa die wortlose Aufforderung oder die wortlose Frage aus. Das Kinn wird antwortheischend vorgestreckt. Möglicherweise sind die Augen anomal weit geöffnet, um die Antwortreaktion voll erfassen zu können. Im Grunde genommen handelt es sich dann um ein umgekehrtes Antwortnicken. Der Kopf fährt schnell zurück und langsamer wieder nach vorne. Im Zentrum Griechenlands wird dieses Verhalten als Verneinung verstanden und deshalb auch als »griechisches Nein« bezeichnet. Nach dem Prinzip des Gegensatzes handelt es sich bei diesem Bewegungsablauf um die Umkehrung des Ja-Nickens.

Nicken

Fast weltweit verbreitet ist das bejahende Nicken, bei dem der Kopf ein oder mehrmals auf und nieder bewegt wird. Die Abwärtsbewegung (ja) wird schneller ausgeführt als die Aufwärtsbewegung. Das Ja-Nicken wird oft auch zur Einleitung einer Verbeugungshaltung verwendet. Die Verbeugung ist weltweit als Unterlegenheitsgeste bekannt.

Auch die australischen Ureinwohner verwendeten bei der ersten Begegnung mit Weißen das Nicken als Ja-Zeichen. Entweder ist dieses Zeichen schon mehrere tausend Jahre alt, oder es hat sich an verschiedenen Stellen der Erde unabhängig voneinander entwickelt. Es ist beobachtet worden bei Eskimos, Papuas, manchen Indianerstämmen im Amazonasgebiet, Samoanern, Balinesen, Malaien, Japanern, Chinesen, vielen afrikanischen Stämmen und nahezu allen Weißen. Sogar Menschen, die taub und blind geboren wurden, verwenden das Nicken als Ja-Zeichen. Daraus kann gefolgert werden, daß das Ja-Nicken eine möglicherweise angeborene Spezies menschlicher Handlungsmuster ist.

Abweichungen von diesem Ja-Nicken wurden bei den Einwohnern Ceylons beobachtet. Es schien so, als ob diese statt des uns bekannten Ja-Nickens ein seitliches Kopfschwingen verwenden. Bei genauer Untersuchung ergab sich jedoch, daß das Kopfschwingen nur für die Mitteilung einer allgemeinen Bejahung verwendet wurde. Auf direkte Fragen wurde volle Zustimmung ebenfalls mit dem Ja-Nicken ausgedrückt.

Dafür, daß das Ja mit nickendem Kopf ausgeführt wird, gibt es zwei mögliche Hypothesen:

– Beim Neigen des Kopfes verkleinert sich der Mensch. Diese Verkleinerung kann – scheint es doch so, als würde das Ja-Nicken eine Verbeugung einleiten wollen – als Unterwerfungsverhalten interpretiert werden.
– Um Nahrung aufzunehmen, ist eine Bewegung des Kopfes von oben nach unten und zurück sinnvoller als Seitwärtsbewegungen.

Das Nicken kann sehr unterschiedlich ausgeführt werden:

Beim bestätigenden Nicken wird der Kopf langsam unter Beibehaltung von Blickkontakt gesenkt. Es besagt: »Rede weiter, ich höre dir noch zu!«

Das verständnisvolle Nicken wird so ausgeführt, daß der Kopf mehrere angedeutete Nickbewegungen vollführt. Dabei kann der Blickkontakt, wie um sich ohne Störung durch weitere Reize mit dem Gesagten zu beschäftigen, unterbrochen werden.

Das ermutigende Nicken will sagen: »Wie interessant.« Bei diesem Nicken bleibt der

Blickkontakt erhalten. Oft ist ein verstärktes Öffnen der Augen und leichtes Öffnen des Mundes zu beobachten. So besagt dieses Nicken, bei dem einer oft nur angedeuteten Abwärtsbewegung des Kopfes eine sofortige Aufwärtsbewegung folgt: »Ich will nichts von dem, was du mir sagst, versäumen«, »Ich verstehe dich und bitte dich, weiterzusprechen.«

Das Ja-Nicken ist das eigentliche zustimmende Nicken. Dieses Nicken wird dynamisch bekräftigend durchgeführt. Bei Untermauerung des Ja können mehrere gleich ausgeführte Nickbewegungen aufeinanderfolgen.

Wie bei allen anderen körpersprachlichen Einzelverhalten sind auch beim Nicken die zusätzlich gegebenen Signale (Öffnungsgrad der Augen, Stellung der Mundwinkel, Haltung des Oberkörpers, der Hände u. a.) ausschlaggebend für die Gesamtbedeutung.

Der vorgestreckte Kopf

Der Kopf als Träger der Sinnesorgane ist gleichzeitig ein wichtiges und deshalb schutzbedürftiges Ortungsorgan. Wird der Kopf vorgestreckt, läßt dies zunächst darauf schließen, daß eine Gefährdung nicht zu erwarten ist. Das Vorstrecken hat den Sinn, die Sinnesorgane näher an die Reizquelle zu bringen. So signalisiert der vorgestreckte Kopf Interesse, auch dann, wenn die sinnliche Zweckfunktion nicht erfüllt wird.

Auch als Drohverhalten wird der vorgestreckte Kopf eingesetzt. Dies besagt: »Ich nehme alle auf, was du du abgibst, und zeige keine Furcht vor den Reizen, die du aussendest.«

Um der freundlichen Grundeinstellung mehr Nachdruck zu geben, werden zusätzliche mimische Signale eingesetzt (s. Abb. 19).

Die Zuwendung des Kopfes

Bei der vollen Zuwendung des Kopfes ermöglicht die Halsmuskulatur eine Getragenheit des Kopfes bei leichter Grundspannung. Die volle Zuwendung und die leichte Aktionsspannung zeigen das ohne Reserve oder Hintergedanken ausgedrückte Interesse. Diese Zuwendung wird unter Umständen gekoppelt mit leichtem Nicken oder anderen aufwertenden Signalen zur Anerkennung, als Signal der Tatbereitschaft, der Selbstsicherheit und des Freimutes eingesetzt.

Bei der unvollständigen Zuwendung erfolgt die Kopfdrehung nicht so weit, daß die ganze Antlitzfläche dem Partner zugewendet wird. Wegen der nicht vollen Zudrehung entsteht bei Blickkontakt ein schräg aus den Augenwinkeln kommender Blick. So ergibt sich ein Widerspruch zwischen Kopf- und Augenstellung. Die Blickzuwendung signalisiert Interesse, welches durch die unvollständige Gesichtszuwendung verkleinert wird. Aus diesem Grund wird der so entstehende Blick auch »schräger Blick« genannt.

Abb. 19

Vor der Villa Hammerschmidt in Bonn entstand im Juni 1979 dieses Bild von Walter Scheel als Bundespräsident und seiner Gattin. Die Mimik des Exbundespräsidenten zeigt sich hier als vielgestaltige Ausdruckslandschaft.

Die hochgezogenen Augenbrauen und die dadurch entstehenden Querfalten der Stirn zeigen Aufmerksamkeit und Aufnahmebereitschaft. Dem widersprechen die abdeckenden Augenlider, die eher dafür sprechen, daß etwas nicht wahrgenommen werden soll. Das leichte Lächeln ist eher ironisch-mild zu verstehen. Der vorgereckte Kopf zeigt Bereitschaft zur Annahme der Situation. Der leicht gehobene Kopf drückt geringfügig bestrafende Tendenz aus. So verstehen wir unter diesen Ausdrucksbotschaften die überraschte, eher positive Reaktion auf einen Scherz.

Bei der verhaltenen Zuwendung wird die Zuwendungsbewegung während der Ausführung abgebremst. Es scheint so, als fiele dem sich zuwenden Wollenden gerade noch rechtzeitig ein, daß das Objekt oder der Partner nicht der vollen Zuwendung würdig ist. So wird dieses Verhalten als Kränkung verstanden.

Abwendung durch Kopfdrehen

Schon der Säugling wendet sich, nachdem er sich satt getrunken hat, durch Wegdrehen des Kopfes vom Objekt seiner Bedürfnisbefriedigung ab. Diese im Grundsatz ausweichende Bewegung besagt, daß ein Interesse am Objekt nicht mehr besteht, daß eine volle Zuwendung nicht mehr gewünscht wird. Als erlebnisunfrohe Ablehnung ist das Abwenden durch Kopfdrehen zum konventionellen Zeichen der Verneinung geworden. Die Schnelligkeit und der Spannungsgrad der ausgeführten Bewegung geben auch hier wesentliche Zusatzinformationen.

Ist die Abwendung aus Wut motiviert, enthält sie immer starke Aktionsspannung.

Mit gleichem Nachdruck nach beiden Seiten ausgeführt, wird die Abwendung des Kopfes zum verneinenden Kopfschütteln. Dieses Kopfschütteln ist wie auch das Kopfnicken weltweit verbreitet und auch dort erhalten, wo daneben oder hauptsächlich andere negative Gesten üblich sind.

Auch für das Entstehen des verneinenden Kopfschüttelns sind zwei Hypothesen annehmbar:

– Die bereits beschriebene Ausweichbewegung, bei der der Säugling der Mutterbrust oder Flasche, das Kleinkind der Nahrung ausweicht.

– Das Verscheuchen eines Insekts (symbolisch: einer unangenehmen Situation), weil die Bewegung des Kopfschüttelns die Gesichtsfläche weiter als bei allen anderen Kopfbewegungen von der Situation entfernen kann.

Das Schütteln ist nicht nur auf den Kopf beschränkt ein Zeichen unangenehmer Empfindung. Immer wieder hören oder lesen wir, daß sich jemand »vor Unbehagen geschüttelt« haben soll.

Die Abwendung durch Kopfdrehung kann also folgende Bedeutungen haben: »Nein, ich kann nicht«, »Ich weiß nicht«, »Ich werde nicht.«

Wird die Nein-Bewegung nur halb ausgeführt, ohne daß der Kopf in die Ausgangslage zurückkehrt, entsteht die unvollständige Abwendung. Wie bei der unvollständigen oder verhaltenen Zuwendung ist auch hier Interesse vorhanden.

Während das Interesse bei der unvollständigen Zuwendung jedoch geweckt wurde, ist es beim Wegdrehen des Kopfes verkleinert worden. Ein vielleicht noch aufrechterhaltener Blickkontakt besagt dann nicht: »Ich habe Interesse und will mehr Informationen, bevor ich mich voll zuwende«, sondern: »Mein Interesse ist kleiner geworden, aber vielleicht kommt noch etwas, was mein Interesse wieder vergrößert.«

Seitliches Neigen des Kopfes

Die seitliche Neigung des Kopfes kann wie viele andere Verhalten eine reine Zweckbewegung sein. Wird diese Neigung beispielsweise durchgeführt, weil Haare kitzeln oder der Hemdkragen einen Juckreiz ausübt, ist der Zweck, den unmittelbaren Reiz zu beseitigen. Man wird sich allerdings die Frage gefallen lassen müssen, aus welchen Gründen das Kitzeln oder Jucken gerade jetzt in dieser Sekunde bewußt geworden ist. Wie bei vielen anderen Bewegungsabläufen ebenfalls, wird der körperliche Reiz nur bewußt, weil die Bewegung ausgeführt werden will. In vielen Gesprächssituationen beobachtete ich, daß Gesprächspartner immer dann die Brille zurechtrückten, wenn interessante Fakten genannt wurden. Dieses Zurechtrücken der Brille wurde bei der Analyse immer damit begründet, daß die Brille nach unten gerutscht war. In der überwiegenden Mehrzahl dieser Fälle ließ sich jedoch durch nochmaliges Abspielen der Video-Aufnahmen nachweisen, daß die Brille schon seit einiger Zeit an der falschen Stelle saß. Daß dieser falsche Sitz gerade in dem Moment, indem ein unbewußtes genaueres Betrachtenwollen notwendig wurde, bewußt geworden ist, führte dazu, daß der Brillenträger subjektiv recht hatte. Objektiv war ihm der falsche Sitz vorher nur nicht bewußt geworden.

Auch bei der Neigung des Kopfes können wir, wie bei jeder Verhaltensänderung, zwischen einem Anlaß und einem Grund unterscheiden. Der Grund kann sehr wohl in Kitzeln oder Jucken begründet sein, der Anlaß kommt jedoch in der überwiegenden Mehrzahl der Fälle aus der momentanen Situation.

Für die seitliche Neigung des Kopfes gibt es eine interessante Begründung: Diese Neigung wird dem Relikt-Verhalten zugeordnet. Es handelt sich bei Relikt-Verhalten um kindliche Handlungsmuster, die verdeckt erhalten blieben und in den Augenblicken durchbrechen, in denen die innere Stimmungslage derjenigen der Kindheit entspricht.

In tiefer Trauer Befindliche sitzen oft da und wiegen den Oberkörper rhythmisch vor und zurück. Dieses Wiegen ist Ausdruck eines embryonalen Geborgenheitsgefühls – dem Säugling soll die mit Schaukelbewegungen gekoppelte Geborgenheit im Mutterleib suggeriert werden, und er wird zur Beruhigung gewiegt. Der Beweis für diese Verbindung ist darin zu sehen, daß bei fehlender Geborgenheit ein Sich-selbst-Wiegen erfolgt. Bei Heimkindern, die der sozialen Nestwärme und Geborgenheit entbehren, wurde das Hinundherwiegen des Kopfes beobachtet und als Verhaltensstörung mit der Bezeichnung »Hospitalismus« belegt.

Die Kopfneigung des Erwachsenen ist ebenfalls ein solches an frühkindlichen Erlebnissen orientiertes Verhalten. Erhofft er sich von seinem Gesprächspartner einen Vorteil oder ist ihm sein Gesprächspartner sehr sympathisch, kann es sein, daß er während des Sprechens oder Zuhörens den Kopf zur Seite neigt und damit signalisiert: »Du bist mir so sympathisch, daß ich meinen Kopf an deine Schulter legen möchte.« Bei emanzipierten Frauen ist diese Geste nur selten beobachtbar. Sie wird oft erlebt bei den Frauen, die schmeichelnd die Rolle »eines kleinen Mädchens« spielen, um sich beim Partner einzuschmeicheln. So ist das seitliche Neigen des Kopfes als Ausdruck eines Wunsches nach Liebe, Zärtlichkeit und Körperkontakt zu verstehen. Männer sagen mit dieser Kopfneigung: »Ich bin gar kein so rücksichtsloser, harter Mann, sondern nur ein hilfloser kleiner Junge.«

Aus den vorstehenden Erklärungen und Beispielen ist zu folgern, daß das seitliche Neigen des Kopfes, insbesondere in der Frontalebene, einen Verzicht auf Eigenwillen und den Ausdruck des Entgegenkommens und der Nachgiebigkeit signalisiert.

Im Bewegungsspiel des Flirts wird die Wirkung des seitlich geneigten Kopfes mit Lächeln und kokettem Blick aus den Augenwinkeln verstärkt. Auch hier finden wir Beispiele, die uns die sprachliche Umsetzung körpersprachlicher Verhalten bestätigen.

Friedrich der Große schrieb unter seine Briefe »Ihr wohlgeneigter König«. Das Wort Neigung und insbesondere Zuneigung hat neben der abstrakten auch sozialpsychologische Bedeutung. Bringt man jemandem, indem man ihm den Kopf zuneigt, sein Ohr nahe, »leiht man ihm sein Ohr«. Dies ist oft ein erster Schritt zum »Hörig-werden«.

Während der hängende Kopf Leid ausdrückt, besagt der zur Seite geneigte Kopf auch eine Hinwendung im Sinne von Beileid und Teilnahme.

Pendelndes Hinundherneigen des Kopfes

Dieses Wiegen drückt den Wechsel von Zu- und Abwendung aus. Bejahung und Verneinung sind in diesem zweifelnden Verhalten sichtbar. Die ebenfalls enthaltene Schaukelbewegung verrät, daß Geborgenheit und Sicherheit im Moment nicht gegeben sind. Bei spannungsarmer Ausführung zeigt sich zusätzlich, daß an die Überwindung der Unentschiedenheit nicht geglaubt wird und daß auch die Eigenaktivität zur Klärung fehlt. So drückt sich ein Verhalten aus, das skeptisch bleibt und kompromißgeneigt ist. Oft ist dieses Verhalten kombiniert mit angezogenen Schultern und heruntergezogenen Mundwinkeln. Die hochgezogenen Schultern – Deckung des Halses – zeigen, daß weitere Angriffe bzw. Reize nicht erwünscht werden oder daß diese noch mehr Zweifel und Ratlosigkeit verursachen würden. Die heruntergezogenen Mundwinkel drücken die Ratlosigkeit und die »Bitterkeit« der Situation (Bitterreaktion) aus.

In Ceylon wird dieser Bewegungsablauf für »von mir aus«, für »vielleicht – vielleicht auch nicht« verwendet. Als Ersatz für Kopfnicken findet dieses Kopfwiegen auch in Bulgarien, Teilen Griechenlands, der Türkei, Jugoslawiens, im Iran und in Bengalen Verwendung.

Fehlt die Sprache, kann Körpersprache bei unterschiedlicher Verwendung Verwirrung stiften. Russische Soldaten hatten, als sie nach Bulgarien kamen, Verständigungsschwierigkeiten, weil deren »Nein« dem bulgarischen »Ja« zu sehr ähnelte. So ist es verständlich, daß in der bulgarischen Sprache wesentlich mehr Redewendungen zu finden sind, die auf die Ja-Bedeutung des Kopfpendelns hinweisen. Das »Ich leihe dir mein Ohr«, »Ich bin ganz Ohr« benennen die stilisierte Geste des »Ohr-Gebens«.

Kombinationen

Aus der Vielzahl möglicher Kombinationen von Kopfhaltung und weiteren Verhalten sei hier nur ein Beispiel herausgegriffen.

Kinn angezogen, Schultern hochgezogen, Rücken gekrümmt, zeigt:
Der Hals soll durch die hochgezogenen Schultern und das angezogene Kinn geschützt werden. Der gleichzeitig gesenkte Kopf zeigt, wenn auch Blickkontakt vorhanden ist, Angriffshaltung. Der gekrümmte Rücken läßt auf (bei Spannung) Aktivitätsvorbereitung schließen.

So verhält sich ein Boxer, der sich schützt, gleichzeitig aber einen Angriff einleitet bzw. auf eine günstige Situation dafür wartet.

Der Zustand einer generell erwarteten oder vermeintlichen Gefahr wird so ausgedrückt. Hilflose, ängstliche Naturen zeigen in diesem Verhalten ein tieferes Ducken und weniger Spannung, aber bei Verängstigung auch Verspannung.

Ein solches Verhalten kann sich einstellen:

Beim Anhören angsteinflößender Nachrichten, z. B. einer »Gardinenpredigt«.

Bei trotziger, halsstarriger und hartnäckiger Reaktion auf Reize. Wobei der Hals starr, der Nacken hart und der Gesamteindruck bockig – »mit dem Kopf durch die Wand« – entsteht.

Auch dieses Beispiel zeigt, daß eine Folgerung aus nur einem Detail zu unrichtigen Ergebnissen führen muß. Die stark detaillierte Beschreibung der Einzelverhalten soll es dem Leser ermöglichen, durch das Zusammensetzen von Einzelverhalten ein Mosaik zu erarbeiten, welches das im Gesamtverhalten enthaltene psychologische Geschehen verstehen läßt.

17. Der Hals

Der Hals umschließt die lebenswichtige Schlagader, die Luft- und Speiseröhre, ohne diesen jedoch besonderen Schutz bieten zu können. Als engste Körperstelle ist er besonders angriffsgefährdet. Raubtiere springen ihren Opfern an den Hals oder packen diese im Genick, um den Halswirbel zu brechen. Sicherung des Halses ist also überlebenswichtig. So leicht wie die Schildkröte, bei der dieses Problem ideal gelöst ist, hat es der Mensch nicht. Er kann zwar auch den Hals »einziehen«, muß aber zusätzliche Schutzmechanismen aktivieren, um eine möglichst umfassende Deckung zu erreichen: das Kinn anziehen, die Schultern hochziehen und sich zusätzlich ducken – den Rücken krümmen.

Wird Gefahr von hinten erwartet, wird der Nacken gedeckt, indem der Kopf nach hinten geworfen wird. Eine Reflexbewegung, die wir sehr schnell überprüfen können, wenn wir jemanden unerwartet und unbemerkt mit dem Finger am Nacken berühren. Als Schutzgeste wird der Hals immer dann gedeckt, wenn ein Bedrohtheitsgefühl entstanden ist, auch dann, wenn keine körperliche Bedrohung vorhanden ist oder erwartet wird. Oft werden solche der Deckung dienende Bewegungen so reflexartig ausgeführt, daß man von »zusammenfahren« sprechen kann. Häufiger Gebrauch der eingesetzten Muskulatur führt zu einer muskulösen Durchbildung der Hals- und Nackenpartie. Extreme Unterschiede zeigen sich im »Stiernacken« und im »Schwanenhals«. Verständlich, daß auch die Physiognomik aus der Gestaltung des Halses und des Nackens Schlüsse zog.

Ein derber und muskulöser Nacken soll für fehlende Zartheit in bezug auf das seelische Empfinden und oft auf Schwerfälligkeit im Denken und auf Verharren auf einer Meinung schließen lassen.

Der feiste und kurze Nacken wird als Zeichen für Genußsucht und kräftige Erotik (bei Frauen), aber auch Neigung zu Brutalität (bei Männern) gedeutet.

Knochige, hautreiche und unschöne Gestaltung interpretiert die Physiognomik als Zeichen für fehlenden Seelenschwung und fehlendes Empfindungsleben.

Eine ästhetische Linienführung an Nacken und Hals deutet man als Zeichen für auf Ästhetik und zartes Verstehen ausgerichtetes Empfindungsleben.

Wörter wie »Stiernacken« und »Schwanenhals« scheinen derartigen Deutungen recht zu geben.

Betrachten wir aber auch hier nicht in erster Linie die jeweilige Gestaltung des Körperteils, sondern die situative Veränderung, das, »was sich in einer konkreten Situation tut«.

18. Die Schulterpartie

Die Schulterpartie wird hauptsächlich zur Unterstreichung und Verdeutlichung von sonstigen Signalen benutzt. Eines der Haupteinsatzgebiete ist das Hochziehen zum Schutz des Halses. Schultern sollen, wenn sie breit und ausladend sind, Stärke, wenn sie schmal gebaut sind, Schwäche signalisieren. So einfach ist dies allerdings auch hier nicht. Wir alle kennen den kraftvollen, zähen, drahtigen, aber mit relativ schmalen Schultern ausgestatteten und den zwar breitschultrigen, aber relativ schwachen Menschen. Auch täuscht die Schulterbreite, weil deren relative Breite im Verhältnis zur Körpergröße eines Menschen wahrgenommen wird.

Trotzdem haben Männer schon seit Jahrhunderten Möglichkeiten genutzt, die Schultern breit und ausladend wirken zu lassen. Gepolsterte Jacken, Achselklappen (bei Uniformen) und entsprechender Schnitt der Jacken, die sich zur Taille hin verengten, sollten den Eindruck von Männlichkeit und Stärke erwecken. Aus der Nähe dieser muskulösen Körperpartie zum Hals und den damit zusammenhängenden möglichen Bewegungen zieht die Kinetik ihre Schlüsse.

Schultern können:

hochgezogen werden, wenn aus allgemeinem Bedrohtsein und Unsicherheit ein Schutz des Halses notwendig erscheint;

sich senken, wenn der Hals frei angeboten werden soll, um Freiheit und Selbstsicherheit zu signalisieren;

sich heben und senken, wenn Zweifel und Bedenklichkeit, ein Wechsel zwischen Schutz und Freigabe des Halses ausgedrückt werden;

zurückgedrückt werden, wenn die Brust vorgeschoben werden soll, um Unternehmungslust, Kraftgefühl und Mut zu zeigen;

vorfallen, wenn man in sich zusammensinkt und wie ein »Häufchen Elend« Resignation und Schwächegefühl ausdrückt;

vorgepreßt werden, wenn Angst und Schrecken zu einer Verkleinerung der Angriffsfläche führen;

sich einseitig heben bzw. senken, wenn das »Ich weiß nicht« mit dem stärkeren Gefühl des Bedauerns ausgedrückt wird. Dann wird sigalisiert, daß nicht Deckungsverhalten aus Furcht vor negativer Reaktion, sondern wegen des auch in der Stimme und Wortwahl hörbaren Bedauerns offenes oder teiloffenes Verhalten gewählt wird.

Die gerade in bezug auf die Schulterpartie interessante »Ich-weiß-nicht«-Geste ist oft mit einer Vielzahl von weiteren Signalen gekoppelt.

– Die Schultern werden ein- oder beidseitig hochgezogen;
– die Hände werden so gedreht, daß die Handflächen als Geste der Freundschaft nach oben zeigen;
– der Kopf kann zur Seite gelegt werden, um so Bedauern und Zuneigung auszudrükken;
– die Augenbrauen werden nach oben gezogen und erzeugen dadurch eine sorgendurchfurchte Stirn.

So umfassend ausgeführt, merkt man, daß das »Ich weiß nicht« bedauernd erlebt wird (sofern nicht gerade eine Übertriebenheit das Gegenteil signalisiert). Jede der Einzelbewegungen, außer dem Neigen des Kopfes, stellt für sich genommen eine »Ich-weiß-nicht«-Gestik dar. Zusammengenommen wird die Wirkung verstärkt. Das seitliche Neigen des Kopfes soll zusätzlich die Sympathie zum Partner ausdrücken.

19. Der Oberkörper

Aus der Beziehung zur Atmung werden viele Bewegungsabläufe des Oberkörpers interpretierbar. Die Ausdehnung des Oberkörpers bei kraftvoller Einatmung führt zu einer Zunahme an Kraftgefühl und Unternehmungslust.

Er »brüstet« sich – diese Aussage assoziiert mehr das prahlerische »Sich-in-die-Brust-Werfen« und erinnert an die »aufgeblasene« Wirkung im Sinne eines Droh- und/oder Imponierverhaltens.

Analog dazu ist die Einengung der Brust auf ein Abgeben der Luft zurückzuführen. Mit dem Ablassen der Luft geht eine Einbuße an Kraft- und Selbstgefühl einher. »Er sinkt in sich zusammen«, kann man dieses Verhalten eines Menschen beschreiben, der keinen Ausweg mehr sieht. Als Dauerhaltung läßt der eingesunkene Oberkörper Schwäche, Ängstlichkeit, Freudlosigkeit und Passivität folgern.

Während sich beim ausgedehnten Oberkörper immer noch Restluft in den Lungen befindet, wird diese beim eingesunkenen Oberkörper ebenfalls abgegeben. Mit einer Gegenwehr braucht dann nicht gerechnet zu werden – die Luft würde nicht mehr reichen. Neben diesen Bewegungen des Oberkörpers »in sich« stellen wir auch Bewegungen des Oberkörpers fest, die zur Distanzverringerung oder -erweiterung führen. Zuneigung und »Sichnäherkommen« finden im Zuneigen des Oberkörpers eine Erklärung. Abneigung und »Sichdistanzieren« erklären sich aus der Neigung des Oberkörpers nach hinten. Auf die kaum übersehbaren und wichtigen Oberkörpersignale sollten Sie in Ihren Gesprächen besonders achten.

Vorneigender Oberkörper zeigt:	Zurückneigender Oberkörper zeigt:
Annäherung	Rückzug
Interesse	Desinteresse (evtl. mit seinen eigenen Gedanken beschäftigt sein)
Angriff	»Flucht«
Aktivität geplant	keine Aktivität in bezug auf Partner geplant

20. Der Unterkörper

Liegt der Unterkörper uneingeengt frei zwischen Thorax (Brustkorb) und Hüfte, sind die besten Funktionsbedingungen für die Organe in der Bauchhöhle gegeben.

Eine Einengung stört die vegetativen Vorgänge. Diese Einengung nehmen wir nur in Kauf, wenn besondere Gründe vorliegen. Bei einer Bedrohung schützen wir die Organe des Unterleibs mit den zur Verfügung stehenden Mitteln, z. B. den Knien oder den Armen und Händen. Wir ziehen den Leib ein, beugen den Oberkörper vor oder spannen die Bauchmuskulatur an. Eine derartige Schutzhaltung nimmt unsere Bauchdecke auch dann ein, wenn eine Erkrankung innerer Organe vorliegt. Für eine Diagnose tastet der Arzt die Bauchdecke auch in bezug auf deren Spannung ab.

Wenn das beschriebene Verhalten eine Schutzhaltung darstellt, lassen die entsprechenden Bewegungen auf Ängstlichkeit, Besorgnis und Schreckhaftigkeit schließen.

Ein vorgequollener Leib erweckt den Eindruck der naiven Sorglosigkeit. Er muß nicht eingezogen werden. Ist der vorstehende Leib kräftig gespannt, zeigt sich darin robuste Unbekümmertheit, naive Rücksichtslosigkeit und das Bestreben zum Ausleben starker Triebhaftigkeit. Oft wird auch ein Mangel an Selbstdisziplin gefolgert.

Wie der exponierte Hals, zeigt auch der exponierte Unterkörper etwas Herausforderndes.

Eine zusätzliche Bedeutung erhält das Verhalten des Unterkörpers in Verbindung mit der Sexualität.

Der Bauchtanz ist eine typisch sexuell bezogene Ausdrucksform des Tanzes. Er entstand aus den Bewegungen der Haremsmädchen, die einem mehr oder weniger bewegungsunfähigen Herren zu willen sein mußten. Er stilisiert jenes weibliche Kreisen des Beckens, mit dem ein selbst inaktiver Partner zum Orgasmus gebracht werden kann.

Eine andere Art des Ausdrucks ist der Go-go-Tanz. Die kräftigen Beckenstöße, die die Tänzerin ausführt, sind eine Nachahmung der männlichen Kopulationsbewegungen.

Wegen der im Unterkörper liegenden Sexualorgane ist der Unterkörper auch die intimste Zone des Menschen. Ein Bereich, der nicht gerne, und wenn, dann nur in recht eindeutiger Bedeutung exponiert wird.

Kapitel 10
Gestik

Gesten sind Ausdrucksbewegungen von Kopf, Arm oder Hand zum Zwecke der Kommunikation oder als Begleiterscheinung individueller Überlegungen bzw. Zustände. Wir unterscheiden:

- Zeigegesten
- Betonungsgesten
- Demonstrativgesten
- Berührungsgesten

Zeigegesten oder hinweisende Gesten zeigen auf Dinge oder Personen mit dem Ziel, auf diese aufmerksam zu machen. Die Betonungsgesten dienen der Untermauerung von Aussagen. Dabei kommen den unterschiedlichen Handstellungen entscheidende Bedeutung zu.

- Handfläche nach oben (offene Hand) ist ein Zeichen der Freundschaft (Aufwertung und »anheben«)
- Handfläche senkrecht stellt eine neutrale Haltung dar. Eine Entscheidung, ob positiv oder negativ, ist nicht getroffen.
- Handfläche nach unten signalisiert eine niederdrückende, abwertende Meinung.
- Faustgesten sollen den Worten Nachdruck verleihen.
- Fingergesten wollen Aufmerksamkeit erwecken.

Demonstrativgesten verdeutlichen Sachverhalte. Sie zeigen Größen, Gewichte und Greifhaltungen.

Berührungsgesten wollen sozialen Kontakt herstellen oder die Aufmerksamkeit des Partners erhalten. Auch um Aussagen abzuschwächen werden sie verwendet.

Eine weitere Unterscheidung kann einteilen in willkürliche und unwillkürliche Gesten.

Willkürliche Gesten sind Bewegungen des Kopfes, der Arme oder Hände, die mit Bewußtsein ausgeführt werden. Solche Bewegungen können, wenn sie häufig ausgeführt werden, zu unwillkürlichen Gesten werden.

Unwillkürliche Gesten sind Bewegungen, die ohne Bewußtsein ablaufen. Oft werden diese auch als Reflexbewegungen bezeichnet. Derartige Gesten brauchen nicht erlernt zu werden. Sie sind vielfach angeboren (Schutzreflexe) oder übernommen. Die Entstehung und Entwicklung von Gesten erfolgen meist in früher Kindheit. Oft hängt es von der Intensität der Identifikation des Kindes mit der Bezugsperson ab, ob und welche Gesten später auftauchen. Bewußt übernommene Gesten wirken oft gekünstelt oder sogar störend und lächerlich.

Sowohl die Zeige-, Betonungs-, Demonstrativ- als auch die Berührungsgesten und die willkürlichen und unwillkürlichen Gesten können eine Aussage begleiten, ergänzen oder ersetzen.

Die Geste als Redebegleitung stellt sich meist als unterstreichende, verdeutlichende Geste dar. Sie zeigt gesteigerte Aktivität und, wenn sie im Gehalt mit der Aussage übereinstimmt, das ehrliche Erleben des formulierten Inhalts. Bei fehlender Übereinstimmung oder bei anderer Bedeutung der Gesten werden die Worte Lügen gestraft. So soll eine Frau auf die Frage des Psychiaters: »Lieben Sie Ihren Mann?« während der Ja-Antwort den Kopf geschüttelt haben.

Die Aussage: »Ich mag Sie sehr«, von nach unten gerichteten Handflächen begleitet (bleib mir vom Hals), darf mit Recht angezweifelt werden.

Zur Rede-Begleitung werden oft auch Takt- und Rhythmussignale eingesetzt. Über die Bedeutung von Takt und Rhythmus in der Körpersprache konnten Sie sich in diesem Buch bereits informieren. Lassen Sie uns an dieser Stelle über die einzelnen Gestaltungsmöglichkeiten sprechen, auch wenn diese nicht in allen Fällen definitionsmäßig der Gestik zuzuordnen sind.

Präzisions-Zeichen

Die Daumen- und Zeigefingerspitze berühren sich. Eventuell sind zur Verstärkung weitere Fingerspitzen beteiligt. Dieser Griff erinnert an das vorsichtige Halten eines kleinen Gegenstandes. Verwenden wir dieses Zeichen, ohne daß die Finger einen Gegenstand halten, können wir auch von einem Leerlaufverhalten, in diesem Falle von einem Leerlauf-Präzisions-Griff sprechen. Er drückt das Bedürfnis nach feinsinnigem Ausdruck und präziser Formulierung aus.

Intentions-Zeichen

Die Hand wird so gehalten und bewegt sich so, als wolle ein kleines, gedachtes Objekt erfaßt und umfaßt werden. Berühren sich am Schluß dieses Zeichens die Fingerspitzen, ist die »Handbörse«, die Stellung, bei der sich alle Fingerspitzen berühren und die Form eines kleinen Lederbeutels nachzeichnen, erreicht. Berühren sich die Fingerspitzen nicht, spiegelt sich in diesem Zeichen der Wunsch wider, Klarheit und präzisen Ausdruck zu gestalten. Eventuell zeigt diese suchend greifenwollende Gestik auch die Unsicherheit des Redenden in bezug auf die Wahl seiner Worte.

Kraft-Zeichen

In leichter Ausführung lediglich mit gekrümmten Fingern, in konsequenter Ausführung eine Faust, drückt dieses Zeichen aus, daß etwas umfaßt bzw. festgehalten werden will. Die spannungslose, leichte Ausführung zeigt auch hier die Suche nach dem Ausdruck, die konsequente, gespannte Ausführung den Wunsch, den Worten Kraft und Nachdruck zu verleihen. Lächerlich wirkt die Faust-Geste immer dann, wenn andere mimische Zeichen oder die Wahl und Betonung der Worte das Faust-Zeichen als Farce erkennen lassen.

Greif-Zeichen

Als wollten die Finger etwas ergreifen, sind sie mit schwacher bis starker Spannung gespreizt und leicht gekrümmt ausgestreckt. Dieses Zeichen zeigt, daß der Redner eine greifbare Idee sucht, eine Situation erfassen – meistern – möchte.

Schlag-Zeichen

Die Hand schlägt, als Faust geballt, in senkrechter Haltung (spalten) mit der Handfläche nach unten (schlagen), von oben nach unten oder vom Körper nach außen. Derartige Zeichen lassen den angreifenden, kämpfenden und aggressiven Redner erkennen. Er will sich seinen Weg bahnen, will alle Hindernisse durchhauen und das ihm im Wege Stehende niederboxen. Zu beachten ist, daß diese Emotionen sowohl gegen das Publikum als auch gegen das besprochene Problem gerichtet sein können.

Handreich-Zeichen

Dabei wird die Hand oder werden die Hände mit der Handfläche nach oben, mit gespreizten oder geschlossenen Fingern vom Körper weg einer bestimmten oder vorgestellten Person zugestreckt. So zeigt sich die bittende Haltung des Bettlers. Bei geschlossenen Fingern wird mehr die stille, mit gespreizten Fingern mehr die fordernde, greifende Bitte ausgedrückt.

Wichtig sind auch hier die Handstellungen, die in einem späteren Kapitel besprochen werden.

Zeigefinger-Zeichen

Als Hinweis-Finger und als Waffen-Finger kann der Zeigefinger nach oben oder nach vorne gestreckt werden. Als Hinweis-Finger (Fingerzeig) dient der Zeigefinger dazu, Aufmerksamkeit zu erregen oder die Aufmerksamkeit auf ein Ziel zu lenken. Als Waffen-Finger wird er vom Körper weggestoßen oder -gehalten. Diese Drohgeste dient der Einschüchterung und, wenn ein rhythmisches Vor- und Zurückschnellen hinzukommt, dem aggressiven Ausdruck, dem Signal der Feindseligkeit und Herrschsucht.

Bewegt sich der Zeigefinger von der nach oben gestreckten in die waagrechte Haltung und zurück, so wird dies als Schimpfgeste erkannt. Diese ist eine Mischung zwischen »Paß auf!« und »Ich tue dir weh!«. Auch erinnert der sich so bewegende Zeigefinger an einen drohend erhobenen Stock und die damit beabsichtigten Schläge.

Nachdruck-Zeichen mit dem Kopf
Mehrmaliges kurzes und heftiges Nicken, jedes Wort unterstreichend, oder während einer Sprechpause wird dazu eingesetzt, den Worten Nachdruck zu verleihen (»Ja, so ist das!«).

Stößt der Kopf beim Senken zusätzlich nach vorn, bekommt dieses Zeichen eine zusätzliche aggressive Färbung.

Weitere Nachdruck-Zeichen sind redebegleitendes Vorbeugen des Oberkörpers, Schlagen und Stoßen des Fußes und Wippen der Fußspitze.

Bei der Beurteilung all dieser Zeichen ist es wichtig,

die Schnelligkeit,
den Takt oder Rhythmus
und vor allem die Situation

einzubeziehen.

1. Die Geste als Redeergänzung

Diese Geste ersetzt die verbale Weiterführung des Gedankens. Fehlen die Worte, etwas sehr Negatives auszusagen, wird das nicht in Worte Gekleidete oft mit Gestik ausgedrückt. Dabei kann es sich um ein abruptes Abwinken ebenso handeln wie um ein Vogelzeichen. Nicht nur Negatives, auch Positives kann so verdeutlicht werden. Die Bewunderung für eine schöne Frau z. B. kann mit einer Vielzahl von beschreibenden Gesten ausgedrückt werden.

Die Geste als Redeersatz finden wir bei erhöhter Konzentration, Verlegenheit und Scham, Stolz und Herablassung, Freude und Glück sowie bei Wut, Angst, Schrecken und bei Trauer. Wortlos werden so Botschaften übermittelt. Ein verstecktes »Mit-dem-Kopf-Schütteln« als Signal »sage nichts« zählt genauso zu diesem Bereich der Gesten wie der in eine bestimmte Richtung ausgestreckte Zeigefinger als lautloser Hinweis auf etwas, das durch einen Laut verscheucht oder das Geheimnis verraten würde.

Gestik ist ein Hilfsmittel zum Verständnis. Einer Zeit, in der Menschen fast ausschließlich mittels Körpersprache kommunizierten, während der Erststadien der Entwicklung, folgte eine Zeit der gemischten Kommunikation. Die Zeichen, bei der Jagd notwendig, um die Beute nicht zu verjagen, reichten zum Übermitteln komplexer Sachverhalte nicht mehr aus. Wahrscheinlich um sich noch mehr von dieser Primitivzeit zu distanzieren, folgte eine Zeit, in der Gesten verpönt waren. »Man spricht nicht mit den Händen« war das Motto dieser Zeitgenossen.

Daraus ist wahrscheinlich begründet, daß wir auch heute noch einen besseren Eindruck von demjenigen haben, der seine Gestik beherrscht einsetzt.

Alle diejenigen, die kommunizieren, Redner, Vorgesetzte, Verkäufer, ja alle Menschen sollten die Bedeutung der Gestik erkennen und die eigene Gestik überprüfen und sinnvoll einsetzen. Sinnvoll eingesetzt, erleichtert Gestik das gegenseitige Verstehen. Gesten dienen vor allem dem Redner auch als Gliederungsmittel. In Sprechpausen kann richtige Gestik signalisieren, daß weitergesprochen werden will. Wir sehen also: Die Geste ist eine Handlung, die dem Zusehenden ein optisches Signal übermittelt. Wichtig dabei ist, wie auch bei der Wortwahl und Betonung von Aussagen nicht, was wir mitteilen wollen, sondern was der Empfänger versteht. »Wie soll ich wissen, was du willst, wenn ich sehe, was du tust«, könnte die wichtige Klarheit des Ausdrucks unterstreichen. Nur klare Gesten geben klare Informationen.

Leicht verstehen wir die mit dem ausgestreckten Zeigefinger und dem ausgestreckten Arm ausgeführte hinweisende Geste. Wissen wir aber auch, daß es sich dabei um einen Gestus handelt, der als Nachahmungszeichen einen fliegenden Pfeil symbolisiert? Wie dieser Pfeil soll der Finger die Aufmerksamkeit der Zuschauer auf einen bestimmten Punkt lenken – die Aufmerksamkeit soll diesen Punkt erreichen.

Ist Fingerzeigen tabu, wird es durch Zeichen mit dem Kopf ersetzt, indem der Kopf ein oder mehrmals in die entsprechende Richtung ruckt. Als weitere Hinweis-Gesten können Blicke, flache Hand, Faust u. a. verwendet werden.

Eine besondere Gestik stellt sich uns in der kodierten Gestik dar. Hierbei handelt es sich um eine Zeichensprache auf der Grundlage formaler Systeme. Das einzelne Element wäre sinnlos, wenn es nicht auf den gemeinsamen Code bezogen wäre. Geheimsprachen, die Taubstummensprache und die Semaphor-Sprache, die mit codierten Arm- oder Flaggensignalen arbeiten, gehören hierzu.

Viele Berufsgruppen haben entsprechende Zeichensprachen entwickelt. Sei es, um sich bei Lärm verständlich machen zu können, um auf Entfernungen verstanden zu werden oder um den Inhalt anderen nicht zur Kenntnis zu bringen.

In Fernsehstudios, auf Flugplätzen, bei Sporttauchern und in Fabrikhallen sind solche Zeichen-Sprachen zu beobachten. Es würde den Rahmen dieses Buches sprengen, auf diese »Sprachen« und die einzelnen Zeichen einzugehen. Viele Zeichen haben jedoch als von jedermann verstandene und gebrauchte Zeichen eine wichtige Bedeutung. Diese Zeichen spiegeln immer eine innere Stimmung, eine Haltung wider, die anderen mitgeteilt werden soll. Deshalb werden in diesem Buch vorwiegend derartige allgemein gebrauchte Zeichen des körpersprachlichen Ausdrucks besprochen.

2. Arme und Hände

Arme und Hände sind die eigentlichen Werkzeuge des Handelns. Verständlich, daß das Wort Hand in vielfältiger Weise sinngemäß gebraucht wird. Handeln – die Hände bewegen, sich die Hände geben, handling (engl.) als Wort für Handhabung, und selbst dieses Wort zeigt die Verbindung zum Gebrauch der Hand und der Hände. Schon im Mutterleib »gebraucht« der Fetus etwa ab dem Ende des vierten Monats Arme und Hände, während er mit überkreuzten Armen und angezogenen Beinen in der Gebärmutter liegt.

Die Hand, als am häufigsten gebrauchtes Werkzeug der Körpersprache, besitzt vielfältige Funktion. Tasten, fühlen, packen, kämpfen, greifen, streicheln und andere Verwendungsmöglichkeiten machen die Hand und die Handstellungen für die körpersprachliche Analyse besonders interessant.

In natürlicher Ruhelage hängen Arme und Hände beim stehenden Menschen entspannt nach unten. In sitzender Haltung sind Unterarme und Hände locker in den Schoß gelegt oder liegen entspannt auf einer Armlehne.

Wir können hängende und getragene Arme und Hände unterscheiden. Hängende Arme und Hände zeigen Entspannung bis Passivität. Die getragenen Arme und Hände signalisieren die Bereitschaft zum Handeln.

Ein Umschwung der getragenen Arme und Hände in hängende Arme und Hände – ein Fallenlassen – wird deshalb unschwer als Umschlagen der Bereitschaft in einen Zustand des resignierten Entsagens verstanden. In umgekehrter Reihenfolge interpretieren wir Arme, die aus Entspannung heraus plötzlich mehr oder weniger gespannt werden als Zeichen vorbereitender Aktivität.

Im Unterschied zur Spannung, die Aktivität ausdrückt, ist die Versteifung Ausdruck von Scheu.

Zusätzliche Botschaften über die genauere Bedeutung der jeweiligen Armhaltung und -bewegung ziehen wir aus dem Verhalten der Hände. Diese können in Verlängerung der Arme nach oben oder unten gerichtet oder im Handgelenk geknickt sein. Aus der Hand als Werkzeug für Hinweise resultiert auch deren Ausdrucksgehalt für das ausgedrückte Streben. Nach oben zeigend, strebt sie zum Licht, zur Helligkeit, zum Himmel und drückt so das Schöne, Erhabene, Gute, Ideale und Ideelle aus. Nach unten zeigend, läßt sie den Ausdruck des Dunklen, Schmutzigen, Niedrigen, Bösen, Häßlichen und Minderwertigen realisieren. Niedergeschlagenheit und Depression finden hier zusätzliche Ausdrucksmöglichkeiten.

Die Fläche der Hand bietet zusätzliche Einsatzmöglichkeiten für die Körpersprache: Decken, Auffangen, Wegschieben u. a. Auch die jeweiligen Fingerhaltungen sind Ausdruck seelischer Vorgänge.

3. Links- oder Rechtshänder

Nicht nur der Gebrauch oder die Bevorzugung einer Hand, auch weitere Teile des menschlichen Verhaltens sind einseitig – ein großer Teil des menschlichen Verhaltens ist asymmetrisch.

Wir entscheiden nicht bewußt, welches Auge wir benutzen, um durch ein Fernrohr zu blicken, welche Augenbraue wir hochziehen, um Erstaunen zu äußern, wie wir die Arme oder Beine übereinanderlegen. Bereits in der frühen Kindheit machen wir eine erstaunliche Entwicklung durch.

– Mit 12 Wochen benutzt der Säugling beide Hände mit etwa gleicher Kraft;
– mit 16 Wochen benutzt er meist nur die linke Hand, um Gegenstände zu ergreifen, die ihm hingehalten werden;
– mit 24 Wochen zeigt sich wieder eine starke Tendenz zur Beidhändigkeit;
– mit 28 Wochen wird die rechte Hand bevorzugt;
– mit 32 Wochen zeigt sich wieder Beidhändigkeit;
– mit 36 Wochen zeigt sich Einhändigkeit zugunsten der linken Hand;
– zwischen 40 und 44 Wochen wird wieder die rechte Hand bevorzugt;
– mit 48 Wochen die linke Hand;
– zwischen 52. und 56. Woche die rechte Hand;
– mit 80 Wochen zeigt sich wieder Beidhändigkeit;
– mit 2 Jahren wird die rechte Hand bevorzugt;
– zwischen 2^{1}/2 und 3 Jahren besteht wieder Symmetrie;
– ab ca. 4. Jahr stellt sich Stabilität ein bis zum
– 8. Jahr, dann hat sich eine dauerhafte Disposition entwickelt. Eine Hand dominiert dann deutlich gegenüber der anderen.

Am Ende dieser Entwicklung zeigen die meisten Menschen einen starken Hang zur Rechtshändigkeit. Etwa 9 von 10 Schulkindern sind Rechtshänder. Daraus, ob jemand Rechts- oder Linkshänder ist, können Charaktereigenschaften nicht abgeleitet werden.

Allerdings läßt sich rückschließen, ob der Ausdruck eher »logisch« oder »ganzheitlich« unterlegt ist. Die linke Hirnhälfte, u. a. zuständig für Logik, steuert die rechte, die rechte Hirnhälfte, u. a. zuständig für Ganzheit, steuert die linke Körperhälfte.

Bei der Zuordnung von Rechts- oder Linksgebrauch beziehen wir uns meist nur auf den Gebrauch der Hände, insbesondere beim Schreiben. Bei unterschiedlichen Handlungen bevorzugen wir unterschiedliche Seiten. Es kann also sein, daß jemand rechts schreibt, aber links winkt u. a. Zur Beurteilung der Körpersprache ist wichtig, zu beobachten, welche Seite für welche Handlungen generell bevorzugt wird. Sonst könnten Botschaften, die mit einer bevorzugten Seite einem auf der anderen Seite Sitzenden gegeben werden, falsch interpretiert werden.

4. Die verschiedenen Handhaltungen

Handteller nach oben

Diese Handhaltung ist dann notwendig, wenn etwas in Empfang genommen werden soll. Sie wird deshalb in der Pantomime als Bittbewegung und Ausdruck der Bedürftigkeit genutzt.

Es ist aber auch die Geste des offenen Darlegens und Überreichens. Je weiter die Arme mit nach oben gestreckten Händen nach vorne gestreckt werden, desto größer ist der Aufforderungsgrad.

Bei geschlossenen Fingern dient die zusätzlich gewonnene Fläche der Verstärkung der Aufforderung, etwas hineinzulegen. Sind die Finger nach oben gewölbt, so daß das Bild einer Schale entsteht, wird die Aufforderung, etwas hineinzulegen, zusätzlich symbolisch verstärkt.

Eine größere Schale und damit Ausdruck größerer Erwartungshaltung kann durch Verwendung beider Hände gebildet werden. Dabei sind die Handkanten entweder aneinandergelegt oder haben entsprechend der Wölbung der Handflächen mehr oder weniger großen Abstand voneinander.

Derartige ausgestreckte, mit der Handfläche nach oben gerichtete und leicht gewölbte Hände sind oft bei Rednern zu beobachten, die damit das Publikum auffordern, die Zustimmung zur Rede hineinzulegen.

Das Zeigen der Handflächen und die positive Zuordnung dieses Verhaltens dürfte auch entwicklungsgeschichtlich begründet sein. Wer die Handflächen zeigt, sagt damit »Ich komme ohne Waffen in friedlicher Absicht« (s. Abb. 20).

Abb. 20
Die mit der Handfläche nach oben weisende Geste zeigt Walter Scheel als Bundespräsident am 12. 11. 1975 anläßlich eines Essens zu Ehren des Präsidiums des Obersten Sowjets der UdSSR. Gekoppelt mit dem leicht zuwendenden Verhalten (vorgeneigter Kopf, zugewandtes Gesicht), bekommt dieser Gestus die Bedeutung des offenen Darlegens und Überreichens.

Handfläche nach innen

In dieser Haltung kann die Hand benutzt werden, um etwas durchzuschlagen und um den Abstand zwischen der einen und der anderen Hand als Größenmaß darzulegen. Diese Handhaltung wird als neutrales Signal zwischen den beiden Ebenen: Handfläche oben = positiv, Handfläche unten = negativ, eingeordnet.

So gehalten, dient die Hand als Schlaginstrument. Auch für das symbolische Durchschlagen von Problemen, wirren Gedanken und sozialen Beziehungen.

Bei geschlossenen Fingern soll mehr der Eindruck der genauen konsequenten Ausführung, bei gespreizten Fingern mehr das der Ausführung innewohnende Engagement ausgedrückt werden.

Werden für diesen Gestus beide Hände verwendet, wird damit entweder Verstärkung des innewohnenden Gefühls gezeigt, oder die so verwendeten Hände wollen nicht mehr als Schlag-, sondern als Begrenzungsinstrument verwendet werden.

Dabei nehmen die Hände meist die Form ein, die dem darzustellenden Gegenstand oder dem abzugrenzenden Raum entspricht.

Oft ist in der nachzeichnenden Bewegung von Händen und Armen der beschriebene Gegenstand oder Raum zu erkennen (s. Abb. 21).

Handteller nach unten

Bei dieser Handhaltung wird die Flächenwirkung der Hand genutzt, um etwas Aufkeimendes niederzudrücken oder etwas Unangenehmes abzuwehren.

Mit wenig Spannung ausgeführt, ist diese Handhaltung Geste des Mahnend-Besonnenen und drückt das Bedürfnis aus, eine Stimmung zu dämpfen und unter Kontrolle zu bringen. Zeigt die Handfläche nach vorn, wird die Handfläche zum Instrument des Wegschiebens. Diese zurückweisende Hand des Ablehnenden ist so Grundaussage für Ablehnung und Zurückweisung überhaupt.

Werden die Finger gespreizt, soll die Flächenwirkung der Hand vergrößert werden. Die zum Wegschieben oder Unterdrücken verwendete Fläche wird so größer und wirksamer. Auch die Verwendung beider Hände in gleicher Haltung dient der Flächenvergrößerung und verstärkt die ablehnende, unterdrückende oder abwehrende Wirkung.

Auf den Befehl »Hände hoch« werden die Hände mit dem Partner zugewendeten Handflächen erhoben. In dieser Bewegung fehlt allerdings der wegschiebende oder unterdrückende Charakter. Dieses erzwungene Unterwerfungsverhalten soll den Gebrauch von Waffen unmöglich machen und gleichzeitig die Handflächen im Blickfeld des Aggressors belassen (s. Abb. 21, Abb. 22 und Abb. 23).

Abb. 21

Gleich zwei Gesten sehen wir auf diesem Bild, das Walter Scheel als Bundespräsident im Gespräch mit dem Vorsitzenden des Obersten Sowjets der Usbekischen Sowjetrepublik, Nasar Mattschanow, zeigt. So gehalten, dienen die Hände als Begrenzungs- und Greifinstrumente. Die Handhaltung des Herrn Mattschanow mit der Handfläche nach vorne zeigt deutlich ablehnendes, wegschiebendes Verhalten.

Die Faust

Wir bilden eine Faust, indem wir die Finger praktisch zur Handmitte hin einrollen. Diese einwärts gerichtete Bewegung wird mit zunehmender Spannung ausgeführt. Daraus ist ein aktiver Willensvorgang zu erkennen, bei dem man sich von Außenbedingungen ab- und dem eigenen Ich zuwendet. Im Ablauf dieser Bewegung ist übergangsweise eine Greifhaltung beobachtbar. So kann die Faust auch Ausdruck des Festhaltens von Gedanken sein.

Die Faust ist aber auch eine Waffe. In der Fauststellung ist die Hand so klein wie möglich »zusammengefaltet«. Die Knöchel und Gelenke der Fingerknochen schützen die weicheren Handflächen und dienen gleichsam als »Panzer« um die weicheren Innenflächen. Damit ist unsere körpereigene Waffe gebildet.

Die zweifache Bedeutung, nämlich die einwärts gerichtete Bewegung und die damit

257

Abb. 22
Noch einmal ablehnende, wegschiebende Gestik sehen wir auf diesem Bild von Bundeskanzler Schmidt. Wegen seiner Bindehautentzündung war er froh um jeden Blitz, den die Pressefotografen nicht verschossen.

Abb. 23
Ebenfalls die Handfläche nach unten zeigt dieser Redner. Er verwendet diesen Gestus, um das Wort »Oberbegriff« besonders zu unterstreichen.

entstandene Faust, ist dann beobachtbar, wenn dem sich so Verhaltenden ein Angriff droht oder wenn er den Drang zur Aggression (Wut) verspürt.

Damit muß nicht zwingend auch der Wunsch zum Angriff oder zur Verteidigung gekoppelt sein. Die Einsicht in die Unabänderlichkeit einer Situation kann zwar zu Fausthaltungen führen, stoppt aber die Verwendung der Faust als Waffe.

Diese wird sichtbar bei Sperrung gegen Unlustreize, z. B. beim Zahnarzt, und bei Ausdruck gesammelter geistiger Konzentration.

Ob aus der Fausthaltung Konzentration oder Aggression gefolgert werden soll, ist aus den mimischen Begleiterscheinungen zu erkennen. Wer mit geballten Fäusten vor sich hinstiert, drückt z. B. die Verarbeitung von Vorstellungsinhalten bei innewohnender Selbstbehauptungstendenz aus.

Öffnen der Hand

Wird die mit Bilden der Faust vorbereitete Angriffshaltung nicht in einem Angriff ausgelebt oder sind die Gründe für die Fausthaltung (Wut, Unlustreize u. a.) nicht mehr akut, läßt die der Faust innewohnende Spannung nach, und die Hand öffnet sich mehr oder weniger schnell, mehr oder weniger kraftlos.

Die Öffnungsbewegung endet oft in einer halboffenen Form und locker gehaltenen Händen und Fingern. So zeigen die Hände, wie ihnen etwas entgleitet, zeigen – daß sie unfähig sind, etwas weiterhin festzuhalten. Die so entstandene Endform drückt deshalb oft Unentschiedenheit aus. Gekoppelt mit schlaff herabhängenden Armen und hochgezogenen Schultern, ist so der Gesamteindruck des schwächlichen Verzichts, der

Skepsis oder Resignation entstanden. Öffnet sich die Hand schlagartig, zeigt der Handteller der dann offenen Hand nach innen. Wird der Handrücken dabei nach außen bewegt, erleben wir eine Geste des »Verscheuchens«. So wird ein Insekt vertrieben, das seiner Kleinheit wegen einen Faustangriff nicht notwendig macht.

Die Motivation des Vertreibenwollens ist auch gegeben, wenn die sich so öffnende Hand nicht durch ein Insekt, sondern durch psychologische Faktoren, dem Wunsch, einen psychisch ärgerlichen Unlustzustand zu vertreiben, begründet ist.

Mit dieser Bewegung will man dann eine peinliche Vorstellung loswerden.

Je weniger Spannkraft der Ausführung innewohnt, desto kleiner ist die Hoffnung auf Erfolg.

Wird die Hand mit kräftigem Schwung geöffnet und nimmt sie eine Endstellung mit gespreizten Fingern ein, drückt dieser Ablauf schroffe und verächtliche Einstellung aus.

Bleiben die geschlossenen Finger nach einem kurzen Öffnungsruck geradlinig stehen und zeigt dabei die Handfläche nach oben, erleben wir ein demonstratives Zeigen dessen, was vorher konkret oder abstrakt verborgen war.

Kinder (aber auch Erwachsene) verbergen so einen Erschrecken auslösenden Gegenstand in der Faust, um durch blitzartiges Öffnen der Faust Überraschung auszulösen und mit dem Gegenstand zu erschrecken.

Abstrakt verwendet ein Redner diesen Ablauf, um auszudrücken, »es liegt doch auf der Hand«.

Öffnet sich die Faust und wird die Hand mit dem Handrücken nach oben abwärts geführt, kann dieses Verhalten folgende Bedeutungen haben:

gespreizte Finger (größere Flächen)	– Niederhalten, Abwehr
gespannt und mit Nachdruck	– herrische Unterdrückung fremder Willensäußerung, Ruhe gebietend
behutsam	– bannendes Beschwören von Geräuschen
aufstützend	– Wunsch nach widerstandsfähiger Verfassung, Festigung der eigenen Gedanken und psychischen Vorgänge, gekoppelt mit lässig bequemer Haltung, drückt sich der Wunsch aus, sich für längere Zeit häuslich einzurichten

Greifhand

Diese Ausführung kommt der ursprünglichen Bedeutung der Hand am nächsten.

Die Fähigkeit, einen erblickten Gegenstand mit der Hand zu ergreifen, ist den Menschen mit vielen Tieren, z. B. den Affen, gemeinsam. Diese Fähigkeit entwickelt sich erst im Laufe des ersten Lebensjahres.

Als Reflex ist die Fähigkeit zu greifen jedoch schon beim Neugeborenen vorhanden. Berührt man den Handteller eines Neugeborenen mit einem Finger, schließt sich das Händchen sofort um diesen. Dieser sogenannte »tonische Handgreifreflex« dürfte einer stammesgeschichtlichen Erinnerung entstammen.

Neugeborene Affen halten sich mit diesem Handgriff am Haarkleid der Mutter fest. Beim menschlichen Neugeborenen ist der durch Reflex ausgelöste Handgriff so fest, daß man das Kind an dem umklammerten Gegenstand hochheben kann.

Ergreifenwollen, symbolisch Begreifen-und-Chancen-wahrnehmen-Wollen gibt dem körpersprachlichen Ausdruck des Greifens zusätzliche Aspekte. Die Greifhand kann so Ausdruck von Geiz und Raffgier, aber auch Bemühung, Worte zu finden und Gedanken festzuhalten, sein. Umklammernd und festhaltend, drückt die Greifhand ein Bedrohtheitsgefühl aus. Sich an einen Strohhalm klammern, sich also an etwas halten wollen, was keinen Halt geben kann, drückt diese abstrakte Bedeutung der Greifhand aus.

Das symbolische Festhalten wird so Symbol des Willens zur Selbstbehauptung, des Eigensinns, aber auch der Ängstlichkeit.

Sich Fassen und Gefaßtsein besagt sprachlich, daß jemand mit seinen Greifbewegungen Erfolg hatte (s. Abb. 24).

Abb. 24
Auf diesem Bild erwidert Alt-Bundeskanzler Adenauer in scharfer Form auf Aussagen des damaligen SPD-Fraktionsvorsitzenden Ollenhauer am 11. 10. 1962. So wird die »Greifhand« (als ob man sich an den Kopf greifen wollte, als ob man nur noch Hilfe von oben greifen könne) verständlich.

Auf den Rücken gelegte Hände

Wer »alle Hände voll zu tun hat«, die Betriebsamen also, verwenden diese Haltung selten. Mit auf den Rücken gelegten Händen will man nicht stören. So wird abwartendes Verhalten – Zurückhaltung – ausgedrückt. Mit auf den Rücken gelegten Händen hat man sich kurzfristig oder generell aus dem Getriebe der Welt zurückgezogen.

Diese Haltung ist deshalb als Dauerhaltung oft bei zurückhaltenden, passiven und besinnlichen Menschen beobachtbar (s. Abb. 25).

Abb. 25
James Schlesinger steht auf diesem Bild vom 3. 2. 1977 seitlich hinter Präsident Jimmy Carter. Die Zurückhaltung manifestiert Schlesinger mit den zurückgenommenen Händen.

Hände vor dem Leib, Arme angewinkelt

So drückt sich die erhöhte Bereitschaft für durch Umstände geforderte Hantierungen aus.

Die so zurechtgelegten Hände haben eine gute Ausgangsposition für Angriff und Verteidigung und erinnern an die vorbereitende Haltung eines Boxers.

Diese Arm- und Handhaltung beobachten wir oft bei Menschen, die auf Selbstbehauptung bedacht sind.

Hände in den Taschen

Werden die Hände in den Taschen verborgen – versteckt –, kann beim Gesprächspartner das Gefühl der Bedrohung entstehen. Er kann so evtl. Angriffsvorbereitungen nicht mehr überwachen. Die Haltung der Hände in den Taschen kann kompensatorische Bedeutung annehmen, innere Unsicherheit zu verdecken oder zu überwinden.

In Form der Überkompensation sagt dieses Verhalten: »Ich kann es mir erlauben, unhöflich zu sein.« Wer die Hände in den Taschen hält, zeigt Desinteresse am Handeln. Auch dann, wenn er »die Faust in der Tasche ballt«.

Während des Gespräches zeigt dieses Verhalten, daß man nicht mehr für den anderen bereit sein, nicht mehr in der gleichen Weise handelnd auf seine Intentionen eingehen will. Wegen der gleichgültigen Wirkung werden Hände in den Taschen als unhöflich empfunden.

Werden die Hände abrupt in die Taschen gesteckt und bleibt die Spannung erhalten, wird eine oppositionelle Willenshaltung und der Entschluß zum Abbruch der Beziehung oder die Sammlung zum Widerspruch erkennbar.

Diese Ausführungen zeigen, daß die Hände zu konkreten Handlungen und auch zum symbolischen Ausdruck genutzt werden können. Bei der Beurteilung und Analyse sind folgende Einzelheiten zu beachten:

– Höhe der Hände (untere, mittlere, obere Ebene)
– Spannungsgrad der gesamten Ausführung (entspannt, gespannt, verspannt)
– Schnelligkeit der Ausführung (zögernd, langsam, schnell, blitzartig)
– Haltung der Finger (geschlossen, gespreizt, gestreckt, gebogen)
– Form der Handfläche (gewölbt, flach)
– eine Hand oder zwei Hände
– Stellung der Hand (Handfläche oben, Hand senkrecht, Handfläche nach unten)
– Abstand der Hand vom Körper (körpernah, körperfern)

Aus diesen verschiedenen Ausführungsmöglichkeiten und der Vielzahl von möglichen Kombinationen ist bei Betrachtung der Bedeutung jeder der beschriebenen Einzelheiten eine Definition möglich.

Diese Definitionen gelten grundsätzlich für den Gebrauch der Hände in stehender und sitzender Haltung.

Dem entspannten Herabhängen der Arme und Hände im Stehen entsprechen die lockeren, in den Schoß gelegten Hände im Sitzen. Der jeweilige Spannungsgrad zeigt an, ob Ruhe oder abwartende Bereitschaft das Verhalten motivieren.

5. Die Finger

Die Finger dienen als Teil der Hand wesentlich zur Unterstreichung und Ausführung der Handgesten. Je nach Fingerhaltung bekommt die Handgeste dadurch oft erst die eigene Bedeutung. Es gibt aber auch Fingergesten, die allein auf die Finger begrenzt sind, zu deren Ausführung allein die Finger – ohne daß die Hand dabei eine Bedeutung gäbe – eingesetzt werden.

Als erstarrte Fingersymbole sind viele Fingerstellungen auch in Talismanen und Amuletten wiederzuerkennen. Schutzgesten und/oder Geheimzeichen können so mitgeführt werden, ohne daß die Finger ständig das Schutzzeichen ausführen müssen. Man trägt sozusagen ein Abbild der Schutzgeste ständig mit sich und führt die Schutzgeste ständig aus. Sicher kennen Sie das V-Zeichen, das für »victory« (Sieg) steht. Das Zeichen des nach oben gerichteten Daumens bedeutet »o. k«, alles in Ordnung. Die Hand mit Hörnern richtet sich drohend gegen vermeintliches Übel.

Eine weitere Einsatzmöglichkeit der Finger finden wir in Geheim- oder Symbolsprachen, z. B. der Taubstummensprache. Hier bilden die Finger einzelne Buchstaben nach oder geben Symbolen Ausdruck, die von demjenigen, der den entsprechenden Code kennt, verstanden werden können.

Unter allen Fingern verdient der Daumen die größte Aufmerksamkeit. Bei in Ruhelage auf dem Tisch liegender Hand ist er stets ein wenig von der Hand und den übrigen Fingern abgespreizt. Man sagt, daß der Mensch, der in der Lage ist, seinen Daumen überweit abzuspreizen, ausgeprägte Individualität und einen Geist der Unabhängigkeit besitzt. Die Mächtigkeit soll der Größe des Winkels, den der abgespreizte Daumen zur Hand bildet, entsprechen.

Kleine Kinder legen oft den Daumen in die Handfläche und schließen diesen mit den Fingern ein. Dieses Verhalten offenbart wenig eigene Persönlichkeit und schwache Energie. Es kann nicht den eigenen Wünschen entsprechend gehandelt werden. Bei Erwachsenen läßt diese Geste darauf schließen, daß vorübergehend die Fähigkeit zu einer (schwierigen) Entscheidung verloren ist. Wurde dieser Zustand überwunden, verschwindet diese Fingerstellung.

Eine weitere, bei Kindern zu beobachtende Bewegung ist das Lutschen am Daumen. Bei sehr kleinen Kindern ist dies eine Nachahmung der Saugbewegungen an der mütterlichen Brustwarze. Hier und auch bei größeren Kindern und bei Erwachsenen zeigt dieses Verhalten eine Hinwendung zu sich selbst bei gleichzeitiger Unsicherheit und dem Wunsch nach Geborgenheit. Fingerbewegungen und Mimik sind besonders bei Kindern aufschlußreich und wichtig. Verstandene Kinder lutschen weder als Dauerverhalten am Daumen, nässen nicht ein und weinen nicht. Derartige Verhalten sind immer Hilferufe, drücken immer geheime Wünsche aus, übermitteln dem Erwachsenen oder Partner Signale. Werden diese verstanden, entstehen Probleme erst gar nicht.

Der Daumen ist als Finger des »Drucks« hinlänglich bekannt. Als Symbol für die Macht und Kraft wird der Daumen wichtiges Kennzeichen für die Dominanz eines Menschen.

– Der aufgerichtete Daumen zeigt »o. k.«, aber auch Aufforderung und Reaktion auf frustrierende Reize, Auflehnung.
– Der aufliegende Daumen besitzt in Ruhestellung keinen Signalwert.
– Der eingeschlossene Daumen besagt, daß besondere Aktivitäten momentan unterdrückt oder wegen fehlenden Willens nicht geäußert werden sollen.

Diese Symbolik mag auch damit zusammenhängen, daß der Daumen als von der Hand abstehender Finger besonders gefährdet ist. Wird er frei gezeigt, wird keine Gefahr erwartet, wird er versteckt, ist dies ein Schutzverhalten.

Die Aussage »über den Daumen peilen« ist wahrscheinlich darauf zurückzuführen, daß der Daumen als dickster Finger eine genaue »Peilung« nicht möglich macht. So steht der Daumen auch für Ungenauigkeit.

Schon in altrömischer Zeit waren Daumengesten gebräuchlich. Der verborgene Daumen war das Zeichen für »schone ihn«, der nach unten gerichtete Daumen das Signal für »töte ihn«. Dies wird deutlicher, wenn wir den lateinischen Ausdruck für die »Daumen-nach-oben-Geste« heranziehen. Die Formulierung »pollice compresso« ist wörtlich mit »gedrückter Daumen« zu übersetzen. So kann das »Daumendrücken« als Zeichen des Glückwünschens auch aus dem »schone ihn« entstanden sein.

Die Rolle, die der Daumen immer wieder als brutaler Finger oder als Kraftfinger spielte, hat auch dazu beigetragen, daß Hinweiszeichen, mit dem Daumen gegeben, als unhöflich interpretiert werden.

Eine Ausnahme ist das »Anhalter-Zeichen«. Hier wird der Daumen deshalb als Hinweis-Zeiger verwendet, weil nur bei Daumengebrauch gleichzeitig die dynamische Geste des »Fahrens«, des Mitgenommen-werden-Wollens mit der Richtungsanzeige gekoppelt werden kann.

Einem obszönen Signal ist die Bedeutung des Daumens als kräftigstem Finger unterlegt. Wird er zwischen Zeige- und Mittelfinger eingeklemmt, symbolisiert er einen Penis. Die ganze Geste ist als »Feigen-Zeichen« bekannt.

Auf Sardinien bekommt der nach oben gerichtete Daumen die Aufforderung »setz dich auf den«. Mancher daumenwinkende Anhalter bekam dort schon echte Schwierigkeiten.

Der Zeigefinger

Der Zeigefinger symbolisiert die Willenshaltung und die initiative Aktion. So ist es verständlich, daß der Zeigefinger für die meisten Hinweissignale eingesetzt wird. Andere Hinweissignale können sein: Zuwenden mit dem Körper, in die entsprechende Richtung schauen, dorthin nicken und Daumenzeigen.

Wollen wir das Ziel genau zeigen, verwenden wir den Zeigefinger. Bei ungenauer Zielangabe kann die flache Hand verwendet werden. Der Zeigefinger wirkt symbolisch wie ein Pfeil, der auf das Ziel abgeschossen wird. Er definiert genauer.

Bestimmte Eingeborenenstämme geben mit dem in die Zielrichtung ausgestreckten Zeigefinger auch noch die Entfernung zum Ziel an, indem sie den Anstellwinkel des Zeigefingers entsprechend der Anstellrichtung des abzuschießenden Pfeiles stellen. Je weiter das Ziel entfernt liegt, desto größer wird der Anstellwinkel.

Die Pfeil-Assoziation spielt auch eine Rolle bei der mit dem Zeigefinger ausgeführten Drohgeste. Hier wird der Zeigefinger als Waffe (Pfeil) verwendet. Drohend oder mehrmals stoßend (durchbohrend), wird dann der Zeigefinger in Richtung Objekt bewegt. Wird der Zeigefinger schlagend bewegt, erinnert er an einen Stock, mit dem auf den anderen eingeschlagen werden soll. Oft beobachtete ich, daß Gegenstände, wie z. B. Kugelschreiber o. a., als Zeigefingerersatz verwendet wurden. Auch damit können Melde-, Stech- und Schlaggesten ausgeführt werden. Aggression zeigt sich oft darin, daß mit dem Zeigefinger oder einem ähnlichen Gegenstand auf den anderen »losgegangen« wird.

Als »Achtungszeichen« wird der erhobene, sich nicht bewegende Zeigefinger eingesetzt. Er wirkt so gleich zweifach. In seiner Grundbedeutung als Waffe und in einer Verlängerung der erhobenen Hand. Drohung und Vergrößerung also in einer Geste.

Werden wir von jemand herangewinkt, erleben wir die Bedeutung des Zeigefingers als »Anweisungs-Finger« in einer befehlenden Art. In sarkastischer Art ausgeführt, gehörte diese Geste zu den Lieblingsgesten von Oliver Hardy in seiner Rolle als »Dick« in den Dick-und-Doof-Filmen. Weiter verbreitet als das Heranwinken mit dem Zeigefinger ist das Heranwinken mit der nach oben gerichteten oder nach unten zeigenden Handfläche, wobei die Finger zum Körper hin gekrümmt werden. Die Richtung der Handfläche gibt dann möglicherweise eine Auf- oder Abwertung der Herangerufenen zu erkennen. Soll das Winken mit größerem Nachdruck erfolgen, wird statt des Zeigefingers, der dann »nicht mehr ganz ausreicht«, mit dem ganzen Arm gewinkt. Eine weitere Variante des Zeigefinger-Einsatzes ist das Zeichen zum »Sammeln«. Dabei wird die Hand mit erhobenem Zeigefinger über den Kopf gestreckt und führt kreisende Bewegungen aus. Diese Heranruf-Zeichen kann sowohl beim Militär als auch bei einzelnen Beduinenstämmen beobachtet werden. Die Einzelbedeutungen sind: erhobener Zeigefinger = Achtung, kreisen = in einem Kreis sammeln.

Oft beobachten wir auch den pickenden Zeigefinger. Die Krümmung entspricht einem Schnabel. Durch Picken oder Hacken auf den Tisch wird den Worten Nachdruck verliehen. Man hackt gleichsam auf dem anderen herum. Nach oben gestreckt und hin und her pendelnd, ersetzt der Zeigefinger den verneinend hin und her wiegenden Kopf, er winkt so eine Handlung ab (s. Abb. 26 und Abb. 27).

Abb. 26

In einer Pressekonferenz in Bonn, unmittelbar vor Antritt seiner Jugoslawienreise, weist Bundeskanzler Helmut Schmidt am 27. 5. 1977 den Vorwurf der Opposition zurück, er habe als Finanzminister Steuergelder »schlampig« verwendet und das Grundgesetz vorsätzlich mißachtet. Bei dieser Aussage hebt er, wie auf diesem Bild ersichtlich, warnend und mahnend den Zeigefinger.

Abb. 27

Zwei Zeigefinger verwendet dieser Redner. Dabei hält er die Augen weit offen und bildet waagrechte Stirnfalten. Diese Gestik und Mimik zeigt, daß etwas Wichtiges mit großem Aufmerksamkeitswert mitgeteilt wird und gleichzeitig die Reaktion des Publikums sorgfältig beachtet werden soll. Die Haltung erinnert an einen Dirigenten, der die Zeigefinger als Taktstöcke verwendet und die richtigen Einsätze seiner Sänger aufmerksam verfolgt.

Der Mittelfinger

Als längster Finger ist der Mittelfinger mit dem Selbstgefühl assoziiert.

Auch für Gesten des sexuellen und obszönen Bereichs wird der Mittelfinger seiner Länge wegen herangezogen. Eine phallische Geste, der Mittelfingerstoß, ist mehr als 2000 Jahre alt. Phallische Gesten sind weitgehend auch als Drohgebärden zu verstehen. Dieses Erbgut von unseren tierischen Vorfahren führt dazu, daß wir derartige Gesten zur Demonstration unserer Überlegenheit benutzen. Das erigierte männliche Glied kann unter Verwendung des Mittelfingers in zweifacher Bedeutung dargestellt werden. Mit dem ausgestreckten Mittelfinger und dem nach unten gekrümmten Mittelfinger. Wird die Hand mit dem nach unten gekrümmten Mittelfinger auf und ab bewegt, bedeutet dies, daß in eine unter dem Mittelfinger liegende Figur hineingestoßen werden soll. Das V-Zeichen (victory = Sieg), welches mit in V-Stellung gehaltenen Zeige- und Mittelfinger ausgeübt wird, nutzt die Symbolik des Zeige- und Mittelfingers, die Anweisung und die Kraft. Diese Bedeutung hat das V-Zeichen aber nur mit nach außen gerichteter Handfläche. Mit nach innen gerichteter Handfläche wird dieses Zeichen zu einer schlimmen Beleidigung. Man nimmt an, daß der Beleidigungsgehalt der nach innen gerichteten Handfläche aus dem im arabischen Raum verwendeten Gestus kommt. Dort wird bei einem obszönen Gestus die Nase zwischen Zeige- und Mittelfinger eingeklemmt und damit die Kopulation symbolisiert (s. Abb. 28).

Abb. 28
Der SPD-Vorsitzende Willy Brandt zeigt auf diesem Bild den gestreckten Mittelfinger. Er sprach sich am 15. 3. 1979, als dieses Bild entstand, zugunsten einer Kandidatur führender Gewerkschaftler für das Europäische Parlament aus. Mit aller Vorsicht interpretiert, scheint der so gestreckte Mittelfinger zu verraten, daß etwas anderes gewünscht als gesagt ist. Würde es sich bei dieser Formulierung um eine Anweisung handeln, hätte der Zeigefinger gestreckt werden können. Wird der Mittelfinger gestreckt, kann dies bedeuten: damit meine ich mich (Mittelfinger ist gleich Finger der Ich-Bezogenheit). Zu diesem Komplex lesen Sie bitte auch im Kapitel »Körpersprache, die zur Täuschung eingesetzt wird«.

Der Ringfinger

Er wird dem Gefühlsleben zugeordnet. Seinen Namen erhielt er von seiner Bedeutung als Träger von schmückenden Ringen. Er ist Träger des Eheringes und drückt so auch symbolisch die Gefühle aus, die dem Partner entgegengebracht werden.

Er bildet die passive Indifferenz zwischen dem längeren Mittelfinger und dem »seitensprungbereiten« kleinen Finger.

Interessante Ansatzpunkte ergeben Form und Art der Ringe, die am Ringfinger getragen werden. Mit Vorbehalt zwar, aber doch als wichtiges Indiz, kann daraus auf die Art der Partnerbindung geschlossen werden.

Der kleine Finger

Dieser Finger ist leicht von der Hand abspreizbar. So bekommt er seine Bedeutung für: Extratouren, Seitensprung u. a. und seine kapriziöse und originelle Wirkung.

Wir können sagen, der kleine Finger ist der Finger, der Informationen über die soziale Zuordnung gibt. Auch die auf diesem Finger getragenen Ringe verraten interessante Informationen.

Der Solitär, von Männern fast ausschließlich am kleinen Finger getragen, dürfte etwas über die unbewußten Wünsche in bezug auf die gesellschaftliche oder soziale Stellung aussagen (s. Abb. 29).

Abb. 29
Fast zu kapriziös, zu weit abgespreizt ist der kleine Finger in dieser gestellten Aufnahme.

Ringe

Ringe können Informationen darüber geben, welche Art der persönlichen Besonderheit angestrebt werden will.

Zu beachten ist, auf welchem Finger der jeweilige Ring getragen wird, welche Bedeutung unterstrichen werden soll.

Viele Ringe, auf vielen Fingern getragen, verraten meist, daß eine eindeutige persönliche Zuordnung – ein Sich-Finden – noch nicht stattgefunden hat.

Der Gebrauch mehrerer Finger

Wie wir bereits gesehen haben, können Finger sowohl zur Zeichensprache als auch zum Ausdruck besonderer, unbewußter Gefühle benutzt werden. Einige interessante Kombinationen sollen hier beschrieben werden.

Die Daumen-Zeigefinger-Berührung mit abgespreiztem kleinen Finger stellt eine Beziehung zum Tastsinn her und drückt das Kleine, Feine und Wertvolle aus. So erleben wir die Geste des Feinschmeckers und Genießers.

Bilden die Finger ein »Spitzdach«, soll etwas abgeschirmt werden. Ein solches Spitzdach kann

mit allen gestreckten Fingern,
mit den gestreckten Zeigefingern und
mit den nach oben gestreckten Daumen ausgeführt werden.

Der Grad der Spannung und die Anzahl der verwendeten Finger sowie deren Bedeutung lassen erkennen, was mit dem Spitzdach ausgedrückt werden will.

Aufmerksamkeit und Konzentration bei gespreizten Fingern, bedeutet: die kommenden Informationen wollen gesiebt werden. Abwehr, entsprechend dem Bug eines Schiffes, der die See durchschneidet, wenn die Finger geschlossen und das Spitzdach sehr spitz zuläuft und mit Spannung ausgeführt wird (s. Abb. 30).

Eine interessante Fingerstellung beobachtete ich bei einem Seminarteilnehmer. Dieser betrat den Seminarraum, ging auf einen freien Stuhl zu und blieb kurz vor dem Stuhl überlegend stehen.

Der Mittelfinger seiner linken Hand streckte sich über die Kuppe des Ringfingers und zog diesen leicht nach hinten, so daß eine ovale Öffnung entstand.

Abb. 30
Erzbischof Makarios (†) zeigt auf diesem Bild ein Spitzdach.

Er spannte sozusagen mit dem Mittelfinger den Ringfinger. Unter Berücksichtigung der Symbolik dieser Finger bedeutet diese Stellung, daß der »Finger des Selbstgefühls« den »Finger des Gefühlsbereichs« unterdrückte. Er unterdrückte mit seinem Selbstwertgefühl die Unsicherheit, die durch die Frage: Wo soll ich Platz nehmen? aufgetaucht war.

Wird der Daumen nach oben und der Zeigefinger nach vorn gestreckt, entsteht die »Pistolengeste«, die meist auf innere Aggressivität und noch zurückgehaltene Argumente (»zum Abschuß bereit«) schließen läßt (s. Abb. 31).

Abb. 31

Am 1. 12. 1978 berichtete der CSU-Vorsitzende Franz-Josef Strauß nach seiner Rückkehr von der NATO-Parlamentarier-Tagung in Lissabon vor Journalisten auf dem Münchner Flughafen Riem, daß nach seinen Informationen in Angola nicht nur 28 000 Kubaner, sondern seit mehr als 6 Wochen auch rund 5000 DDR-Soldaten stationiert sind. Seit kurzem seien 2000 davon zusammen mit 10 000 kubanischen Soldaten zur Ausrottung der antikommunistischen Freiheitsbewegung UNITA angetreten.

Möglicherweise rebelliert der linkssitzende Zuhörer mit seiner »Pistolengeste« gegen diese Informationen.

In einem Seminar »Körpersprache« stellte sich einer der namhaften Unternehmer Deutschlands der Gruppe vor. Lediglich seine Fingerhaltung ließ erkennen, daß sein Verhalten der sonst innewohnenden Rollensicherheit entblößt war.

Er hielt den Zeigefinger der linken Hand zwischen Zeige- und Mittelfinger der rechten Hand so, als wolle er den Zeigefinger »abschneiden«. Symbolisch bedeutet dies: die Anweisungsbefugnis (Zeigefinger) beschneiden wollen. Da er als Seminarteilnehmer seine Anweisungs-Rolle nicht ausüben konnte, ist verständlich, daß er diese »beschnitt«.

Das gleiche Verhalten war in der Fernsehsendung »Bericht aus Bonn« am 25. 5. 1979 bei Herrn Dr. Zimmermann zu beobachten. Auch er hielt den Zeigefinger der linken Hand zwischen Zeige- und Mittelfinger der rechten Hand, als er sagte: »Franz-Josef Strauß hat seine Kanzlerkandidatur angeboten. Einzelheiten sind mit ihm abzustimmen, mehr kann ich dazu nicht sagen.« Bei Beendigung dieser Aussage und unmittelbar mit dem Beginn einer neuen Äußerung veränderte sich die Handhaltung, und die Hände wurden locker aufeinandergelegt.

Auch hier erlebten die Zuschauer, wie eine Rolle beschnitten wird, wie unbewußt eine Fingerhaltung eingenommen wird, die verhindert, daß mehr als das Erlaubte und Mögliche gesagt wird.

6. Hand-Gesicht-Gesten

Die Flächen unserer Hände eignen sich vorzüglich zum Verdecken – auch des Gesichts. Viele Hand-Gesichts-Gesten haben den Wunsch, etwas zu verbergen im Hintergrund.

Verhüllende Gesten sind vieldeutig. Eine klare Definition bekommen wir, bei allen körpersprachlichen Einzelsignalen nur aus der Beachtung weiterer Signale, der Situation und dem Umfeld.

Lacht sich jemand »ins Fäustchen«, besagt dies, daß sein Lachen nicht gesehen werden soll. Zu diesem Zweck legt er eine oder beide Hände mit eingezogenen Fingern vor den Mund. Auch Verlegenheit oder Scham, unangenehme oder erregende Reize führen zum Bedecken des Gesichts. Sei es, daß die Reaktion nicht gezeigt werden oder daß die Reize abgeschirmt werden wollen.

Legt jemand seine Handflächen an die Seite oder die Seiten des Kopfes, bildet er Scheuklappen, so will er damit die Reize abschirmen, um sich ganz auf eine vorhandene oder imaginäre Aufgabe zu konzentrieren. Die »Ich-versteck-mich«-Haltung kleiner Kinder ist ebenfalls ein Abschirmsignal. Lediglich der in die abgeschirmte Richtung gehende Blick verrät das Versteckspiel.

Diese und andere Abschaltsignale wie: Senken der Augen, Wechselblick und Schließen der Augen besagen, daß wir uns auf uns selbst zurückziehen wollen oder müssen.

Hand-Gesicht-Gesten nehmen auffallend zu, wenn jemand lügt oder zu lügen versucht. In Seminaren ließ ich Teilnehmer Inhalte eines Berichtes wahrheitsgemäß und wahrheitswidrig darstellen. Allein daran, daß die Hand-Gesichts-Berührungen deutlich zunahmen, war erkennbar, welcher Bericht verfälscht worden war.

Häufigste Bewegungen der »Lügner« waren:

Kinnstreicheln, Bedecken des Mundes, Berühren der Nase, Reiben der Wange, Berühren der oder Streichen über die Haare, Ziehen am Ohrläppchen, Reiben oder Kratzen an den Augenbrauen, Zusammenpressen der Lippen.

In der Symbolik bedeuten diese Bewegungen entweder Selbstbestrafungen, Beruhigungen oder Bedeckungen. Den Kopf in die Hand stützen zeigt den Wunsch nach Ruhe und Geborgenheit. Dieser Ausdruck enthält die Sehnsucht, den Kopf wieder in den Schoß elterlicher Geborgenheit zu legen. Auch Streicheln des Gesichts, die Knöchel an die Lippen drücken sind Signale, die die Suche nach Zärtlichkeit ausdrücken. Untersuchungen zeigten, mit welchen Bewegungen sich Erwachsene am häufigsten beruhigen:

- Stützen des Kiefers in die Hand oder beide Hände
- Stützen des Kinns in die Hand oder beide Hände
- Berühren oder streicheln der Haare
- Stützen der Wange

– Berühren des Mundes mit den Fingern oder Knöcheln
– Stützen der Schläfe

(s. Abb. 32 und Abb. 33).

Abb. 32
Die stärkste Geste des Abschaltens, des Sich-Zurückziehens, ist das »Die-Hände-vors-Ge-sicht-Schlagen«. Diese Reaktion ist bei Willy Brandt, den dieses Bild am 18. 11. 1977 zeigt, ver-ständlich. Er reagiert erschüttert auf den plötzlichen Tod des 57jährigen Schatzmeisters der SPD, Wilhelm Dröscher.

Hand – Ohr

»Lange Ohren zeigen«, um den anderen durch diese nachahmende Geste zu sagen, er sei ein Esel, gehört zu den bekannten, beleidigenden Signalen. Zweckgesten, die mit der Hand zum Ohr oder den Händen zu den Ohren ausgeführt werden, sollen der Vergrößerung der Ohrmuscheln dienen und mehr akustische Signale auffangen helfen. Das Gegenteil ist der Fall, wenn jemand seine Hände gegen die Ohren preßt, um dem Lärm zu entgehen.

Symbolisch kann das Zuhalten der Ohren aber auch eine Unterbrechung eines Ein-

Abb. 33

Auf diesem Bild vom 13. 3. 1976 zeigt Franz-Josef Strauß konzentriert abschirmendes Verhalten. Die Konzentration wird ersichtlich aus der senkrechten Stirnfalte. Der Mittel-, Ring- und der kleine Finger werden zur Abschirmung, der Zeigefinger etwas abgespreizt zur Unterstreichung der Wichtigkeit der Überlegung verwendet. So bekommt diese Geste eine zweideutige Interpretation.

wandes bedeuten: »Ich will gar nicht hören, was du sagst.« Die Ohrvergrößerung kann eine Aufforderung darstellen, »Ich will alles hören, was du sagst.«

Das Sich-selbst-an-den-Ohrläppchen-Ziehen erinnert an eine Bestrafungsgeste, die wir als Kinder erlebten. Ziehen wir uns an den Ohrläppchen, geht daraus der Wunsch nach Selbstbestrafung, schlechtes Gewissen und Ratlosigkeit hervor.

Hand – Nase

»Da muß ich meine Nase zu Rate ziehen«, »meine Nase hat mich getrogen«. Diese Aussagen zeigen, daß wir die Nase nicht nur als Geruchsorgan, sondern auch als Sinnesorgan symbolisch für die Aufnahme geruchsfremder Reize einsetzen.

Kinder und Primitive ziehen die Nase häufiger zu Rate als differenzierte Erwachsene. Jahrelange Beobachtungen zeigten mir, daß unsichere Menschen wesentlich häufiger die Nase berühren als Menschen, die als sicher eingestuft werden können. Sinnende Nachdenklichkeit, passive Hingabe an Außenreize oder freiwerdende Vorstellungen können mit dem Griff zur Nase verbunden sein.

Meist ist jedoch der Griff zur Nase ein Zeichen für Betroffenheit, für Ertapptsein oder für das Befürchten, ertappt zu werden. Nasenberührung und Lügen oder Betrugsmannöver fallen bemerkenswert oft zusammen.

Möglicherweise handelt es sich um eine Übersprungshandlung, bei der die zum Mund gehende Hand, die diesen verschließen soll, abgelenkt werden soll und deshalb an der Nase ankommt. Das Ablenkungsmanöver, der Übersprung, ist deshalb wahrscheinlich, weil die den Mund verschließende Hand sofort andeuten würde, daß etwas entschlüpft ist, was nicht hätte entschlüpfen dürfen.

Menschen, die ich nach dem Grund für die Nasenberührung fragte, sagten mir, die Nase hätte gejuckt. Ist nur das Jucken der Grund für den Griff zur Nase, oder juckt die Nase, weil man dorthin fassen will? Diese Frage ist durchaus berechtigt. Oft wird uns ein Schmerz erst dann bewußt, wenn wir unbewußt den Wunsch nach Bewegung verspüren. Diese Bewegung wird dann oft durch den Schmerz gerechtfertigt. Es gibt jedoch einen Grund, warum die Nase dann zu kitzeln beginnt, wenn wir lügen.

Im Moment einer bewußten Lüge erhöht sich die Spannung. Dies führt zu physiologischen Veränderungen in der Nase, die das Kitzeln verursachen. Kaum wahrnehmbares Kitzeln und der Wunsch, die Hand zum Mund zu führen, kommen zusammen und leiten den Bewegungsablauf ein.

Die Bedeutung der Nase hat auch zu Zeichen und körpersprachlichen Botschaften geführt. In England wird mit dem Finger an der Nase Geheimhaltung und Verschwiegenheit signalisiert. In Mittelitalien wird so »sei vorsichtig – es ist gefährlich« ausgedrückt. Beiden gemeinsam ist der Gehalt an List und Schlauheit. In England wird ausgedrückt: Wir sind die Listigen, in Italien: Die anderen sind listig. Beim gleichen Symbol hat sich also nur die Zuordnung verschoben.

Das Festhalten der Nase, das »Sich-an-der-eigenen-Nase-Nehmen« ist ein Symbol der Betroffenheit. Hier wird geprüft, ob die Nase, die scheinbar getrogen hat, noch vorhanden ist. Gleichzeitig wird sie durch mehr oder weniger sanften Druck für den »Betrug« bestraft.

Generell können wir festhalten, daß Nasenberührung bevorzugt in Streßsituationen auftritt, wenn also die Gedanken nicht der äußerlich bewahrten Ruhe entsprechen (s. Abb. 34 und Abb. 35).

Hand – Mund

Die Hand-Mund-Geste zeigt fast immer eine gewisse Beherrschungstendenz. Unbewußt soll etwas vertuscht oder ein Gesichtsausdruck verborgen werden. Informationen werden unterbunden und Worte zurückgehalten. Bei Überraschung und Schreck soll verhindert werden, daß ein Ausruf entschlüpft.

Abb. 34

Dieses Bild zeigt Walter Scheel als Bundespräsidenten am 23. 12. 1974, als er zum Weihnachtsbesuch beim BGS Bodenteich das »Weihnachtsessen« einnahm. Wer die »Qual der Wahl« hat, wer überlegt und im Moment das Ergebnis nicht bereit hat, zeigt diesen seelischen Zustand oft mit Berührungskontakten zwischen Zeigefinger und Nasengegend.

Abb. 35

Als Bundeskanzler Helmut Schmidt und seine Frau am 19. 7. 1974 zur Gartenparty baten, entstand dieses Bild. Hannelore Schmidt zeigt hier die »lange Nase«, generell eine Beleidigungsgeste. Das als Zusatzsignal abgegebene Lächeln jedoch läßt diese lange Nase zu einer eher kameradschaftlichen Geste werden.

»Den Mund halten« und »die Lippen versiegeln« sind sprachliche Umsetzungen dieses Verhaltens. Neben diesen Verschlußhaltungen ist die Mundberührung auch ein Symbol für die Suche nach Zärtlichkeit. Dies wird besonders dadurch ausgedrückt, daß die Knöchel oder Finger in Lippenkontakt treten.

Finger in den Mund stecken

Ein Kleinkind nimmt alle erreichbaren Gegenstände zur Geschmacksdiagnose in den Mund. Mit zunehmender Reife werden alle Aufgaben, die nicht zum Schmecken gehören, von anderen Sinnesorganen übernommen. Bei verwirrenden Reizen will jedoch auch der Erwachsene noch immer zusätzlich den Geschmackssinn um Rat fragen. Steckt er dazu den Finger in den Mund oder legt er diesen in unfertiger Ausführung der Geste an den Mundwinkel, erleben wir einen Rückfall auf die Stufe der frühen Kindheit. Auch wenn Kugelschreiber, Bleistifte, Brillenbügel o. a. in den Mund genommen werden, ist diese Bedeutung anzunehmen.

Ist derartiges Verhalten häufig gegeben, kann gefolgert werden, daß eine Abgrenzung der Sinnesorgane noch nicht vollständig entwickelt ist. Grundsätzlich fehlt dann die Intention zur Reizverarbeitung. Dies ist nur dann nicht anzunehmen, wenn zusätzliche Konzentrationssymptome vorhanden sind.

Überraschung, Verwirrung, Staunen, Begriffstutzigkeit, Naivität, diffuse Hingegebenheit an Außenreize bzw. an Vorstellungen finden so Ausdruck. Der sich so Verhaltende erwartet, daß sich die Sachlage von selbst klärt.

Wird der ausgestreckte Zeigefinger an den Lippenrand gelegt, soll unbewußt der Tast- und/oder Geschmackssinn zu Hilfe genommen werden. Diese Andeutung zeigt: Hilfesuchen, Unsicherheit und Hilflosigkeit.

Werden ein oder mehrere Finger über den Mund gelegt, wird der Mund verriegelt. Entsprechend der Anzahl der Finger und der Spannung, mit der der Verschluß vorgenommen wird, ist der Verschluß schwächer oder stärker gemeint. Bei stärkerem Druck, mehreren Fingern und Überdecken des Mundes bis zur Nasenspitze soll ein Ausruf der Überraschung verhindert werden. Dieser Impuls der Selbstbeherrschung ist sowohl bei jungen Menschen als auch bei sich naiv gebenden Frauen relativ oft zu beobachten (s. Abb. 36).

Abb. 36
Der Zeigefinger verriegelt den Mund dieses Mannes, damit nicht das, was die gefährlich blickenden Augen signalisieren, dem Mund entschlüpft.

Hand – Augen

Werden die Augen zugehalten, wird die Aufnahme unangenehmer Reize verhindert. Weiterentwickelt stellt dieses Verhalten auch eine Scheinablehnung zum Zwecke der Koketterie dar. Die Hände vor die Augen (vors Gesicht) schlagen ist also Ausdruck von Unlust, Schmerz, aber auch von Primitivität. Werden die Augen (oder Ohren) gerieben, kann dies Antwort auf einen Juckreiz sein. Aber auch der Ausdruck geringfügigen Unbehagens äußert sich so. Die Schuld für das Versagen wird dem Sinnesorgan zugeschoben. Ähnlich wie der Tennisspieler, der nach einem schlecht geschlagenen Ball bestrafend oder prüfend seinen Schläger betrachtet.

Wir können folgern, daß das Reiben der Augen oder Ohren Unbehagen, Ärger oder leichte Befangenheit ausdrückt.

Wird mit dem Zeigefinger das untere Lid nach unten gezogen, dient dies einer Vergrößerung des Auges. In England bedeutet dies: »Du kannst mich nicht täuschen.« In Italien: »Paß auf, er ist ein Ganove.« Beiden gemeinsam ist die Wachsamkeit, die durch die symbolische Vergrößerung des Auges gezeigt werden soll.

Auch als Kompliment kann dieser Gestus verstanden werden. Dann wird in der entsprechenden Situation ausgedrückt, daß jemand eine »Augenweide« sei.

Hand – Stirn

Wir unterscheiden verschiedene Ausführungen:

Die Hand wird seitlich an die Stirn gelegt, der ausgestreckte Zeigefinger berührt die Schläfe.

Die Hand rahmt entlang dem Haaransatz die Stirn ein, die Hand streicht über die Stirn.

Wird die Hand seitlich an die Stirn gelegt, soll eine Abschirmung von ungewollten Reizen erreicht werden. So wird diese Geste zum Ausdruck von Konzentration.

Der die Schläfe berührende ausgestreckte Zeigefinger ist das Zeichen für »du hast einen Vogel« oder »bei dir ist eine Schraube locker«. Im ersten Fall wird die Zeigefingerspitze leicht an die Schläfe getippt, während im zweiten Fall der Zeigefinger drehende (die Schraube symbolisierende) Bewegungen ausführt. In beiden Ausführungen handelt es sich um eine Beleidigungsgeste.

Rahmt die Hand die Stirn, einem Mützenschild gleich, ein, wird damit eine Abschirmung erreicht. Der Wunsch, sich zu konzentrieren und unerwünschte, störende Reize abzuhalten, begründet dieses Verhalten.

Mit dem Streichen der Hand über die Stirn sollen lästige Gedanken oder Vorstellungen verscheucht werden. Diese Wischbewegung dient dann gleichzeitig zum Glätten der Stirnfalten (s. Abb. 37).

7. Hand-Hand-Gesten

Sich selbst die Hand halten ist meist die unbewußte Nachahmung von Berührungen durch andere Menschen. Berühren wir unseren eigenen Körper, bringt uns dies immer ein gewisses Gefühl an Sicherheit und Geborgenheit. In Spannungsmomenten neigen wir dazu, uns selbst die Hand zu halten, indem wir die Hände falten, ineinanderlegen oder mit einer Hand die andere umfassen. Die mit beiden in Kontakt befindlichen Händen ausgeführten Bewegungen lassen weitere Schlüsse zu.

»Händeringend« besagt den verzweifelten, eben händeringenden Versuch, eine Lösung zu finden. Spielen die Hände miteinander, so kann dies in Nervosität, Erregung, Befangenheit oder Verwirrung und Verlegenheit begründet sein.

Posenhaft eingesetzt, lassen sie einen Mangel an Höflichkeit erkennen. Sind die Bewegungen spannungsarm und gelassen, im Tempo rhythmisch, kann dies Überlegenheit und nur periphere Aufmerksamkeit erkennen lassen.

Das Reiben der Hände kann entsprechend der innewohnenden Spannung der Lockerung der Muskeln oder als Tastfunktion ausgeführt werden. Vor Freude die Hände reiben ist abgeleitet aus dem Sich-die-Hand-Geben, dem Sich-selbst-Beglückwünschen. Möglicherweise ist auch der Wunsch, sich zu erwärmen, durch Händereiben warme Hände zu bekommen, enthalten. Die so gezeigte Hingabe an angenehme Vorstellungen und die Selbstzufriedenheit gehen dann Hand in Hand mit dem Wunsch nach Wärme und Entspannung (s. Abb. 38).

Abb. 37

Dieses Bild zeigt Willy Brandt als Bundeskanzler in seinem Arbeitszimmer im Bonner Kanzleramt am 29. 11. 1971. Die den seitlichen Kopf berührenden Finger haben sowohl die Funktion der Stütze als auch die Funktion des Abschirmens. Nachdenkliche Konzentration wird so signalisiert.

Abb. 38

Leonid Breschnew und Wladyslaw Gomulka zeigen auf diesem Bild vom 11. 11. 1968 anläßlich der Eröffnung des 5. Parteitags der polnischen KP Hand-Hand-Gesten. Wladislaw Gomulka scheint sich vor Freude (Mimik) die Hände zu reiben, während Leonid Breschnew, die Hände locker ineinandergelegt, eher abwartendes Verhalten zeigt.

Kapitel 11
Berührungskontakte mit dem eigenen Körper

Wer seinen eigenen Körper berührt, möchte entweder so von anderen berührt werden oder so andere berühren. Die häufigste Interpretation der Berührungskontakte mit dem eigenen Körper ist der Wunsch nach Schutz, Pflege und Zärtlichkeit. Oft wird eine einmal als angenehm empfundene Berührung durch andere Menschen nachgeahmt. Die eigenen Arme sind dann Ersatz für die Arme der Eltern oder eines anderen geliebten Menschen. Weniger häufig sind Selbstbestrafungs-Kontakte zu beobachten. Daß sich jemand selbst auf die Finger schlägt, sich einen Stoß versetzt oder einen Klaps gibt, läßt erkennen, daß er die Rolle seiner Eltern annimmt und das Kind in sich bestraft. Bei den meisten Berührungskontakten mit unserem Körper verhalten und empfinden wir so, als wären wir zwei Menschen. Einer, der tröstet, streichelt oder bestraft, und einer, der getröstet, gestreichelt oder bestraft wird. Derartige Körpersprache ist eine Art körpersprachliches Selbstgespräch. Wie die Selbstgespräche sind auch Berührungskontakte mit dem eigenen Körper vorwiegend bei sich einsam fühlenden Menschen zu beobachten.

Bestimmte Berührungskontakte, z. B. das Umarmen der eigenen, angezogenen Beine im Sitzen, sind bei Männern wesentlich seltener zu beobachten als bei Frauen. Der Grund dürfte sein, daß sich darin das Kindheitsverhalten stärker ausdrückt.

Sich die Hand halten, sich umarmen, sich im Gesicht berühren oder streicheln u. a. sind Berührungskontakte mit dem eigenen Körper, die von der Umwelt toleriert werden.

Anders verhält es sich mit Berührungskontakten, die eindeutig in sexuelle Bereiche hineinreichen. Die Masturbation, ebenfalls eine Art des Berührungskontaktes, wird weniger toleriert. Hier geht ein, daß derjenige, der diesen Berührungskontakt ausübt, nicht in der Lage ist, einen Partner zu finden oder ihn nicht finden will. Diese Schwäche wird angelastet und deshalb die Masturbation verdammt. Viele Unwahrheiten sind über diese Art des Berührungskontaktes verbreitet worden. Vom Krankwerden bis zum Irrsein wurden schwärzeste Strafen ausgemalt. Tatsache ist, daß Masturbation als Ventil für Triebspannungen völlig unschädlich ist. Gesellschaftliche Normen haben in vielen Menschen schlechtes Gewissen, Selbstvorwürfe und Ängste erzeugt und durch derartige Spannungen Krankheiten und geistige Schädigungen entstehen lassen. An nicht eindeutig dem sexuellen Bereich zuordbaren Berührungskontakten stören wir uns wenig. Diese praktizieren und tolerieren wir ständig. Nur die dem »verteufelten« sexuellen Bereich zugeordneten Berührungskontakte lösen in uns moralische Bedenken aus.

Vor der Brust gekreuzte Arme

Das Kreuzen der Arme ist ein einwärts gerichteter Bewegungsablauf. Daraus erhält er die Bedeutung der Isolierung. Arme und Hände fesseln sich selbst, so daß in diesem Rückzugsverhalten auch Inaktivität enthalten ist. Bei diesem Verhalten enthält sich der Betreffende des Handelns – er wartet ab. Dieses Verhalten gehört zu den selbstentdeckten oder übernommenen Verhaltensmustern. Es symbolisiert die Wehrlosmachung und damit auch eine gewisse Unterwerfung, bei der lediglich Schutzbedürfnis ausgedrückt wird. Bei manchen Völkern ist dieses Verhaltensmuster Teil der Unterwerfung oder ehrerbietiger Unterordnung, hat also konventionelle Bedeutung.

Wichtig ist auch hier, mit welcher Spannung die Arme gekreuzt sind. Sind diese gespannt, kann daraus beherrschtes Sich-Zurückhalten, also daß dieses Verhalten abgenötigt wurde, geschlossen werden. Entspanntes Kreuzen der Arme wirkt eher beschaulich und entspringt einem Prozeß der eigenen Entscheidung.

Bei Verbindung mit zurückgeworfenem Kopf (Überlegenheitssymbol), Blick nach oben und heruntergezogenen Mundwinkeln ergibt sich die Botschaft der Herausforderung. Dann bedeutet die Selbstfesselung: »Ich selbst gehe von einer ungünstigeren Position aus, weil ich mich überlegen fühle, ich habe es gar nicht nötig, Kampfstellung einzunehmen.«

Als Pose ist diese Stellung bei denjenigen zu beobachten, die ihr Selbstgefühl steigern und dadurch andere beeindrucken wollen.

In dieser Haltung ist man nicht gesonnen, sich handelnd zu betätigen. Der optische und geistige Kontakt kann aber trotzdem voll erhalten sein.

Teilweise wird so auch eine Selbstumarmung angedeutet, wenn die Handrücken auf beiden Armen außen liegen oder wenn die Handflächen unmittelbaren Kontakt zum Oberkörper suchen.

Kulturelle Unterschiede in der Ausführung dieses Verhaltensmusters sind kaum feststellbar. Unterschiede bestehen nur in der Art der individuellen Ausführung. Probieren Sie selbst einmal, die Arme bewußt anders, als Sie dies automatisch tun, zu kreuzen. Sie werden ein unangenehmes, unsicheres Gefühl empfinden, weil Sie dabei gegen Ihre gewohnten, automatischen Handlungsabläufe verstoßen. Bei starker Spannung und starker Überkreuzung der Arme ist der Wunsch der Isolierung besonders stark sichtbar. »Ich will nicht mit dir kommunizieren«, sagen so gehaltene Arme; aber auch: »Ich bin gehemmt, ich bekomme nicht, was ich brauche, ich bin eingeschlossen und eingesperrt.« Dann können so gehaltene Arme eine stille Aufforderung zum »Entblättern« aussprechen.

Als Barriere-Signal wird die Arm-Kreuzhaltung nicht immer ganz ausgeführt. Es genügt dabei oft, mit der einen Hand den anderen Arm, Manschettenknopf oder die in der anderen Hand befindliche Tasche zu berühren.

Daß derartiges Kreuzen der Arme ein Schutzsignal ist, beobachtete ich in vielen Seminaren und Situationen. Selten kreuzt der sozial Höherstehende in Begrüßungssituationen die Arme, oft tut dies aber der Untergebene.

Auch in sitzender Stellung ist das Armkreuzen zu beobachten. Steht ein Tisch zur Verfügung, werden die Arme oft auf dem Tisch gekreuzt. Die Bedeutung ändert sich dadurch jedoch nicht. Scheue Menschen, die gleichzeitig befürchten, ein vollständiger Verschluß könnte negativ rückwirken, haben ganze Paletten von Kreuz-Haltungen entwickelt.

Vom Überkreuzen der Hände im Schoß – zum Schutz des Genitalbereichs – bis zum Sich-selbst-an-den-Schultern-Halten reicht die Palette.

Die Form der Selbstumarmung wird auch bei Kälte eingenommen. Auch hier zeigt sich der Wunsch nach Schutz und Wärme. Daß bei Frauen derartiges Verhalten häufiger zu beobachten ist als bei Männern, hat seinen Grund darin, daß Frauen enger an die Kindheitsphase gebunden sind als Männer (s. Abb. 39).

Abb. 39

Mehrere Barrieresignale sind auf diesem Bild vom 29. 3. 1976 zu sehen. Es wurde aufgenommen, als der ägyptische Staatspräsident Anwar El Sadat am 29. 3. 1976 zu einem fünftägigen Staatsbesuch in der Bundesrepublik eintraf. Vor dem Essen stellten sich Ex-Bundespräsident Walter Scheel, der ägyptische Präsident Anwar El Sadat, Frau Mildred Scheel und Frau Jehan Sadat den Fotografen.

Arme in die Hüfte stützen

So, wie die ausgepolsterten Schulterteile von (Uniform-)Jacken dazu dienen, die Schulterpartie zu verbreitern, um eine breitere Wirkung – eine Wirkung von mehr Kraft und Macht – zu demonstrieren, dienen auch die in die Hüften gestützten Hände bei nach außen gewinkelten Ellbogen einer verbreiternden Wirkung.

Oft sind auch die Beine gespreizt, so daß der Wunsch nach Festigung, sich in einen stabilen Zustand zu bringen, der Motivator derartiger Haltungen sein dürfte.

Gleichzeitig sind die in die Hüfte gestemmten Hände nicht verwendungsbereit. Der so Stehende glaubt, diese nicht zu benötigen. Er meint, seine Ausdehnung würde genügend einschüchtern. Mehr Platz als notwendig oder zustehend zu beanspruchen, Ausdehnungsverhalten und innewohnende Spannung lassen erkennen, daß eine derartige Ausdehnung in nichtfreundlicher Absicht erfolgt.

Diese Haltung wird besonders von Kecken, Herausfordernden eingenommen, die den Wunsch, einen überlegenen (breiteren) Eindruck zu machen, so darstellen.

Oft wird so Rollenautorität dargestellt. Denken wir dabei an die Haltung des »Spieß« vor der Kompanie.

Arme und Hände eng an den Leib gepreßt

»Ich will meine Arme und Hände nicht gebrauchen, ich unterwerfe mich, ich bin artig«, sagt diese Haltung. Wo Unterwerfung und Artigkeit erwartet werden, wird diese Haltung gefordert. Bei der Wehrmacht stehen einfache Soldaten »stramm«, während der Vorgesetzte bequeme Haltung einnehmen oder sogar die Hände in die Hüften stützen darf. Derartiges Verhalten zeigt aber nicht Isolierung schlechthin, sondern nur Isolierung in bezug auf die Bedeutung der Arme und Hände.

Diese Haltung dient der Verkleinerung der Angriffsfläche, dem Sich-schmaler-Machen. Erwartete Angriffe, auch verbale Äußerungen, sollen nicht treffen, sondern vorbeifließen. Willentlich ausgeführt, handelt es sich oft um eine Pose, die der konfrontierten Situation entspricht. Unwillentlich ist der einengende Charakter wesentlich deutlicher, zumal dann meist weitere einwärts gerichtete Bewegungen – gesenkter Kopf, eingefallene Brust – gleichzeitig vorhanden sind.

Kapitel 12
Beine und Füße

Glauben wird der Physiognomik, dann sind aus der Form und den Proportionen der Beine und Füße Rückschlüsse auf den Charakter möglich. Tatsächlich sind die Beine von Mann und Frau sehr unterschiedlich geformt. Die muskulösen Beine des Mannes sind Erbteil aus einer Zeit, in der der Mann als Jäger Beute erlegte, während die Frau Heim und Herd hütete. Ein Erbteil also, das bei der heute fast gleichen Tätigkeit von Mann und Frau fast sinnlos geworden ist. Der Physiognomik zufolge sollen bedeuten:

lange Oberschenkel	starke Individualität, ausgeprägte Eigenpersönlichkeit,
schlanke, knochige Oberschenkel	energisches Auftreten, männliche Art, Selbstbehauptung bis Rücksichtslosigkeit,
weiche, fleischige, dicke Oberschenkel	feminines Wesen, Weiblichkeit,
lange und dünne Unterschenkel	rein persönlicher Charakter schwach ausgeprägt, wenig Selbständigkeit und Wille, sich durchzusetzen,
Unterschenkel länger als der Oberschenkel	wenig ausgeprägte Individualität, Neigung, auf Herdenniveau abzusinken, wenn Umstände für Entwicklung ungünstig,
X-Beine	bei Frauen bis zu einem gewissen Grad naturbedingt, sofern diese Form nicht durch rachitische oder tuberkulöse Knochenveränderungen bedingt ist. Beim Mann – fast immer ein Zeichen für Nachgiebigkeit, Weichlichkeit und oft feminines Verhalten.

Besonders bei Frauen

kurze Beine	Neigung dazu, Eigensinn mit Willensstärke und Starrköpfigkeit mit Energie zu verwechseln,
Beine mit runden Waden	anschmiegsam und angriffslustig, schwankender Charakter,
schlanke Beine	lebhafter Charakter, häufig scharfsinniger Geist, Widerstandskraft gegen Krankheiten, Neigung zu Nervosität,
dünne Beine	oft Schwierigkeiten, mit der Umwelt in gutem Einvernehmen zu leben, Neigung zum Kränkeln,
sehr lange Beine	Ehrgeiz,
dicke, zu starke Beine	rauh im Umgang mit Personen der nächsten Umgebung, herrschsüchtig

Auch aus der Form der Knie sollen Schlüsse möglich sein:

runde Knie	weich bis weichlich, empfindsam bis zu hochgradiger Sensibilität,
spitze Knie	reizbar bis hysterisch, nervöse Reaktionen bis zu überspannter Angriffslust,
breite, viereckige Knie	widerstandsfähige, männlich-harte Persönlichkeit

Auch die vergleichende Menschenkunde gibt zu bedenken, daß niemals nur ein Merkmal für eine Beurteilung herangezogen werden darf. Erst im Gesamtmosaik aller Einzelheiten und deren mögliche Bedeutung darf eine Einschätzung vorgenommen werden. Daß sich Haltungen, Verhalten und Spannungen auf die Muskulatur des Körpers und der Körperteile auswirken, haben wir bei der Besprechung des Gesichtsausdrucks erfahren. Es scheint gar nicht so abwegig, daß auch die Körperteile durch seelische Vorgänge muskulöser oder schwächer ausgebildet und geformt werden.

Wir wissen, daß die Haltung dem jeweiligen seelischen Zustand des Menschen entspricht.

Ändert sich die Einstellung, ändern sich auch die Haltung und die Art des Gehens. Ein französischer Schuhmacher, Jean-Baptiste de Andreis, und ein italienischer Kollege, Salvatore Ferragamo aus Florenz, schlossen aus der Art, wie Schuhsohlen abgelaufen werden:

– Auf der ganzen Breite abgelaufen: Leisetreter
– Nur Innenseite abgelaufen: geizig
– Außenseite abgelaufen: verschwenderisch
– Absätze hinten abgelaufen: eigensinnig, rechthaberisch

Wenn wir bedenken, daß der mehr auf den Fußspitzen gehende Mensch, der sich anschleichende, die Sohlen eher auf der ganzen Breite abläuft, daß der breitbeinig stolzierende die Sohlen mehr an den Außenseiten benutzt und daß derjenige, der fest und sicher auftritt, mehr die Absätze strapaziert, scheint diese Erklärung gar nicht so abwegig.

Stehen auf beiden Füßen mit gleichmäßig verteiltem Gewicht

So stehen wir auf einer schwankenden Unterlage, wenn es Schwierigkeiten bereitet, das Gleichgewicht zu halten. Diese Analogie übernehmen wir dann, wenn unser psychisches Gleichgewicht bedroht ist und wenn wir unseren Standpunkt behaupten wollen.

Die Bedrohung kann von außen (Publikum) oder von innen (Minderwertigkeitsgefühle) erlebt werden. Sind die Knie bei dieser Art des Stehens durchgedrückt, kommt aus der eingesetzten Spannung statt der Beharrung – Starrheit, statt der Selbstbehauptung – Starrsinn zum Ausdruck. In derartigem Stehen äußert sich der Selbstbehauptungswille. Gleichzeitig entsteht aber auch ein Mangel an Wendigkeit. Worte wie »bodenverwurzelt«, »standfest« und »standhaft« zeigen, daß wir sicheres Stehen positiv werten. Sicheres Stehen zeigt sich im Mittelmaß zwischen breitbeinig und eng. Die Beine und Füße bilden dabei von der Hüfte abwärts eine Linie. So stehen die Füße in einem Abstand von 10–20 cm. Das Körpergewicht ist gleichmäßig auf beide Füße verteilt. In dieser Haltung stehen wir »mit beiden Beinen im Leben«.

Werden die Füße eng aneinandergestellt, drückt dies Unterwürfigkeit und Furcht aus. Das Ziel, sich schmäler zu machen, wird zwar so erreicht, aber gleichzeitig wird auch der »Standpunkt« schwächer. Der so Stehende »wankt« leichter »wie ein Rohr im Wind«.

Wird das Gewicht jeweils von einem Bein getragen, kann zwar das andere Bein ausruhen, aber der dann notwendige häufigere Standbeinwechsel führt zu schnellerer Ermüdung.

Hinzu kommt, daß bei nur einem Standbein der Eindruck eines Provisoriums entsteht.

Standbein-Spielbein-Stellung

Die aufrechte Haltung, das Stehenkönnen auf 2 Beinen, das das menschliche Leben so entscheidend prägt, ist viel anstrengender als das Gehen und Stehen auf vier Beinen. Es wird uns gar nicht mehr bewußt, wie viele Einzelheiten koordiniert werden müssen, damit wir sicher und ruhig stehen können. Schon beim Aufstehen und auch beim Gehen müssen viele Muskeln koordiniert werden, damit das Gleichgewicht hergestellt wird und erhalten bleibt. Dies wird uns deutlich, wenn wir die ersten Aufsteh- und Gehversuche eines Kleinkindes beobachten.

Die Standbein-Spielbein-Stellung ist wegen ihrer Doppeldeutigkeit problematisch.

Spannungslos ausgeführt, das Spielbein nur leicht eingeknickt, besagt diese Stellung freies, ungebundenes Zuwenden an die Umwelt. Die psychische Wendigkeit ist dann Grund für häufigeren Stellungswechsel. Ohne Bedrohtheitsgefühl steht man so selbstsicher in der Situation.

Mit Spannung ausgeführt, oder bei unkontrolliert nervösem Wechsel wird der Eindruck der inneren Unruhe ausgelöst. Der Betrachter hat das Gefühl, daß ein geringer Selbstbehauptungswille nicht wagt, einen »festen Standpunkt zu vertreten«, oder daß ein fester Standpunkt nicht vorhanden ist.

In spannungsarmer Ausführung ist die Standbein-Spielbein-Stellung oft bei ängstlich-unsicheren Rednern zu beobachten.

Wippendes Stehen

Um wippen zu können, muß zunächst Aktionsspannung aufgebaut werden. Demnach ist Wippen eine Aktivität, die, meist aus stärkeren Antrieben resultierend, mit mehr oder weniger Spannung ausgeführt, zu einer Vergrößerung des stehenden Menschen führt. Das Gewicht wird auf die Fußballen verlagert. Die Ferse hebt vom Boden ab.

Diese Aktivität ist entweder die Vorbereitung einer aktiven Bewegung (eines Schrittes) nach vorn, um im aggressiven Sinne auf die Umwelt zuzugehen, oder sie dient einer Vergrößerung der Person. Wahrscheinlich dürfte das Wippen, das ja nachfolgend nicht ein aktives Zugehen auf den anderen folgen läßt, eher der angesprochenen Vergrößerung, dem Sich-Überheben (Überheblichkeit) dienen.

So interpretiert, zählt dieses Wippen auch zu den Drohgebärden. Die größer werdende Person will Kraft und Macht demonstrieren und den dann Verkleinerten einschüchtern.

Zuwendung des Oberkörpers

Der Oberkörper kann drehend oder neigend zu- oder abgewendet werden. Die in der Bewegung sichtbare Spannung und die Schnelligkeit der Ausführung zeigen die individuelle Bedeutung. Wird der Oberkörper zugewendet, bedeutet dies Interesse, Furchtlosigkeit und Aufgeschlossenheit.

Wird der Oberkörper abgewendet, kann daraus Desinteresse, Weggehenwollen und Abwendung gefolgert werden. Mit Spannung ausgeführt, kann dieses Abwenden eine Flucht einleiten oder ein Ausweichmanöver sein.

Zu- und Abwendungsverhalten des Oberkörpers, Zuneigung und Rückzug können durch viele zusätzliche Signale in der individuellen Bedeutung verändert werden.

Zuwendung bei   Abwendung des Kopfes
                              Abwendung der Arme bzw. Hände
                              Abwendung des übergeschlagenen Beines
                              Abwendung der Beine bzw. Füße

Abwendung bei	Zuwendung des Kopfes
	Zuwendung der Arme bzw. Hände
	Zuwendung des übergeschlagenen Beines
	Zuwendung der Beine bzw. Füße
Neigung nach	Rückzug des Kopfes
vorn bei	Rückzug der Arme bzw. Hände
	Rückzug der Beine und Füße
	Abwendung des Oberkörpers bzw. der Gliedmaßen
Rückzug	Vorschieben des Kopfes
(Neigung	Vorschieben der Arme bzw. Hände
nach hinten) bei	Vorstellen der Beine bzw. Füße
	Zuwendung des Oberkörpers bzw. der Gliedmaßen

In diesen Fällen, in denen wir gemischtes Verhalten antreffen, bei dem die einzelnen Bewegungen sich widersprechen, sprechen wir von ambivalentem, doppeldeutigem Verhalten. Grundsätzlich gilt, daß derjenige Körperteil, der am weitesten vom Kopf entfernt ist, am ehesten die wirklichen Gefühle ausdrückt. Dies ist daraus zu verstehen, daß wir die Körperteile, die häufiger der Beobachtung – auch der eigenen Kontrolle – ausgesetzt sind, eher beachten und kontrollieren, während die seltener zur Beobachtung stehenden, kopffernen Körperteile weniger kontrolliert werden können.

Doppeldeutiges Verhalten drückt immer aus, daß zwei sich widersprechende Gefühlsrichtungen an der Auslösung beteiligt waren.

Furcht und Interesse	– jemand nimmt die Hände auf den Rücken, beugt sich aber gleichzeitig vor, um z. B. ein »gefährliches« Tier besser beobachten zu können.
Mißachtung und Interesse	– jemand wendet seinen Oberkörper ab und das Gesicht zu, um die Wirkung dieses Abwendens zu sehen. Dieser Vorgang ist auch als »Schneiden« bekannt.
Angriff und Furcht	– jemand beugt den Oberkörper weit nach vorn, zieht aber gleichzeitig die Beine und Füße weit zurück (sitzend). Eine Ausnahme besteht dann, wenn die Füße nur so weit zurückgezogen werden, daß ein schnelles Aufstehen möglich wird (»auf dem Sprung sitzen«).

1. Fortbewegung

Lebewesen, die ihre Nahrung nicht aus dem Boden oder dem unmittelbar umgebenden Medium beziehen können, entwickelten Möglichkeiten der Fortbewegung. Artentsprechend haben sich so eine Vielzahl von Fortbewegungsmöglichkeiten entwickelt. Schwimmen, Kriechen, Laufen u. a.

Nur der Mensch war in der Lage, sich für seine Fortbewegung Hilfsmittel zu schaffen. Er konstruierte das Fahrrad, das Auto, die Eisenbahn und Flugzeuge. Diese Hilfsmittel dienen der Überwindung größerer Strecken. Für das Zurücklegen kleinerer Entfernungen ist der Mensch auch heute noch auf seine körperlichen Fähigkeiten angewiesen. Entsprechend Ziel und Zweck der Fortbewegung setzt der Mensch unterschiedliche Arten der Fortbewegung ein.

Wie wir beim Kleinkind beobachten können, spielt aber auch die individuell entwickelte Fähigkeit für die Fortbewegung eine Rolle. Um sich einem Ziel zu nähern, robbt das Kleinkind. Einen weiteren Einsatz, eine bewußte Anwendung dieser Art der Fortbewegung beobachten wir auch beim Erwachsenen. Er robbt dann, wenn er aus Gründen des Nicht-gesehen-Werdens nahe am Erdboden bleiben will. Entwickelt sich das Kleinkind weiter, lernt es eine weitere Art der Fortbewegung, das Krabbeln. Ab dem zehnten Lebensmonat ist dieses Verhalten im allgemeinen zu beobachten. Diese für Landtiere typische Art der Vorwärtsbewegung auf vier Beinen ist für uns wegen der ungleich längeren Beine (Hinterbeine) sehr schwierig. Das ist der Grund dafür, daß wir nicht auf Füßen und Händen, sondern auf Knien und Ellbogen krabbeln. Entwächst das Kind dem Krabbelalter, beginnt es den aufrechten Gang zu üben. Die zunächst unregelmäßige und zögernde Art der aufrechten Fortbewegung wird als »staksen« bezeichnet. Krabbeln wird jetzt und später nur verwendet, wenn Hindernisse ein Krabbeln notwendig machen.

Ab etwa dem 12. Lebensmonat kann das Kind, zunächst an der Hand von Erwachsenen oder wenn es sich an Gegenständen festhalten kann, staksen. Ab dem 15. Lebensmonat etwa, wenn die Beine kräftiger geworden sind, kann sich das Kind selbst auf seinen Beinen halten und entwickelt langsam das Gehen. Die tapsende und staksende Art der Vorwärtsbewegung erleben wir in späterem Alter nur bei Kranken und Menschen, deren Bewegungsabläufe eine systematische, kontrollierte Vorwärtsbewegung unmöglich machen.

Das Gehen ist ein so komplizierter Vorgang, daß bis heute nicht genau bekannt ist, welche Muskeln wie zusammenspielen.

Der Ablauf des Gehens läßt sich wie folgt beschreiben:

- der Fuß wird angehoben und nach vorne bewegt;
- der nach vorne bewegte Fuß setzt mit der Ferse auf, beim anderen Fuß hebt die Ferse ab. Das Gewicht verlagert sich auf den Ballen;
- gleichzeitig kippt der zuerst abgehobene und mit der Ferse aufgesetzte Fuß nach vorn und rollt zum Ballen hin ab;
- erst jetzt wird der zweite Fuß abgehoben, und gleichzeitig rollt der erste Fuß von der Ferse auf den Ballen.

So sind beim Gehen immer einer bis beide Füße am Boden. Dies unterscheidet das Gehen vom Rennen.

Wie sich jemand vorwärts bewegt, hängt davon ab, welches Ziel er wie schnell anstrebt. So beobachten wir weitere Arten der Vorwärtsbewegung. Das Schlendern ist eine Art des langsamen Gehens, bei der ein bestimmtes Ziel nicht angestrebt wird. Die Geschwindigkeit beim Schlendern entspricht normalerweise etwa einem Schritt pro Sekunde, während beim Gehen zwei Schritte pro Sekunde zurückgelegt werden. Wer schlendert, bewegt sich aus Freude an der Fortbewegung und kann so als gesellige Gangart bezeichnet werden.

Ein mehr unlustbetontes Fortbewegen ist das Schlurfen. Das Tempo ist sehr langsam, Motivation ist das vorsichtige, mit mehr Bodenkontakt abgesicherte Verhaltenwollen. Wer es sehr eilig hat, aber nicht laufen oder rennen will, hastet. Dabei wird nicht die Schrittzahl, sondern die Schrittlänge vergrößert.

Wollen wir ein Ziel schneller erreichen, beginnen wir zu laufen oder zu rennen. Jetzt berührt immer nur ein Fuß den Boden, so daß wir uns mehr in der Luft als am Boden befinden. Die Schrittlänge verlängert sich. Die Berührung des Fußes mit dem Boden findet jetzt nicht mehr vor dem Körper, sondern unmittelbar unter dem Körper statt. Auch dadurch, daß jetzt statt mit der Ferse mit dem Ballen aufgesetzt wird, erreicht der Rennende einen größeren Vorschub. Da der zivilisierte Mensch seine Beute nicht mehr durch Hinterherrennen erlegen muß, ist diese Fähigkeit der Fortbewegung weitgehend verkümmert. Schon nach kurzer Wegstrecke kommt der Rennende außer Atem. Trainierte Sportler können in dieser Gangart jedoch große Strecken zurücklegen. Nonstopläufe über Distanzen von 200 Kilometer mit einer Geschwindigkeit von mehr als 8 Kilometer pro Stunde sind in Rekordlisten aufgeführt. Eine Art der Fortbewegung, die schneller ist als das Gehen, aber langsamer als das Rennen und längere Zeit durchgehalten werden kann, ist das Traben. Hierbei ist ein Kompromiß zwischen dem anspannenden Hasten und dem ermüdenden Rennen geschlossen. Soll ein Ziel so schnell als möglich erreicht werden, setzen wir die Füße nur noch mit den Zehen auf und stoßen uns sofort wieder ab, wir sprinten. Bei einer Zeit von 10 sec für 100 Meter liegt das Stundenmittel bei 36 km/h.

Auch bei einer weiteren Fortbewegungsart, dem Gehen auf Zehenspitzen, setzen wir nur mit den Zehenspitzen und dem Ballen auf dem Boden auf. Allerdings bewegen wir uns wesentlich langsamer vorwärts. Warum benutzen wir diese Art der Fortbewegung, wenn nicht zum schnelleren Erreichen des Zieles? Dadurch, daß wir nur mit den Zehenspitzen und dem Ballen aufsetzen, haben wir zwei Vorteile:

1. Wir können uns so sehr leise bewegen, um etwa jemanden oder etwas anzuschleichen.

2. Wir können sehr schnell von dieser Gangart in den Sprint wechseln, um jemand oder etwas zu verfolgen.

Nicht Anschleichen und schnelle Fortbewegung, sondern dominierendes, lautes und respektheischendes Auftreten ist die Motivation für das Marschieren. Die größere Schrittlänge und die dadurch bei der relativ kleinen Geschwindigkeit auftretenden

Gleichgewichtsprobleme gleichen wir durch entsprechendes Pendeln der Arme aus. Da beim Marschieren somit der ganze Körper in Bewegung ist und ein harmonischer Ablauf erreicht werden kann, ergibt sich eine Gangart, mit der wir relativ ermüdungsfrei auch weite Strecken zurücklegen können. Jedem von uns wird schon aufgefallen sein, daß Fortbewegung in Mengen mit dem dort notwendigen ständigen Ausweichen und dem Wechsel in Geschwindigkeit und Art des Gehens weit mehr ermüdet als forsches Marschieren. Aus dem Marschieren wurde, um noch größere Schritte anzudeuten, um zu zeigen, »wir sind noch schneller«, der Stechschritt entwickelt. Imponieren wollen ist also die Motivation. Einen wirklichen Sinn besitzt dieser Stechschritt nicht.

Hüpfen und Springen sind weitere Möglichkeiten, Entfernungen zurückzulegen und gleichzeitig Hindernisse zu überwinden. Die hüpfende Art der Fortbewegung ist dem Menschen normalerweise nicht eigen. Lediglich bei Verletzungen eines Beines bekommt diese Gangart einen Sinn, da sie es ermöglicht, auch auf einem Bein noch vorwärts zu kommen. Das Springen dient dem Überwinden von Hindernissen. Meist springen wir mit Anlauf über Hindernisse, können diese aber auch aus dem Stand überwinden. Ob mit Anlauf oder aus dem Stand, ist abhängig von der Situation, Höhe und Breite des Hindernisses.

Hindernisse zu überwinden ist auch der Sinn einer weiteren Art des Fortbewegens, dem Klettern. Hier kommen uns die Hände ideal zu Hilfe. Mit diesen können wir uns, während die Füße einen sicheren Stand haben, nach oben ziehen. Beim Hinabklettern können wir uns mit den Händen festhalten und mit den Füßen einen Standpunkt ertasten. Wahrscheinlich war in früheren Zeiten Klettern eine wichtige Fähigkeit des Menschen. Wir brauchen uns also nicht zu wundern, wenn Kindern diese Art der Fortbewegung besonders gern üben und Bäume eine fast magische Anziehung ausüben.

Um über dem Boden eine Strecke zurückzulegen, können wir uns, wenn geeignete Möglichkeiten vorhanden sind, hangelnd bewegen. Abwechselnd greifen wir dann mit den Händen nach vorne und bewegen uns so pendelnd von Griff zu Griff. Waagrecht über dem Boden angebrachte Leitern und Doppelstangen finden wir auf vielen Kinderspielplätzen und können dort beobachten, wie gerne Kinder hangeln.

Wie viele Mischungen aus den einzelnen Arten der Fortbewegung entstanden sind, können wir bei den Vorführungen von Artisten bewundern. Sie zeigen uns auch, wie gut der Mensch in der Lage ist, durch entsprechendes Training seine Muskeltätigkeit zu koordinieren. Im Wasser erreichen wir ebenfalls erstaunliche Leistungen. Gute Schwimmer können in einem Fluß mehr als 400 km zurücklegen und schaffen im Meer immerhin noch ca. 150 km. Auch die Tiefe ist dem Menschen nicht fremd. Rekordtaucher erreichten Tiefen von mehr als 80 Meter. Bis zu 6,5 Minuten können Taucher ohne Gerät unter Wasser verbringen.

Hardys Theorie vom Wassermenschen geht sogar davon aus, daß wir in unseren ersten Anfängen in sehr enger Wasserverbundenheit gelebt haben. Diese Phase soll auch zur Bildung ungewöhnlicher anatomischer Merkmale beigetragen haben. Hardys Theorie zufolge lag diese Zeit der engen Wasserverbundenheit zwischen der Zeit der früchtesammelnden Waldbewohner und der Zeit der Jäger. So soll die schwierige Umstellung vom Wald- zum Graslandbewohner erleichtert worden sein.

Möglicherweise haben sich die Urmenschen von der Nahrungssuche im Wald mehr und mehr auf die Nahrungssuche an den seichten Stränden und in flachen Gewässern verlegt. Waldbewohnende Menschenaffen töten, wie Beobachtungen zeigen, gelegentlich kleine Tiere und verspeisen das rohe Fleisch, möglicherweise zur Ergänzung der rein pflanzlichen Nahrung.

Hardy zufolge haben die Urmenschen in Horden nahe dem Wasser gelebt und sich der Nahrungssuche im Wasser immer mehr angepaßt. Diese Phase soll sich während der Warmzeit des Pliozäns, die etwa vor zwei Millionen Jahren zu Ende ging, in einer Dauer von rund 10 Millionen Jahren abgewickelt haben. Bewiesen ist diese Theorie nicht. Interessant ist aber, daß der Mensch einige Fähigkeiten aufzuweisen hat, die den anderen Säugetieren fehlen.

Menschen können auf und im Wasser schwimmen und manövrieren. Andere Säugetiere können, wie Hunde, höchstens auf dem Wasser paddeln.

Menschenkinder geraten nicht in Panik, wenn sie im Alter von wenigen Wochen ins Wasser geworfen werden, und können auch schon in diesem Alter schwimmen. Möglicherweise angeborene Instinkte veranlassen, daß in Bauchlage ins Wasser gelegte Säuglinge Schwimmbewegungen ausführen und sich scheinbar recht wohl fühlen.

Taucht man Säuglinge unter Wasser, halten diese automatisch den Atem an. Menschenaffen besitzen diese Reaktion nicht. Auch bei diesen Fähigkeiten wirkt sich die formende Wirkung der Umwelt sehr bald aus. Bereits mit einem Alter von 4 Monaten sind die instinktiven Schwimmbewegungen nicht mehr feststellbar.

Als einziger Primat besitzt der Mensch eine nackte Haut. Auch für wasserlebende Säugetiere wie Wal, Delphin und Hai ist der Fellverlust kennzeichnend. Diejenigen Tiere, die, ganz oder teilweise im Wasser lebend, ihr Fell behalten haben, leben fast ausschließlich in kälteren Zonen. Daß der Mensch gerade die Kopfhaare behielt, wird damit begründet, daß diese zum Schutz des Kopfes gegen die Sonnenstrahlen notwendig waren.

Beim Menschen wachsen die Haare so, wie diese beim Schwimmen im Wasser durch die Wasserströmung gelegt würden. Dies ist ein wesentlicher Unterschied zu den Menschenaffen, bei denen die Haare nicht strömungsentsprechend wachsen. Wahrscheinlich hat sich das »Fell« des Menschen, bevor es ganz verschwand, in seinem Wuchs auf die Wasserströmung beim Schwimmen eingestellt.

Als einzigem Primat liegt beim Menschen unmittelbar unter der Haut eine Fettschicht, wie sie für Wassersäugetiere typisch ist. Diese Fettschicht läßt sich m. E. nur aus dem Zweck der Warmhaltung des Körpers im Wasser erklären.

Auch der aufrechte Gang könnte sich in dieser Zwischenzeit entwickelt haben. Aufrecht gehend konnte der Mensch so in tieferes Wasser vordringen, um Nahrung zu suchen, ohne sofort schwimmen zu müssen. Der aufrechte Gang hätte ihm zudem den Vorteil gebracht, seine Umgebung während der Nahrungssuche aufmerksamer beobachten zu können. Der Auftrieb des Wassers könnte die Entwicklung zum aufrechten Gang begünstigt haben.

Auch die Empfindlichkeit der Hände und deren daraus folgender Nutzen für das Abtasten der Umgebung könnte sich aus der Wasserzeit erklären lassen. Hinzu kommen die starken Fingernägel des Menschen, die außerdem auch schneller als bei Primaten wachsen und sehr geeignete Werkzeuge zum Abkratzen von unter Wasser befindlicher Nahrung gewesen wären.

Diese von Hardy zur Begründung seiner Theorie vom Wassermenschen angeführten Gründe werden erweitert durch zusätzliche bemerkenswerte Fähigkeiten. Sprache als verstärkte Atmung könnte sich aus der Notwendigkeit entwickelt haben, sich unter Wasser zu verständigen. Auch eine ausgeprägte Mimik könnte diesem Zweck gedient haben. Daß Menschenhände viel breiter sind als Affenhände und daß sich zwischen den Fingern, besonders zwischen dem Daumen und dem Zeigefinger, schwimmhautähnliche Verbindungen befinden, spricht für die Theorie von Hardy.

Auch einige weitere biologische Gründe sprechen dafür, daß der Mensch tatsächlich eine lange Zeit im Wasser lebte:

Wie beim Seehund verlangsamen sich auch beim tauchenden Menschen einige körperliche Vorgänge. So ist es möglich, den Sauerstoffbedarf zu reduzieren und längere Zeit unter Wasser zu bleiben.

Die vorspringende Nase des Menschen verhindert in idealer Weise das Eindringen von Wasser während des Schwimmens.

Die Fähigkeit, zu weinen und damit salziges Wasser auszuscheiden, ist bei Wassertieren häufig, bei Landtieren nur sehr selten anzutreffen.

2. Das Gehen

Stehen ist verharren am gleichen Fleck. Das Gehen als Art der Fortbewegung können wir definieren als Hinstreben zu einem Ziel.

Die wichtigsten Einflußfaktoren auf das Gehen sind:

- Tempo, Schrittlänge, Spannungsgrad,
- Haltung des Oberkörpers und des Kopfes,
- Geradlinigkeit der Gehlinie mit dem Gehen,
- einhergehende Bewegungen, Stellung der Fußspitzen,
- Takt und Rhythmus

Entsprechend der Ausprägung der einzelnen Einflußfaktoren und Merkmale ist der Zielgedanke oder die Einengung erkennbar. Eine Zunahme von Schrittlänge und

Tempo fördern das schnelle Erreichen eines Zieles und zeigen so die innewohnende Zielstrebigkeit.

Betrachten wir einige Arten des Gehens genauer.

Gehen mit steil aufgerichtetem Oberkörper bei akzentuiertem Gang wirkt stelzend und stolzierend und drückt so Stolz und Hochmut aus.

Rhythmisches Gehen ist gegeben, wenn der Gang weniger zielstrebig und mehr beschwingt ausgeführt wird. So erleben wir oft den wiegenden Gang des Naiv-Eitlen. Dieses Gehen ist Ausdruck des Hingegebenseins an augenblickliche Zustände. Es zeigt eine unbestimmte frohe Stimmung.

Getaktetes Gehen kommt zustande, wenn zielstrebige Impulse auftreten, die uns von außen spontan zur Erreichung eines Zieles motivieren. Der rhythmisch gehende Spaziergänger könnte so auf einen Reiz reagieren und gezielt auf diesen zugehen. Getaktetes Gehen kann bei einem entsprechenden Einfall oder Entschluß rhythmisch aufgelockert werden.

Schnelles oder langsames Gehen ist abhängig von der Antriebskraft und dem Temperament. Auch die kurzfristige Motivation, ein Ziel zu erreichen, wirkt sich auf die Gehgeschwindigkeit aus. Ziele, bei denen wir Belohnung erwarten, streben wir schneller an als solche, die Bestrafung erwarten lassen.

Gehen mit weitausgreifenden, großen Schritten, das häufiger bei Männern als bei Frauen zu beobachten ist, läßt Extraversion, Zielstrebigkeit, Unternehmungslust, Eifer bis Rastlosigkeit und tatkräftiges Handeln erkennen. Ist dieses Gehen mit rhythmisch pendelnden Bewegungen der Arme und evtl. des Oberkörpers verbunden, signalisiert es eher den instinktsicher Draufloslebenden, Sich-nicht-beeinflussen-lassen-Wollenden.

Kurze oder kleine Schritte, die wir häufiger bei Frauen als bei Männern beobachten, zeigen eher Introversion. Der so Gehende »hält an sich«, zeigt Vorsicht, Berechnung, aber auch Wendigkeit. Unbewußt liegt dieser Gangart der Wunsch nach erforderlichenfalls schneller Richtungsänderung zugrunde. Die Entscheidung über die endgültige Richtung kann bei diesem Gehen länger offengehalten werden. Fehlt der klare Takt, entsteht bei dieser Gangart das Getrippel des Ängstlich-Nervösen, der jede Gefahr und jedem Risiko auf der Stelle ausweichen will.

Stockender und stolpernder Gang. Die Störungen zeigen, daß das Zielstreben mit Gegenimpulsen zu kämpfen hat. Ein lästiger Pflichtgang wird so ausgeführt. Dieses Gehen zeigt innere Zwiespältigkeit und Unsicherheit. Es drückt Befangenheit und Schüchternheit aus. Hier paßt das Sprichwort: »Wie jemand seinen Weg geht, hängt davon ab, was er vor sich hat«, am besten.

Spannungsarmes Gehen drückt aus, daß der regelmäßige Wechsel zwischen Spannung und Lösung gestört ist, daß Spannung nicht aufgebaut werden kann oder will. So wird der Gang schleppend, langsam und ungegliedert. Mit wenig Spannung wirkt dieser Gang lässig, ohne Spannung drückt er eher Interesselosigkeit aus. Bei vielen Jugendlichen ist aus dieser Art zu gehen Unreife, Wurstigkeit, Mangel an Selbstdisziplin oder auch snobistische Einstellung erkennbar. Auch eine traurige Grundstimmung kann zu diesem wenig motivierten Gehen Anlaß sein.

Schwingt der Oberkörper bei jedem Schritt stark mit und werden dabei die Schultern aus der Hüfte zusätzlich nach vorn gedrückt, erleben wir die demonstrative Gangart des Kraftmeiers. Eine Gangart, die an die Bewegungen der Menschenaffen erinnert.

Schwingt der ganze Körper im Rhythmus des Gehens, wirkt der Gang meist affektiert. Spannungsreich ausgeführt, läßt er die selbstsicher-gewandte Natur erkennen, die unbekümmert starke Antriebskräfte lebt und demonstriert. Starkes Mitschwingen des Gesäßes, wie es bei (jungen) Damen zu beobachten ist, läßt Interpretationen von Affektiertheit bis zur harmlosen Koketterie zu.

Spannungsarm ausgeführt stellt sich der weiche, schwingende Gang dar. Lockere, gelöste Bewegungen stehen im Vordergrund. Dieser ausgesprochen weibliche Gang besitzt in seinem gefühlshaften Ausdruck meist starke erotische Wirkung auf Männer.

Schreiten entsteht durch beherrschtes Setzen der Schritte. Sind dabei kraftvoll federnde Schritte, aufgerichteter Oberkörper und sicheres Gleichmaß der Bewegungen zu erkennen, drückt dieser Gang Selbstsicherheit, Persönlichkeit und das Bewußtsein des eigenen Wertes aus. Nur wenig überzogen, wird dieses Schreiten zum gravitätisch stolzierenden Gang. Das gewollte und nicht gekonnte Schreiten gibt dieser Gangart etwas Theatralisches. Die zuwenig ausgeprägte Willensaktivität läßt die Schritte kleiner als beim Schreiten ausfallen und verrät so das gewollt Gemachte.

Gehen mit unangemessenem Schwung (inadäquates Gehen) koppelt betont große Schritte mit relativer Schnelligkeit und auffallendem Schwingen der Arme. Es scheint bei diesem Gehen, als ob die Bewegungen der tatsächlichen Energie vorauseilen wollten. So demonstriert sich inhaltsleere Geschäftigkeit und Betriebsamkeit, die jedoch oft des angestrebten Inhalts entbehrt.

Wippt jemand während des Gehens nach oben, strebt er damit eine Vergrößerung, ein Über-sich-hinaus-Wachsen an. »Überheblichkeit« – im Sinne des Wortes – dürfte hier, wie beim stehenden Wipper, der Grund sein.

3. Das Sitzen

Die stehende Haltung ist, wie wir bereits wissen, recht anstrengend. Ruhehaltungen ermöglichen es, die mit der Aufrechthaltung des Körpers verbundene Muskelarbeit zu reduzieren. Auch wenn wir dies nicht merken, erfordert die aufrechte Haltung ein ständiges Bemühen um Balance. Standbeinwechsel, Stehen auf einem Bein, evtl. Anwinkeln des angezogenen Beines und Abstützen an Gegenständen, Anlehnen, Knien auf einem und auf beiden Knien u. a. sind Ruhehaltungen, die uns eine kurze Entspannung ermöglichen.

Bereits mehr Entspannung und eine etwas längere Pause wird bei der Sitzhocke möglich. Dabei sitzen wir auf den Waden der knienden oder angewinkelten Beine (kauern). Eine weitere Art des kauernden Sitzens wird so ausgeführt, daß zwar das Gesäß den Boden berührt, die Beine aber ebenfalls in Hockstellung angewinkelt sind. Die Stellung der angezogenen Beine besagt immer, daß keine länger dauernde Ruhestellung, sondern eine kurzfristige Entspannung gesucht wird. Die angezogenen Beine ermöglichen ein schnelles Aufstehen und Wieder-in-Aktion-Sein. Wollen wir länger sitzen, strecken wir die Beine mehr aus, bringen sie in eine Lage, aus der heraus Aufstehen nicht unmittelbar möglich wird. Zu diesen Sitzhaltungen gehören der sog. Schneider- oder Yoga-Sitz, der Bein-Seitensitz u. a.

Das Sitzen schließlich ist vor dem Liegen die günstigste Ruhehaltung. Sitzen wir auf dem Boden, haben wir die Beine mehr oder weniger weit ausgestreckt. Besteht eine Möglichkeit, den Rücken anzulehnen, strecken wir die Beine weiter von uns, ohne diese Möglichkeit ist es anstrengend, aufrecht zu sitzen. Zur Balance umfassen wir dann die angezogenen Knie.

Um ein entspanntes Sitzen zu ermöglichen, brauchen wir eine erhöhte Sitzfläche, damit die angewinkelt auf dem Boden stehenden Beine die spannungslose Sitzhaltung ermöglichen helfen. Zu diesem Zwecke haben wir uns entsprechende Sitzmöbel konstruiert. Um auch den Armen eine Auflage zu geben, entstanden Sessel. Auch bei der Analyse von Sitzhaltungen ergeben die Nebensignale wichtige Informationen. Aus der Art, wie jemand sitzt, läßt sich ableiten, wie entspannt er ist und was in ihm vorgeht. So wird auch hier neben der reinen Funktionalität seelisches Erleben ausgedrückt.

Benutzen der Sitzgelegenheit

Stellen wir uns einen Tisch vor, um den 6 Stühle gruppiert sind. Was besagt es, wenn sich jemand auf einen dieser Stühle setzt?

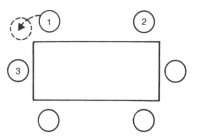

Unsere Instinkte und Ängste veranlassen uns, einen Platz zu wählen, von dem aus wir den freien Raum überblicken können. Das ist der Grund, weshalb kaum jemand die nicht mit Nummern bezeichneten Stühle besetzen wird. Die Ausnahme ist, wenn eine Gruppe Platz nimmt. Dann ist der einzelne Teil eines Ganzen (der Gruppe) und mißt der Absicherung in dem Raum keine Bedeutung mehr zu. Er verläßt sich dann unbewußt darauf, daß diejenigen, die den Raum übersehen können, bei Gefahr rechtzeitig warnen würden. Die jeweilige Einstellung und Stimmung und auch das Vorhaben entscheiden, welchen Stuhl nun wer besetzt.

Stuhl 1 wird von denjenigen besetzt, die lieber allein bleiben möchten. Um dies abzusichern, wird der Stuhl möglicherweise an die Tischecke gestellt. Damit wird der Besitzanspruch für den ganzen Tisch signalisiert.

Stuhl 2 sucht sich derjenige aus, der demonstrieren will, daß ihm dieser Tisch »gehört«.

Stuhl 3 schließlich besetzt derjenige, der Führungsanspruch anmeldet. »Sie können sich zwar zu mir setzen, aber der ›Boß‹ bin ich«, sagt sein Verhalten.

In der überwiegenden Mehrzahl der Fälle konnte ich dieses Verhalten in Besprechungssituationen, beim Besetzen von Gruppenarbeitstischen und beim Besetzen der Sitzplätze im Seminarraum beobachten und die geäußerte Einstellung im Verhalten der Teilnehmer bestätigt finden.

Nehmen wir ein weiteres Beispiel:

Wer wird sich auf welchen Platz einer Parkbank setzen?

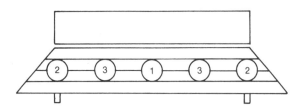

Platz 1 wird derjenige einnehmen, der allein bleiben möchte. Er wird mit seiner Sitzposition in der Mitte deutlich machen, daß Mitbenutzer nicht erwünscht sind.

Platz 2 besetzt derjenige, der zwar nicht die ganze Parkbank belegen, aber auch keine Gesprächspartner haben will. Er läßt viel Platz für Mitbenutzer. Diese werden sich aber mit großer Wahrscheinlichkeit ebenfalls auf Platz 2 der anderen Seite setzen.

Platz 3 nimmt derjenige ein, der in keinem Fall signalisieren will, daß er allein bleiben möchte. Er will weder die ganze Bank allein benutzen, noch setzt er sich so weit auf die Seite, daß zuviel Platz bleibt. Er bietet so viel Platz an, daß weitere Mitbenutzer in seiner Nähe sitzen werden. Dabei geht er berechtigterweise davon aus, daß nur diejenigen bei ihm Platz nehmen werden, die ebenfalls Nähe bzw. Kontakt suchen (s. Abb. 40).

Abb. 40
Daß dieses Pärchen gerne allein bleiben will, ist schon daran erkennbar, daß es genau die in unserem Beispiel mit Nr. 1 bezeichnete Sitzposition in der Mitte der Bank eingenommen hat.

Für Verkäufer und Geschäftsleute wichtig ist die Sitzordnung um einen Schreibtisch.

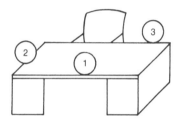

Platz 1, gegenüber dem Gesprächspartner, wird derjenige einnehmen, der Distanz einhalten will. In Verkaufsgesprächen ist dies der Platz, der dem Verkäufer angeboten wird. Der Schreibtisch dient in diesem Fall als Barriere.

Platz 2 sucht sich derjenige aus, der näher kommen will bzw. darf. Dieser Platz wird einem guten Bekannten oder Freund angeboten.

Platz 3 darf ohne Zustimmung nicht eingenommen werden. Er wird auch nur dann angeboten bzw. seine Benutzung erlaubt, wenn gemeinsame Arbeiten dies erfordern. Dieser Platz signalisiert ein hohes Maß an menschlicher oder sachlicher Gemeinsamkeit bzw. Interesse.

Es ist zu empfehlen, daß sich der »Verkäufer« zunächst mit Platz 1 begnügt, um nicht aufdringlich zu wirken. Im Verlaufe des Gesprächs, insbesondere dann, wenn Demonstration ein gemeinsames Betrachten erfordert, kann mehr Nähe (Platz 2 oder 3) angestrebt werden. Es bietet sich an, vor dem Näherkommen zu klären, ob dies toleriert wird.

Soll man sich, wenn man die Wahl hat, mit dem Rücken zum Fenster setzen? In vielen Besprechungssituationen bietet der Gastgeber den Platz nicht direkt an und überläßt es dem Besucher, sich einen Platz auszuwählen.

Der Besucher bedenke: Nimmt er den Platz mit dem Rücken zum Fenster, muß der Gastgeber möglicherweise den Platz mit dem Gesicht zum Fenster einnehmen. Zwar ist der Besucher dann in der »besseren« Position, weil er nicht gegen das Licht blicken muß und die Reaktionen des Partners besser erkennen kann, nimmt aber den Nachteil der evtl. Verärgerung des Gesprächspartners in Kauf. In vielen Lehrbüchern wird empfohlen, man solle den Platz mit dem Rücken zum Fenster einnehmen. Dies bringt mich in derartigen Situationen oft in einen Konflikt. Möglicherweise kennt mein Partner diese Empfehlung auch und prüft mein Wissen daran, welchen Platz ich auf sein Angebot hin einnehme. Setze ich mich mit dem Rücken zum Fenster, habe ich mir für seine Begriffe die bessere Position ausgesucht, bin also geschickt, habe ihm aber die schlechtere Sitzposition überlassen und leite damit möglicherweise eine steigende Verunsicherung und Verärgerung ein.

Wähle ich den Platz mit dem Gesicht zum Licht, bin ich für sein Verständnis ungeschickt. Daß er selbst den besseren Platz bekommen hat, wird er nicht bedenken. Wie viele heikle Situationen ist auch diese lösbar, indem man darüber spricht. Ich pflege in solchen Situationen zu sagen: »Darf ich diesen Platz (mit dem Gesicht zum Licht) nehmen, dann brauchen Sie nicht immer ins Licht zu blicken, und Sie können auch besser mein Verhalten beobachten – ich habe ja nichts zu verbergen.«

Auch daraus, wie sich jemand auf einen Stuhl setzt, können Schlüsse gezogen werden.

Wer sich nur zögernd setzt, zeigt damit, daß es ihm an Mut oder Sicherheit fehlt, den ganzen Stuhl zu besitzen, daß er sich (übermäßig) bescheiden mit einem kleinen Stückchen zufriedengeben wird. Setzt sich jemand nur auf den vorderen Rand seines Stuhles, will er entweder nicht lange bleiben oder ist sich der Sache bzw. seiner Person nicht ganz sicher.

Benutzt der Sitzende die ganze Sitzfläche, zeigt er damit, daß er das Angebot ganz nutzen will, genügend Sicherheit mitbringt, um sich nicht mit einem kleinen Stück zufriedenzugeben. Ein wichtiges Zusatzsignal ist, wie jemand sitzt.

Einige wichtige Sitzhaltungen wollen wir im folgenden besprechen.

Breit, schwer und behaglich sitzen

Wer so sitzt, möchte Ruhe und Erholung genießen. Er vertraut darauf, daß seine momentane Umwelt ihm wohlgesonnen ist. Meist ist bei dieser Sitzhaltung die Muskulatur gelockert und entspannt. Die Beine sind oft in bequemer, ausgestreckter Lage. »Es sich bequem machen«, wird diese Sitzhaltung bezeichnet. Wer so sitzt, zeigt, daß er einige Zeit sitzen bleiben will. Dies signalisieren insbesondere die Beine, die, um aufstehen zu können, erst in eine andere Stellung gebracht werden müssen. Die Spannungsarmut, die bei diesem Sitzen feststellbar ist, spricht dafür, daß Störungen nicht gewünscht werden, daß man seine Ruhe will. Derartige Formlosigkeit kann dann abgeschwächt werden, wenn die Umwelt Korrekturen verlangt. In diesen Fällen enthalten die Haltung des Sitzenden oder Körperteile (z. B. Kopf) etwas mehr Spannung. Diese Haltung wird oft auch von den »Hoppla-jetzt-komm-ich-Typen« eingenommen. Sie zeigen so, daß sie mit Schwierigkeiten spielend fertig werden können.

Oberkörper gerade oder leicht vorgebeugt

Diese Sitzhaltung ist oft gekoppelt mit einem nur teilweisen Besetzen der Sitzfläche. Spannung und der Wunsch nach Aktivität sind in dieser Sitzhaltung bemerkbar. Je nachdem, in welche Richtung der Oberkörper, der Kopf oder die Hände und Füße zeigen, ist aus dieser Haltung interessierte Zuwendung oder desinteressierte Abwendung (gespieltes Interesse) ausgedrückt. Angriffslust als Folge von Verärgerung oder Wut führt zu einem weiten Vorbeugen des Oberkörpers und starker Aktionsspannung.

Der vorgebeugte oder gerade Oberkörper besagt, daß ein genüßlich-gemütliches Verbleiben und Entspannung nicht erwünscht sind. Mangelndes Vertrauen zur Umwelt motiviert oft diese alarmbereite Sitzweise. Man könnte von einem Sitzen auf Widerruf sprechen. Insbesondere dann, wenn auch die Sitzfläche nur teilweise belegt ist. So sitzen auch selbstbewußte Menschen, wenn sie sich bedroht fühlen. Dann sind auch die Füße etwas unter der Sitzgelegenheit zurückgezogen, da nur in dieser Beinstellung ein schnelles Aufstehen möglich wird. Steht ein Fuß auf der ganzen Fußsohle unmittelbar unter dem Körperschwerpunkt und steht der andere Fuß hinter dem Körperschwerpunkt auf dem Ballen, wird die Sprunghaltung besonders deutlich.

Mit dieser Haltung wird oft das Aufstehen zu Ende der Besprechungen eingeleitet. Auch in öffentlichen Verkehrsmitteln bereiten derartige Bewegungsabläufe das bevorstehende Aufstehen und Aussteigen vor. Meist umfaßt die Hand zusätzlich die Stuhllehne (Aufstehstützgriff), um den aufstehenden Körper zusätzlich hochstemmen zu können.

Diese Haltungen zeigen entsprechend den eingesetzten einzelnen Merkmalen:

Bereitschaft zur Flucht oder Abwehr,
Ausdruck eines Bedrohtheitsgefühls,
Vorbereitung zur Selbstbehauptung oder Flucht,
innere Unruhe,
Drang zur Aktivität,
widerwilliges Abfinden mit der Notwendigkeit, sitzen zu müssen.

Ist der Oberkörper lediglich gerade aufgerichtet und fehlen die beschriebenen, für geplante Vorhaben typischen Zusatzverhalten, erleben wir das konzentrierte Sitzen, zu dem uns schon der Lehrer in der Schule ermahnte, wenn er uns aufforderte, aufrecht zu sitzen (s. Abb. 41).

Abb. 41
Dieses Bild zeigt Walter Scheel als Bundespräsident mit seiner Gattin am 12. 6. 1977, als er die 900 Jahre alten Maya-Ruinen von Uxmal besuchte. Am etwas vorgebeugten Oberkörper und an den aufgestützten Armen (Stehstützgriff) ist zu erkennen, daß nicht eine wirkliche Rast, sondern lediglich ein Posieren für die Fotografen eingelegt wurde.

4. Arm- und Beinstellungen im Sitzen

Gestreckte Beine

Weit von sich gestreckte Beine besagen, daß der so Sitzende hier seine Ruhe gefunden hat. Daß er nicht vorhat, bald wieder aufzustehen.

Je unbekümmerter sich der Sitzende fühlt, desto weiter sind auch die Beine gespreizt. Allerdings ist das Spreizen der Beine bei Männern sehr viel häufiger zu beobachten als bei Frauen.

Angewinkelte Beine

Je näher die Füße zum Körperschwerpunkt hin angezogen werden, desto größer ist der oft unbewußte Wunsch, aktionsbereit zu sein. Ist ein Fuß oder sind beide Füße um das Stuhlbein gehakt, drückt dies den Wunsch nach Sicherheit und Halt aus.

Aneinandergelegte oder -gepreßte Beine und Füße

So sitzt der hilflose Untertan oder Schüler. Die Einengung der persönlichen Wirkung, das Sich-schmaler-Machen, wird so ausgedrückt. Oft geht auch penible Korrektheit in dieses Verhalten ein. Da diese Art, die Beine zu stellen, gleichzeitig den Sexualbereich abdeckt, ist verständlich, daß diese Sitzhaltung besonders damenhaft wirkt. Besonders dann, wenn auch die Unterschenkel schräg gestellt werden. So sitzen Damen der Gesellschaft und Königinnen.

Gespreizte Beine

Bei dieser Sitzhaltung stehen die Oberschenkel und oft auch die Füße mehr oder weniger weit auseinander. Der Grad der Spreizung gibt Informationen über die Unbekümmertheit des so Sitzenden. Je weiter gespreizt, desto größer die Unbekümmertheit, der Wunsch nach Behaglichkeit, der Mangel an Disziplin und leider manchmal auch die Ungezogenheit und die gleichgültig-primitive Rücksichtslosigkeit.

Diese Beinhaltung ist bei Frauen selten und dann meist nur in Hosenkleidung zu beobachten.

Die Spreizung wird oft durch die Zusammenstellung der Füße abgeschwächt. Diese Stellung, bei der die Beine ein Oval beschreiben, besagt, daß man zwar bequem und behaglich sitzen will, auch die Beine so bequem auseinanderspreizt, aber diese Spreizung mit den Füßen beendet bzw. aufhebt und so der Form entspricht.

Übereinandergeschlagene Beine

Beine, die übereinandergeschlagen sind, schließen eine Spreizung der Oberschenkel. So setzen wir uns behaglich und bequem, ohne etwas preiszugeben.

Wichtig ist, wie und an welcher Stelle die Beine übereinandergeschlagen sind.

Knöchel auf dem Knie basiert auf einer weiten Spreizung der Oberschenkel. Der Unterschenkel begrenzt die Spreizung. So wird aus einem unhöflichen Sitzen ein allgemein toleriertes Sitzen in bequemer, sicherer und sorgloser Haltung. Der Unterschenkel wirkt jedoch oft wie eine Barriere, weshalb überlegt werden muß, ob der so Sitzende sich nicht gegen irgend etwas isolieren will.

Kniekehle oberhalb des Knies aufgelegt

Bei dieser Beinhaltung sind die Oberschenkel geschlossen. Das ist der Grund, weshalb diese Sitzhaltung auch bei Frauen akzeptierbar ist. Der europäische Mann sitzt öfters in dieser Haltung als z. B. der amerikanische Mann, der, wenn er die Beine übereinanderschlägt, den Knöchel quer über das Knie legt.

Amerikaner empfinden wegen dieser Sitzhaltung europäische Männer als unmännlicher. Auch hier erleben wir, daß ein Betrachter aufgrund seiner weitgehend unbewußten Wahrnehmungen und Vergleiche eine Zuordnung vornimmt und dann ein Ergebnis produziert. Historische und rollenspezifische Mischungen beeinflussen die Wahrnehmung von Verhalten.

Wegen der geschlossenen Oberschenkel wird diese Sitzhaltung als eng, kontaktscheu und verschlossen verstanden. Auch hier spielen jedoch die enthaltene Spannung und die Zusatzsignale eine wichtige Rolle bei der endgültigen Beurteilung.

Im Bereich der Knöchel gekreuzte Füße

Diese Haltung wirkt weniger stark verschlossen. Möglicherweise sollen die Beine so am zu starken Spreizen gehindert werden. Je nachdem, ob die Beine weiter nach vorn gestreckt oder mehr zurückgezogen sind, ob mehr oder weniger Spannung enthalten ist, reicht die Bedeutung von noch höflichem Sichentspannen bis Selbstverhinderung der Aktivität. Bei zurückgezogenen Füßen wirkt diese Beinstellung oft so, als wolle man sich selbst ein Bein stellen und sich so am Weglaufen hindern.

Übereinandergeschlagene Beine geben noch zusätzliche Informationen. Beobachten Sie gelegentlich einmal einen Interviewten oder einen Menschen, der in der Mitte von zwei Bekannten oder Fremden Platz genommen hat. Sie werden in der überwiegenden Mehrzahl der Fälle feststellen, daß das Knie in die Richtung zeigt, die sympathischer empfunden wird. In Seminaren hatte ich Gelegenheit, »Kreuzfeuer-Interviews« durchführen zu lassen. Dabei sitzt der zu befragende Teilnehmer zwischen zwei Befragern, die seitlich vor ihm sitzen. Auf der einen Seite der Moderator (der die helfenden Fragen stellt) und auf der anderen Seite der Aggressor (der die verletzenden Fragen stellt). In mehr als 80 % der Fälle nahm der zu Befragende schon zu Beginn der Übung, wenn er überhaupt die Beine übereinanderschlug, die Beine so übereinander, daß das übergeschlagene Knie in Richtung des Moderators zeigte.

»Die kühle Schulter zeigen« läuft ebenfalls oft so ab, daß zwar das Knie noch in Richtung Gesprächspartner zeigt, der Oberkörper aber in die andere Richtung weist. Gekoppelt mit Lächeln entsteht so auch ein Koketterieverhalten. Es besagt, ich tue nur so, als ob ich mich von dir abwenden wolle. Sind sowohl Knie als auch Schulter und sogar das Gesicht abgewendet, ist dies ein deutliches Verhaltensmuster, das besagt, daß man nichts mit dem so Abgelehnten zu tun haben will.

Beobachten wir Paare, ergeben sich folgende interessante Häufungen:

Junges Liebespaar –	Knie von beiden zugewendet, Oberkörper und Gesicht zugewendet.
Älteres Ehepaar –	(nicht nur der steiferen Gelenke wegen!) Gesicht und Oberkörper zugewendet, Beine nebeneinander.
Versuch, Kontakt herzustellen	Zuwendungsverhalten mit in Partnerrichtung übergeschlagenem Bein, Zuwendung des Oberkörpers und des Gesichts. Mißlingt der Versuch, gegenläufiges Rückzugsverhalten bis zum total abwendenden Verhalten, bei dem Knie, Oberkörper und Gesicht in die Gegenrichtung zeigen.

Beobachten Sie sich auch einmal selbst. Sie werden feststellen, daß gerade die Beine und Füße am leichtesten Ihrer bewußten Kontrolle entgleiten. Sie werden sich bei Bewegungen ertappen, von deren Vorhandensein Sie erst merken, wenn Sie diese sehen. Der Grund dafür kann darin liegen, daß wir uns auf das Gesicht unseres Partners konzentrieren und davon ausgehen, daß er sich ebenfalls nur auf unser Gesicht konzentriert. Deshalb messen wir den weiter vom Kopf entfernten Körperteilen und deren Bewegungen wenig Bedeutung bei. Obwohl sich unser Gesprächspartner hauptsächlich auf unser Gesicht konzentriert, nimmt er die weiteren Bewegungen wahr und arbeitet diese unbewußt in sein Gesamtbild ein.

Bei einem Empfang konnte ich ein körpersprachlich interessantes Gespräch beobachten. Ein Unternehmer hatte sich zu einem seiner Mitarbeiter gesetzt. Er nickte häufig zu den Ausführungen und lächelte auch hin und wieder. Seine Beine und Füße bewegten sich jedoch unaufhörlich auf und ab. So signalisierte er, daß sein Nicken und Lächeln Höflichkeitsgesten waren, er aber am liebsten weggehen wollte. Nehmen wir ruhig an, auch der Mitarbeiter hat diese Bewegungen bewußt wahrgenommen oder unbewußt registriert. Welche Meinung oder welches Gefühl über das Verhalten des obersten Vorgesetzten hat er sich wohl gebildet? Ein bekannter Bundespolitiker verteilte während einer Fernsehsendung »Bürger fragen, Politiker antworten« auf die Fragen der Bürger immer wieder kleine Fußtritte. Welchen Eindruck hätte wohl das Fernsehpublikum gewonnen, wenn nicht der Kameramann hilfsbereit, manipulierend oder aus Unwissenheit immer wieder nur den Oberkörper ins Bild gebracht hätte? Es wäre zur Meinungsbildung von großer Wichtigkeit, den Menschen ganz gezeigt zu bekommen und nicht der Vorzensur durch Kameraleute und Regisseure unterzogene Teilaufnahmen. Feindselige Füße widersprechen oft der gespielten Freundlichkeit. So ausgedrückte Aggressivität hebt oft die zur Schau gestellte Toleranz auf.

Ruckende Beinbewegungen, als ob der Befragte fliehen wolle, widersprechen z. B. in einer anderen Fernsehsendung dem Thema und dem gespielt freundlichen Gesichtsausdruck. Nur weil ich wegen der leichten Spannung, die nicht zur Freundlichkeit passen wollte, auf negative Signale vorbereitet war, nahm ich diese zuckenden, einen Fluchtwunsch ausdrückenden Füße wahr, als für kurze Zeit eine Gesamtaufnahme zu sehen war.

Arme und Hände beim Sitzen

So wie die Beine und Füße geben auch Arme und Hände des Sitzenden (und Stehenden) wichtige Zusatzinformationen.

Arme und Hände unter dem Tisch

Entsprechend enthaltener Spannung, Stellung und Abstand voneinander ergeben sich unterschiedliche Bedeutungen. Generell gilt, daß derjenige, der die Arme und Hände unter dem Tisch hält, nicht bereit oder in der Lage ist, seine Hände offenzulegen. Sei es, daß er befürchtet, in das Revier des Gesprächspartners einzubrechen, oder daß er Angst hat, mit den Händen vorhandene Gefühle wie Unsicherheit, Nervosität o. ä. zu verraten.

Arme und Hände auf dem Tisch

zeigen grundsätzlich die Bereitschaft und Fähigkeit, in sozialen Kontakt zu treten. Unterschiedlichste Darstellungen sind auch hier möglich. Die häufigste Anfangsstellung, sofort nach dem Platznehmen, ist die Verschlußhaltung der Arme, eine Barriere also. Als Reaktion auf positive Reize oder bei starker Emotionalisierung wird die Haltung offener.

Was ich im Kapitel über Arme und Hände sagte und die Bedeutung, die den einzelnen Gesten zukommt, gilt auch hier.

Befindet sich eine Hand auf dem Tisch und die andere darunter, so ergibt sich eine Mischung aus den beiden vorbeschriebenen Verhalten. Kontaktsuchen, aber sich noch scheuen, dies ganz, mit beiden Händen zu tun, kann dann abgeleitet werden.

Liegt der Unterarm zwischen den Gesprächspartnern, so ist dies als Barrieresignal zu deuten. Bildet der Unterarm einen Bogen zum Gesprächspartner, drückt dies den Wunsch nach Verbindung, nach einem vertraulichen Gespräch und nach Isolierung von der Umwelt aus.

Auch hier können Haltungen anderer Körperteile und der Ausdruck der Mimik die Bedeutung verändern oder zusätzliche Informationen für die Analyse geben.

Kapitel 13
Mann und Frau

In seiner Frühgeschichte streifte der Mensch in gemischten Horden – Weibchen, Männchen und Junge – umher. Wo er eßbare Früchte, Beeren und Nüsse fand, blieb er so lange, bis alles abgeerntet war, und zog dann zu einem neuen Freßplatz weiter.

Als der Mensch diese Lebensweise aufgab und zum Sammler und Jäger wurde, änderte sich auch die soziale Organisation.

Das Jagen erforderte athletische Leistungen, deshalb mußte die Frau, die fast ständig Kinder bekam und diese versorgen mußte, zurückbleiben. Das Nomadenleben wurde zugunsten eines festen Stützpunktes aufgegeben. Die Männer übernahmen mehr und mehr die Aufgaben der Jagd, und den Frauen blieb aus den angeführten Gründen das Nahrungssammeln in der Umgebung des Stützpunktes.

Die Aufgabenteilung leitete eine differenzierte Entwicklung des weiblichen und männlichen Körpers ein. Die Frau perfektionierte ihre Fähigkeit zu gebären, während sich bei dem männlichen Körper der Aufgabe entsprechende Merkmale herauskristallisierten.

Er mußte, um Beute erlegen zu können, laufen, springen und werfen können. So wurde der männliche Körper kräftiger, größer und schwerer. Er entwickelte längere Beine und größere Füße, welche ihn befähigten, schneller und trittsicherer zu laufen.

Die im Verhältnis zum Oberarm längeren Unterarme und die insgesamt längeren Arme mit muskulöseren, breiteren Schultern befähigten ihn, besser Waffen zu schleudern.

Der größere Brustkorb, das größere Herz und die größere Lunge befähigten ihn zum besseren Langstreckenlaufen.

Die kräftigeren Hände und die stärkeren Finger ermöglichten ihm das Festhalten von Waffen und Beute.

Durch die Ausbildung stärkerer Knochen und eines stabileren Schädelbaus wurde ein besserer Schutz gegen Verletzungen erzielt. Diese Ergebnisse Jahrmillionen dauernder Entwicklung sind heute noch deutlich erkennbar.

Selbst die besten weiblichen Sportler können die Leistung der besten männlichen Sportler im Springen und Laufen nicht erreichen. Würden aus einer Zufallsstichprobe von 100 Männern und 100 Frauen die 100 Leistungsstärksten ausgewählt, bestünde diese Gruppe mit statistischer Wahrscheinlichkeit aus 93 Männern und 7 Frauen. Von 100 Männern wären also demnach die 7 Schwächsten schwächer als die 7 Stärksten von 100 Frauen.

Daß die Unterschiede verhältnismäßig gering sind, liegt daran, daß sich der Mann schon frühzeitig Waffen schuf und dadurch nicht ausschließlich seine körperlichen Fähigkeiten weiterentwickeln mußte.

Diese Unterschiede reichen aber aus, die Geschlechter anhand körperlicher und entwicklungsgeschichtlicher Verhaltensmerkmale zu unterscheiden.

Die folgende Aufstellung gibt einen gerafften Überblick der Unterschiedsmerkmale:

Alter	weiblich	männlich
Geburt	Vagina, Schamlippen, weiblicher Vorname	Penis, Hodensack, männlicher Vorname
Säugling	rosafarbene Kleidung Die Kleidung verbirgt die Geschlechtsmerkmale und macht das Kind zum Neutrum. Die Farbe der Kleidung übernimmt die Funktion der nicht mehr sichtbaren Geschlechtsmerkmale und signalisiert das weibliche oder männliche Geschlecht	blaue Kleidung
ab etwa 2 Jahren	Rock längere Haare unterschiedliche Schmuckstücke und Spielsachen	Hose kürzere Haare
Heranwachsender und Erwachsener	breiteres, weiter nach hinten gedrehtes Becken, dickere Oberschenkel, tieferliegender Nabel, längerer Bauch, schlankere Taille, größere Brüste, in weiterem Abstand voneinander im Becken eingehängte Oberschenkelknochen, üppigere, breitere und weiter vorstehende Hinterbacken. Kürzere Schritte, durch Oberschenkelkrümmung halbkreisförmige Schlenker beim	Längere Schritte, Fähigkeit zu weiteren Sprüngen, schnellerem Laufen und weiterem Werfen, breitere Schultern, tiefere Stimme, Adamsapfel, Bartwuchs, stärkere Körperbehaarung – ausgenommen Oberkopf, Glatze, beim Sitzen normalerweise gespreizte Beine.

Alter	weiblich	männlich
	Gehen, enger am Brustkorb angelegte Arme, größerer Beugewinkel zwischen Ober- und Unterarm, weichere, sensiblere Haut, üppigere Lippen, mehr abgerundete Knie und Schultern, tiefere und größere Grübchen über den Hinterbacken, im Bereich der Knie, Schultern, Brüste, Hinterbacken, Oberschenkel und auch sonst über den Körper verteilt mehr Fettpolster. Sitzhaltung meist mit geflochtenen Beinen oder bis zum Knöchel parallelgestellten Beinen.	
Betonung von Körpermerkmalen durch Kleidung	Durch Korsette betonte Taille, zur Formung und zum Halt getragener Büstenhalter, zum Unterstreichen der Hinterbacken an den Röcken angekrauste Bäusche, zur Darstellung kleiner Füße engere Schuhe.	Zum Verbreitern der Schultern wattierte Schulterpartien und Schulterklappen.
Kosmetisch	Zum hervorheben der Lippen Lippenstift, für weichere Haut Puder und Creme.	
Kulturell bedingte Unterschiede	Haartracht Röcke Aufbewahrungsort für Utensilien: Handtasche Make-up	Haartracht Hosen Aufbewahrungsort für: Utensilien: Hosen- oder Rocktasche kein Make-up

Die kulturell bedingten Unterschiede sind leichter als die entwicklungsgeschichtlich bedingten Merkmale und Verhalten änderbar, wie wir an der sich oft schnell ändernden Mode erkennen können.

Diese Aufstellung enthält sowohl erbbedingte, als auch kulturell bedingte Merkmale und Verhalten. Viele dieser Unterschiede nehmen wir nicht bewußt wahr, entwickeln jedoch ein Unsicherheitsgefühl, wenn einzelne Merkmale fehlen und die weitgehend unbewußt verlaufende Zuordnung dadurch erschwert wird.

Wir sagen dann, jemand sei unweiblich oder unmännlich.

Athletinnen, die mehr maskulin wirken, oft junge Sportlerinnen, die noch nicht Frau sind, weisen oft dem männlichen Körperbau ähnliche Merkmale auf.

Bei den in der Tabelle beschriebenen Unterschiedsmerkmalen haben wir vorwiegend die Merkmale des »Durchschnittsmenschen« aufgeführt.

Heute ungewollte, früher notwendige Unterscheidungsmerkmale sind die Geruchsunterschiede zwischen Mann und Frau.

Die Gerüche werden von besonders in der Achselhöhle und in der Schamregion befindlichen Drüsen erzeugt. In den als Duftspeicher wirkenden Haaren werden die Gerüche festgehalten und verstärkt. Das heute als unfein geltende »Riechen« ist der Grund dafür, daß Haare in der Achselhöhle als unfein abqualifiziert und deshalb abrasiert werden und daß Körpersprays zum Beseitigen der Gerüche verwendet werden.

Diese Entsexualisierung bei Frauen findet die Entsprechung im Abrasieren der männlichen Barthaare.

Es ist anzunehmen, daß die früher mehr von Gerüchen ausgehenden sexuellen Schlüsselreize sich mehr und mehr auf optische Eindrücke verlagern. Dabei spielen auch frühkindliche Erfahrungen eine wichtige Rolle. Die rundlichen, weiblichen Formen sprechen mehr denjenigen an, der Mütterlichkeit und Geborgenheit sucht, während schlanke und knabenhafte Figuren mehr den beschützen wollenden Mann ansprechen.

Der jeweiligen Kultur entsprechend werden die weiblichen oder männlichen Merkmale oft gewaltsam abgeschwächt oder versteckt. Denken wir dabei an das qualvolle Binden weiblicher Füße im Orient oder an die vereinheitlichende Kleidung in manchen kommunistischen Staaten.

Ein interessantes körpersprachliches Verhalten läßt sich beobachten, wenn sich Männer und Frauen begegnen. 75 Prozent der Männer wenden sich den Frauen zu, 60 Prozent der Frauen wenden sich ab.

Dieses Verhalten muß nicht das Desinteresse der Frauen am männlichen Geschlecht signalisieren, sondern ist mit großer Wahrscheinlichkeit darauf zurückzuführen, daß die Frauen durch Abwenden (des Oberkörpers) einer Berührung mit ihrem Busen ausweichen wollen.

Weiterhin ist zu beobachten, daß sich Frauen öfter ins Haar greifen als Männer und daß Frauen auf einen zugeworfenen Gegenstand mit Spreizen, Männer mit Zusammenpressen der Oberschenkel reagieren. Diese Reaktion ist nur damit zu erklären, daß der Rock (der Mädchen) das Auffangen eines Gegenstandes erleichtert.

Die jeweilige Kultur bestimmt in hohem Maße die nicht anlagebedingten Verhalten. Der in der jeweiligen Kultur absolvierte Lernprozeß prägt den Menschen und ermöglicht ihm eine zwar oft unbewußte, aber eindeutige Aufschlüsselung der empfangenen Botschaften.

Das übernommene und erlernte Verhalten ist einer ständigen Wandlung unterworfen. Neue Verhalten treten auf, früher gültige Verhalten werden abgelegt. Neue Situationen machen neue soziale Anpassungsprozesse notwendig.

Die über eine Million Jahre hinweg gespeicherten und von Generation zu Generation vererbten Eigenschaften werden sich derartigen Wandlungen nicht unterziehen können, und es wird noch viele Generationen dauern, bis die noch in uns vorhandenen, heute nicht mehr nötigen instinktiven Verhalten geändert sind.

Eine Vorform der erotischen Annäherung ist der Flirt. Er ist die gesteigerte Form der »Als-ob-Werbung«.

Die beim Flirt abgegebenen Haupt- und Nebensignale sagen: »Es soll nur ein Spiel scin.« In diesem Spiel kommen die meisten Elemente der Werbung vor. Meist sind jedoch eines oder mehrere Elemente verändert oder fehlen ganz.

So ist es dem Empfänger derartiger Botschaften möglich, Spaß von Ernst und Flirt von echter Werbung zu unterscheiden.

Neben den vom Partner ausgehenden körpersprachlichen Reizen wirken auch Reize aus der Umgebung – Farben, Formen, Töne und Gerüche – erotisierend. Die Verarbeitung von Reizen erfolgt immer individuell aufgrund von Vorerfahrungen und unbewußten Erwartungen.

Diese Einstellung führt dazu, daß die meisten Menschen ein Quadrat oder Rechteck mit klarer Ordnung und Beharrung und eine Wellenlinie oder einen Kreis mit Entspannung und Behaglichkeit verbinden.

Junge Mädchen sehen in einem großen, schlanken, muskulösen jungen Mann den Mann ihrer Träume. Erfahrungen und geänderte Motivation lassen das Aussehen später zweitrangig werden.

Auf Männer wirken Schlüsselreize wie Beine und Busen besonders stark. Der erotische Gesamteindruck besteht meist aus vielen Einzelreizen, von denen allerdings oft nur die Primärreize den Kontaktwunsch auslösen. Sekundärreize führen zu einer Vertiefung oder Verflachung.

Wer seinen Partner als Idol, z. B. wegen dessen Schönheit oder wegen dessen Erfolges liebt, genießt seine eigene Eitelkeit und sucht Selbstbestätigung, die er aus der empfangenen Liebe ableitet.

Diese Art egozentrischer Selbstbespiegelung wird seit Freud als Narzißmus bezeichnet.

Leidenschaft und Glück, aber auch Enttäuschung finden im Liebenden statt, sind aber auf den Partner bezogen. Die Einbildung, der Partner erzeuge diese Gefühle, läßt die eigenen Emotionen so erleben, als ob sie tatsächlich vom Partner kämen.

Man glaubt dann, der Partner müsse einen glücklich machen. Eifersucht, die Angst vor Liebesverlust, die moralisierende Anklammerung tritt dann ein, wenn die Blüte des Kommunikationsdranges, die Verliebtheit, in Angst vor Isoliertheit umschlägt.

Bei Besitzanspruch ist Eifersucht Folge einer Angst, man könne das Besitzobjekt, den Partner, verlieren.

Derartige Anklammerung entsteht aus Kompensation der eigenen Unsicherheit und Verlorenheit.

Pedanterie, Perfektion und Nörgelei will die eigene Überlegenheit und Tadellosigkeit demonstrieren und Kritik oder Benachteiligung vorbeugen.

Derartiges Verhalten drückt aus: »Ich, der ich dies alles besser kann oder weiß, bin ein wertvoller Partner, und du, der du so viel Tadel ›brauchst‹, solltest froh sein, einen solchen Partner zu haben.«

Entsprechend der vorhandenen Liebesform ist die Bindung an und der Einfluß auf den Partner unterschiedlich stark.

Wir unterscheiden folgende Liebesformen:

– Sympathie, mit dem Ziel, miteinander zu harmonieren
– Sexueller Körperreiz
– Bindung und
– Erotik.

Eine Partnerbeziehung kann auf allen, mehreren oder einer Liebesform basieren.

Sympathie ist nicht besitzergreifend, sondern zart-berührend, streichelnd.

Die sprachliche Kommunikation erfolgt mit weicher und tiefer Stimme und in ruhigem Sprechtempo.

Bei der Liebesform der sexuellen Körperreize spielen die Instinkte eine große Rolle. Unter Instinkt verstehen wir Reaktionen, die auf bestimmte Reize hin regelmäßig und relativ unverändert erfolgen, und zwar so, daß sie wie eine Kettenreaktion ablaufen.

Im Bereich der Sexualität sind die Instinkte gekoppelt mit der angeborenen geschlechtlichen Zeugungsfähigkeit und den dem Geschlechtsverkehr dienenden Verhaltensweisen und Bedürfnissen.

Im Gegensatz zum Tier sind beim Menschen die reinen Instinktverhalten weitgehend aufgelöst. Es bestehen oft nur rudimentäre Überreste angeborener Reaktionsweisen.

1. Instinktverhalten beim Menschen

Das Saugen des Neugeborenen, ein relativ reines Instinktverhalten, entsteht aus einer Kette von Reflexen. Es öffnet den Mund und führt Zungen- und Schluckbewegungen aus. Diese Reflexe treten bei allen möglichen Reizen auf. Es scheint, als wolle keine Möglichkeit zur Nahrungsaufnahme ausgelassen werden.

Daß derartige instinktive Reflexe vererbt sind, läßt sich damit nachweisen, daß diese Reaktionen auch schon beim drei Monate alten Fötus ausgelöst werden können.

Während diese dem Überleben dienenden Bedürfnisse und die damit in Wechselwirkung stehenden Instinkte und Triebe, sowie das dann entstehende Verhalten fast ausschließlich zweckgebunden sind, sind die Sexualbedürfnisse des Menschen weitgehend losgelöst von der Aktivität des Zeugungsapparates. Beim menschlichen Sexualtrieb spielen psychologische Faktoren eine größere Rolle als biologische. Reize führen auch dann zu sexuellen Reaktionen, wenn der Zweck, die Zeugung, nicht erreicht werden soll.

Sexuelle Handlungen dienen so neben der Fortpflanzung auch der Partnerbindung. Beim Menschen ging die ursprüngliche Koppelung von sexueller Aktivität und Eiproduktion verloren. Die Menschenfrau ist auch dann sexuell erregbar, wenn sie nicht empfangen kann. Ihr Äußeres übt auch in der Zeit der Empfängnisunfähigkeit eine anziehende, erregende Wirkung auf den Mann aus.

Optische Reize vermitteln unter anderem Kleidung, die die Körperformen stark betont, höhere Absätze, die dazu führen, daß die Beine länger wirken, enge Pullover, welche die Busenform und -größe betonen, enganliegende Hosen, die Gesäß und Schenkel besonders hervorheben, und bunte Farben.

Sex-Signale verwenden wir zur Partnersuche, Partnerwahl, sexuellen Stimulation des Partners und Aufnahme einer Partnerbeziehung. Neben den merkmalhaften Signalen kennen wir eine Menge von Verhaltenssignalen:

- länger als üblich in die Augen schauen;
- flüchtige Berührungen;
- kurzes Liegenlassen der Hand auf dem Körper oder auf Körperteilen des Partners;
- Distanzverringerung;
- häufiges Zulächeln mit geöffnetem Mund;
- wohlwollendes Betrachten der verschiedenen Körperteile des anderen;
- bei Zustimmung heftiges und häufigeres Kopfnicken;
- direktes Gegenübersitzen mit offener Haltung;
- mehr Gestik zur Unterstreichung der eigenen Aussagen;
- Zuwerfen von raschen Blicken;
- aufmerksames Beobachten von Reaktionen;
- relativ weit geöffnete Augen (hochgezogene Augenbrauen und vergrößerte Pupillen);
- mehr Zungenbewegungen;
- häufigeres Anfeuchten der Lippen;
- längeres Verweilen beim Aus-dem-/In-den-Mantel-Helfen;
- Hand nehmen;
- öfteres Schweigen, um verbale Zustimmung auszulösen und um verbale Verstimmung zu vermeiden.

Auf derartige Reize können gleiche oder ähnliche Reaktionen als Antwortreaktionen zurückkommen, die ihrerseits wieder Reize darstellen und Antwortreaktionen auslösen. Eine gegenseitige Beeinflussung und Aufschaukelung entsteht. Die häufigsten Antwortreaktionen sind (neben den bereits geschilderten Signalen):

- Weiten der Pupillen;
- zielloser, verträumter Blick;
- Blähung der Nasenflügel;
- leicht geöffneter Mund;
- Zungenspitze liegt vorne oben, hinter den Zähnen; erlischt die Selbstkontrolle, dringt die Zungenspitze nach außen und wedelt, nach oben gerichtet, erregt hin und her;
- zugeneigte oder gerade, aber leicht nach oben tendierende Kopfhaltung.

Je mehr treibende Erotik einem Verhalten zugrunde liegt, desto eher stellen sich die beschriebenen Reize/Reaktionen und deren Steigerungen ein.

Andere Verhalten laufen bei der mehr idealerfüllten Erotik ab:

- offener Blick mit strahlend-leuchtendem Augenausdruck;
- ruhiger, gefallenfindender Blickkontakt;
- spannungslos geschlossener, weich wirkender Mund, der sich erst bei zunehmender sexueller Erregung öffnet;
- leicht nach oben gezogene Mundwinkel (Süß-Reaktion);
- leicht seitlich geneigte Kopfhaltung (Zuneigung);
- Blickrichtung zeigt häufige Tendenz von unten nach oben (Aufschauen, Bewunderung);
- Körperbewegungen und Gang elastisch und beschwingt (mehr rhythmische Bewegungen);
- Hände ergreifen nicht, sondern tasten spielend;
- lebhaftes Sprechtempo mit melodisch und klar klingender Stimme.

Wird die Stimme gequält, quäkend oder näselnd und stockend, ist auf gehemmte Erotik zu schließen.

Aus überkompensierten Hemmungen kann Bindungszwang entstehen. Der gebundene Partner fragt aus und kontrolliert. Er fordert Rechenschaft oder Demonstrationen der Abhängigkeit. Er klammert sich depressiv an. Psychologisch bedingtes Kranksein kann als Mittel, Zuneigung zu erzwingen, dienen.

Die meisten der dem Erwachsenen vertrauten körperlichen Zärtlichkeiten und deren Einsatzbreite leiten sich aus dem in früher Kindheit erfahrenen intimen Körperkontakt mit den Eltern her. Kuscheln, Tätscheln, Streicheln und Küssen kann nur weitergegeben werden, wenn es als natürliches Verhalten in früher Kindheit erlebt wurde. Derartige Zärtlichkeiten zwischen Liebenden sind Ausdruck der Fürsorge.

Anerzogene Barrieren führen dazu, daß sich Menschen oft nicht von Mensch zu Mensch oder mit Zärtlichkeit und Liebe begegnen können. Dann verschanzen sich Männer und Frauen hinter Prestigesignalen und kämpfen oft um taktische Annäherung. Das Ideal der Erotik kann als die Fähigkeit zur Offenheit und Übereinstimmung beschrieben werden.

2. Die weibliche »Ich-bin-zu-haben-Haltung«

Die körpersprachlichen Äußerungen des weiblichen Werbegebarens sind uns weit-
g   uspielerinnen und Fotomodellen bekannt. Sie stel-
l   u mit oft bis an die Grenze des Tolerierbaren aus-
g   haltensmustern dar. Als Einzelverhalten erkennen
v

–   ιaltener Kopf;
–
–   ϑrb und dadurch ebenfalls nach vorn geschobene
                                     ιauch;
–   ϑktes Bein, bei dem die Schenkelmuskulatur beson-

/   gekrümmt und oft in bogenförmigen Bewegungen

                                     ιhand, z. B. beim Zurückstreichen der Haare, beim
                                     d des Räusperns, beim Rauchen,
                                     wegungen beim Gehen (Hüften und Schultern), die
                                     ϑolle gehalten werden;
                                     symbolisch geöffnete Beine;
  ιnbar uι   ϑr absichtliches Streicheln (Brust oder Schenkel);
  schlußhal   (für »Ich bin eingesperrt« (verschränkte Arme) und
  ϑrderur   ςen Sie mich heraus!« Dabei sind die Zusatzsignale be-
                                     ϑ eine mögliche Fehldeutung verhindern;
                                     ϑden vom Anzug des Partners entfernt;
– Pflegeverhalten, Zigaretten oder Süßigkeiten werden angeboten;
– ihre Hand hält oder streift die Feuer anbietende Hand des Partners;
– der Rock wird zurechtgerückt, um Aufmerksamkeit auf Beine zu lenken oder als
  Putzverhalten (»Ich mach' mich schön für dich«);
– Zurechtziehen des Pullovers, um Aufmerksamkeit auf Busen zu lenken und als
  Putzverhalten;
– die Stimme wird weicher und zärtlicher;
– glänzende Augen;
– gerötete oder bleicher wirkende Haut;
– Änderung des Körpergeruchs;
– auffälligere Putzverhalten (Frisur, Kleidung, Make-up).

Der Einsatz dieser Signale wird allerdings für Mädchen oft zu einem Problem, da es
nicht offensichtlich interessiert wirken will. Eine Ausnahme davon machen lediglich
Mädchen in einigen romanischen Ländern. Sie dürfen sich ein offenes Werbeverhalten
erlauben, weil sie meist im Schutze einer Anstandsdame stehen.

3. Die männliche »Ich-will-dich-Haltung«

Viel deutlicher als Frauen dürfen Männer ihre sexuellen Wünsche offenbaren. Ihre Botschaften stellen sich wie folgt dar:

- Beine leicht gespreizt;
- Hüften leicht nach seitlich vorn geschoben;
- Daumen im Gürtel eingehängt. Die Finger zeigen auf den Genitalbereich;
- suchender und längerer Blickkontakt;
- leichtes Zukneifen der Augen oder leichtes Hochziehen der Augenbrauen;
- gegensätzliche eigene Körpersprache. Ist sie offen, selbst geschlossen, und umgekehrt;
- Distanzverringerung bis zu dem Punkt, an dem ein unbehagliches Gefühl bei der Partnerin entsteht, aber nicht so weit, daß sie Grund zum Protestieren hat;
- Blickkontakt zum Körper, Hals, Brust;
- Berühren der Lippen mit der eigenen Zunge;
- Verengen der Augen;
- an andere werden keine Botschaften mehr gegeben;
- leicht gespannte Muskeln, straffere Haltung, aufrecht, gerade;
- Haltung in Aktionsrichtung.

Führen diese Botschaften zum Erfolg, kommen Antwortsignale, die gleich oder komplementär ablaufen können. Es bildet sich dann eine mehr und mehr isolierte Partnerschaft, ein intimer Kreis. Der Kreis kann so gestaltet sein, daß sich die Partner an den Händen fassen, sich umarmen, sich mit übergeschlagenenen Beinen gegenseitig zuwenden, sich unverwandt ansehen.

Kommt ein weitergehender Kontakt nicht zustande, können die Werbebotschaften verstärkt werden. Einzelne Elemente werden gekoppelt.

An Schenkel gelegte Hände, hochgezogene Schultern, an die der eigene Kopf angelegt wird, verträumtes Lächeln sagen: »Ich möchte, daß du zärtlich zu mir bist.« Derartiges, über das tolerierte Maß hinausgehendes Werbeverhalten wird allgemein als unanständig angesehen. Es wirkt aufdringlich.

4. Annäherung

Die nächste Stufe nach dem Werbeverhalten ist die Annäherung. Der Ablauf vom Sichsehen bis zum Sichvereinen ist fast genau reglementiert. Es sind folgende Stufen zu beobachten:

Phase des/der:	Signale und Verhalten:
Schauens	Blicke streifen über den Körper des ausgewählten Partners Blickkontakt Auge in Auge kommt zustande.
Gesprächs	Die Stimme wird zum vertiefenden Werbemittel. Ruhiges Sprechen und empfundenes Betonen, interessiertes Zuhören und vertiefende körpersprachliche Signale werben um Vertrauen.
Berührung	Die Hände finden sich. Die weibliche Hand reagiert auf leichtes, zärtliches Drücken, Finger werden verschränkt. So ergibt sich die »Erlaubnis«, den Arm um die Schulter zu legen, Rücken und evtl. das Gesicht zu streicheln.
Intimität	Die männliche Hand nähert sich der weiblichen Brust, Küsse werden ausgetauscht. Wird weitergehender Körperkontakt verwehrt, darf dieser erst nach weiterem Küssen erneut angestrebt werden. Die männliche Hand (und evtl. die weibliche Hand) erkundet den Körper des Partners bis zu den Sexualbereichen. Mund–Brust und Hand–Geschlechtsorgan sind die Fortsetzung der Intimitäten, deren Krönung der Kontakt von Geschlechtsorgan und Geschlechtsorgan ist.

Auch beim Scheinflirt erfolgen diese Abläufe. Das erotische Annäherungsmanöver erfolgt jedoch ohne wirkliches erotisches Ziel.

Entsprechend der Einstellung zur Sexualität können diese Abläufe vielfach variiert werden. Lassen wir die sprachlichen und körpersprachlichen Wirkungsmittel nicht zum Selbstzweck und zum manipulativen Mittel werden. Offenheit und Abgabe der Signale, die das wirkliche Wollen ausdrücken, verhindern Frustrationen. Geben wir mißverständliche Doppelsignale, erreichen wir Fehlinterpretationen. Derjenige, der dann mit Recht annehmen muß, wir seien ansprechbar, kann sich nach entsprechendem Vorgehen nicht mehr zurückziehen, ohne sein Gesicht zu verlieren, ohne sich blamiert zu haben. Frustration und aggressive Reaktion sind dann verständlich. Offenheit führt dazu, daß ein Flirt jederzeit von beiden abgebrochen werden kann, ohne daß sich der einzelne etwas vergeben hat.

Unerfahren und naiv setzen oft junge Mädchen sexuelle Körpersprache ein. Sie geben »Ich-will«-Botschaften ab, ohne wirklich zu wollen. Viele Sexualverbrechen sind so vom Opfer mitverschuldet worden.

Meist sind es nur geringe Zusatzsignale, die erkennen lassen, daß nicht Sexualität, sondern andere Interessen die Annäherung motivieren. Lautstärke der Stimme, Armhaltung, Fuß- und Beinhaltung, Hand- und Fingerhaltung und die Sprachinhalte lassen die Interessenlage und das angestrebte Ziel vermuten oder erkennen.

Oft werden bewußt oder ungewußt Sexualsignale in den Kommunikationsprozeß eingestreut, um das angestrebte (geschäftliche) Ziel leichter zu erreichen. Verkäuferinnen, Verkäufer, Sekretärinnen, Chefs, Heranwachsende, Spione, alle, die mit den Inhalten allein ein Ziel nicht erreichen könnten, verwenden derartige zusätzliche Signale und Zeichen, um eine stärkere Beeinflussung auszulösen. Väter heranwachsender Töchter kennen dieses Werbeverhalten. Manche Tochter hat sich durch »Um-den-Finger-Wickeln« des Vaters ihr Taschengeld aufgebessert, ohne daß jemals ein wirkliches geschlechtliches Ziel bestanden hätte.

Erziehung ohne Zärtlichkeit, Verteufelung der Sexualität und Tabuisierung dieses Themas haben großen Schaden angerichtet. Schlechtes Gewissen wegen körperlicher Liebe und gleichzeitiger Drang und Wunsch zur Vereinigung haben viele Ehen scheitern lassen. Viele Menschen können selbst bei der Vereinigung die Masken nicht ablegen, sind unfähig, sich dem befreienden Glücksgefühl der tiefen Partnerschaft hinzugeben. Viele Männer flüchten in die Anonymität, um dort in scheinbarer Freiheit erotische Erlebnisse zu genießen, flüchten zu Prostituierten. Heranwachsende verlassen ihr bisheriges soziales Umfeld, um neue Kontakte zu schließen. Sie tun sich zu Gruppen zusammen, um in der Gruppe Schutz vor voreiliger Sexualität zu haben. Zögernd entwickeln sich Bindungen einzelner Paare. Die Gruppen lösen sich auf.

Je mehr Eltern (aus Eifersucht?) derartigen Freundschaften entgegenwirken, desto stärker wird oft die Bindung an den Partner. »Meine Eltern verstehen mich nicht« und andere resultierende Meinungen führen zu Fluchtverhalten und dazu, daß sich der Heranwachsende kritikloser und stärker an seinen Partner bindet. Spätere Einsichten heißen dann nicht: »Meine Eltern hatten doch recht«, sondern müssen lauten: »Hätten meine Eltern mich verstanden, mir mit Vertrauen den notwendigen Freiraum gelassen, hätte ich viel wertfreier urteilen können.«

5. Körpermerkmale und Sexualität

Die Nase des Menschen wird oft sexuell zugeordnet. Einige Merkmale lassen tatsächlich annehmen, als sei die Nase des Mannes ein Echo auf seine Genitalien. Beim männlichen Mandrill-Affen ist dies besonders deutlich.

Beim Menschen wird die verbreiterte Nasenspitze von vielen Malern oft als Gegenstück zur Eichel, die Nasengrübchen als Gegenstück zum Penisschlitz und die Nasenflügel als Hodensacksymbol angesehen. Tatsächlich ist das Beben der Nasenflügel eine phallische Drohgebärde.

✎ Der Nabel hat normalerweise eine runde Form. So wird der Nabel bei 92 Prozent der weiblichen Akte dargestellt. Nur 8 Prozent der Abbildungen zeigen den Nabel schlitzförmig. Ganz anders ist dies bei Pin-up-Fotos. Dort findet sich nur bei ca. 54 Prozent ein runder und bei 46 Prozent ein schlitzförmiger Nabel. Sechsmal häufiger wird hier also der Nabel in genitaler Form abgebildet. Dies mag dadurch bedingt sein, daß die Pin-up-girls eine Stellung einnehmen, in welcher der Nabel in die Länge gezogen wird. Es ist aber auch möglich, daß der Wunsch, dem Nabel eine längliche, an eine Vagina erinnernde Form zu geben, die Motivation zur Haltung ist.

Die Brust der Frau besitzt normalerweise halbkugelige Form. Damit ist die Frau die Ausnahme unter den Primaten. Ab der Geschlechtsreife wölben sich die Brüste nach vorn, egal, ob gestillt werden soll oder nicht. Andere Primaten haben nur während der Stillphasen angeschwollene Brüste. Daß die Brust nicht nur während der Mutterschaft anschwillt, sondern die Form behält, ob Mutterschaft, also Notwendigkeit zum Stillen, gegeben ist oder nicht, spricht dafür, daß die Brüste auch dem Zweck der sexuellen Signale dienen. Abgesehen davon ist die Brustform der menschlichen Frau für den Säugling weniger leicht zu handhaben als z. B. eine schlauchförmige Brust. Wahrscheinlich stellte sich die Entwicklung der Form zusammen mit dem aufrechten Gang ein. Die sexuellen Merkmale sollten auffallend auf der Vorderseite des Körpers repräsentiert werden. Möglicherweise ist der Busen so zum Ersatz für die kugeligen Hinterbacken, die bei gebeugtem Gang genügend Sexualreize aussandten, geworden.

Die Lippen dürften ebenfalls dem Zweck als sexuelles Signal dienen. Die Form der aufgeworfenen Lippen ist für das Saugenkönnen nicht notwendig. Auch andere Primaten saugen, ohne daß sie vorgestülpte Lippen besitzen. Eine weitere Möglichkeit wäre, daß die Lippen in aufgeworfener Form besser ihren Zweck als Kußorgan erfüllen. Gehen wir davon aus, daß der Kuß eine Imitation der Von-Mund-zu-Mund-Fütterung und Ausdruck des Pflegeverhaltens ist, sind auch für das Küssen aufgeworfene Lippen nicht nötig. Bleibt also der Zweck eines visuellen Signals. Lippen als Symbol der Schamlippen. Dafür spricht, daß Lippen mit zunehmender sexueller Erregung anschwellen und röter werden. Feuchte Lippen wirken auf den Mann erregender als trockene Lippen. Bewegt eine Frau phallusähnliche Gegenstände zwischen den Lippen oder in Nähe des leicht geöffneten Mundes, wird auch dieses Verhalten eindeutig sexuell zugeordnet.

Daß auch der Mann aufgeworfene Lippen besitzt, muß dazu kein Gegenbeweis sein. Er verfügt auch über Brustwarzen, ohne säugen zu können. Frauen benutzen seit Jahrtausenden Farbe (Lippenstift), um den Lippen ein anziehenderes, erregenderes Aussehen zu geben. Sexuell unterlegte Werbefotos zeigen fast immer Frauen mit aufgeworfenen Lippen und leicht geöffnetem Mund. Die Lippenform der Brigitte Bardot und der Marilyn Monroe sind geradezu Qualitätsbegriffe für Sexualität geworden.

Auch die Augen als »Fenster der Seele« sind Ausdruck für Sexualität. Junge Liebende scheuen sich zunächst, diese Wirkungsmittel offen einzusetzen. Der Konflikt aus Angst und sexueller Anziehung führt zunächst zu tastenden Blicken. Entsprechendes Echo läßt tiefen Augenkontakt zustande kommen. Interesse und optimales Wahrnehmenwollen führt zu einer Weitung der Pupillen und löst gleichzeitig im Partner Erregung aus, die ihrerseits zu einer Pupillenerweiterung führt.

Die weiblichen Beine besitzen ebenfalls starken Aufforderungscharakter. Längere Beine wirken erregender als kurze. Schauspielerinnen und Pin-up-girls nutzen diese Möglichkeit, indem sie durch entsprechende Kleidung (Hot pants, Stöckelabsätze,

Miniröcke, im Kleid höhergesetzte Taille u. a.) längere Beine vortäuschen. Der Grund dafür, daß längere Beine reizvoller wirken, liegt darin, daß Mädchenbeine bei Erreichen der Sexualreife im Verhältnis zum Körper länger werden. So assoziieren wir mit langen Beinen ein junges, eben geschlechtsreif gewordenes und damit besonders begehrenswertes Wesen.

Glück

Glück stellt sich dann ein, wenn wir optimale Bedürfnisbefriedigung erleben. Als Mangelerlebnis definiert ist ein Bedürfnis ein Antrieb, der ein suchendes bzw. zuwendendes Verhalten produziert. Bedürfnisse können psychologisch und physiologisch begründet sein. Unzufriedenheit ist ein psychologisches Bedürfnis (Mangelerlebnis), Hunger und Durst sind physiologische Bedürfnisse. Sexuelle Bedürfnisse sind sowohl psychologisch (Alleinsein), als auch physiologisch (hormonbedingt) begründet. Entsprechend der individuellen Bedürfnisstruktur des Individuums entsteht unterschiedliche Zufriedenheit, unterschiedlich motiviertes Glück. Der eine ist vorwiegend dann froh, wenn er genügend zu essen hat, für den anderen liegt das größte Glück im Verstandenwerden. Nur so dargestellt, wäre es allerdings einfach, den Menschen zufrieden zu machen. Tatsache ist, daß je nach Stimmung, Hormonhaushalt und Antrieben die Bedürfnisse abwechseln und auch die Art der Bedürfnisbefriedigung unterschiedlich ist.

Können Bedürfnisse nicht befriedigt werden, führt dies bei längerer Dauer des Unbefriedigtseins zu Krankheit und sogar Tod. Bei Hunger, Durst und anderen physiologischen Bedürfnissen scheint uns dies einsichtig.

Warum soll aber jemand krank werden, wenn er seine psychologischen, sozialen und sexuellen Bedürfnisse nicht befriedigen kann? Jede angestrebte und nicht gelungene Bedürfnisbefriedigung führt zu Enttäuschungen und Frustrationen, die sich bei Wiederholung tief eingraben. Depressionen und Neurosen können dann als Folgen entstehen. Auch Selbstmorde wurden verübt, weil insbesondere soziale Beziehungen endeten oder nicht zustande kamen. Unglückliche Liebe soll nur ein drastisches Beispiel dafür sein.

Als auf soziale Kontakte angewiesene Gruppenwesen brauchen wir die Zuwendung unserer Artgenossen. Um diese auszulösen, haben wir bereits beschriebene Verhaltensmuster (z. B. Kindchenschema) entwickelt. Gefüttertwerden, Gestreicheltwerden und andere Verhaltensmuster, die uns die Fürsorge unserer Mitmenschen zeigen, lassen uns Geborgenheit erleben. Kleinigkeiten, wie das Zurechtrücken eines Stuhles, machen uns froh.

Die größten Glücksgefühle erleben wir schließlich in der Sexualität. Dann, wenn alle konventionellen Schranken fallen und wir ganz um unser selbst willen geliebt werden. Jede totale Identifikation erleben wir als Glück.

Glück erregt, steigert die Spannung. Weitere zärtliche Zuwendung führt zu Über-
spannung, die sich schließlich bei sexuellem Kontakt im Orgasmus entlädt.

Je mehr individuelle Zuwendung wir erfahren, je mehr die Zärtlichkeit unseres
Partners Erregung erzeugt, desto umsorgter und geborgener fühlen wir uns. Dabei ist
nicht nur körperliche Zärtlichkeit ausschlaggebend. Worte und Vorstellungen sind
genauso in der Lage, eine Art körperlicher Berührung von »innen her« auszulösen.
Wir alle haben schon erlebt, daß Worte streicheln können, daß Musik uns frösteln
läßt, daß unsere Haut und unsere Muskelspannung auf Stimmungen reagieren. Oft
wird unsere Haut in mehr oder weniger empfindliche erogene Zonen eingeteilt. Ich
meine, daß es nicht darauf ankommt, wo jemand streichelt, sondern daß jemand streichelt. Haut ist insgesamt eine erogene Reizzone. Gefühlte Wärme und Zuwendung
läßt ein Gefühl der Geborgenheit entstehen. Manche Frauen tragen Pelze auf nackter
Haut, um dieses Gefühl herbeizuführen. Für Neugeborene und Kleinkinder ist der
Hautkontakt ein wichtiges Mittel für das Erleben der sozialen Geborgenheit.

6. Verräterische Körpersprache

In Tausenden von Beobachtungen wurde mir bestätigt, daß Körpersprache nicht
nur als Reaktion, sondern auch als Aktion begleitend und ankündigend auftritt.

Vorhaben werden durch körpersprachliche Signale kurz vorher angedeutet. In der
Literatur finden wir für derartige Signale die Bezeichnungen »Intentionsbewegungen«
und »Vorbereitungssignale«. Gemeint sind damit die bei der inneren Vorbereitung
und Einstellung auf die auszuführende Handlung oder Aussage sich einstellenden
vorbereitenden Bewegungen. Diese sind Hinweise für das, was wir beabsichtigen. Das
Sich-wehren-Wollen deutet sich oft durch tastendes Suchen der Waffe an. Vor einer
geharnischten Antwort beobachten wir, wie sich eine Faust bildet. Sind wir zur geplanten Handlung entschlossen, leiten die Vorbereitungsbewegungen nahtlos in die
angestrebte Handlung über. Reicht unser Antrieb nicht aus, bleibt unser Vorhaben auf
die vorbereitende Bewegung beschränkt. Diese vorbereitende Bewegung verrät einem
aufmerksamen Beobachter, was wir vorhatten.

Analysieren wir den sogenannten Aufstehstützgriff, bei dem wir mit der Hand oder
beiden Händen die Stuhl- oder Sessellehne so umfassen, als wollten wir uns zum Aufstehen hochstützen. Etwas in uns drängt uns zum Aufstehen. Der Aufstehstützgriff
leitet dann entweder das Aufstehen ein und führt harmonisch das begleitende Hochstemmen des Körpers aus, oder er bleibt als verratendes Körpersignal ohne die sinngemäß folgenden Bewegungen.

Etwas hält uns davon ab, wirklich aufzustehen. So kann unser Partner, falls er aufmerksam beobachtet hat, lediglich erkennen, daß wir aufstehen wollten. Versteht er
dieses Signal, kann er das Thema oder die Situation, wegen der wir unseren Platz verlassen wollten, ändern. Fast immer nehmen wir dann auch den Aufstehstützgriff wie-

der zurück. Versteht er dieses Signal nicht und verstärkt durch falsches Vorgehen unseren Wunsch aufzustehen weiter, verbleibt auch der Aufstehstützgriff und wird bei Verstärkung des Wunsches aufzustehen die folgenden Bewegungen mit Verzögerung einleiten.

Signale, die ausdrücken, was der andere vorhat, beobachten wir ständig. In Menschenmengen nehmen wir derartige Signale bei unseren Mitmenschen unbewußt wahr und schließen daraus die Richtung, in der jemand z. B. an uns vorbeigehen will. So vermeiden wir Zusammenstöße und mühsame Ausweichbewegungen. Einige das Vorhaben verratende körpersprachliche Signale seien hier aufgeführt:

Aufstehstützgriff	– der Partner möchte aufstehen (gehen);
Sakko zuknöpfen	– der Partner fühlt sich angegriffen und schützt sich, oder er bereitet sich zum Gehen vor;
Zurückgehen	– der Partner »distanziert« sich von unserem Verhalten und leitet ein Weggehen ein;
Abwenden	– der Partner sucht einen Weg, den er von uns weggehen
Hand ausstrecken	– will; der Partner möchte uns je nach Handhaltung begrüßen, willkommen heißen oder ablehnen;
Knie übereinanderschlagen in Richtung Ausgang	– insbesondere mit gekoppeltem Aufstehstützgriff leitet das Weggehen ein.

Vorgetäuschte Intentionsbewegungen bezeichnen wir als Finten. Bei Fangspielen deutet die Körpersprache eine bestimmte Bewegungsrichtung an, um den Partner zu täuschen. Bei jedem Fußballspiel sehen wir eine Vielzahl von zur Täuschung eingesetzten Intentionsbewegungen. Was können wir tun, wenn wir bei unserem Partner für uns schädliche Intentionsbewegungen feststellen, ihn aber die damit gezeigten Absichten nicht ausführen lassen wollen?

festhalten	– wir können ihn tatsächlich festhalten oder aber ebenfalls mit Intentionsbewegungen andeuten, daß wir ihn nicht gehen lassen wollen. Wir legen ihm z. B. die Hand auf die Schulter, umarmen ihn oder rücken in seine Nähe.
Thema wechseln	– oft sind Vorbereitungssignale Reaktionen auf unser Verhalten oder auf das Thema, über das wir sprechen. Themenwechsel führt oft zum Abbau der Intentionsbewegungen;
strammstehen lassen	– damit der Soldat bei der »Gardinenpredigt« nicht weglaufen kann und auch nicht in der Lage ist, entsprechende Intentionsbewegungen auszuführen, wird ihm befohlen »stillzustehen«

Eine besondere Art des Festhaltens bezeichnen wir mit »vorknöpfen«. Damit meinen wir, daß wir jemand am Knopf festhalten, damit er uns nicht weglaufen kann. In den Bereich der verräterischen Körpersprache fällt auch der Tanz. Der Tanzende führt eine Reihe alternierender Absichtsbewegungen aus. Die grundlegenden Körperbewegungen des Tanzes sind oft charakteristisch für die jeweilige Kultur. Der Tanz stellt abstrahiert vertraute Alltagsbewegungen dar. Dies beobachten wir besonders beim Volkstanz. Die Tanzfiguren erinnern an Jagd, Sammeln, Paarung und Werbeverhalten.

Die gemeinsam und gleichzeitig ausgeführten Bewegungen zeigen ein gemeinsames Lebensgefühl. Die Gemeinsamkeit in Gemeinschaft Gleicher vermittelt Geborgenheit. Viele Intentionsbewegungen sind beim Tanz unvollständig, deuten lediglich an. Möglicherweise ist heutiges Tanzen, bei dem sich der Mensch ohne körperlichen Kontakt auf der Tanzfläche seinen eigenen Gefühlen hingibt, Ausdruck der zunehmenden Einsamkeit und abnehmenden Kommunikation sowie der verflachenden zwischenmenschlichen Beziehungen.

Kapitel 14
Rollenverhalten

Jeder von uns hat, um das soziale Zusammenspiel zu ermöglichen, eine Vielzahl von Rollen zu spielen. Eine Rolle ist ein Verhaltenssektor im gesellschaftlichen Geschehen oder die Summe der von einem Individuum in einer bestimmten Situation erwarteten Verhaltensweisen. Den geforderten Rollen kommen wir mit bestimmten Eigenheiten und Charakterstrukturen mehr oder weniger entgegen. Die Rolle liegt uns, oder sie liegt uns nicht.

Unter den uns zur Verfügung stehenden Verhaltensweisen wählen wir jeweils die adäquaten aus und organisieren diese im Hinblick auf Lob und Anerkennung. So kann derselbe Mensch in verschiedenen Rollen als völlig anderer Mensch wirken. »Wenn man den privat erlebt...«, »... sonst ist der ganz anders«, sind Aussagen, die die verschiedenen Rollen des gleichen Menschen bewerten.

Unser Selbst ist ein vielgestaltiges Selbst. Es ist so vielfältig wie die Rollen, die es spielt. Je mehr Rollen die Gesellschaft fordert, desto weniger Originale treffen wir an. Einfache Kulturen lassen der Entwicklung der Menschen freien Lauf. So, wie sich jemand entwickelt, ist er. Komplizierte Kulturen und Gesellschaften verlangen mehr Rollenaspekte. Wir können sagen, die Gesellschaft ist ein System oder eine Struktur von Rollen.

Nicht alle Rollen können wir lernen. Wir unterscheiden »zugeteilte« (zugeschriebene) und »gewählte« (erworbene) Rollen oder mit anderen Worten Zwangs- und Kürrollen. Zugeteilt sind die Rollen, die nicht ausgewählt oder geändert werden können (z. B. Geschlecht, Rasse, Veranlagungen).

Gewählte Rollen sind die frei übernommenen Rollen. Dazu gehören auch die Rollen, die wir in unserer Kindheit (unkontrolliert) übernommen haben (z. B. Beruf, Freund, Vater, Ehemann, Vereinsvorstand).

Das Erlernen von Rollen und Rollenverhalten ist ein wesentlicher Vorgang bei der Sozialisation eines Kindes. Mit dem Rollenspiel erlernt es den dynamischen Aspekt eines Standes oder Status. Es lernt die Rechte und Pflichten seiner Stellung auszuüben. Das passende Rollenspiel hält den einzelnen im Rahmen der Gruppen, Organisationen oder Institutionen, denen er angehört, oder macht es möglich, von diesen

Zielgruppen angenommen zu werden. Wer die Rolle nicht erwartungsgemäß ausführt, hat Repressalien zu erwarten. »Er ist aus der Rolle gefallen . . .«, sagen wir, wenn das gezeigte Rollenverhalten nicht der Erwartung entsprach. Wer bestimmt nun, welches Verhalten zu welcher Rolle gehört? Wir alle! Die meisten Rollen sind in den Gruppen, Gesellschaftsformen und Kulturen durch Konsensus, durch das im Lauf der Zeit sich ergebende Einverständnis über gewisse Dinge festgelegt worden.

Wir erkennen beispielsweise denjenigen als Führer in seiner Führerrolle an, der in einer sozialen Situation Wirksamkeit entfaltet – die Angelegenheit »in die Hand nimmt«. In der Führerrolle übt der Führende auf andere in bestimmter Richtung einen Einfluß aus. Dieses Rollenverhalten kann sich ohne Zutun des Betreffenden aus der Situation ergeben, oder es kann von jemand, der sich zum Führer berufen fühlt, von vornherein angestrebt worden sein. Schließlich kann jemand, der durch sein Verhalten das Vertrauen der Umwelt gewonnen hat, einfach zum Führer berufen werden. Dies geschieht dann, wenn typische Verhaltensweisen oder Charakterzüge erkannt werden. Energie, Intelligenz (ohne jedoch zu überlegen zu sein), Selbstvertrauen, gesellschaftliche Ambitionen, Ehrgeiz und Willen zum Herrschen besitzen Führernaturen in höherem Maße als Durchschnittsmenschen. Die Verhalten können tolerant, brutal, demokratisch oder autokratisch ausgedrückt werden. Die Art des Ausdrucks ist von der Situation und den Bedürfnissen der zu Führenden abhängig.

Sprechen wir von Führungsstilen, meinen wir damit, in welcher Art jemand sein Führungsverhalten darstellt. Ein Führungsstil definiert also die Art, mit der der Führer seine Ansprüche durchsetzt. In unserer modernen Gesellschaft wird es immer wichtiger, die Ansprüche des zu Führenden zu berücksichtigen, sich auf seine Bedürfnisse einzustellen. So wird immer mehr derjenige als Führer anerkannt, der in der Lage ist, mit seinem Führungsverhalten der mittleren Erwartung der zu führenden Gruppe zu entsprechen. Dabei spielt die Erwartungshaltung des Gruppenmitglieds eine wesentliche Rolle. Das ist einer der Gründe, weshalb wir in Führungsseminaren keine theoretische Betrachtung von Führungsstilen vornehmen und die Wertschätzung oder Geringschätzung, starke und geringe Lenkung als Dimensionen des partnerbezogenen Führungsverhaltens trainieren. In einer solchen Matrix lassen sich die Führungsstile entsprechend der ausgedrückten Wertschätzung/Geringschätzung und starke/schwache Lenkung einordnen. Starke Lenkung und relativ geringe Wertschätzung entsprechen beispielsweise dem autoritären Führungsverhalten.

Nur die Bewußtmachung des gezeigten Verhaltens, die Art, wie jemand seine Rolle lebt, führt zur Erkenntnis und Einsicht und ermöglicht eine neue Prägung.

Eine solche Prägung ist das Resultat eines natürlichen Lernprozesses. Dadurch legt sich das Individuum im Lauf seines Lebens auf bestimmte Verhaltensmuster fest.

Illusionäre Selbsteinschätzung und daraus resultierendes Rollenverhalten schadet. Wer sich in Selbstbewunderung sonnt, neigt dazu, einen lächerlichen Helden zu spielen. Ein solches nicht den gegebenen Möglichkeiten entsprechendes Rollenverhalten erzeugt Spannungen mit der Umwelt.

Mangelnde Einsicht und Selbsterkenntnis stellen nicht das Eigenverhalten in Frage, sondern suchen die Schuld in der Umwelt. »Ich bin eben ein verkanntes Genie«, »Die sind alle blöd« sind dann mögliche Rechtfertigungen. Psychopathologische Höhepunkte sind beobachtbar in paranoider Denkstörung (»Ich bin . . . Goethe, ich bin der Kaiser von China«). Neurotische Höhepunkte zeigen sich in psychosomatischen Symptomen. Um Zuwendung zu erhalten, wird die Rolle des Kranken gespielt (und genossen). So ist eine Rolle meist die fiktive und illusionäre Selbstbewertung. Dementsprechende Verhalten werden produziert. Echtes, um sich wissendes Selbstgefühl führt zu echtem, passendem Rollenverhalten.

Wer sich »echt«, passend verhält, erntet mehr Sympathien als derjenige, der Verhalten spielt. Mit Aussagen wie »Der ist eben so«, »Den muß man eben so nehmen« rechtfertigen wir lieber ein nicht ganz passendes Verhalten, als daß wir uns durch zu gespieltes Verhalten täuschen oder »auch auf den Arm nehmen« lassen. Damit sei nicht dem »So bin ich eben« und dem »Nicht-auf-andere-Einstellen« das Wort geredet. Im Rahmen partnerschaftlicher Beziehungen hat jeder die Pflicht, die Ansprüche des anderen zu berücksichtigen. In den Eigenbild-Fremdbild-Vergleichen unserer Seminare beweist sich immer wieder, daß die Kurven Eigenbild und Fremdbild bei dem am ehesten übereinstimmen, der die Gruppensympathien genießt. Derjenige kennt sich meist selber sehr gut und produziert die Verhaltensweisen, die zu ihm passen, in allen seinen Rollen, er wirkt echt. Weiche, sensible Menschen werden erfahrungsgemäß oft ausgenutzt. Die Erfahrung, daß das gezeigte Verhalten, die Rolle des Gutmütigen, Nachteile bringt, hat oft dazu geführt, daß ein härterer Panzer, die rauhe Schale um den weichen Kern, zugelegt wurde. Läßt die »rauhe Schale« auch den »weichen Kern« noch erkennen, führen diese Abschirmung und das gezeigte polternde Verhalten nicht zu Nachteilen.

Die »harte Schale« wird dann als gewollt Rolle und der »weiche Kern« als tatsächliches Ich erkannt.

Verhaltenssignale, Modulation der Stimme und Körpersprache, offenbaren die wirkliche Persönlichkeitsstruktur. Schnell bemerken wir, daß das Verhalten eines Schauspieles unecht wirkt, wenn es nicht von innen kommt, wenn das Verhalten nicht mit dem Gesagten übereinstimmt. Hat ein Schauspieler gelernt, in der Rolle zu leben, sagen wir, die Rolle sei ihm auf den Leib geschneidert. Die Rolle passe zu ihm. Ob ein Mensch aufgrund seiner Anlagen bestimmte Rollen übernimmt oder ob versuchsweise übernommene Rollen die Persönlichkeit prägen, ist nicht genau zu beantworten. Sicher dürfte sein, daß übernommene Rollen nur dann mit Erfolg ausgeführt werden können, wenn entsprechende Anlagen und Begabungen entfaltet werden können. »Setzt mich auf das Pferd, reiten werde ich dann schon können« stimmt also nur dann, wenn die Begabung zum »Reiten« unbewußt vorhanden ist. Fehlt die Begabung, kann die Rolle nicht dauerhaft verwirklicht werden. »Er hat in der Rolle versagt«, sagen wir dann und meinen, er konnte die Rolle nicht erwartungsgemäß mit Fähigkeiten füllen. Leider werden, um Rollenklischees aufrechtzuerhalten, oft Probleme verdrängt. Statt sich einzugestehen, daß »der Anzug zu groß ist«, und entsprechende Konsequenzen zu ziehen, wird am Anzug gebastelt, der Blick anderer getrübt, die Schuld beim Schneider gesucht oder das Publikum für unfähig gehalten.

Auf Dauer ist es für das Individuum gesünder und für die Umwelt erträglicher, wenn derartige Probleme besprochen werden. Es ist falsch, den Helden zu spielen, wenn man das angsterfüllte Zittern der Knie nicht verbergen kann.

Lächerlichkeit tötet – und das Vortäuschen falscher Tatsachen ist lächerlich. Sagen Sie nicht: »Ich muß doch meine Rolle spielen!« Sagen Sie lieber: »Wenn ich diese Rolle wegen der mir gegebenen Anlagen nicht spielen kann, muß ich mir eine andere Rolle suchen.« In vielen Einzelberatungen erlebte ich, daß eine andere Tätigkeit erfolgreich ausgeführt werden konnte und sich eine tiefe innere Befriedigung einstellte. Nur die Angst vor dem Unbekannten war der Grund, am Jetzigen festzuhalten.

Starke Bindung schränkt die Mobilität ein. Wer stark gebunden ist, ist wehrlos gegen Schuldzuschreibung. Im beginnenden Teufelskreis wird durch die Hilflosigkeit die Abhängigkeit verstärkt, und die Unfähigkeit, Belohnung zu verlangen, steigt. Wahrscheinlich produzieren das Schuldgefühl und die Selbstverleugnung neue Schuldzuschreibung. Wird der Punkt erreicht, an dem die Institution nicht mehr verlassen werden kann, aber auch keine Vermehrung der Belohnung durchsetzbar ist, ist eine Bindung zustande gekommen. Gebundene Verhaltensmuster sind: Institutionsfrömmigkeit, die zum religiösen Fanatiker macht. Oft liegt die Wurzel dafür in früheren, aus übermäßigen Bindungen (z. B. Elternbindung) resultierenden Erfahrungen.

Oft sind diese Bindungen daran zu erkennen, daß sie verdeckt werden sollen. Erst Fehlleistungen, Fehlassoziationen und Analysen hellen die Hintergründe auf. »Was man verachtet, hätte man gerne«, sagt ein Sprichwort. Weiterfolgernd: »Was ich so oft von mir behaupte, fehlt mir. Ich muß es deshalb so oft sagen, weil es meine Umwelt – da nicht vorhanden – nicht merken würde. Da ich die Eigenschaft aber haben oder vortäuschen möchte, drücke ich diese so oft verbal aus.« »Ich in meiner Ehrlichkeit . . .«, »So objektiv wie ich . . .«, »Ich will doch von niemandem etwas . . .« drücken bei übermäßig häufigem Gebrauch aus, daß Eigenschaften dargestellt werden sollen, die in Wirklichkeit fehlen.

Gerade die Kleinigkeiten, die kleinen Signale und Zeichen, sagen sehr viel über die wirkliche Meinung und Bindung aus.

Gebundene Menschen leben verschanzt hinter Rationalisierungen und Rechtfertigungen in einer engen sozialen Nische. »Andere sind schlecht« ist eine sozial naive Formulierung, die die Unfähigkeit, andere zu lieben, andere zu verstehen und mit der Umwelt zu leben, ausdrückt. Es entsteht ein Teufelskreis. Die selbstverantwortete Isolierung hält den Gebundenen sozial inkompetent, und die daraus resultierende Verwundbarkeit führt zu einem immer tieferen Rückzug in die Nische. Es entsteht ein immer kognitiveres Verhalten. Kommen bestimmte Transaktionen, fühlt sich der Isolierte in seiner Angepaßtheit und Gebundenheit gefährdet. So können kleine Reize sogar psychotische oder gewalttätige Reaktionen auslösen. Manchmal werden derartige Reize sogar gesucht, um mit der scheinbar gerechtfertigten Reaktion eine Machtprobe in Szene zu setzen. Der Umwelt gegenüber kann die Reaktion dann meist gerechtfertigt werden, wenn nur der Reiz genügend übertrieben wird. Wer das eine nicht lassen kann und das andere will, erlebt oft eine Doppelbindung. Die Liebe zu den Eltern, insbesondere zum andersgeschlechtlichen Elternteil, kann das Eingehen einer Partnerbeziehung unmöglich machen. Jede Zärtlichkeit, die mit dem Liebespartner ausgetauscht wird, wird in extremen Bindungssituationen als Verrat an Vater oder Mutter erlebt.

Je mehr die Zuneigung und das Verlangen nach dem Partner wachsen, je mehr eine Bindung entsteht, desto hinderlicher wird die bereits vorhandene Bindung. Erkennbar werden die daraus resultierenden Konflikte meist an Widersprüchlichkeiten zwischen Wort und begleitender Körpersprache. Mit Worten Schutz suchen und kinetisch Verachtung ausdrücken, verneinende Körpersprache als Begleitung zu bejahenden Worten zeigen die konflikthafte Überlagerung.

Nicht nur in der sozialen Beziehung, sondern auch in alltäglichen Situationen sind Doppelbindungen auslösbar.

Sich widersprechende Instruktionen in unmittelbarem Kontext, Instruktionen, die einander wechselseitig ausschließende Forderungen stellen, können derartige Doppelbindungen auslösen. Wird der einen Forderung gehorcht, muß die andere zwangsläufig mißachtet werden.

»Würdest du mich wirklich lieben, würdest du nicht zu deiner Freundin gehen.«

»Wenn Sie sich wirklich bei uns wohl fühlten, würden Sie nicht kündigen« und andere Beispiele zeigen, daß damit eine konfliktnahe Einstellung zu den Beziehungen ausgelöst wird. Bleiben – gehen, moralisch leben – Frauen kennenlernen wollen, Eltern lieben – Partnerbeziehung aufbauen sind Konfliktsituationen, die von eigensüchtig fordernden Personen oft und leider bewußt aufgebaut werden. Ohne Rücksicht darauf, wie die Zielperson mit den so ausgelösten Konflikten fertig wird. Oft wird der paradoxe Charakter einer Forderung verdunkelt. Die Sprache fordert und die Körpersprache signalisiert die Unwichtigkeit der Forderung. Dieses Verhalten erleben wir oft dann, wenn Wissen und Weisheiten sprachlich dargestellt werden und die Körpersprache die sprachliche Darstellung nicht adäquat unterstreicht. Der paradoxe Charakter kann auch begründet sein in einem komplizierten System von Mythen und Rationalisierungen. Die Zielperson derartiger widersprüchlicher Aussagen zweifelt, rechtfertigt, weiß nicht was sie tun soll, verläßt das so als unangenehm erlebte Umfeld.

Religionen, Gesellschaftsformen, Kulturen, ja alle, die Menschen manipulieren wollen, nutzen die Möglichkeiten der Bindung und Doppelbindung, um Menschen in Nischen zu treiben. Um die Anhänger in dieser Nische zu halten, wird alles unternommen, ein Verlassen unmöglich zu machen. Feindbilder werden erzeugt, das eigene Bessersein, die Dummheit der anderen werden hochstilisiert und dienen dann auch den in der Nische Lebenden als Rechtfertigung. Offenheit für Informationen und Toleranz haben dann keinen Platz mehr. Kriege werden dann geführt aus Gründen, die niemals Grund für einen Krieg sein sollten – um anderen das Heil zu bringen.

Diejenigen, die beginnen, an den Normen zu zweifeln, werden bekämpft, ausgestoßen und oft sogar getötet. Nicht wissend, daß ein derartiges System beginnt, sich selbst zu morden.

Oft ist allerdings zu beobachten, daß derjenige die Normen am heftigsten verteidigt, der bereits anfängt, daran zu zweifeln.

In einem (letzten) Scheingefecht wird die Selbstüberredung zu einem verräterischen Mechanismus.

1. Rollenkonflikte

Eine besondere Art der Bindung ist die Überdependenz. Bleibt jemand in der Familie und besitzt dort keine Mobilität, besteht Überdependenz und Unreife.

Bei der offenen Überdependenz fürchtet sich der anklammernd Überdependente vor der Trennung von den Eltern. Trennenmüssen und schon der Gedanke daran kann zu Kranksein und Hilflosigkeit führen.

Bei verhüllter Überdependenz besteht keine Motivation für Weiterbildung und Berufsausbildung oder gar Berufstätigkeit. Dieses Verhalten zeigt sich Außeneinflüssen gegenüber verdrossen und feindselig. Ökonomisch fällt der so Überdependente der Familie zur Last.

Hysterische Überdependenz ist gegeben bei sexueller Verbundenheit oder romantischer Liebe zu Vater oder Mutter. Es ist unmöglich, werbend Beziehungen zu Gleichaltrigen aufzunehmen. Jeder, der zum geliebten Elternteil eine Beziehung unterhält, wird als feindseliger Konkurrent erlebt. Auch dieses Verhalten wird, wie fast jedes sozial unnormale Verhalten, rationalisiert. Meist werden Gründe wie schwache Konstitution und Erbmöglichkeit vorgeschoben.

Bei Überdependenz mit wechselnder Mobilität ist es zwar möglich, sich von der Familie zu lösen und allein zu leben, es werden aber nur spärliche Beziehungen zu anderen aufgenommen. Der sich hieraus zwangsläufig einstellende Mißerfolg deprimiert. Die Depression führt zu Krankheit, zu sozialen Schwierigkeiten und zu wirtschaftlichen Problemen. So kehrt der Erfolglose dann verarmt und krank zurück in seine Familie, wenn er hierzu noch genügend Kraft hat.

Das kommunikative Verhalten des Überdependenten zeigt ein hohes Maß an parakommunikativen Appellen zur Erhaltung der Sozialbindung. Leidendes und depressives Aussehen weckt sowohl Schuld als auch Mitleidgefühle. Beim Werbeverhalten werden kindliche Manierismen und körpersprachliche Wirkungsmittel eines Kindes eingesetzt. Oft ist das Werbegebaren auf einen Körperteil beschränkt. Auf Augen, Beine, Oberkörper. Die anderen Körperteile zeigen geringe Spannung und kaum adäquate Bewegungen.

Ist die Aufwärtsmobilität blockiert, entwickelt sich oft ein Heraushalten aus offiziellen Institutionen. In antisozialer Anpassung leben diese Menschen dann in Randzonen und Zwischenzonen der menschlichen Gesellschaft. In aktiv antisozialer Auffassung und illegaler Aktivität wird versucht, eine Aufwärtsmobilität zu erlangen. In Banden und Kultorganisationen meist unter Gleichentwickelten entstehen Angriffe gegen die Gesellschaft.

Andere Überdependente sind so streng zur Loyalität gegenüber ihren Eltern erzogen, daß keine Beziehung zu Menschen außerhalb der Familie aufgenommen werden kann. Nach dem Tod der Eltern leben diese Menschen dann allein und entfremdet.

Der Antisoziale scheint mobiler als der Überdependente, der an die Familie gebunden ist. Der Unterschied ist aber relativ zu sehen, da auch Antisoziale in der Kindheit stark gebunden waren und aus der Familie nur entkommen sind, weil diese aufgelöst wurde, weil ein Elternteil abgelehnt wurde oder weil ein Ankläger erlebt wurde, der so viele Beschwerden verursacht hat, daß es möglich wurde, im Zorn zu scheiden.

Der Unterschied zwischen einer antisozialen oder überdependenten Anpassung liegt darin, ob ein Abweichender die Schuldzuschreibung und Erklärung seines Problems annimmt oder nicht.

Der sich antisozial Anpassende sieht eventuell ein, daß er Sündenbock war und die Schuld zurückprojiziert. Er weist Immobilisierung von sich. Der Neurotiker nimmt die Schuld für seine Situation an und lebt den daraus entstehenden Konflikt krankhaft aus.

Generell ist eine Bindung ohne die psychologische Zustimmung der immobilisierten Person nicht möglich.

Die Verhaltensbeziehungen gebundener Personen scheinen oft einer gegenseitigen Fesselung zu gleichen. Es bildet sich eine symbiotische Beziehung, deren Schluß ein Rückfall in infantile Phasen sein kann.

Die Paarfesselung macht nicht nur abhängig, sondern produziert Beziehungen wechselseitiger Abhängigkeit mit Vater, Mutter oder Ehepartner. Zur Täuschung wird die wechselseitige Abhängigkeit oft geleugnet. Man spricht nicht miteinander und zeigt keine Anzeichen von Verbundenheit. Diese Anzeichen brechen aber bei Krisen plötzlich aus. Derartige Krisen können ausgelöst werden durch körpersprachliche Signale, die Angst, Schmerz und Depression signalisieren. So werden beim Partner Schuldgefühle ausgelöst. Beide unterliegen der symbiotischen Fesselung. Jeder befürchtet, nicht ohne den anderen oder allein leben zu können, und gleichzeitig halten beide einander für gefährlich und nicht vertrauenswürdig. Durch körpersprachliche Botschaften wird jeder Versuch, den anderen zu verlassen oder eine Beziehung zu Dritten aufzunehmen, vereitelt. In einem Seminar erlebte ich zwei Teilnehmer, Vater und Sohn, die allen Zeichen nach einer Paarfesselung ausgesetzt waren. Jedesmal, wenn der Sohn etwas sagen wollte, gab der Vater Verbotssignale. Er hielt sich mit dem Finger den Mund zu, strich mit dem Finger oder der Hand über den Mund oder griff sich an die Nase, schüttelte leicht den Kopf, ließ den Blickkontakt abbrechen.

Der Sohn schwieg dann fast immer. Sprach der Vater, gab der Sohn Verbotssignale. Im Einzelgespräch meinte der Vater, der Sohn sei noch zu unselbständig, und der Sohn führte aus, daß sein Vater immer so viel rede.

Objektiv betrachtet stimmten beide Aussagen nicht mit den erlebten Tatsachen überein. Interessant war auch, daß keinem der beiden die abgegebenen körpersprachlichen Signale bewußt waren. Darauf angesprochen, warum er (Vater bzw. Sohn) sich beim Sprechen des anderen dieses körpersprachlichen Verhaltens bediente, wurde ein Zusammenhang als unmöglich dargestellt. Selbst die Videoaufzeichnung, die einen eindeutigen Nachweis lieferte, wurde angezweifelt. Wie immer in solchen Fällen mußte ich den Nachweis unterlassen, um nicht Schaden anzurichten.

Ein anderes Beispiel berichtet einer unserer Trainer, ein Psychoanalytiker. In einem nach den Seminaren angebotenen Betreuungsgespräch wollte die Familie eines Seminarteilnehmers mit einem Außenstehenden ihre Probleme besprechen. Es waren Spannungen festgestellt worden. Das Gespräch ergab, daß die Tochter vom Vater wie eine Geliebte umworben wurde und daß hieraus Spannungen zwischen den Eltern entstanden waren. Die Mutter ihrerseits ging ganz in den Beziehungen zu Ehemann und Sohn auf und ignorierte die Beziehungen und die körpersprachlichen Botschaften zwischen Vater und Tochter, wurde allerdings auch von deren Vertraulichkeiten ausgeschlossen. Auch zwischen Vater und Tochter bestanden Schwierigkeiten. Er sagte, sie störe seine Beziehungen zu seiner Frau, umwarb sie aber gleichzeitig und wurde wütend, wenn er in ihrem körpersprachlichen Verhalten sexuelle Botschaften entdeckte. Gleichzeitig benutzte er ihre Sexualität, um ihr Verabredungen zu verbieten, und hielt sie so unbewußt an sich gebunden und auf sich fixiert.

Erst im Lauf einer längeren Familientherapie war es möglich, die Partner mit dem gezeigten Verhalten zu konfrontieren und so in systematischer Kleinarbeit ein Detail nach dem anderen bewußt zu machen. Am Schluß der Therapie hatten sich die Beziehungen normalisiert, und man wunderte sich darüber, wie man sich nur früher so »unmöglich« habe verhalten können.

Ausnahmefälle? Nein, keineswegs. In vielen Familien, bei vielen Menschen sind derartige Mechanismen wirksam. Zwar wirken diese sich störend auf die Beziehungen aus, werden aber, weil man keinen Weg der Lösung sieht, als »normal« hin- und in Kauf genommen. Ohne Lösung der Hintergründe ist eine Normalisierung des Verhaltens nicht erreichbar. Ein Grund dafür, daß unsere Trainingsseminare langfristig und mit Trainingsbedarfsanalyse angelegt werden und Kleingruppen entsprechend dem Trainingsbedarf in Selektivmaßnahmen speziell betreut werden. Nur der frei gewordene, der abgenabelte Mensch kann in der heutigen anforderungsreichen Zeit seinen Mann stehen und sich voll auf seine beruflichen und sozialen Aufgaben konzentrieren.

Nicht nur der Mensch als Produktionsfaktor, sondern auch der Mensch als Individuum verdient Beachtung. Rollentraining mag für Schauspieler oder Sportler angebracht sein. Wer langfristig leistungsfähige und motivierte Mitarbeiter will, muß den ganzen Menschen sehen und trainieren. Die Verantwortlichkeit eines Verhaltenstrainers beginnt beim Menschen und endet nicht dort, wo dies durch die berufliche Rolle des Trainingsteilnehmers vorgegeben wird. Werden negativ wirksame, die Entwicklung hemmende Mechanismen nicht bewußt gemacht und verarbeitet, gehen diese in alle Beziehungen ein und verursachen Rückwirkungen, Rechtfertigungen und erneute Kompensationen.

»Mein Vater hatte keine Zeit für die Familie – ich mache diesen Fehler nicht, ich will nicht nur für die Arbeit dasein«, war eine Aussage eines Trainingsteilnehmers. Er sagte nicht: »Ich will für meine Familie dasein.« Dies machte mich, wie so oft in derartigen Fällen, mißtrauisch. Fragen ergaben, daß er Vorstand eines Sportvereins und aktives Mitglied eines Kegelclubs war. Seine Familie zeigte für diese Beschäftigungen kein Interesse. Mehrere Abende in der Woche war er außer Haus, um seinem Ehrenamt und seinem Hobby nachzugehen. Er wollte tatsächlich nicht nur für die Arbeit dasein – aber auch nicht für die Familie. Dies wurde ihm im analytischen Gespräch überdeutlich. Seine erste Aussage war eine sozial anerkannte und sogar belohnte Darstellung, aber eben nur eine Rechtfertigung, ein Vorschieben »schöner« Gründe.

»Ich tue alles nur für meine Familie«, sagte ein anderer Seminarteilnehmer. »Ich spiele mit meinen Kindern, die ich abgöttisch liebe, deshalb habe ich keine Zeit gefunden, die Trainingsinhalte durchzuarbeiten.« Was er verschwieg, mußten wir selbst herausfinden: daß seine Frau mitarbeiten mußte, damit er sich ein großes Auto leisten und den Sozialstatus halten konnte. Wie leicht hätte gerade dieser Teilnehmer durch Arbeit an sich und Wissenserweiterung sein Einkommen verbessern und den Kindern, die er, wie er sagte, so liebt, die Mutter lassen können, wenn, ja wenn er dies wirklich gewollt hätte.

Rechtfertigungsverhalten ist dann unnötig, Klarheit ist dann gegeben, wenn wahrheitsgemäße Selbstbetrachtung möglich geworden ist. Über den Weg der schriftlichen Auflistung von Rollen und deren Zeitaufwand und Rollen und Gegenrollen werden Klarheiten erreicht.

Von den vielen Rollen, die wir zu übernehmen haben, benötigen einzelne mehr, die anderen weniger Zeit. Oft sind in einem Verhalten mehrere Rollen wirksam. Die Rollen-Zeit-Analyse eines Seminarteilnehmers ergab, daß er nur wenige Minuten pro Tag in der Vater-Rolle war. Er hatte gelernt, daß nur die Zeit der Vater-Rolle zugerechnet werden darf, in der er sich fürsorgend, lehrend, spielend mit dem Kind so beschäftigt, wie es die Bedürfnislage des Kindes erfordert.

Die Zeiten, in denen er fernsah, die Zeitung las, mit seiner Frau über deren Probleme sprach, mit Freunden diskutierte, aus Eigeninteresse wanderte, auf dem Fußballplatz stand und Auto fuhr, schrieb er nicht mehr der Vater-Rolle zu.

Er hatte auch gelernt, daß Rollenkonflikte nicht einfach durch Machtwort oder Rechtfertigung gelöst werden können. Ihm war bewußt geworden, wie oft die Rollen Ehemann–Vater, Sportsfreund–Vater, Mitarbeiter–Vater und Freund–Vater im Gegensatz miteinander standen und wie unüberlegt er oft sich selbst gegenüber gehandelt hatte. Rollenkonflikte, weil er beispielsweise als Mitarbeiter Überstunden machen sollte und als Ehemann lieber zu Hause gewesen wäre, hatten zu Streß geführt.

Rollenkonflikte verursachen Persönlichkeitsverluste. Wie bei einem aufgeblasenen Luftballon, der viele Löcher hat, entweicht die Kraft durch viele Rollen. Nur wer weiß, was er will, und die Rollen entsprechend gewichtet, erreicht Rollensicherheit und Erfolg.

Nur im Spiel können wir alle Rollen und Hierarchien außer Kraft setzen. Dort sind Übertreibungen und gleichzeitiges Füllen von Rollen, was andere sehr belustigt, möglich. Im Leben bringt das Probleme.

Alle kennen wir den Clown, der mit lachendem Gesicht traurige Inhalte erzählt, und den Komiker, der mit traurigem Gesicht lächerliche Inhalte berichtet. Im Spiel hat dies alles seine Berechtigung. Im Leben ist das Füllen der Rollen mit adäquater Körpersprache – mit passendem Verhalten – wichtig.

2. Statussymbole

Unser Selbstgefühl bestimmt wie ein Regisseur, welche Rolle wir spielen und welche Requisiten (Kleidung, Wohnungseinrichtung, Accessoires, Auto u. a.) wir verwenden.

Der Status eines Menschen entsteht aus den Pflichten und Rechten, die ein Mensch in der Gesellschaft übernimmt. Schon deshalb sind Statussymbole notwendig. Sie dienen der Erkennung und Unterscheidung. Weil Kriminalbeamte nicht erkannt werden wollen, verzichten sie auf das Statussymbol Uniform und oft sogar auf das Statussymbol der üblichen Kleidung.

In diesem Fall statten sich die Polizeibeamten also mit dem aus, was die Rolle, die sie zu spielen vorgeben, fordert. Normalerweise statten wir uns mit dem aus, was der Selbstanspruch verlangt. Jedes »Ich will« setzt gleichzeitig ein »Ich will nicht« in Kraft. Das »Ich will angesehen sein« setzt das »Ich will nicht verachtet werden« in Funktion. »Ich will so sein wie der . . .« heißt: »Ich will nicht so sein wie die anderen.« Derartige Wünsche und Träumereien führen meist dazu, daß wir uns mit Symbolen dessen umgeben, der wir sein möchten. Daß wir uns mit Statussymbolen der Gesellschaftsschicht ausstaffieren, der wir zugehören möchten. Getreu dem Motto: »Wenn ich schon nicht dabei bin, möchte ich wenigstens so sein.« Dieses Verlangen der Menschen nutzt die Werbung. Sie stellt uns Menschen vor, die so sind, wie wir sein möchten, gibt ihnen die zu umwerbenden Produkte in die Hand, zur Benutzung, oder bringt die Produkte in deren Nähe und macht sie so zu Statussymbolen.

Immer mehr Menschen wenden sich ab von Statussymbolen. Immer mehr Menschen wollen nicht mehr vom Haben-Wollen gehabt werden und vom Besitzen-Wollen besessen sein.

Natürlicher und freier sein, auf Statussymbole verzichten können ist sicher ein erstrebenswertes Ziel menschlicher Freiheit. Leider ist das Verzichtverhalten oft nicht durch Bescheidenheit motiviert, sondern durch den Wunsch, anders zu sein, es sich leisten können, aus der Rolle zu fallen. Ärzte ohne weißen Kittel und Unternehmer im Kleinwagen beweisen möglicherweise anstrebenswerte Übereinstimmung mit den Klassen, von denen sie leben. Dabei vergessen sie aber oft, daß sich Menschen bei denen, von denen sie etwas erwarten, entsprechenden Status wünschen. Daß viele Menschen nur bereit sind, Führung anzuerkennen, wenn diese durch Statussymbole ausgedrückt wird. Leider!

Statusdarstellung dient der Darstellung eines sozialen Ranges oder der eigenen Stärke. Die moderne Gesellschaft erfordert statt der physischen Kraft andere Formen der Dominanz. Wo früher Muskeln beeindruckten, tut es heute die entsprechend ausgepolsterte Schulterpartie oder der große Wagen. Allerdings ist die Zurschaustellung des Status rückgängig. Wie uns Schlösser und prunkvolle Karossen und Uniformen zeigen, haben früher Herrschende ihre Dominanz rücksichtslos zur Schau gestellt. Es waren keine Repressalien zu erwarten. Heutzutage würde ein derartiges Vorgehen den Neid der Mitmenschen wecken und Aktivitäten auslösen. Einige der früher und heute üblichen Statussymbole zeigt die folgende Aufstellung:

Statussymbol:	Verwendet von, passend zu:
Kreuz	Nonne, Priester, Frommem, Frömmigkeit zum Ausdruck bringen
Uniform	Amtspersonen, Wehrmachten
CD-Schild	Diplomaten
Krone	König
hohe Mütze	Chefkoch
Armbinde	Parkwächter, Ordner, Sanitäter
Adler (Wappen)	symbolisiert Freiheit und Macht und paßt zu Königen
Warenzeichen	Qualitätsprodukten

Zweck von Statussymbolen ist die Statusanzeige. Sie sagen nichts über die Pflichten und Rechte, die wirklich wahrgenommen werden, sondern mehr über das illusionäre Selbstbewußtsein. Deshalb sollten diese Symbole besser als Rollenmerkmale bezeichnet werden.

Weitere Merkmale von Rollen oder sozialem Status sind Titel. Auch diese geben keine Information über den tatsächlichen Inhalt und die Art, wie die Rolle gelebt wird. Sie sagen auch nichts über das Selbstgefühl aus.

Auch Masken und gewollt gemachte Verhalten können Status ausdrücken. Sie sagen immer etwas über die Rolle aus, die ein Mensch spielen möchte, und drücken aus, wie er erlebt werden will. Oft dienen sie zusätzlich oder als Hauptzweck der Verstellung. Folgende Tabelle soll auch zu diesem Thema eine Übersicht geben:

Maske, Verhalten:	Zweck:
Partygesicht	Beliebtheit erreichen, integriert dabeisein;
Dienstgesicht	ernst genommen werden, Autorität und Strenge darstellen;
Beerdigungsgesicht	Mitgefühl und Trauer ausdrücken;
Lächeln	Zuwendung signalisieren (Süß-Reaktion);
Frisur (Kleidung, Make-up	dient der Verstellung und/oder Unterstreichung der persönlichen Wirkung;
Büstenhalter	dämpft Bewegungen der Brüste und mindert so die erotische Ausstrahlung;
Auto	signalisiert Macht und Kraft und vergrößert das Revier;
Schleier	soll Gefühlsregungen verbergen (bei Trauer);
Maskierung	Foltermittel; die Maske soll die Spannung steigern;
Abweisung	kann aus der Angst resultieren, nicht selbst abgewiesen zu werden;
Dienstboten oder	niedere Arbeiten auf andere übertragen;
Leibwache	so wichtig sein, daß individueller Schutz nötig ist.

Viele der Statusmerkmale sollen die Machtentfaltung vom eigenen Aussehen loslösen. Entmachtete Könige, Repräsentanten ohne Befugnisse und Frühstücksdirektoren bekommen Schau-Macht. Statussymbole und Rollenmerkmale, die sie als machtvoller ausweisen, als sie sind. Wirkliche Macht verzichtet mehr und mehr auf Merkmale. Der bescheidene graue Flanellanzug hat zur Bezeichnung »graue Eminenz« für wichtige, mächtige Männer geführt, die Macht ohne Machtsymbole besitzen.

Um das zwischenmenschliche Zusammenleben und die Organisation in Unternehmen zu verdeutlichen, sind in vielen Unternehmen Rollenmerkmale vorgeschrieben.

Ab bestimmten Stufen der Hierarchie wird ein größeres Revier – ein größeres Büro – bezogen und allein benutzt. Es wird mit vorgeschriebenem Teppich, Bild, Schreibtisch entsprechender Größe, Vorhängen und Accessoires ausgestattet. Dienstwagen mit Fahrer, Sekretärin und andere Annehmlichkeiten signalisieren die Wichtigkeit der Rolle. Weniger Zeit als benötigt wird mit mehr Service als nötig ausgeglichen.

Der so in Rolle gesetzte Vorgesetzte darf bestimmte Verhalten als Statussymbole benutzen.

– Wie alle dominanten Primaten zeigt er ein gepflegtes Äußeres.
– Er darf Untergebene warten lassen und damit die große Nachfrage nach seinen Qualitäten unter Beweis stellen.
– Er darf seine Macht in seinem Büro demonstrieren.
– Er besitzt ein andersfarbiges oder sogar »rotes« Telefon, das er nicht selbst betätigt. Er läßt andere für sich wählen.
– Er vermeidet manuelle Tätigkeiten, welche dem niederen Sozialstatus entsprächen.

- Er benutzt eine dünne Aktentasche, um zu signalisieren, daß er nur wenige, wichtige Papiere benötigt.
- Er darf sich private Erinnerungen (Bilder) aufstellen.
- Er darf bequemere Sitzmöbel benutzen.

Er darf auch höher sitzen. Ein schönes Beispiel hierfür bot der Spielfilm »Der große Diktator« mit Charlie Chaplin in der Rolle Hitlers und Jack Oakie als Mussolini. Beide saßen im Frisiersalon mit eingeschäumtem Bart und hatten große weiße Tücher umgehängt. Beide waren also gleich. Um die eigene Überlegenheit und Größe zu demonstrieren, konnten nur die Sessel immer höher gedreht werden.

Auch »in« sein, Bescheid wissen, wird oft zum Rollenmerkmal. Eingeweiht sein, zu den oberen Zehntausend, zum Jet-set gehören, eine gewisse Exklusivität ausstrahlen wollen, führt oft zu körpersprachlich überzogenem und in Worten nicht ganz der Wahrheit entsprechenden Darstellungen. Prahlen nennen wir das. Die Kriegsbemalung früherer Kulturen wird auf Fahnen, Emblemen, Uniformen und Rangabzeichen dargestellt. Der Kriegsschrei ist der Nationalhymne, Marschliedern und Trompetensignalen gewichen. Das große Haus signalisiert den großen Mann.

Verständlich, daß sich Nachahmer finden. Mit Titeln und Orden können sogar Geschäfte gemacht werden. Sind echte Gemälde zu teuer, werden Reproduktionen aufgehängt. Statt echter Perlen und echtem Schmuck werden künstliche Perlen und Modeschmuck getragen.

Nicht alle Menschen wollen wie Diogenes in einer Tonne hausen, wenn andere in Traumschlössern leben dürfen. Was materiell nicht greifbar ist, wird oft durch Verhalten ausgeglichen.

- Schmeichler wollen eine Verbesserung des Status erreichen;
- Redner rücken sich in den Mittelpunkt;
- Witzbolde steigern durch die Unterhaltung die Nachfrage;
- Diskutierer suchen den Wortstreit, aus dem sie siegreich hervorgehen können;
- Primitive zeigen Muskeln und beweisen ihre gewalttätige Überlegenheit als Räuber, Schläger, Vergewaltiger.

So nutzt jeder seine eigene Art, um persönliche Dominanz zu erreichen.

Je älter ein Mensch wird, desto schwerer fallen ihm Masken. Die Gesichtszüge werden zunehmend unkontrollierter. Oft ersetzen dann Statussymbole oder Rollenmerkmale die verlorengegangene Spannkraft.

Auch jüngere Menschen lassen bei psychotischen Störungen, bei Aufregungen, Freude und Schmerz die Masken fallen. In diesem Moment ist der Mensch so mit sich beschäftigt, daß er die Umwelt vergißt und alle möglichen Reaktionen in Kauf nimmt. Viele Masken dienten ursprünglich dem Schutz, dem Verbergen oder Darstellen von Gefühlen. Im Lauf der Jahre verhärten Emotionen den Körper, und wir erleben erstarrte Verhaltensmuster, die nun, weil die Emotionen möglicherweise nicht mehr

Verursacher sind, ihrerseits maskenhaft wirken. Die jeweilige Situation bestimmt unser Handeln und die Rollenmerkmale in weit stärkerem Maße als Persönlichkeitseigenschaften oder die individuelle Werterhaltung.

Nur wenn wir wissen, welche sozialen Bedingungen sich wie auf uns auswirken, können wir durch Veränderung dieser Bedingungen oder Änderung unseres Verhaltens, Vortäuschen von Verhalten, Statussymbolen oder Rollenmerkmalen eine Verbesserung erreichen.

Nur aus der normalen Rollenerwartung entbundene Persönlichkeiten dürfen ungestraft gegen die Rollenerwartung und den Gebrauch der Rollenmerkmale verstoßen. Wir entschuldigen derartige Verstöße, die wir bei unseren Mitmenschen als Unverschämtheiten abqualifizieren würden, mit Exzentrik. Bei manchen Stars erwarten wir sogar, daß sie aus der Rolle fallen, und haben unseren Spaß daran. Die hysterische Film-Diva, der notorische Säufer, der alte Wüstling werden dann zu Prädikatsbezeichnungen. Die beim Aussprechen gezeigte Körpersprache besagt, daß wir derartige Benennungen nicht böse, sondern eher entschuldigend meinen.

Unsere Rollenmerkmale legen wir dort ab, wo wir keine offizielle Rolle mehr spielen müssen, in den eigenen vier Wänden. »Hier bin ich Mensch, hier darf ich's sein«, bezeichnet so das Ablegen von beengender Krawatte und Jackett. Auch bestrafende Aktionen werden oft angekündigt mit den Worten: »Warte nur, bis wir zu Hause sind.« Auch dies zeigt, daß wir in der Öffentlichkeit an Verhalten und Rollenmerkmalen den Erwartungen unserer Umwelt gerecht werden wollen. Wir wollen aber auch zeigen, als was für ein Mensch wir gelten wollen. Schau-Spielerei gehört zum Menschsein, auch wenn dies vorschnell abgelehnt würde – oder tun Sie immer das, was Sie gerne tun würden, sagen Sie immer das, wonach Ihnen zumute ist?

Kapitel 15
Revierverhalten

Der heute lebende Mensch ist ein Jäger ohne Jagdrevier, ein Treiber ohne Wild, ein Nachsteller ohne Opfer. Viele seiner Statussymbole und Rollenmerkmale weisen ihn aber auch heute noch als »Jäger« aus.

Er plant Geschäftszüge, entwickelt Strategien, Taktiken und hält Manöver ab. Er stellt Fallen und kreist ein. Manche Verkaufsleiter halten sich Männer an der Front und fühlen sich als Oberjäger.

Haben sich Erfolge eingestellt, gibt es ein »großes« Essen. Die Pauseneinteilung entspricht den Pausen der Jäger. Nach Stunden der Jagd kommt die Zeit für Mahlzeiten. Die Futterteilung, vom »Oberhäuptling« vorgenommen, ist auch heute noch ein gesellschaftliches Ereignis, auch dann, wenn er die Futterteilung vom Bedienungspersonal in einem Restaurant vornehmen läßt und nur die Rechnung bezahlt.

Der Chef sitzt am Kopf des Tisches. Er teilt das Fleisch, das männliche Nahrungsmittel, er ruft den Kellner, gibt die Bestellung auf und probiert den Wein. Die Gäste schauen oft mit verschlingenden Blicken auf die aufgetragene »Beute«. Zumindest die zuerst Gekommenen sitzen mit dem Rücken zur Wand, um nicht während der Mahlzeit überrascht zu werden. Diejenigen, die sich später hinzugesellen und nicht mehr mit dem Rücken zur Wand sitzen können, verlassen sich auf diejenigen, die von ihrem Platz aus den Freiraum überblicken können. Teure Restaurants tragen dem unbewußten Wunsch des Menschen Rechnung, indem entsprechende Einrichtung zur Spannungsminderung geschaffen wird. Einzelne Tische werden durch spanische Wände abgeschirmt. Nischen bieten die Möglichkeit der Höhlen – versteckt zu essen. Schwächere Beleuchtung mindert die Gefahr, »gesehen zu werden«. Teppiche dämpfen die Schritte des Bedienungspersonals, neutrale, meist pastellfarbene Töne wirken beruhigend. Die Kellner arbeiten mit sparsamen Bewegungen, um Signalreize zu vermeiden. Offene Feuerstellen wecken den Eindruck eines Lagerfeuers. Die Gäste essen langsam und genießen. Genau umgekehrt bieten Schnellgaststätten ihre Waren an. Der Eßraum ist kalt und abweisend. Gleißendes Neonlicht taucht alles in Helligkeit. Grelle Farben schaffen Alarmsignalwirkung. Scheppernde Metalltabletts und unbedeckte Tischplatten lassen keine Ruhe aufkommen. Der Gast soll schnell essen und den Platz für die folgenden Gäste frei machen.

Auch der Eßstil hat sich gewandelt. Früher wurde das Fleisch mit spitzen Messern geschnitten, aufgespießt und zum Mund geführt. 1699 verbot Ludwig XIV. von Frankreich spitze Tischmesser aus Furcht vor einem Attentat. Es mußten stumpfe Messer verwendet werden, und die Gabel ersetzte die Messerspitze. Sie diente zum Aufspießen und Zum-Mund-Führen.

Die jeweilige Kultur, das, was man zu tun hat, prägt den Menschen in seiner Entwicklung und in seinem Verhalten. Viele Verhalten haben Jahrtausende überdauert und passen nicht mehr in die heutige Zeit. Es wird Generationen brauchen, bis der Mensch Instinktverhalten verändert hat und die genetische Information an seine Nachkommen weitergibt.

Kommen Menschen in eine fremde Umwelt, wollen Sie den dortigen Gepflogenheiten Rechnung tragen. Oft ist zu bemerken, wie Unsichere zunächst beobachten, um dann in der Nachahmung der Erwartungshaltung zu entsprechen. Es gab Zeiten, da war es üblich und vornehm, bei Tisch zu rülpsen. Über einen damals vornehmen Menschen wären wir heute sehr schockiert. Unklarheit in den Benimmregeln führt zunächst zu Verspannungen, macht unsicher. Mit zunehmender Klarheit wird die Steifheit abgelegt und Sicherheit aufgebaut.

Aufgrund der vielen Hinweise, die der Beobachtende aus dem Verhalten der anderen ziehen kann, kann er sich schnell einstellen.

Unsere Umwelt beobachtet unbewußt, aber genau unser Verhalten. Unterschiedliche Reaktionen auf denselben Vorgang mögen dies erhellen:

Vorgänge: Entblößung	Rülpsen	Anstoßen	Reaktionen:
willentlich	schockieren	Angriff	Repressalien
versehentlich	ungewollt	ungewollt	übersehen/überhören
unwissentlich	Tabu nicht bekannt	nicht gespürt	toleriert

Kleinigkeiten im Verhalten, geringe Zusatzbotschaften der Mimik und der übriger Körpersprache lassen den Beobachter merken, ob der Vorgang mit Absicht oder unabsichtlich abgelaufen ist. Seiner Wahrnehmung entsprechend sind seine Reaktionen.

Jeder Mensch muß lernen, sich auf seine Umwelt einzustellen und weitestgehend die gemeinsamen Regeln zu benutzen.

Die Mittel der Sozialisation sind soziale Beziehungen – die Interaktion zwischen Menschen. In diese Interaktion tritt der heranwachsende Mensch mit einem Verhaltenssystem ein. Es ist entsprechend seinen angeborenen Dispositionen fundiert und entsprechend der gemachten Erfahrungen modifiziert. Durch Interaktion mit der Gesellschaft entwickeln sich allmählich mehr oder weniger bestimmte Einstellungen. Aggression und Abhängigkeit, zwei der wichtigsten Variablen im Sozialisationsprozeß, dürften weitgehend von diesen ersten Erfahrungen abhängen. Variable Leistung dürfte weniger von emotionalen und sozialen Erfahrungen abhängig sein.

Derartige Sozialisationsprozesse liefen vor der industriellen Revolution relativ problemlos ab. In den meisten Kulturen wuchs das Kind im Wohnzimmer einer Großfamilie mit 15–75 Angehörigen auf. Es besaß einen relativ großen Beziehungsspielraum.

Nach der Geschlechtsreife kann das Kind seine Rolle an seinem Clan und Zielpersonen für seine Werbung im befreundeten Clan finden. Mit zunehmendem Alter entwickelt sich eine Ausweitung der Mobilität in horizontaler Richtung. Gleichzeitig lernt der heranwachsende Mensch die Grenzen seines Territoriums kennen.

Die Bewegungsspielräume entwickeln sich:

zunächst im Haus	– Einzelbeziehungen zur Mutter oder zum Vater führen zur Übernahme von Sprache, Grundlagen der Kultur; aus Mythen und Märchen werden Verhaltensgrundlagen abgeleitet; die Tochter übernimmt die Körpersprache der Mutter, der Sohn die des Vaters.
später in der unmittelbaren Nachbarschaft	– Beziehungen zu Gleichaltrigen; Bildung von Gruppen und Banden. Vertiefung der bereits vorhandenen Disziplin und der Prinzipien von Belohnung und Bestrafung als Vorbereitung für das spätere Leben.

Die jeweilige Institution, die Bezugsgruppe, gibt Verhaltensrichtlinien für die Einordnung in die Umwelt.

Das Verlassen des Reviers, der angestammten Institutionen, verursacht Ängste: erstens, weil der Verlassende glaubte, denen, die er verläßt, zu schaden; zweitens, weil er gelernt hatte zu glauben, daß er ohne die Institution nicht leben könne; drittens, weil Mißtrauen gegen Außenstehende vorhanden war.

Dem Anspruch an das eigene Verhalten stehen in solchen Situationen Ängste bezüglich der eigenen Fähigkeiten und vor Reaktionen der neuen Zielgruppe entgegen. Die sich bildenden Erfahrungen bezüglich des Wissens um die Realität entwickelt das Gewissen. Eine Größe der Gewissensentwicklung ist abhängig von der anderen. Diese Funktion wird zur Grundlage der Kompensation. Wichtigtuerei als Überkompensation verrät Minderwertigkeitsgefühle. Die auslösenden Funktionsfaktoren können bewußt oder unbewußt sein und reagieren. Dem Handelnden ist also oft gar nicht bewußt, wie er sich verhält und daß seine Umwelt sein Verhalten durchschaut.

Es ist aber schwer, wenn nicht unmöglich, Emotionen zu verbergen. Auch wenn die trauernde Mutter ein tapferes Gesicht aufsetzt, wird der Beobachter die wahren Emotionen anhand kleiner Einzelverhalten erkennen. Gelänge ihr das Verbergen ihrer Emotionen, müßte der Eindruck der Gefühlskälte entstehen. Würde sie den Versuch, die Emotionen zu verbergen, erst gar nicht unternehmen, würde man ihr Mut und

Kraft zur Beherrschung absprechen. Mit dem tapferen Gesicht und den zusätzlich gegebenen Signalen ihrer wirklichen Emotionen drückt sie den Wunsch nach Beherrschung und danach, daß die tatsächlichen Sorgen erkannt werden, aus. Sie erweckt so Achtung und Verständnis.

Daß kleine Signale der Umwelt unsere wirklichen Empfindungen verraten, hängt damit zusammen, daß wir die kleinen Bewegungen, die kleinen Verhaltensmuster nur schwer, wenn überhaupt, kontrollieren können. Die uns im Alltagsleben bewußten Bewegung sind disziplinierbar. Da wir uns im Spiegel selbst oft sehen, eine Vielzahl von Grimassen am Spiegel selbst einstudiert haben, können wir mit dem Gesicht am besten lügen. Diejenigen Bewegungen, von denen wir meinen, daß andere diese ohnehin nicht sehen können, sagen am ehesten die Wahrheit. Sitzt jemand hinter dem Schreibtisch, wird er die Bewegungen der Beine kaum kontrollieren. Der aufmerksame Beobachter erkennt jedoch an den Bewegungen des Oberkörpers und an parallelen Bewegungen anderer Körperteile auch die Aussage der Beinbewegungen und zieht daraus seine Schlüsse. Im eigenen Revier, in den eigenen vier Wänden, gelingt es leichter, die Körpersprache zu beherrschen. Gleichzeitig besteht aber auch die Gefahr, daß der Körpersprache weniger Beachtung geschenkt wird. Was sollte einem auch im eigenen Revier passieren können?

Auch diese Einstellung resultiert aus grauer Vorzeit. Damals mag es wirklich so gewesen sein, daß der Eindringling im Revier des Besuchten keine tätlichen Angriffe wagte. Die Auseinandersetzung unter Verwendung des gesprochenen Wortes hat jedoch die tätliche Auseinandersetzung abgelöst. Darauf haben sich unsere Instinkte noch zu wenig eingestellt.

Ein Teilergebnis mag sein, daß Täuschung des anderen leichter möglich ist, wenn das Verhalten auf Worte und Mimik beschränkt bleibt – aber das war früher nicht anders. Vielleicht liegt es auch daran, daß der Mensch sich als Mittelpunkt und die ihn umgebende Gemeinschaft als Umwelt versteht und dabei oft nicht begreift, daß die Gemeinschaft nur das Echo der von ihm gesetzten Reize abgibt: »Wie man in den Wald hineinruft – hallt es heraus.« In vielen Gesprächsanalysen konnte ich nachweisen, daß Reiz und Reaktion in einem ständigen Geflecht verlaufen. Daß der Reiz einerseits Reaktionen hervorruft, die gleichzeitig wieder als Reize Reaktionen produzieren. Einer fängt an, die Weichen zu stellen. Nachher wundern sich oft beide darüber, daß das Gespräch ein Ziel erreicht hat, das vorher nicht geplant und beabsichtigt war. Keiner fühlt sich schuldig. Jeder fragt sich: Wie konnte das geschehen? Die Antwort: Weil der Mensch normalerweise nicht in der Lage ist, seine Emotionen zu kontrollieren, weil diese in die Worte (Wortwahl) und die Betonung (Modulation) und in die Körpersprache eingehen und so unbewußt mitgeteilt werden. Weil Menschen unfrei sind und oft Ziele und Ideen anderer relativ kritiklos übernommen haben – ohne dies zu wissen. Gefühl und Instinkt spielen oft eine größere Rolle als der Wille einer bestimmten Zuordnung.

Zugegeben, ohne die Gruppe wäre der Mensch nicht lebensfähig. Schon Amöben.

kleine Einzeller, geben das individuelle Leben auf und vereinigen sich mit anderen. Durch diesen von chemischen Stoffen ausgelösten Vorgang bilden Tausende dieser Einzeller tropfsteinartige Gebilde.

Auch Elefanten und Affen leben in Gruppen. Die Gruppe ist mehr als die Summe der Teile. Beim Menschen ist die Gruppe zur Entfaltung und zur Fortpflanzung notwendig.

Wahrscheinlich haben vor 2 Millionen Jahren Menschen erste Gruppen gebildet. In Südafrika steht ein Denkmal, das einen Affenmenschen zeigt. 1936 wurden in einer Kalksteinhöhle fossile Knochen eines Affenmenschen entdeckt. Der Homo-habiles, so wurde er genannt, unterschied sich vom Affen durch einige wichtige Merkmale. Sein Schädel war graziler gebaut. Die Gesichtsfläche zeigte Knochen einer vorspringenden Nase und eines vorspringenden Mundes. Merkmale, die beim Affen nicht festgestellt wurden. Löcher im Schädel wiesen darauf hin, daß sich Raubtierzähne durch die Knochen gebohrt hatten. 80–90 Skelette in der Höhle, sämtliche Verwundungsmerkmale zeigend, ließen die Wissenschaftler darauf schließen, daß es sich bei der Höhle einst um den Freßplatz der Raubtiere gehandelt habe und daß die ersten Menschen als Beute zum Fraß dorthin geschleppt worden waren. Wahrscheinlich hat die ständige Bedrohung durch Raubtiere den Menschen dazu gebracht, seine Umwelt zu manipulieren, sich in Gruppen zusammenzutun und Waffen zu schaffen, um sich der feindlichen Umwelt zu erwehren. Diese Entdeckungen müssen nicht zwingend andere Überlegungen ad absurdum führen. Viel zuwenig ist über die Entwicklung des Menschen bekannt. Viele Theorien können wahrscheinlich sein.

Zunehmende Gruppenbildung verlangte Reglementierungen. Mehr als 2 Millionen Jahre Entwicklung schlummern auch heute noch in uns. Noch heute schließen wir andere Menschen in unsere Gruppe ein oder davon aus. Wir bilden Kreise um denjenigen, den wir als Gruppenführer anerkennen, oder geben ihm im Kreis einen besonderen Platz, wenden uns ihm zu.

Mit Parallel- oder Vis-à-vis-Haltungen treten wir in Kontakt, »stellen uns vor« und ziehen die Aufmerksamkeit auf uns. Wir erleben, daß derartige Aktionen Reaktionen unserer Umwelt produziert.

Der Vater, der Vorstand, der Chef sitzen am Kopf des Tisches. Bei gelösten Rollenkonflikten sitzt die Mutter rechts neben ihm an der Tischseite. Sind die Rollenkonflikte nicht gelöst, sitzt die Mutter ihm gegenüber an der anderen Kopfseite des Tisches. Klar ist fast immer der Platz der Kinder. Sie sitzen seitlich am Tisch. Sie sind diejenigen, die sich des Verhaltens, das der »Häuptling«, der am »Haupt« Sitzende, vorlebt, bedienen sollen. Gezwungenheit und steife Bewegungen lassen autoritäres und dominantes Führen erkennen. Sind die Bewegungen ungezwungen, darf derjenige, der zuerst am Tisch ist, den Stuhl frei wählen; dann kann von demokratischem Verhalten in der Gruppe gesprochen werden. Für Erfahrungsaustausch und freie Entwicklung ist die sich daraus ergebende Entspannung sehr wichtig.

Normalerweise übernimmt der Sohn das Verhalten des Vaters, die Tochter das Verhalten der Mutter. Übernimmt der Sohn das Verhalten der Mutter und die Tochter das Verhalten des Vaters, ist im wahrsten Sinne des Wortes der Entwicklungsweg verlassen worden. Derartige Verhalten sind immer Hilferufe. »Hilf mir, den Weg zurück zu dir zu finden!« Oft liegt der Grund für die Entfremdung und Identifikation mit einem anderen Partner in mangelnder Zuwendung. Obwohl auch in der Familie eigene Intimdistanzen bestehen, kommen Menschen zusammen, um zu reden und zu schmusen. Derartiges Verhalten zeigt eine gegenseitige Aufwertung.

Isoliertheit verursacht schwere seelische Störungen.

Verlieren beispielsweise Affenjunge ihre Mütter, entsteht Depression. Ähnlich ist es bei menschlichen Kleinkindern. Wenn der menschliche Säugling von einer Ersatzmutter betreut wird, überlebt er vielleicht, lernt aber nicht, aufrecht zu sitzen, zu gehen oder zu sprechen. Diese inhaltsschweren Worte formulierte der amerikanische Verhaltenspsychologe Mark Spitz im Jahre 1963.

Hospitalismus ist eine Verhaltensstörung, die besonders in Kinderheimen zu beobachten ist. Kinder schaukeln mit dem Kopf oder mit dem Oberkörper so, als wollten sie sich die mit Schaukeln verbundene Geborgenheit im Mutterleib suggerieren.

Auch der erwachsene Mensch, der ohne soziale Kontakte leben muß, entwickelt eine depressive Haltung. Wie schwer uns ein längerer Abschied von einem geliebten Menschen fällt, drücken eine Reihe Abschiedsrituale aus. Wie sehr wir uns freuen, wenn der Geliebte wiederkommt, zeigen wir mit umfangreichen Grußritualen. Wir sind so auf unsere Umwelt, besonders auf uns liebe Menschen, sensibilisiert, daß wir zu unbewußten Nachahmungen neigen. Fernsehdiskussionen, Sitzungen in Unternehmen und Besprechungen zeigen immer wieder, wer mit wem harmoniert. Gleiche Haltung, auch spiegelbildlich gleiche Haltung, signalisieren solche Übereinstimmungen. Bei mehreren Meinungen bilden sich mehrere unterschiedliche Haltungen. Die zwar gegen die Meinung Eingestellten, aber in gleicher Meinung Vereinten nehmen ihrerseits wieder gleiche Haltungen ein. Zeigt sich Haltungsgleichheit bei streitenden Freunden, wird damit ausgedrückt: auch wenn uns die momentane Meinung trennt, stimmen wir als Menschen doch grundsätzlich überein.

Ein kluger Redner wird die Haltung seiner Zuhörer beobachten, um aus Haltungsveränderungen und Haltungsgleichheiten ein Echo auf seine Ausführungen abzuleiten, und, wenn möglich, seine Ausführungen so weiterführen, daß Übereinstimmung entstehen kann. Oft geht es nur darum, das gleiche mit anderen Worten zu sagen.

Wer in seinem Revier erfolgreich leben will, wer sein Revier erfolgreich verteidigen will, kann sich mit Eindringlingen arrangieren oder diese verjagen.

Die besprochenen Verhaltensmuster und eine Reihe weiterer Droh-, Abwehr- und Barrieresignale helfen ihm dabei.

1. Distanzzonen

Lebewesen, insbesondere Säugetiere, leben in ökologischen Nischen mit besonders günstigen Lebensbedingungen. Dort bilden sie Herden, Horden, Rudel und Gruppen und leben zusammen. Jede Gruppe markiert ihr Territorium und verteidigt dieses. Innerhalb des Territoriums leben die Mitglieder. Außerhalb leben Fremde. In weiterer Unterteilung bilden Paare ein Subterritorium, eine Einheit, die der Fortpflanzung dient. Männchen konkurrieren um die besten Räume. Die Männchen, die kein Territorium gewinnen, pflanzen sich nicht fort. So ist sichergestellt, daß sich nur die stärksten, nur diejenigen, die in der Lage sind, Territorium zu erobern, fortpflanzen. Territorium ist demzufolge nötig für das Überleben.

Eventuell ist das Revierverhalten des Menschen genetisch bedingt und unabänderlich. Gehen wir durch ein fremdes Revier, durch die Räume eines anderen Menschen, verhalten wir uns anders als sonst.

Wir halten Kopf und Schultern gesenkt, lassen die Brust nicht vortreten, legen die Arme eng an den Leib und blicken auf den Boden.

Dieses Verhalten signalisiert Unterwerfung, soll sagen: »Ich bin kein Eindringling, der mit dir kämpfen will, sondern ein Mensch, der nur passieren will.« Neben dem Familienterritorium, dem ältesten Revier des Menschen, das als Aufzuchtstätte und Nest dient, kennen moderne Menschen viele Reviere (das Büro, den Arbeitsplatz, das Auto). Wie das Familienterritorium eingezäunt wird, verwenden wir auch in anderen Revieren Zäune, um unseren Raum abzustecken. So, wie wir im Familienterritorium oft die Schlafräume in der oberen Etage unterbringen, um uns vor Eindringlingen zu schützen, sind auch im geschäftlichen Territorium die Reviere der Führenden oben. Dies ist auch begründet mit dem Aspekt des »Von-oben-Herab«, des »Überstellten«.

Wie wir während des Urlaubs am Strand unser Revier mit Steinen, Sandburgen und Gegenständen markieren, legen wir auf Tische persönliche Gegenstände zur Absteckung.

Eigene Markierungen machen uns sicherer. Treffen wir Markierungen an, die den Beginn eines fremden Reviers zeigen, schwindet unsere Dominanz. So ist die Furcht und Unsicherheit der Akquisiteure zu erklären, die in fremdes Revier eindringen und dort überzeugen sollen. Früher, zur Zeit des Verkäufermarktes, wurde Akquisiteuren der Rat gegeben, einzudringen, wenn nötig, sogar den Schuh zwischen Türe und Rahmen zu stellen, um durch den Spalt die frohe Botschaft verkünden zu können. Schon damals war ein solches Verhalten natürlich falsch, obwohl manch unmündige Kunden Erfolge zuließen. Heute, in der Zeit des Käufermarktes, in der der Kunde mündig geworden und sich seiner Macht bewußt ist, führen derart simple Methoden zum Mißerfolg. Wer das Revier eines anderen angreift, muß mit Verteidigung rechnen. Deshalb ist es viel sinnvoller, nachdem die Türe geöffnet wurde, einen Schritt zurückzutreten. So wird signalisiert, daß ein Eindringen nicht geplant ist. Meist wird die Tür, dann, wenn Gefahr nicht zu erwarten ist, weiter geöffnet.

Erst jetzt ist zu erwarten, daß das Revier betreten werden darf. Vorher laufen aber noch einige Prozesse ab.

Nach dem Anklopfen muß auf das »Herein«, die Erlaubnis zum Öffnen der Tür und Betreten des Raumes, gewartet werden. Ist der Status des Besuchers dem Besuchten bekannt, wird er bei hohem Status des Besuchers selbst die Türe öffnen und diesen hereinbitten. Mindestens wird das »Herein« kurzfristig erfolgen. Der Besucher wird dann empfangen. Der Besuchte verläßt seinen Platz hinter dem Schreibtisch (sein Revier) und kommt dem Status entsprechend mehr oder weniger weit entgegen (Entgegenkommen!).

Ist der Status des Besuchers bekannt, wird bei niederem Status länger mit dem »Herein« gewartet. Betritt der Besucher dann den Raum, muß er möglicherweise in Nähe der Türe stehen bleiben und warten, bis er nähergebeten wird. Der Besuchte bleibt hinter seinem Schreibtisch sitzen und blickt unter Umständen nicht einmal auf. So läßt er deutlich spüren, »wer Herr im Hause ist«.

Dem Status entsprechend wird Platz angeboten. Der Stehplatz des Statusniederen ist unmittelbar an der Tür. Besucher mit mittlerem Status dürfen den Raum bis zur Mitte betreten. Besucher mit höherem Status dürfen sich bis zum Schreibtisch nähern und eventuell auch gegenüber dem Besuchten Platz nehmen. Besucher mit hohem Status haben die Erlaubnis, sogar hinter den Schreibtisch neben den Besuchten zu treten. Dies gilt in vollem Maße für den Vorgesetzten. Er darf unangemeldet und ohne anzuklopfen das Revier seines Mitarbeiters betreten und, so nahe er will, auf diesen zugehen. Im Zuge menschenwürdiger Führung wird er diese Machtmittel jedoch nicht nutzen, sondern etwas von seinem Status herunterschrauben, um den Status seines Mitarbeiters nicht zu verletzen.

Auch während des Aufenthalts im Revier wird der mit niederem Status Ausgestattete alles vermeiden, was den Status des Besuchten angreifen könnte. Telefoniert dieser, wird der Besucher den Raum kurz verlassen, um nicht persönliche Informationen aufzunehmen. Ein Aufnehmen der persönlichen oder intimen Informationen, die bei einem Telefonat bewußt werden können, würde einem Eindringen in die Intimsphäre gleichkommen.

Unser Revier ist das zu verteidigende Gebiet. Beim Menschen unterscheiden wir das Stammes-, Familien- und persönliche Territorium. Der körperliche Kampf zur Revierverteidigung ist beim Menschen selten. Nur das Eindringen von Dieben, Einbrechern, das Mißachten des Reviers durch Drängler, die sich in der Warteschlange vorschieben und das Wegschnappen einer Parklücke, die bereits als persönliches Revier ausersehen war, kann dazu führen, daß wir Hemmungen fallenlassen und körperliche Verteidigungsmaßnahmen einsetzen. Im Menschen kämpfen in solchen Situationen viele Antriebe miteinander.

Bei der Bildung lokaler Clubs, Vereine, Jugendgruppen, Gewerkschaften, Parteien, studentischer Vereinigungen und anderer Gruppierungen spielen die Territorien eine wesentliche Rolle. Die Distanzen werden mittels Abzeichen, Uniformen,

Kooperationswille ◄ — — — und — — ► Wettbewerbsstreben

führen zu:

Aufteilung des vorhandenen
Territoriums

lassen Zellen (Land, Büro)
entstehen und stärken die Einstellung
»Mein Heim ist meine Burg«

Hauptquartieren, einheitlicher Sprache (Sprache der Eingeweihten) abgesteckt. Gewerkschaften und Industriekonzerne verhalten sich wie zwei kriegführende Stämme. Territoriale Ansprüche werden eingesetzt: Streik und Aussperrung. Es werden Rituale vereinbart und eingesetzt, die das Gruppenimage zur Geltung bringen.

Alle mit Revier- und Distanzzonen zusammenhängenden Einzelheiten lernt der heranwachsende Mensch. Versuch und Belohnung oder Bestrafung zeigen ihm im Wortsinne seine Grenzen.

Interessant ist in diesem Zusammenhang das soziale Verhalten von Eskimohunden. Verletzen sie die Grenzen, werden sie von den älteren Rüden bestraft. Komischerweise führt dies nicht dazu, daß die Junghunde jetzt ihre Grenzen kennen. Sie lernen dies erst, wenn sie die Sexualreife erlangt haben. Nach den ersten Kopulationsversuchen begreifen sie plötzlich, wo die genauen Grenzen sind. Dies wirft zwei Fragen auf:

1. Ist der Lernprozeß, der bei der Geburt begann und in Versuch und Bestrafung verlief, jetzt beendet?
2. Handelt es sich beim Begreifen der Distanzzonen und Reviergrenzen um einen instinktiven Vorgang, der sich erst bei der Geschlechtsreife voll entwickelt?

Wir wissen es nicht.

Menschen (und Tiere) werden von bestimmten, unsichtbaren Zonen umgeben, den Distanz- oder Revierzonen. Erfahrungswerte und Beobachtungen haben beim Menschen vier Distanzzonen erkennen lassen:

– die intime Distanz
– die private Distanz } Nahbereich
– die gesellschaftlich-kommerzielle Distanz } Fernbereich
– die allgemeine Distanz

Die intime Distanz reicht vom Hautkontakt bis ca. 60 cm Entfernung. Diese Distanz ist dem Austausch intimer Körpersprache vorbehalten. Liebkosen, sich umarmen,

345

aber auch schlagen verlaufen in dieser Zone – nicht nur im Kindesalter. Jedes Eindringen in diese Zone wirft demzufolge die Frage auf: »Werde ich liebkost oder geschlagen?« Nur die Körpersprache gibt hierauf eindeutige Informationen. Merken wir beim Eindringen in die intime Distanz Abwehrverhalten (Verschlußsignale, Rückzugssignale), können wir zu Zurückgehen oder Rückzug veranlaßt werden.

Legen wir Gegenstände so nahe zum Partner, daß diese in sein Revier oder gar in seine Intimzone zu liegen kommen, erleben wir ähnliches Verhalten, als wenn wir körperlich seine Intimzone verletzt hätten. Er schiebt diese Gegenstände mehr oder weniger merkbar von sich oder zieht sich zurück, damit diese Gegenstände wieder im anderen Revier liegen. Die Zonen der intimen Distanz sind von Kultur zu Kultur unterschiedlich. In Westeuropa sind es etwa die genannten 60 cm. In Osteuropa entspricht die Zone etwa der Länge der Hand bis zum Handgelenk. In den Mittelmeerländern etwa der Länge der Hand bis zum Ellenbogen.

Araber kennen auf öffentlichen Plätzen keine Intimsphäre. Sie drängeln sich in Warteschlangen hinein. Japaner kennen in ihrer Sprache kein Wort für Privatsphäre. Schon dies kennzeichnet die Haltung gegenüber anderen.

Das Wort für Notzucht fehlt in der arabischen Sprache. Das kennzeichnet die Haltung gegenüber dem Körper des Mitmenschen. Um ein Eindringen und ein Eindringenlassen in die Intimdistanz zu verhindern, setzen wir uns möglichst so, daß wir nicht unmittelbar neben einem Mitmenschen sitzen müssen. Schauen Sie sich ein wenig gefülltes Lokal an. An jedem der Tische sitzt eine Person. Im Kino bleiben ebenfalls entweder Lücken, oder man nimmt dankbar die Armlehne als Begrenzung und Zaun an. Auch im Pissoir halten Männer Abstand voneinander. Ein zu nahes Nebeneinander beim Urinieren verzögert den Urinfluß. Instinktiv werden die Schließmuskeln so lange gespannt, bis wir wissen, ob uns Gefahr droht oder nicht. Bis wir den Eindringling zugeordnet haben. Dies selbst heute noch, obwohl die Zeit, in der wir während des Austretens angreifbar waren und mit Überfällen zu rechnen hatten, längst vorüber ist.

Kommt es in überfüllten Verkehrsmitteln zu engem Kontakt, ignorieren wir denjenigen, der diesen Kontakt eingehen mußte. Indem wir ausdruckslos schauen, wegschauen, Decke und Fußboden betrachten, die eigenen Körperbewegungen auf ein Minimum reduzieren und möglichst wenig soziale Signale aussenden, machen wir den Eindringling zur Nicht-Person.

Obwohl Kinder in engen Räumen mehr Möglichkeit hätten, soziale Kontakte miteinander herzustellen, kommen weniger soziale Kontakte zustande, weil jedes Kind das andere als Eindringling erlebt. Die Neigung zu aggressivem Verhalten steigt. Unser Bedürfnis, die intime Distanz zu schützen, geben wir nur auf, wenn wir mit Gleichgesinnten zusammen sind. Auf Fußballplätzen, bei lustigen Anlässen in der Menge verschmelzen wir miteinander wie die bereits beschriebenen Amöben. Im Zirkus nutzt der Dompteur geschickt das Wissen um die Intimdistanz seiner Raubtiere. Er geht so lange auf das Raubtier zu, bis er in dessen Intimsphäre eindringt. Jetzt weicht das Raubtier entweder zurück oder duckt sich zum Angriff. Spätestens wenn ein weiteres Zurückweichen nicht mehr möglich ist, stellt sich das den Angriff vorbereitende Raubtier zum Sprung ein. Jetzt verläßt der Dompteur die Intimsphäre des Raubtiers und der Grund zum Angriff entfällt. Es bleibt in der Sprunghaltung sitzen.

Um eine Bedrängung zu vermeiden, sitzt der Psychotherapeut oder Psychoanalytiker nicht unmittelbar neben oder vor dem Patienten, sondern nimmt meist außerhalb des Blickfeldes hinter dem Patienten Platz. Im Gegensatz dazu dringt der vernehmende Kriminalbeamte oft in die Intimsphäre der Verdächtigen ein. Der Verdächtige sitzt nicht hinter einem Tisch, der ihm Sicherheit gäbe und als Barriere dienen würde, sondern offen. Das Verhör kann dann wie folgt ablaufen:

- Distanz zirka 1 Meter (persönliche Distanz);
- Annäherung;
- Knie des Verhörten werden zwischen die Knie des Befragers genommen. So wird eine Flucht unterbunden und in die Enge getrieben.

Auch Vorgesetzte können Führungsansprüche dadurch bekräftigen, daß sie den Mitarbeiter räumlich bedrängen. Eltern, die mit ihren Kindern schimpfen, beugen sich oft zu diesen herab, um zu signalisieren: »Deine Intimdistanz nützt dir nichts – die achte ich nicht!« Fahren wir in unserem Auto, dient dieses zur Vergrößerung des Intimbereichs. So ist zu verstehen, daß Menschen in ihren Autos Handlungen ausführen (in der Nase bohren, Nägel feilen), die sie in der Öffentlichkeit sonst nie ausführen würden.

Veranstalter von Vorträgen oder Massenveranstaltungen wissen, daß bei gutbesuchten Veranstaltungen ca. 0,5 m² pro Person eingeplant werden müssen. Bei weniger gut besuchten Veranstaltungen werden bis zu einem m² eingeplant. Zusammendrängen verändert die Gemütsverfassung. Mehr zusammengedrängt, wird die Menge leichter emotionalisiert und aggressiver. Bei weniger Dichte ist eine leichtere Steuerung möglich.

Verletzen wir das Revier, insbesondere die Intimdistanz eines Menschen, haben wir mit folgenden Reaktionen zu rechnen:

- Unruhiges Hin-und-Her-Rutschen, welches den Willen, sich zu entfernen, signalisiert,
- Übereinanderschlagen der Beine, weg vom Eindringling – Abwenden und Vorbereitung zur Flucht,
- Finger trommeln (signalisieren innere Unruhe),
- Aufsteh-Stützgriff, der zeigt, daß an Aufstehen und Weggehen gedacht wird,
- Schließen der Augen: »Ich will nicht sehen, daß Sie mir so nahe kommen«,
- Kinn auf Brust: »Ich unterwerfe mich ja, ich habe Angst und schütze meinen Hals, laß mich in Ruhe«,
- Anheben der Schultern zur Deckung des Halses: »Dein Eindringen empfinde ich als Angriff und schütze meinen Hals«,

– Greifen nach Gegenständen, insbesondere Bleistift, welche dann meist mit der Spitze zum Eindringling gehalten werden: »Ich halte mich fest oder bewaffne mich, um dich abzuwehren.« Aufstehen: »Das lasse ich mir nicht gefallen, ich ziehe die Konsequenz und gehe.«

Lediglich in Verbindung mit Belohnung und Lob lassen wir uns ein Eindringen in unsere Intimsphäre gefallen, wenn die Absicht vorher aus der Körpersprache erkennbar wurde.

Gewalttätige Menschen verfügen über eine größere Intimsphäre, die doppelt so groß wie bei anderen Menschen sein kann. So ist es verständlich, daß sich der Gewalttätige viel früher bedroht fühlt und sich viel früher wehrt.

Kommt eine Frau in die Intimzone eines Mannes, ist mit weniger Ablehnung zu rechnen, als wenn ein Mann in die Intimzone einer Frau eindringt.

Eine Geschichte berichtet, daß ein junger Matrose eine Lady kennengelernt und mit ihr geschlafen habe. Was sie bei diesem Anlaß zuließ, nämlich daß der Matrose in ihre Intimdistanz eindrang, verwehrte sie beim nächsten Wiedersehen.

Mit eisiger Miene beantwortete sie sein »Hallo . . .« und verbot so jedes Näherkommen.

Die *persönliche Distanz* reicht von zirka 60 cm bis 120 cm. In dieser Distanz sind normale Kommunikationsvorgänge zwischen Menschen abzuwickeln. Erst aus dieser Distanz darf in die Intimdistanz vorgedrungen werden. Ein zu schnelles Vorgehen und das Überspringen einzelner Zonen führt meist zu Zurückweisungen. Man kommt sich langsam näher. Der Übergang zur Intimzone kann fließend sein. Die Entfernungsangaben sind Mittelwerte. Es ist anzunehmen, daß introvertierte – nach innen gerichtete – Menschen einen größeren Abstand haben wollen als extrovertierte – nach außen gerichtete Partner.

Übergeht jemand die persönliche Distanz und nähert er sich vorschnell der intimen Distanz oder dringt er gar in diese ein, zeigt er damit, daß es ihm am nötigen Takt und der richtigen Einschätzung der Persönlichkeit des anderen fehlt. Er wirkt dann im Wortsinne aufdringlich und bedrängend.

Die *gesellschaftlich-kommerzielle Distanz* ist vorwiegend den geschäftlichen Beziehungen vorbehalten. Automatisch ergibt sich diese Distanz zwischen 120 und 300 cm, wenn zwischen den Gesprächspartnern ein Tisch oder Schreibtisch steht. In dieser Entfernung finden alle die Gespräche statt, bei denen man sich nicht persönlich näher kommen will, bei denen es um die Sache und weniger um den Menschen geht. Auch Gespräche, bei denen von den mittelbaren Problemen des Gesprächspartners gesprochen, diese aber abstrahiert (mit Distanz) betrachtet werden wollen, verlaufen bei dieser Entfernung.

Die *allgemeine Distanz* reicht von 300 cm bis unendlich. Das ist der Abstand, den im allgemeinen Redner zu ihren Zuhörern und Schauspieler zum Publikum halten. Verläßt ein Schauspieler die Bühne, um ins Publikum zu gehen, wird er nicht mehr angestarrt. Er wird dann von einer Person, die man von fern betrachten darf, zu einer Nicht-Person, die man übersieht. Oft wirkt dies sogar peinlich. Die Entfernung der öffentlichen oder auch allgemeinen Distanz erlaubt es, Menschen, insbesonders solche, die sich zur Schau stellen, völlig ungeniert zu betrachten. Dies auch deshalb, weil der so Betrachtete sicher sein kann, daß ihm aus der Betrachtung keine Angriffe erwachsen. Der Angreifer müßte erst die relativ große Distanz überwinden. Außerdem sind Einzelheiten und Kleinigkeiten, die jeder gerne versteckt, aus dieser Entfernung nicht zu sehen. Weil aber auch Ausdrucksmerkmale bei dieser Entfernung stärker dargestellt werden müssen, damit diese vom Publikum verstanden werden, sind oft leichte Übertreibungen nötig. Wenn Sie einen Stummfilm aus der Anfangszeit des Films sehen, wird Ihnen auffallen, daß die Schauspieler noch mit Bühnenverhalten spielen und die feineren Nuancierungen nicht einzusetzen vermögen. Sie haben sich noch nicht darauf eingestellt, daß die Filmkamera in der Lage ist, auch aus einer relativ großen Entfernung mittels Optikverstellung das ganze Gesicht in Großaufnahme abzubilden. So dringt die Kamera ohne Beachtung der verschiedenen Distanz-Zonen in Bereiche vor, die man einem Menschen verwehren würde. Viele interessante Aufnahmen von menschlichen Gesichtern und von Tieren sind erst mit dieser Technik möglich geworden. Die weit entfernte Kamera löst eben keine Abwehrmechanismen und abwehrende Körpersprache aus.

Es wird auch versucht, die Distanzzonen einzuhalten, wenn Plätze bei Besprechungen vergeben werden. Normalerweise und besonders dann, wenn noch alle Plätze zur Verfügung stehen, werden die Stühle so besetzt, daß zwischen einem schon Sitzenden und dem eigenen Stuhl noch ein Stuhl freibleibt.

Sind die Plätze nicht konventionell – durch Tischkarten oder Sitzpläne – festgelegt, werden mittels körpersprachlicher Signale Botschaften abgegeben, die zeigen, wo man sich setzen will oder wo man sich setzen soll. Dazu dienen folgende Hinweis-Zeichen:

– Offene Handfläche (bei Aufwertung nach oben, bei Abwertung und befehlender Platzanweisung nach unten oder nur Zeigefinger);
– Hand und Augen oder die Augen allein zeigen auf einen bestimmten Platz;
– die Hand legt sich auf den Rücken des Ankommenden und geleitet ihn zu seinem Platz. Ersatzweise wird der Ankommende an der Hand genommen oder am Arm gefaßt;
– diese lenkenden Verhalten sind oft mit entsprechenden Aussagen gekoppelt oder ziehen entsprechende Aussagen gleichsam zur Verdeutlichung oder Erklärung, aber auch zur Rechtfertigung nach sich.

Immer mehr werden in Konferenzen runde Tische eingesetzt. Damit wird eine Konfrontationsstellung ausgeschlossen. Niemand hat den »Vor-Sitz«. Schon bei

König Artus' Tafelrunde wurde ein runder Tisch verwendet. So fühlten sich alle gleichwertig. Artus war eine so beherrschende Person, daß es egal war, wo er saß. Auch bei dieser Runde spielten die Distanzzonen eine wesentliche Rolle. Der Status des Anwesenden bestimmte, wie nahe er bei König Artus sitzen durfte. Auch dieses Prinzip gilt noch heute. Je wichtiger ein Anwesender ist, desto näher, in desto kleinerer Distanz wird er zum Vorgesetzten oder Gastgeber sitzen.

»Mich hat man hinten-an-gesetzt«, sagt in wörtlichem Sinne, daß jemand hinten saß und meint, daß man ihn nicht gewürdigt, sich nicht genügend mit ihm beschäftigt hat.

Auf dem zur Besprechung zur Verfügung stehenden Tisch steckt sich dann jeder Beteiligte mehr oder weniger schnell, mehr oder weniger deutlich und mehr oder weniger groß sein Revier ab. Je »groß-spuriger« ein Mensch ist, desto größer wird das Revier sein, das er für sich beansprucht, selbst wenn er damit in die persönliche oder intime Distanz seines Nachbarn eindringen muß. Bescheidene Menschen beanspruchen nur ein kleines Plätzchen und wagen oft nicht, die Hände auf den Tisch zu legen. Automatisch tritt der Gastgeber einen Teil seines Tisches, seines Reviers, an den Gesprächspartner ab. Die unsichtbare Trennlinie verläuft dann etwa in der Mitte zwischen den zwei Partnern. Diese Grenze muß nicht mit der Mittellinie des Tisches übereinstimmen. Soll dem anderen nämlich Platz eingeräumt werden, zieht sich der Gastgeber etwas zurück oder nimmt die aufgestellten Gegenstände (Zäune) nach hinten.

Die Revierbesetzung ist auch in Bibliotheken zu beobachten. Niemand dringt gern in Bereiche ein, die ein anderer mit seinen Gegenständen (Duftnoten) belegt hat. Beobachtungen ergaben, daß mit Lesemappen belegte Bibliotheksplätze erst nach durchschnittlich 77 Minuten, mit Jacken belegte Plätze erst nach zwei Stunden belegt wurden.

Von einem Kirchgänger wird berichtet, daß er jahrelang immer auf dem gleichen Platz saß. Als er einmal zu spät kam und »sein« Platz bereits besetzt war, bat er den dort Sitzenden, »seinen« Platz freizumachen. Auf dem eigenen Platz zu sein vermittelt ein Gefühl der Sicherheit und Überlegenheit. Deshalb sprechen wir beispielsweise beim Fußballspiel auch von »Heimvorteil«. Derartige Distanzverhalten und das menschliche Territorial- oder Dominanzverhalten wurden noch bis in die 60er Jahre verleugnet. Heute ist ersichtlich, daß Menschen nahezu dasselbe Ortungs-Territorial- und Affiliationsverhalten zeigen wie höhere Affenarten, wenn auch weniger an den unmittelbaren Kontext gebunden. Der Mensch kann darüber hinaus bestimmte Formen des Kommunikationsverhaltens, die die anderen Primaten nicht oder nur in geringem Umfang kennen, einsetzen.

Nicht-Personen

Betritt jemand ohne unsere Erlaubnis wegen seiner Tätigkeit die uns umgebenden Distanzzonen, übersehen wir ihn. Er wird zur »Nicht-Person«. Wir verhalten uns ganz so, als ob diese Person nicht da wäre. Im Beisein von Kellnern, Hausmädchen und Krankenschwestern werden oft intimste Geheimnisse erzählt. Es wird so vom Thema gesprochen, als wäre niemand in der Nähe. Wie oft werden in Gasthäusern, bei Friseuren, in Verkehrsmitteln Informationen ausgetauscht, die Fremde nichts angehen. Dies ist nur möglich, wenn man die Umwelt einfach ausschließt, einfach übersieht, sie als nicht existent betrachtet.

Diese Fähigkeit, das, was wir nicht sehen wollen, einfach zu übersehen, nutzen wir weidlich. Wir übersehen den am Straßenrand sitzenden Bettler und an der Autobahnauffahrt stehende Anhalter genauso wie die Menschen, die wir durch bewußtes Übersehen bestrafen wollen. Ein kleiner Unterschied besteht vom Übersehenwollen zum bewußten Übersehen, dem sogenannten Schneiden, aber doch. Was würde es nützen, wenn der so Verachtete gar nicht wahrnehmen würde, daß er verachtet wird? Deshalb suchen wir zunächst Blickkontakt und wenden uns dann, wenn dieser zustande gekommen ist, ostentativ mit erhobenem Kopf und Luftausstoßen ab. Dieses Verhalten entstand im vergangenen Jahrhundert. Der soziale Snobismus hatte seinen Höhepunkt erreicht, und so wurde das Übersehen von gesellschaftlich unterlegenen Mitmenschen zu einer bald allgemeinüblichen, verletzenden und beleidigenden Verhaltensweise.

2. Tabu-Bereiche

Die intimsten Bereiche des menschlichen Körpers und der menschlichen Umgebung sind die Tabu-Bereiche. Es sind die Bereiche, die von Artgenossen nicht betreten oder berührt werden dürfen. Oft gilt dieses Tabu auch für Sichtkontakt.

Die folgende Einteilung gibt einen Überblick über diese Bereiche:

	Körperzonen öffentlich	privat	intim
Mann	Hand	Kopf	Beine
	Arm	Brust	Genitale
		Nacken	Becken
		Hals	
Frau	Hand	Kopf	Brust
	Arm	Nacken	Genitale
		Hals	Beine

Liebende untereinander und Eltern gegenüber Babys haben freien Zugang zu allen Zonen. Die am meisten tabuierten Zonen liegen näher bei den Geschlechtsmerkmalen, die Tabuierung nimmt ab, je weiter die Körperteile von den Geschlechtsmerkmalen entfernt sind.

Die folgende Übersicht zeigt, welches Berührungsverhalten wie oft vorkommt:

Berührung des/der:	Mütter bei						Väter bei						Männer bei						Frauen bei					
	Söhnen			Töchtern			Söhnen			Töchtern			Männern			Frauen			Frauen			Männern		
	oft	selten	fast nie	oft	selten	fast nie	oft	selten	fast nie	oft	selten	fast nie	oft	selten	fast nie	oft	selten	fast nie	oft	selten	fast nie	oft	selten	fast nie
Kopfes	x			x			x			x				x	x				x				x	
Haare	x			x			x			x				x		x			x				x	
Brust		x				x		x				x	x	x							x			x
Arme u. Hände	x				x		x				x				x		x			x			x	
Hüfte		x				x		x				x		x				x		x				x
Genitalber.		x				x		x				x		x				x		x				x
Knie u. Füße	x			x								x	x					x		x				x

Interessant ist, daß Mütter bei Töchtern immer über die Haare streichen dürfen, während Söhne sich schon früh dagegen wehren. Der Grund dafür liegt wahrscheinlich darin, daß Jungens das »Über-die-Haare-Streichen« als unmännlich empfinden. Sie wollen dieses Pflegeverhalten, dieses Verschönern nicht, weil sie nicht aussehen wollen wie Mädchen. Diese Berührungen werden assoziiert mit dem Verbessern des Aussehens, wie es die Mutter während der Kindheit sicher oft getan hat.

Eine in Amerika durchgeführte Untersuchung ergab auch, warum die Hüft- und Beckenzone der Männer für Frauen weniger tabu ist als die Beckenzone der Frauen für Männer. Dies liegt daran, daß junge Männer der Größe wegen eher den Arm um die Schulter der Freundin legen als um deren Hüfte. Frauen, die kleiner sind, legen den Arm um die Hüfte des Freundes und enttabuisieren so diesen Bereich. Die Übersicht erhebt keinen Anspruch auf Übertragbarkeit und Vollständigkeit. Interessant ist, daraus zu ersehen, wie sich die Tabuzonen im Laufe des Lebens aufbauen und verändern. Tabu-Bereiche sind beispielsweise Toiletten, Badezimmer und teilweise Schlafzimmer. Außerdem kann jeder Raum und jeder Gegenstand mit Tabus belegt werden. Das Arbeitszimmer, das niemand betreten darf, das Maskottchen, das keiner berühren darf, und persönliche Gegenstände, wie Pfeifen und Musikinstrumente.

3. Abwehrsignale

Werden Distanzzonen verletzt oder Tabus gebrochen, ist mit Abwehrsignalen zu rechnen. Das scheue Kind, das vom entfernten Verwandten gestreichelt werden soll versteckt sich scheu hinter der Mutter, schiebt die Mutter als Barriere vor. Als Barrieren dienen auch Möbelstücke und Stühle, hinter denen sich das Kind verstecken kann

Generell können Barrieresignale, die der Abwehr dienen, auch als Angstsignale erklärt werden. Versagen sie, folgt die Flucht. Je älter der Mensch wird, desto mehr bilden sich dessen Abwehrsignale zurück. Teenager halten noch die Hand und Bücher zwischen sich und einen Eindringling. Die Erwachsenenrolle verlangt kontrollierten Einsatz derartiger Signale.

Hauptsächlich kennen wir folgende Abwehrsignale:

– Kreuzen der Arme vor dem Körper;
– Gesten, die einer vorgetäuschten Korrektur dienen: Griff zu den Manschetten, zur Handtasche; oft werden derartige vorgetäuschte Korrekturen dann vorgenommen, wenn ein freier Platz überquert werden soll, wenn man im Blickpunkt zu stehen glaubt;
– Hände berühren sich gegenseitig, oder die Hand berührt den Arm; so vorgestreckte Hände und Selbstkontakte (Spitzdach, Falten der Hände) dienen gleichsam als Puffer, der den Eindringling abhalten soll;
– Übereinanderschlagen der Beine als generelle Verschlußhaltung und das obere Bein weg vom Eindringling als abweisende Haltung;
– vor sich aufgebaute Schreibtische, hinter denen man sich verschanzen kann.

Abb. 42

Dieses Bild zeigt den sowjetischen Staats- und Parteichef Leonid Breschnew und Bundeskanzler Helmut Schmidt anläßlich dessen 4tägigen offiziellen Besuchs in Bonn am 4. 5. 1978. Scheinbar soll das von Bundeskanzler Schmidt gezeigte Barrieresignal (geschlossene Hände und Arme) durch das Kontaktsignal von Leonid Breschnew (Berührungsversuch) aufgeweicht werden. Das Lächeln des sowjetischen Ministerpräsidenten zeigt, daß der Berührungsversuch freundschaftlich zu verstehen ist.

353

In Gruppen schließlich die Stellung frontal zueinander. Diese Stellung der vollen Zuwendung zum Gesprächspartner signalisiert, daß man sich allein unterhalten will und wehrt so weitere Gesprächspartner ab. Bei der allgemein bekannten Party-Stellung bilden die Oberkörper der Gesprächspartner einen offenen Winkel und laden so indirekt zum Hinzukommen ein.

Zäune, Türen und Wächter sind ebenfalls Abwehrsignale. Sie besagen, daß hier fremdes Territorium beginnt, das nicht betreten werden darf. Zur Unterstreichung zeigen die Wächter noch zusätzliche Abwehrsignale wie gekreuzte Arme. Zu den sexuell begründeten Abwehrsignalen gehören das Hände-in-den-Schoß-Legen, wenn die Hände gleichzeitig etwas zwischen die Oberschenkel geklemmt sind. So wird unbewußt der Zugang zur Intimzone verboten.

Auch Aussagen können Abwehrsignale sein. Der Unternehmer, der sagt: »Ich verstehe mein Geschäft doch wohl am besten«, meint damit: »Redet mir nicht in mein Territorium.« Auch besitzanzeigende Fürwörter (mein, unser) bauen Barrieren auf. Reichen derartige Signale nicht aus, werden Steigerungen eingesetzt.

Der Schrei erfüllt zwei Funktionen: er soll Hilfe gegen den Eindringling herbeirufen und gleichzeitig Verspannung abbauen. So wird der Schrei auch zu einem Abwehrsignal gegen Schmerzen. Dabei werden die Augen meist geschlossen und der Mund aufgerissen. Dieses Verhalten besagt: »Ich kann bzw. will das nicht mehr mit ansehen – nicht mehr wahrnehmen«, der aufgerissene Mund dient dem Ausstoßen des Schreis und legt die Zähne drohend frei.

Parallel dazu laufen meist noch folgende Verhalten ab: Kopf und Hals stoßen nach vorne, als ob ein Angriff eingeleitet würde. Die Schultern werden hochgezogen, um den Hals zu schützen. Gleichzeitig neigen sie sich ebenfalls nach vorne. Die Arme werden wie zur Abwehr oder Verteidigung nach oben gerissen. Die zum Kampf notwendigen Fäuste werden geballt. Der Bauch wird eingezogen, und die Knie werden gebeugt. Insgesamt also eine Reaktion, die aus dem Schreck unmittelbar zum Kampf überleiten will.

Oft laufen diese Abwehrsignale auch ab, ohne daß ein Laut abgegeben wird. Dann folgt der Schrei oft unmittelbar nach der Abwehrreaktion und dient so der Entspannung und Entkrampfung der Person.

Zu den Abwehrsignalen gehören auch eine ganze Reihe von Talismanen und Amuletten. Sie dienen dem abergläubigen Menschen zur Abwehr von Krankheit und Gefahr. Klopfen auf Holz, ein aus alten Zeiten überliefertes Relikt, das an einer heiligen Eiche ausgeführt wurde, um den Gott Thor zu besänftigen, und auffällige Zeichen, um Blicke abzuwenden (den bösen Blick abzulenken), sind ebenfalls als Abwehrsignale weit verbreitet.

4. Dominanz- und Drohverhalten

Bestimmte Verhalten werden benutzt, um die eigene Position in der Macht- und Dominanzhierarchie der Mitmenschen zu sichern.

Diese Hierarchie ist auch unter dem Begriff »Hack- und Pickordnung« bekannt. Diese Bezeichnung stammt aus dem Sozialverhalten der Hühner. Dort darf das ranghöchste Tier jedes unter ihm stehende hacken – nicht aber umgekehrt.

Affen zeigen ihre Dominanz, indem sie die vordere Körperfront zeigen, sich auf den Eindringling zubewegen oder sich ihm zubeugen, Kopf und Kiefer vorschieben und ihm in die Augen blicken. Kommt durch dieses Verhalten Anerkennung nicht zustande, erfolgt Drohverhalten.

Menschen zeigen ihre Dominanz sowohl durch Körpersprache, durch Modulation und Lautstärke als auch mittels Statussymbolen und Rollenmerkmalen. Als Dominanzhaltungen werden alle vergrößernden Verhalten verwendet, das Sich-in-die-Brust-Werfen, das Einstemmen der Arme in die Hüfte, das breitbeinige Stehen. Immer soll dieses Verhalten dem anderen signalisieren: »Ich bin breiter und stärker als du.«

Nichtbeachten der Dominanz oder ihrer Symbole leiten oft unmittelbar Drohverhalten ein. Drohgebärden sollen den Eindringling oder Angreifer einschüchtern. Sie sind noch keine Angriffsbewegungen, sondern besagen nur, was passieren könnte, wenn der Eindringling seinen Weg fortsetzt. Es werden solche Verhalten benutzt, die bei vollendeter oder tatsächlicher Ausführung echte Angriffe wären. So ist verständlich, daß für Drohgebärden hauptsächlich die Körperteile verwendet werden, die auch bei einem tatsächlichen Angriff benutzt würden.

Die Arme, die Hände und die Füße, hilfsweise der Kopf und die Zähne. Mit den Armen werden vor allem Schlagbewegungen vorgetäuscht. Der drohend erhobene Arm mit der Faust ist eines der bekanntesten Drohsignale. Die damit ausgeführten Bewegungen deuten Schläge an. Auch der angewinkelte Arm mit Faust signalisiert Gefahr. Er könnte den Boxhieb ausführen. Die Hände können sowohl mit der Handfläche als auch mit der Handkante und mit der Faust schlagen. Als Kinder haben wir oft die drohende Hand des Vaters gesehen, der Ohrfeigen andeutete. Die Handfläche ist deshalb verwendet worden, weil sie von allen möglichen Handhaltungen die kleinsten Verletzungen hervorrufen würde.

Die nach vorn gestellten oder zuckenden Füße signalisieren ein Auf-den-anderen-Zugehen oder Ihn-treten-Wollen. In vielen Gesprächssituationen erlebte ich derartige unbewußte Bewegungen dann, wenn ein bestrafend-beleidigender Reiz verarbeitet wurde. Die Zehenspitzen zuckten auf den Aggressor zu.

Der Kopf kann als Stoßwerkzeug verwendet werden. Wie ein Stier kann auch der Mensch mit dem harten Schädeldach des gesenkten Kopfes angreifen. Die Zähne fletschen ist ein weiteres Drohsignal. Es signalisiert Bisse, wenn zwei Reihen – auch beim Menschen gefährlich wirkender Zähne freigelegt werden.

Oft erschöpfen sich die Drohverhalten in Leerlaufgesten. Die Berührung mit dem

Gegner findet nicht statt. Kurz vor seinem Körper werden die Bewegungen gebremst oder weit weg von seinem Körper ausgeführt. Fäuste schütteln, Handkantenschläge austeilen, in die Luft boxen, gegenläufige Drehbewegungen der nicht ganz geschlossenen Fäuste, die »Ich drehe dir den Hals um« symbolisieren, und der ausgestreckte Zeigefinger als Dolch bewegen sich zweckentsprechend, ohne jedoch wirklich zu treffen. Mit ähnlichen Bewegungen können auch Ersatzhandlungen ausgeführt werden. Wut, die sich nicht auf einen Gegner entladen kann, führt zu Gesten der Selbstbestrafung oder der Bestrafung Unschuldiger – auch zum Malträtieren von Gegenständen.

Sich beißen, boxen in die eigene Hand, sich an die eigene Kehle greifen, den Zeigefinger an die eigene Kehle setzen, als wolle man diese durchstechen, und das Sich-auf-die-Zunge-Beißen gehören dazu.

Werden die Ersatzhandlungen nicht gegen den eigenen Körper gerichtet, können diese auch Gegenstände treffen. Auf den Tisch hauen, an die Wand boxen, mit dem Kopf gegen die Wand rennen und Gegenstände gegen die Wand schleudern dient dem Abreagieren starker Emotionen.

Was dem Menschen im Vergleich zum Tier fehlt, gleicht er durch Hilfsmittel aus.

Da er keine Drohfarben annehmen kann, bemalt er sich (Kriegsbemalung) oder kleidet sich in entsprechende, oft gar nicht zweckmäßige Kleidung. Da er keine so lauten Drohschreie ausstoßen kann oder will, läßt er Trompetensignale erschallen oder Trommeln schlagen. Um Gegner einzuschüchtern, zeigt er seine Macht in Paraden. Als Vorbereitungs- oder Ersatzverhalten vollführt er Kriegstänze. Bei Protestdemonstrationen zeigt er Fahnen und Spruchbänder.

Entsprechend der vorhandenen Aggression stellt sich Spannung in den Handlungen ein. Diese ist erkennbar auch am Weißwerden der Fingerknöchel beim Umklammern eines Gegenstandes, der als Halt oder Waffe Verwendung findet oder finden könnte. Wie Löwen fauchen wir, um einzuschüchtern. Je aggressiver unsere Handlungen sind, desto tiefer werden auch die Stirnfalten, desto weiter wird der Kopf nach vorn gestreckt, desto mehr beißen wir die Lippen zusammen, desto blasser werden wir. Wirken unsere Drohverhalten nicht, bereiten wir uns auf die Flucht, die Unterwerfung oder den Kampf vor. Fluchtbereitschaft wird erkennbar am:

- Zurückziehen des Nackens, der Kopf kann dann leichter und schneller in Fluchtrichtung gedreht werden;
- weiten Öffnen der Augen, so können die Augen schneller den Fluchtweg ausmachen;
- Röten des Gesichts, das Blut fließt in die Haut zurück, weil es, da der Kampf nicht zustande kommt, in den Muskeln nicht mehr benötigt wird.

5. Unterwerfungs- und Demutsverhalten

Unterwerfungs- und Demutsverhalten ist eine der Möglichkeiten, die bei erlebten Angriffen genutzt werden können.

Will der Angegriffene nicht fliehen, sich verstecken, kämpfen und auch keine Hilfe herbeiholen, bleibt ihm nur die Unterordnung. Demutsverhalten führt zu Haltungs-änderungen, die den Menschen kleiner werden lassen.

Dieses Verhaltensmuster ist auch bei vielen Säugetieren anzutreffen.

Sich zusammenkrümmen, sich ducken, wimmern, auf allen vieren kriechen und Versuche, empfindliche Körperteile zu schützen, führen zu einwärts gerichteten Bewegungsabläufen. Diese zeigen, daß eine aktive Auseinandersetzung nicht angestrebt wird, weil der Angreifer als übermächtig oder zu stark begriffen wird. Beim Menschen kommt zu diesen allgemeinen Verhalten noch ein weiteres Verhalten hinzu. Er kann mit Worten oder bestimmten Verhalten um Gnade flehen oder bitten. So bietet der Mensch im Interesse seines Überlebens einen bemitleidenswerten Anblick. Er will so wehrlos erscheinen, daß ein Angriff sich nicht mehr lohnt. Dieses Unterwerfungsverhalten löst beispielsweise bei vielen Tieren Bißhemmung aus. Der sich Unterwerfende muß zum Zwecke des Überlebens der Rasse geschont werden. Es genügt, zu erleben, daß der andere signalisiert: »Ich bin ja schon so weit, als hättest du mich besiegt.« So sind die einwärts gerichteten Unterwerfungssignale das Gegenteil der auswärts gerichteten Drohsignale. Demuts- und Unterwerfungsverhalten zeigen sich in vorgebeugten runden Schultern, gesenktem Kopf, eingefallener Brust, gekrümmtem Rücken, Niederknien, Auf-dem-Bauch-Liegen und Den-Hut-Ziehen.

Vorgebeugte, rund wirkende Schultern kommen zustande, wenn die zum Kampf nicht benötigte Luft aus den Lungen entwichen und der Brustkorb eingesunken ist. Der gesenkte Kopf erreicht eine Verkleinerung der Statur und dient gleichzeitig zum Schutz des Halses. Ob der gesenkte Kopf mehr aus Unterwerfungsabsicht oder mehr zum Angriff gesenkt ist, zeigt uns der Blickkontakt. Dieser ist bei der Unterwerfung ebenfalls abgebrochen. »Egal, was mit mir passiert, ich ergebe mich in mein Schicksal – ich will nichts mehr sehen«, sagt der gleichzeitig abgebrochene Blickkontakt.

Der gekrümmte Rücken ist zu beobachten bei Verbeugungen, beim »Dienern«. So wird der sich Unterwerfende zum »kleinen Fisch«. Es drückt aus: »Ich fühle mich klein und häßlich, ich will mich nicht vor dir oder gegen dich aufrichten.«

Niederknien ist meist ein religiöses Unterwerfungsverhalten. Im Mittelalter hat sich eingebürgert, vor Menschen nur noch auf einem Knie niederzuknien. So entstand der Knicks, bei dem nur ein Knie gebeugt wird. Knien auf beiden Knien ist der Anbetung Gottes vorbehalten. Generell ist von der Antike bis zur Moderne ein Nachlassen der Demutsverhalten gegenüber Weltlichen zu beobachten.

Auf dem Bauch liegen, »im Staube kriechen« ist die ausgeprägteste Form der Unterwerfung. Gemäß dem orientalischen Koran liegt der Körper allerdings nicht ganz flach auf der Erde. Nach dem Niederknien verbeugt sich der Oberkörper nach vorne-unten.

Das Ziehen des Hutes verkleinert die Gestalt ebenfalls. Nur Frauen – das schwache Geschlecht – dürfen den Hut aufbehalten. Auch ein König wird seine Krone nicht als Unterwerfungszeichen abgelegt haben.

Das Lüften des Hutes ist ein angelerntes Muster. Es ist in manchen Abkürzungen beobachtbar. Der militärische Griff zur Mütze oder das Berühren des Mützenschirmes und das beiläufige An-den-Hut-Tippen sind solche Abkürzungen.

Symbolische Unterwerfungsverhalten finden wir im Salem-Gruß.

Die Hand berührt die Brust, den Mund, die Stirn. Der Kopf wird geneigt. Die Symbolik besagt: »Mit den von meiner Hand berührten Stellen würde ich für Sie den Boden berühren.« Die Hand verkörpert also den Fußboden. Auch der Kuß findet als Unterwerfungssignal Anwendung. Je tiefer der eigene Rang, desto tiefer der Kuß. Aus Unterwerfung kann man jemandem die Hand, das Knie, den Saum der Kleidung, die Füße oder vor ihm den Staub küssen. Bischöfe dürfen das Knie des Papstes küssen. Normale Sterbliche nur dessen gesticktes Kreuz auf dem rechten Schuh.

»Er hat einen großen Namen«, »er ist ein großer Mann« besagt, daß Größe als Überlegenheit, als Dominanz erlebt wird. Der Überlegene darf sich größer, höher darstellen, der Unterlegene muß sich kleiner machen. Da die Verkleinerungsbewegungen gleichzeitig meist unbequem sind, geht noch ein bestrafender Aspekt in die Unterwerfung ein.

Wie ist dann zu erklären, daß ein Untergebener vor seinem Vorgesetzten stehen soll? Dies ist damit zu erklären, daß in der Gruppe nur der Dominante eine bequeme Haltung einnehmen darf. Bedienungspersonal steht ebenfalls, während die Herrschaften sitzen. Um dies aber ebenfalls mit der Regel: höher und größer = wichtiger in Einklang zu bringen, wurden für Höhergestellte spezielle Sitzgelegenheiten konstruiert, für den König der Thron, für den Chef der Sessel mit der höheren Rückenlehne.

Die Regel Unterwerfung = Verkleinerung können wir in Alltagssituationen heute noch nutzen. Werden wir wegen eines Fehlers zum Vorgesetzten beordert, können wir entsprechende Haltungen einnehmen, um unsere Unterwerfung zu signalisieren. Derartige Unterwerfungsverhalten führen nicht zu einer Aufgabe der Persönlichkeit, sondern sind Teil der zwischenmenschlichen Beziehungen. Oft werden derartige Verhalten im Geschäftsbereich vorschnell mit der Begründung abgelehnt, man würde dann charakterlos wirken. Dabei wird meist vergessen, daß wir diese Verhalten im privaten Bereich oft ausführen und fordern.

Wie ein Häufchen Elend steht der beim Zuschnellfahren ertappte Autofahrer vor dem Polizeibeamten und wird durch ein kleineres Strafmaß belohnt. In sich zusammengesunken, hören wir die Strafpredigt eines Freundes oder einer Freundin. Schimpfen stellen wir oft erst ein, nachdem der Beschimpfte Unterwerfungsverhalten zeigt. In privaten Rollen verwenden wir Unterwerfungsverhalten oft auch zur Koketterie und als gezielt eingesetztes Mittel, um Mitleid zu erzielen. Im geschäftlichen Bereich sind uns Unterwerfungen sehr viel unangenehmer, weil wir dort mehr Geltungsbedürfnis ausleben.

Werden wir zu Unterwerfungsverhalten durch das dominante Vorgehen unseres Dienstherren gezwungen, löst dies meist negative Gefühle aus. Als Gegenmechanismen eingesetzte Waffen sind: Respektlosigkeit, Mißachtung und Aggression. Vorschnell wird das Verhalten dann mit Zivilcourage beschrieben.

Das soll nicht heißen, daß Unterwerfungsverhalten ein Wundermittel und »Kriechen« erwünscht sei. Der Kluge mißt allerdings die Situation kritisch und überlegt sein Verhalten. Man kann ja auch verlieren, um zu siegen (Abb. 43 und 44).

Abb. 43 und 44
Zwei Demutsverhalten sind auf diesen Bildern zu sehen. Links kniet Willy Brandt als Bundeskanzler zu Ehren der Toten am Jüdischen Ehrenmal in Warschau. Rechts betet Sadat in der Großen Al-Aksa-Moschee auf dem Tempelberg in Altjerusalem.

6. Kampfverhalten und Triumph

Will man nicht verlieren, um später zu siegen, scheint auch Flucht und Besänftigung aussichtslos, ist kein Versteck in der Nähe und kann Hilfe nicht herbeigeholt werden, bleibt der Kampf. Der Kampf ist das notwendige Mittel, wenn Drohgebärden versagen. Allerdings sind Drohgebärden und Wortstreite viel häufiger zu beobachten als Kämpfe. Dies ist darauf zurückzuführen, daß im Grunde jeder Angst hat, sich zu verletzen.

Als angeborenes Angriffsverhalten ist der Schlag von oben sowohl in wirklicher Ausführung gegen den Gegner als auch als Ersatzhandlung (Schlag auf den Tisch) bei Kindern und Erwachsenen zu beobachten. Da der Mensch körperlich nicht oder kaum über Waffen verfügt, mußte er Waffen erfinden. Als Ersatz für Hörner, Klauen, Drüsen und Zähne schuf er sich Speere, Messer, Giftspritzen und Schußwaffen.

Das Maß der Aggression bestimmt die Art der Waffen. Je kleiner die Aggression, desto weniger gefährlich sind die eingesetzten Mittel.

Vom Ring- oder Faustkampf reicht die Palette der möglichen Kampfverhalten bis zum Duell.

Oft werden Angriffe nicht aus Zorn motiviert. Oft hat der Kämpfende persönlich nichts gegen den Bekämpften.

Mit der Entwicklung der modernen Waffen, mit denen über große Entfernungen getötet werden kann, wurde der Kampf entpersönlicht. Der Gegner ist nicht erkennbar, man muß nicht einen Menschen Auge in Auge ermorden, sondern betätigt lediglich einen Mechanismus, um Mord und Verderben zu bringen. So verstehen wir, daß angeborene Hemmnisse gegen das Töten nicht mehr oder nur noch schwach wirksam sind.

Triumph

Triumph hat viel mit Dominanz gemeinsam. Aus Freude über einen errungenen Sieg vergrößern wir uns. Wir wollen die Überlegenheit genießen und uns zeigen. Die Gefühlsaufwallung drückt sich in Hochreißen der Arme bis zum Luftsprung aus.

Der Zuwachs an Dominanz läßt uns größer werden. Der Sieger wird auf den Schultern getragen, sein Arm wird gehoben, er darf auf einem erhöhten Podest stehen. Wie schwer der Kampf war, wird oft noch einmal ausgedrückt. Der Schlag von oben soll zeigen, wie der Gegner geschlagen wurde. Pokale werden hochgehoben. Der Sieger bekommt seine Ehrenrunde, die oft einem römischen Triumphzug gleicht.

In Siegesfeiern wird Champagner »verspritzt«, oft unwissend, daß damit symbolisch eine Ejakulation dargestellt wird.

Große Autos, große Häuser, als Statussymbole bekannt, sind auch Ausdruck des Triumphes. So wird gezeigt, daß Erfolg vorhanden ist.

Kapitel 16
Kleidung

In der Kleidung, in der Art, wie ein Mensch aussehen will, zeigt sich seine erwünschte gesellschaftliche Rolle und seine innere Einstellung.

Der eigene Gestaltungswille wird lediglich durch Sanktionen der Umwelt und die Mode eingeengt. »Kleider machen Leute« meint: wie das Kleid, so die Persönlichkeit. Diese Aussage ist in der heutigen Zeit nicht mehr im ursprünglichen Sinne haltbar, hatte aber durchaus ihre Bedeutung, wie das Beispiel des Hauptmanns von Köpenick zeigte, der allein einer Offiziersuniform wegen Achtung und Einfluß gewann.

Kleidung soll bedecken. Seit der Mensch sich aufrichtete und auf den Hinterbeinen ging, sendet er ständig sexuelle Signale aus. Andere Primaten gebrauchen die aufrechte Haltung fast nur als Präsentierstellung. Um die Wirkung der sexuellen Signale aufzuheben, wurden diese durch Kleidungsstücke verborgen. Der Lendenschurz war eines der verbreitetsten Kleidungsstücke. Noch heute werden die die Sexualbereiche bedeckenden Kleidungsstücke als letzte abgelegt.

Oft will Kleidung heutzutage auch zeigen, was sie verbergen soll. Denken wir nur an die oft viel zu engen Pullis gewisser Damen. So erfüllt die Kleidung folgende Zwecke: Nützlichkeit, Bedeckung und Signalfunktion.

Kleidung ist Konvention. Nicht die Mode gibt Aufschluß, sondern die Stilrichtung und das Stilniveau.

Wir können folgende Niveaustufen unterscheiden:

Eleganz

Die ästhetische Eleganz erkennen wir an der Abstimmung eines jeden Kleidungsstückes zu den anderen in Farbe, Form und Muster. Zu dieser Art Eleganz kommt nur derjenige, der sich mit Freude kleidet. Eleganz drückt die aus Freude individuell und souverän zusammengestellte Kleidung aus.

Gepflegtheit

Den Eindruck gepflegter Kleidung ziehen wir aus sauberer Kleidung. Dabei ist unwesentlich, ob diese imitiert oder echt, stilentsprechend oder salopp ist.

Gleichgültig

Diese Kleidung ist sauber, wirkt aber ingesamt wenig abgestimmt und unharmonisch.

Ungepflegt

Außer unharmonisch ist diese Kleidung auch unsauber.

An Stilrichtungen unterscheiden wir jeweils zwei Pole:

traditionell	– originell
klassisch	– neumodisch

Es wird die Kleidung gewählt, die der beabsichtigten Rolle am ehesten entspricht. So wird Kleidung oft zur Verkleidung. Die Textilhülle soll den Netto-Inhalt aufwerten.

Bei vielen Menschen gibt die Kleidung Aufschluß über die Leitbilder. Anstelle passender, die eigene Persönlichkeit unterstreichende Kleidung wird dann die Kleidung getragen, die jemand oder »man« trägt. Dann wird anstelle der Selbstverwirklichung der Applaus gesucht. Zu Extravaganz kann Kleidung ausarten, wenn die Anerkennung nicht gefunden wird.

Im England des 15. Jahrhunderts war die Kleidung als Standesmerkmal gesetzlich geregelt. Im frühen Neu-England war es den Frauen verboten, seidene Halstücher zu tragen, wenn der Mann nicht mindestens 1000 Pfund besaß. Auch heute noch gibt es Kleidungsstücke, die nur von bestimmten Berufsgruppen getragen werden dürfen. Der Mißbrauch von Amtstrachten ist strafbar.

Oft wird die Wahl der Kleidung von Angst mitbestimmt.

Was wird jemand oder man sagen, wenn ich so aussehe? Werde ich so auch akzeptiert? sind Überlegungen, die besonders schwächere Menschen oft anstellen müssen. Im erotischen Bereich findet die Kleidung Einsatz als optisches Reizmittel. Kleidung und Darstellung oder Zurschaustellung bestimmter Raffinessen leitet dann oft das »Ausziehen mit den Augen« ein.

Früher war das Zeigen der Beine so obszön, daß sogar die Beine der Konzertflügel verhüllt wurden. 1930 durfte kein unverhüllter Nabel gezeigt werden. Erst 1960 wurden die ersten nackten weiblichen Brüste in Zeitschriften abgebildet.

Manche Kleidungsstücke haben interessante Entstehungsgeschichten. Der Frack ist aus dem Reitermantel entstanden. Im 18. Jahrhundert gehörte es zum Status, Sport zu treiben. Die Oberschicht wählte die höher angesiedelten Sportarten. Englische Landedelleute bevorzugten die Jagd. Zum Reiten wurde ein Mantel benötigt, der die besondere Haltung des Reitenden berücksichtigte. Es wurden Mäntel vorne abgeschnitten und behielten hinten ihre »Schwänze«. Um sich mit der Kopfbedeckung von den anderen, einfacheren Reitern zu unterscheiden, trugen die Höhergestellten statt des üblichen breiten Schlapphutes einen Zylinder.

Bald wurde der vorne abgeschnittene Mantel mit den »Schwänzen« und der Zylinder zur Statusgarderobe und damit zum Symbol für den Mann, der frei über seine Zeit verfügen konnte. Damit wurde diese Kleidung auch für die jüngeren Leute interessant. Eine neue Mode war geboren. Schon Mitte des 19. Jahrhunderts waren Frack und Zylinder eine alltägliche Kleidung.

Ein anderes Beispiel: Jeans, das Berufskleid amerikanischer Cowboys, assoziieren Freiheit, Abenteuer, Männlichkeit. Der Wunsch nach diesen Inhalten führte zur weltweiten Übernahme der Cowboy-Kleidung. Damit der Jeans-Träger aber nicht doch für einen »einfachen« Cowboy gehalten, nicht als Arbeiter angesehen wird, werden zusätzlich Accessoires getragen. Bessere Schuhe, anderes Hemd und Schmuck drücken aus: »Ich finde gut, was diese Männer tragen, ich bin aber trotzdem keiner von denen.«

Tweed, ein widerstandsfähiger Stoff, wurde ursprünglich nur von Schützen getragen. Die Zuordnung zu diesen Leitbildern führte dazu, daß Tweed bald allgemein als Material für den karierten Straßenanzug verwendet wurde.

Einfache Hemden und Strickjacken erinnern an Urlaub und Mittelmeer. Die Beliebtheit derartiger »bequemer« Kleidung steht im Zusammenhang mit der Beliebtheit von Urlaub und Freizeit. Diese Kleidung, von berühmten Leuten oft bevorzugt, besagt oft: Obwohl ich reich und berühmt bin, gehöre ich im Herzen zu den einfachen Menschen.

Die andere Kleidung ist zwar nicht weniger förmlich, ersetzt aber die eine Förmlichkeit mit der anderen.

Jemand trägt, was eine bestimmte Zielgruppe trägt, und wähnt sich dadurch anders als diejenigen, die der allgemein anerkannten Norm entsprechend gekleidet sind.

Lebensgefühle, Stimmungen und unbewußte Strebungen finden Niederschlag in der Wahl der Kleidung. Dies war auch zu beobachten in den verschiedenen Rocklängen der Vergangenheit.

1921–1929	in den goldenen Zwanzigern wurden die Röcke kürzer,
1930–1935	war die Weltwirtschaftskrise, und die Röcke wurden länger,
1936–1939	pendelte sich die Rocklänge auf ein Mittelmaß ein, um
1940–1946	wieder kürzer zu werden. Die Kriegsnachfrage belebte die Wirtschaft.
1947–1949	wurden längere Röcke getragen. Die Nachkriegsflaute schlug sich nieder.
1950–1959	wurden die Röcke wieder etwas kürzer, und
1960–1969	kam der Mini in Hochkonjunktur.
1970–1975	begann eine Rezession, und die Röcke wurden länger,
um 1976	wieder kürzer zu werden.

Nicht dann, wenn weniger Geld zum Stoffsparen hätte führen müssen, wurden also die Röcke kürzer, sondern je mehr Geld, desto kürzer die Röcke. Mit den Aktien stiegen auch die Rocksäume.

In der Hochkonjunktur der 60er Jahre wollte die Modebranche den Midi-Rock einführen. Es wurde ein teurer Fehlschlag. Erst zu Beginn der Rezession 1970 wurden die Röcke wieder länger.

Wahrscheinlich reagieren Frauen instinktiv auf die Wirtschaftslage und zeigen bei finanzieller Sicherheit ein größeres Aufforderungsverhalten. Wie sehr Gewohnheiten und Zweckmäßigkeiten die Beschaffenheit der Kleidung mitprägen, zeigen zwei Beispiele:

Die Jackenknöpfe bei Männerjacken sind rechts, die bei Frauenjacken links angenäht. So konnten Männer die rechte Hand unter die Jacke stecken, ohne diese aufknöpfen zu müssen. Zum Warmhalten der Waffenhand war dies sehr günstig.

Frauen schlugen lieber die rechte Hälfte über. Da Säuglinge öfter auf dem linken Arm getragen wurden, war es so leichter, das Kind mit dem weiter nach vorn gezogenen rechten Jackenteil zu schützen. Gewohnheiten prägen die Kleidung mit, und Kleidung produziert ihrerseits wieder Gewohnheiten.

Es ist beobachtet worden, daß diejenigen, die langärmelige Kleidung tragen, mehr Handgestik zeigen als diejenigen, deren kurze Ärmel den ganzen Arm für die Gestik freilassen. Wahrscheinlich ist das der Grund dafür, daß Frauen mehr Handgestik zeigen als Männer. Bauschige Kleidung verstärkt die Neigung zu wahllos geselligem und naturverbundenem Verhalten, wirkt anlockend, während enganliegende und strenge Kleidung Reserviertheit fördert, zugeknöpft wirkt. Soldaten und Amtspersonen tragen deshalb eher enganliegende Kleidung. Enganliegende Kleidung soll aber auch die Aufmerksamkeit wecken. Enge Jeans und Pullover dienen der Abbildung der Körperkonturen. Enganliegende Kleidung basiert also auf anderer Motivation als hautnahe Kleidung.

Auch bevorzugte Farben geben Informationen. Schließen wir aber aus den Farben der Kleidung nicht voreilig auf Eigenschaften. Zu viele Motive gehen in die Wahl einer bestimmten Farbe ein, als daß es möglich wäre, allein daraus zu definieren.

Dort, wo Kleidung nicht bedeckt, wo Kleidung nicht zur Unterstreichung der Persönlichkeit und zum Ausdruck des So-will-ich-gesehen-Werden genutzt werden kann, finden andere Mittel Verwendung.

Einzelne Kulturen verändern die normale Entwicklung der Körperformen. Weil der Säuglingskopf weich und leicht zu pressen ist, kann mit Bandagen und Preßbrettern eine gewollte Form erreicht werden. Diese Form, z. B. flache Stirn und spitzer Hinterkopf, soll dann signalisieren, daß der so geformte Kopf nicht zum Lastentragen verwendet werden kann, daß der Besitzer dieses Kopfes also ein höheres Prestige hat.

Besonders viele und leicht zu realisierende Möglichkeiten bieten die Haare. Wäre unser Kopf- und Barthaar sehr lang, würde es uns bei der Ausübung bestimmter Tätigkeiten hindern. Das ist ein Grund, die Haare zu schneiden – aber wie wir bei der längeren Haarmode der Jetztzeit sehen, nicht der einzige.

Möglicherweise sollen längere Haare den Wunsch nach Pflege, nach Zuwendung signalisieren. Denken wir in diesem Zusammenhang an unsere nächsten Verwandten –

die Affen. Diese verwenden viel Zeit für die gegenseitige Fellpflege und festigen damit ihre Freundschaftsbeziehungen.

Möglicherweise lösen längere Haare auch im kultivierten modernen Menschen noch Instinkte des Pflegebedürfnisses aus. Dies könnte eine Erklärung dafür sein, daß langhaarige Frauen mehr Interesse finden als Frauen, die die Haare sehr kurz tragen.

1. Wer schön sein will, muß leiden

Bekleidete Kulturen transformieren die »Verschönerungen« der Haut auf die Kleidung.

Unbekleidete Kulturen bringen Verzierungen direkt auf die Haut. Bemalen und Tätowieren gilt als handwerkliche Kunst. Narben, Hautschnitte und eingelegte Holzkohle ergeben reliefartige Verzierungen.

Diese Hautverzierungen sollen die Aufmerksamkeit herausfordern. Im provozierenden Charakter zeigt sich die Absicht, nicht schön zu sein wie eine Madonna, sondern durch das Anderssein zu reizen und zu stimulieren.

Auch in unserer Kultur lassen sich Menschen Narben beibringen, um damit besondere Männlichkeit nachzuweisen. Als Beispiel seien hier die »Schmisse« der den schlagenden Verbindungen angehörenden Studenten genannt.

Eine weitere, der Verschönerung dienende Art, die Haut zu gestalten, ist die Bemalung.

In der Stammesgesellschaft dient die Bemalung als kulturelle Kennmarke und als Absichtserklärung.

Daß schwarzgefärbte Augenbrauen die Augen stärker hervorheben, war schon zu Zeiten Kleopatras bekannt. Sie benutzte zum Einfärben ihrer Augenbrauen schwarzen Bleiglanz.

Rote Lippen sind ein besonderes Lockmittel. Kein Wunder, daß es seit etwa 5000 Jahren Lippenstifte gibt (Abb. 45).

Bemalung, in unserer heutigen Zeit Make-up genannt, hat folgende Funktionen:

Sie verkleidet und läßt damit jünger oder gesünder erscheinen.

Sie schützt vor der Sonneneinstrahlung, vor bösen Mächten, und sie verbirgt.

Zum Schutz gegen die Sonne wurden besondere Mittel entwickelt. Dem Schutz vor bösen Mächten dienten entsprechend gestaltete Figuren, und zum Verbergen von Blässe wird Rouge aufgelegt, Hautunreinheiten werden überpudert.

Sie zeigt Zugehörigkeit zu bestimmten Zielgruppen – nach dem Motto »Ich bin so wie du, oder ich will so sein wie du« wird die Bemalung gestaltet.

Sie signalisiert Kampfeslust. Wir erinnern uns hierbei an die Kriegsbemalung der Indianer, die man oft in den grellen Farben mancher Bemalung heute wiederzuerkennen scheint.

Abb. 45
Konzentration und genaue Arbeit gehören schon dazu, wenn man anschließend schön aussehen will. Dieses Bild zeigt junge Messebesucher am Kosmetikstand. Es wurde aufgenommen anläßlich der Jugendmesse in Oberhausen am 8. 11. 1967.

Es zeigt sexuelle Ansprechbarkeit, wenn besonders die dem sexuellen Bereich zugeordneten Gesichtspartien unterstrichen werden.

Ein rot leuchtender, durch Gebrauch spezieller Lippenstifte feucht wirkender Mund und durch schwarze Lidbemalung größer wirkende Augen, die stärkeres Interesse signalisieren sollen, sind hier zuzuordnen.

Noch vor einigen Jahrzehnten galt die reine, weiße Haut als Zeichen hohen sozialen Ranges. Nur Frauen, die einem niederen sozialen Rang angehörten, arbeiteten im Freien und bekamen dadurch zwangsläufig eine dunklere Hautfarbe.

Die moderne Frau erlebt braungetönte Haut als Prestige, und sie signalisiert damit: »Ich habe die Zeit, mich im Freien zu bewegen und etwas für meine ›Gesundheit‹ zu tun.«

Facelifting, Brust-, Bauch- und Oberschenkel-Hüft-Korrekturen, kosmetische Zahnbehandlungen dienen der Darstellung eines jüngeren Aussehens.

Altwerden – früher assoziiert mit Reiferwerden – scheint unmodern zu sein.

Wer sich derartige Verschönerungen und Make-up leisten kann, zeigt, daß er Zeit hat, daß er über das nötige Material verfügen und sich Dienstleistungen leisten kann. Damit erfährt die Umwelt, daß man Geld hat. Kein Wunder, daß viele Frauen lieber an anderem Notwendigen sparen, um mittels Make-up wohlhabender zu scheinen und Status zu signalisieren.

Die in den sechziger Jahren übliche wilde Bemalung ist jedoch inzwischen einem mit mehr Raffinesse ausgeführten Make-up gewichen.

Die distanzierte Haltung zum Reichtum führte zu einer weniger deutlichen Bemalung. Die abgegebene Botschaft ist vergleichbar mit der Signalwirkung lässiger Kleidung: »Ich gebe mir Mühe, so auszusehen, als gäbe ich mir keine Mühe.«

Noch nutzen Männer die Wirkung entsprechender Bemalung nicht. Die Verschönerungsversuche des Mannes bestehen aus Rasieren oder Stehenlassen eines mehr oder weniger gepflegten Bartes. Das einzige Make-up, das der Mann sich leistet, besteht aus Duftwasser und Creme. Das Make-up des Mannes soll nicht als solches erkannt werden. Ein durch Rasieren freigelegtes Gesicht kann feine Nuancen des Ausdrucks besser übermitteln. Es signalisiert außerdem, daß Glattrasierte genügend Zeit für die Körperpflege aufwenden können. Dasselbe Signal übermittelt auch ein gepflegter Bartwuchs.

Sowohl das Glattrasieren als auch der entsprechend gepflegte Bart dienen zusätzlich der Hygiene beim Essen und Trinken.

Je wilder der Bartwuchs, desto eher scheint der Wunsch vorhanden, etwas zu verbergen. Der wildwuchernde Bart wirkt wie eine Maske. Er verhindert, daß der Gesprächspartner die feinen Ausdrucksnuancen der Mimik wahrnehmen kann. Deshalb assoziieren wir einen wilden Bartwuchs eher unangenehm.

2. Schmuck

Kleidung ist eine Art, sich zu schmücken. Daneben stehen uns viele weitere Möglichkeiten zur Verfügung, die sowohl für Stunden als auch lebenslang wirksam sind.

Möglichkeiten, sich zu schmücken: Kleidung, Narben, Durchstiche, Farben und Tätowierungen, Haartracht, Parfums, Bemalen der Nägel, Pudern und Schmücken des Gesichts, Feilen der Zähne.

Schmuck besitzt Schaufunktion. Es werden damit sozialer Status, (sexuelle) Kontaktbereitschaft, Aggressivität, Angepaßtheit, Abenteuerlust, persönliche Eigenarten zur Schau gestellt.

Kurzfristige Verzierungen, wie Make-up, Perücken und Parfums, dienen meist der Ergänzung der Kleidung.

Lebenslang wirkende Verstümmelungen sind fast nur bei hierarchisch organisierten Gesellschaften zu beobachten. In Stammes- und Einführungsritualen verstärken die mit der »Verschönerung« verbundenen Schmerzen die Bindung an die Gemeinschaft.

Neben dieser unmittelbar mit dem Körper verbundenen Möglichkeit des Schmükkens kommt auch dem getragenen Schmuck entsprechende Bedeutung zu. Bei derartigen Schmuckgegenständen handelt es sich oft um erstarrte Gebärden.

Die Palette der Schmuckgegenstände ist breit. Sie reicht von der Halskette aus Sonnenblumenkernen bis zum Diamantkollier. Derartiger Schmuck besitzt keinen funktionellen Zweck, er ist meist nutzlos und technisch zwecklos.

Selbst Gebrauchsgegenstände (Armbanduhr) können zu Schmuckgegenständen umfunktioniert werden.

Schmuck erfüllt die Aufgabe, etwas zu zeigen. Er kann am Körper und an Gegenständen des persönlichen Besitzes angebracht sein.

Kleidung kann durch schmückende Broschen und wertvolle Gürtel aufgewertet werden.

Tieren können wertvolle Halsbänder angelegt werden, oder sie werden an wertvollen Leinen geführt.

Wäsche wird mit Stickereien verziert. Autos erhalten zusätzliche Farblackierungen, Abziehbilder oder anderen Schmuck.

Als Motive für derartiges Schmücken sind Geltungsbedürfnis, Streben nach Geborgenheit, Streben nach Prestige, Vermittlung von sexuellen Reizen, Streben nach Schönheitsidealen und Übereinstimmung zu nennen.

Es geht nicht um die Qualifikation eines Gegenstandes, sondern um die Motivation des Besitzes. Der Wert des Schmuckes ist nur bei Prestigeschmuck wichtig. Als schön wird das empfunden, was mit dem eigenen Geschmack übereinstimmt.

Daraus resultiert, daß der jeweilige Schmuck das sensible Erleben der Trägerin oder des Trägers ausdrückt. Schmuck wird somit zu einem Persönlichkeitssignal.

Ästhetisch schön empfinden wir Schmuck dann, wenn Schmuckgegenstände miteinander harmonieren. Dann steht nicht die persönliche oder geschmackliche Übereinstimmung mit anderen Gegenständen oder gegebenen Situationen im Vordergrund.

So kann ästhetisch schöner Schmuck persönlich als unschön und persönlich schöner Schmuck als unästhetisch empfunden werden.

Für das Gesamtbild ist es wichtig, daß Einzelheiten miteinander harmonieren. Ein gepflegtes Make-up und eine unordentliche Kleidung, eine perfekt ausgestattete Wohnung und geschmacklose Kleidung sind Widersprüche, die Vorurteile verursachen und Pauschalierungen auslösen.

Wenn Schmuck als Reizmittel dient, stellt sich die Frage, warum diese Möglichkeit nicht von allen Menschen genutzt wird. Darauf gibt es folgende Antworten:

Menschen können, ohne dies durch materielle Signale zu unterstreichen, als Persönlichkeit gelten. Da Schmuck auch Neid verursachen kann, verzichten besonders Handwerker und Geschäftsleute auf derartige Accessoires und stellen sich lieber sachlich, funktional und bescheiden dar.

Der in seiner Rolle aufgehende, zurückhaltende Beamte schmückt sich nur zwanghaft mit einer Krawatte.

Wie sehr die Freude an der Wirkung das Schmücken motiviert, zeigt sich auch daran, daß verlassene, einsam lebende Frauen die Lust am Schmücken verlieren.

Schmuck sagt: »So möchte ich sein.« Dabei wird Schmuck so angelegt, daß einzelne Körperteile hervorgehoben oder unterstrichen werden.

Trotz der Gefahr einer zu standardisierten Zuordnung will ich einige Beispiele nennen:

- gleiche Goldkettchen um Hals, Handgelenk, Bauch oder Fußgelenk sollen den Eindruck des Gefesseltseins vermitteln;
- Kettchen, die um die Hüfte gelegt sind, dienen als dekoratives Symbol schamhafter Umhüllung und als koketter Reiz;
- um das Fußgelenk gelegte Kettchen können auch ein Signal für voll entfaltetes, den ganzen Leib umfassendes sexuelles Körperbewußtsein sein. Nach dem Motto: »Ich bin von Kopf bis Fuß auf Liebe eingestellt«;
- Brillantringe am kleinen Finger signalisieren den Wunsch nach entsprechendem Status im sozialen Umfeld;
- Ohrklips bilden einen Rahmen für das Gesicht;
- Halsbänder dienen der Hervorhebung des Kopfes;
- Armbänder lenken die Aufmerksamkeit auf den Unterarm;
- Fußkettchen stellen die Beine in den Mittelpunkt.

Beim ästhetischen Gestaltungsschmuck geht es nicht um die Hervorhebung einzelner Körperteile, sondern um die harmonische Gliederung einer Ganzheit. Dann passen Ohrklips zur Frisur, und die Farbe der Gürtelschnalle harmoniert mit Hose und Hemd.

Es zeigt sich der Wunsch nach ästhetischer Schönheit und idealer Übereinstimmung.

Lassen Sie uns die einzelnen Schmuckarten näher betrachten:

Prestigeschmuck

Der Wunsch nach Prestigeschmuck kann dem Wunsch nach Kapitalanlage und Risikoverteilung entspringen. Daß gerade Schmuck als Kapitalanlage genutzt wird, ist sicher auch durch den gebotenen Mehrfachnutzen begründet. Man kann zeigen, was und wieviel man hat.

Derartiger Schmuck ist oft Signal eines konventionellen Prestigeanspruches. So kann man Mitmenschen zeigen, was man ist, und ihnen unter die Nase reiben, was sie nicht sind.

Mitgliedsabzeichen

Wer seine Zugehörigkeit offenlegt, trägt Mitgliedsabzeichen. Er hält nichts davon, daß man Meinungen lieber im Herzen als am Revers tragen sollte.

Für ihn ist das Mitgliedsabzeichen ein Prestigesignal, mit dem er ausdrückt, daß er zu einer ganz besonderen Gruppe gehört. Mitgliedsabzeichen aus unterschiedlichen Metallen geben gleichzeitig eine soziale Rangskala innerhalb der Vereinigung.

Leistungsabzeichen, Orden und Ehrenzeichen sagen: »Ich war dabei, ich gehöre zu denjenigen, welche ..., und habe eine besondere Leistung erbracht.«

Der Federschmuck der Häuptlinge und die Bemalung der Krieger stellt sich damit unauffälliger am Revers dar.

Das Kreuz

Durch seine Beschaffenheit drückt das Kreuz – horizontal Höhe, vertikal Stabilität und durch die rechten Winkel – Fixiertheit aus. Es vermittelt eine Sicherheit aus religiöser Geborgenheit. Dabei führt nicht das tatsächliche Verhalten, sondern das Bedürfnis zu gerade diesem Schmuck.

Lederarmbänder

Diese dienen Sportlern als Schutzverband – verständlich, daß derartiger Schmuck auch ohne Notwendigkeit getragen wird. Er soll das betont kraftvolle Wesen ausdrükken und dient als schmückender Gürtel am betont männlichen Handgelenk.

Ketten am Handgelenk

Signalisieren nicht Gefangenschaft, sondern das Sich-bewußt-in-Ketten-Legen, weil man »kraftvoll genug ist«, sich jederzeit daraus zu befreien.

Fellteile, Zähne und andere Trophäen

Am Handgelenk oder um den Hals getragen, signalisieren sie Ausdauer und lassen den Sieger erkennen. »Weil ich stärker war als dieses Tier, gehört ein Teil von ihm jetzt mir.«

Pelz und Flitter

Wirkt verspielt und weiblich weich. Der unmittelbare Kontakt von Pelz und Haut zeigt den Wunsch nach Zärtlichkeit.

Kleiner und zierlicher Schmuck

Drückt aus, daß der Träger sich klein und schwach fühlt und liebevoller, behutsamer Aufmerksamkeit bedarf.

Wer kleinen und zierlichen Schmuck trägt, möchte lieblich und herzig wirken. Bei diesem Schmuck ist nicht der Preis, sondern die intensive Liebe und Mühe, die bei der Herstellung verwendet wurde, ausschlaggebend. So, wie beim Kind der Teddybär eine Ersatzbeziehung für die Beziehung zur Mutter darstellen kann, kann für den Menschen, der umsorgt und geborgen sein will, das liebliche Kleinod eine symbolhafte Bedeutung erlangen.

Großer, auffallender Schmuck
Drückt den Wunsch nach Anerkennung und Darstellung von sozialem Status aus.
»Ich bin mehr als du, ich habe mehr als du, ich bin dir überlegen« sind Aussagewerte solchen Schmuckes.

Wie wir aus der analytischen Psychologie wissen, gibt die Bevorzugung bestimmter Formen und Farben Aufschlüsse über die seelische Situation eines Menschen.
Neben Form und Farbe spielt auch der Symbolgehalt der Darstellung eine Rolle.
Kreuz, Herz, runde und eckige, tropfenförmige und schließlich die konkrete Darstellung von Tieren und Pflanzen können im Rahmen anderer Informationen wichtige zusätzliche Hinweise geben.
Außer den beschriebenen gibt es viele weitere Mittel, sich zu schmücken, individuelle Merkmale zu betonen und bewußte oder unbewußte Wünsche zu materialisieren.
Während körpersprachliche Ausdruckssignale nur für den Moment des Zeigens wirksam sind, kann entsprechender Schmuck viel länger als während des Anlegens wirksam bleiben.
Man könnte einwenden, daß Schmuck nicht immer selbst gekauft, sondern geerbt oder geschenkt ist und deshalb Schlüsse auf den Träger nicht möglich seien.
Sicher ist die Information darüber, ob der Schmuck selbst gekauft oder geschenkt ist, sehr wichtig, aber mir ist sehr oft berichtet worden, daß bestimmte Schmuckstücke nicht oder nicht mehr getragen werden. Gründe dafür können sein, daß die Bindung zum Schenkenden nicht mehr besteht, daß sich die Persönlichkeitsstruktur verändert hat und der Schmuck nicht mehr gefällt.
Wenn wir wissen, daß es sich beim getragenen Schmuck um ein Geschenk handelt, ziehen wir dadurch weniger Informationen in bezug auf den Träger, dafür aber mehr Informationen in bezug auf den Schenkenden. Oft wird mit dem Geschenk durch dessen Form, Farbe, Gestaltung und Wert die Art der Bindung oder des Bindungswunsches ausgedrückt.

Kapitel 17
Körpersprache in sozialen Situationen

Partys und Feste sind für den Menschen ein Mittel, zusammenzukommen. Musik dient der Einstimmung, der Gleichschaltung der Anwesenden.

Im Vergleich mit den Gruppenmitgliedern sucht der Mensch das andere Ich. Er will imponieren und sich hervortun.

Wer gegen den Strom schwimmt, stellt sich außerhalb.

Wir unterscheiden fast nie, ob jemand sich nicht integrieren kann oder ob er dies nicht will. Zu schnell bildet sich die Meinung: der ist eben so, der kann nicht anders. Vorurteile sind Schutzmechanismen, die uns ursprünglich eine schnelle Zuordnung der Situationen in gefährlich und ungefährlich erleichtert haben. Diese Zuordnung ist in unserer Gesellschaft normalerweise nicht mehr nötig. Wir könnten uns die Zeit nehmen, jemanden erst genauer kennenzulernen und ihn dann zuzuordnen – wenn wir wollten. Aber es ist ja so einfach, ein Vorurteil zu bilden. Daß erste Eindrücke bei späterer Beobachtung zu stimmen scheinen, prägt ein weiteres Vorurteil: der erste Eindruck stimmt immer! Dabei wird uns nicht bewußt, daß wir nach der vorgenommenen Zuordnung selektiv wahrgenommen haben. Daß wir bei demjenigen, der uns unsympathisch war, nur negative, bei dem, der uns sympathisch war, nur positive Eigenschaften und Verhalten erlebten. »Wenn man den näher kennt . . .«, »und da habe ich mich getäuscht . . .« sind Aussagen, die dem so richtigen ersten Eindruck widersprechen. Unterläuft jemandem, von dem wir einen positiven Eindruck hatten, ein Fehler, sagen wir oft: »Es kann ja jedem mal was passieren.« Unterläuft der gleiche Fehler aber jemandem, den wir nicht mochten, sagen wir: »Das habe ich doch gleich gewußt . . .« Rechtfertigung von Vorurteilen nennen Psychologen dieses Verhalten.

Das Verhalten in sozialen Situationen ist lernbar. Die meisten Menschen konnten dieses Verhalten in ihrer Kindheit üben und lernen. Sie fanden Korrektur und Bestätigung und entwickelten entsprechende Sicherheit.

Junge Menschen suchen Orientierung. Sie brauchen Hilfestellung der sozialen Umwelt, um das im Elternhaus erlernte Verhalten in anderen Situationen einzusetzen oder zu korrigieren. Um sich dies zu ermöglichen, halten sie sich oft zunächst zurück, vermeiden den Blickkontakt, wenden aber den Oberkörper interessiert zu. Wird weiteres

Verhalten nicht erschlossen oder liegt Angst vor Kontakten vor, kommt es zu Verschlußverhalten und zum Absondern von der Gruppe.

Kommen Menschen zusammen, verlaufen meist folgende Rituale:

Zuwendung

Blickkontakt wird aufgenommen, die Kontaktpersonen halten den Blickkontakt und fordern damit zum Näherkommen auf. Der eine bewegt sich auf den anderen, oder beide bewegen sich aufeinander zu.

Begrüßung

Die Begrüßung wird meist mit einem Lächeln eingeleitet. Der Handschlag stellt den Körperkontakt her. Entsprechend Sympathie oder Bekanntheitsgrad wird die entsprechende Distanz (Intimdistanz oder persönliche Distanz) eingehalten.

»Vis-à-vis-Stellung«

Beide Partner stehen sich gegenüber. In dieser Stellung bilden sie eine geschlossene Einheit.

Distanzregelung

Entsprechend der Vertrautheit, der Herkunft, dem sozialen Status, den bisherigen Beziehungen, dem Vorhaben und den räumlichen Bedingungen wird jetzt der Abstand eingependelt. Oft entsteht ein regelrechter Tanz, bis die Entfernung stimmt.

Menschen nordeuropäischer Abstammung bevorzugen weite Abstände knapp außerhalb der Berührungsreichweite, also in der persönlichen Distanz, und tauschen kaum Berührungen aus.

Lateinische Völker, Franzosen, osteuropäische Juden stehen näher beieinander und bleiben auch bei längeren Gesprächen innerhalb der Berührungsreichweite (intime Distanz). Körperkontakt zur Unterstreichung der verbalen Kommunikation ist oft zu beobachten.

Stellung frontal

Wollen die Gesprächspartner allein bleiben, stellen sie sich frontal zueinander und igeln sich damit von weiteren Anwesenden ab. In dieser vertrauten, aufeinander konzentrierten Stellung werden meist auch leisere Gespräche geführt.

Stellung im Winkel von 60–90 Grad

Entweder von Anfang an oder nachdem die vertraulichen Themen behandelt wurden, öffnen die Gesprächspartner ihr Verhältnis für weitere Gesprächsteilnehmer. Sie stehen dann nicht oder nicht mehr frontal zugewendet, sondern offen für andere. Diese Stellung wird deshalb auch »Party-Stellung« genannt. Gleichzeitig wird lauter gesprochen und damit signalisiert, daß keine Geheimnisse ausgetauscht werden. Auch wird Blickkontakt zu Dritten aufgenommen.

Die Seite der Öffnung zeigt die Richtung, in der Kontakt gesucht wird.

Kommen weitere Gesprächspartner hinzu, verlaufen erneut die beschriebenen Rituale. Danach stellt sich die neue Gruppe entweder geschlossen oder ebenfalls offen für Dritte dar.

Beendigung der Aktivitäten

Soll die Aktivität mit dem einzelnen oder mit der Gruppe beendet werden, wird der Haltungsrahmen aufgegeben. Körpersprachliche (und sprachliche) Kontakte versiegen und brechen ab. Die Distanz wird durch Zurücktreten vergrößert. Der Blick wandert öfters zum Boden oder sucht außerhalb der Gruppe liegende Ziele.

Ein weiteres Verhaltensmuster für sozialen Kontakt ist das Miteinander. Miteinander ist näher als nebeneinander. Zur Verringerung des Abstandes werden zusätzlich Arme um Hüften oder Schultern gelegt. Im Gegensatz zum Nebeneinander ist das Miteinander kein zufälliges, sondern ein beabsichtigtes Ergebnis.

Für das Nebeneinander begegnen sich Menschen mit höflicher Gleichgültigkeit. Aus einer Entfernung von 4–5 Metern (der öffentlichen Distanz) wird zunächst ein Blick zugeworfen. Die Gegenwart des anderen wird damit zur Kenntnis genommen. Der Höflichkeit ist entsprochen.

Verringert sich beim Näherkommen die Distanz, wird der Blick zu Boden gesenkt und damit der Eindruck der Gleichgültigkeit erweckt. Es wird nicht zum Näherkommen eingeladen.

Ansprechen oder Berühren, das Aufnehmen von Kontakt also, ist nur mit einer Entschuldigung möglich.

Kennt man sich dann näher, entwickeln sich Routineverhalten für die Begrüßung. Dabei wird das einmal für beide als gültig übernommene Verhaltensmuster bei jeder Zusammenkunft mit nur geringen Abweichungen ausgeführt.

1. Die Begrüßung

Eine Begrüßung findet statt, wenn sich Menschen, die miteinander in Kontakt kommen wollen, treffen. Wie bereits ausgeführt, verläuft die Begrüßung unterschiedlich, und die eingesetzten Verhalten sind davon abhängig, ob man sich kennt oder nicht.

In der Begrüßung wird ausgedrückt, daß es der Ankommende oder Empfangene mit dem Partner gut meint, daß er in freundschaftlicher Absicht kommt.

Allgemein begrüßen wir nur jemand, der eine Entfernung zu uns zurückgelegt hat. Es kann aber auch jemand anwesend gewesen sein, ohne daß er Grußbotschaften empfangen oder abgegeben hat. Wir können nach einem Rollenwechsel oder Statuswechsel bei einer Zielperson »ankommen«. Wir alle kennen die »Begrüßung« eines Partners, der mit anderen Gedanken beschäftigt war und sich jetzt wieder an uns wendet: »So, bist du wieder da!«

Das Wiedersehen, das Wieder-in-Kontakt-Kommen, kann mit Freundschaftsgesten und Super-Freundschaftsgesten verbunden sein. Lächeln, Hände schütteln, tätscheln, umarmen, küssen und freundschaftlicher Wortwechsel sind Ausdrücke der Wiedersehensfreude. Freunde begrüßen wir freimütiger als Fremde. So, als wollten wir die entgangenen Freundschaftserlebnisse nachholen. Für verschiedene Anlässe haben wir regelrechte Grußzeremonien entwickelt. Je großartiger der Anlaß, desto formeller und institutionalisierter wird die ablaufende Prozedur. Wir Menschen kennen weit mehr Begrüßungsrituale als andere Primaten. Das mag auch darin begründet sein, daß andere Primaten in ziemlich geschlossenen Gruppen leben und sich einzelne Gruppenmitglieder nur gelegentlich voneinander entfernen. Dadurch wird kein Anlaß für umfangreiche Begrüßungszeremonien begründet.

Anders ist dies beim Menschen. Schon früh entfernte sich der Mann von der Gruppe, um auf Jagd zu gehen. Kam der Mann unverletzt zurück, war dies ein Anlaß zur Freude. Wie auch heute, wurde der erfolgreich Heimkehrende regelrecht gefeiert. Primitive Rituale haben sich auch bei den Schimpansen herausgebildet. Sie stoßen Laute aus, wenn sie sich begegnen.

Die soziale Grußzeremonie des Menschen ist wesentlich komplizierter und läuft etwa in folgenden vier Einzelschritten ab:

Die Bemühung, Kontakt aufzunehmen.

Sie wird gezeigt durch freundschaftliches Verhalten (Wortwahl und Körpersprache), Mühe, die wir uns um den Partner machen und durch die Strapazen, die wir seinetwegen auf uns genommen haben.

Entgegengehen.

Je wichtiger der Gast, desto weiter verlassen wir unser »Reich«, desto weiter gehen wir ihm entgegen. Der Empfang auf dem Flugplatz, am Bahnhof, am Auto, an der Haustüre, an der Wohnungstüre oder erst im Raum soll Ausdruck der Freude sein, die wir über den Besuch erleben. Das Mindestmaß, das von der Höflichkeit gefordert wird, ist, daß wir zur Begrüßung aufstehen. Sollte dies wegen einer Behinderung nicht möglich sein, entschuldigen wir uns. Sitzenbleiben wird als unhöflich empfunden und ist nur bei großem sozialem oder hierarchischem Abstand möglich. Bei der Verabschiedung verlaufen die Bemühungen umgekehrt. Vom »Du findest ja raus« bis zum Hinbringen reicht die Ausdrucksskala. Zur Türe bringen, zur Haustüre bringen, bis vor das Haus begleiten und so lange warten, bis kein Blickkontakt möglich ist, sind die Wirkungsmittel, die wir unseren Gästen zukommen lassen. Bei starker persönlicher Bindung winken wir und drücken so zusätzliche Emotionen aus.

Der Kontakt aus Entfernung.

Haben wir den erwarteten Gast, für den wir uns soviel Mühe gegeben haben, identifiziert, oder treffen wir jemanden, den wir kennen und mit dem wir erneut Kontakt aufnehmen wollen, reagieren wir fast immer mit einer Erkennungsreaktion. Dieses Verhalten beinhaltet immer ein Lächeln. Zusätzlich können folgende Einzelverhalten gezeigt werden: Hochziehen der Augenbrauen als Überraschungsgeste, den Kopf heben, die Hand heben mit Darbieten der Handfläche, winken, angedeutete Umarmung. So zeigen wir, daß wir uns freuen (lächeln), aufnahmefähig sind für die Reize des Erkannten und uns für ihn öffnen.

Nahkontakt.

Der Nahkontakt kann bis zum unmittelbaren Körperkontakt beispielsweise bei einer Umarmung und beim Austausch von Zärtlichkeiten reichen. Üblich ist der Händedruck. Daß der Händedruck Ausdruck bestimmter Charaktereigenschaften sei, ist wissenschaftlich noch nicht nachgewiesen worden. Dies mag daran liegen, daß auch viele nur im Moment wirksame Emotionen in die Gestaltung des Händedruckes eingehen. Als gültig wird betrachtet: Ein fester, kräftiger Händedruck signalisiert, daß zielbewußtes, energisches Streben vorliegt. Ein lascher, nur handreichender Händedruck läßt eher mangelnde Zielstrebigkeit und geringe Energie vermuten.

Nach dem Händedruck oder begleitend dazu kann als Ausdruck großer Freude die Hand mit beiden Händen umfaßt oder der Arm zusätzlich ergriffen werden.

Intensive Kopf-an-Kopf oder Kopf-Brust-Berührung gehört bereits zu den intimen Begrüßungszeremonien. Der Begrüßte wird an die Brust gedrückt, geküßt oder erhält als aufwertend-belohnendes Zeichen ein Schulterklopfen.

Anhaltendes Lächeln begleitet den Blickkontakt. Zusätzliche Zärtlichkeiten wie Haare streicheln, Mund küssen und Tränen sind Begrüßungsrituale, die nur zwischen Liebenden Verwendung finden.

Die eingesetzten Verhalten sind auch hier abhängig von:

– der Tiefe der vorangegangenen Beziehungen;
– der Dauer der Trennungszeit;
– der momentanen Umgebung;
– den lokalen oder kulturellen Gegebenheiten, Regeln und Traditionen;
– der Veränderung während der Trennungszeit infolge Krankheit, Gefangenschaft.

Als Rituale werden die Umarmung, Kopf-an-Kopf-Kontakt, Nasereiben, Mund an Wange legen, Aneinanderdrücken der Gesichter, Wangenkuß und Kuß fast überall auf der Welt eingesetzt (Abb. 46).

Die Pflege des Gastes.

Die Endphase des beschriebenen Begrüßungszeremoniells weist eine große Ähnlichkeit mit den sozialen Pflegehandlungen der Affen auf.

Pflegegeplauder »Wie geht es Dir?«, »Hattest du eine gute Reise?« signalisieren das Interesse an der Person und die Zuwendung, die entgegengebracht wird. Bei derartigem Pflegegeplauder sind die Bedeutung des Gesagten und der Intelligenzgrad nicht

Abb. 46
Küsse gab es zum Abschied nach dem fünftägigen Besuch des SPD-Vorsitzenden Willy
Brandt am Dienstag, dem 5. 7. 1977, auf dem
Flughafen Helsinki. Genauso wie die Verabschiedung kann auch die Begrüßung mit mehr
oder weniger engem Körperkontakt ausgeführt
werden.

wichtig. Wichtig ist nur, daß der andere das Ritual als gutgemeinte Zuwendung erleben kann. Vielleicht verwenden deshalb Menschen aller Schichten so ähnliche, oft
kindhaft anmutende Rituale.

Nach Beginn des Pflegeschauspiels wird die Pflege weitergeführt durch helfende
Handlungen. Hilfestellung beim Ablegen der Kleidung und Anbieten von Platz zeigt,
wie sehr sich der Besuchte um das Wohlbefinden seines Besuchers bemüht. Der höfli-
che Gastgeber wartet, nachdem er das Platzangebot ausgesprochen hat, so lange, bis
der Gast sitzt, und setzt sich erst dann selbst. Vielleicht bietet er sogar noch Hilfe beim
Setzen an; insbesondere, wenn es sich bei seinem Gast um einen älteren oder gebrech-
lichen Menschen handelt.

Jetzt oder oft auch schon vor dem Platzangebot läuft eine Geschenkzeremonie ab.
Mitgebrachte tatsächliche Geschenke oder Informationen werden übergeben, Grüße
werden übermittelt.

Nach diesen Ritualen weicht die emotionale Phase meist der sachlicheren Ge-
sprächsführung.

Treffen wir jemanden unerwartet, nehmen wir wie beschrieben zunächst den Fernkontakt auf, lächeln und winken. Dann entscheiden wir uns, ob wir einen näheren
Kontakt herbeiführen oder es bei der Fernbegrüßung belassen sollen. Entscheiden wir
uns für die Fernbegrüßung und gegen einen näheren Kontakt, verhalten wir uns wie
folgt:

– wir bleiben nicht stehen;
– wir gehen nicht auf den Begrüßten zu;

378

- wir halten noch einige Zeit Blickkontakt und winken;
- wir lassen nach mehr oder weniger langer Zeit, abhängig von den Bindungen, den Blickkontakt abbrechen und gehen unseres Weges.

Verhalten Sie sich so einem Fremden gegenüber, wird er sich selbst mißtrauend zwar zurückhalten, aber doch deutlich zurückgrüßen und beim Weitergehen darüber nachdenken, woher er sie wohl kennt.

Entsprechend der Begrüßung Bekannter verläuft die Begrüßung Fremder, mit denen wir in Kontakt kommen wollen. Der Fernkontakt entfällt, da wir dem zu Begrüßenden noch unbekannt sind. Blickkontakt wird aufgenommen und damit Aufmerksamkeit erweckt. Eine leichte Verbeugung wird angedeutet und so signalisiert, daß die Annäherung in friedlicher Absicht erfolgt und daß Bereitschaft besteht, sich zu unterwerfen. Vorstellungs- und Begrüßungsformeln werden ausgetauscht. Der Gastgeber, der sozial Höhergestellte oder die Frau bietet dem sich Bekanntmachenden die Hand zur Unterstreichung der Begrüßungszeremonie an. Wichtig ist, daß beide Partner nach den jeweiligen Formeln, der Vorstellung und der Begrüßung kurze Pausen einlegen, um dem Partner Gelegenheit zu Antworten zu geben. Nur so entsteht ein Dialog. Ein Duett, bei dem beide gleichzeitig sprechen, zeigt nur Ungeduld, Unsicherheit oder Unhöflichkeit.

Mit dem Reichen der Hand wird der Nahkontakt eingeleitet. Unterstrichen vom Lächeln offerieren wir Pflegehandlungen und zeigen mit freundlichem Geplauder und sorgender Teilnahme unsere Bereitschaft zum Näherkommen. Ab jetzt behandelt uns der Gastgeber meist so, als wären wir bereits »alte Bekannte«. Wir werden in den Bekanntenkreis aufgenommen und können weitere soziale Beziehungen herstellen.

Das Winken als Teil von Grußzeremonien kennen Sie bereits. Wie unterschiedlich sich Winken darstellen kann, sehen Sie aus der folgenden Beschreibung:

Vertikales Winken
Dabei wird demjenigen, dem wir zuwinken, die Handfläche zugekehrt. Die offene Handfläche wird als Zeichen der Freundschaft verstanden.

Das Winken mit dem der Kontaktperson zugewendeten Handrücken wird eher als Drohgeste verstanden.

Winken beide Arme, wird die Signalfunktion verstärkt. Das Winken wird dann deutlicher wahrnehmbar. Sind dabei aber die Handrücken nach außen gedreht, signalisiert dieses Winken Hilflosigkeit und Unverständnis.

Horizontales Winken
Bewegt sich die Hand oder bewegen sich die Hände beim Winken von oben nach unten, erleben wir eine »primitive« Art des Winkens. Dieses Winken ist ein verlängertes Schulterklopfen.

2. Die Verhaltensanpassung

Je mehr Sympathie wir einem Gesprächspartner entgegenbringen, je mehr wir mit ihm übereinstimmen, desto eher nehmen wir auch eine Haltung ein, die mit der unseres Partners übereinstimmt.

Übereinstimmung der Gedanken, Übereinstimmung der Ansichten und Meinungen führt in sehr vielen Fällen zu einer Übereinstimmung des körpersprachlichen Ausdrucks. Wir passen uns unserem Gesprächspartner an.

Diese Anpassung geschieht unbewußt. Bewußte Übernahme eines Verhaltens oder bewußtes Produzieren von Verhalten, das dem des Partners entspricht, können wir besser mit dem Wort Einstellung bezeichnen.

Während die Anpassung ein nachahmender Vorgang ist, ist die Einstellung gezielt und bewußt ausgeführt. Wer sich anpaßt, gibt sein eigenes Verhalten auf. Wer sich einstellt, produziert eigenes Verhalten.

Echte freundschaftliche Bindungen sind meist nur auf gleichem gesellschaftlichem Status möglich. Die Gleichheit wird vielfach indirekt demonstriert. Die Körperbotschaft sagt dann: »Schau – ich bin genauso wie du.« Dieses unbewußt übermittelte Bild wird unbewußt verstanden und führt beiderseits zu positiven Reaktionen.

Den Vorgang, daß ein Gesprächspartner die Haltung des anderen übernimmt oder nachvollzieht, nennen wir auch Bewegungssynchronisation oder Bewegungsanstekkung.

Sicher ist Ihnen schon aufgefallen, daß die Bewegungen des Gähnens andere Menschen regelrecht anstecken. Generell gilt, daß nur diejenigen Menschen mitgähnen müssen, also von derartigen Bewegungen angesteckt werden, die entsprechende Übereinstimmungen mit uns verbinden.

Raucher überreden Raucher mitzurauchen, Trinker überreden Trinker mitzutrinken und meinen damit, daß der andere mitziehen soll. Tut er dies nicht, wird er als Spielverderber bezeichnet. Die Aufforderung: »Setz dich doch auch!« und andere Verhalten zeigen den Willen, daß der andere so sein soll wie ich.

Dieses Gleichseinwollen wird auch ausgedrückt durch Übernahme von Äußerlichkeiten. Kleidung, Haarschnitt, Schmuck sollen durch Gleichheit die Verbindung von Menschen aufzeigen. Das ist der Grund dafür, daß Eheringe gleich gestaltet sind.

Vorgesetzte, die das Verhalten ihrer Mitarbeiter übernehmen, sich zu ihnen setzen, mit ihnen spaßen, das gezeigte Verhalten mitmachen, geben dem Untergebenen das Gefühl der Gleichheit. Therapeuten entspannen ihre Patienten dadurch, daß sie deren Haltung kopieren und so signalisieren: »Du kannst Vertrauen zu mir haben, ich habe mich auf dich eingestellt, ich bin wie du.« Im Spiel nehmen Erwachsene das Verhalten von Kindern an. Sie reden mit Kinderwortschatz und machen Späße der Kinder mit.

Auch diese Verhaltensgleichheit führt zu einem besseren gegenseitigen Verstehen, ohne daß dadurch die sonstigen Rollen des Erwachsenen beeinträchtigt würden.

In Gesprächssituationen besteht oft zu Beginn des Gesprächs bei den Dialogpartnern Haltungsgleichheit. Meist bauen beide Barrieren auf, indem sie die Arme gekreuzt auf den Tisch legen. Öffnet der eine Gesprächspartner die Arme, springt diese Bewegung oft über, und der andere Gesprächspartner öffnet sich ebenfalls. Bleiben wir während eines Spazierganges stehen und blicken zum Himmel, werden sich bald weitere Menschen hinzugesellen und ebenfalls zum Himmel blicken. Unser Verhalten hat Neugierde geweckt und andere angesteckt (Abb. 47 und 48).

Abb. 47
Eine Spielstunde mit Mary Roos im Zoo zeigt dieses Bild vom 9. 9. 1975. Genauso wie Tiere bestrebt sind, Verhalten der Menschen (Leittiere) nachzuahmen, geschieht dies auch zwischen Menschen.

Abb. 48
Verhaltensanpassung sehen wir auch auf dem Bild, das den SPD-Bundesgeschäftsführer Egon Bahr (rechts) und Willy Brandt bei einem Spaziergang auf dem Gelände des Hospitals »Leon Barard« zeigt.

Verhaltensanpassung zeigt sich auch in vielen Bindungszeichen. Diese Zeichen signalisieren das Vorhandensein einer persönlichen Bindung. Arm-in-Arm-Gehen, Hand-in-Hand-Gehen, gegenseitig sich umschlingen, im Gleichschritt gehen übermittelt der Umwelt die Botschaft: Wir gehören zusammen. Sich führen und miteinander verbunden sein kombiniert sich so in idealer Weise.

Voraussetzung für Bindungszeichen ist die persönliche Bekanntschaft. Trauerkleidung, einen Ehering, Anstecknadeln tragen wir nur, wenn wir damit eine persönliche Beziehung ausdrücken wollen.

Die Wertigkeit der Verbundenheit läßt sich wie folgt darstellen:

Grad der Verbundenheit	verbale Zeichen	nonverbale Zeichen
starke Verbundenheit	Nennen beim Vornamen, Verwendung von Kosenamen, starker Austausch von biographischen Informationen	Händchenhalten, Umschlingen
mittlere Verbundenheit	seltenere Nennung des Vornamens, schwächerer Austausch biographischer Informationen	Handschütteln bei Begrüßung und Verabschiedung
schwächere Verbundenheit	unpersönlichere Namensnennung, kaum Austausch von biographischen Angaben	seltenere Berührungen
keine Verbundenheit	»Sie«-Anreden, kein Austausch biographischer Informationen	Annäherung bis an die intime Distanz

Sind Menschen aufeinander eingestimmt und miteinander verbunden, entwickelt sich eine große Anzahl gemeinsamer Zeichen. Um sich zu verständigen, genügen dann kurze Zeichen, die von Nichteingeweihten meist nicht verstanden werden.

Menschen, die sich in Schwierigkeiten befinden, lösen auch bei Fremden Zeichen der Verbundenheit aus. Hilfsaktionen sehen dann oft genauso aus, als wären sie Zeichen echter Verbundenheit auf der Grundlage guter Bekanntschaft. Jemanden am Arm fassen, am Ellbogen stützen sind solche Hilfezeichen. Dabei gibt lediglich der Körperabstand Auskunft darüber, wie nahe die Verbundenheit tatsächlich ist. Wird engerer Körperkontakt notwendig, dann wird dieser oft durch Wortdistanz überspielt. Es finden dann bei engerem Körperkontakt kaum Gespräche statt. Vorgetäuschte Verbundenheit erleben wir oft beim Ansehen von Kriminalfilmen. Beim Wegbringen einer Leiche kümmern sich Menschen um den Toten, die keinerlei Verbundenheit zu ihm haben. Freunde werden nicht dazu veranlaßt, ebenfalls Hilfestellungen zu geben.

Hotelportiers haben ein feines Gespür für Zeichen der Verbundenheit entwickelt. Sie können aufgrund ihrer Erfahrung meist sehr schnell erkennen, ob ein Paar verheiratet ist, ob er verheiratet ist, ob sie verheiratet ist oder ob beide nicht verheiratet sind. Falsche Ehepaare verraten sich oft dadurch, weil sie zu zärtlich oder zu lässig miteinander umgehen. Auch hier ist zu erkennen, wie schwer es ist, eine Verbundenheit zu über- oder unterspielen.

Geheimzeichen, die in Form von Symbolen oder bestimmten Arten des Händedrucks übermittelt werden, gehören ebenfalls zu den Zeichen der Verbundenheit.

Hier handelt es sich jedoch nicht immer um eine wirkliche Verbundenheit, sondern auch um Erkennungszeichen, die eine gemeinsame Zugehörigkeit signalisieren.

Gefährlich werden Zeichen der Verbundenheit dann, wenn diese von den falschen Personen abgegeben werden und somit kompromittierende Verhalten darstellen.

Verbrecher, die Zeichen der Verbundenheit mit Polizeibeamten austauschen, können diese in ungerechtfertigten Verdacht kommen lassen.

Es ist also wichtig, sich mit den richtigen Leuten sehen zu lassen und Zeichen der Verbundenheit nur von den Menschen zuzulassen, mit denen eine Verbundenheit erwünscht oder toleriert wird.

Die Problematik der Verbundenheitszeichen stellt sich in deren subtiler Bedeutung. Wir können uns intensiv lieben und binden und haben ein sehr komplexes Sozialleben. Die vielen Beziehungen, die wir als Vater, Sohn, Freund, Schwager, Onkel und in anderen sozialen Verbundenheiten eingehen, führten zu einem vielschichtigen Komplex unterschiedlicher Verbundenheitszeichen.

In der jeweiligen Rolle nutzen wir immer die Zeichen, die von denjenigen, für die die Rolle gedacht ist, verstanden werden können. Körpersprachliche Versprecher können sich dann einstellen, wenn wir Zeichen der Verbundenheit, die einer bestimmten Rolle zugeordnet sind, in einer anderen Rolle abgeben. Dann wird unser Partner diese Zeichen nicht eindeutig entziffern können, sie lächerlich oder unverständlich finden.

3. Verbundenheit verratende Körperkontakte

Die Zuneigung zu anderen Menschen oder Dingen, die Anziehungskraft, die diese ausüben, ist stärker als das natürliche Bestreben eines Individuums, den eigenen Lebensraum zu schützen.

Dies führt oft zu einem Konflikt zwischen dem Wahren der Intimsphäre und der Kontaktaufnahme. Untersuchungen haben gezeigt, daß 457 Arten von Körperkontakt unterscheidbar sind.

Diese Körperkontakte lassen sich im wesentlichen in drei Bereiche einordnen:

spezielle Körperkontakte, die Ärzte, Priester, Friseure und andere helfende Berufe herstellen

sexuelle Körperkontakte, die aus dem Liebesspiel zwischen Partnern resultieren

übrige soziale Körperkontakte, bei denen folgende Beispiele genannt sein sollen:

Händeschütteln

Dabei ist die persönliche Bindung nicht vorhanden oder nur schwach ausgeprägt. Wird eine stärkere Verbundenheit ausgedrückt, wird entweder die Hand stärker gedrückt, länger festgehalten oder die linke Hand als zusätzliches Kontaktmittel zum

Umschließen der Hand, des Armes oder zur Berührung der Schulter des Partners eingesetzt.

Begrüßende steigern ihre Intensität vorsichtig, um Reaktionen des Partners zu erkennen und aufgrund positiver Signale weitere Intentionen vorzunehmen. Damit steigern sich auch die gegenseitig empfundenen Gefühle.

Wäre das Gefühl schon von Anfang an so stark, wie es sich am Ende solcher gegenseitigen Annäherungen darstellt, hätte gleich eine Umarmung stattgefunden.

Körperliches Führen

Dabei wird der Partner durch leichten Druck auf den Rücken gelenkt. Ohne Zwang, aber mit der körpersprachlichen Aussage »Ich habe die Sache unter Kontrolle« wird so Beschützenwollen signalisiert.

Dieses Verhalten nützen jüngere Menschen bei älteren Schwachen und auch Vorgesetzte bei ihren Untergebenen. Negativ erlebt wird das körperliche Führen dann, wenn die dazu eingesetzte Körpersprache herablassend, unzeitgemäß, pompös oder ungeschickt wirkt. Dann fühlt sich der Geführte in seiner Würde verletzt.

Klaps

Der Klaps stellt eine einhändige Miniaturumarmung dar. Er wird verwendet bei Begrüßung, Glückwunsch, Trost, Liebe – also bei generell freundschaftlicher Gesinnung. Der von Erwachsenen ausgeführte Klaps enthält oft einen pseudoelterlichen Beigeschmack. Er wird zwischen Erwachsenen nicht auf jedem Körperteil geduldet. Nur Hand, Arm, Schulter oder Rücken dürfen berührt werden. Bei Kindern darf mit einem Klaps jeder Körperteil berührt werden.

Der Klaps auf den Kopf kann generelles Lob ausdrücken. Symbolisch handelt es sich dabei um das Aufsetzen einer Krone mit dem Aussagewert: »Du bist ein kluger Junge.«

Unterhaken

Das Unterhaken ist eine Signalbotschaft für das Vorhaben, koordiniert gemeinsam zu gehen. Dabei übernimmt ein Partner die Kontrolle über den anderen. Meist hängt sich die Frau ein. Sie sucht damit symbolisch Schutz und Stütze.

Dasselbe gilt auch für ältere und gebrechliche Menschen, bei denen jedoch der körperliche Aspekt im Vordergrund steht.

Junge, gesunde Menschen nutzen das Unterhaken meist nur noch bei gesellschaftlichen Anlässen.

Arm um die Schulter legen

Aufgrund der unterschiedlichen Körpergröße (Männer sind meist größer als Frauen) legen die Männer meist den Arm um die Schulter der Frau. Diese Art des Körperkontakts soll eine möglicherweise auch enge, kameradschaftliche Beziehung anzeigen.

Umarmung

Die Umarmung ist eines der frühen Kindheitserlebnisse. Sie signalisiert auch im Erwachsenenalter intensive emotionale Empfindung und wird deshalb vorwiegend von jungen Liebenden oder bei besonderen Anlässen, wie Abschied und Wiedersehen, verwendet.

Beim Tanzen erleben wir, ausgenommen bei Liebenden, eine erstarrte Halbumarmung, bei der noch körperliche Distanz möglich ist. Beim Ansehen von Fußballspielen werden Sie dann Umarmungen der Freude erleben, wenn ein Spieler ein Tor geschossen hat. In diesem Falle sind Umarmungen oft mehr Schaueffekt als wirklicher Ausdruck partnerschaftlicher Beziehungen.

Auch bei Parties stellen Umarmungen nicht immer die tatsächlichen Beziehungen dar, sondern sind oft formalisiert.

Händchenhalten

Eltern hindern ihre Kinder durch das Halten der Hand am Umfallen. Ältere Kinder werden durch Handhalten in der Nähe gehalten.

Bei jungen Liebenden ist das Händchenhalten eine zweiseitig bewußte Handlung. Dabei tut jeder Partner das gleiche.

Hier sehen wir auch den Unterschied zum führenden Händchenhalten. Beim führenden Händchenhalten ist das Handhalten des einen Partners aktiver als das Handhalten des anderen Partners.

Taillenumarmung

Bei der Taillenumarmung verschwindet der Zwischenraum zwischen den Individuen. Damit wird ausgedrückt, daß die Bindung tief und stark ist. Es handelt sich hierbei um ein Umarmen während des Gehens.

Kuß

Wir haben die Intimsphäre mit einem Abstand von 0 bis etwa 60 cm dargestellt. Beim Kuß und bei sexuellen Kontakten verschmelzen die Körper noch mehr miteinander. Schon deshalb ist der Kuß und der Sexualkontakt die intimste zwischenmenschliche Beziehung.

Hand-Kopf-Berührung

Der Kopf ist der empfindlichste Körperteil des Menschen, die Hand der gefährlichste. Es muß schon ein besonderes Vertrauensverhältnis bestehen, wenn eine Berührung des Kopfes mit der Hand zugelassen wird. Kommen wir mit der Hand in die Nähe des Kopfes eines Fremden, nimmt dieser sofort eine defensive Haltung ein.

Diese ist begründet in der unbewußten Empfindlichkeit gegen die Bedrohung des Kopfes.

Kopf an Kopf

Dieses Anlehnen können wir als chronische Version eines akuten Kusses bezeichnen. Sich nahe sein, mit dem Kopf als Sitz aller Sinnesorgane, dem wichtigsten Organ unseres Körpers also, den anderen spüren bedeutet Austausch zärtlicher Kontakte und Handlungen.

Liebkosung

Sanftes Streicheln, Reiben, Drücken – alle Handlungen, die zur Entdeckung des Körpers des Partners mit Händen, mit der Nase, dem Mund, der Zunge oder dem Fuß beitragen, bezeichnen wir als Liebkosung. Liebkosungen besitzen stets sexuelle Färbungen und werden nur von den Partnern geduldet, mit denen engere Beziehungen geduldet oder angestrebt werden.

Scheinangriffe

Als Scheinangriffe bezeichnen wir alle die Angriffsverhalten, die durch zusätzliche körpersprachliche Botschaften oder durch die Art der Ausführung erkennen lassen, daß sie nicht ernst gemeint sind. Dazu gehören der Stoß mit dem Arm bei gleichzeitigem Lächeln, das Knabbern am Ohr des geliebten Partners, Schieben, Drücken, Stoßen, aber immer nur dann, wenn nicht feindselige Akte eingeleitet werden sollen. Derartige Scheinangriffe drücken die Freiheit unter Freunden aus. Die begleitenden Verhalten signalisieren eine so starke Verbindung, daß keine Gefahr besteht, das Verhalten könne als echter Angriff gedeutet werden.

Grundsätzlich können wir davon ausgehen, daß jeglicher Körperkontakt Verbundenheit oder den Wunsch nach Verbundenheit verrät. Dies hängt auch damit zusammen, daß, um Körperkontakt herzustellen, die Intimsphäre des Partners durchschritten werden muß. Dies wird aber nur dort erlaubt oder toleriert, wo Körperkontakt nicht generell abgelehnt werden will oder muß.

4. Gespielte Zeichen von Verbundenheit – Widersprüchliche Signale

Stellt eine Frau, die glaubt, einen Partner haben zu müssen, ihren Bruder als diesen dar, erleben wir oft gespielte Bindungszeichen. Dieselben und mögliche andere Zeichen beobachten wir auch bei unverheirateten Damen, die als Frau gelten wollen. Es kommt sogar vor, daß geheiratet wird, nur um Bindungszeichen vorzeigen zu können und damit so zu wirken wie »erfolgreiche« Frauen.

Für manche Homosexuelle ist das Bindungszeichen der Ehe ein Deckmantel für das Verbergen der Homosexualität.

Wir unterscheiden hier sowohl indirekte als auch direkte Bindungszeichen. Unter *indirekten* Bindungszeichen verstehen wir Objekte, die auf Bindung schließen lassen

Direkte Bindungszeichen sind Handlungen und gegenseitige Manipulationen, die eine Bindung signalisieren.

Solche Bindungszeichen können benutzt oder nicht benutzt werden. Zu den benutzten Zeichen der Bindung gehören das gemeinsame Bett, sich am entsprechenden Platz an den Tisch zu setzen, das gemeinsame Handtuch, ein Glas, aus dem gemeinsam getrunken wird.

Direkt benutzte Handlungen können sein: Körpernähe, gemeinsame Ausdrucksweise, Körperkontakte.

Nicht alle Bindungszeichen werden benutzt. Zur Vortäuschung des Ungebundenseins werden Bindungszeichen verschwiegen, versteckt oder verborgen. Eheringe werden dann im Portemonnaie oder zu Hause aufbewahrt, das Hochzeitsfoto verschwindet aus der Brieftasche, das Herz mit den Initialen wird nicht mehr getragen, die Widmung wird aus einem Buch entfernt.

Widersprüchliche Signale

Gleichzeitig gegebene Signale, die sich gegenseitig widersprechen, wirken unaufrichtig. Sie zeigen durch die unterschiedliche, gegensätzliche Bedeutung, daß das Verhalten zweideutig ist. Derartige Signale sind also nicht harmonisch, sondern aus gegensätzlichen Einzelverhalten zusammengesetzt. Der Beobachter spürt, daß etwas nicht stimmt.

Aus derart widersprüchlichen Signalen beziehen wir unsere Meinung, daß ein Schauspieler »schlecht« sei. Unbewußt verarbeiten wir die von ihm gegebenen Signale und erleben, wenn diese widersprüchlich sind, ein Gefühl der Unsicherheit und Verwirrung. Wer lächelnd die Fäuste ballt, sendet solche widersprüchlichen Signale.

Grundsätzlich können wir ambivalente und sich widersprechende Signale unterscheiden. In ambivalente Signale gehen gemischte Stimmungen wie Wut und Angst ein. Sich widersprechende Signale zeigen echte Stimmungen, die bewußt im Verhalten vertuscht werden sollen.

Ob es sich im Einzelfall um ambivalente oder um sich widersprechende Signale handelt, ist meist nicht eindeutig analysierbar. Einige Beispiele sollen zur Verdeutlichung beitragen:

Freundliches Gesicht	– Fußtritte unter dem Tisch
ein Mundwinkel oben	– ein Mundwinkel nach unten gezogen
gesenkter Kopf	– Blick nach oben
versteifter Körper	– lächelndes Gesicht
wütendes Gesicht	– bittende Hände

Welche der beiden widersprüchlichen Ausdrucksverhalten die tatsächlichen oder überwiegenden psychologischen Inhalte demonstrieren, ist oft schwer herauszufinden. Generell gilt, daß die Körperteile, die dem Kopf näher sind, am ehesten täuschende Informationen abgeben können. Dies deshalb, da die dem Kopf näher liegenden Körperteile leichter kontrolliert werden können als die kopfferneren Körperteile.

Demzufolge müßten die kopfferneren Körperteile die tatsächlichen Emotionen, die kopfnäheren Körperteile die vorgetäuschten Emotionen ausdrücken.

5. Körpersprache, die zur Täuschung eingesetzt wird

Die Wahrheit zu sagen ist deshalb oft so schwierig, weil sie meist unangenehm, hart, kostspielig, schmerzhaft oder kompromittierend ist. Deshalb entwickelt sich die Lüge oft aus den Lebensumständen heraus. Wir müssen unterscheiden zwischen der Lüge, die uns schadet, und der Lüge, mit der man uns schmeichelt oder etwas Gutes tun will.

Ein altes Werk über das Vertrauen zum Menschen beinhaltet folgende kluge Sätze:

– »Wenn es dir sehr angenehm ist, das zu glauben, was man dir sagt, dann mußt du achtgeben, nicht belogen zu werden.«
– »Glaube allen ehrenhaften Menschen; aber lebe mit ihnen, als ob sie Spitzbuben wären.«
– »Reiße deine eigene Maske von deinem Antlitz, um zu vermeiden, daß andere dich als Lügner hinstellen.«
– »Jedoch – wenn du zu jemandem Vertrauen gefaßt hast, mißtraue deinem eigenen Mißtrauen!«

Das Zusammenleben mit unseren Mitmenschen und die Höflichkeit verlangen oft, daß wir wahre Gefühle und Meinungen verbergen. Selbst wenn Täuschungsmanöver bemerkt werden, bleiben diese meist ungestraft. Sie könnten peinlich sein oder verwirren, weil sie nicht genau identifizierbar sind.

Wird beispielsweise ein Gast dabei ertappt, daß ihm das Essen nicht schmeckt, und wird er darauf angesprochen, antwortet er, er sei satt und erhält dabei oft noch Unterstützung in seiner Antwort, daß es ja auch nicht gut sei, wenn man zuviel esse.

So entstehen dann kooperative Lügen.

Stimmen bei einem Partner die Körpersprache und das verbale Verhalten nicht überein, empfinden wir dies je nach Situation komisch oder fühlen uns unwohl.

Wenn unser Chef eine schlechte Laune überspielt, tolerieren wir dies meist. Könnten wir den wahren Sachverhalt, der diese Laune hervorgerufen hat, erkennen, könnten wir helfen, widersprechen oder kooperieren. Da die Hintergründe meist unbekannt sind, nehmen wir das Verhalten, das erkannt werden soll, als gegeben hin. Dies hindert uns aber meist nicht daran, über den Widerspruch im Verhalten zu tuscheln und Mutmaßungen anzustellen.

Merken wir, daß jemand seine Aufmerksamkeit nur noch spielt, sagen wir: »So, jetzt habe ich genug geredet.« Auf dieses indirekte Bewußtmachen der fehlenden

Aufmerksamkeit wird uns entweder wieder erneut Aufmerksamkeit gewidmet, oder aber unsere Aussage wird aufgegriffen und ein neues Thema begonnen.

Wenn bei unserem körpersprachlichen Verhalten ein Verhalten dem anderen widerspricht oder das körpersprachliche Verhalten unseren Worten widerspricht, zeigt dies einen Konflikt zwischen innerem und äußerem Verhalten. Dies läßt den Schluß zu, daß im Gehirn etwas vorgeht, was nicht nach außen dringen soll.

Um die nach außen dringenden Botschaften zu verbergen, halten wir entweder den Mund zu, verbergen unser Gesicht, wenden uns ab, lenken uns ab. Sexuelle Bedürfnisse können verborgen werden, indem ein Rock zurechtgezogen wird, der gar nicht verrutscht war. Weitere körpersprachliche Verhalten, die Widersprüche oder Lügen verraten, sind:

- Weniger Gestik, weil wir nicht genau wissen, was unsere Hände sagen;
- weniger Bewegung, weil eine stärkere Konzentration auf die verbale Lüge notwendig wird;
- die Hände werden versteckt, weil sie nichts verraten sollen;
- wir zeigen mehr Hand-Gesichts-Gesten, beispielsweise Griff zur Nase, Kinn streicheln, Lippen zusammendrücken, Mund bedecken, Nasenberührung, Wangen reiben, Ohrläppchen ziehen, Augenbrauen kratzen, Haare streichen;
- der Mund wird zugehalten, um die Lüge zurückzuhalten oder weil man sich nicht hinter den Worten sehen lassen will;
- dabei können die Finger gespreizt vor die Lippen, der Zeigefinger auf die Oberlippe oder die Hand über oder neben den Mund gelegt werden.

Diese Verhalten bedeuten nun aber nicht, daß die Person lügt. Nur die Wahrscheinlichkeit, daß Widersprüche bestehen oder Lügen formuliert werden, ist größer.

Beim Griff zur Nase will die Hand den Mund bedecken und wird abgelenkt zur Nase. Oft wird der Griff zur Nase damit gerechtfertigt, daß diese gekitzelt hätte. Dies ist tatsächlich so. Ein geringfügiges Kitzeln entsteht dadurch, daß nervöse Spannung und dadurch bedingte physiologische Veränderung entsteht.

Wer lügt oder widersprüchlich formuliert, zeigt auch mehr seitliche Körperbewegungen und stark verhaltene Fluchtbewegungen. Seine Pupillen verändern sich, werden größer oder kleiner.

Oft zucken die Hände so, als wollten sie Verantwortung für die verbale Aussage ablehnen oder sich einer unbewußt vorgestellten Strafe entziehen.

Die Mimik zeigt bei widersprüchlichen oder unwahren Aussagen oft inadäquate Ausdrücke. Zu geringe, zu kurze oder in Zeitlupenaufnahme aufscheinender Ausdruck läßt erkennen, daß die Stimmung, die ausgedrückt werden soll, nicht oder noch nicht vorhanden ist. Zucken im Gesicht ist darauf zurückzuführen, daß eine Stimmungsänderung ausgedrückt werden will, die Gesichtsmuskeln ansprechen und der Gegenbefehl »Nicht merken lassen!« zu spät kommt. So bleibt dann ein mimischer Ausdruck im Ansatz hängen.

Unvollständiges Lächeln erleben wir, wenn wir gestellte Porträtaufnahmen betrachten. Der Unterschied zwischen derartigen Porträtaufnahmen und Schnappschüssen ist oft sehr groß. Es fällt den meisten Menschen schwer, auf Befehl zu lächeln. Nur wenn die echte Stimmung der Freude hinter dem Lächeln steht, blüht dieses auf und wirkt echt.

Schauspielerische Leistungen beurteilen wir fast immer danach, ob die Körpersprache mit dem, was ausgedrückt werden soll, übereinstimmt oder nicht. Deshalb müssen Schauspieler lernen, in ihren Rollen Gefühle zu verbergen – ein Pokergesicht aufzusetzen, ihre Gefühle in der Gewalt zu haben, sich zusammenzunehmen.

Beim Ausdruck des Gesichts, beim Gestalten der Mimik gelingt das relativ leicht, da das Gesicht im Spiegel kontrolliert werden kann. Auch weil wir wissen, daß sich unsere Mitmenschen im Gespräch mit uns hauptsächlich auf unser Gesicht konzentrieren, haben wir unser Gesicht weit stärker unter Kontrolle als die übrigen Körperteile.

Wir können noch lächeln, wenn wir Antipathie empfinden oder den Ausdruck des Appetits auf unser Gesicht zaubern, wenn uns ein Gericht nicht schmeckt. Allerdings wird der aufmerksame Beobachter am Spannungsgrad unserer Mimik und am Ablauf der einzelnen Bewegungen sehen können, daß unser Verhalten gespielt ist.

So wie ein müder Zuhörer, der Aufmerksamkeit vortäuschen will, etwas zu aufrecht sitzt, zeigen auch unsere gespielten Verhalten kleine Unnatürlichkeiten, an denen sie erkannt werden können.

Um in bestimmten Rollen ein adäquates Verhalten zu produzieren, lernen und studieren Schauspieler entsprechende Ausdrücke. Dazu können sie Filme, in denen andere die jeweilige Rolle gespielt haben, studieren und deren Verhalten kopieren. Sie können als zweite Möglichkeit die auszudrückende Stimmung herstellen, damit sich der passende Ausdruck automatisch einstellt. Meist ist eine Mischung aus beiden Möglichkeiten gegeben. Zur Zeit des Stummfilms war das Ausdrucksverhalten der Schauspieler, insbesondere der mimische Ausdruck, stark stilisiert und possenhaft. Dies war notwendig, damit auch noch die weiter entfernt sitzenden Zuschauer die ausgedrückten Gefühle erkennen konnten.

Nachdem es mit optischen Systemen möglich wurde, Gesichter in Großaufnahme abzubilden und auch ohne ganz nah an den Schauspieler heranzugehen, sein Gesicht in Großaufnahme abzubilden, ist das Ausdrucksverhalten realer geworden.

Nur noch in der Pantomime erleben wir überzeichnetes Ausdrucksverhalten. Nicht nur der Schauspielerberuf verlangt es, daß Körpersprache täuscht.

Diese Fähigkeit müssen auch Komiker, Anwälte, Priester, Diplomaten, Zauberer, Vorgesetzte, Krankenschwestern und Ärzte entwickeln. Im Grunde genommen muß jeder Mensch in der Lage sein, Gefühle zu verbergen, also eine Körpersprache zu zeigen, die die Gefühle nicht verrät oder andere Gefühle vortäuscht.

Im Laufe eines Lebens verfeinert sich diese Kunst so, daß man sich oft noch geschmeichelt fühlt, wenn man übervorteilt wurde.

Patienten wollen hören, daß eine Operation ungefährlich sei und prüfen dabei aber sehr genau die Körpersprache des Arztes. Oft hört man, er hätte dabei ein ganz bedenkliches Gesicht gemacht.

Bei Tests mit Schwestern, die wahrheitswidrig berichten sollten, gelang das denjenigen am besten, die auch die besten Examensnoten hatten. Daraus und aus anderen Beobachtungen kann gefolgert werden, daß zum bewußten Einsatz der Körpersprache auch ein entsprechendes Maß an Intelligenz gehört.

In diesem Sinne definiert könnte Intelligenz heißen: die Fähigkeit, Situationen zu erkennen und sich situationsentsprechend auf diese einzustellen.

Die nachfolgende Aufstellung gibt eine gewertete Übersicht über die zum Vortäuschen von Gefühlen leicht bis schwer einsetzbaren Verhalten:

– wörtliche Formulierungen;
– Gesichtsausdrücke;
– klar verständliche Handgesten;
– nicht identifizierbares Gestikulieren;
– Körpersignale;
– Bein-Fuß-Signale;
– autonome Signale.

Die wörtlichen Formulierungen können am leichtesten wahrheitswidrig berichten.

Im Gesichtsausdruck kann sorgfältig geplante Mimik aufgesetzt sein. Erleben wir nicht identifizierbare Mimik wie vorgetäuschtes Lächeln, Spannung, Verzerrung, läßt das meist auf gefühlsmäßige Spannung schließen.

Klar verständliche Handgesten erleben wir bei bewußten Gesten, die zur Untermauerung von Worten oder zu entsprechendem Ausdruck ohne Worte eingesetzt werden. Derartige klar verständliche Handgesten geben allerdings keine Garantie für den Wahrheitsgehalt.

Nicht identifizierbare Gesten entstehen dann, wenn die Hände nicht der bewußten Kontrolle unterliegen.

Oft sehen wir derartige Gesten aber nur mit halbem Auge. Es fällt uns dann gar nicht auf, daß ein Politiker vom Frieden spricht und dabei die Fäuste ballt.

Körpersignale können generell Stimmungen ausdrücken. Bei Erregungszuständen ist ein Zusammensinken unmöglich. Man reißt sich zusammen. So schlagen sich Stimmungen unmittelbar in der Muskelspannung nieder.

Bein- und Fußsignale entgleiten leicht unserer bewußten Kontrolle. Dies ist wahrscheinlich darin begründet, daß wir uns zu sehr auf unser Gesicht konzentrieren. Je weiter ein Körperteil vom Gesicht entfernt ist, desto weniger Bedeutung geben wir ihm.

Autonome Signale resultieren aus physiologischen Veränderungen, die nicht unserer bewußten Kontrolle unterliegen. Deshalb sind diese Signale die verläßlichsten Signale. Schwitzen, Blaßwerden, Erröten, Steigerung des Atemtempos verraten oft die in Wahrheit vorhandenen Gefühle.

Feinere, unsichtbare Körpersignale werden beispielsweise bei Überprüfung von Wahrheitsgehalten mit dem Lügendetektor abgegriffen. Nicht immer werden uns die verräterischen Körpersignale lügender Gesprächspartner bewußt. Da wir aber alle beschriebenen Einzelheiten mit unseren Augen aufnehmen (sehen), gehen diese auch nicht verloren. Wir nehmen diese zwar nicht bewußt, aber unbewußt wahr und entwickeln so Gefühle des Vertrauens, des Mißtrauens, der Geborgenheit oder der Angst.

6. Körpersprache, die ein Vorhaben signalisiert

Worterteilung verhindern

Teilnehmer an Gruppengesprächen oder Zuhörer bei Vorträgen wollen nicht immer oder oft nicht momentan aktiv sein.

Derartige Inaktivität oder geistiges »Weggetretensein« signalisieren entsprechende körpersprachliche Verhalten. Dazu gehören: Verengungsbewegungen; Vermeiden von Blickkontakt; Kopf senken; verschränkte Arme; im Schoß liegende Hände; betont verschlossener Mund.

Kleinermachen und Rückzugsverhalten; Verschlußsignale und Ablenkungsmanöver werden eingesetzt, um nicht in Aktivität treten zu müssen.

Aktives Zuhören

Derjenige, der aktiv, interessiert und aufgeschlossen zuhört, zeigt meist folgende Verhalten: offene Augen; Blickkontakt; hochgezogene Augenbrauen; Imitation der Haltung dessen, dem er zuhört; bestätigendes Nicken; parasprachliches »Hm, hm!« krausgezogene Stirn, welche Anteilnahme oder Unverständnis zeigt; Hand-Ohr-Gesten, die zur Vergrößerung der Ohrmuscheln verwendet werden; Zuneigung; gegen Fremdreize abschirmende Hand- oder Armhaltungen.

Alle diese Verhalten haben die Aufgabe, die Darbietung des Sprechers uneingeschränkt zu verstehen. Oft werden zusätzlich Zeichen hinsichtlich Sprechtempo, Klarheit oder Erfolg der Darstellung gegeben.

Wort ergreifen wollen

Während einer Besprechung oder während eines Vortrags will einer der Zuhörer das Wort ergreifen, um einen Diskussionsbeitrag oder Kritik anzubringen. Dieses Vorhaben wird erkennbar an folgenden Verhalten: Kopf heben; nach vorne beugen; Atem holen; Arm, Hand, Finger, Schreibgerät hochheben; Ausweitungsbewegungen.

In vielen Diskussionen und bei vielen Vorträgen erlebte ich, daß die Diskussionsleiter oder Redner, die rechtzeitig die Intentionsbewegungen der Zuhörer sahen und erkannten, Vorteile nutzen konnten. Intentionsbewegungen kommen kurz nach dem zur Reaktion auffordernden Reiz zustande. Erinnert sich der Redner an die soeben gesagten Worte und erkennt er das Vorhaben des Zuhörers, kann er dieses sogar in bezug auf die mögliche Bedeutung richtig zuordnen, dann erkennt er auch, welchen Inhalt die Äußerung haben wird – zustimmend oder ablehnend. So ist er auf Reaktionen aus seinem Publikum gewappnet und kann schon vor der Worterteilung Vorbereitungen für seine Antwort einleiten.

Diese drei ausgewählten Beispiele zeigen stellvertretend für viele andere Vorhaben, wie sich Verhindern-Wollen, Tätig-sein-Wollen und momentane Aufmerksamkeit ohne eine der beiden Richtungen darstellt.

Derartige Verhalten können auch gemischt auftreten. Daraus schließen Sie entsprechend Kapitel »Körpersprache, die Lügen verrät«, welches Verhalten das wirklich empfundene Gefühl ausdrückt.

Die Körpersprache zeigt aber nicht nur ein Vorhaben, sondern auch die für dieses Vorhaben bereitgestellten Steuerungen.

Unser Verhalten und die körpersprachlichen Begleiterscheinungen unserer Sprache zeigen unserer Umwelt, ob wir mehr unser Gefühl oder mehr unseren Verstand einsetzen wollen. Auf der Grundlage dieser beiden Faktoren, gekoppelt mit der zugrundeliegenden Antriebsenergie, habe ich schon vor Jahren ein Modell für Partnerverhalten entwickelt. Die vorhandenen Typologien waren für die Analyse dynamischer Kommunikationsprozesse nicht oder kaum geeignet. Jede dieser Typologien war für einen bestimmten Zweck entwickelt worden und drückte eine statistische Häufung bestimmter Körpermerkmale oder Charaktermerkmale aus. Im Kommunikationsprozeß werden jedoch immer die der momentanen Stimmung und der Rolle entsprechenden Verhalten eingesetzt. Auch wenn eine mehr oder weniger große statistische Häufung beim einzelnen Typ vorhanden ist, ist es möglich, daß in bestimmten Rollen oder Situationen auch die sonst schwach ausgeprägten Verhalten dominierten.

Den für diesen Moment, für diese Situation richtigen Draht zum Partner zu finden konnte nur gelingen, wenn eine Verhaltenszuordnung im Sinne von Momentaufnahmen gefunden wurde. Wird der richtige Draht gefunden, ergeben sich passende Impulse. Wird der falsche Draht gekoppelt, ergibt sich ein Kurzschluß, oder es kommt keine Reaktion. Deshalb ist es wichtig zu wissen, wie der andere im Moment »gepolt« ist.

Das nebenstehende Modell

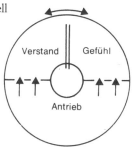

zeigt die wirksamen Verhaltensgrundlagen. Gefühl und Verstand sind durch ein Pendel voneinander getrennt, das mehr das eine oder andere Segment freisetzen kann. In der unteren Hälfte ist die Antriebskraft dargestellt, die sich entsprechend der Grundstruktur oder der gegebenen Motivation entfaltet. Daraus ergeben sich vier grundsätzliche Verhaltensweisen:

– das Verstandesfeld ist größer, und es ist Antriebskraft vorhanden;
– das Verstandesfeld ist größer, und es ist weniger Antriebskraft vorhanden;
– das Gefühlsfeld ist größer, und es ist Antriebskraft vorhanden;
– das Gefühlsfeld ist größer, und es ist weniger Antriebskraft vorhanden.

Wichtig ist, daß der aktive Gesprächspartner sich auf das Partnerverhalten einstellt und daß sein gezeigtes Verhalten in der graphischen Darstellung dem des Partners entspricht. Stimmen die Verhalten nicht überein, fehlt ein Stückchen des eigenen Verhaltens im Vergleich zum Verhalten des Partners, und es kommen Aussagen zustande wie: »Mit dem wird man nicht warm, der kann sich nicht auf einen einstellen, mit dem kann man nicht reden, der ist halt so, den ändert man nicht.«
Die folgende Übersicht zeigt Ihnen die wesentlichen sprachlichen und körpersprachlichen Ausdrucksverhalten dieser vier Verhaltensweisen.
So können wir aus der Art der eingesetzten Körpersprache sowohl auf Vorhaben als auch auf die Art, wie diese Vorhaben verwirklicht werden wollen, schließen.
Sehen wir aus der eingesetzten Körpersprache, daß das Ziel mit viel Gefühl, also mit werbendem Verhalten, mit Schmeicheln und Bitten erreicht werden soll, werden wir uns anders verhalten, als wenn wir erkennen, daß das Vorhaben mit logisch klarer Argumentation und Härte angestrebt wird. Im ersten Fall werden wir entweder, ebenfalls Gefühlssteuerung einsetzend, Verständnis dafür herbeiführen, daß die Vorschläge nicht angenommen werden können oder mit entsprechend logischer Argumentation nachweisen, daß die Forderungen ungerechtfertigt sind. Allerdings nehmen wir beim zweiten Verhalten in Kauf, daß im Partner wegen der nicht gegebenen Einstellung auf ihn Frustration entsteht und unser Verhalten als kalt und unpersönlich empfunden wird.
Im zweiten Falle sollten wir uns ebenfalls auf die mehr verstandesorientierte Steuerung einstellen und versuchen, mit logisch klarer Argumentation zu überzeugen oder einen Kompromiß herbeizuführen. Mit einem mehr im Gefühlsbereich liegenden Verhalten hätten wir nur wenig Chancen, den Partner zu erweichen. Wahrscheinlich würde er ein derartiges Verhalten als Unterwerfungsverhalten interpretieren.
In dieses Verhaltensmodell sind schon damals die wesentlich später unter dem Begriff der Transaktionsanalyse bekanntgewordenen Verhalten (Erwachsenenverhalten, Elternverhalten und Kindheitsverhalten) integriert gewesen. Das Verhalten »Verstand mit mehr Antriebskraft« entspricht dem Erwachsenenverhalten, das Verhalten »Gefühl mit mehr Antriebskraft« entspricht dem Elternverhalten, und das Verhalten »Gefühl mit weniger Antriebskraft« entspricht dem Kindheitsverhalten. Das Verhalten

Mehr Verstandes-verhalten mit vorhandener Antriebskraft	Mehr Verstandes-verhalten mit wenig vorhandener Antriebskraft	Mehr Gefühls-verhalten mit starker Antriebskraft	Mehr Gefühls-verhalten mit weniger starker Antriebskraft
Körpersprache: streng geregelt, Übergänge steif, Formen arm, monotones Verhalten in Verbindung mit einiger Spannung, oft monotone Maske, gelassene Reaktionen, getaktete Bewegungen, eckiger Bewegungsverlauf, knappe, geregelte Bewegungsformen, wenig bewegte Mimik mit Tendenz zur Beharrung	Körpersprache: fahrige Übergänge, ungewandt, Formen arm, viel Ausdruck im Obergesicht, Bewegung der Gliedmaßen oft schlaff und wenig durchgeformt, zwischen Takt und Rhythmus ablaufend, oft eher stockend	Körpersprache: kräftig, formenreich, bei Affekt uniformierte Motorik, impulsiv, Neigung zu Aufforderungsbewegungen, bei heiterer Stimmung viel Ausdrucksform, lebhafte, variationsreiche Mimik	Körpersprache: eher schüchterne Motorik, weich und rund, vielgestaltig, Formen reich, rhythmisch, bei gedrückter Stimmung wenig Ausdrucksform, lebhafte, ausdrucksvolle Mimik
Sprache: hart, scharf, willkürlich, abgehackt	Sprache: eher monotoner Klang, langatmige Formulierungen, Zwischensätze und Einschübe	Sprache: voluminös, laut, oft unbeherrscht, dominant fordernd, starker Wechsel in Lautstärke, Sprechen in Brusttönen	Sprache: melodienreich, weich und warm

»Verstand mit weniger Antriebskraft« ist als das Verhalten zu betrachten, welches sich vom Kindheitsverhalten hin zum Erwachsenenverhalten entwickelt, dem aber die Antriebsstärke und Dominanz einer Entwicklung zum Elternverhalten fehlt.

Jeder von uns hat sich schon immer mehr oder weniger bewußt auf die vom Partner gezeigten Verhaltensweisen eingestellt. Unser Wille hat die unserer Eigenart und der Eigenart des Parnters entsprechenden Vorgehensweisen gewählt. Unbewußt haben sich diese oft gegen unser Wollen auf die Gestaltung des Ausdrucks und damit auf die Partnerschaft ausgewirkt. Eine bewußtere Einstellung anhand dieser Ausführungen kann zu einer bewußteren Gestaltung der Partnerschaft und der Kommunikation führen.

7. Körpersprache im Schlaf

»Ich ziehe mich zurück« kann jemand sagen, der sich schlafenlegen will. Tatsächlich ist der Schlaf die Hauptform des Rückzugs vom gesellschaftlichen Leben. Vorstufen sind Entspannung und Ruhen. Bei der Entspannung lehnen wir uns zurück, lehnen oder stützen den Körper an die Wand, verwenden die Armstütze, die Kopfstützhaltung oder räkeln uns. Derartiges Entspannungsverhalten ist im Freundeskreis noch gesellschaftsfähig.

Beim Ruhen verwenden wir die Kopfstützhaltung, lassen die Glieder hängen, strekken alle viere von uns. Wir legen uns auf den Bauch, auf den Rücken oder zur Seite. Entsprechend der noch vorhandenen Aktivität und Aufmerksamkeit gegenüber der Umwelt stützen wir die Ellenbogen auf. Auch das Stehen auf einem Bein und die Kniehocke, bei der wir mit den Hinterbacken auf der Ferse sitzen, gehören dazu. Einseitiges Knien erleben wir oft bei Boxkämpfen, wenn der Boxer sich vom Boden wieder aufrichtet oder kurz ausruht. Beidseitiges Knien können wir öfters bei Fußballspielen sehen. Weitere Varianten des Ruhens sind der Joga-Kopfstand und andere Yoga-Körperhaltungen.

Als Übergang vom Ruhen in den Schlaf stellt sich oft das Dösen, ein halbschlafähnlicher Zustand, ein.

Eine Untersuchung bezüglich der Schlafdauer der Menschen ergab folgendes Ergebnis:

– Mehr als 9 Stunden schlafen ca. 5 Prozent der Menschen.
– Zwischen 8 1/2 und 9 Stunden schlafen ca. 6 Prozent der Menschen.
– Zwischen 8 und 8 1/2 Stunden ca. 16 Prozent der Menschen.
– Zwischen 7 1/2 und 8 Stunden etwa 31 Prozent der Menschen.
– Zwischen 7 und 7 1/2 Stunden etwa 21 Prozent der Menschen.
– Zwischen 6 und 7 Stunden etwa 16 Prozent der Menschen.
– Weniger als 6 Stunden 5 Prozent der Menschen.

Versuche, bei denen Menschen ohne Schlaf auskommen sollten, führten zu schweren psychischen und physischen Zusammenbrüchen. Diese Versuche zeigten auch, daß der Schlaf für das Gehirn wichtiger ist als für den Körper.

Babys schlafen pro Tag durchschnittlich 16,6 Stunden. In extremen Fällen bis zu 24 Stunden. Die durchschnittliche Schlafdauer der Erwachsenen liegt bei 7 Stunden und 20 Minuten. Ältere Menschen brauchen weniger Schlaf. Sie schlafen durchschnittlich 6 Stunden und gelegentlich während des Tages.

Aus einer Befragung von rund 10 000 Personen in drei Erdteilen ergab sich, daß 61 % aller Menschen auf der rechten Seite oder auf dem Bauch schlafen. 24 % liegen auf der linken Seite und nur 15 % auf dem Rücken.

Während der Nacht wechselt ein Erwachsener 40–70mal die Schlafhaltung. Wird das Schlafverhalten mit Zeitraffer gefilmt und nachher in Normalgeschwindigkeit vorgeführt, wirkt das Schlafverhalten ruhelos und unstet. Während der Träume nehmen Menschen und Tiere bestimmte Körperstellungen ein.

Wenn wir bedenken, daß die zirka 15 Milliarden Nervenzellen jeweils mit 10 000 anderen Nervenzellen verbunden sind und diese Verbindungen eine Strecke von zirka 300 000 km ergeben, verstehen wir, wie komplex die Vorgänge in unserem Gehirn sind. Ein Traum entsteht nicht allein durch Wünsche oder Verdrängungen, sondern auch durch nervenbiologische Faktoren. Der Traummotor im Stammhirn und die Stammhirnzellen steuern den Schlaf. Die Zu- und Abnahme der Aktivität löst rollende Augenbewegungen aus. Von der Hirnrinde werden Gedächtnisinhalte abgerufen. Diese werden gekoppelt mit aus den optischen Zonen zugeordneten Bildern, die wir als Traum erleben. Deutlich wird uns dieser Vorgang, wenn wir Alpträume erleben. Wir träumen davon, verfolgt zu werden, und können nicht fliehen. Die erlebten Bilder wollen den Körper anregen, sich zu bewegen. Die Nervenzellen, die die Signale an die Muskeln weitergeben sollen, sind jedoch gehemmt. Die widersprüchlichen Signale – zur Flucht motivierende Bilder und nicht fliehen können wegen des Schlafzustandes – ergeben den Alptraum.

Den Ablauf noch einmal in einer Übersicht:

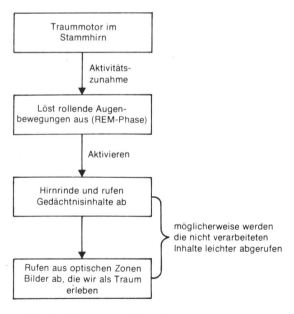

Die in den einzelnen Bereichen der Körpersprache beschriebenen Verhalten können auch beim Schlafenden beobachtet werden. Auch hier bewegen die erlebten Gefühle den Körper.

Der Traum

Auch wenn wir nichts davon wissen, wir träumen jede Nacht. Innerhalb 8 Stunden Schlafzeit erleben wir individuell verschieden bis zu 1½ Stunden Traumzeit.

Bei Nacht durchlaufen wir 4–5 Traumphasen.

Die erste Traumphase liegt zirka 90 Minuten nach dem Einschlafen. Weitere Traumphasen folgen in Abständen von 60–90 Minuten. Traumphasen sind erkennbar an folgenden physiologischen Vorgängen:

Augenbewegungen	– hierbei unterscheiden wir REM-(Rapid Eye Movements-) und SEM-(Slow Eye Movements-)Phasen. Die Richtung der Augenbewegungen entspricht hierbei dem optischen Inhalt der Traumerlebnisse.
Gehirnströme	– diese liegen nahe dem Wachzustand. Der
Herzschlag	und der
Blutdruck	ändern sich, so als wolle man sich einer emotionalen Herausforderung stellen.

Der Sauerstoffverbrauch steigt.

Im Gegensatz zu dieser Vorbereitung auf die Annahme der Herausforderung ist jedoch der Muskeltonus niedriger als im traumlosen Schlaf.

Weil jemand während des Traumes schwerer als in der traumlosen Schlafphase zu wecken ist, spricht man von den Traumphasen auch als paradoxe Schlafphasen.

Bei Forschungsarbeiten zur Erforschung des Traumes hat sich herausgestellt, daß dann eine volle Erinnerung an den Traum erhalten ist, wenn der Träumende während des Traumes geweckt wird. Wird 5 Minuten nach dem Traum geweckt, sind die Erinnerungen nur verschwommen, und bereits bei Differenzzeiten von 10 Minuten zwischen Traum und Wecken ist keine Erinnerung mehr vorhanden.

Das körpersprachliche Verhalten des Schlafenden, insbesondere die Augenbewegungen, geben eindeutige Information darüber, ob Traumerlebnisse vorhanden sind oder nicht.

Blindgeborene erleben keine visuellen Traumelemente. Daraus kann geschlossen werden, daß der Traumgedanke sich an visuellen Erlebnissen orientiert, um bildhaft zu werden. Sind derartige visuelle Eindrücke, so wie bei Blindgeborenen, nicht vorhanden, können Träume auch nicht visuell erlebt werden.

Traumbilder sind symbolischer Ausdruck des seelischen Ganzen und vor allem der unbewußten Seite des Träumers.

Nicht realisierte Möglichkeiten und verdrängte Wünsche und Ängste dringen in das Traumbild.

Mit Mechanismen der Verschmelzung, Verdichtung und Symbolbildung wird aus Tagesresten, sexuell-aggressivem Konfliktmaterial und regressiven Objektbezügen sowie archetypischen Gehalten das Traumganze gebildet. Der Ursprung eines Traumes oder der Grund für die Veränderung von Traumbildern kann im entstehenden Traumgedanken oder in einem Außenreiz begründet sein. So können Außenreize als entsprechende Traumsensationen registriert werden. Störende Außenreize können in harmlose Traumbilder umgewandelt werden, um so das Aufwachen zu verhindern. Traumelemente bestehen also aus mehreren Bereichen. Deshalb ist das Traumbild immer mehrdeutig. Erst über genaue Kenntnis der möglichen Traumgedanken und der möglicherweise beeinflussenden Faktoren sowie der Traumsymbolik ist Traumanalyse möglich.

Eine interessante Verbindung zwischen Verarbeitung von Reizen im Traum und im Wachzustand besteht in der Symbolik, die im Traum zu bildhafter Verarbeitung und im körpersprachlichen Verhalten zu symbolischem Verhalten führt.

Im Seminar »Körpersprache« zeigte ein Teilnehmer im Rollenspiel folgendes:

Auf mehrere ablehnende und teilweise aggressive Einwände lief folgende Reaktion ab:

Die rechte, auf dem Tisch liegende Hand ging, sich wie zum Greifen öffnend, zur Hüfte und kam als halbgeschlossene Hand – so als würde ein Gegenstand gehalten – wieder auf den Tisch. In dieser Handstellung streckte und krümmte sich der Zeigefinger dreimal nacheinander. Danach ging die Hand wieder zur Hüfte und kam anschließend wieder auf den Tisch. Es war aus diesem Ablauf überdeutlich zu erkennen, daß der Beobachtete eine imaginäre Pistole gezogen und auf seinen Partner drei Schüsse abgefeuert hatte.

Der diesem Verhalten zugrundeliegende Erlebnisinhalt hätte im Schlaf möglicherweise dazu geführt, daß sich der so Handelnde als sich wehrender Pistolenheld erlebt und »wirklich« auf seinen Partner, den er möglicherweise als Bewaffneten Aggressor erlebt hatte, geschossen hätte.

8. Körpersprache beim Vortrag

»Er steht wie ein Baum«, damit bezeichnen wir die stabile, aufrechte Haltung eines Vortragenden. Oft sagen wir auch: »Er schwankt wie ein Halm im Wind« und beschreiben so die pendelnden Bewegungen des Oberkörpers. Um einen ruhigen, sicheren Eindruck so vermitteln, ist eine ruhige, sichere Haltung notwendig. Für das Stehen vor Gruppen seien deshalb folgende Ratschläge formuliert:

- Stehen Sie auf beiden Füßen mit »durchgedrückten« Knien.
- Stellen Sie die Füße in einem Abstand von etwa 10 bis 15 cm nebeneinander, so daß von der Hüfte ab bis zu den Füßen eine senkrechte Linie entsteht. Würden Sie die Hacken zusammennehmen, entstände durch diese Verengungsbewegung der Eindruck der Unsicherheit, würden Sie die Füße zu weit voneinander stellen, entstünde der Eindruck des Platzbesitzenwollens, des Reviererweiterwollens und damit ein überheblicher, autoritärer Eindruck.

- Halten Sie den Oberkörper aufrecht und bewegen Sie ihn nur im Zusammenhang mit Ihren Aussagen und zur Unterstreichung.
- Halten Sie den Kopf gerade und so, daß zuwendender Blickkontakt zu Ihren Zuhörern entsteht. Blicken Sie weder von unten nach oben noch von oben nach unten. Im ersten Fall würden Sie durch das heruntergezogene Kinn so wirken, als wollten Sie aus Furcht den Hals schützen. Im zweiten Fall würden Sie zuviel Hals anbieten und damit sagen: Euch fürchte ich nicht, ich bin euch überlegen.
- Halten Sie die Schultern gerade. Dadurch, daß Sie fest auf beiden Beinen und mit durchgedrückten Knien stehen, werden auch die Schultern gerade sein. Knicken Sie in einem Bein ein, senkt sich auch die Schulterseite, und Sie wirken »schief«.
- Atmen Sie ruhig und tief ein. Ziehen Sie beim Einatmen nicht den Brustkorb nach oben, dies könnte bereits als Drohverhalten verstanden werden. Atmen Sie so, daß sich der kuppelförmig in den Brustraum hochgewölbte Zwerchfellmuskel nach unten senkt. Sie bekommen so genügend Luft zum Sprechen, können die Luft halten (Stütze), vermeiden ein Nachrutschen der Luft und die dadurch entstehende Überanstrengung der Stimmbänder.
- Für Ihre Armhaltung können Sie drei Grundstellungen wählen:
  - beide Arme und Hände locker am Körper herabhängend;
  - einen Arm etwa in Magenhöhe angewinkelt;
  - beide Arme angewinkelt und die Hände vor dem Magen locker ineinandergelegt.

Diese Darstellungen sollen Sie nicht zu einem bestimmten Verhalten zwingen oder Sie auf ein bestimmtes Verhalten festlegen. Von diesem generell geeigneten Verhalten können Sie selbstverständlich entsprechend der Situation und der Art Ihrer Darstellung abweichen, genauso wie Sie das »M«, das Sie früher in der Schule gelernt haben, lediglich als Muster für die individuelle Entwicklung Ihrer Handschrift benutzt haben.

9. Körpersprache am Telefon

Die Haltung, die Sie am Telefon einnehmen, kann Ihr Gesprächspartner »hören«. Prüfen Sie selbst! Sie werden sicher heraushören können, ob sich der Gesprächspartner in seinen Sessel lümmelt, ob er aufrecht und konzentriert sitzt, ob er gelangweilt zum Fenster hinausschaut oder ob er nebenbei mit Gegenständen spielt. Derartiges ablenkendes Verhalten beeinflußt die Betonung und die Sprechweise.

Am besten, Sie verhalten sich so, als würde Ihnen Ihr Gesprächspartner körperlich gegenübersitzen. Stellen Sie sich vor, er könnte Ihre gezeigten Verhalten sehen. Wäre Ihnen das recht, ist Ihre Haltung sicher richtig. Würde Ihnen dies unangenehm sein, sollten Sie Ihre Haltung korrigieren und so auch dem nicht persönlich anwesenden Gesprächspartner Ihre Achtung erweisen.

10. Körpersprache auf Messen und Ausstellungen

Sicher haben auch Sie schon Messen und Ausstellungen besucht. Wie oft ist Ihnen einladendes Verhalten des dort tätigen Verkaufspersonals aufgefallen? Ist es nicht sehr oft so, daß man gar nicht sieht, wer ansprechbar ist, an wen man sich wenden soll? Standpersonal, welches im Gespräch miteinander, dem Blickkontakt der Interessenten ausweichend, Barrieresignale abgebend in der Standmitte wartend verhält, sendet keine Aufforderungsreize aus.

Wer angesprochen werden will, muß dies signalisieren. Wie im Fall einer geplanten Begrüßung (siehe entsprechendes Kapitel) laufen auch bei der Kontaktaufnahme mit Fremden bestimmte Rituale ab, die wir positiv nutzen können, um unserem Interessenten unsere Bereitschaft zu signalisieren.

Nachdem der Blickkontakt aufgenommen wurde, entscheidet sich, ob der Interessent angesprochen werden will. Hält er diesem Blickkontakt stand, gibt er den Blickkontakt zurück, ist er ansprechbar. Senkt er den Blick oder weicht er dem Blickkontakt aus, ist Ansprechbereitschaft nicht erkennbar. In diesem Fall ist es besser, den Interessenten zunächst zufriedenzulassen und eine bessere Gelegenheit abzuwarten. Aus der Beobachtung vieler Gespräche habe ich erlebt, daß, wird dieser Interessent trotzdem angesprochen, das Gespräch in der Mehrzahl der Fälle negativ endet.

Bei der Vielzahl der Messebesucher ist es viel sinnvoller, diejenigen anzusprechen, die Bereitschaft signalisieren, und sich um diese Gesprächspartner intensiver zu kümmern. Umkreisen Sie Ihre Interessenten nicht. Sie haben diesen Interessenten nicht wie eine Spinne ins Netz gelockt, um ihn zu verspeisen. Sie können ihm offen und aufrecht entgegentreten. Sprechen Sie Ihre Interessenten nicht von hinten oder über deren Schulter an. Eine derartige Ansprache weckt Abwehrmechanismen und stört die Kontaktaufnahme. Ausgestellte Gegenstände dürfen nicht zu Hindernissen werden und Gefahren provozieren. Der Weg, den Ihr Interessent gehen soll, muß frei und leicht gangbar sein.

Daß nicht nur Ihr Verhalten, sondern auch der Stand Sauberkeit ausstrahlt, halten wir für selbstverständlich. Wer betritt schon gern einen Müllabladeplatz, wer setzt sich schon gern an Tische, auf denen noch Gläser herumstehen oder die mit verschütteten Getränkeresten oder Abfällen verunziert sind.

Verwenden Sie bei der Demonstration von Produkten die nach oben gerichtete Handfläche zur Unterstreichung und Aufwertung. Zeigen Sie eine offene, gesprächsbereite Körperhaltung. Spielen Sie nicht mit Schreibgeräten oder Gegenständen, und stecken Sie bitte auch nicht die Hände in die Taschen oder stützen Sie gar die Hände in die Hüfte. Daß Sie Ihre Produkte nicht als Sitzgelegenheiten benutzen oder um sich darauf abzustützen, halten wir für selbstverständlich. Lassen Sie Ihren Interessenten das Gefühl der Geborgenheit erleben, bieten Sie ihm Platz an, und, wenn möglich, bewirten Sie ihn. Er ist Ihr Gast und verlangt entsprechendes Pflegeverhalten – auch wenn er nicht sofort kauft.

Je mehr Offenheit und Gastfreundschaft Sie signalisieren, desto eher gelingt es Ihnen, mehr über Ihren Gesprächspartner zu erfahren und vielleicht – einen Kunden zu gewinnen.

11. Körpersprache in der Werbung

Werbung soll so beeinflussen, daß zuwendendes oder zustimmendes Verhalten entsteht. Dies kann erreicht werden durch Darstellung von Leitbildpersonen, denen man nacheifern will, durch Darstellung von aktiven, zum Mitmachen auffordernden Verhalten (Aufforderungsreize). Meist werden beide Möglichkeiten kombiniert eingesetzt.

Für einen großen Zigarettenkonzern habe ich dessen Werbedarstellungen analysiert. In einem mehrseitigen Exposé kam ich zu dem Ergebnis, daß viele der dargestellten körpersprachlichen Aussagen widersprüchliche Botschaften enthielten. Das Ergebnis war, daß sich die für dieses Unternehmen tätigen Werbefotografen in einem langen Gespräch über die wichtigen Kriterien informieren ließen.

Ein Held, der zu süß lächelt, eine Genießerschnute mit gleichzeitig kühl blickenden Augen, ein Produkt, mit der Handfläche nach unten präsentiert, sind widersprüchliche Botschaften, die beim Betrachter unbewußt Zweifel auslösen. Wir erleben derartige Informationen wie die Darstellung eines Schauspielers, bei dem die Körpersprache nicht mit dem gesprochenen Wort übereinstimmt. Wir kommen zu der Meinung, daß dieser Schauspieler nicht gut sei, ohne diese Meinung begründen zu können. Nach Begründung gefragt, berufen wir uns auf unser Gefühl und auf unseren subjektiven Eindruck. Es war uns nicht möglich, alle Einzelheiten, die wir gesehen und gehört haben, wahrzunehmen und miteinander in Beziehung zu setzen. Alle diese Einzelheiten sind jedoch in unser Unterbewußtsein eingedrungen und haben dort Übereinstimmungen oder Dissonanzen ausgelöst. Stimmen die aufgenommenen Reize überein, ergibt sich also ein harmonisches Gesamterlebnis, erleben wir Harmonie und Wohlgefühl. Weicht die Bedeutung der einzelnen Reize voneinander ab, erleben wir Disharmonie und Unzufriedenheit.

Dies habe ich oft in Situationen produziert, in denen Versuchspersonen, in Hypnose versetzt, widersprüchliche Befehle erhielten. Deutlich zeigte die Körpersprache die entstandene Dissonanz. In derartigen Versuchssituationen konnte ich viele Anregungen und Beweise für die Tatsächlichkeit einzelner Ausdrücke der Körpersprache gewinnen. Suggerierte ich der in Hypnose befindlichen Person bestimmte Gefühle, drückten diese sich unmittelbar im körpersprachlichen Verhalten aus. Viel deutlicher als im Wachzustand, in dem Sperren wirksam sind, zeigte die Reaktion in Hypnose das Ausdrucksverhalten bestimmter Gefühle.

Entstand auf eine bestimmte Suggestion ein bestimmter körpersprachlicher Ausdruck, so war damit auch leicht der Zusammenhang zwischen zugrundeliegendem Gefühl und körpersprachlichem Ausdruck nachzuweisen.

Kapitel 18
Körpersprache als Ausdruck unbewußter seelischer Vorgänge (5 Beispiele)

Viele erfolgreiche Menschen haben ihren Erfolg der Kompensation von frühkindlichen Frustrationen zu verdanken. Wenn wir noch einmal in Erinnerung zurückrufen, wie schockierend ein Neugeborenes seine Geburt und die Minuten danach erlebt und wie frustrierend die Kindheit in einer Gesellschaft, die eher kinderfeindlich geworden ist, erlebt werden muß, finden wir vielleicht Gründe, warum unsere Leistungsgesellschaft so erfolgreich ist. Die zwingend resultierende Frage ist, wie viele Generationen diese kompensierenden Prozesse durchhalten. Zeigen sich nicht bereits erste Ansätze im Verhalten der heutigen Jugend, deren erfolgsorientierte Motivation eher schwach ausgeprägt ist? Man hat erkannt, daß Erfolgreiche im Sinne unserer Leistungsgesellschaft oft psychologische Versager sind. Daß es sich dabei oft um Menschen handelt, die, weil sie mit sich selbst nicht im reinen sind, in die sozial anerkannten Verhalten »fliehen«. Je mehr Zuwendung und Liebe wir erfahren, je mehr aufwertende körpersprachliche Botschaften uns erreichen, desto ausgeglichener und zufriedener werden wir – wir fühlen uns anerkannt. Dieses Mehrverständnis führt zu einem besseren Miteinander. Möglicherweise reduziert sich dadurch die zwanghafte Motivation zum wirtschaftlichen Erfolg, erreicht aber eine insgesamt ausgeglichenere und bessere Dauerleistung.

Ein psychisch Kranker muß seiner Krankheit Ausdruck geben. Die so entstehenden körpersprachlichen Botschaften sind meist Hilferufe an die Umwelt. Aufgesetzte Masken können sich so verfestigen, daß sie in bestimmten Situationen reflexartig entstehen oder verschwinden. Oft sind derartige Masken aus der Erziehung entstanden, als bestimmte Benimm-Regeln kritiklos internalisiert wurden.

Aufgrund des Wechselspiels zwischen Körper und Seele und Seele und Körper wäre eine Änderung des Ausdrucksverhaltens nur das Antrainieren einer neuen Maske. Bevor eine Änderung des körpersprachlichen Verhaltens dauerhaft herbeigeführt werden kann, muß der Grund für das vorhandene Verhalten bekannt sein. Zwar kann man auch Körpersprache erlernen, wie dies Schauspieler für bestimmte Rollen tun, aber dadurch wird nicht die Körpersprache des Menschen, sondern nur die Körpersprache für die Rolle trainiert. Der einzige mir bekannte Weg zu einer harmonischen und situativ richtigen Körpersprache muß von innen kommen. Siegmund Freud, der Begründer der Psychoanalyse, schrieb 1901: »Symptomhandlungen kommen bei allen Menschen vor, geben aber nicht immer den Grund zur psychiatrischen Diagnose. Sie erlauben aber Folgerungen über die unbewußten Motive und Gefühle sowie über eventuelle Abwehrmechanismen.«

Hand auf den Mund legen heißt oft etwas nicht sagen wollen, die Hand auf die Augen oder das Auge legen heißt oft etwas nicht annehmen (etwas nicht sehen) wollen. Auch widersprüchliche Signale sind für die psychologische Diagnose sehr wichtig. Wir können hier sogar von körpersprachlichen Versprechern sprechen. Eine Frau schimpft über ihren Mann, den sie angeblich wegen seiner vielen sexuellen Kontakte nicht leiden kann. Dabei strahlen die Augen.

Ein Psychotherapeut meines Teams erzählte mir eine interessante Situation. Er fragte eine Patientin, ob sie ihren Mann liebe. Diese antwortete »ja« und schüttelte dabei gleichzeitig leicht den Kopf. Das längere Gespräch ergab, daß sie ihren Mann innerlich ablehnt, aber weil man seinen Mann zu lieben habe, annahm, sie liebe ihn trotzdem.

Männer, die Frauen vergewaltigen, haben als häufigstes Motiv ein frustriertes Bedürfnis nach persönlicher Dominanz. Der so erlebende Mann sucht nicht die Prostituierte, sondern die Erniedrigung und Unterwerfung des Opfers. Dadurch erlebt er selbst eine Statuserhöhung. Deshalb wird hierbei auch von sogenanntem »Status-Sex« gesprochen.

Folgende 5 Beispiele vom Verhalten von Seminarteilnehmern sollen das Thema abrunden:

Benutztes Notizbuch

In einem Seminar, das ich für Verkäufer von Herzschrittmachern durchführte, benutzte einer der Teilnehmer, Herr H., ein abgegriffenes, etwa 2 cm starkes Notizbuch. Als Buchzeichen war ein Bleistift in dieses Buch eingelegt. Das abgenutzte Aussehen ließ erkennen, daß dieses Buch seit langem im Einsatz war. Ich sagte ihm, daß dieses Buch für seine Tätigkeit nicht optimal geeignet sei, weil es seine Jackentasche zu sehr aufbausche und auch keinen sehr sauberen Eindruck mache, und empfahl ihm, ein dünneres Notizbuch oder ein dünnes Ringbuch zu benutzen. Die Reaktion auf diese Anregung war erstaunlich. Er verteidigte dieses Notizbuch mit sehr starkem, sonst nicht gezeigtem Dominanzverhalten. Daraus und aus der eingesetzten Körpersprache konnte ich schließen, daß dieses Buch mehr als nur ein Notizbuch sein mußte. Da ich selbst einige Erfahrungen im Baugewerbe besitze, war mir schon beim Anblick des Buches die Ähnlichkeit mit dem von Bauführern und Vorarbeitern benutzten Notizbuch aufgefallen. Auf Befragen sagte mir Herr H., sein Vater sei Baupolier gewesen und er hätte ein sehr gutes Verhältnis zu seinem Vater gehabt. Unbewußt hat Herr H in Erinnerung an seinen Vater und in Übernahme eines Symbols ein solches Buch ebenfalls benutzt, ohne darüber nachzudenken, daß dieses zu seiner Tätigkeit nicht paßt. In einem späteren Seminar kam Herr H. lachend auf mich zu und zeigte mir ein neues Notizbuch. Er sagte mir, daß ihm nach dem Gespräch mit mir so vieles über die Verbindung zu seinem Vater und so viele Kindheitserlebnisse – sein Vater hatte ihn öfter mit auf Baustellen genommen – wieder eingefallen seien und er jetzt eingesehen habe, daß das benutzte Notizbuch wirklich nicht zu ihm passe.

Beschnittener Zeigefinger

Herr B., Inhaber eines erfolgreichen Großunternehmens mit mehreren tausend Beschäftigten, stellt sich im Seminar vor. Er steht vor der Gruppe und hält den Zeigefinger seiner linken Hand zwischen Zeige- und Mittelfinger der rechten Hand. Diese Fingerhaltung hält er während des ganzen Vorstellungsreferates bei. Immer dann, wenn er Erfolgszahlen nannte, stellt er sich auf die Zehenspitzen und hob leicht den Kopf. Das letztgenannte Verhalten zeigte, daß ihn die Erfolgszahlen »größer machten« und er auf die erreichten Erfolge stolz war. Zweifellos konnte er dies bei den genannten Ergebnissen auch sein. In diesem Zusammenhang wurde mir auch die Symbolik des beschnittenen Zeigefingers bewußt. Erinnern wir uns an das Kapitel über den Zeigefinger. Wir sagten, dies sei der Finger, mit dem Anweisungen gegeben werden, und die Symbolik sei die einer drohenden Waffe, die eingesetzt würde, falls die Anweisung nicht befolgt wird.

Im Seminar, als Gleicher unter Gleichen, hatte Herr B. nicht die sonst übliche Anweisungsbefugnis. Sein Einordnungsverhalten war damit gekoppelt, daß er seine Anweisung (Zeigefinger) beschnitt. Darauf aufmerksam gemacht, berichtete er der Gruppe, daß er ursprünglich sehr viele Komplexe hatte und nur durch den erreichten Erfolg von seinem dominanten Vater voll anerkannt wurde, daß er aber als Mensch sehr viel weicher und sensibler sei, als er dies in der Rolle des Unternehmers sein könne.

Hand in der Rocktasche

In einem Seminar zeigte Herr Dr. St. vornehmlich, sowohl sitzend als auch stehend, ein Ausdrucksverhalten, bei dem die Hände in den Rocktaschen waren. Dabei waren die Finger und Daumen etwas nach vorne gestellt. Die Hände befanden sich vollständig in den Rocktaschen.

Die Gesamtpersönlichkeit machte einen mittelmäßig gefestigten Eindruck. Auffallend war, daß der Blickkontakt zur Gruppe oft von unten nach oben und nur kurzfristig, wie absichernd, erfolgte.

Meine Analyse:

- Die versteckten Hände deuten auf unbewußte Furcht vor Bestrafung. Die nach vorn gerichteten Finger gleichzeitig auf einen unterdrückten Reaktionsversuch.

– Der absichernde, abtastende, als unbeobachtet verarbeitete Blickkontakt zeigt Furcht vor einer Reaktion oder dabei ertappt zu werden.

Dr. St. nahm diese Analyse zunächst zur Kenntnis und zum Anlaß, näher über diese Einzelheiten nachzudenken. In einem weiteren Analysegespräch äußerte ich die Vermutung, daß er wohl unter Autorität in einem Stadium, in dem eine Gegenwehr sinnlos und unmöglich war (Kindheit), zu leiden hatte und sich dann später, weil dieser autoritäre Druck nicht verarbeitet worden war, dieser kompensatorischen Körpersprache bedient habe.

Dr. St. berichtete mir, daß ein von ihm sehr verehrter Lehrer dieses Verhalten (Hand in der Tasche) praktiziert habe und er es von diesem, weil dieser so sicher gewirkt habe, übernommen habe.

Meine Annahme:

Dr. St. wollte so (Autoritätsperson) wie dieser Lehrer wirken. Immer noch unter der unbewußten Unterdrückung leidend, übernahm er lediglich die für ihn symbolische Haltung seines Leitbildes. Mit dieser Kompensation und Übernahme imitierte er die Rolle der Autorität.

Unbewußt unter dem inneren Zwiespalt leidend, versuchte er sich in mehreren Berufen, bis er sich schließlich dazu aufmachte, die Anwaltskanzlei seines Vaters zu übernehmen. Er berichtete, daß diese Anwaltskanzlei bereits in der dritten Generation geführt wird. Sein Vater, ein hochgeachteter Mann mit vielen Ehrenämtern, hatte sich zur Ruhe gesetzt.

Nach diesem Gespräch hatte Dr. St., so berichtete er mir, als er sich in der Mittagspause zur Entspannung hinlegte, Erlebnisse, die bildhaft aus seiner Kindheit aufstiegen. Vieles, so sagte er mir, sei ihm in dieser Stunde klargeworden. Er brauche künftig nicht mehr an den Symptomen zu ändern, sondern könne jetzt mit dem neuen Wissen unmittelbar an den Ursachen arbeiten und furchtlos längst verdrängte Erlebnisse konfrontieren.

Beim Abschlußreferat im Seminar fiel den Teilnehmern und mir auf, daß Dr. St. nicht einmal eine Hand in der Tasche hielt. Darauf angesprochen, sagte er, daß er dies doch glatt vergessen habe.

Aufstützende Gestik

Frau Sch. zeigte als ständiges Verhalten, sowohl, wenn sie das Wort ergriff, als auch, wenn sie sich zu Wort melden wollte oder eine Reaktion einleitete, aufstützendes Verhalten mit nach außen gewinkelten Ellenbogen.

Die Gesamtpersönlichkeit machte einen aktiven bis aggressiven Eindruck. Frau Sch. wehrte sich immer wieder dagegen, als Frau behandelt zu werden. Sie bevorzugte die Rolle der Kollegin.

Meine Analyse:

Das aufstützende Verhalten zeigt etwas Besitzergreifendes, Behaltenwollendes. Die nach außen abgewinkelten Arme sind symbolisch als Verdrängung zu werten. Zusammen mit dem Aufstützen hat das Nach-außen-Stellen der Ellenbogen allerdings nicht die Bedeutung des Autoritätsverhaltens, sondern eher die Bedeutung des Anstrebens von Autorität, ohne jedoch angestammte Reviere aufgeben zu wollen.

Bei Gesprächen mit dem rechts beziehungsweise links von ihr sitzenden Seminarteilnehmer (auch in Rollenspielen) stützte sich Frau Sch. nicht mit beiden Armen auf, sondern hielt sich mit der dem Gesprächspartner entfernten Hand an der Lehne fest und streckte dabei, um Nähe zum Gesprächspartner zu bekommen, den Arm aus. Frau Sch. verarbeitete diese Aussage und berichtete dann vor der Gruppe, daß sie als Zwilling eines Bruders als Frühgeburt zur Welt gekommen sei. Ihr Bruder sei bereits vor ihr aus der Klinik entlassen worden und habe, als sie ebenfalls zu den Eltern kam, bereits den (ganzen) Zwillingskinderwagen mit Besitz belegt (er saß in der Mitte).

Sie habe es nicht leicht gehabt, ebenfalls einen Platz zu erobern, zumal mehr Zuwendung dem Bruder gegolten habe.

Auch hier liegt die Begründung für die gezeigte Körpersprache in den frühkindlichen Erlebnissen.

Häufiger Griff mit den Fingern zur Nasenspitze

Dr. Sch. zeigte fast immer, wenn er mit schwierigen Themen konfrontiert wurde, das Verhalten, daß er mit den Fingerspitzen die Nasenspitze berührte oder diese langsam rieb. Dieses Verhalten zeigte er auch ab und zu, wenn Diskussionen in der Seminargruppe ihn zum Nachdenken motivierten.

Die Gesamtpersönlichkeit machte einen sehr gefestigten, ruhigen und ausgeglichenen Eindruck.

Meine Analyse:

»Sich an der eigenen Nase nehmen« bedeutet wohl erst einmal sich selbst prüfen, vor einer Reaktion nachdenken. Dieses oft gezeigte Verhalten läßt wohl darauf schließen, daß mit schnellen oder gar vorschnellen Reaktionen früher negative Erfahrungen gesammelt wurden, daß Antworten wie: »Und wie bist du? Prüfe dich erst!« zu diesem generell Betroffenheit signalisierenden Verhalten geführt haben.

Interessant war, daß Dr. Sch., darauf angesprochen und mit dieser Analyse konfrontiert, auf das Wort »nachdenken« einging und sagte: »Da sollten Sie mich erst einmal in meinem Privatbereich kennenlernen, dort wird mir immer wieder gesagt, daß ich viel zu spontan und zu schnell an der Decke sei – so nachdenklich bin ich also nicht.«

Diese Aussage ließ sich so verbalisieren, daß Dr. Sch. nicht der nachdenkliche, prüfend kritische Mensch war, als der er im Seminar wirkte, sondern eher ein spontan reagierender kameradschaftlicher Partner. Auch seine Kleidung, Bundhosen und Sportjacke mit offenem Hemd, ließ darauf schließen.

Die Aussage und daß Dr. Sch. damit auf ein Nebenwort, für ihn jedoch wichtiges Wort einging, zeigte mir, daß er also nachdenklich nicht wirken wollte.

Es läßt sich mit einiger Sicherheit sagen, daß Dr. Sch. sich ein Rollenverhalten für den Beruf zugelegt hat und dort »erst nachdenken« will. Dieses Verhalten dürfte entstanden sein durch Erziehungsmechanismen, die einem vielleicht vorlauten Kind früh eine Art Erwachsenenverhalten oktroyiert haben.

Kapitel 19
Fragen zur Selbstanalyse und Übungsbeispiele

Nachdem Sie dieses Buch durchgearbeitet haben, werden Sie sich Gedanken über die praktische Nutzung des angebotenen Wissens machen.

Bitte versuchen Sie nicht, Ihre Körpersprache bewußt zu beeinflussen und einzusetzen. Derartiges Vorhaben wird fast immer zu gewollten, verkrampften Bewegungen, die vom Betrachter auch als solche erkannt werden. Lassen Sie sich Ihr Eigenverhalten bewußt werden, und konfrontieren Sie dieses so, als würden Sie es bei einem Ihnen fremden Menschen erleben. Denken Sie mit Hilfe der in diesem Buch gegebenen Anregungen über die Bedeutung dieses Verhaltens nach, und lassen Sie sich die Hintergründe bewußt werden. So verarbeiten Sie die Strukturen, die das jeweilige Verhalten herbeiführen, und können damit eventuell gezeigtes Negativverhalten löschen oder positives Verhalten verstärken.

Beobachten Sie Ihre Mitmenschen! Überlegen Sie sich bei erlebtem Verhalten, welche Hintergründe dieses Verhalten haben kann. Betrachten Sie Fernsehsendungen nicht mehr nur um der Information willen, sondern beobachten Sie auch das gezeigte körpersprachliche Verhalten der Akteure. Sicher wird Ihnen anfangs nur wenig auffallen. Es wird für Sie so sein, als betrachten Sie ein Bild. Zuerst nehmen Sie den Gesamteindruck auf, und erst bei genauerer Betrachtung werden Ihnen Einzelheiten bewußt. Haben Sie sich intensiv genug mit Malerei beschäftigt, werden Sie auf Anhieb Kleinigkeiten und Nebensächlichkeiten entdecken können. Genauso ist es beim Beobachten der Körpersprache. Je mehr Sie sich damit beschäftigen, desto mehr können Sie auf einmal aufnehmen und desto eher fallen Ihnen Ungereimtheiten auf.

Legen Sie sich folgende Fragen vor:

– Weshalb verhalte ich mich jetzt so?
– Weshalb passe ich mich oder weshalb passen sich andere mir an?

Wie verhalte ich mich in bestimmten sozialen Situationen?

– im Gespräch mit meinem Vorgesetzten?
– im Gespräch mit meinem Ehepartner?
– im Gespräch mit meinen Kindern?

Welches Gefühl hat die jetzt gemachte Bewegung ausgelöst beziehungsweise war mit ihr gekoppelt oder ist danach entstanden?

Welche meiner Aussagen oder welches meiner Verhalten könnte das Verhalten meines Gesprächspartners hervorgerufen haben (Reizreaktion)? /

Welches Verhalten meines Gesprächspartners, welches Wort könnte meine körpersprachliche Reaktion hervorgerufen haben?

Was könnten zwei Menschen, deren Worte ich nicht hören, deren Verhalten ich aber beobachten kann, miteinander besprechen?

Diese und andere Fragen und die daraus folgende aktive Beobachtung schärft Ihre Beobachtungsgabe. Der Prozeß der Informationsverarbeitung ermöglicht es Ihnen, immer schneller aus gegebenen Verhalten die richtigen Schlüsse zu ziehen. Sie werden merken, daß dieser Lernprozeß den Weg des Versuchens und Irrens geht. Lassen Sie sich nicht dadurch negativ beeinflussen, daß Sie sich bei einzelnen Interpretationen irren. Je länger Sie üben, desto schneller und sicherer werden Sie Situationen beurteilen können.

Die folgenden Seiten, die den Seminarunterlagen unseres Teams für das Thema »Körpersprache« entnommen sind, ermöglichen Ihnen gezieltes Üben und das Niederschreiben von gemachten Erfahrungen. Sollten Sie gelegentlich Fragen bezüglich Ihrer Ausarbeitungen und Analysen haben, bin ich gerne bereit, die von Ihnen eingesandten Niederschriften einer kritischen Durchsicht zu unterziehen.

Im folgenden Teil finden Sie eine Kurzzusammenfassung und einige Übungsblätter.

Die wahrscheinliche Bedeutung der auf die Situation folgenden Reaktion oder Begleitverhalten finden Sie in den einzelnen Kapiteln. Mit diesem Übungsblatt lernen Sie Einzelsituationen aufgrund der im Buch gegebenen Beschreibungen analytisch zu verarbeiten.

Eine genaue Analyse von Verhalten, dargestellt in der Praxis oder auf Fotografien, können Sie mit den Seiten »Verhaltensbeobachtung« vornehmen. In die einzelnen Spalten tragen Sie die vorherigen und nachherigen Verhalten entsprechend dem Schlüssel in der Fußnote ein und ziehen dann anhand der im Buch gegebenen Beschreibungen Folgerungen.

Sie werden feststellen, daß sich Einzelausdrücke gegenseitig widersprechen oder ergänzen. Bei sich widersprechenden Verhalten messen Sie bitte dem Verhalten der weiter vom Kopf entfernten Körperteile mehr Bedeutung bei. Bei sich ergänzenden Verhalten ergibt sich eine additive Wirkung.

Die Körpersprache, die nach einem Reiz aus der Umwelt entsteht, ist für den Dialogführenden besonders interessant. Diese Körpersprache wird vom Unterbewußtsein gesteuert und besitzt einen hohen Wahrheitsgehalt.

Der Ablauf:

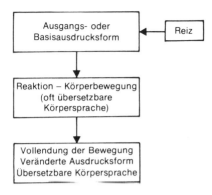

KÖRPERSPRACHE (KINESIK)

Beispiel – Situation	Körpersprachliches Signal	Wahrscheinliche Bedeutung
Gesprächspartner beweist anderen eine Informationslücke	Zuhörer: Griff zur Nase Nebensignal: kurzer Blick nach unten	
Ein Mensch entschuldigt sich, spricht sein Bedauern über eine Fehlleistung aus	Gesenkter, hängender Kopf Nebensignal: bedauernde Mimik	
Gesprächspartner erklärt anderen schwierige Zusammenhänge	Zuhörer: Reiben an der Nasenseitenwand Nebensignal: gerunzelte Stirn	
Gesprächsführer gerät in Formulierungsschwierigkeiten	Bug oder Spitzdach Nebensignal: Blickkontakt wird unterbrochen	

KÖRPERSPRACHE (KINESIK)

Beispiel – Situation	Körpersprachliches Signal	Wahrscheinliche Bedeutung
Gesprächsführer hat sich gut auf den anderen eingestellt und spricht dem anderen aus dem Herzen	Übereinanderschlagen der Beine – zum Gesprächsführer hin Nebensignal: freundliche Mimik	
Sprechender trifft die Verständigungsebene nicht und sendet verbale Negativreize	Übereinanderschlagen der Beine – vom Gesprächsführer weg Nebensignal: abwehrende Mimik	
Gesprächsführer hält langweiligen Monolog	Oberkörper des Zuhörers geht nach hinten, Distanz zum Sprechenden wird vergrößert Nebensignal: spielen mit Schreibgerät	
Gesprächsführer demonstriert Gegenstand	Oberkörper des Zuhörers geht nach vorn Nebensignal: Hand geht zum Gegenstand	
Gesprächsführer erkennt Ablehnung signalisierende Körpersprache nicht und wird verbal vom Zuhörer unterbrochen	Zeigefinger oder Kugelschreiber wird in Richtung Sprechender gestoßen	

VERHALTENSBEOBACHTUNG (Übungsblatt)

Gegebenenfalls: REIZ: ....

lfd. Nr.	Körperteil	vorher (stehend/sitzend) Stellung	vorher (stehend/sitzend) Bewegung	nachher (stehend/sitzend) Stellung	nachher (stehend/sitzend) Bewegung	Folgerungen und mögliche Bedeutung
1	Kopf					
1.1	Haare					
1.2	Stirn					
1.3	Augenbrauen					
1.4	Augen					
1.5	Nase					
1.6	Wange					
1.7	Ohren					
1.8	Mund					
1.8	1 Oberlippe					
1.8	2 Unterlippe					
1.8	3 beide Lippen					
1.8	4 Zunge					
1.8	5 Zähne					
1.9	Kinn					
2	Hals					
3	Nacken					
4	Schultern					
5	Arme					
5.1	Oberarme					
5.2	Ellbogen					
5.3	Unterarme					
6	Hände					
6.1	Handflächen					
6.3	Handrücken					
6.4	Faust					

413

VERHALTENSBEOBACHTUNG (Übungsblatt)

lfd. Nr.	Körperteil	vorher (stehend/sitzend) Stellung	vorher (stehend/sitzend) Bewegung	nachher (stehend/sitzend) Stellung	nachher (stehend/sitzend) Bewegung	Folgerungen und mögliche Bedeutung
7 7.1 7.2 7.3 7.4	Finger gestreckt gespreizt gekrümmt geschlossen					
8	Daumen					
9	Zeigefinger					
10	Mittelfinger					
11	Ringfinger					
12	kleiner Finger					
13	Brust					
14	Rücken					
15	Bauch					
16	Becken					
17	Gesäß					
18	Oberschenkel					
19	Knie					
20	Unterschenkel					
21 21.1 21.2 21.3	Fuß Ferse Spitze Zehen					

Zeichenerklärung: nach oben: ↑ nach unten: ↓ seitlich: ↔ nach vorn: ⇀ nach hinten: ⟍ normal: ○
zum Partner: →♀ weg vom Partner: ←♀ zögernd: ⟵• langsam: ⋯ schnell: — blitzartig: ⇉
stark, mittel bzw. schwach geschrieben bedeutet: verspannt, gespannt, entspannt.

414

Quellenverzeichnis

Um den Leser nicht abzulenken, habe ich das sonst übliche genaue Zitieren im Text unterlassen. Den Autoren der folgenden Bücher, aus denen ich wichtige Informationen für meine Arbeit nehmen konnte, will ich an dieser Stelle herzlich danken. Folgende Werke erleichterten mir meine Arbeit und sind zum vertiefenden Weiterstudium empfohlen:

– Darwin, C. (1872): Der Ausdruck der Gemütsbewegungen bei dem Menschen und den Tieren, Stuttgart, E. Schweizerbart'sche Verlagsbuchhandlung
– Eibl-Eibesfeldt, I. (1967): Grundriß der vergleichenden Verhaltensforschung, Ethologie, München, Piper
– Fast, Julius (1971): Körpersprache
– Freud, S. (1901): Zur Psychopathologie des Alltagslebens. Gesammelte Werke IV London, Imago-Publishing Co., 1941
– Heitsch, Dieter (1979): So wird verkaufen erfolgreicher München
– Klages, Ludwig (1941): Handschrift und Charakter 19. und 20. Auflage, Leipzig
– Kretschmer, Ernst (1942): Körperbau und Charakter 15. Auflage, Berlin
– Lersch, Philipp (1942): Der Aufbau des Charakters 2. Auflage, Leipzig
– Lersch, Philipp (1943): Gesicht und Seele 2. Auflage, München
– Lüscher, Max (1973): Signale der Persönlichkeit Deutsche Verlagsanstalt Stuttgart
– Morris, Desmond (1978): Der Mensch, mit dem wir leben Droemer-Knaur, München/Zürich
– Morris, Desmond (1972): Liebe geht durch die Haut Zürich

– Morris, Desmond (1968): Der nackte Affe
München
– Lorenz, K. (1963): Das sogenannte Böse. Zur Naturgeschichte der Aggression
Wien, Borotha-Schoeler
– Schefflen, A. E. (1972): Körpersprache und soziale Ordnung
Ernst Klett Verlag, Stuttgart
– Strehle, Hermann (1974): Mienen, Gesten und Gebärden
5. Auflage, München/Basel
– Rückle, Horst (1970): Macht, Einfluß, Erfolg durch Selbsterkenntnis
Ullrich-Verlag, Regen
– Rückle, Horst (1976): Sind Sie ein guter Verkäufer?
Heyne-Verlag, München
– Rückle, Horst (1976): Verkäufertraining – Überzeugungstechnik
Verlag für Berufsfortbildung, Mörfelden
– Rückle Team, Horst (1979): Handbuch der täglichen Verkaufspraxis
verlag moderne industrie, München
– Rückle, Horst (1979): Der Verkäufer als Problemlöser. Eine Fallstudie zum firmen-
internen Training, verlag moderne industrie, München
– Stangl, Anton (1977): Die Sprache des Körpers
ECON-Verlag, Düsseldorf/Wien
– Delacour, Jean-Baptiste (1977): Das große Lexikon der Charakterkunde
ESKA-Verlag GmbH, Bielefeld
– Bühler, Charlotte (1962): Psychologie im Leben unserer Zeit
Droemer-Knaur, München/Zürich
– Eva Wlodarek, »Was das Gesicht über den Charakter verrät«, »Warum« Nr. 29,
(1978)

Stichwortverzeichnis

2-TAGES-SEMINARE
KÖRPERSPRACHE

Seminarziele: Der Teilnehmer lernt sein eigenes körpersprachliches Verhalten erkennen und analysieren. Beim Partner lernt er Reaktionen beobachten, mögliche Gründe und Ursachen erkennen, um eigene Aktionen und Reaktionen rechtzeitig darauf einstellen zu können.

Horst Rückle Team

Röhrer Weg 7

D-7030 Böblingen

Tel. (0 70 31) 27 20 01-03

Trainer: Dr. Claus Horn und Horst Rückle, Verhaltenstrainer der Horst Rückle Team GmbH

Kommunikationstraining und Beratung

Methoden: Vortrag (Grundlagen), Einzel- und Gruppenarbeiten, Gesprächs- und Situationsanalysen des Trainers und der Teilnehmer, Rollenspiele, Video-Training, Einzelberatung.

Teilnehmer: Mitarbeiter und Führungskräfte, die Gespräche und Verhandlungen erfolgreich führen wollen. Die Teilnehmerzahl ist auf 12 begrenzt.

Veranstaltungsorte und Gebühren erfragen Sie bitte mit untenstehendem Coupon.

COUPON — bitte einsenden an:
Horst Rückle Team, Röhrer Weg 7, 7030 Böblingen

☐ JA, ich interessiere mich für das Seminar Körpersprache. Senden Sie mir bitte ausführliches Prospektmaterial zu.

☐ JA, ich interessiere mich für die Leistungen des hr-Teams. Bitte senden Sie mir Ihren ausführlichen Gesamtprospekt über die offenen hr-Team-Seminare zu.

☐ JA, ich interessiere mich für firmeninterne Trainingsmaßnahmen und möchte die Broschüre »Das hr Team«.

Name _____   Datum _____

Beruf _____

Straße _____

Ort _____   Unterschrift _____

Tel. _____

Mit der WELT sind Sie täglich im Handumdrehen gut informiert

DIE WELT formuliert knapp und präzise. Sie ist übersichtlich gegliedert, schnell lesbar. Sie erhalten in kurzer Zeit ein Maximum an wichtigen Informationen.

DIE WELT liefert die wichtigsten Informationen aus erster Hand. Über 90 Korrespondenten berichten von den Brennpunkten des Weltgeschehens. Die Hauptredaktion arbeitet in Bonn.

Ein großes Team anerkannter Journalisten und Mitarbeiter verdichtet das Weltgeschehen und seine Hintergründe zu einer Tageszeitung von Weltrang.